Excel

Das Zauberbuch

Raffinierte Zaubereien
für Excel-Kenner

I. SCHELS J. FLECKENSTEIN B. GEORGI

Markt+Technik

ISBN 978-3-95982-182-7

4., überarbeitete Auflage
Espenpark 1a
90559 Burgthann

Produktmanagement Christian Braun, Burkhardt Lühr
Herstellung Jutta Brunemann
Korrektorat Alexandra Müller
Covergestaltung David Haberkamp
Coverfotos Jane – Adobe Stock
Satz inpunkt[w]o, Haiger (www.inpunktwo.de)
Druck mediaprint solutions GmbH, Paderborn
Printed in Germany

Vorwort

Geneigte Leserin, geneigter Leser,

vor Ihnen liegt die 4. Auflage des Zauberbuches, und diese sollte keine Neuauflage sein, sondern eine Überarbeitung der erfolgreichen Vorauflagen. Diese Aufgabe habe ich als langjähriger Markt+Technik-Autor übernommen, und sie ist mir nicht leichtgefallen. Meine kongenialen Kollegen Jens Fleckenstein, Walter Fricke und Boris Georgi haben ja richtig gut vorgelegt, gigantische Formeln entwickelt und unmögliche Funktionen aus dem Hut gezaubert. Aber – Excel hat sich weiterentwickelt. Mit Version 2007 kam eine neue Oberfläche, Version 2019 (Microsoft 365) kommt aus der Cloud, regelmäßige Updates liefern zum Leidwesen der schreibenden Zunft ständig neue Funktionen, und mit Power Query und Power Pivot sind BI-Werkzeuge ins Spiel gekommen.

So habe ich mich hingesetzt und beschrieben, wie mit Microsoft 365 gezaubert wird. Einige alte Zöpfe mussten dafür abgeschnitten werden, so manche eingefahrene Spur galt es zu verlassen ($-Bezüge, SVERWEIS!). Zum besseren Verständnis habe ich mehr praxisnahe Beispiele aufgenommen. Ich bin mit über 35 Jahren Erfahrung als Trainer und Berater überzeugt, dass es nicht nur darauf ankommt, was möglich ist, sondern wo und wie das Ganze von Nutzen ist. Aus diesem Grund finden Sie auch so manche einfach nachzuvollziehende Schritt-für-Schritt-Anleitung.

Ein kleines Steckenpferd werden Sie auch ausmachen: Bei der Arbeit mit Excel taucht nicht selten die Frage nach Sinn oder Unsinn einzelner Dinge auf, wie z. B. das 1904-Datumsformat, die Null im letzten Argument der Funktion oder warum mit der Taste F8 die Markierung mit der Cursortaste erweiterbar ist. Die Antwort »das ist so« lasse ich da selten gelten, fast immer gibt es eine plausible Erklärung, die aber nur mit Kenntnis der Historie zu geben ist. Der Nutzen tritt da eher in den Hintergrund, aber Sie können auch mal mit unnützem Wissen glänzen ...

Nun wünsche ich Ihnen viel Spaß und viel Erfolg mit Ihrem Excel-Zauberbuch.

Ihr Autor
Ignatz Schels

Besuchen Sie mich auch auf meiner Webseite *www.schels.de.*

Die Co-Autoren Jens Fleckenstein, Walter Fricke und Boris Georgi sind hier vertreten: *https://www.herber.de/excelformeln*

Inhalts-verzeichnis

Teil 2 Abenteuerreisen in die Excel-Welt 299

Tipp: Wenn Sie Excel zum größten Minesweeper-Feld aller Zeiten machen möchten, können Sie sich die Infos dazu als PDF von der Webseite zum Buch *www.mut.de/2182* herunterladen.

Teil 1

Basics und Formelklassiker

Hier lernen Sie das Handwerkszeug kennen, das Sie als ambitionierter Excel-Kenner benötigen. Diesen Teil sollten Sie unbedingt lesen. Dinge, die hier beschrieben werden, werden im zweiten Teil des Buches teilweise fortgesetzt.

Nach zahlreichen Updates mit Oberflächen von der Symbolleiste bis hin zum Ribbon sind wir nach 35 Jahren mit Office 365 in der Cloud gelandet. Aber wir benutzen immer noch die gute alte Tabelle mit Zeilen, Spalten und Zellen, und eine Kalkulation ist immer noch eine Ansammlung von Daten, Bezügen und Formeln.

Oder hat sich die Kalkulation in Zeiten von Internet, Big Data und Cloud grundlegend verändert?

Kapitel 1

Zehn Geheimnisse

Früher, ja früher, da konnte man noch glänzen mit gesundem Halbwissen und nicht beleg- und überprüfbaren Fakten. Wusste man etwas nicht hundertprozentig, fabulierte man den Rest einfach dazu, für Mutmaßung und Spekulation war immer genügend Raum. Heute ist das nicht mehr so einfach, die Generation X greift sofort zum Smartphone und googelt nach Fakten und Historie, um dem Wahrheitsgehalt einer Aussage auf die Schliche zu kommen. Wer sich als Excel-Kenner rühmt, tut sich da schon schwer, mit der Kenntnis über Geheimnisse zu prahlen, die nicht mit dem Eintippen eines Suchbegriffs von der Suchmaschine mit zwei Millionen relevanten Ergebnissen aufgelöst werden.

Wir probieren es trotzdem und hoffen, die geneigte Leserin/der geneigte Leser findet nicht nur Gefallen an – zugegeben oft unnützem – Spezialwissen, sondern lernt auch noch etwas aus der Historie. Die meisten Leser/Leserinnen dieses Buches sind wahrscheinlich jünger als Windows und noch jünger als Excel (das es schon vor Windows gab), deshalb ist eine kleine Zeitreise angesagt.

1.1 Geheimnis 1: der Slash

Probieren Sie einmal, eine Zelle mit einem Schrägstrich (Slash) zu beschriften. Funktioniert nicht, oder? Das Ergebnis ist die Anzeige der Tastenkombinationen für alle Menüsymbole, was dem Drücken der [Alt]-Taste entspricht. Abhilfe schaffen Sie, indem Sie vorher die [F2]-Taste drücken, denn damit schaltet Excel in den Eingabemodus (siehe Kapitel 2.5 »Funktionstasten? Aber sicher!«), und der Slash lässt sich mühelos eingeben.

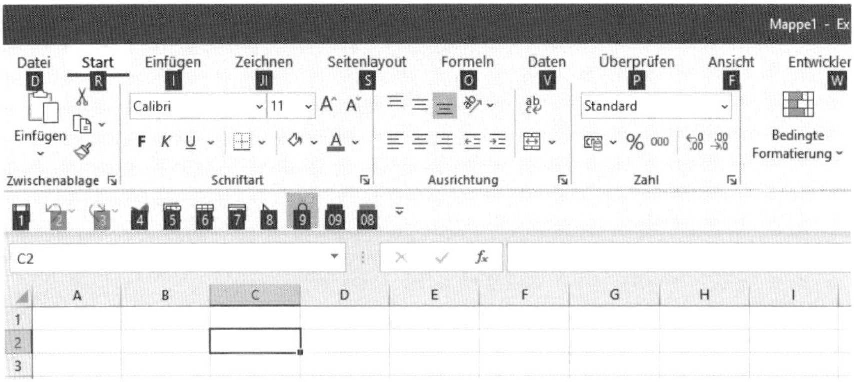

Abbildung 1.1: Eingabe – kein Slash möglich

Aber was ist der Grund? Lassen Sie uns einen Ausflug in die Geschichte von Excel machen:

Excel ist ein altes, sogar ein sehr altes Programm. Wer die Entwicklung von der ersten Version mit der Nummer 1.0, Erscheinungstermin September 1985, bis zur aktuellen »Built« verfolgen möchte, wird bei Wikipedia fündig (allerdings nur bis Excel 2016):

https://de.wikipedia.org/wiki/Microsoft_Excel

Und ja, Excel ist tatsächlich für den Apple Macintosh geschrieben worden. Steve Jobs gab seinem Studienfreund Bill Gates damals den Auftrag, für seinen grafischen Computer ein paar Anwendungen zu schreiben. Das war der Startschuss für das erste Office-Paket mit Word, Excel und PowerPoint. Mit der Freundschaft war es schnell vorbei, als Microsoft seine Pläne verwarf, die alte DOS-Anwendung Multiplan für das Betriebssystem Windows weiterzuentwickeln, und stattdessen das Mac-Office mit Excel einfach unter Windows veröffentlichte. Excel ging durch die Decke und Apple fast den Bach runter, aber noch härter traf es einen Mitbewerber, der wesentlich zum Erfolg des IBM-PCs (und damit von MS-DOS und Windows) beigetragen hatte.

Lotus 1-2-3 war Mitte der 80er-Jahre die meistverkaufte Software der Welt – Mich Kapor machte mit seinem Produkt mehr Umsatz als alle anderen Anbieter zusammen. Dann verwarf Bill Gates seine Multiplan-Pläne, kopierte Lotus 1-2-3 ziemlich schamlos, verpasste Excel aber eine grafische Oberfläche. Das und die Tatsache, dass Lotus viel zu spät mit einer sehr schlechten Windows-Version konterte, machte Lotus den Garaus und verschaffte Excel den bis heute unangefochtenen Status als Marktführer.

Was wir daraus lernen? Dass Lotus 1-2-3 der Vorgänger von Excel ist. Und jetzt wissen wir auch, warum sich in Excel kein Schrägstrich als erstes Zeichen schreiben lässt. Mit dem Slash / wurde in Lotus 1-2-3 die Menüleiste geöffnet, und das hat Microsoft übernommen, um Lotus-Abtrünnigen ihren altbekannten Menübefehl zu ermöglichen. Sehen Sie unter *Datei/Optionen/Erweitert/Lotus-Kompatibilität* nach. Mit dem Slash wurden früher die Menüs aktiviert, die anschließend mit einer Pfeiltaste aufgeklappt werden konnten. Heute sehen Sie die Tastenkombinationen.

1.2 Geheimnis 2: die 1904-Zeitrechnung

Dass Excel eine Option zur Umstellung auf das 1904-Datumssystem anbietet (*Datei/Optionen/Erweitert*), wissen Sie sicher bereits. Mit dieser Option lässt sich nämlich das Problem mit der negativen Zeitberechnung umgehen (siehe unten). Vielleicht wissen Sie auch schon, warum diese Option angeboten wird. Excel wurde wie bekannt ursprünglich für den Apple geschrieben, und mit dem Schwenk auf Windows hat Microsoft die Tür für Nutzer von Mac OS offen gelassen, denn das Apfel-Betriebssystem begann und beginnt immer noch am 1. Januar 1904 mit seiner Zeitrechnung und nicht wie Windows am 01.01.1900. Mit der 1904-Version lassen sich Dateien zwischen den beiden Systemen ohne Zeitrechnungsprobleme austauschen. Aber – warum gibt es die beiden Zeitsysteme und warum hat Microsoft nicht einfach das Startdatum von Mac OS übernommen?

Die ersten Versionen des OS für den Apple Macintosh konnten nur Daten zwischen dem 01.01.1904 und dem 06.02.2040 speichern (weiter wollte damals niemand vorausdenken). Die Programmierer starteten mit einem Schaltjahr, um sich einige Berechnungen zu sparen – die Rechnerleistung war ebenso eingeschränkt wie der Hauptspeicher (128 KByte!). Ein wichtiger Faktor war das Abspeichern von Jahreszahlen mit zwei Ziffern, das sparte sehr viel Speicherplatz.

Microsoft hatte schon unter DOS ein Datumssystem mit dem 01.01.1900 als Startjahr und übernahm dieses auf Windows, nicht nur um die Kompatibilität zu seinen Daten zu sichern, sondern auch – raten Sie mal? Genau – um Dateien aus Lotus 1-2-3 zu sichern und damit dem Konkurrenten kein Wasser auf die Mühlen zu gießen.

Übrigens: Die Tradition, Jahreszahlen mit zwei Ziffern zu speichern, führte viele Jahre später, nämlich beim Jahreswechsel von 1999 auf 2000, zum berühmten Y2K-Desaster, aber das ist eine andere Geschichte.

1.2.1 Der Trick mit der Negativzeit

Schreiben Sie in A1 die Zeit 19:00 und in A2 die Zeit 6:00, erhalten Sie mit der Berechnung

```
=A2-A1
```

... eine unendliche #-Kette.

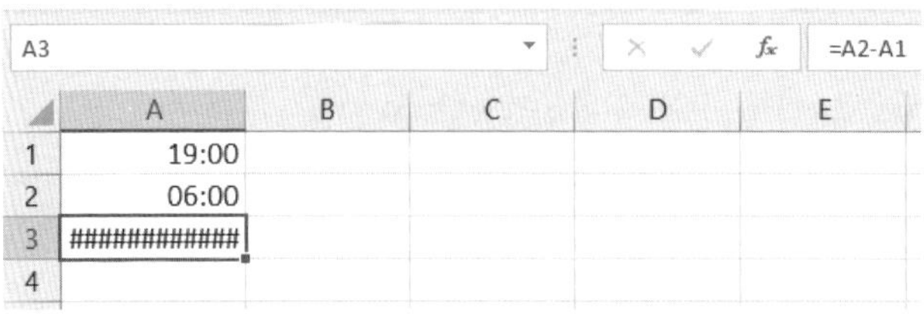

Abbildung 1.2: Die unendliche Zeitkette

Excel kann diese Negativzeit nicht berechnen, außer Sie setzen die 1904-Datumsoption. Eine Zeit ist nichts anderes als ein Datum mit kurzem Format, und 19:00 ist der 01.01.1900 um 19:00. Mit dem Windows-System gibt es kein Jahr davor, 1899 gilt nicht. Mit dem 1904-Datumssystem rutscht das Ergebnis aber in den 31.12.1903, und deshalb funktioniert die Negativzeitberechnung.

1.3 Geheimnis 3: der Z1S1-Bezug

Ein weiteres kleines Geheimnis, das Excel durch alle Versionen hindurch hütet, das kein Mensch mehr braucht, das aber doch interessante Einblicke gewährt: Unter *Datei/Optionen/Formeln* finden Sie die Option *Z1S1-Bezugsart*, und mit dieser sehen die Formeln so aus, wie sie beim Excel-Vorgänger Multiplan ausgesehen haben. Lassen Sie mit Strg+⇧+# die Formeln anzeigen:

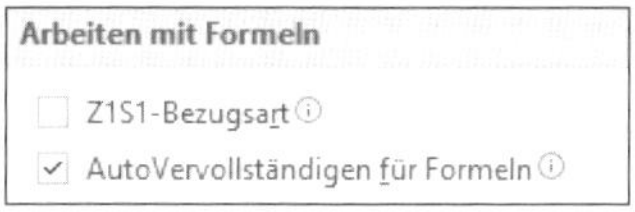

Abbildung 1.3: Umschalten auf Z1S1-Bezug

Was ist überhaupt ein Bezug? Ein Bezug ist ein Verweis auf eine Zelle oder einen Zellbereich, eingeleitet mit einem =-Zeichen. Ein Link also. Was der Unterschied zwischen einem relativen und einem absoluten Bezug ist, wissen wir mittlerweile (oder?). Relativ heißt, der Bezug passt sich an, wenn er kopiert wird, absolute Bezüge bleiben stehen. Der Klassiker unter den Beispielen ist die Rechnung mit dem Mehrwertsteuersatz. Ausgangspunkt ist eine Liste mit Rechnungspositionen mit den Spalten *Artikel*, *Menge* und *Preis*.

Funktion	**Formel**
Der Nettopreis berechnet sich aus Menge mal Preis, beide Bezüge bleiben relativ, damit sie nach unten kopiert werden können.	`D6: =C6*B6`
Für die Mehrwertsteuer multiplizieren wir den Steuersatz in G1 mit dem Nettopreis, der Bezug wird natürlich absolut, damit er beim Kopieren »stehen bleibt« (Bezug markieren, Taste F4 drücken).	`=D6*$G$1`
Das Brutto wird wieder aus der Addition zweier relativer Bezüge berechnet.	`F6: =D6+E6`

	A	B	C	D	E	F	G
1						MwSt.-Satz:	0,19
2							
3							
4							
5	Artikel	Menge	Preis	Netto	MwSt	Brutto	
6	Hammer	3	21,9	=C6*B6	=D6*$G$1	=D6+E6	
7	Säge	5	12,99	=C7*B7	=D7*$G$1	=D7+E7	
8	Zange	4	5,9	=C8*B8	=D8*$G$1	=D8+E8	
9							

Abbildung 1.4: Bezug relativ und absolut – hier in der Formelansicht

Schalten Sie mal auf die alte Multiplan-Bezugsvariante Z1S1 um, dann verstehen Sie, warum sich ein relativer Bezug beim Kopieren anpasst und ein absoluter nicht. Bezüge beziehen sich nur absolut auf Zellen (Z1S7 = $G$1), alle relativen Bezüge geben nur die Strecke nach rechts oder links an, aus der die Daten kommen, z. B. S(-1) für eine Spalte nach links. Damit lässt sich eine Formel mit relativem Bezug nach unten, oben, rechts oder links kopieren – der relative Bezug gilt auch für die nächsten Zellen.

1.3.1 Wechsel auf A1

Z1S1-Formeln waren schon in Multiplan schwer zu lesen und sind es auch heute noch. In der A1-Schreibweise werden Bezüge mit Angabe der Zeilennummer und des Spaltenbuchstabens adressiert, zur Unterscheidung zwischen relativ und absolut erhält der absolute Bezug ein $-Zeichen (A1 oder $A$1). Das macht es Einsteigern zwar schwerer, die Bezugsarten zu verstehen, aber die Kalkulation an sich wird einfacher.

Die A1-Schreibweise gibt es schon seit VisiCalc, der Mutter aller Kalkulationsprogramme von Dan Bricklin und Bob Frankston. Lotus 1-2-3 übernahm A1 als Standard, und Microsoft tat gut daran, sich mit Excel anzuschließen und nicht am Multiplan-Klassiker festzuhalten.

1.4 Geheimnis 4: Rechnet Excel falsch?

Eigentlich gehen wir schon alle davon aus, dass Excel richtig rechnet, und nach so vielen Jahren wären signifikante Bugs sicher schon durch alle Medien gejagt worden. Die Tatsache, dass es trotzdem Fehler in der Kalkulation gibt, lässt sich aber nicht verschweigen. Zahlreiche Fundstellen im Netz belegen, dass sich Excel manchmal eben doch verrechnet.

Hier ein paar Beispiele:

Formel	Falsches Ergebnis	Richtig wäre
=132,2-127,2	4,99999999999990	5
=GANZZAHL(4,06-4)*100	5	4
=500,99-500-0,99	9,1038E15	null
=43,1-43,2+1	0,899999999999999	0,9

1.4.1 Das Problem mit Gleitkommazahlen

Lassen Sie uns Excel gleich in Schutz nehmen – nicht das Microsoft-Programm rechnet falsch, sondern der Computer. Der rechnet nämlich im Binärsystem und kann Gleitkommazahlen nur mit einer begrenzten Anzahl Bits verarbeiten. Marcus Frenkel kann das genau erklären und tut das auch in seinem Blog:

http://scienceblogs.de/von_bits_und_bytes/tag/gleitkommazahlen/

Microsoft hat das Problem auch schon dokumentiert:

https://docs.microsoft.com/de-de/office/troubleshoot/excel/floating-point-arithmetic-inaccurate-result

Es gibt eine Option, die zumindest verhindert, dass sich diese Fehler im Cent-Bereich von Euro-Beträgen auswirken:

Wählen Sie *Datei/Optionen/Erweitert*. Kreuzen Sie unter *Beim Berechnen dieser Arbeitsmappe* die Option *Genauigkeit wie angezeigt festlegen* an.

1.4.2 DATEDIF()

In Kapitel 6.2.1 finden Sie eine Beschreibung zur Funktion DATEDIF(), die zwar sehr nützlich für die Berechnung von Datumsdifferenzen ist, aber in einigen Konstellationen falsch rechnet.

1.5 Geheimnis 5: Bei der Billiarde ist Schluss

Noch eine Kuriosität, die mein Freund Bernhard Reim bei dem Versuch entdeckt hat, eine IBAN als Zahl zu speichern: Geben Sie eine Zahl mit 15 Stellen ein, wird Excel diese noch problemlos anzeigen. Die nächste Stelle oder die erste Nachkommastelle wird aber in eine Null umgewandelt:

999.999.999.999.999

Mit der nächsten Ziffer:

999.999.999.999.9993 = 999.999.999.999.9990

999.999.999.999.999,123 = 999.999.999.999.999

Das hat wieder mit den Gleitkommazahlen zu tun – Excel folgt der IEEE-754-Spezifikation zur Speicherung und Berechnung dieser Zahlen. Die deutsche IBAN mit 22 Ziffern lässt sich also nur als Text oder als im Textformat formatierte Zahl anlegen.

1.6 Geheimnis 6: Was ist denn eine Makrovorlage?

Wer schon mal versehentlich anstelle von ⇧+F11 (Speichern) die Kombination Strg+F11 gedrückt hat, wird ein neues, seltsames Tabellenblatt mit doppelter Spaltenbreite und der Bezeichnung *Makro(nummer)* erhalten.

Das ist wieder ein Relikt aus vergangenen Zeiten: Bis zur Version 4.0 (1990-1993) hatte Excel eine eigene Makrosprache. VBA gab es zwar bereits für Word und PowerPoint, aber die Excel-Entwickler setzten auf eine eigene Sprache, die mit Funktionen arbeitete. Für ein Makro musste zunächst ein Makroblatt angelegt werden, die Codes wurden Zeile für Zeile in eine Spalte geschrieben.

Excel unterstützt nach wie vor die Microsoft-Excel-4.0-Makrovorlage und die internationale Makrovorlage. Klicken Sie mit der rechten Maustaste auf ein Tabellenblattregister, und wählen Sie *Einfügen*. Markieren Sie das Symbol auf der Registerkarte *Allgemein*, und starten Sie mit *OK*. Oder drücken Sie einfach Strg+F11.

Hier ein kleines Beispielmakro, schreiben Sie es in die erste Spalte, und starten Sie das Makro über *Entwicklertools/Code/Makros*. Geben Sie die Zelladresse A1 als Makroname ein:

```
Schleife10
=FÜR("x";1;10)
=WARNUNG(x)
=WEITER()
=RÜCKSPRUNG()
```

Damit aber genug, es gibt keinen Grund, das alte Fossil auszugraben. Seit der Version 5.0 hat Excel VBA, und diese Programmiersprache hat wesentlich mehr zu bieten als die Excel 4.0-Makrosprache.

Übrigens: Nach dem Rechtsklick auf ein Blattregister und Einfügen erhalten Sie eine Auswahl, in der alle Dinosaurier vorkommen.

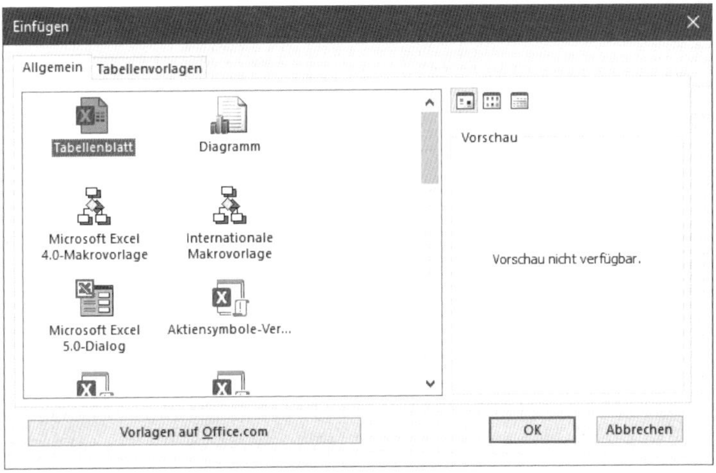

Abbildung 1.5: Braucht kein Mensch mehr: Makroblätter

1.7 Geheimnis 7: die verlorene Datenbank

Microsoft hat sich irgendwann (ich glaube, beim Wechsel von Version 4.0 auf 5.0) entschieden, die automatische Liste einzuführen – eine Funktion, die dem normalen Anwender gar nicht auffällt. Setzt dieser nämlich den Zellzeiger in einen Datenbereich und startet eine Sortier- oder Filteraktion, wendet Excel diese auf die gesamte Liste an. Die Liste definiert sich dabei als Datenbereich bis zur ersten Leerzeile und zur ersten Leerspalte.

Das ist in den meisten Fällen von Vorteil, schafft aber Probleme, wenn die Liste Leerzeilen enthält. Außerdem neigt der normale Anwender dazu, beim Setzen des AutoFilters einfach die gesamte erste Zeile zu markieren, in der Hoffnung, dass damit alle »Datensätze« darunter gefiltert werden. Überhaupt der AutoFilter: Wenn die Liste keine sauber definierbare Kopfzeile enthält, wenn einzelne Zellen über ihr beschriftet sind, wird der AutoFilter ohne Gesamtmarkierung zum Glücksspiel.

1.7.1 Richtig markieren

Was empfiehlt der gewissenhafte Excel-Berater? Natürlich – zuerst die Daten zu markieren und dann den Filter zu setzen. Markierung geht immer vor Liste, der Auto-Filter wird auch bei mit Leerzeilen bestückten Listen richtig funktionieren.

Die richtige Tastenkombination darf nicht fehlen:

- Strg+⇧++ markiert den gesamten Bereich der Liste (current region = aktueller Bereich)
- Strg+⇧+Ende markiert von der aktiven bis zur letzten benutzten Zelle (used region = benutzter Bereich)

1.7.2 Der Trick mit der Datenbank

Es gibt aber noch einen Trick: Wenn Sie den Bereichsnamen *Datenbank* für die Liste verwenden, wird diese immer bevorzugt behandelt. Setzen Sie den Zellzeiger in eine Zelle dieses Bereichs und aktivieren Sie den AutoFilter, wird dieser automatisch alle Datensätze des Bereichs einschließen (auch Leerzeilen und darunterliegende Zeilen).

Dafür gibt es wie immer eine Erklärung. In früheren Versionen war es nicht möglich, eine Liste zu filtern oder zu sortieren, wenn sie nicht zuvor mit dem Bereichsnamen *Datenbank* versehen wurde. Eine entsprechende Meldung wies beim Start einer Sortier- oder Filteraktion darauf hin. Heute hat der Bereichsname immer noch Vorrang vor der automatischen Liste.

Aber Vorsicht: Markieren Sie bei gesetzter Datenbank einen Teil der Liste, setzen Sie diesen Automatismus außer Kraft, und Excel versucht wieder, die Liste über die erste Leerzeile und Leerspalte zu identifizieren.

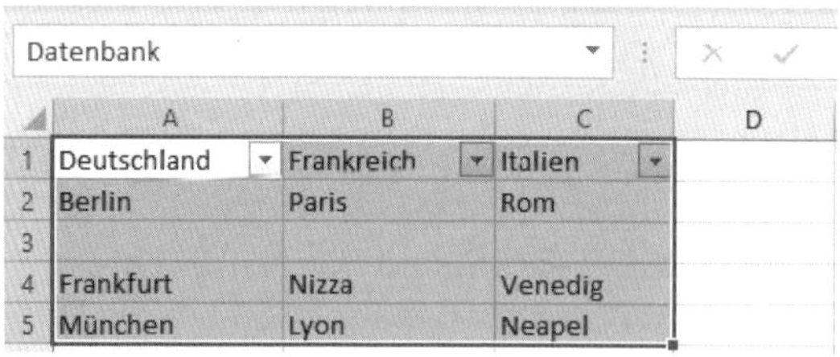

Abbildung 1.6: Als Datenbank lässt sich die Liste auch mit Leerzeilen filtern.

1.7.3 Tabelle geht immer

Die Tabelle als Nachfolgerin der Liste ist natürlich die bessere Wahl, hier gilt das Listenprinzip nicht. AutoFilter und Sortierung orientieren sich immer am Tabellennamen, auch wenn dieser Leerzeilen enthält. Drücken Sie Strg+T und erklären Sie die Liste zur Tabelle. Den AutoFilter bekommen Sie gratis dazu.

1.7.4 … und eine Maske gibt es auch

Die Datenmaske war in Excel 5.0 noch fester Bestandteil der Menüstruktur, geriet aber in Vergessenheit, als Microsoft sie aus dem *Daten*-Menü verbannte. Es gibt sie immer noch, zwar etwas aus der Zeit gefallen, aber besser als nichts:

1. Klicken Sie mit der rechten Maustaste in die Symbolleiste für den Schnellzugriff, und wählen Sie *Symbolleiste für den Schnellzugriff anpassen*.
2. Schalten Sie in der linken Liste auf *Alle Befehle*, und suchen Sie nach »Maske« (Eintrag anklicken, *M* eintippen).
3. Holen Sie die Maske mit *Hinzufügen* in die Symbolleiste für den Schnellzugriff.
4. Setzen Sie den Zellzeiger in eine Liste oder Tabelle, und starten Sie die Maske. Blättern Sie durch die Datensätze, und verwenden Sie »Kriterien«, um nach Fundstellen zu suchen.

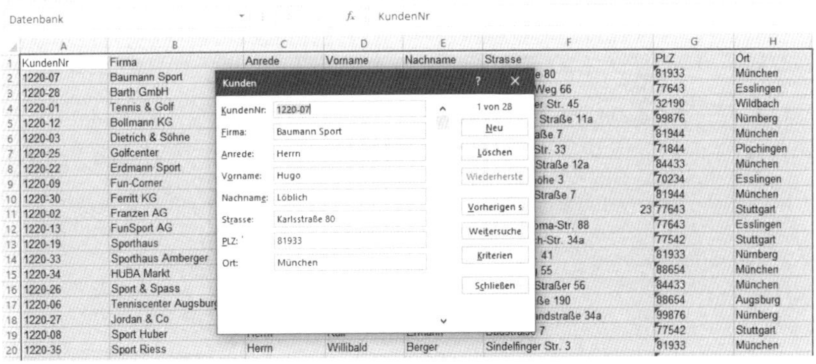

Abbildung 1.7: Eine Eingabemaske für Datenbanken und Tabellen

Die Maske funktioniert für Datenbanken (Listen mit Bereichsname *Datenbank*) und auch für Tabellen. Und sollten Sie sich nicht für den Wechsel zur Tabelle entschließen können und die Maske für die Datenbank nutzen – der Bereich wird natürlich um eine Zeile erweitert, wenn ein neuer Datensatz hinzukommt, und beim Löschen ganzer Zeilen um eine Zeile verkürzt.

1.8 Geheimnis 8: der Name der Rose

Wissen Sie, wie der Name der Arbeitsmappe im Tabellenblatt verwendet werden kann? Klicken Sie doppelt auf das Tabellenblattregister, und nennen Sie das Blatt *Rose*. Speichern Sie die Mappe. Schreiben Sie diese Formel in eine Zelle:

```
=ZELLE("Dateiname";$A$1)
```

Das Ergebnis ist der Name der Rose, leider aber der komplette Pfad der Mappe plus der Name des Tabellenblatts, aber nur, wenn die Mappe bereits gespeichert wurde. Solange sie einen Pseudonamen wie *Mappe1* hat, bleibt die Zelle leer. Wollen Sie den Dateinamen der Mappe und den Namen des Tabellenblatts extrahieren, brauchen Sie eine Kombination aus mehreren Funktionen. Wenn Sie für einzelne Formelteile Bereichsnamen anlegen, geht´s leichter (Bezüge absolut setzen!):

Bereichsname	**Bezieht sich auf**	**Notiz**
rngDateiName	`=ZELLE("Dateiname";$A$1)`	der komplette Pfad
rngBlattNameStart	`=FINDEN("]";rngDateiName)+1`	Nach der]-Klammer beginnt der Blattname.
rngMappeNameStart	`=FINDEN("[";rngDateiName)-1`	Nach der [-Klammer beginnt der Name der Mappe.

Der Name des Blatts:

```
=TEIL(rngDateiName;rngBlattnameStart;LÄNGE(rngDateiName)-rngBlattnameStart+1)
```

Der Name der Mappe:

```
=TEIL(rngDateiName;rngMappeNameStart;rngBlattnameStart-rngMappeNameStart-1)
```

Da sind aber einige Fragen nicht geklärt. Was bedeutet das zweite Argument in `ZELLE("Dateiname";$A$1)`, und warum gibt die Funktion den Namen des Tabellenblatts aus, obwohl das erste Argument *Dateiname* heißt?

```
=ZELLE(Dateiname;Bezug)
```

Im zweiten Argument *Bezug* müssen Sie eine beliebige Zelle angeben (relativ oder absolut), sonst gibt die Formel bis zur nächste Neuberechnung den Namen des zuletzt umbenannten Tabellenblatts aus. Warum hier ein Bezug benötigt wird, hat damit zu tun, dass auch andere Informationstypen wie »Adresse« oder »Farbe« einen Bezug zur Auswahl stellen. Für die Antwort auf die zweite Frage müssen wir in der Historie zurückblättern: Bis zur Version 4.0 (zuletzt 1994) gab es in jeder Excel-Datei (mit Dateiendung *.xls*) nur ein Tabellenblatt. Mehrere Blätter konnten in Arbeitsbereiche zusammengefasst werden (Dateiendung *.xlw* = Excel Workspace, das Element gibt es nicht mehr). Deshalb liefert die Funktion, die es damals natürlich schon gab, jetzt den Namen des Blatts, und es gibt noch keinen einfacheren Weg, Blatt- und Dateiname herauszurechnen.

1.8.1 Alternative gefällig?

Noch eine geniale Idee, um den Blattnamen herauszurechnen:

Die Formel ersetzt mit der Funktion WECHSELN() die eckige Schlussklammer des Pfades durch viele (100) Leerzeichen, verwendet die Funktion RECHTS(), um nur diesen Teil zu erhalten, und eliminiert anschließend die Leerzeichen per Glättung mit GLÄTTEN():

```
=GLÄTTEN(RECHTS(WECHSELN(ZELLE("Dateiname";$A$1);"]";WIEDERHOLEN(" ";100));100))
```

1.9 Geheimnis 9: seltsame Namen

1.9.1 Bereiche

Wie Sie Bereichsnamen nutzbringend einsetzen und Ihre Kalkulation damit wesentlich übersichtlicher gestalten, lesen Sie in Kapitel 4. Hier finden Sie auch die Liste der nicht zulässigen Sonderzeichen und die Erklärung dafür, warum ab der Version 2007 Bereichsnamen wie *PKW2000* oder *DDR1989* nicht mehr funktioniert haben (das neue Excel hatte auf einmal Spalten, die so hießen, ...).

Ein paar Geheimnisse bleiben übrig:

Ein Bereich lässt sich mit einem einzelnen Buchstaben von A bis Z benennen. Richtig? Nicht ganz. Einzelne Buchstaben sind tatsächlich erlaubt, nicht aber S und Z. Markieren Sie einen beliebigen Bereich, schreiben Sie den Buchstaben in das Namensfeld, und drücken Sie [↵]:

- Mit [S] markieren Sie die ganze Spalte.
- Mit [Z] markieren Sie die ganze Zeile.

Die Buchstaben R und C lösen eine Fehlermeldung aus. Der Grund dafür: Im Englischen heißen Zeilen und Spalten *Rows* und *Columns*, und der relative Bezug in der Z1S1-Schreibweise verwendet in fremdsprachigen Blättern eben R und C (z. B. R1C1 für Zelle A1). Und das geht halt nicht.

Die Umstellung auf Office 2007 brachte nicht nur mehr Zeilen und Spalten pro Tabellenblatt, sondern auch große Konfusion bei Nutzern von Bereichsnamen. Bei der großen Firma im Schwäbischen, die Autos und Lastwagen herstellt, war es üblich, Bereiche mit Namen wie *PKW2000* oder *LKW05* zu versehen, auch beliebt sind *KW01* bis *KW53* für die Kalenderwochen, *LV200* (Leistungsverzeichnis) u. v. m.

Das geht alles nicht mehr unter Excel ab 2007. Warum? Die alte Version hatte nur 256 Spalten und 16.384 Zeilen. Bei IV01 bzw. IV16384 war Schluss, alle anderen Adressen standen als Bereichsnamen zur Verfügung. Mit der neuen Version gibt es aber 16.384 Spalten, benannt mit Buchstabenkombinationen von A bis XFD. Wer jetzt versucht, einen Bereich *PKW2000* zu nennen, der landet auf der gleichnamigen Zelle (Spalte *PKW*, Zeile 2000). Damit gelten die alten Bereichsnamen natürlich nicht mehr und führen nach der Konvertierung auch zu Fehlern.

Expertentipp: Programmierer arbeiten bei der Benennung von Elementen immer mit einem Unterstrich _. Das ist keine Marotte, sondern ein höchst wirksames Verfahren, um falsche oder ungültige Namen auszuschließen:

Tabellen: *tbl_Umsatz, tbl_Zahlungen2020*
Bereichsnamen: *rng_Absatz, rng_Absatz_2020*

Der Underscore wird grundsätzlich nicht in Elementnamen oder internen, systemspezifischen Bezeichnungen verwendet, und damit schalten Sie das Risiko direkter oder indirekter Kollisionen aus.

1.9.2 Tabellenblätter

... können Sie eigentlich beliebig benennen, solange Sie die Regeln einhalten:

- Keine Sonderzeichen wie \ / * [ ] : oder ?
- Erlaubt sind Buchstaben von A bis Z, Ziffern von 0 bis 9 und diese Symbole:
- | - + @ # $ ^ & ( ) , . ! ¿
- (Für ¿ halten Sie Alt gedrückt und tippen 0191 auf dem Zahlenblock).

Tabellenblätter können auch *Mappe*, *Tabelle* oder *Start* heißen, da ist Excel schmerzfrei. Der einzige Name, der nicht geht, ist *History* im Englischen bzw. *Änderungsverlauf* (danke, Mourad Louha). Der Versuch, ein Blatt so zu benennen, führt zur Fehlermeldung *Änderungsverlauf ist ein reservierter Name*.

Reserviert wofür? Für ein unsichtbares Blatt in einer Mappe, das zur Protokollierung von Änderungen bei freigegebenen Mappen verwendet wurde (früher, bevor diese Funktion durch das Teilen von Mappen in der Cloud ersetzt wurde).

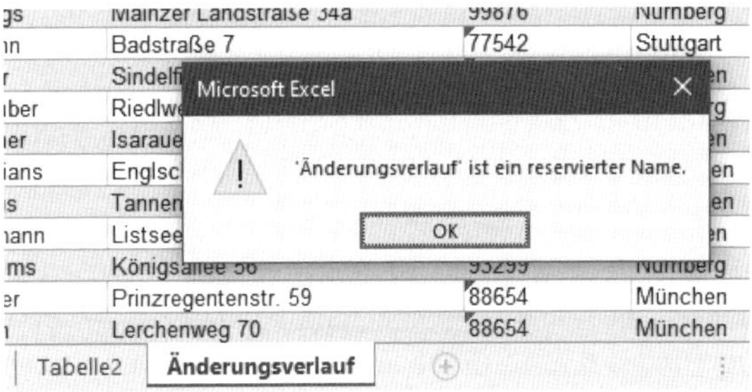

Abbildung 1.8: Beim Benennen von Blattregistern ist nicht alles erlaubt.

1.10 Geheimnis 10: Startbildschirm abschalten

Der Startbildschirm nervt. Wenn Sie Excel starten, wollen Sie sofort eine leere Mappe haben und nicht erst über das Vorlagenangebot informiert werden, um dann trotzdem auf *Leere Arbeitsmappe* zu klicken.

Wählen Sie *Datei/Optionen*. Deaktivieren Sie unter *Allgemein* ganz unten die letzte Option *Startbildschirm beim Start dieser Anwendung anzeigen*, und der Startbildschirm ist Geschichte.

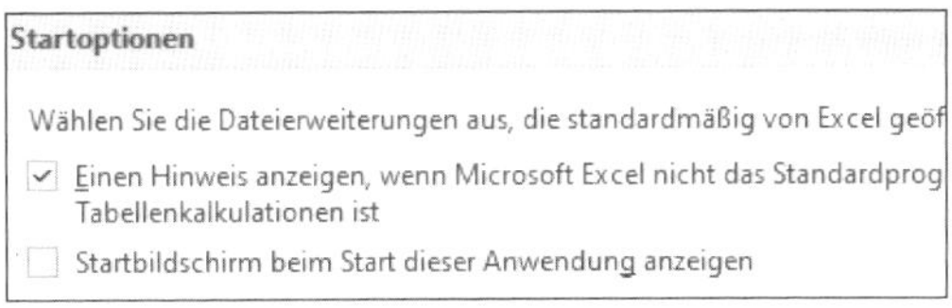

Abbildung 1.9: Einfach abschalten: Startbildschirm

1.11 Von Dateien und Dateiformaten

Der sichere Umgang mit Dateien ist Pflicht. Wer seine Dateien pflegt, hat seine Arbeit im Griff.

1.11.1 Dateien richtig öffnen

Wie öffnen Sie denn eine Datei? Suchen Sie den Dateinamen im Explorer-Fenster, und klicken Sie die Fundstelle doppelt an, oder öffnen Sie zuerst Excel, wählen Sie *Datei/Öffnen*, und suchen Sie dann die Datei? Auch wenn die zweite Alternative etwas aufwendiger ist, sollten Sie ihr aus diesen Gründen den Vorzug geben:

CSV-Dateien werden mit dem Öffnen als Excel-Daten interpretiert. Mit dem Dateidoppelklick liest Excel die CSV-Daten häufig falsch ein. Sie können auch eine Textdatei öffnen, und Excel wird versuchen, eine Tabelle daraus zu machen.

Öffnen Sie eine Datei per Doppelklick, überlassen Sie Windows, genauer gesagt, der Programmzuweisung von Windows, die Wahl, welche Programmdatei aktiv wird. Maßgeblich ist die Dateiendung, und die kann unter Windows auch einer älteren Version zugeordnet sein.

1.11.2 Die Startvorlage

Excel hat keine Startvorlage. Word hat eine (*Normal.dotx*), PowerPoint ebenfalls. Starten Sie Excel, erhalten Sie immer eine leere Mappe mit Standardformaten. Um spezifische Formate, Kopf-/Fußzeilen, Seitenlayouts und Designs zu nutzen, müssen Sie eine Vorlage anlegen und diese beim Öffnen benutzen. Oder Sie kennen diesen Trick, mit dem Sie Excel eine Startvorlage »unterschieben«:

Formatieren Sie eine Mappe nach Ihren Wünschen. Weisen Sie Zahlenformate und Formatierungen zu, gestalten Sie Kopf- und Fußzeile, und suchen Sie das passende Design. Legen Sie die gewünschte Anzahl Tabellenblätter fest, und tragen Sie bei Bedarf auch gleich Daten und Formeln ein.

Wählen Sie *Datei/Speichern unter*, und schalten Sie auf die Excel-Vorlage mit der Dateiendung *.xltx*. Der Dateidialog wechselt damit automatisch in den Vorlagenordner (unter *Datei/Optionen/Speichern* als Ordner für persönliche Vorlagen definiert).

Geben Sie in das Suchfenster für den Pfad im Speicherdialog *%appdata%* ein. Excel steuert damit in den Roaming-Ordner. Nutzen Sie den Pfad *Microsoft/Excel/XLSTART*.

Nennen Sie die Mappe *Mappe.xltx*, und speichern Sie die Datei ab.

Starten Sie anschließend Excel, erhalten Sie eine Kopie Ihrer Startvorlage anstelle der unformatierten Mappe.

Wie der Trick funktioniert? Excel startet mit einer Pseudomappe namens *Mappe1*. Findet das Programm eine Vorlage im Startverzeichnis *XLSTART*, öffnet es diese als Kopie und nummeriert sie gleich durch. Und so wird aus *Mappe.xlt* eben *Mappe1*.

1.11.3 XLSX oder XLSB

Mit Excel 2007 hat Microsoft das Dateiformat geändert. Die Vorgängerversionen verwenden einen binärcodierten Maschinencode, das neue Excel speichert Dateien mit der Endung *.xlsx* oder *.xlsm*, *.xlt* und *.xlam* und verwendet dafür den Internetstandard XML, genauer das Dateiformat Open Office XM. XML ist HTML ähnlich, die Daten werden über sogenannte Tags gekennzeichnet und in Textform abgespeichert. Bilder und grafische Elemente wandelt Excel ins GIF-Format um, ein extrem sparsames Format. Deshalb blähen auch sehr große Fotos die Dateien nicht übermäßig auf.

Eine Excel-Datei ist eigentlich ein ZIP-Archiv. Wenn Sie den XML-Inhalt sehen wollen, ändern Sie die Dateiendung einer Mappe einfach von *.xlsx* oder *.xlsm* auf *.zip*. Öffnen Sie dann die Datei per Doppelkick, sehen Sie den Inhalt:

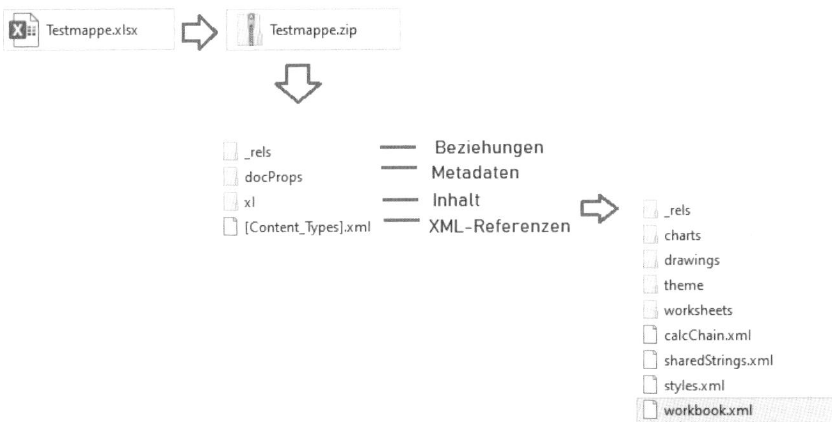

Abbildung 1.10: Als ZIP-Datei gibt die Mappe ihren Inhalt preis.

Der Ordner Worksheets enthält für jedes Tabellenblatt eine XML-Datei. Nach einem Doppelklick auf diese Datei präsentiert sich der XML-Code im Browser-Fenster.

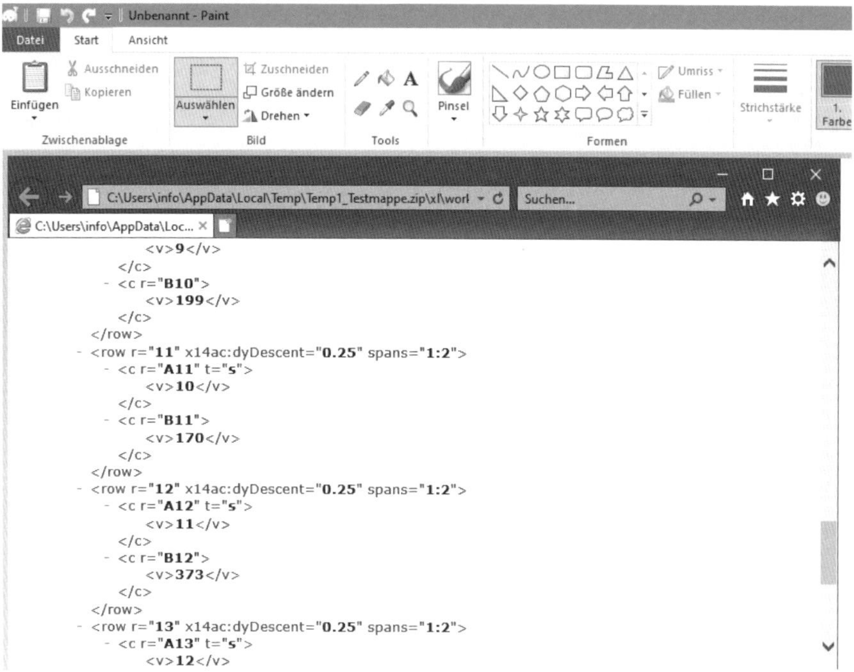

Abbildung 1.11: So sieht das Tabellenblatt in XML aus.

1.11.4 XSLB – besser als XLSM?

Einige KollegInnen schwören auf das »alte« Binärformat und speichern ihre Mappen als XLSB-Dateien alternativ zu XML ab. Dass diese damit sicherer oder schneller werden oder weniger Speicherplatz brauchen, ist nicht bewiesen. Bei sehr großen Dateien lässt sich ein Unterschied ausmachen, hier ist das XLSB-Format deutlich kompakter, und die Dateien lassen sich auch schneller öffnen.

Aber – XLSB-Dateien sind ein Sicherheitsrisiko. Viele Server und Firewalls weigern sich, diese Dateien anzunehmen und auf Sicherheitsrisiken zu prüfen.

1.11.5 Blattschutz in XML-Datei entfernen

Der Blattschutz gehört nicht unbedingt zu den komplexeren Schutzmechanismen von Excel. Mit *Überprüfen/Schützen/Blatt schützen* bestimmen Sie, was dem Benutzer des Tabellenblatts erlaubt ist. Weisen Sie dem Blattschutz ein Kennwort zu, kann er nur über dieses wieder aufgehoben werden (*Überprüfen/Schützen/Blattschutz aufheben*).

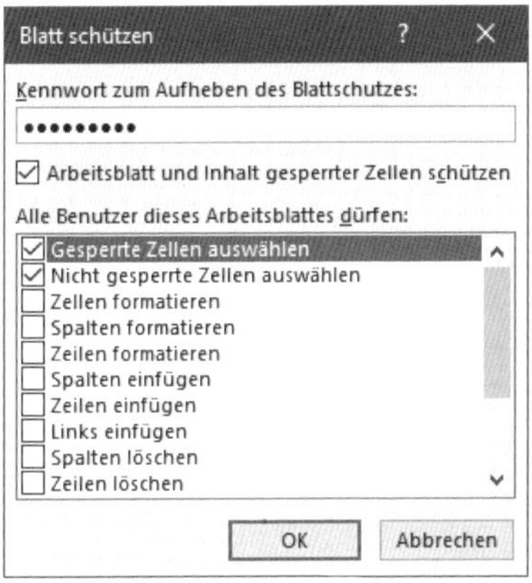

Abbildung 1.12: Blattschutz: Das darf der Anwender noch.

Im Unterschied zum »echten« Dateikennwort lässt sich dieses Blattschutzkennwort relativ einfach entfernen. Legen Sie eine Kopie der geschützten Datei an. Ändern Sie die Dateiendung von *.xlsx* bzw. *.xlsm* auf *.zip*, und bestätigen Sie die Meldung mit *Ja*.

Der Inhalt des Archivs wird angezeigt, öffnen Sie den Ordner *xl*. Suchen Sie das geschützte Tabellenblatt, und ziehen Sie es auf den Desktop.

Klicken Sie die Datei mit der rechten Maustaste an und öffnen Sie den Inhalt mit einem Texteditor (Notepad).

Suchen Sie den Eintrag, der mit *<sheetProtection* beginnt (in Excel 2010: *passwort*). Markieren Sie alles bis zur schließenden Klammer */>*, und löschen Sie den Inhalt, sodass nur noch *<sheetProtection/>* stehen bleibt. Speichern und schließen Sie die XML-Datei.

Kopieren oder verschieben Sie die Datei zurück in das Archiv, überschreiben Sie das Original. Ändern Sie die Dateiendung wieder in *.xlsx* bzw. *.xlsm*. Damit ist der Blattschutz entfernt, das Tabellenblatt ist nicht mehr geschützt.

Kapitel 2

Schneller, höher, weiter!

Mit Excel produktiv zu arbeiten heißt, schnell zum Ziel zu kommen. Die Software stellt für einzelne Funktionselemente bis zu fünf Bedienvarianten zur Auswahl, was meist auch Sinn macht, denn Senioren und Anfänger oder Menschen mit Behinderung brauchen andere Möglichkeiten als erfahrene Anwender. Das heißt aber nicht, dass Sie auf dem Wissensstand bleiben sollten, den Sie im Einsteigerkurs oder im Web Based Training gezeigt bekommen haben. Entwickeln Sie sich weiter, suchen Sie besonders dann, wenn Sie merken, dass etwas immer fürchterlich lange dauert, nach einer besseren Methode. Und die gibt es, denn die Excel-Entwickler wissen auch, wo der Schuh drückt bzw. wo der Anwender genervt ist (na ja, nicht immer ...).

Sie finden das Menüband nicht besonders gelungen und sehr unübersichtlich? Als die Entscheidung fiel, die Oberfläche mit Symbolen für Programmfunktionen auszustatten, hatte Excel noch eine überschaubare Zahl davon. Mittlerweile kann das Programm viel zu viel, und das Menüband ist hoffnungslos überladen.

2.1 Kontextspezifische Kontextmenüs

Hinter diesem komplexen Begriff verbirgt sich eine Technik, die weitaus nützlicher als das Menüband ist. Markieren Sie, was Sie bearbeiten wollen (Zellen, Zellbereiche, Zeilen, Spalten, Objekte), und aktivieren Sie mit der rechten Maustaste das Kontextmenü. Die Wahrscheinlichkeit, dass es die gewünschte Funktion enthält, ist sehr hoch, und Sie müssen nicht Befehlssymbole oder Befehle durchsuchen, die für die markierten Elemente nicht infrage kommen. Nehmen Sie sich ein wenig Zeit, und testen Sie das Kontextmenü, es ist intelligenter, als Sie vielleicht denken:

Markieren Sie einen leeren Bereich oder nur Zahlenwerte, enthält es keinen Befehl *Übersetzen*. Der Befehl taucht aber sofort auf, wenn ein Text markiert wird.

Spaltenbreite wird nur bei komplett markierten Spalten angeboten, nicht für Zellbereiche. Die Vergabe von Bereichsnamen (*Namen definieren*) macht dagegen nur für Zellbereiche Sinn, nicht für Spalten oder Zeilen.

2.2 Weg mit der Maus

Arbeiten Sie so viel wie möglich mit der Tastatur. Der Griff zur Maus, das Anvisieren von Symbolen und Bedienelementen kostet wertvolle Zeit. Bei hohen Bildschirmauflösungen werden die Bildschirmelemente viel zu klein, um sie noch per Maus bedienen zu können. Von Touchpads ganz zu schweigen – diese Zeitkiller sollten Sie möglichst meiden. Für alle wichtigen Bedienaktionen gibt es eine Tastenkombination, mit der Maus wird nur markiert oder über das Kontextmenü der rechten Maustaste gearbeitet.

2.3 Zeitkiller ade

Dass Tastenkombinationen nützlich sind, hat sich mittlerweile herumgesprochen, und eine Liste mit den nützlichsten Shortcuts ist auch schnell gegoogelt und heruntergeladen. Aber leider nutzen wir nur ein paar wenige wie Strg+C und Strg+V oder F12 zum Speichern. Die wichtigsten Vertreter ihrer Zunft sind aber diejenigen, die die meiste Zeit sparen. Und da gibt es sowohl Tastatur- als auch Maustricks.

Wer in einer 1.000 Zeilen langen Liste zur Maus greift und mit dem Rad nach unten rollt, bis die letzte Zeile sichtbar wird, braucht ganze 16 Sekunden (mit den Bildtasten sind es immer noch 13 Sekunden). Für Strg+Ende benötigt man weniger als eine Sekunde. Um eine Spalte zu verschieben, wird eine neue Spalte eingefügt, dann wird die Ursprungsspalte kopiert, dann muss die alte Spalte gelöscht werden (14 Sekunden!). Die Spalte zu markieren, mit gedrückter ⇧-Taste mit dem Mauszeiger am Rand abzunehmen und das Ganze zu verschieben, dauert sechs Sekunden.

Noch ein Beispiel? Eine Formel mit dem Füllkästchen 1.000 Zeilen nach unten zu kopieren, dauert 13 Sekunden, vorausgesetzt, man trifft die gewünschte Zielzelle auf Anhieb. Ein Doppelklick auf das Füllkästchen erfordert nicht mal eine Sekunde.

Arbeiten in einem Betrieb 50 Mitarbeiter mit Excel und verbrauchen diese für 20 dieser Zeitkiller-Aktionen pro Tag ca. 50 Sekunden, summiert sich das auf 14 Stunden pro Tag. Das sind bei einem Durchschnitts-Stundenverrechnungssatz von 35 EUR ganze 9.800 EUR pro Monat, die für Zellzeiger- und Markierungsaktionen in Excel draufgehen.

Aber Zeit ist Geld, und Fortbildung tut nicht mehr not. Das muss ich nicht wissen, das kann ich doch googeln ...

2.4 Top-10-Tastenkombinationen

Befreien Sie sich von den Zeitkillern, arbeiten Sie so oft wie möglich mit Shortcuts. Sie müssen nicht alle kennen, nur die wichtigsten. Hier die Top 10 der Tastenkombinationen:

Platz	Shortcut	Aktion
10	Strg+Pos1	unverzichtbar: aus jeder beliebigen Zelle nach A1 springen
9	Strg + Pfeiltasten	im Tabellenblatt oder innerhalb von Listen oder Tabellen zum Ende (nach unten, oben, links, rechts) springen

Platz	Shortcut	Aktion
8	Strg+⇧ + Pfeiltasten	zum Ende springen und gleichzeitig ab dem Zellzeiger markieren
7	Strg+Bild↑ Strg+Bild↓	Wechsel zum nächsten bzw. vorherigen Tabellenblatt
6	Strg+Leer ⇧+Leer	Spalte markieren, Zeile markieren. Immer noch schneller als Mausklicks auf Spaltenbuchstaben oder Zeilennummern.
5	Strg++ Strg+-	Zelle(n) einfügen oder löschen. Am besten zusammen mit Strg+Leer / ⇧+Leer, dann gibt es immer ganze Zeilen oder Spalten ohne Rückfrage.
4	Strg+⇧++	Markiert die Liste, in der sich der Zellzeiger befindet.
3	Strg+⇧+Ende	Markiert vom Zellzeiger bis zur letzten benutzen Zelle. Nützlich und sicher, wenn Daten nicht in Listen- oder Tabellenform vorliegen.
2	⇧+⇆	Bringt den Zellzeiger sofort in die letzte markierte Zelle (zuvor muss eine Liste oder Tabelle markiert werden).
1	Strg+1	Klarer Sieger: Die Zellformatierung. Häufig gebraucht, viel zu langsam über Kontextmenü oder Menüband. Führt vor allem schnell zu den für Profis wichtigen Platzhalterformaten (*Benutzerdefiniert*).

2.5 Funktionstasten? Aber sicher!

Die zwölf Funktionstasten am oberen Rand der Tastatur fristen oft ein trauriges, unbenutztes und unbeachtetes Dasein. Auf Notebooks und Laptops werden sie immer kleiner, auf Bildschirmtastaturen für Tablets fehlen sie oft komplett. Dabei setzte Excel von Anfang an auf die zwölf F-Tasten und belegte sie mit sehr nützlichen Funktionen, sogar mehrfach mit Unterstützung der Strg-, ⇧- und Alt-Taste.

Abbildung 2.1: Wichtig: Funktionstasten von F1 bis F12

Das Kreuz mit der [Fn]-Taste

Auf Laptops oder Notebooks sind die Funktionstasten häufig nur durch gleichzeitiges Drücken der [Fn]-Taste abrufbar, standardmäßig sind sie mit der Regelung der Lautstärke und anderer rechnerspezifischer Funktionen belegt. Ändern lässt sich das nur über das BIOS/UEFI, und das sollten Sie vom Fachmann oder Fachhändler machen lassen, falls Sie wenig Erfahrung mit so etwas haben. Das BIOS (auf älteren Geräten) oder UEFI wird zwischen dem Start des Computers und dem Hochfahren des Betriebssystems aktiviert, es prüft, ob das System richtig funktioniert, bevor Windows in den Hauptspeicher und auf den Bildschirm geholt wird. Meist muss dazu gleich nach dem Einschalten die [Entf]-Taste oder [F2] gedrückt und gehalten werden, je nach Hersteller kann auch [F12], [F1], [F8], [F10] oder [Esc] erforderlich sein. Das UEFI starten Sie unter Windows 10, indem Sie auf dem Startbildschirm [⇧] drücken und *Neustart* anklicken. Wählen Sie *Problembehandlung/Erweiterte Optionen/UEFI-Firmwareeinstellungen.*

Suchen Sie im BIOS/UEFI nach einer Einstellung, die »function keys behavior« oder ähnlich heißt, und ändern Sie diese. Nach einem Neustart sollte die [Fn]-Taste für die Funktionstasten unter Excel überflüssig sein.

Es gibt noch eine Alternative für den Fall, dass Windows keinen Zugriff auf das BIOS/UEFI zulässt. Und die führt direkt über Windows. Aber Vorsicht: Das ist nur was für betriebssystemsichere Anwender. Falls Sie nicht im privaten Kämmerchen arbeiten, vergewissern Sie sich, dass Sie das auch dürfen. Wir wissen von nichts ...

Sichern Sie in jedem Fall vorher alle Daten!

1. Wählen Sie *Einstellungen* im Startmenü, oder drücken Sie [Win]+[I].
2. Klicken Sie auf *Update und Sicherheit.*
3. Unter *Wiederherstellung* finden Sie die Option *Erweiterter Start.* Klicken Sie auf *Jetzt neu starten.*
4. Im blauen Fenster wählen Sie *Problembehandlung* und *Erweiterte Optionen.* Jetzt sollten Sie die Option *UEFI-Firmwareeinstellungen* angeboten bekommen. Hier können Sie die [Fn]-Taste umdefinieren.

[F1]

... ist traditionell mit dem Aufruf der Hilfefunktion belegt. [Strg]+[F1] blendet das Menüband ein und aus, [Alt]+[F1] fügt ein Diagrammobjekt ein, und [Alt]+[⇧]+[F1] legt ein neues Tabellenblatt an.

Die magische Taste [F2]

Falls die [F2]-Taste auf Ihrer Tastatur noch keine Gebrauchsspuren aufgrund exzessiver Benutzung aufweist, dann machen Sie etwas falsch. Warum? Weil [F2] zwischen dem Eingabe- und dem Bearbeiten-Modus umschaltet.

Drücken Sie mal [F2] und beobachten Sie die Statusleiste links unten. [F2] öffnet die aktive Zelle und wechselt in den Bearbeitungsmodus und wieder zurück in den Eingabe-Modus.

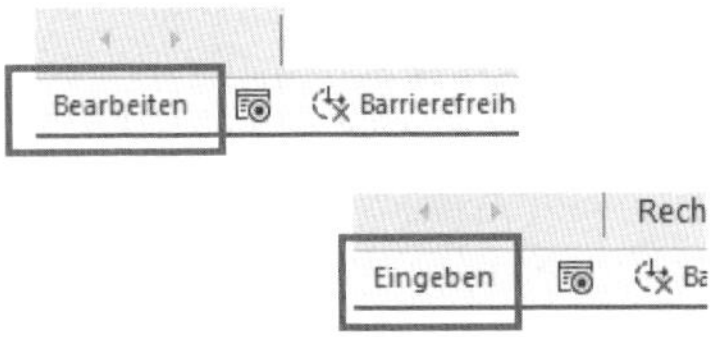

Abbildung 2.2: [F2] schaltet zwischen Bearbeiten *und* Eingeben *um.*

Na gut, so viel bringt das noch nicht, das geht auch per Doppelklick in die Zelle. Aber hier wird [F2] richtig nützlich:

Öffnen Sie eine größere Formel per [F2], verschieben Sie den Cursor mit den Cursortasten. Schalten Sie mit [F2] in den Eingabe-Modus, können Sie den Bezug mit den Cursortasten (rechts oder links) abholen.

Legen Sie einen Bereichsnamen an, oder reparieren Sie den Bezug auf einen Namen, holt die Cursortaste automatisch einen Bezug ab. Das ist lästig, aber anstatt zur Maus zu greifen, drücken Sie einfach [F2], und schon lässt sich der Cursor bequem im Bezugsfeld verschieben.

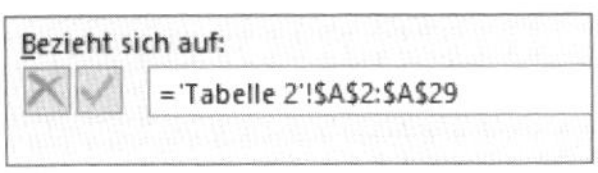

Abbildung 2.3: Supernützlich: [F2] beim Bearbeiten von Bezügen oder Formeln

[⇧]+[F2] fügt einen Zellkommentar hinzu oder bearbeitet einen solchen.

[Strg]+[F2] schaltet in die Seitenansicht um.

[F3]

Nützlich, wenn Sie mit Bereichsnamen arbeiten. Drücken Sie [F3], sobald Sie einen Bereichsnamen brauchen – als Zellinhalt, als Teil einer Formel oder beim Zuweisen eines Namensbezugs. Mit [Strg]+[F3] startet der Namens-Manager, mit [⇧]+[F3] erhalten Sie den Formel-Assistenten.

[F4]

Wiederholt den letzten Befehl und ist damit mit [Strg]+[Y] identisch. Markieren Sie einen Bezug in einer Formel, lässt sich dieser mit [F4] in die nächste Bezugsart (absolut, relativ) umwandeln.

[Strg]+[F4] schließt das aktive Fenster, [Alt]+[F4] schließt Excel.

Übrigens: [Alt]+[F4] schließt auch Windows, vorausgesetzt, Sie befinden sich auf dem Desktop und nicht in einem Programmfenster. Damit haben Sie eine gute Alternative zur Off-Taste, wenn mal gar nichts mehr geht.

[F5]

Startet den nützlichen Dialog *Gehe zu*. Geben Sie einen Bezug oder einen Bereichsnamen ein, oder klicken Sie auf *Inhalte*, um ganz spezielle Markierungen zu setzen, z. B. auf alle Formeln, alle Leerzellen oder Objekte oder alle Zellen mit bedingter Formatierung oder Datenüberprüfung.

Abbildung 2.4: Mit [F5] *und* Gehe zu *kommen Sie überallhin.*

[F6]

Wechselt zwischen Blatt, Menüband, Aufgabenbereich und Zoom-Elementen. Mit [Strg]+[F6] oder [Strg]+[⇧]+[F6] können Sie zwischen offenen Arbeitsmappen wechseln.

[F7]

Startet die Rechtschreibprüfung.

[Strg]+[F7] ist ein interessanter Shortcut: Ist es Ihnen schon mal passiert, dass ein Fenster nicht zu sehen war, weil es auf einem anderen Bildschirm oder auf einer anderen Projektion stand? Einmal [Strg]+[F7] gedrückt, lässt sich ein Fenster, das nicht im Vollbildmodus steht, mit den Cursortasten verschieben. Mit [Alt]+[Leer] und [↵] schalten Sie das Fenster in den Fenstermodus, dann lässt es sich mit [Strg]+[F7] z. B. auf einen anderen Monitor oder von einer Projektion zurück auf den Laptop schieben.

[F8]

Hier haben wir wieder ein Fossil aus früheren Versionen: Mit [F8] fixieren Sie den Zellzeiger. Ziehen Sie mit Maus oder Pfeiltasten auf andere Zellen weiter, bleibt die aktive Zelle fixiert, bis Sie wieder [F8] drücken. Das ist ein Überbleibsel von ganz früher, als Excel noch von »mauslosen« Anwendern bedient wurde.

Weniger bekannt ist in diesem Zusammenhang die Kombination [⇧]+[F8]: Damit bleibt die ursprüngliche Markierung stehen, Sie können weitere Zellen mit den Pfeiltasten ansteuern und wieder mit [F8] eine Markierung starten.

[Strg]+[F8] startet die Größenänderung bei Fenstern, die nicht maximiert sind, und [Alt]+[F8] aktiviert den Makro-Dialog.

[F9]

Zum Berechnen ist [F9] nur nützlich, wenn Sie in den Optionen die automatische Berechnung auf *manuell* umgestellt haben. Das ist in der Praxis manchmal noch nötig, wenn die Kalkulation allzu lange für Neuberechnungen braucht (was aber meist nicht auf mangelnde Rechnerleistung, sondern auf ein falsches Tabellenmodell zurückzuführen ist). [F9] ist aber besonders nützlich für Teilberechnungen. Öffnen Sie die Formelzelle mit [F2], und markieren Sie den Teil, den Sie teilberechnen wollen. Drücken Sie [F9], erhalten Sie das Ergebnis. Das gilt auch für ganze Formeln, wobei sich das Markieren erübrigt.

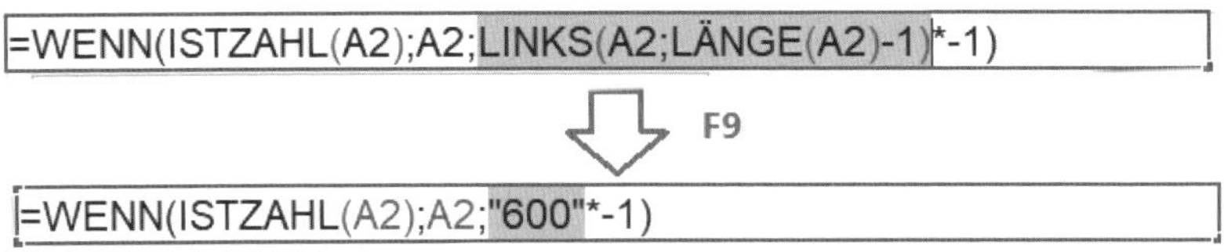

Abbildung 2.5: Nützlich für Formelmonster: Zwischenrechnung mit [F9]

[⇧]+[F9] berechnet nur das aktive Arbeitsblatt, [Strg]+[Alt]+[F9] berechnet alles neu, auch wenn sich nichts geändert hat. [Strg]+[F9] minimiert das Fenster.

[F10]

Entspricht dem Drücken der [Alt]-Taste. Aktiviert die Zugriffstasten für Menübefehle. [⇧]+[F10] aktiviert das Kontextmenü des markierten Elements, [Strg]+[F10] maximiert das Fenster.

[F11]

Erstellt ein Diagrammblatt. Wenn der Zellzeiger in einer Liste oder Tabelle steht oder eine solche markiert ist, zeigt das Diagrammblatt die Daten in Form eines Säulendiagramms an.

Diagrammblätter sind nicht mehr gebräuchlich, seit Excel mit *Einfügen/Diagramm* ein Diagrammobjekt in das Tabellenblatt zeichnet.

[⇧]+[F11] fügt ein neues Arbeitsblatt ein, und [Alt]+[F11] öffnet den Visual Basic Editor, die Oberfläche für die VBA-Programmierung.

[F12]

Aktiviert das Dialogfeld *Speichern unter*. Mit [⇧]+[F12] wird die Mappe gespeichert, falls bereits ein Dateiname zugewiesen ist, ansonsten taucht wieder der Speicherdialog auf.

Kapitel 3

Von der Liste zur Tabelle

Sollten Sie den Unterschied zwischen Liste und Tabelle bereits kennen, können Sie diesen Abschnitt überspringen. Vielleicht haben Sie aber trotz langjähriger Arbeit mit Excel den Begriff *Liste* noch gar nicht wahrgenommen.

Liste ist ein technischer Begriff, er steht für eine Datenmenge, die durch eine leere Spalte nach rechts und eine leere Zeile nach unten begrenzt ist. Idealerweise hat die Liste eine Kopfzeile, aber das ist nicht Vorschrift. Listen haben keine Leerzeilen, mit jeder Leerzeile entsteht ja eine weitere Liste.

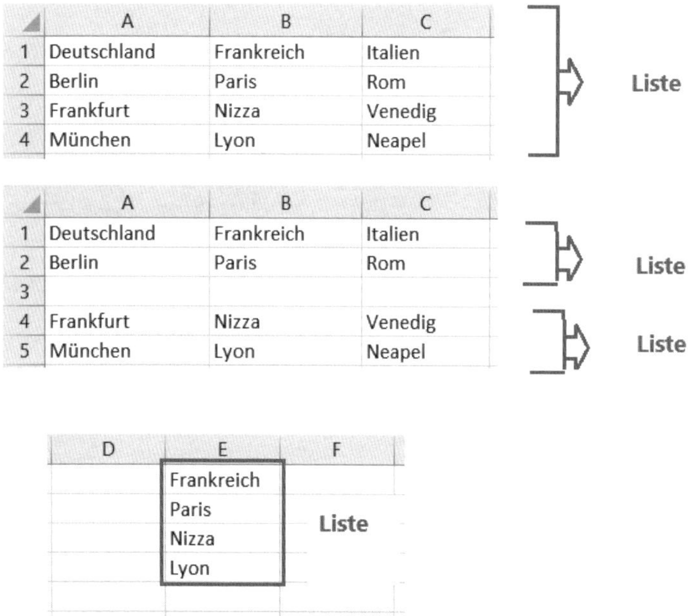

Abbildung 3.1: Listen entstehen durch Leerzeilen und Leerspalten.

Die Tabelle ist die Nachfolgerin der Liste. Erste Versuche, eine dynamische Liste zu etablieren, gab es bereits in der Office Suite 97. Das *Daten*-Menü enthielt einen Menübefehl *Liste*, und damit konnte eine Datenmenge zur (dynamischen) Liste erklärt werden. Ob es an der Benennung oder an der fehlerhaften Funktion lag, lässt sich nicht mehr klären, aber die Liste wurde nicht angenommen.

Mit Excel 2007 hat Microsoft das dynamische Element *Tabelle* eingeführt, was nur in unserem Sprachraum zu Verwirrungen führte. Im Englischen ist die Tabelle (table) leicht von der Liste (list) zu unterscheiden, das Tabellenblatt, das wir landläufig als Tabelle bezeichnen, heißt da nämlich sheet (Blatt). Aber langsam gewöhnt sich auch der deutschsprachige Europäer an die Tabelle, wir müssen uns nur angewöhnen, in Wort und Schrift konsequent zwischen Tabellen und Tabellenblättern zu unterscheiden.

3.1 Listen in Tabellen umwandeln

Die Liste ist schnell in eine Tabelle verwandelt: Zellzeiger irgendwo platzieren, *Einfügen/Tabellen/Tabelle* oder Strg+T drücken und den Bereich bestätigen. Die Überschrift wird automatisch erkannt, wenn in der ersten Zeile Text steht und ab der zweiten nachfolgenden Zeile Zahlen zu finden sind.

Es gibt übrigens noch eine weitere Tastenkombination für die Umwandlung von Listen in Tabellen: Strg+L. Warum L? Weil die dynamische Liste unter Excel 97 eben Liste hieß ...

3.2 Von der Wichtigkeit der Tabelle

Die Tabelle ist keine Alternative zur Liste, sie ist das Werkzeug, mit dem Sie ab jetzt Ihre Kalkulationen von Zufälligkeiten befreien und aus der Bastelecke holen. Die Zeiten, in denen mit Excel undefinierte und undefinierbare Datenmengen ausgewertet werden, sind vorbei. Die Tabelle ist ein Element, das in seiner Dimension greifbar und auswertbar ist. Im Unterschied zur Liste ist sie dynamisch. Listen sind zufällige Daten auf zufälligen Zellbereichen.

Einer der gravierendsten Unterschiede zwischen dem Datenbanksystem Access und Excel ist und war die Tatsache, dass Access mit Tabellenstrukturen arbeitet. Tabellenfelder haben in Access einen Felddatentyp, und der lässt sich nicht umgehen. Ist das Feld vom Typ *Datum*, nimmt es nur (gültige) Datumswerte, Zahlenfelder nehmen keine Texte etc. Das macht das Arbeiten mit Access angenehm und sicher. Würde sich Microsoft entscheiden, Excel-Tabellen auch so auszustatten, wäre die Arbeit mit der Kalkulation wesentlich sicherer.

Liste oder Tabelle ...

... sollte keine Frage mehr sein. Wechseln Sie zur Tabelle, verbannen Sie die Liste aus Ihren Tabellenblättern – Ihr Risikomanagement wird Ihnen zu Füßen liegen ...

3.3 Fünf Gründe, warum Tabellen besser sind als Listen

3.3.1 Tabellen sind dynamisch

Das dürfte der wichtigste Grund sein, der für die Tabelle spricht. Sie ist dynamisch, d. h., sie lässt sich über ihren Namen und sogar über die Zellbezüge adressieren, und die Auswertung passt sich an, wenn sich die Tabellengröße ändert. Geben Sie Tabellen deshalb immer gleich über *Tabellentools/Entwurf* einen aussagekräftigen Namen.

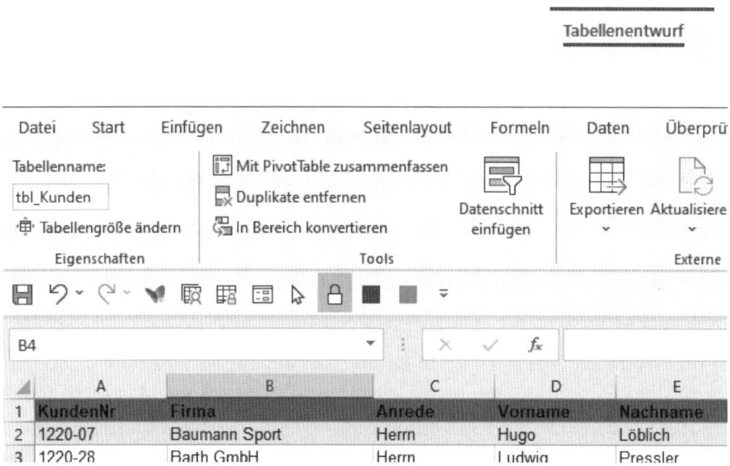

Abbildung 3.2: Tabelle über den Tabellenentwurf gleich benennen

Mein persönlicher Tipp: Programmierer verwenden ein sogenanntes Präfix, um ein Element zu klassifizieren (int für Integer, cmd für Command etc.). Starten Sie alle Tabellennamen mit *tbl*, wahlweise gefolgt von einem Unterstrich. Wird der Tabellenname in Formeln gebraucht, genügt die Eingabe der drei Buchstaben, und alle aktiven Tabellen stehen zur Auswahl.

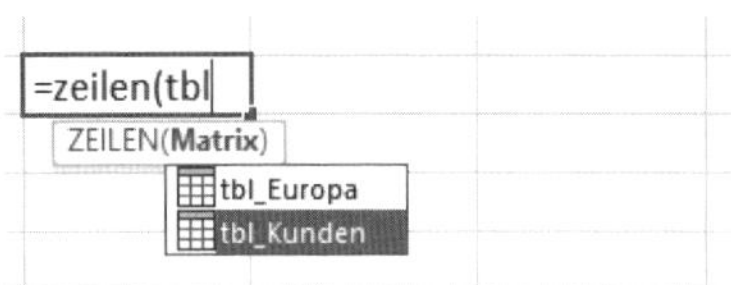

Abbildung 3.3: Mit tbl *finden Sie Ihre Tabellen sofort.*

3.3.2 Diagramme auf Tabellenbasis sind auch dynamisch

In Zeiten von Dashboards und Cockpits können wir uns keine statischen Diagramme mehr leisten. Die grafische Datenanalyse muss sich den wachsenden und wechselnden Daten anpassen, und das kann sie nicht, wenn die Datenbasis eine Liste ist. Sehen Sie sich nur einmal die Funktion an, aus der eine Datenreihe gebildet wird. Schreiben Sie den nächsten Datensatz einfach unten dran, bleibt das Diagramm gleichgültig unverändert. Anders dagegen Diagramme mit Tabellen als Datenquelle. Die Funktion DATENREIHE zeigt zwar immer noch absolute Bezüge, aber das Diagramm passt sich dynamisch an Änderungen in der Tabelle an.

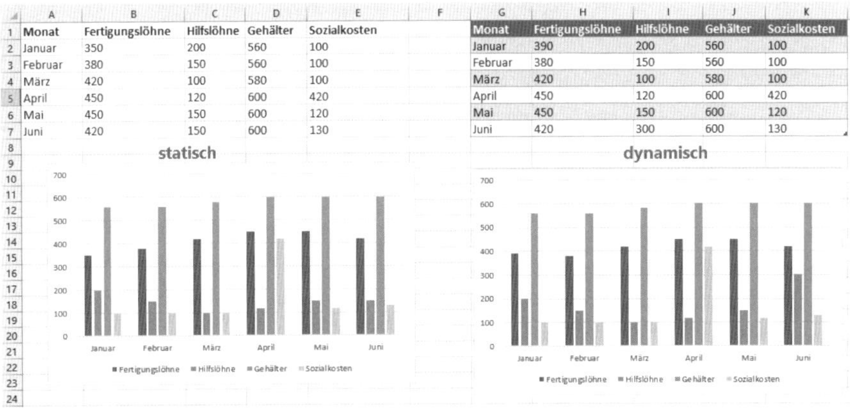

Abbildung 3.4: Diagramme mit Tabellen als Datenquelle sind dynamisch.

3.3.3 Externe Daten sind immer Tabellen

Alles, was Sie mit Power Query oder über die ältere Technik ODBC aus externen Daten in ein Tabellenblatt verknüpfen, wird automatisch zur Liste. Verwenden Sie den Listennamen in Auswertungsformeln oder als Quelle von PivotTables und PivotCharts, werden diese (fast) vollautomatisch aktualisiert, sobald sich die verknüpfte Datenmenge ändert.

Es gibt sogar die Möglichkeit, Verknüpfungen auf externe Daten automatisch zu aktualisieren: Setzen Sie den Zellzeiger in die Tabelle und wählen Sie *Daten/Abfragen und Verbindungen/Abfragen und Verbindungen.* Klicken Sie mit der rechten Maustaste auf die Verbindung (rechter Bildschirmrand) und wählen Sie *Eigenschaften.*

Kreuzen Sie diese Optionen an:

- *Aktualisieren alle x Minuten*
- *Aktualisieren beim Öffnen der Datei*

KundenNr	Firma	Anrede	Vorname	Nachname	Strasse	PLZ	Ort
1220-07	Baumann Sport	Herrn	Hugo	Löblich	Karlsstraße 80	81933	München
1220-28	Barth GmbH	Herrn	Ludwig	Pressler	Amberger Weg 66	77643	Esslingen
1220-01	Tennis & Golf	Herrn					
1220-12	Bollmann KG	Frau					
1220-03	Dietrich & Söhne	Herrn					
1220-25	Golfcenter	Firma					
1220-22	Erdmann Sport	Herrn					
1220-09	Fun-Corner	Herrn					
1220-30	Ferritt KG	Frau					
1220-02	Franzen AG	Herrn					
1220-13	FunSport AG	Herrn					
1220-19	Sporthaus	Frau					
1220-33	Sporthaus Amberger	Herrn					
1220-34	HUBA Markt	Herrn					
1220-26	Sport & Spass	Frau					
1220-06	Tenniscenter Augsburg	Herrn					
1220-27	Jordan & Co	Frau					
1220-08	Sport Huber	Herrn					

Abbildung 3.5: Verknüpfung automatisch aktualisieren

3.4 Tabellen und absolute Bezüge

In Tabellen gibt es keine absoluten Bezüge ($-Bezüge). Die Aussage ist nur bedingt richtig, Sie können durchaus mit der alten Bezugstechnik arbeiten, was zwar nicht vorgesehen, aber möglich ist. Und – die Bezüge bleiben dynamisch. Ein Beispiel:

Die Tabelle *tbl_Umsatz* enthält die Spalten *Artikel*, *Menge* und *Preis* und eine weitere namens *Umsatz* mit der Multiplikation, die zum Umsatz der Spalten B und C führt:

```
=[@Menge]*[@Preis]
```

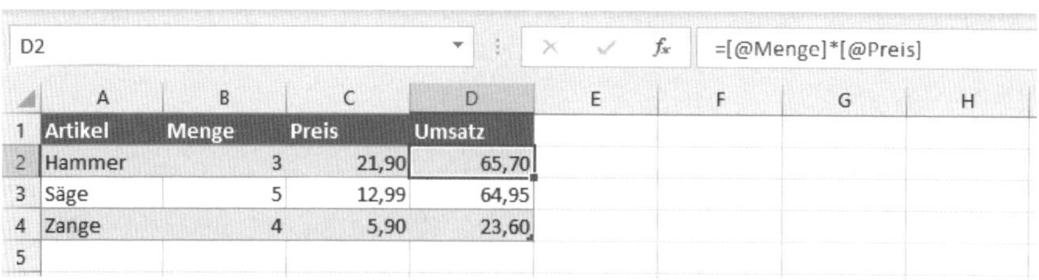

Artikel	Menge	Preis	Umsatz
Hammer	3	21,90	65,70
Säge	5	12,99	64,95
Zange	4	5,90	23,60

Abbildung 3.6: Tabelle mit strukturiertem Spaltenverweis

Probieren Sie es mal mit der alten Methode. Die Bezüge müssen Sie aber eintippen, beim Anklicken erhalten Sie immer den strukturierten Verweis:

```
=B2*C2
```

Ein Unterschied wird Ihnen sofort auffallen: Die Formel wird nicht automatisch nach unten bis zum Ende der Tabelle kopiert. Hier muss der Doppelklick auf das Füllkästchen zum Einsatz kommen. Aber – die Formel rechnet richtig und wird bei neuen Datensätzen auch brav weiterkopiert. Interessant wird es mit der Mischung von relativen und absoluten Bezügen:

Berechnen Sie in einer weiteren Spalte *% von Gesamt* den prozentualen Anteil der Artikelumsätze am Gesamtumsatz, und kopieren Sie auch diese Formel bis zum Tabellenende:

```
=D2/SUMME($D$2:$D$4)
```

Fügen Sie einen weiteren Datensatz ein, wird der absolute Bezug sowohl in der neuen als auch in den bereits kalkulierten Zeilen angepasst:

```
=D6/SUMME($D$2:$D$4)
```

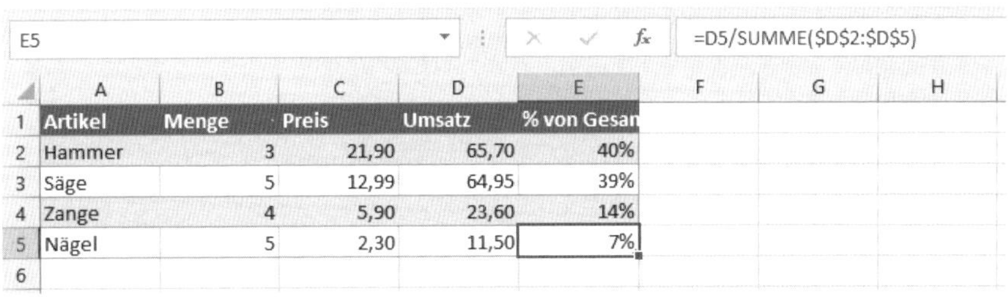
E5 =D5/SUMME($D$2:$D$5)

	A	B	C	D	E	F	G	H
1	Artikel	Menge	Preis	Umsatz	% von Gesan			
2	Hammer	3	21,90	65,70	40%			
3	Säge	5	12,99	64,95	39%			
4	Zange	4	5,90	23,60	14%			
5	Nägel	5	2,30	11,50	7%			
6								

Abbildung 3.7: Relative und absolute Bezüge in Tabellen

Legen Sie einen Bereichsnamen für die Spaltensumme an, verwenden Sie in der Regel den strukturierten Verweis:

```
Bereichsname: UmsatzSumme
Bezieht sich auf: =SUMME(tbl_Umsatz[Umsatz]
```

Probieren Sie es mit dem absoluten Bezug:

```
=SUMME($D$2:$D$7)
```

Verwenden Sie den Bereichsnamen jetzt in der Formel, wird er nicht nur korrekt mit der Formel nach unten kopiert, der absolute Bezug passt sich auch an, wenn neue Datensätze hinzukommen.

3.4.1 Strukturierte Verweise auf Tabellenwerte mit variablen Bezeichnern

Nachdem Sie eine Tabelle eingerichtet haben (*Einfügen/Tabellen/Tabelle*), können Sie mit strukturierten Verweisen komfortabel auf die Inhalte Bezug nehmen. In einer Tabelle *Umsatz* können Sie z. B. mit diesem strukturierten Verweis die Ergebniszeile der Spalte *Januar* auslesen:

```
=Umsatz[[#Ergebnisse];[Januar]]
```

Hier ein Tipp, wie Sie strukturierte Verweise mit Excel-Formeln konstruieren und sich so variable Auswertungen über mehrere Tabellen schaffen können. Dazu benutzen Sie die geniale Excel-Funktion INDIREKT():

Die beiden Tabellen *tbl_Umsatz2020* und *tbl_Umsatz2021* enthalten Umsatzzahlen für die einzelnen Jahre.

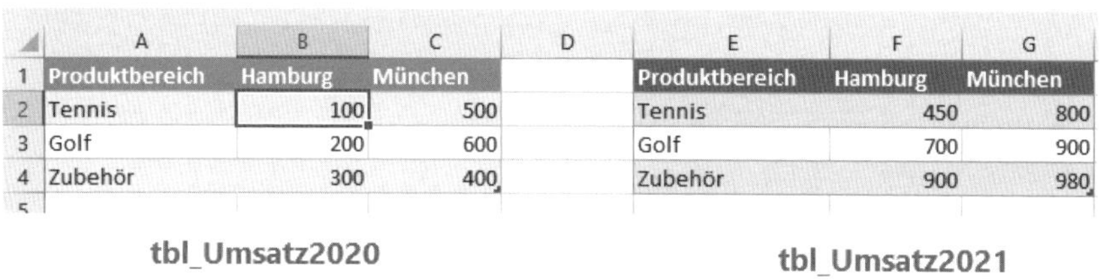

	A	B	C	D	E	F	G
1	Produktbereich	Hamburg	München		Produktbereich	Hamburg	München
2	Tennis	100	500		Tennis	450	800
3	Golf	200	600		Golf	700	900
4	Zubehör	300	400		Zubehör	900	980
5							

Abbildung 3.8: Zwei Umsatztabellen

Im Auswertungsbereich, der auch auf einem anderen Tabellenblatt stehen kann, legen Sie eine Datenüberprüfungsliste mit den Umsatzjahren an (z. B. in $K$1):

Daten/Datentools/Datenüberprüfung

```
Zulassen: Liste
Bezieht sich auf: 2020;2021
```

Die Spalte N ist die Hilfsspalte. Den Tabellennamen berechnen Sie in $N$2 so:

```
="tbl_Umsatz"&$K$1
```

Die zweite Datenüberprüfung bietet alle Produkte aus der ersten Spalte zur Auswahl an. Legen Sie in $N$3 eine eindeutige Produktliste aus der zweiten Umsatztabelle an:

```
=EINDEUTIG(tbl_Umsatz2021[Produktbereich])
```

Markieren Sie die Zelle $K$2:

Daten/Datentools/Datenüberprüfung

```
Zulassen: Liste
Bezieht sich auf: =$N$3#
```

Die dritte Datenüberprüfung bietet die Regionen aus der Kopfzeile an:

```
$N$7: =tbl_Umsatz2021[#Kopfzeilen]
```

Markieren Sie die Zelle $K$3:

Daten/Datentools/Datenüberprüfung

```
Zulassen: Liste
Bezieht sich auf: =$N$7#
```

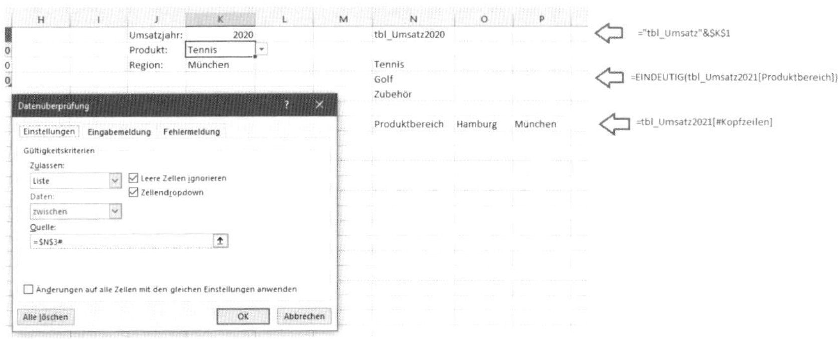

Abbildung 3.9: Eindeutige Listen und Datenüberprüfungslisten auf Produkte und Regionen

Stellen Sie mit diesen Auswahlwerkzeugen die Verweisformel zusammen. Beginnen Sie mit dem indirekten Verweis auf die Matrix (die Umsatztabelle):

```
=INDIREKT($N$1)
```

Dann folgt ein Vergleich, der die ausgewählte Region mit der Kopfzeile der Umsatztabelle vergleicht (mit 0 im letzten Argument). Dieser Vergleich liefert die Spaltennummer, also die gewählte Region:

```
VERGLEICH($K$3;INDIREKT($N$1&"[#Kopfzeilen]");0)
```

Das Ganze wird in einen SVERWEIS() gepackt, der den Umsatz für das gewählte Produkt in der gewählten Region ermittelt:

```
=SVERWEIS($K$2;INDIREKT($N$1);VERGLEICH($K$3;INDIREKT($N$1&"[#Kopfzeilen]");0)
;FALSCH)
```

Zauberei? Nein, Logik und Formelkonstruktion!

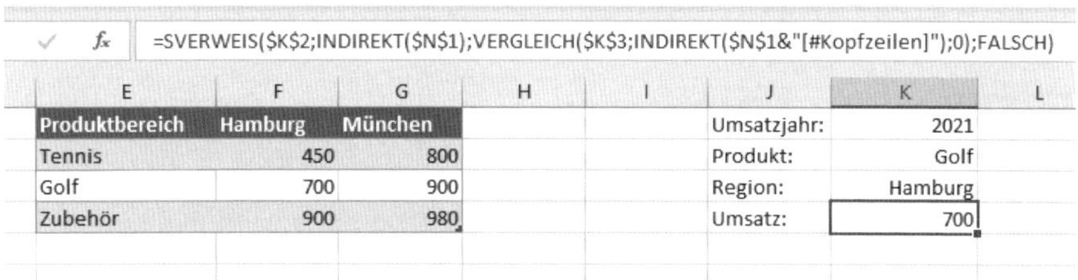

Abbildung 3.10: Mit SVERWEIS(), VERGLEICH() und INDIREKT() in Tabellen suchen

Kapitel 4

Bereichsnamen und dynamische Bereiche

Sie gehören nach wie vor zu den Standardelementen von Excel, auch wenn sie mit der Einführung der Tabelle deutlich an Bedeutung verloren haben. Die Rede ist von Bereichsnamen. Auf der Registerkarte *Formeln* finden Sie eine Gruppe mit allen relevanten Symbolen.

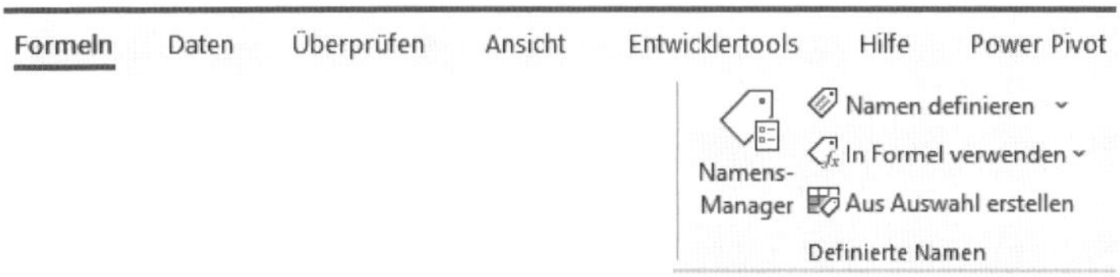

Abbildung 4.1: Bereichsnamen im Menüband

4.1 Wozu Bereichsnamen?

Bereichsnamen machen Kalkulationen übersichtlicher und sicherer. Außerdem machen sie Formeln verständlicher und helfen, die berüchtigten »Monsterformeln« zu verkürzen. Bereichsnamen sind bei Verwendung von Formularelementen hilfreich und leisten sogar in Tabellen und externen Abfragen gute Dienste.

Und – Bereichsnamen sind in der Regel global, d. h., sie enthalten immer den Namen des Tabellenblatts, in dem sich der Bezugsbereich befindet. Damit können sie in anderen Blättern ohne Verknüpfung verwendet werden. Ändert sich ein Tabellenblattname, gilt diese Änderung natürlich auch in allen Bereichsnamen, die sich auf dieses Blatt beziehen.

4.1.1 Namensregeln

Ein Name darf nicht mit einer Zahl beginnen und kein Leerzeichen enthalten. Außerdem sind Sonderzeichen wie *$*, *+*, *-*, ***, *{*, *}*, *§*, &, *(*, *)*, *!*, *=*, */*, und ; nicht erlaubt. Groß-/Kleinschreibung wird nur zur besseren Lesbarkeit eingesetzt, den globalen Bereichsnamen *HaushaltsGeld* kann es nicht noch mal als *haushaltsgeld* geben. Namen dürfen maximal 255 Zeichen lang sein. Und Bereichsnamen dürfen nicht gleichlautend mit einem Zellbezug oder Zellbereich sein.

Bei der Umstellung auf Excel 2007 gab es nicht wenige Fehler in bereits mit der Vorversion angelegten Arbeitsmappen. Viele Benutzer waren es gewohnt, in Bereichsnamen bis zu drei Buchstaben mit Zahlen zu kombinieren.

Beispiele:

ABC900	DDR1989	CDU2000
PKW200	XFA5000	SPD2005
BRD2005	A70000	FDP2015

Diese Namen lösen in der neuen Version Fehler aus. Die Vorgängerversion (Excel 2003) hatte nur 256 Spalten (A bis IV) und 65.535 Zeilen pro Blatt. Namen mit drei Buchstaben waren also immer erlaubt. Mit der neuen Version hatte ein Tabellenblatt aber 16.384 Spalten (von A bis XFD) und 1.048.576 Zeilen, und damit waren diese Namen natürlich nicht mehr erlaubt.

Probieren Sie es aus, schreiben Sie einen dieser Bereichsnamen in das Namensfeld links oben. Das Ergebnis? Der Zellzeiger steuert eben diese Zellen an, z. B. Zeile 900, Spalte ABC oder Zeile 5.000, Spalte XFA.

4.1.2 Namen erstellen

Es gibt drei Möglichkeiten, einen Namen zu vergeben:

1. Schreiben Sie ihn einfach in das Namensfeld links neben der Bearbeitungsleiste, nachdem Sie den Bereich markiert haben. Bestätigen Sie mit ↵, und der Name ist zugewiesen.

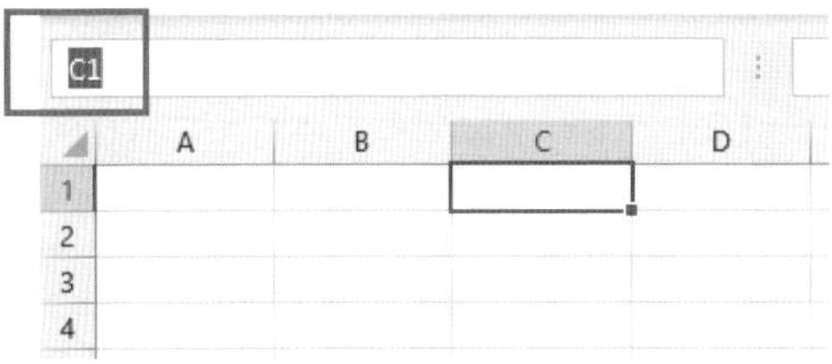

Abbildung 4.2: Bereichsnamen über das zuweisen

Das Namensfeld zeigt für gewöhnlich die Adresse der gerade aktiven Zelle an (hier: C1). Klicken Sie auf das Pfeilsymbol, öffnet sich die Liste mit allen Bereichsnamen (berechnete Namen und Tabellennamen werden nicht angezeigt).

Achten Sie darauf, dass diese Form der Namensvergabe nur beim ersten Mal funktioniert. Existiert der Bereichsname schon, den Sie ins Namensfeld schreiben, wird ↵ den zugewiesenen Bereich markieren. Ändern oder löschen lässt er sich nur noch über den Namens-Manager.

2. Über den Pfad *Formeln/Definierte Namen/Aus Auswahl erstellen.*

Diese Variante ist besonders hilfreich, wenn Sie mehrere Namen gleichzeitig vergeben möchten.

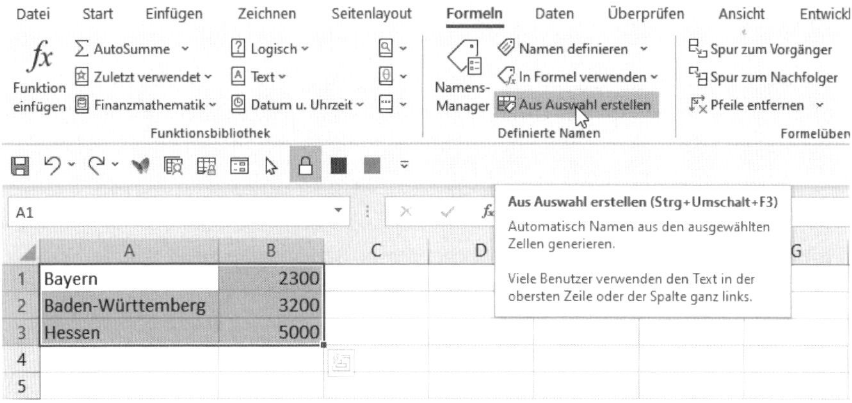

Abbildung 4.3: Namen aus Auswahl erstellen

Die Zellen B1:B3 sollen jetzt mit den Bezeichnungen aus A1:A3 benannt werden. Markieren Sie den gesamten Bereich A1:B3, und wählen Sie *Formeln/Definierte Namen/Aus Auswahl erstellen.*

Es erscheint folgendes Fenster:

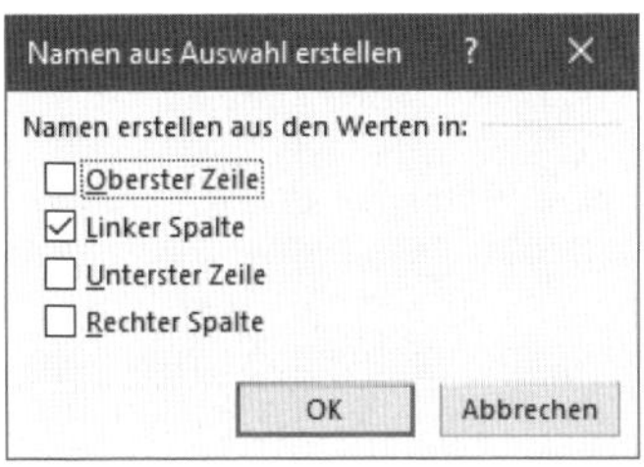

Abbildung 4.4: Die linke Spalte liefert die Namen.

Aufgrund der bestehenden Markierung wird das Häkchen bereits korrekt bei *Linker Spalte* gesetzt. Mit einem Klick auf *OK* ist die dreifache Namensvergabe abgeschlossen.

3. Über den Aufruf von *Formeln/Definierte Namen/Namen definieren oder Namens-Manager/Neu*:

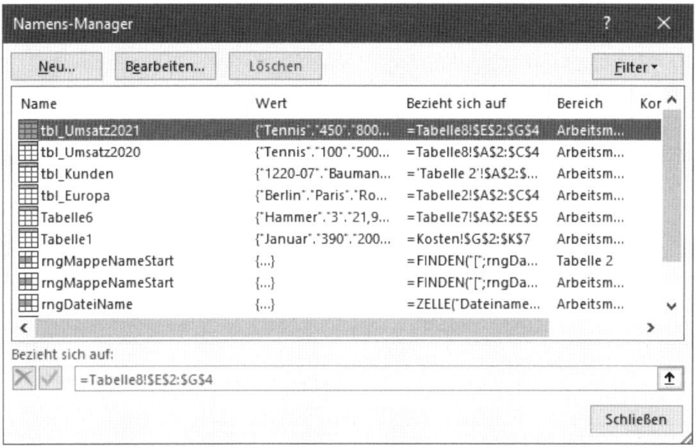

Abbildung 4.5: Der Namens-Manager hat sie alle – Bereichsnamen und Tabellennamen.

In diesem Dialogfeld können Namen hinzugefügt und wieder gelöscht werden. Der Name wird nach einem Klick auf die Schaltfläche *Neu* in der oberen Eingabezeile vergeben, unter *Bezieht sich auf* wird der Zell-/Bereichsbezug eingegeben. Das kann aber auch eine komplexe Formel sein.

Das Eingabefeld *Bezieht sich auf* verhält sich exakt wie eine Zelle im Tabellenblatt. Befindet sich der Cursor innerhalb dieses Eingabefelds, bewirkt ein Druck auf die Pfeiltasten (links/rechts) die Selektion einer anderen Zelle. Um hingegen innerhalb des Eintrags (hier: *=Tabelle1!$B$1*) nach links und rechts zu navigieren, müssen Sie das Eingabefeld zunächst mit F2 editieren. Dadurch gelangen Sie in den *Editiermodus*, der Ihnen auch links unten in der Statusleiste angezeigt wird. Jetzt können Sie sich auch mit den Pfeiltasten frei bewegen. Drücken Sie erneut F2, um den Editiermodus wieder zu verlassen.

Im Namens-Manager finden Sie alle zugewiesenen Bereichsnamen und auch die Tabellennamen. Achten Sie auf das Symbol am linken Rand, daran erkennen Sie, ob es sich um einen Bereichs- oder Tabellennamen handelt. In Tabellennamen lässt sich der Bezug nicht ändern, das geht nur über die Tabellentools (umso nützlicher ist es, Bereichsnamen mit dem Präfix *rng* und Tabellennamen mit *tbl* zu beginnen).

In der Spalte *Wert* wird ein Ausschnitt der Werte zurückgegeben, auf die sich die Namen beziehen. Wenn sich der Name auf ein Array oder einen dynamischen Bereich bezieht, funktioniert dies allerdings nicht. Nett ist auch der Kommentar, den Sie jedem Namen beifügen können.

Hilfreich ist auch die Filterfunktion am rechten Rand des Dialogfelds. Wenn Sie beispielsweise in Ihrer Tabelle Bereiche löschen, auf die sich Namen bezogen haben, werden diese Namen nicht automatisch gelöscht. Sie bleiben mit dem Fehlerwert #BEZUG! in der Liste. Mit der Filterfunktion haben Sie die Möglichkeit, nur fehlerhafte Namen anzuzeigen, was Ihnen das schnelle Löschen dieser fehlerhaften Namen ermöglicht.

4.1.3 Name und Präfix

In der Regel sollten Namen selbsterklärend sein. Sie tun sich keinen Gefallen, wenn Sie einen Bereich *xyz* nennen – wenige Tage später wissen Sie nicht mehr, was Sie damit gemeint haben. Schreiben Sie aussagekräftige Namen, nicht zu lang, aber auch nicht zu kurz.

Das Präfix ist nicht Vorschrift, macht das Ganze aber wesentlich übersichtlicher. Schreiben Sie die drei Buchstaben *rng* (range) vor einen Bereichsnamen, können Sie diesen besser identifizieren. Der Unterstrich macht den Namen besser lesbar. Lokale Bereichsnamen können Sie noch gesondert ausweisen.

Wenn Sie viel mit Tabellen arbeiten, ist das besonders nützlich, denn Tabellennamen werden ebenfalls im Namens-Manager gelistet, können mit diesem aber nicht bearbeitet werden. Für Tabellen verwenden Sie das Präfix *tbl_*:

Bereichsnamen	**Tabellennamen**
rng_Rendite	*tbl_Personaldaten*
rng_UmsatzVorjahr	*tbl_Kundenstamm*
rng_Verkaufsstellen_Region_10	*tbl_Absatz_extern_CSV*
rng_Monat	
rng_Januar_local	

4.1.4 Vorsicht! Bezüge immer absolut setzen!

Bezüge in Bereichsnamen verhalten sich wie Bezüge auf dem Tabellenblatt. Ist der Bezug **absolut** (z. B. `=Tabelle1!$C$4`), dann wird immer exakt diese Zelle referenziert – egal, von wo aus der Name aufgerufen wird. Ist der Name aber relativ (`=Tabelle1!C4`), dann verhält sich der Name relativ zur **aufrufenden** Zelle. Ist beispielsweise die Zelle B10 die aktive Zelle und Sie vergeben den Namen *rng_Relativ* mit Bezug auf `=Tabelle1!A1`, dann bezieht sich der Name nur in der Zelle B10 auf `Tabelle1!A1`. In B11 wird er sich auf `Tabelle1!A2` beziehen, in C11 dann auf `Tabelle1!B2`. Wäre der Namensbezug im selben Beispiel gemischt, dann verhielten sich nur Zeile oder Spalte relativ. Der Bezug auf `=Tabelle1!$C4` sorgt dafür, dass der Bezug zu Spalte C immer erhalten bleibt und sich lediglich der Zeilenbezug relativ verhält. Bei `=Tabelle1!C$4` ist es dann genau umgekehrt: Der Bezug zur Zeile 4 bleibt erhalten, während der Spaltenbezug relativiert wird. Und das alles geschieht immer in Relation zur **aufrufenden** – also gerade aktiven – Zelle!

4.2 Namensbezüge

Namen können sich auf Formeln, Konstanten und Bereiche beziehen. Geben Sie einen Namen nach den gültigen Regeln ein, bestimmen Sie, ob der Name global (auf die Mappe bezogen) oder lokal (auf das aktuelle Blatt) angelegt werden soll, und schreiben Sie unter *Bezieht sich auf* den Bezug in das Eingabefeld. Absolute Bezüge können Sie auch im Hintergrund markieren, wenn der Cursor im Feld blinkt.

Beispiele:

`Name: rng_Umsatz` `Bezieht sich auf: =Tabelle1!$A$1:$C$20`	drei Spalten und 20 Zeilen im Tabellenblatt *Tabelle1*
`Name: rng_Umsatz` `Bezieht sich auf: ='Umsatz 2020'!$A$1:$C$20`	Hier muss der Tabellenblattname zwischen Apostrophe gesetzt werden, weil er Leerzeichen oder Sonderzeichen enthält.
`Name: rng_MwStSatz` `Bezieht sich auf: 19%`	Der Mehrwertsteuersatz, einfach als Prozentwert zugewiesen. In Formeln schreiben Sie zukünftig `=Betrag*rng_MwStSatz`

`Name: rng_Signatur`
`Bezieht sich auf: ="Mit freundlichen Grüßen"`
`&ZEICHEN(10)&ZEICHEN(10)`
`&"Hans Mustermann"`
	eine Zeichenkette mit zwei Zeilenumbrüchen zwischen Gruß und Name
	`Mit freundlichen Grüßen`
	
	`Hans Mustermann`

`Name: rng_Array` `Bezieht sich auf: ={1.3.5}`	Eine Matrixkonstante. Die Formel summiert die Zahlen: `=SUMME(rngArray)`

`Name: rng_Richtig`
`Bezieht sich auf: =WAHR`
	einfach ein Wahrheitswert
	`=120*rng_Richtig`
	Ergebnis: 120
	`=120*NICHT(rng_Richtig)`
	Ergebnis: 0

`Name: rng_Montag`
`Bezieht sich auf: =WOCHENTAG(HEUTE())=2`
	Eine Formel, die nur an Montagen WAHR ergibt. Multipliziert mit einem Zellwert zeigt sie diesen nur an Montagen an:
	`=A1*rng_Montag`
	`="Heute ist "&WENN(rng_Montag;"";`
	`" nicht ")&" Montag"`

4.3 Der Druckbereich

Haben Sie schon den Druckbereich benutzt? Das ist ein nützliches Werkzeug im Register *Seitenlayout* (Gruppe *Seite einrichten*), das den zu druckenden Bereich auf die markierten Zellen einschränkt. Wählen Sie *Druckbereich festlegen*, markiert Excel die Auswahl mit einer Rahmenlinie. In der Umbruchvorschau sehen Sie den Effekt besonders gut – alle anderen Zellen werden vom Druck ausgeschlossen.

Für den Druckbereich benutzt Excel einfach den gleichnamigen Bereichsnamen, und diesen könnten Sie ebenso gut nach der Markierung des Bereichs in das Namensfeld schreiben. Im Namens-Manager taucht er anschließend ebenfalls auf, hier sehen Sie auch, dass der Bezug auf die Liste (`$-Bezu`) oder auf die Tabelle lokal ist. So können Sie in jedem Tabellenblatt einen separaten Druckbereich verwenden.

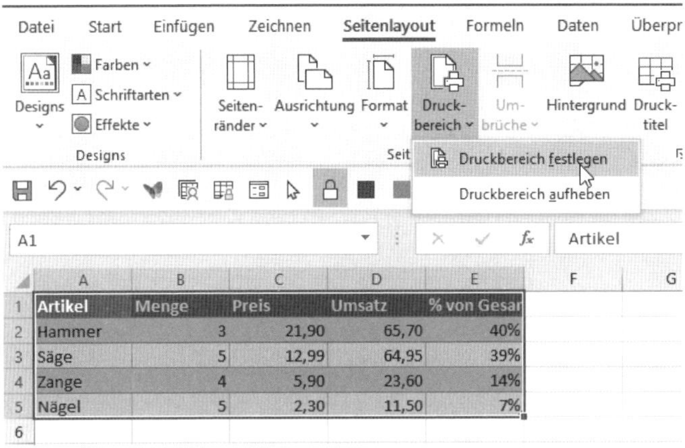

Abbildung 4.6: Druckbereich festlegen

4.3.1 Ein mehrdimensionaler Druckbereich

Eine kleine Besonderheit hat der Druckbereich zu bieten: Geben Sie ihm einen Bezug, der sich aus mehreren Bereichen zusammensetzt, druckt Excel jeden Bereich einzeln aus. Ein Beispiel:

Auf dem Tabellenblatt befinden sich drei Umsatztabellen (das geht auch mit Listen). Sie können alle drei markieren und zum Druckbereich erklären, dann erhalten Sie eine einzelne Druckseite mit drei Tabellen.

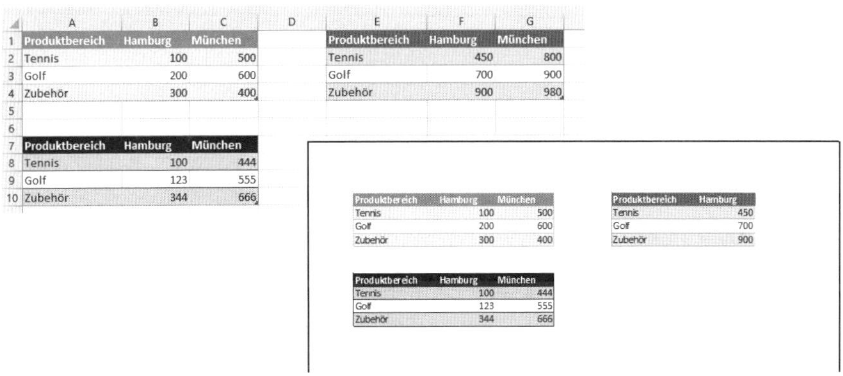

Abbildung 4.7: Drei Tabellen, eine Druckseite

So drucken Sie jede Tabelle auf einer einzelnen Seite:

Markieren Sie die erste Tabelle, und drücken Sie die Strg-Taste. Markieren Sie die zweite Tabelle und noch einmal mit gedrückter Strg-Taste die dritte. Wählen Sie *Seitenlayout/Seite einrichten/Druckbereich festlegen* und dann *Datei/Drucken*. Jetzt sehen Sie, dass der Druckbereich drei einzelne Druckseiten enthält.

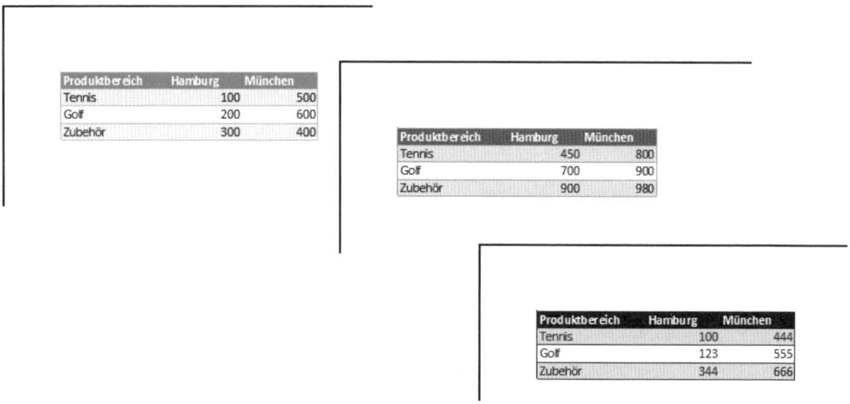

Produktbereich	Hamburg	München
Tennis	100	500
Golf	200	600
Zubehör	300	400

Produktbereich	Hamburg	München
Tennis	450	800
Golf	700	900
Zubehör	900	980

Produktbereich	Hamburg	München
Tennis	100	444
Golf	123	555
Zubehör	344	666

Abbildung 4.8: Zauberei? Nein, 3D-Druckbereich.

4.3.2 Dynamische Druckbereiche

Wenn Sie den Druckbereich so gestalten wollen, dass er immer automatisch alle beschriebenen Zellen beinhaltet, legen Sie ihn im Namens-Manager an und geben ihm diese Formel:

```
Name: Druckbereich
Bereich: Tabellenblatt
Bezieht sich auf: =INDIREKT("A1:C"&ANZAHL2($A:$A))
```

... oder in der BEREICH.VERSCHIEBEN-Variante:

```
=BEREICH.VERSCHIEBEN($A$1;;;ANZAHL2($A:$A);3)
```

Die beiden Formeln inspizieren nur die Spalte A, und die Zeilenzahl des Druckbereichs entspricht der Anzahl Zeilen in Spalte A. Wollen Sie auch Leerzeilen im Druckbereich integrieren, schreiben Sie diese Formel in die Bezugszeile:

```
=BEREICH.VERSCHIEBEN($A$1;;;VERWEIS(2;1/($A$1:$A$1000<>"");ZEILE($1:$1000));3)
```

4.4 Die Bereichsnamenliste

Falls Sie den Überblick über all Ihre vergebenen Namen verlieren sollten, können Sie sich diese auch bequem wieder auflisten lassen – sowohl alle Namen als auch die dazugehörigen Bezüge. Suchen Sie eine freie Zelle, am besten in einem leeren Tabellenblatt, und wählen Sie *Formeln/Definierte Namen/In Formel verwenden/Namen einfügen/Liste einfügen.*

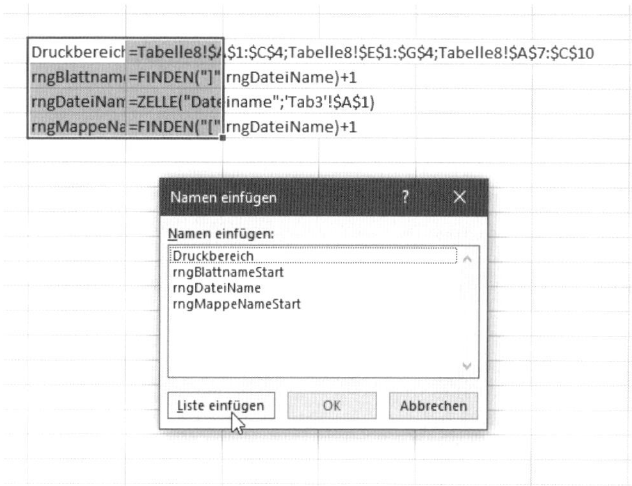

Abbildung 4.9: Eine Liste mit allen Bereichsnamen

4.5 Beispiel Break-even: Gewinnschwellenanalyse

Nehmen wir ein Beispiel aus der Praxis, in dem Bereichsnamen nützlich zum Einsatz kommen und die Sicherheit der Kalkulation gewährleisten: Die Break-even- oder Gewinnschwellenanalyse ist ein Controlling-Instrument, mit dem der Punkt ermittelt wird, an dem Kosten und Gewinn gleich hoch sind. Durch Variation der Parameter kann man ermitteln, mit welchen Kosten und Preisen zu wirtschaften ist.

Das Tabellenblatt *Produkte* enthält eine Liste mit Produktnamen, Produktkosten, Preis und Strukturkosten (Herstellungskosten). Im Blatt *Break Even* wird eine Gewinnschwellenanalyse aufgebaut. Ziel ist es, die Liste der Produkte zur Auswahl zu stellen, Preise und Kosten per Verweis zu ermitteln und mit Formularelementen eine Was-wäre-wenn-Analyse zu ermöglichen.

	A	B	C	D
1	Produkt	Produktkosten	Preis	Strukturkosten
2	Air Star Turbo	900	1.900	200.000
3	Air Comfort Master	980	1.980	250.000
4	SanComfort SX	480	1.890	160.000
5	SanComfort Royal	1.250	2.340	320.000
6	SubWay DeLuxe	990	2.100	230.000
7	KeraMag Sanitär	980	1.950	245.000
8				

Break Even | Produkte | Produkte Liste

Abbildung 4.10: Die Produkte, natürlich als Tabelle

	A	B	C
1	**Break-even-Analyse**		
2			
3	Produkt:	**SanComfort SX**	
4	Produktkosten	480,00 €	
5	Preis	1.890,00 €	
6	Strukturkosten	160.000,00 €	
7	**BEP Absatz:**	**114**	
8	**BEP Umsatz:**	**216.358,09 €**	

Abbildung 4.11: Die Break-even-Analyse

Aktion	**Erklärung**
In der Produktetabelle $A$1 markieren, Strg+T	Wandelt die Liste in eine Tabelle um.
Tabellenentwurf, Tabellenname: *tbl_Produkte*	Tabellennamen zuweisen
Strg+Pos1, Strg+Leer	erste Spalte markieren
Formeln/Definierte Namen/Namen definieren Name: Produktliste Bereich: Arbeitsmappe Bezieht sich auf: *=tbl_Produkte[Produkt]*	Die erste Spalte wird mit einem globalen Bereichsnamen versehen, damit die Produktliste für Auswertungen in der gesamten Mappe verfügbar ist. Neue Produkte oder Änderungen in der Tabelle spiegeln sich automatisch wider.

Aktion	**Erklärung**
Blatt *Break Even*, Zelle B3: *Daten/Datentools/Datenüberprüfung* Zulassen: Liste Quelle: =Produktliste Fehlermeldung: Achtung (Titel), Bitte nur Produkte aus der Liste verwenden (Meldung)	Zelle B3 erhält eine Datenüberprüfungsliste für die Produkte.

Abbildung 4.12: Datenüberprüfungsliste für die Produkte

Holen Sie den Preis und die Kosten für das gewählte Produkt mit einem SVERWEIS() aus der Tabelle *tbl_Produkte*. Den Spaltenverweis sichern Sie aber mit der Funktion SPALTE() ab, damit die Formel auch wieder stimmt, wenn sich die Tabellenstruktur ändert. Mit diesem Trick brauchen Sie nur eine Formel für alle drei Verweise:

Die Funktion SPALTE() sucht nach der Spalte, in der sich der Feldname aus Spalte A befindet, der String muss aber mit INDIREKT() übergeben werden.

```
B4: SPALTE(INDIREKT("tbl_Produkte["&A4&"]"))
```

Jetzt kann der SVERWEIS() die Suche nach dem Wert aufnehmen:

```
B4: =SVERWEIS($B$3;tbl_Produkte;SPALTE(INDIREKT("tbl_Produkte["&A4&"]"));FALSCH)
```

Kopieren Sie die Formel über den Bereich B4:B6, sie funktioniert auch für die anderen beiden Verweise.

Die Formel für den Break-even vereinfachen wir mit Bereichsnamen. Nutzen Sie die automatische Zeilen-/Spaltenzuweisung:

Aktion	**Erklärung**
Bereich A3:B8 markieren, *Formeln/Definierte Namen/Aus Auswahl erstellen* Namen erstellen aus Werten aus: linker Spalte	Weist den Zellen der rechten Spalte die Bereichsnamen aus der linken Spalte zu (B4: *Produktkosten*, B5: *Preis* etc.)

Konstruieren Sie die Formel jetzt mit den Bereichsnamen, klicken Sie mit der Maus in das benannte Feld, um es in die Formel zu holen, oder drücken Sie [F3] für die Liste mit allen Bereichsnamen:

```
=Strukturkosten/(Preis-Produktkosten)+1
```

Das Ergebnis ist die Anzahl Produkte, die hergestellt werden muss, um Gewinn zu erzielen. Die Formel in B8 berechnet den damit erzielten Umsatz:

```
=BEP_Absatz*Preis
```

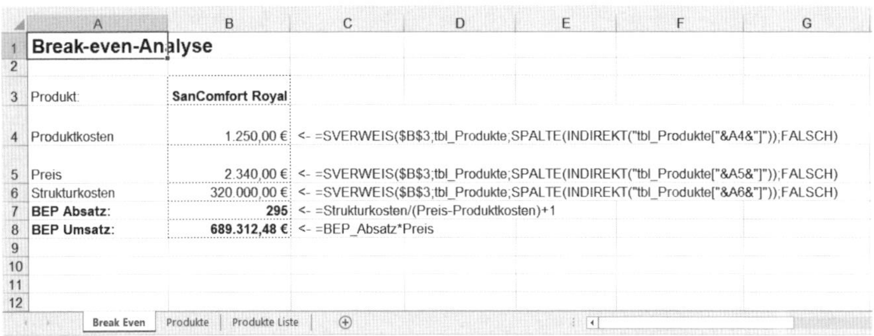

Abbildung 4.13: Break-even mit variabler Produktetabelle und Datenüberprüfungsliste

4.6 Dynamische Bereichsnamen

Eines müssen wir gleich vorwegnehmen: Dynamische Bereiche haben in Excel bis zur Einführung der Tabelle eine große Rolle gespielt. Mit der Tabelle hat der Bereichsname und damit auch der dynamische Bereichsname seine Bedeutung verloren. Tabellen sind bereits dynamisch, und mit der Umwandlung der Liste in eine Tabelle fallen die komplexen dynamischen Bereiche weg. Listen haben grundsätzlich den Nachteil, dass sie nicht dynamisch auf Änderungen reagieren.

Die Formel

```
=SUMME($A$1:$A$20)
```

wird immer den Bereich A1:A20 summieren und alles ignorieren, was ab Zeile 21 passiert, solange keine Zeilen eingefügt oder gelöscht werden. Mit Spaltenbezügen zu arbeiten ist nicht nur riskant, sondern führt auch zu übermäßig großen Bereichen, die in Formeln zu verwalten sind:

```
=SUMME($A:$A)
```

Mit der Tabelle hat sich das geändert. Die Tabelle ist Nachfolger der Liste, sie arbeitet nicht mit Bezügen, sondern mit strukturierten Verweisen und ist dynamisch. Die Tabelle oder, genauer gesagt, der Tabellenname passt sich automatisch an Änderungen unterhalb oder neben dem Bereich an.

```
=SUMME(tbl_Umsatz[Betrag])
```

Der dynamische Bereich spielt also in der modernen Kalkulation keine große Rolle mehr. Wer noch auf die altmodische Liste setzt, sollte langsam auf die Tabelle umstellen. Externe Daten sind übrigens automatisch Tabellen, sowohl die ältere ODBC-Technik als auch Power Query und Power Pivot verwenden Tabellen.

Der Vollständigkeit halber sehen wir uns aber die Technik des dynamischen Bereichs noch einmal an, die alternative Tabelle kommt dabei natürlich auch zu Wort. Außerdem hat Excel noch einige »Baustellen«, in denen die Tabelle noch nicht so ganz angekommen ist, und da ist das Zusammenspiel zwischen Bereichsnamen und Tabelle besonders wichtig.

4.6.1 Die dynamische Liste

Nehmen wir als Beispiel eine Umsatzliste, die manuell gepflegt wird. Um die Auswertung exakt auf die verfügbaren Daten zu beziehen, geben Sie der Liste einen Bereichsnamen, der sich dynamisch über eine Formel berechnet.

Die Schlüsselfunktion ist hier `BEREICH.VERSCHIEBEN()`, die »Königin« der Excel-Funktionen mit folgender Syntax:

```
=BEREICH.VERSCHIEBEN(vonBezug;anzZeilen;anzSpalten;[neueHöhe];[neueBreite])
```

- vonBezug: Hier geben Sie die Zelle an, von der eine Bereichsverschiebung gestartet wird. Sie können auch einen Bereich oder Bereichsnamen verwenden, in diesem Fall gilt die erste (linke obere) Zelle als Ausgangspunkt.
- anzZeilen: Geben Sie an, um wie viele Zeilen Sie den Bezug verschieben wollen (negative Zahl = nach oben).
- anzSpalten: Geben Sie an, um wie viele Spalten Sie den Bezug verschieben wollen (negative Zahl = nach links).
- neueHöhe: In diesem Argument geben Sie die neue Höhe des Zielbereichs an oder berechnen diese über eine weitere Funktion.
- neue Breite: In diesem Argument geben Sie die neue Breite des Zielbereichs an oder berechnen diesen über eine weitere Funktion.

Der Trick besteht jetzt darin, die Argumente dieser Funktion nicht statisch einzutragen, sondern zu berechnen, und dazu verwenden Sie diese Funktionen:

Funktion	**Erklärung**
ANZAHL()	Berechnet die Anzahl numerischer Einträge in einem Bereich.
ANZAHL2()	Berechnet die Anzahl aller Einträge in einem Bereich.
ZEILEN() SPALTEN()	Berechnet die Anzahl an Zeilen bzw. Spalten eines Bereichs.

Starten Sie mit einem Bereichsnamen für eine dynamische mehrspaltige Liste. Die Funktion startet in Zelle A1, überspringt die Verschiebungen und berechnet die Zeilen- bzw. Spaltenzahl aus der Anzahl der Einträge in Spalte A (Zeilen) und Zeile 1 (Spalten):

```
Name: rng_Kundenliste
Bezieht sich auf: =BEREICH.VERSCHIEBEN($A$1;;;ANZAHL2($A:$A);ANZAHL2($1:$1))
```

Der zweite Bereichsname liefert Ihnen die zweispaltige Kundenliste ohne Kopfzeile:

```
Name: rng_Kundenliste_ohne_K
Bezieht sich auf:
=BEREICH.VERSCHIEBEN(rng_Kundenliste;1;0;ZEILEN(rng_Kundenliste)-1;2)
```

Der dritte Name listet alle Kundennamen der ersten Spalte auf (ideal für Datenüberprüfungslisten):

```
Name: rng_Kunden
Bezieht sich auf: =BEREICH.VERSCHIEBEN(rng_Kundenliste_ohne_K;;;;1)
```

Alternativ dazu können Sie auch die Funktion INDEX() verwenden. Lassen Sie die Zeilen weg, erhalten Sie die gesamte Spalte:

```
=INDEX(Bereich;Zeile;Spalte)
Name: rng_Kunden
Bezieht sich auf: =INDEX(rng_Kundenliste_ohne_K;;1)
```

Die Umsatzliste erhalten Sie im vierten Namen, indem Sie die erste Spalte einfach verschieben (oder wieder mit INDEX()):

```
Name: rng_Umsatz
Bezieht sich auf: =BEREICH.VERSCHIEBEN(rng_Kunden;0;1)
```

oder:

```
Bezieht sich auf: INDEX(rng_Kundenliste_ohne_K;;2)
```

4.6.2 Dynamische Listen mit gegenseitigem Bezug

Spannend wird das Ganze, wenn Formularelemente ins Spiel kommen. Der Benutzer hat die Möglichkeit, einen Parameter aus einer Liste zu wählen, Excel berechnet unter Berücksichtigung der Benutzerwahl Ergebnisse oder weitere Auswahllisten. In unserem Beispiel geben wir eine Liste mit Länderbezeichnungen zur Auswahl und stellen in einer weiteren Liste die zur Auswahl passenden Städte bereit.

	A	B	C
1	Deutschland	Frankreich	Italien
2	Berlin	Paris	Rom
3	Frankfurt	Nizza	Venedig
4	München	Lyon	Neapel

Abbildung 4.14: Länder und Städte

Für die gegenseitigen Beziehungen brauchen wir diese Funktionen:

Funktion	**Erklärung**
=VERGLEICH()	Sucht nach einem Wert in einem Bereich und liefert dessen Zeilen- oder Spaltennummer.
=WAHL()	Gibt einen Wert oder Bereich aus dem Argument aus, das durch einen numerischen Wert im ersten Argument bestimmt wird.

Konstruieren Sie den ersten Bereichsnamen für die Länderliste:

```
Name: rng_Länder
Bezieht sich auf: =BEREICH.VERSCHIEBEN($A$1;;;1;ANZAHL2($1:$1))
```

Die Spalte G bekommt eine Datenüberprüfungsliste mit Auswahl aller Länder:

G2: Bitte wählen Sie ein Land
G3: *Daten/Datentools/Datenüberprüfung*
Zulassen: Liste
Quelle: =rng_Länder

Geben Sie der Zelle G3 einen Bereichsnamen:

```
Name: rng_Auswahl_Land
Bezieht sich auf: =$G$3
```

Legen Sie dann für jedes Land eine dynamische Städteliste an:

```
Name: rng_Städte_D
Bezieht sich auf: =BEREICH.VERSCHIEBEN(rng_Länder;1;0;ANZAHL2(Tabelle2!$A:$A)
-1;1)

Name: rng_Städte_F
Bezieht sich auf: =BEREICH.VERSCHIEBEN(rng_Länder;1;1;ANZAHL2(Tabelle2!$B:$B)
-1;1)

Name: rng_Städte_S
Bezieht sich auf: =BEREICH.VERSCHIEBEN(rng_Länder;1;2;ANZAHL2(Tabelle2!$C:$C)
-1;1)
```

Der nächste Bereichsname sucht mithilfe der Funktion VERGLEICH() nach dem Index des gewählten Landes. Das Ergebnis ist eine Zahl zwischen 1 und 3:

```
Name: rng_AuswahlAktuell
Bezieht sich auf: =VERGLEICH(Tabelle2!$G$3;rng_Länder;0)
```

Und das ist der Bereichsname, der die zur Auswahl passende Städteliste ermittelt. Die Funktion WAHL() bekommt den Länderindex als erstes Argument und gibt den entsprechenden Bereich wieder:

```
=WAHL(rng_AuswahlAktuell;rng_Städte_D;rng_Städte_F;rng_Städte_ESP)
```

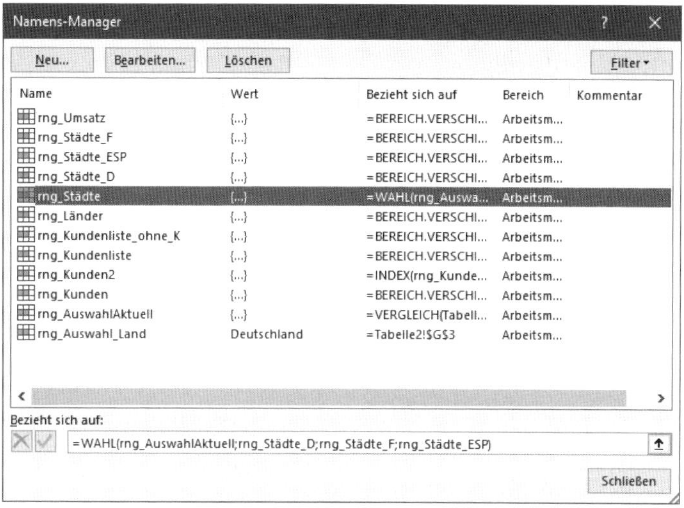

Abbildung 4.15: Mit WAHL() wird der passende Bereichsname gespiegelt.

In der Zelle G5 stellen Sie die Städteliste des jeweils gewählten Landes über eine Gültigkeitsliste bereit:

G4: Bitte wählen Sie eine Stadt:
G5: *Daten/Datentools/Datenüberprüfung*
Zulassen: Liste
Quelle: =rng_Städte

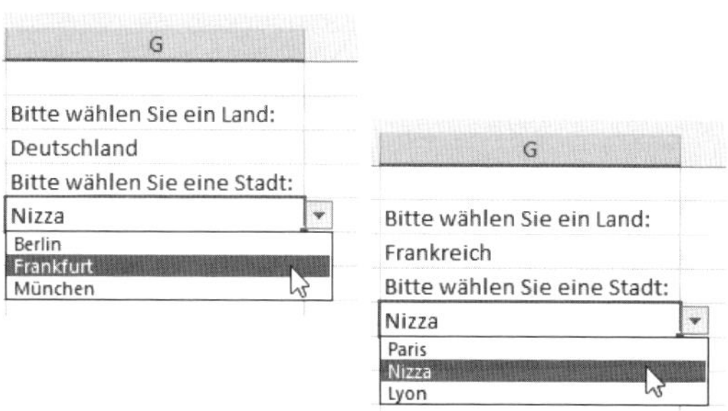

Abbildung 4.16: Wechselnde Bereiche mit Datenüberprüfungen

4.6.3 Dynamische Bereiche in Tabellen

Die Tabelle ist, wie bereits erwähnt, über den Tabellennamen dynamisch, was die Erstellung dynamischer Bereichsnamen weitgehend überflüssig macht. Hier die Umwandlung und der Gebrauch der strukturierten Verweise am Beispiel der zuvor benutzten Kundenliste:

Setzen Sie den Zellzeiger in die Liste, drücken Sie Strg+T, und bestätigen Sie, dass die Tabelle eine Überschrift hat (entspricht *Einfügen/Tabellen/Tabelle*). Die Tabelle wird erstellt, tragen Sie unter *Tabellenentwurf/Eigenschaften* gleich den Tabellennamen ein. Verwenden Sie das Präfix *tbl*, um diesen von Bereichsnamen zu unterscheiden:

```
tbl_Kunden
```

Für interne strukturierte Verweise verwenden Sie die Zeilenelemente, Kennzeichen ist das @-Zeichen. Um die gesamte Spalte zu nutzen, klicken Sie auf den Spaltenkopf. Beispiele:

Aktion	**Formel**
Nettoumsatz berechnen	`=[@Umsatz]/119*100`
Prozentsatz des Umsatzes am Gesamtumsatz berechnen	`=[@Umsatz]/SUMME([Umsatz])`

Für externe strukturierte Verweise verwenden Sie den Tabellennamen oder Elemente der Tabelle als Bezüge. Die Elemente erhalten Sie, wenn Sie nach dem Tabellennamen eine geöffnete eckige Klammer schreiben:

```
=tbl_Kunden[
```

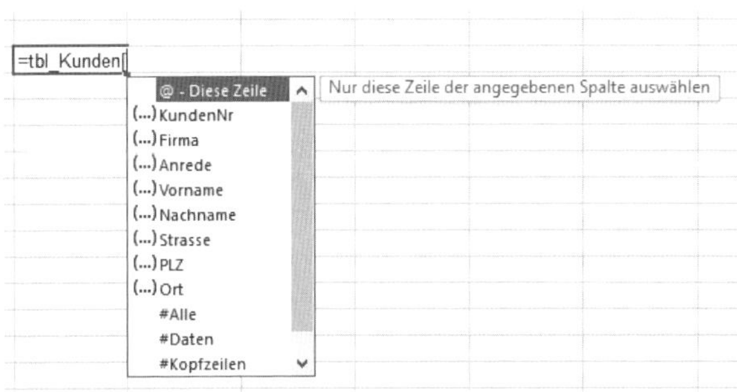

Abbildung 4.17: Strukturierter Verweis: alle Spalten der Tabelle nach der [-Klammer

Auswertungen, die Sie als externe strukturierte Verweise anlegen, liefern immer die richtigen Ergebnisse in dynamischen Tabellen:

Aktion	**Funktion**
Anzahl Kunden zählen (ohne Kopfzeile)	`=ZEILEN(tbl_Kunden)`
Spaltenzahl der Tabelle	`=ANZAHL2(tbl_Kunden[#Kopfzeilen])`
Anzahl Kunden in München	`=ZÄHLENWENN(tbl_Kunden[Ort];"München")`
Umsatzsumme	`=SUMME(tbl_Kunden[Umsatz])`

4.6.4 Bereichsnamen aus Tabellenspalten

Es gibt einige wenige »Baustellen«, die noch keine Tabellen akzeptieren. In diesen müssen Sie den Umweg über den Bereichsnamen wählen, um die Dynamik herzustellen, z. B. die Datenüberprüfungsliste: Beim Versuch, eine Tabellenspalte als Quelle zu definieren, erhalten Sie einen Fehler. So schalten Sie einen Bereichsnamen dazwischen:

Markieren Sie die Tabellenspalte mit Strg+Leer (ohne Kopfzeile).

Wählen Sie *Formeln/Definierte Namen/Namen definieren.* Geben Sie einen Namen ein. Unter *Bezieht sich auf* sollte bereits der strukturierte Verweis auf die Tabellenspalte eingetragen sein. Falls nicht, markieren Sie die Spalte noch mal im Hintergrund.

```
Name: rngKundennummern
Bezieht sich auf: tbl_Kunden[KundenNr]
```

Weisen Sie diesen Bereichsnamen einer Datenüberprüfungsliste zu, sie wird immer die dynamische Spalte ausweisen:

Daten/Datentools/Datenüberprüfung
Zulassen: `Liste`
Quelle: `=rngKundennummern`

Der dynamische Name funktioniert übrigens auch mit absoluten Bezügen. Sollte die Namensdefinition anstelle von *tbl_Kunden[KundenNr]* den Bezug *=tbl_Kunden!$A$2:$A$29* vorschlagen, können Sie diesen übernehmen, der Bezug wird sich automatisch an die Größenänderung der Tabelle anpassen.

Tipp: Konvertieren Sie Ihre Mappe aus dem Kompatibilitätsmodus, dann erhalten Sie keine absoluten Bezüge mehr.

Wenn Sie zusätzlich zur Kundennummer noch den Firmennamen in der Auswahl sehen wollen, erstellen Sie eine zusätzliche Spalte, in der die beiden Informationen als Textkette verbunden sind.

```
=[@KundenNr]&" "&[@Firma])
```

Oder mit der Funktion TEXTVERKETTEN() mit Ausschluss von Leerzeilen:

```
=TEXTVERKETTEN(" ";WAHR;[@KundenNr];[@Firma])
```

Legen Sie einen Bereichsnamen für diese Spalte an, und weisen Sie diesen einer Datenüberprüfungsliste zu. Mit der Auswahl können Sie dann einen Verweis oder einen externen Verweis starten wie in diesem Beispiel:

Daten/Datentools/Datenüberprüfung
Zulassen: `Liste`
Quelle: `= rngNummerName`
`=INDEX(tbl_Kunden;VERGLEICH($N$19;tbl_Kunden[NummerName];0);9)`

4.6.5 Dynamische Bereiche in Formularelementen

Die Alternative zur Datenüberprüfungsliste ist das Kombinationsfeld aus dem Angebot der Formularelemente. Nehmen Sie aber keine ActiveX-Elemente, mit diesen werden Sie schlechte Erfahrungen machen. Die einfachen Elemente aus der ersten Gruppe tun es auch. Falls die Entwicklertools nicht sichtbar sind, schalten Sie das Register unter *Datei/Optionen/Menüband anpassen* ein. Zeichnen Sie ein Kombinationsfeld oder ein Listenfeld in das Tabellenblatt. Klicken Sie das Element mit der rechten Maustaste an und wählen Sie *Steuerelement formatieren*. Geben Sie an:

Eingabebereich	Geben Sie hier immer den absoluten Bezug oder einen Bereichsnamen mit absolutem Bezug ein. Tabellenelemente (*tbl_Kunden[KundenNr]* funktionieren nicht.
Zellverknüpfung	Eine Zelle oder ein benannter Bereich. Hier wird die Nummer des vom Benutzer markierten Eintrags abgelegt.
Drop-down-Zeilen	Die Anzahl der Zeilen, die im Kombinationsfeld beim Anklicken aufklappen.

Werten Sie den Zellbezug mit der Funktion aus, er entspricht ja exakt der Tabellenzeile:

```
=INDEX(tbl_Kunden;$Q$1;2)
```

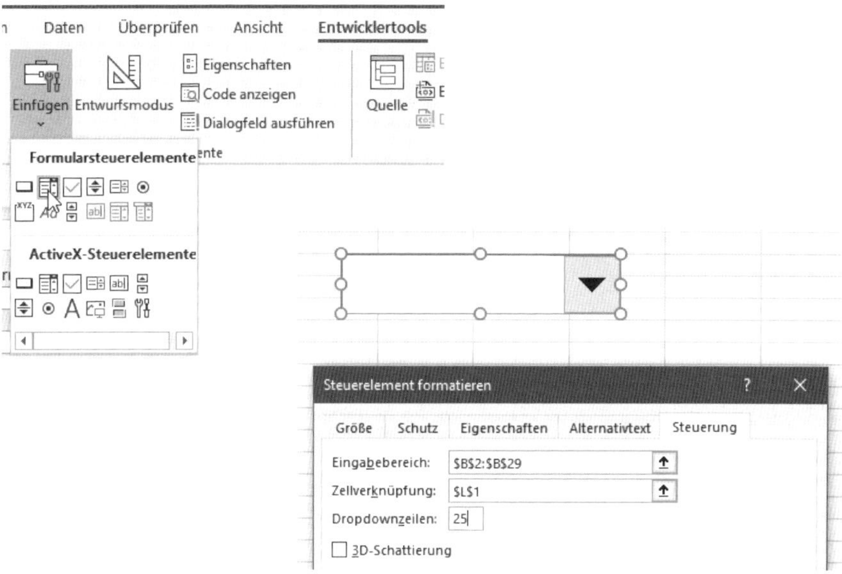

Abbildung 4.18: Ein Kombinationsfeld aus dem Angebot der Formularelemente

4.6.6 Dynamische Bereichsnamen in Diagrammen

Diagramme sind im Prinzip einfache Objekte: Das grafische Element, ein Rechteck, wird mit einer oder mehreren Formeln bestückt, die über die Funktion DATENREIHE() alles in das Diagramm packen, was an Daten benötigt wird. Eine Liste in ein Diagramm umzuwandeln ist einfach:

Stellen Sie sicher, dass alle Spalten beschriftet sind. Markieren Sie die Liste mit allen Überschriften ([Strg]+[⇧]+[+]).

Wählen Sie *Einfügen/Diagramme* und suchen Sie den passenden Diagrammtyp. Klicken Sie auf das Symbol, wird ein Diagrammobjekt gezeichnet.

Mit [F11] erhalten Sie ein Diagrammblatt mit einem Säulendiagramm.

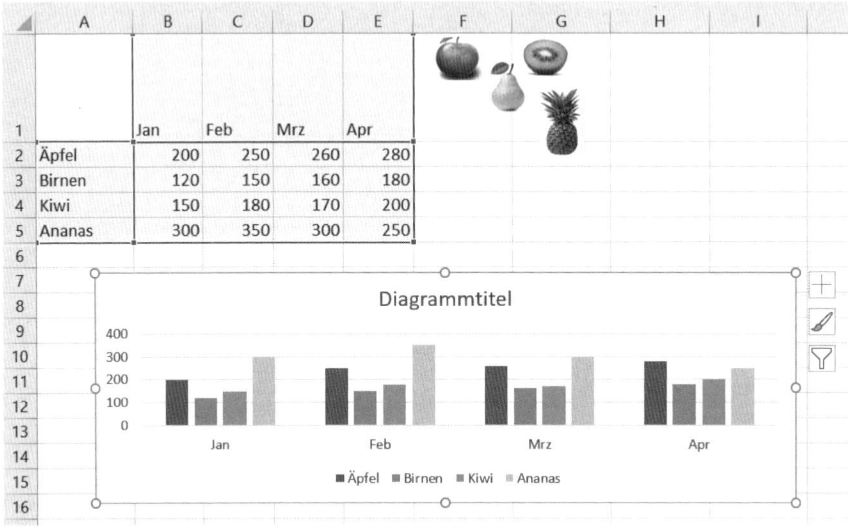

Abbildung 4.19: Diagramm aus Liste – nicht dynamisch

Die Frage, ob Excel im vorliegenden Beispiel das Obst in der x-Achse und die Monate in der Legende zeigt oder umgekehrt die Monate horizontal stehen und die Artikel die Datenreihen bilden, ist schnell beantwortet: Maßgeblich ist die Zahl der Zeilen oder Spalten. Haben Sie mehr Obst als Monate, zeigt das Diagramm das Obst im x-Achsen-Bereich und behandelt die Monate als Datenreihen. Bei Gleichheit gilt die horizontale Beschriftung als x-Achse.

Klicken Sie auf eine der Datenreihen, sehen Sie in der Formelzeile die Funktion DATENREIHE() und die absoluten Bezüge:

```
=DATENREIHE(Tabelle1!$A$2;Tabelle1!$B$1:$E$1;Tabelle1!$B$2:$E$2;1)
```

Und diese Bezüge sind leider nicht dynamisch, d. h., ein neuer Eintrag in die Liste führt nicht automatisch zu einer weiteren Säulenreihe, und eine zusätzliche Spalte wird ebenfalls nicht erkannt. Diese Dynamik erhalten Sie nur, wenn Sie die Liste in eine Tabelle umwandeln:

Drücken Sie mit dem Zellzeiger in der Liste Strg+T. Wandeln Sie die Liste in eine Tabelle mit Überschrift um. Damit werden neue Zeilen und Spalten automatisch im Diagramm wiedergegeben.

Ein Blick auf die Datenreihe zeigt zwar, dass die einzelnen Argumente weiterhin aus $-Bezügen gebildet werden, aber das Diagramm passt sich automatisch an, wenn neue Datensätze angehängt oder Zeilen aus der Tabelle gelöscht werden. Und – was die Liste gar nicht kann – eine neue Tabellenspalte wird auch automatisch in das Diagramm übernommen.

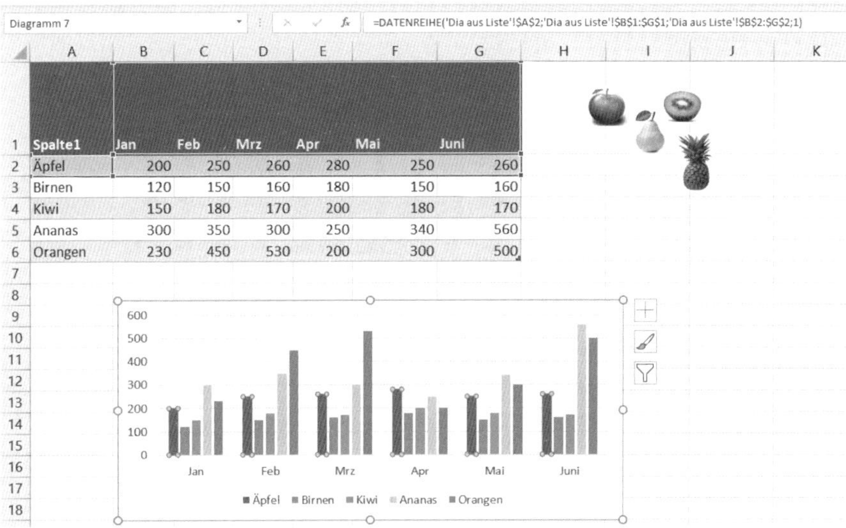

Abbildung 4.20: Dynamisch trotz $-Bezugsreihen – Diagramm aus Tabelle

Bereichsnamen brauchen Sie aber wieder, wenn Sie Diagramme für den Anwender mit Formularelementen aufbereiten, z. B. für Was-wäre-wenn-Analysen oder in Dashboards mit Auswahl von Zeitintervallen. Hier ein Beispiel: Die Liste *Auftragsanalyse* zeigt die Aufträge eines Jahres mit *Aktuell*, *Vorjahr* und *Forecast* als Datenreihen. Über ein Drehfeld erhält der Anwender die Möglichkeit, die Anzahl der Monate dynamisch zu bestimmen.

Markieren Sie A3:M6, und legen Sie ein Kombi-(Verbund)-Diagramm mit gruppierten Säulen für die ersten beiden Reihen und einer Linie für die Zielvorgaben an. Zeichnen Sie über die Entwicklertools (*Steuerelemente/Einfügen*) ein Drehfeld im Bereich der Zelle E1. Weisen Sie ihm über das Kontextmenü zu:

```
Aktueller Wert: 12
Minimalwert: 1
```

```
Maximalwert: 12
Schrittweite: 1
Zellverknüpfung: $E$1
```

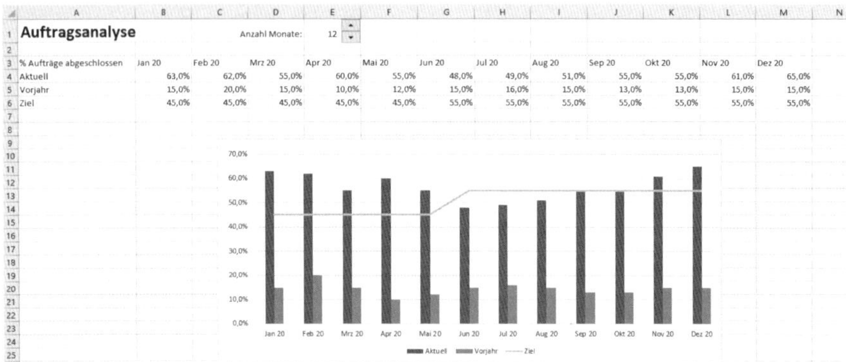

Abbildung 4.21: Auftragsanalyse mit Diagramm

Legen Sie einen Bereichsnamen für die Rubrik an. Achten Sie darauf, dass dieser lokal – für das Tabellenblatt – angelegt werden muss:

```
Name: rng_Rubrik
Bereich: Tabelle1
Bezieht sich auf: ==BEREICH.VERSCHIEBEN(Aufträge!$A$3;0;1;1;Aufträge!$E$1)
```

Legen Sie weitere lokale Namen für die Datenreihen an. Dazu wird einfach die Rubrik um die benötigte Anzahl Zeilen verschoben:

```
Name: rng_Aktuell
Bereich: Tabelle1
Bezieht sich auf: =BEREICH.VERSCHIEBEN(rng_Rubrik;1;0)

Name: rng_Vorjahr
Bercich: Tabelle1
Bezieht sich auf: =BEREICH.VERSCHIEBEN(rng_Rubrik;2;0)

Name: rng_Ziel
Bereich: Tabelle1
Bezieht sich auf: =BEREICH.VERSCHIEBEN(rng_Rubrik;3;0)
```

Klicken Sie mit der rechten Maustaste in das Diagramm und wählen Sie *Daten auswählen.* Tragen Sie ein:

```
Horizontale Achsenbeschriftung: Tabelle1!Rubrik
Legendeneintrag Aktuell:
        Reihenname: =Tabelle1!$A$4
        Reihenwerte: rng_Aktuell
Legendeneintrag Vorjahr:
        Reihenname: =Tabelle1!$A$5
        Reihenwerte: rng_Vorjahr
Legendeneintrag Ziel:
        Reihenname: =Tabelle1!$A$6
        Reihenwerte: =rng_Ziel
```

Damit lässt sich das Diagramm auf die Monatsauswahl ein, Rubrik und Datenreihen passen sich der Auswahl über das Drehfeld an.

4.6.7 Dynamische Planung mit Monats- und Abschnittsauswahl

Es geht natürlich noch besser. Mit `BEREICH.VERSCHIEBEN()` und passenden Formularelementen können dynamische Diagramme in vielen Varianten erzeugt werden. Hier ein Beispiel, ein Planungsdiagramm, in dem die Anzahl der Datenpunkte und der Einstiegspunkt in der Liste über Formularelemente gesteuert wird.

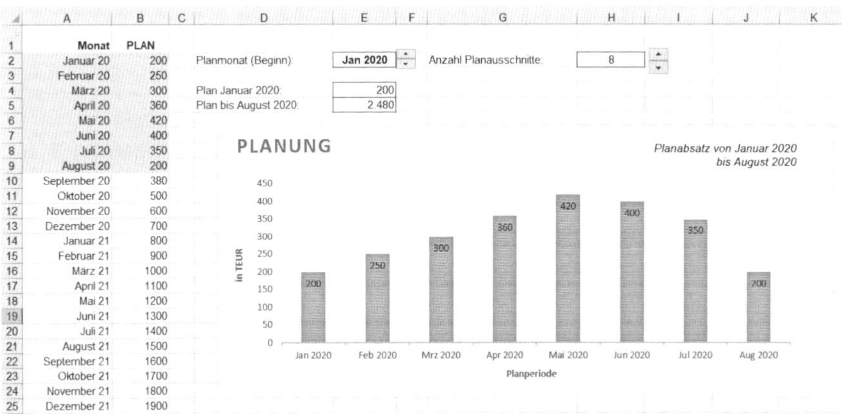

	Monat	PLAN
2	Januar 20	200
3	Februar 20	250
4	März 20	300
5	April 20	360
6	Mai 20	420
7	Juni 20	400
8	Juli 20	350
9	August 20	200
10	September 20	380
11	Oktober 20	500
12	November 20	600
13	Dezember 20	700
14	Januar 21	800
15	Februar 21	900
16	März 21	1000
17	April 21	1100
18	Mai 21	1200
19	Juni 21	1300
20	Juli 21	1400
21	August 21	1500
22	September 21	1600
23	Oktober 21	1700
24	November 21	1800
25	Dezember 21	1900

Abbildung 4.22: Dynamisch und flexibel – ein Plandiagramm

Als krönender Abschluss werden die gewählten und im Diagramm visualisierten Daten noch per Bedingungsformat farbig markiert.

Legen Sie eine Liste mit den Überschriften *Monat* und *Plan* und 24 Monaten ab Zelle A1 an. Berechnen Sie den Bereichsnamen für die erste Spalte:

```
Name: Monate
Bezieht sich auf: =BEREICH.VERSCHIEBEN($A$2;0;0;ANZAHL2($A:$A)-1;1)
```

Zeichnen Sie im Bereich der Zelle F1 ein Drehfeld mit diesen Parametern:

```
Minimalwert: 1, Maximalwert: 24, Schrittweite: 1, Zellverknüpfung: $L$2
```

Bieten Sie den ersten Monat zur Auswahl an:

```
D2: Planmonat (Beginn)
E2: =BEREICH.VERSCHIEBEN($A$1;$L$2;0)
```

Das zweite Drehfeld im Bereich der Zelle I2 bekommt diese Daten:

```
Minimalwert: 1, Maximalwert: 12, Schrittweite: 1, Zellverknüpfung: $H$2
```

Bieten Sie die Anzahl der Ausschnitte zur Auswahl an:

```
G2: Anzahl Planausschnitte:
```

Berechnen Sie den Planwert des aktuellen Startmonats:

```
D4: ="Plan "&TEXT($E$2;"MMMM JJJJ")&":"
E4: =BEREICH.VERSCHIEBEN($B$1;VERGLEICH($E$2;Monate;0);0)
D5: ="Plan bis
"&WENN(VERGLEICH($E$2;Monate;0)+$H$2>=ZEILEN(Monate);TEXT(@INDEX(Monate;ZEILEN
(Monate);1);"MMMM JJJJ");TEXT(@INDEX(Monate;VERGLEICH($E$2;Monate;0)+$H$2-
1);"MMMM JJJJ"))&":"
E5: =SUMME(BEREICH.VERSCHIEBEN($B$1;VERGLEICH($E$2;Monate;0);0;$H$2;1))
```

Zeichnen Sie ein Säulendiagramm mit dem Bereich *rng_Plan* als Datenquelle. Berechnen Sie den Bereichsnamen für die Rubrik des Säulendiagramms:

```
Name: A_Monate
Bezieht sich auf:
=BEREICH.VERSCHIEBEN(Monatsplanung!$A$1;VERGLEICH(Monatsplanung!$E$2;Monate;0)
;0;Monatsplanung!$H$2;1)
```

Berechnen Sie den Bereichsnamen für die Datenreihe:

```
Name: A_PLAN
Bezieht sich auf:
=BEREICH.VERSCHIEBEN(Monatsplanung!$B$1;VERGLEICH(Monatsplanung!$E$2;Monate;0)
;0;Monatsplanung!$H$2;1)
```

Markieren Sie das Diagramm mit der rechten Maustaste und wählen Sie *Daten auswählen*. Weisen Sie der Achsenbeschriftung den Bereichsnamen *A_MONATE* und der Datenreihe den Bereichsnamen *A_PLAN* zu.

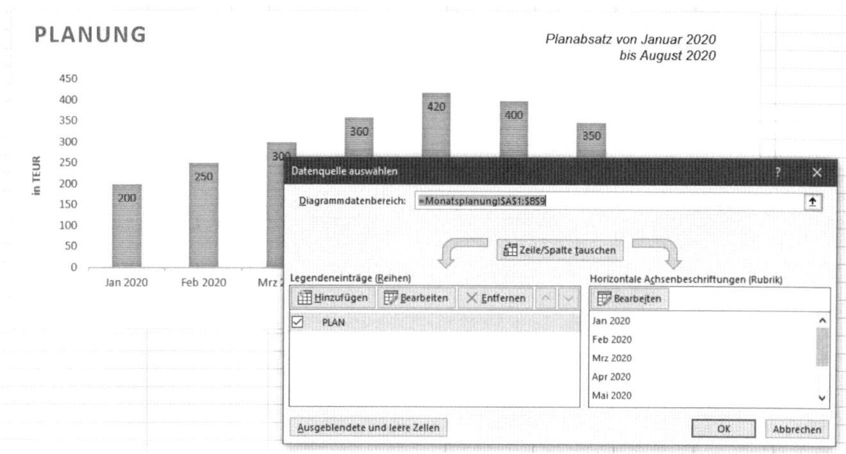

Abbildung 4.23: Mit Daten auswählen *dem Diagramm Bereichsnamen zuweisen*

Markieren Sie den Bereich *rng_Plan* und wählen Sie *Start/Formatvorlagen/Bedingte Formatierung/Neue Regel*.

Geben Sie diese Formel ein. Sie vergleicht die Zeilennummern des Bereichs mit dem gewählten Monatsanfang. Weisen Sie der Formatregel eine Füllfarbe zu.

```
=UND($A2<>"";ZEILE($A2)-1>=VERGLEICH($E$2;Monate;0);ZEILE($A2)-
1<VERGLEICH($E$2;Monate;0)+$H$2)
```

Wenn Sie noch eine passende Überschrift mit der Angabe des ersten und letzten Planmonats einbauen, ist das Diagramm perfekt. Schreiben Sie diese Formel aber in eine freie Zelle, und verknüpfen Sie die Überschrift mit dieser Zelle:

```
="Planabsatz von "&TEXT(E2;"MMMM JJJJ")&" "&ZEICHEN(10)&"bis
"&WENN(VERGLEICH($E$2;Monate;0)+$H$2>=ZEILEN(Monate);TEXT(@INDEX(Monate;ZEILEN
(Monate);1);"MMMM JJJJ");TEXT(@INDEX(Monate;VERGLEICH($E$2;Monate;0)+$H$2-
1);"MMMM JJJJ"))
```

4.7 Matrix spiegeln mit Bereichsnamen

Das Spiegeln einer Matrix ist einfacher, als es sich anhört. Als Matrix bezeichnet Excel einen Bereich, in VBA (und in vielen verwirrenden Hilfetexten) wird sie auch als Array bezeichnet. Um eine Matrix zu definieren, verwenden Sie

- den absoluten Bezug (z. B. `$A$1:$C$20`)
- den Bereichsnamen, der diesem Bezug zugewiesen wurde (z. B. *rng_Kunden*)
- den Tabellennamen, nachdem die Matrix als Tabelle deklariert wurde

Um eine Matrix zu spiegeln, konstruieren Sie einfach einen Bereichsnamen, der auf eine bestehende Matrix verweist. Der simpelste Weg:

- Bereich 1 heißt *rng_Kunden.*
- Der zweite Bereichsname verweist auf den Bereich *rng_Kunden*:

  ```
  Name: rng_Kunden2
  Bezieht sich auf: =rng_Kunden
  ```

4.7.1 Beispiel: Sport und Umsatz

Schreiben Sie ab Zelle A1 eine Liste mit den Sportarten, die zur Auswahl stehen, nennen Sie diese Liste *rng_Sportarten.*

Zeichen Sie über *Entwicklertools/Steuerelemente/Einfügen* ein Kombinationsfeld. Weisen Sie ihm die Sportartenliste zu, und suchen Sie eine Zellverknüpfung:

```
Eingabebereich: ng_Sportarten
Zellverknüpfung: $A$6
```

Legen Sie je eine Umsatztabelle für jede Sportart an, verwenden Sie eine einheitliche Spaltenbeschriftung (*Produkt* und *Umsatz*). Weisen Sie diese Tabellennamen zu:

```
tbl_Tennis ($B$1:$B$7)
tbl_Golf
tbl_Fußball
```

Für die Auswahl der Sportart zeichnen Sie ein Kombinationsfeld in das Tabellenblatt:

```
Eingabebereich: rng_Sportarten
Zellverknüpfung: $A$6
```

	A	B	C	E	F	H	I
1	Tennis	Produkt	Umsatz	Produkt	Umsatz	Produkt	Umsatz
2	Golf	Rackets	2300	Driver/Hölzer	3400	Fußball-Trikots	6500
3	Fußball	Tennisbälle (6er-Packung)	3200	Eisen	4200	Fußballschuhe	7200
4		Tennis-Trikots	4100	Putter	5100	Trainingsschuhe	3400
5	Bitte Sportart wählen:	Tennis-Unterwäsche/Socken	5400	Trolleys	2100	Fußbälle	1200
6	3	Tennisschuhe	2300	Elektro-Caddy	2300	Trainingsanzüge	4500
7		Sporttaschen/Zubehör	1200	Golfbags/Zubehör	5600	Stutzen und Strümpfe	6700
8				Golfschuhe	6000	Fußballzubehör	3200
9						Vereinstrikots	5000

Abbildung 4.24: Drei Tabellen, eine Liste und ein Kombinationsfeld

Generieren Sie im Namens-Manager einen berechneten Bereichsnamen, der über die WAHL()-Funktion die gewählte Sportart aus der Argumentliste holt und in einen neuen Bereichsnamen spiegelt:

```
Name: rng_Auswahl
Bezieht sich auf: =WAHL($A$6;tbl_Tennis;tbl_Golf;tbl_Fussball)
```

Den gespiegelten Bereich holen Sie über eine PivotTable in den Zielbereich. Wählen Sie *Einfügen/Tabelle/PivotTable*. Geben Sie die Spiegelmatrix als Quelle an.

Holen Sie die Spalte *Produkt* in den Zeilenbereich der PivotTable und summieren Sie im Wertefeld den Umsatz.

Zeichnen Sie ein PivotChart auf Basis dieser PivotTable. Entfernen Sie alle Schaltflächen aus dem Chart.

Ein kleines Problem lässt sich mit VBA aus der Welt schaffen: Nach Auswahl einer Sportart müssen die PivotTable und das PivotChart manuell aktiviert werden. Mit einem kleinen Makro automatisieren Sie diese Aktion:

Klicken Sie mit der rechten Maustaste auf das Formularelement und wählen Sie *Makro zuweisen*.

K	L
Produkt	Summe von Umsatz
Fußball-Trikots	6500
Fußballschuhe	7200
Trainingsschuhe	3400
Fußbälle	1200
Trainingsanzüge	4500
Stutzen und Strümpfe	6700
Fußballzubehör	3200
Vereinstrikots	5000

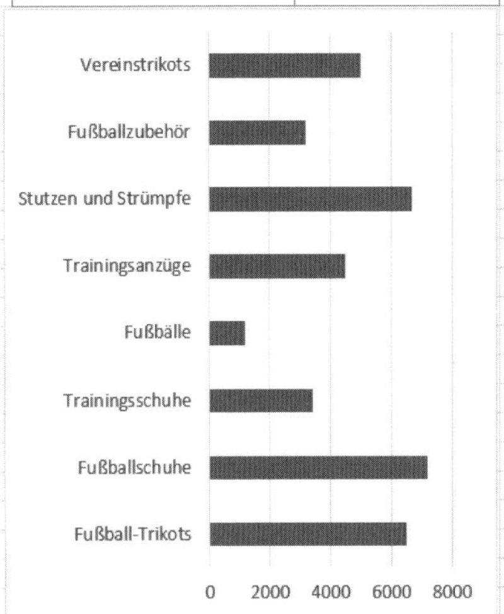

Abbildung 4.25: PivotTable und PivotChart

Wählen Sie *Neu* und schreiben Sie das Makro im Editor:

```
Sub Dropdown1_BeiÄnderung()
  ActiveSheet.PivotTables(1).PivotCache.Refresh
End Sub
```

Damit werden die PivotTable und das PivotChart mit jeder Änderung am Kombinationsfeld aktualisiert. Vergessen Sie nicht, die Arbeitsmappe als Makro-Arbeitsmappe mit der Endung *.xlsm* abzuspeichern.

4.8 VBA: Bereichsnamen ausblenden

Namen haben eine nützliche Eigenschaft: Man kann sie unsichtbar machen, indem man sie einfach ausblendet. Wenn Sie Ihre Datei für Dritte so undurchschaubar wie möglich machen wollen, dann gehört das Ausblenden der Namen einfach dazu. Der winzige Haken an der Sache: Das Ausblenden (und auch das Wiedereinblenden) funktioniert nur mit VBA. Allerdings ist der Code recht überschaubar:

```
Sub Namen_ausblenden()
Dim n As Name
For Each n In ThisWorkbook.Names
    n.Visible = False
Next n
End Sub

Sub Namen_einblenden()
Dim n As Name
For Each n In ThisWorkbook.Names
    n.Visible = True
Next n
End Sub
```

Starten Sie die Codes aus der VBA-Umgebung heraus einfach mit [F5], und alle Namen sind entweder verschwunden oder wieder sichtbar.

Kapitel 5

Das Kreuz mit den Formaten

Lassen Sie uns nicht über Sinn und Unsinn von Formatierungen diskutieren. Ob Sie Ihre Tabellenblätter mit den Modefarben der Saison ausschmücken, Rahmen und Linien verschwenderisch wie Andy Warhol nutzen und mit mindestens 20 verschiedenen Schriftarten und Schriftstilen arbeiten, ist schließlich Ihre Sache. Die anderen sind nur neidisch, dass Sie so tolle Zirkusplakate mit Excel malen können.

Im Ernst – verwenden Sie Formate so sparsam wie möglich. Überlegen Sie mal, wie viel Zeit Sie allein damit verbringen, bei Änderungen im Tabellenblatt Formate anzupassen, Rahmen neu zu zeichnen und Farben zuzuweisen. Die Zeit können Sie für schönere Dinge nutzen.

5.1 Goldene Regeln für die Tabellenformatierung

Bleiben Sie bei einer Schrift, ändern Sie die Schriftgröße nur in Überschriften. Verwenden Sie keine Schmuckschriften oder exotische Schriften. Arbeiten Sie, wenn möglich, nicht mit »Company-Schriften«. Die sehen meist nur in Word oder PowerPoint gut aus, für Excel ist Calibri die beste Wahl.

Hervorhebungen wie Fett, Kursiv und Unterstreichungen heben etwas Wichtiges hervor. Machen Sie die ganze Tabelle fett, können Sie nichts mehr hervorheben. Kursiv ist schlecht zu lesen, und Unterstreichungen sind für Links reserviert.

Farben sind nützlich, wenn sie sparsam zum Einsatz kommen. Wenn Sie ganze Zeilen oder Spalten formatieren, werden nur die darin beschrifteten Zellen farbig gedruckt, und auf die Dateigröße wirken sich diese Tapeten auch nicht aus. Aber schön ist es nicht.

Vermeiden Sie das Verbinden von Zellen. Sie können häufig keine Spalten markieren, wenn diese verbundene Zellen enthalten, und die Formeln stehen meist in der falschen Zelle.

Zeichnen Sie keine Rahmen. Wenn Sie Ihre Tabellen umgestalten, brauchen Sie die meiste Zeit für die Anpassung der Rahmen.

Grafische Elemente wirken sich zwar nicht allzu negativ auf die Dateigröße aus, weil Excel diese für die XML-Datei komprimiert und ins GIF-Format umwandelt. Megabytegroße Fotos und Piktogramme sollten Sie trotzdem vorher verkleinern und komprimieren. Die Windows-Fotobearbeitung reicht dazu völlig aus.

Gestalten Sie von Anfang an so, dass Ihr gewünschtes Ergebnis präsentierbar oder druckbar ist. Dazu richten Sie zuerst das Layout ein (Hochformat/Querformat, Kopf/Fußzeilen, Ränder). Verwenden Sie Druckbereiche. Sehen Sie ab und zu in der Druckvorschau (Strg+P) nach, ob alles noch auf die gewünschte Anzahl Seiten passt. Hier können Sie fast alle Layouteinstellungen vornehmen. Skalieren Sie das Druckerzeugnis so, dass es auf eine Seite passt. Rechts unten finden Sie ein Symbol zum Einschalten der Spaltenlinien und für den Seitenzoom.

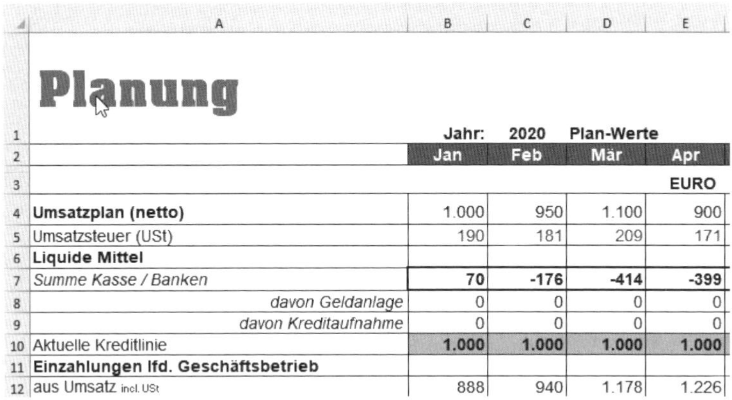

	A	B	C	D	E
	Planung				
1		Jahr:	2020	Plan-Werte	
2		Jan	Feb	Mär	Apr
3					EURO
4	**Umsatzplan (netto)**	1.000	950	1.100	900
5	Umsatzsteuer (USt)	190	181	209	171
6	**Liquide Mittel**				
7	*Summe Kasse / Banken*	**70**	**-176**	**-414**	**-399**
8	*davon Geldanlage*	0	0	0	0
9	*davon Kreditaufnahme*	0	0	0	0
10	Aktuelle Kreditlinie	**1.000**	**1.000**	**1.000**	**1.000**
11	**Einzahlungen lfd. Geschäftsbetrieb**				
12	aus Umsatz incl. USt	888	940	1.178	1.226

Abbildung 5.1: So bitte nicht: Zirkusplakat

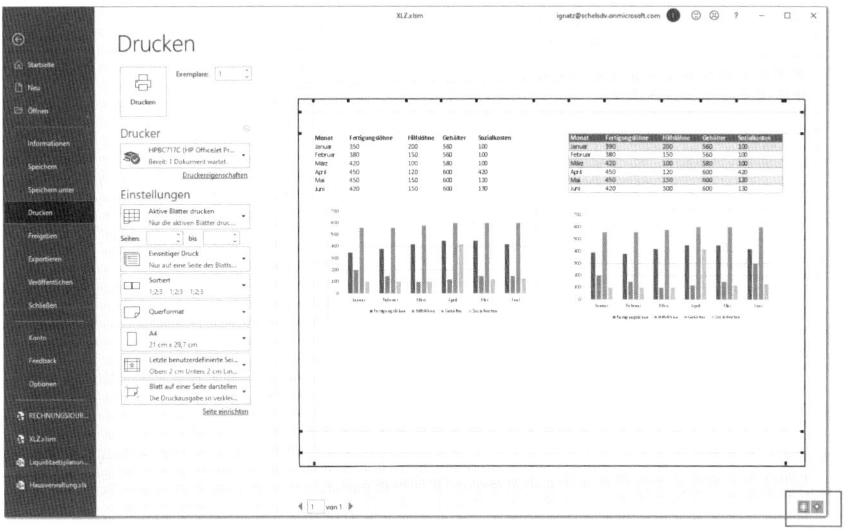

Abbildung 5.2: Layout direkt am Druck mit der Seitenansicht

5.1.1 Ein Unternehmensdesign

Designs sorgen für ein einheitliches Formatieren auf Unternehmensebene. Wenn Sie noch kein firmenspezifisches Design nutzen, können Sie ein solches auch in Excel anlegen. Unter *Seitenlayout/Designs* finden Sie eine Auswahl. Definieren Sie zuerst die Farben, und legen Sie mit *Farben anpassen* bis zu sechs Akzentfarben für die Diagramme fest. Diese Farben verwenden die Diagramme für ihre Datenreihen.

Wählen Sie *Designs/Aktuelles Design speichern*, und geben Sie dem Design einen Namen. Designs werden unter diesem Pfad gespeichert:

C:\Users\info\AppData\Roaming\Microsoft\Templates\Document Themes

Damit das Design automatisch mit dem Start von Excel aktiv wird, speichern Sie die Mappe mit Ihrem Design einfach in der Startvorlage ab (siehe Kapitel 1.11.2).

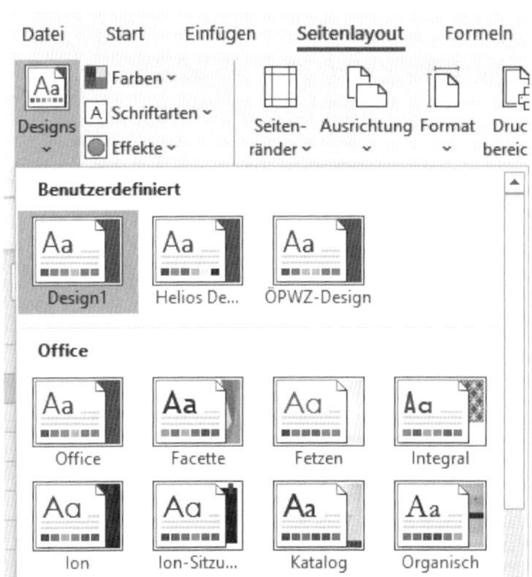

Abbildung 5.3: Ein benutzerdefiniertes Design

5.1.2 Der Formatpinsel

Ein Werkzeug, das in jeden Haushalt gehört: Der Formatpinsel überträgt Formate. Keine Zauberei, einfach die formatierte Zelle markieren, Klick auf den Pinsel, und das Format wird auf die nächste markierte Zelle übertragen. Natürlich können Sie auch Bereiche, ganze Zeilen oder Spalten markieren.

Ein Trick dazu: Klicken Sie doppelt auf den Pinsel, »rastet« dieser ein, und Sie können das Format so lange per Klick auf andere Zellbereiche übertragen, wie Sie wollen. Ein weiterer Doppelklick oder die [Esc]-Taste beendet den Modus wieder.

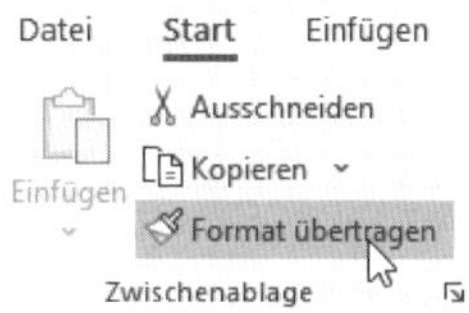

Abbildung 5.4: Der Formatpinsel

5.2 Minuszeichen rechts von der Zahl

Eine lästige Unart, die sich in SAP-Berichten zwar mit Ankreuzen einer Option im SAP GUI erledigen lässt (aber wer weiß das schon): Negative Zahlen haben das Minuszeichen rechts an der Zahl, nicht links. Das war früher mal eine gängige Schreibweise, beim Import der Daten bewirkt sie aber, dass die Zahl als Text gewertet wird. Hier gibt es mehrere Möglichkeiten, demonstriert an einer Liste mit drei Zahlen:

A1: Betrag
A2: 12,34
A3: -12,34
A4: 12,34-

1. Möglichkeit: Text in Spalten. Markieren Sie die Spalte, wählen Sie *Daten/Datentools/Text* in Spalten. Schalten Sie durch bis zum letzten Dialog, klicken Sie hier auf *Erweitert*. Mit der Option *nachstehendes Minuszeichen für negative Zahlen* werden die Zahlen korrekt umgesetzt.

2. Möglichkeit: Mit WENN() berechnen. Schreiben Sie eine Formel mit der WENN()-Funktion, die die Position des Minuszeichens abfragt und die Werte entsprechend umwandelt:

```
=WENN(RECHTS(A1;1)="-";WECHSELN(A1;"-";"")*-1;F1)
```

3. Möglichkeit: Schicken Sie die Zahlen in eine Power-Query-Abfrage:

Daten/Daten abrufen und transformieren/Aus Tabelle/Bereich. Mit der (automatischen) Umwandlung des Dateityps (type number) werden die negativen Zahlen korrekt wiedergegeben. Holen Sie das Ergebnis mit *Start/Schließen und Laden* in eine Tabelle.

5.3 Benutzerdefinierte Zahlenformate

Die wichtigsten Formatierungswerkzeuge für Tabellen sind die Zahlenformate. Um diese wirklich zu beherrschen, müssen Sie die benutzerdefinierten Formate und die Platzhalter kennen. Mit der Zuweisung eines Zahlenformats über *Start/Zellen/Format* oder über *Start/Zahl* haben Sie keine Kontrolle über die Formatierung und können nicht alle Möglichkeiten nutzen, die Zahlenformate bieten. Wählen Sie im Kontextmenü der rechten Maustaste Zellen formatieren. Oder drücken Sie einfach Strg+1.

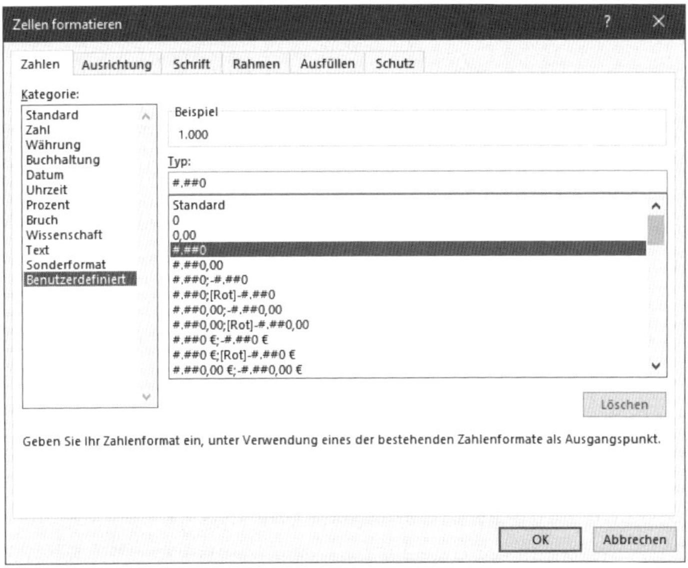

Abbildung 5.5: Benutzerdefinierte Formate und Platzhalter

Ein Zahlenformat besteht aus maximal vier Sektionen, jeweils geteilt mit einem Semikolon:

Positive Zahlen;Negative Zahlen;Null;Text

Die Platzhalter sorgen dafür, dass die Zahl ihrem Wert entsprechend formatiert wird:

0Platzhalter für die Zahl selbst. Eine Null reicht, außer Sie wollen die Zahl links vom Komma mit Nullen auffüllen. Die Nullen nach dem Komma stehen für die Anzahl der angezeigten Nachkommastellen, die Zahl wird für die Anzeige kaufmännisch gerundet (0,00 = zwei Nachkommastellen).

#Die Raute brauchen Sie, um die Position des Tausenderpunktes zu fixieren. #.##0,00 formatiert einen Wert über 1.000 mit Punkt (Beispiel: 1.234,00).

[Rot]Mit Farbklammern können Sie die Werte in den einzelnen Sektionen noch einfärben. Erlaubt sind die Grundfarben Rot, Gelb, Grün und Blau, Sie können aber auch [Farbe1] bis [Farbe 16] benutzen. Dieses Zahlenformat formatiert z. B. positive Zahlen mit zwei Nachkommastellen und Tausenderpunkt schwarz und negative Zahlen rot. Die Null wird grün gefärbt, Texte werden nicht angezeigt:
`#.##0,00;[Rot]#.##0,00;[Grün]0;""`

5.3.1 Äpfel und Birnen ...

... sollten Sie nicht miteinander vergleichen, aber mit Excel haben Sie immerhin die technischen Möglichkeiten dazu. Das benutzerdefinierte Zahlenformat erlaubt nämlich beliebige Texte vor und hinter den Zahlenplatzhaltern. So wird z. B. aus 10,0 ein 10,0 kg/Liter:

```
#.##0,00" kg/Liter"
```

Setzen Sie Texte immer in Anführungszeichen. Das Eurozeichen € und das Dollarzeichen $ sind einige wenige, die auch ohne Anführungszeichen akzeptiert werden. Und aus dem Produkt aus Äpfeln und Birnen werden damit einfach Tomaten:

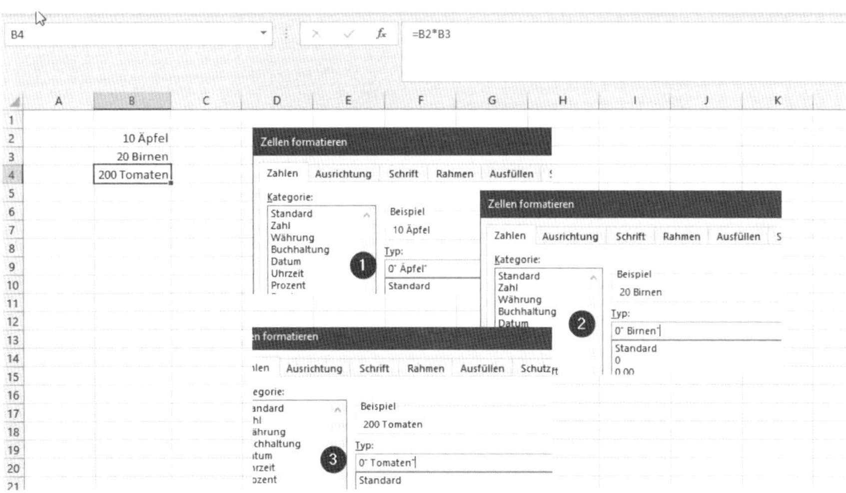

Abbildung 5.6: Äpfel und Birnen vergleichen – so geht's

5.3.2 Nullunterdrückung

Für die Unterdrückung der Null gibt es eine Option: Wählen Sie *Datei/Optionen/Erweitert*. Deaktivieren Sie die Arbeitsblattoption *In Zellen mit Nullwerten eine Null anzeigen*. Schön und gut, aber damit unterdrücken Sie alle Nullen im Tabellenblatt. Mit einem benutzerdefinierten Zahlenformat werden Sie die Null auch in einzelnen Zellen los: Schreiben Sie in der dritten Sektion zwei Anführungszeichen anstelle der 0:

```
#.##0,00;[Rot]#.##0,00;""
```

5.3.3 Zahlenformate für Datumswerte

Datumswerte werden mit benutzerdefinierten Zahlenformaten besonders flexibel. Nutzen Sie die Platzhalter, um gezielt Informationen aus dem Datum zu holen:

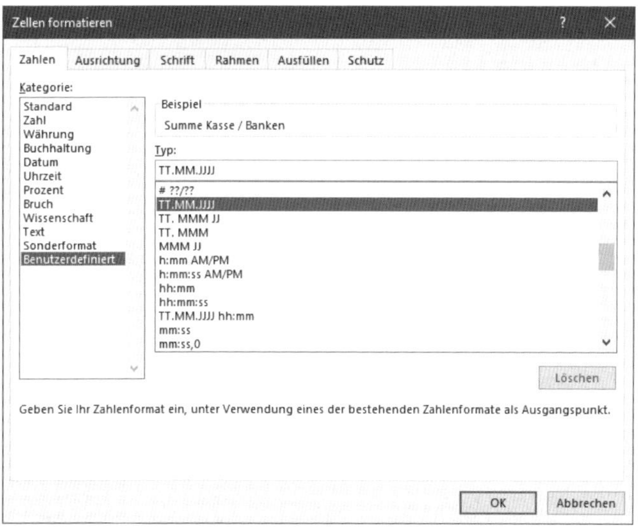

Abbildung 5.7: Benutzerdefinierte Zahlenformate für Datumswerte

Platzhalter	Formatierung
T	Tageszahl ohne führende Null
TT	Tageszahl mit führender Null
TTT	abgekürzter Wochentag (Mo, Di, Mi ...)

Platzhalter	Formatierung
TTTT	ausgeschriebener Wochentag (Montag, Dienstag ...)
M	Monatszahl ohne führende Null
MM	Monatszahl mit führender Null
MMM	Monat abgekürzt (Jan, Feb, Mär ...)
MMMM	Monat ausgeschrieben (Januar, Februar ...)
J oder JJ	zweistellige Jahreszahl
JJJ oder JJJJ	vierstellige Jahreszahl

Hinweis: Für die richtige Interpretation von Datumseingaben sorgt die Einstellung der Regions- und Sprachoptionen in der Systemsteuerung von Windows.

5.3.4 Dezimalzahlen am Komma ausrichten

Wie wird eine Spalte mit Dezimalzahlen formatiert, damit alle Werte am Dezimalkomma ausgerichtet sind, und zwar unabhängig von der Anzahl der Nachkommastellen?

Dafür müssen Sie ein benutzerdefiniertes Zahlenformat einrichten. Markieren Sie die Spalte mit den Dezimalzahlen und drücken Sie Strg+1. Unter *Zahlen* markieren Sie *Benutzerdefiniert*. Geben Sie dieses Zahlenformat ein:

```
0,0?????????
```

Der Platzhalter *?* steht für eine beliebige Ziffer. Bei nicht signifikanten Nullen unterdrückt Excel die Anzeige, lässt aber entsprechenden Platz für die Stelle. So schaffen Sie Platz für zehn Nachkommastellen, die aber nur angezeigt werden, wenn sie benötigt werden. Ansonsten füllt Excel die Stellen mit Leerzeichen auf, sodass die Dezimalkommata in der gesamten Spalte untereinander ausgerichtet sind.

Der Platzhalter *0* sorgt dafür, dass direkt vor und hinter dem Komma immer eine Ziffer steht, auch bei Nullen. So wird der Wert *3* als *3,0* und *0,123456* mit der führenden Null angezeigt. Für eine höhere Genauigkeit hinter dem Komma fügen Sie weitere *?* hinzu. Mit der Raute definieren Sie das Format so, dass vor dem Komma im Bedarfsfall ein Tausenderpunkt erscheint:

```
#.##0,0?????????
```

5.4 Bedingte Formatierung

Die Bedingungsformatierung unter *Start/Formatvorlagen* bietet eine Reihe von vordefinierten Regeln sowie Datenbalken, Farbskalen und Symbolsätze für die Visualisierung spezieller Formate. Damit färben Sie z. B. mit wenigen Klicks alle Zellen, die größer oder kleiner als ein Schwellenwert sind, markieren Duplikate oder kennzeichnen die größten/kleinsten Werte.

Die besten Effekte erzielen Sie mit selbst definierten Regeln unter Anwendung der Arithmetik und der Formelbibliothek von Excel.

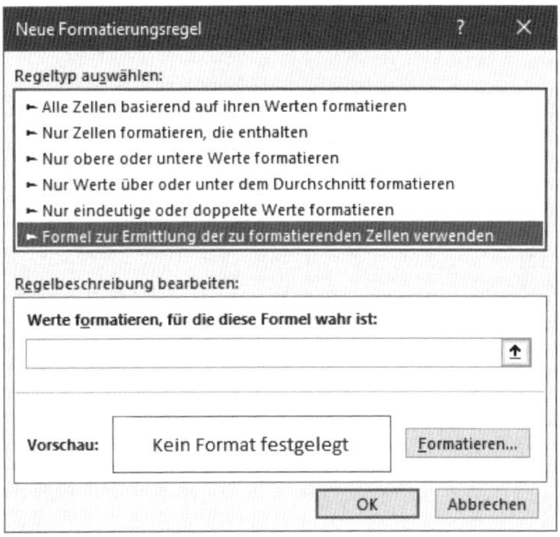

Abbildung 5.8: Formeln für Bedingungsformate

Der wichtigste Tipp für die Bedingungsformel: Verwenden Sie immer die aktuelle Zelle als Bezug. Alle zusätzlich markierten Zellen werden automatisch mitformatiert, und damit haben Sie die Möglichkeit, mit relativen und absoluten Bezügen zu arbeiten.

Haben Sie z. B. den Bereich $A$1:$C20 markiert, definiert diese Formel ein Format für alle Werte größer 0:

```
=A1>0
```

Mit dieser Formel bekommen Sie aber alle Zeilen markiert, die in Spalte C eine Null haben. Die Zeile bleibt relativ, der Spaltenbuchstabe wird fixiert:

```
=$C1>0
```

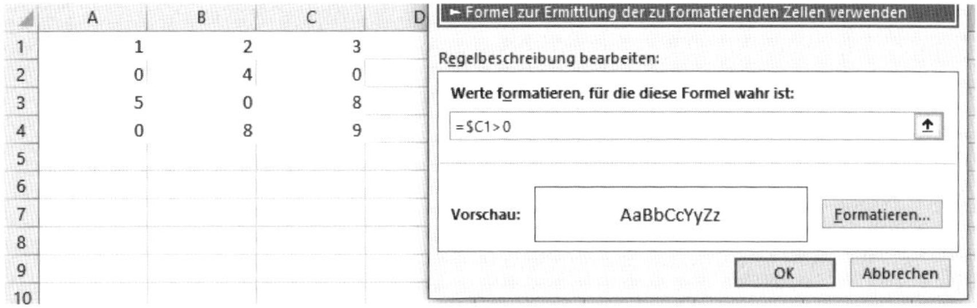

Abbildung 5.9: Ausgetrickst: Bedingungsformel für ganze Zeilen

5.4.1 Fehlerzellen

Schreiben Sie diese Formel, um im markierten Bereich alle Fehlermeldungen ausfindig zu machen:

```
=ODER(ISTLEER(A1);ISTFEHLER(A1))
```

5.4.2 Jede zweite oder n-te Zeile

Mit dieser Formel formatieren Sie jede zweite Zeile. Sie prüft, ob die Zeilennummer gerade ist:

```
=ISTGERADE(ZEILE())
```

Damit färben Sie jede n-te Zelle ein (hier jede fünfte). Die Funktion REST() ermittelt den ganzzahligen Rest der Division aus Zeilennummer und Divisor:

```
=rest(zeile();5)=0
```

5.4.3 Suchen mit Wildcards

Suchen Sie in einem Bereich nach bestimmten Werten, tragen Sie den Suchbegriff in eine freie Zelle ein, und vergleichen Sie diese einfach in der Bedingungsformel mit der ersten Zelle des markierten Bereichs. Schwieriger wird es, wenn der Suchbegriff Wildcards wie * oder ? enthält. Dafür brauchen Sie eine Formelschachtel mit diesen Funktionen:

`=SUCHEN()` sucht nach dem Suchbegriff im ersten Argument in der Spalte mit dem zweiten Argument. Fixieren Sie die Spalte, und geben Sie nur die erste Zeile des markierten Bereichs an.

=ISTFEHL() liefert WAHR bei erfolgloser Suche, NICHT() negiert dieses Ergebnis. Damit formatieren Sie alle Zellen mit dem Suchbegriff:

```
=NICHT(ISTFEHL(SUCHEN($D$2;$B5)))
```

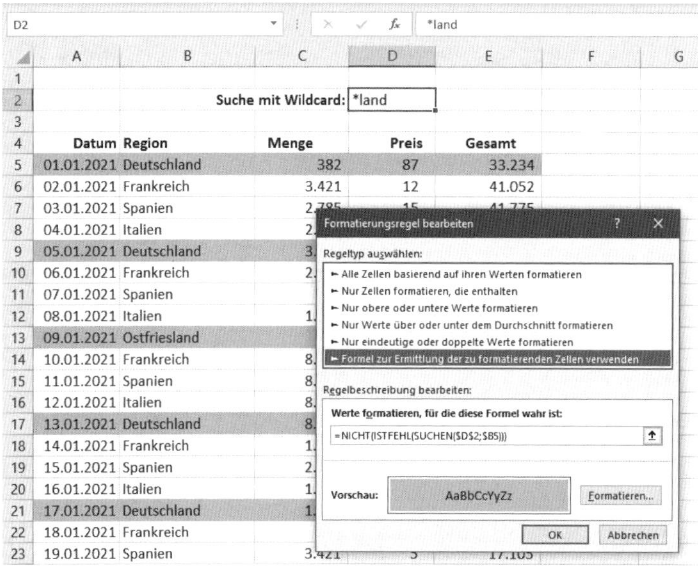

Abbildung 5.10: Suchbegriffe mit Wildcards – so finden Sie alles.

5.4.4 Urlaubsplan

Ein Praxisbeispiel mit Bedingungsformaten, die Samstage und Sonntage und sogar die Feiertage im Kalender einfärben. Ein weiteres sorgt dafür, dass die Zeitabschnitte wie in einem Projekt- oder Metaplan in Balkenform angezeigt werden. Diese Elemente sind dabei:

- eine Liste mit Mitarbeiterdaten (Name, Abteilung, Kostenstelle, Urlaubsanspruch)
- eine Liste mit den Feiertagen des aktuellen Jahres
- ein Kalender, der sich mit der Eingabe des Jahres automatisch berechnet
- bedingte Formatierungen für die Kennzeichnung der Wochenend- und Feiertage im Kalender
- Links (Hyperlinks) zur Ansteuerung der einzelnen Monate im Kalender

- die Gliederungsfunktion, um Zeilen oder Spalten zu gruppieren
- die Fensterfixierung, um den Datenbereich vom Kalender zu trennen
- die Datenüberprüfung für komfortable Eingaben der Abwesenheit
- Funktionen zur Berechnung der Abwesenheitstage und des Resturlaubs

So sieht das Ergebnis aus:

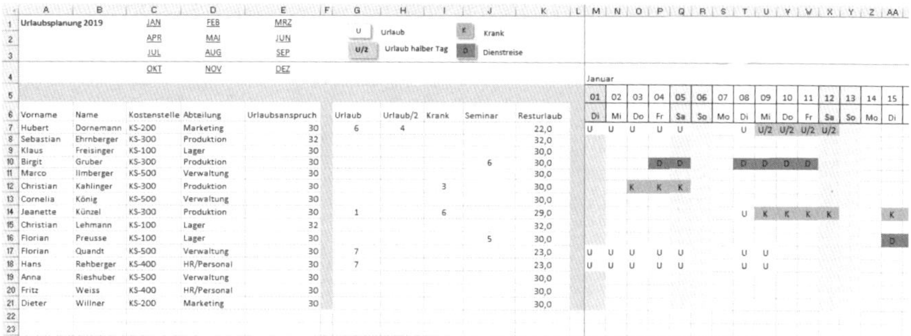

Abbildung 5.11: Urlaubsplanung – ein Praxisbeispiel mit großem Lerneffekt

Schreiben Sie das Auswertungsjahr in Zelle A1.

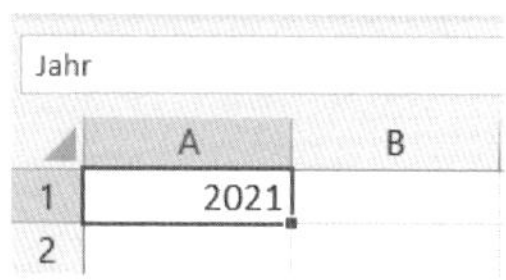

Geben Sie der Zelle den Bereichsnamen *Jahr*, tragen Sie ihn einfach in das Namensfeld ein, und bestätigen Sie mit ⏎.

Mit diesem benutzerdefinierten Zahlenformat setzen Sie den Text vor die Zahl:

"Urlaubsplanung"0

Verbinden Sie die Zellen A1:B1.

Die Mitarbeiterdaten tragen Sie ab Zeile 6 ein.

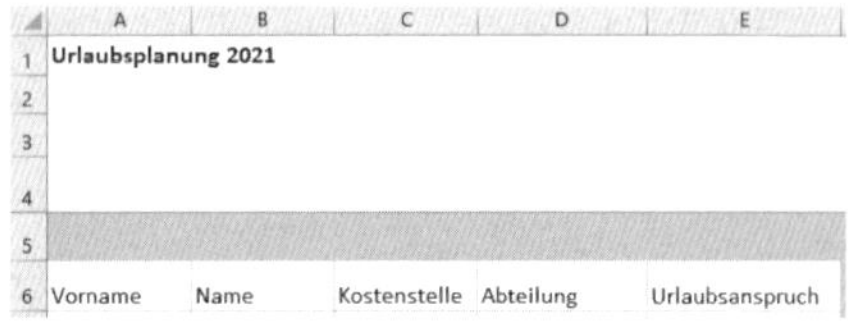

Geben Sie die Daten ein, oder holen Sie die Liste als Kopie oder als Verknüpfung aus den Personaldaten.

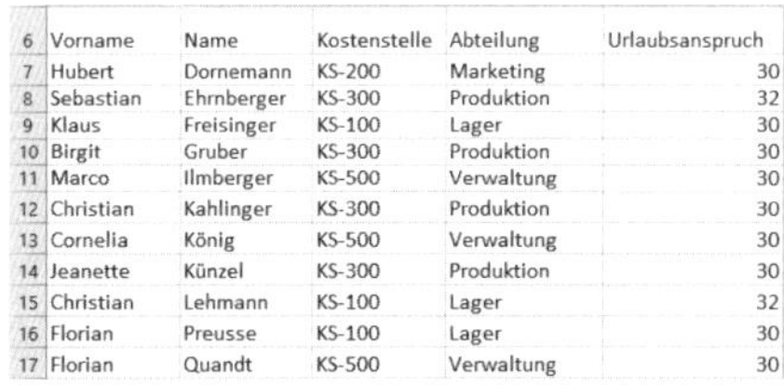

	Vorname	Name	Kostenstelle	Abteilung	Urlaubsanspruch
7	Hubert	Dornemann	KS-200	Marketing	30
8	Sebastian	Ehrnberger	KS-300	Produktion	32
9	Klaus	Freisinger	KS-100	Lager	30
10	Birgit	Gruber	KS-300	Produktion	30
11	Marco	Ilmberger	KS-500	Verwaltung	30
12	Christian	Kahlinger	KS-300	Produktion	30
13	Cornelia	König	KS-500	Verwaltung	30
14	Jeanette	Künzel	KS-300	Produktion	30
15	Christian	Lehmann	KS-100	Lager	32
16	Florian	Preusse	KS-100	Lager	30
17	Florian	Quandt	KS-500	Verwaltung	30

Markieren Sie die Spalten A:E ...

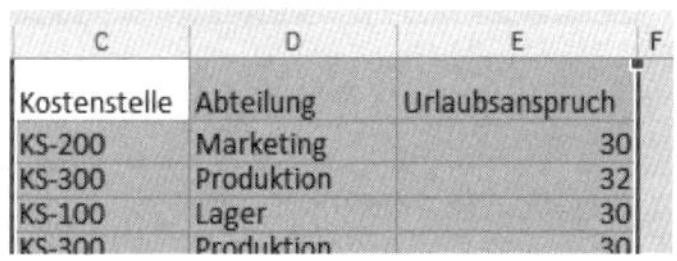

... und wählen Sie *Daten/Gliederung/ Gruppieren*. Setzen Sie die Spalten in die zweite Ebene.

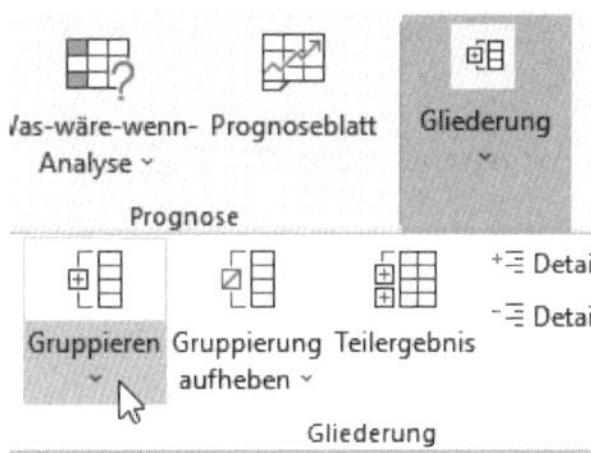

Gruppieren Sie auch die Spalten G:K und tragen Sie die Überschriften für die Auswertung ein.

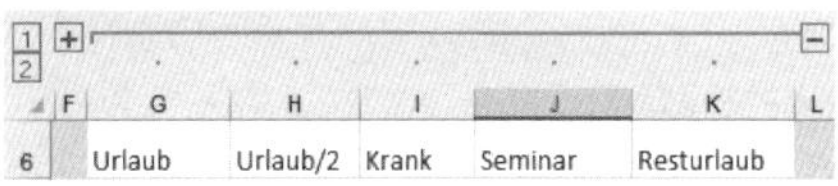

Die Legende für die Urlaubsarten zeichnen Sie mit den Zeichenwerkzeugen aus der Formenbibliothek.

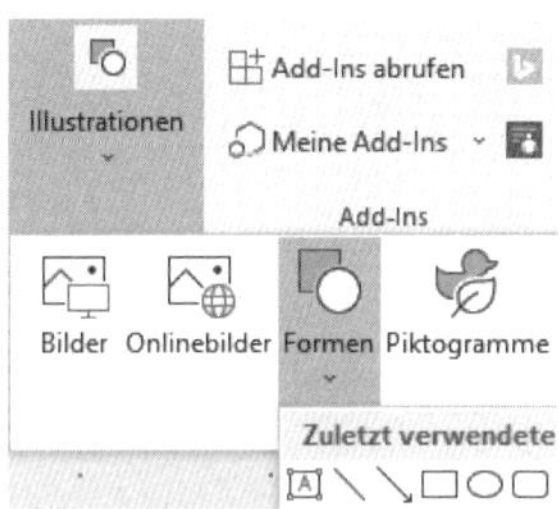

Schreiben Sie die Texte in Textfelder und gruppieren Sie die Objekte. Weisen Sie den Objekten die Eigenschaft *Von Zellposition und -größe unabhängig* zu.

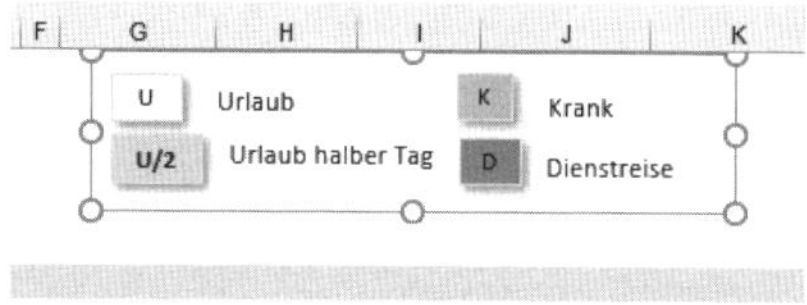

Die Zelle M5 bekommt die Formel zur Berechnung der Datumsschiene aus dem aktuellen Jahr:

=DATUM(Jahr;1;Spalte()-12)

Das Zahlenformat *TT* sorgt dafür, dass nur der Tag angezeigt wird.

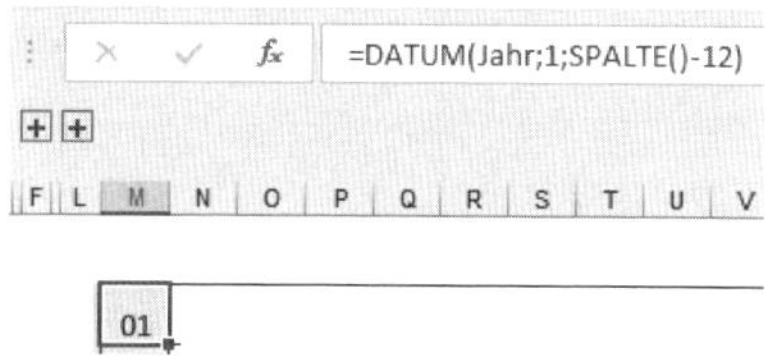

Die Zelle M6 bekommt eine Verknüpfung auf M5 und das Zahlenformat *TTT* für den abgekürzten Wochentag.

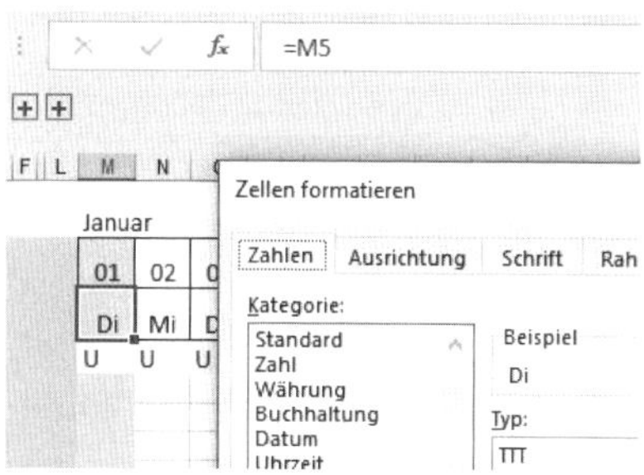

In M4 schreiben Sie eine Formel, die in jeder Spalte, in der ein neuer Monat beginnt, den Monatsnamen in die Zelle schreibt:

=WENN(TAG(M5)=1;TEXT(M5;"MMMM");"")

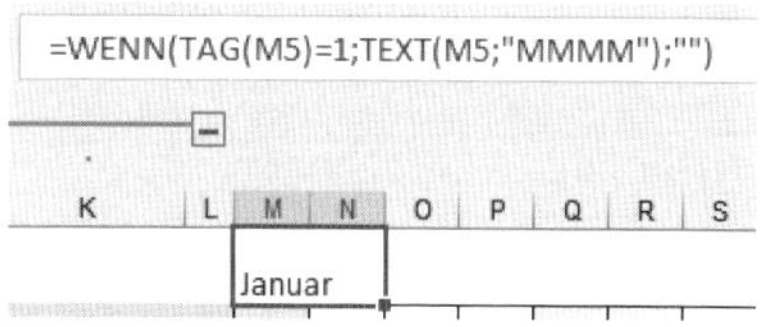

Kopieren Sie die drei Formeln von M4:M6 mit dem Füllkästchen bis NN4:NN6.

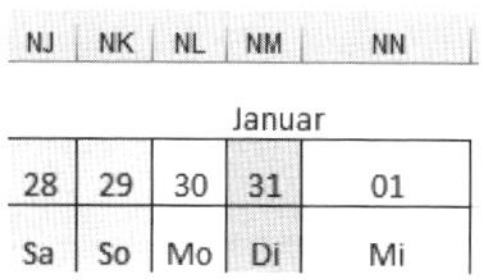

Markieren Sie den Bereich mit den Datumswerten bis zum letzten Mitarbeiter.

Wählen Sie *Start/Formatvorlagen/Bedingte Formatierung.*

Legen Sie eine bedingte Formatierung für die Samstage an:

=WOCHENTAG(M$5)=7

... und für die Sonntage:

=WOCHENTAG(M$5)=1

Weisen Sie den Regeln unterschiedliche Füllfarben zu.

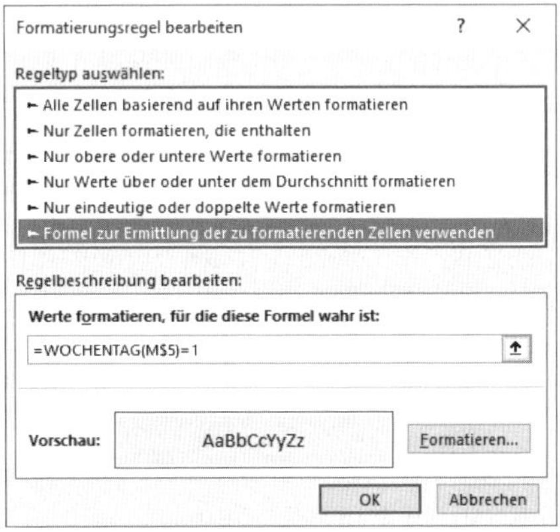

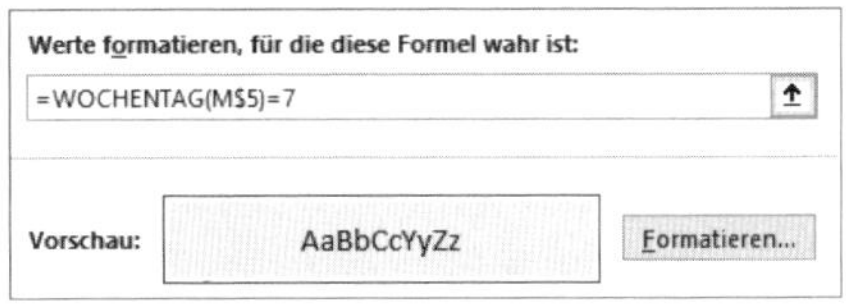

Legen Sie in einem neuen Tabellenblatt eine Feiertagstabelle an (mit Strg+T zur Tabelle erklären).

Geben Sie der Tabelle den Namen *tbl_-Feiertage.*

Der Ostersonntag ist variabel, er wird mit dieser Formel berechnet:

*=RUNDEN((TAG(MINUTE(Jahr/38)/2+55)&".4."&Jahr)/7;)*7-6*

1	**Feiertage 2021**		
2	**Datum**		**Feiertag**
3	Di	01.01	Neujahrstag
4	Sa	01.06	Hl. Drei Könige
5	Do	18.04	Karfreitag
6	So	21.04	Ostersonntag
7	Mo	22.04	Ostermontag
8	Mi	01.05	Tag der Arbeit
9	Do	30.05	Christi Himmelfahrt
10	So	09.06	Pfingstsonntag
11	Mo	10.06	Pfingstmontag
12	Do	20.06	Fronleichnam
13	Do	08.08	Augsburger Friedensfest
14	Do	15.08	Mariä Himmelfahrt
15	Do	03.10	Tag der deutschen Einheit
16	Do	31.10	Reformationstag
17	Fr	01.11	Allerheiligen
18	Mi	20.11	Buß- und Bettag
19	Di	24.12	Hlg. Abend
20	Mi	25.12	1. Weihnachtsfeiertag
21	Do	26.12	2. Weihnachtsfeiertag
22	Di	31.12	Silvester

Berechnen Sie die übrigen Feiertage.

Legen Sie einen Bereichsnamen *Feiertage* an, geben Sie ihm die erste Spalte der Tabelle als Bezug:

=tbl_Feiertage[Datum]

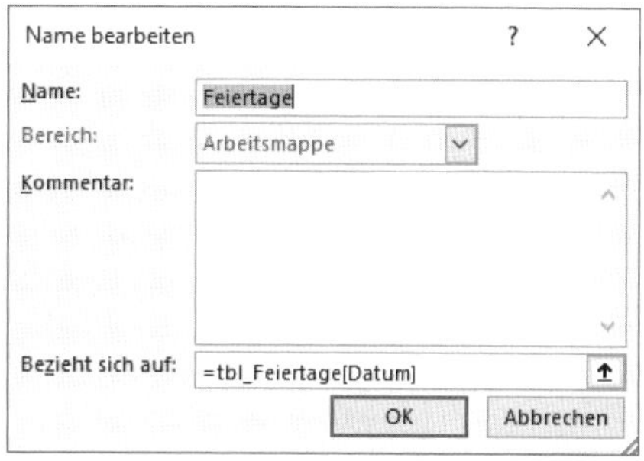

Mit dieser Formel legen Sie eine neue Regel für den gesamten Kalenderbereich an, mit der die Feiertage farbig markiert werden:

=NICHT(ISTNV(VERGLEICH(Urlaubsplanung!M$5;Feiertage;0)))

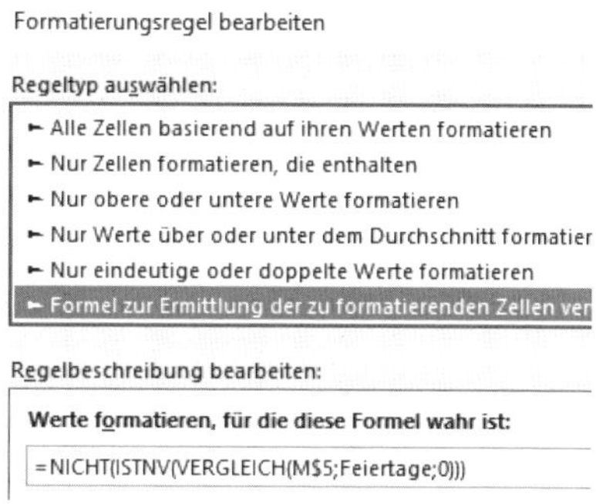

Der Innenbereich des Kalenders bekommt eine Datenüberprüfungsliste.

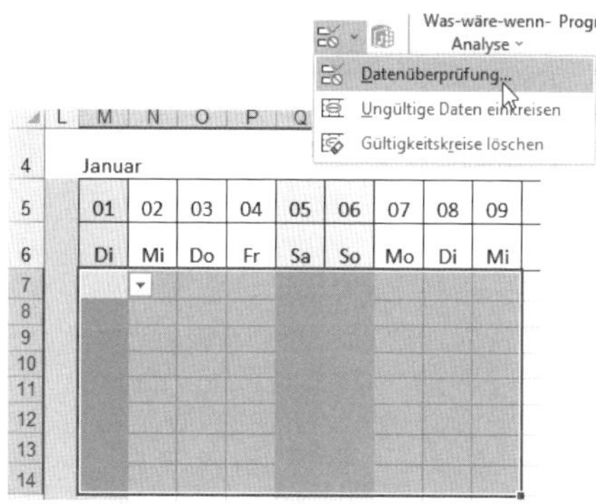

Wählen Sie unter *Zulassen: Liste* und geben Sie die Abwesenheiten als Quelle an: *U;U/2;K;D*

- U = *Urlaub*
- U/2 = *halber Urlaubstag*
- K = *Krank*
- D = *Dienstreise*

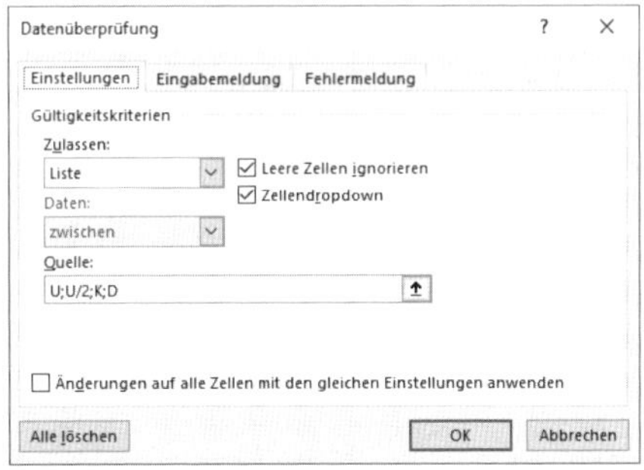

Legen Sie für jede Abwesenheitsart eine bedingte Formatierung an, und weisen Sie die in der Legende fixierten Farben zu.

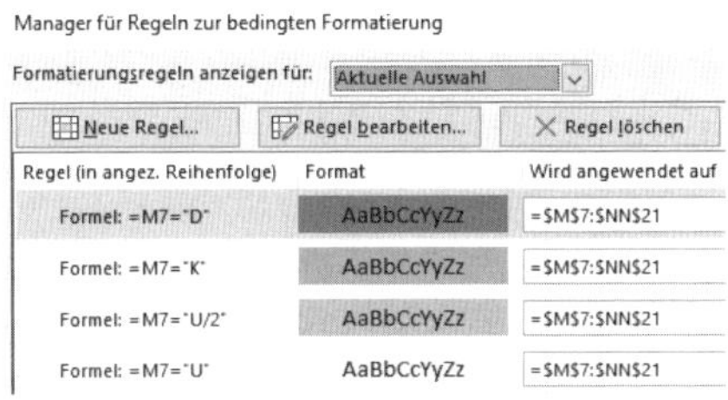

Legen Sie eine Fehlermeldung für den Fall fest, dass die Datenüberprüfung Fehler meldet.

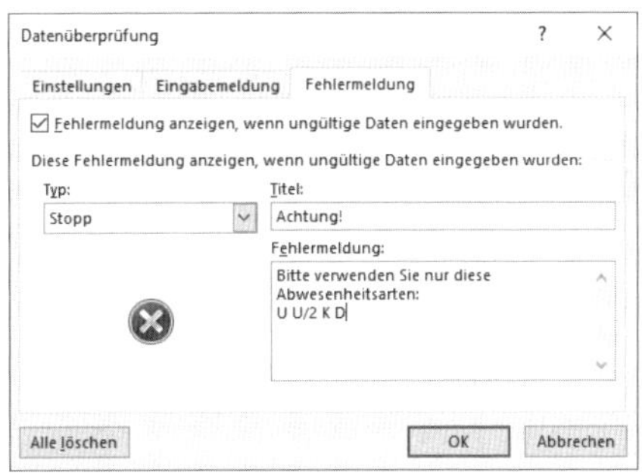

Jetzt können Sie die Abwesenheiten eintragen oder aus der Liste holen.

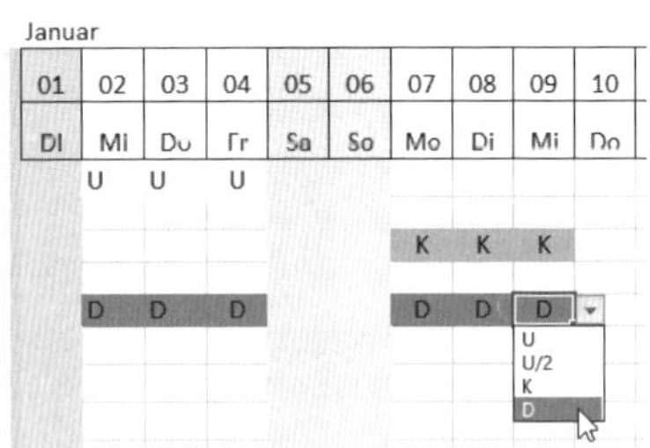

Mit der Funktion ZÄHLENWENN() berechnen Sie im Auswertungsbereich die Anzahl der Abwesenheiten:

=ZÄHLENWENN(INDEX(UTab; ZEILE()-6;);"U")

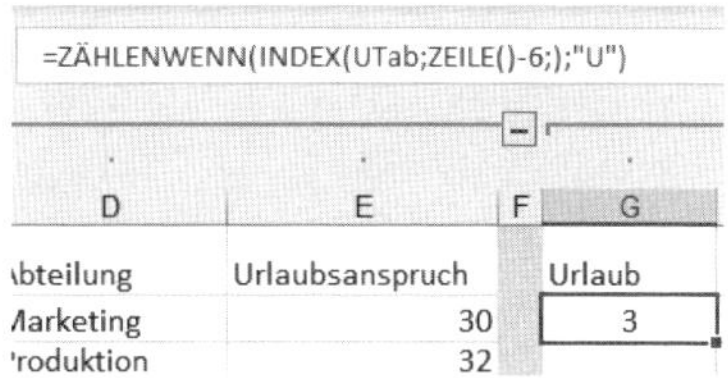

Den Resturlaub berechnen Sie mit dieser Formel:

=E7-G7-H7/2

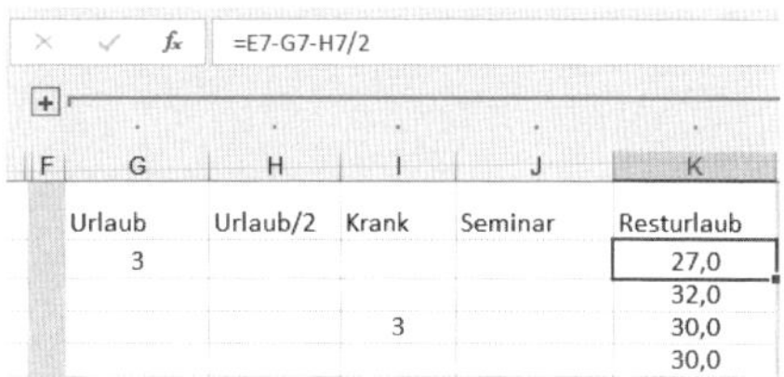

Fügen Sie in die Zellen C1:E4 noch je einen Link auf die Monatsnamen im Kalender ein. Ein Klick darauf, und der Zellzeiger springt auf den Monat.

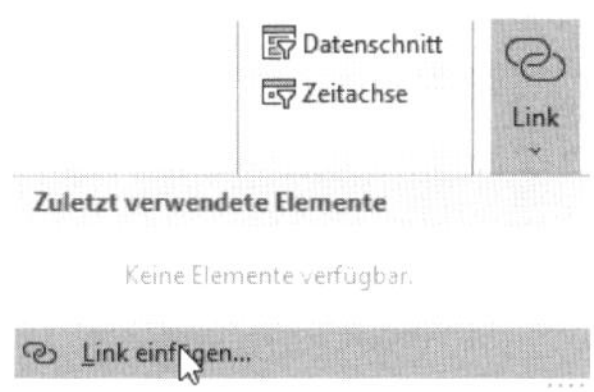

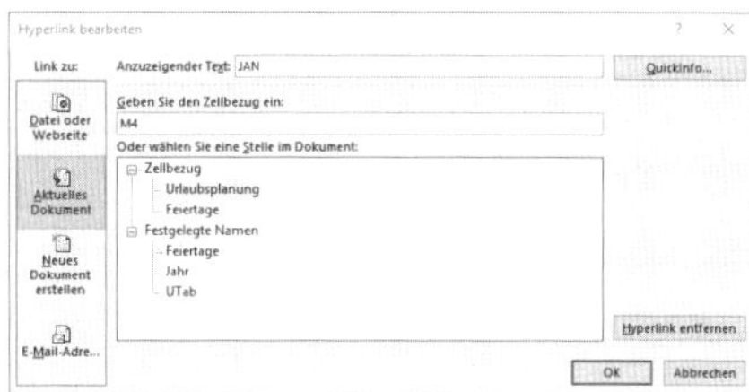

Den angezeigten Text schreiben Sie einfach in die Zelle.

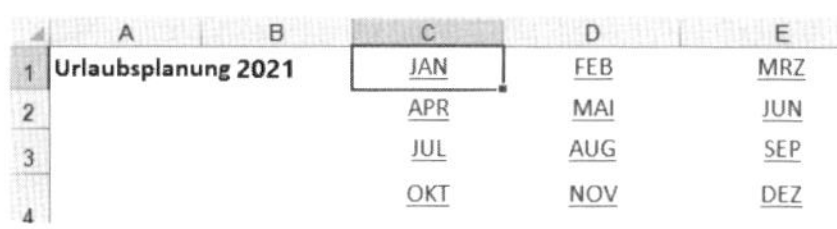

Fügen Sie noch in der Zelle M eine Fensterfixierung ein. Damit können Sie im Kalender blättern, ohne die Mitarbeiterdaten auszublenden.

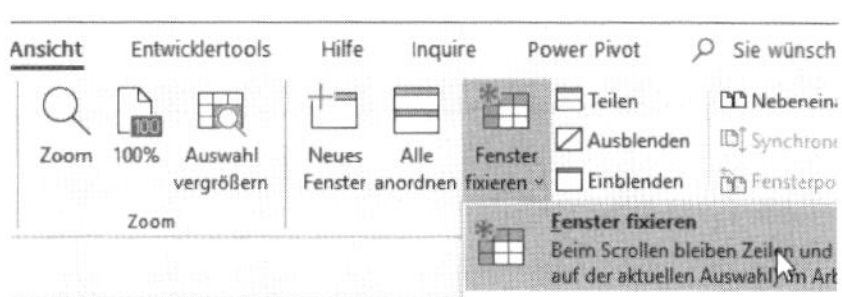

Kapitel 6

Mit Funktionen rechnen

Erinnern Sie sich an den ersten Taschenrechner? Jack Kilby hat ihn bei Texas Instruments nach Entwicklung des ersten integrierten Schaltkreises entwickelt. 1974 gab es in Deutschland den ersten HP-Rechner zu kaufen, der neben den Grundrechenarten bereits Winkel- und Exponentialfunktionen beherrschte.

Excel ist ein Taschenrechner. Auch wenn das sehr despektierlich klingt, das Prinzip ist dasselbe. Das Tabellenblatt rechnet mit Grundrechenarten und Funktionen, und hier schöpfen wir aus einem Riesenangebot. Mehr als 460 Funktionen stehen in der aktuellen Version (Microsoft 365) zur Auswahl. Brauchen wir die alle? Und müssen wir, um die höheren Weihen eines Excel-Experten zu erlangen, alle Funktionen beherrschen?

Das Problem besteht nicht darin, all diese Funktionen zu beherrschen, dafür gibt es gute Hilfstexte und gute Computerbücher. Das Problem besteht darin, sie zu kennen.

Wenn ein Handwerker eine Aufgabe zu lösen hat, greift er in seinen Werkzeugkoffer und holt das passende Werkzeug heraus. Wenn Sie als Excel-Anwender vor einer Aufgabe stehen, lösen Sie diese mit den passenden Funktionen. Zudem ist es mit einer Funktion allein nicht getan - erst die sinnvolle Kombination aus Funktionen macht die Kalkulation nutzbringend.

6.1 Funktionskategorien neu definiert

Die Funktionskategorien unter *Formeln/Funktionsbibliothek* oder im Funktionsassistenten sind nicht besonders hilfreich. *Statistische Funktionen*, was heißt das schon? Muss man Statistiker sein, um damit etwas anfangen zu können? Bei manchen Funktionen mag das der Fall sein, aber Funktionen wie MAX oder MIN kann auch ein Controller oder ein Marketingspezialist gebrauchen. Trotz Kategorisierung sind die Funktionen so bunt durcheinandergewürfelt, dass es nicht möglich ist, einen globalen Überblick zu behalten, geschweige denn, jemand anderem zu vermitteln.

Lassen Sie uns eine neue Kategorisierung einführen. Abweichend von den vorgegebenen Funktionskategorien gliedern wir die Standardfunktionen in folgende 23 Fachgebiete (einige Spezialfunktionen wie die aus der Gruppe *Cube* für die Anbindung von OLAP-Datenbanken behandeln wir nicht). Nach der Vorstellung der wich tigsten Funktionen bewerten wir diese in einer TreeMap. Diese Diagrammform eignet sich gut dafür, man erkennt an der Größe der Kästen die Relevanz der einzelnen Funktionen. Die Gewichtung ist subjektiv und basiert allein auf langjähriger Erfahrung im Umgang mit Excel-Funktionen.

1.	Datumsfunktionen
2.	Zeitfunktionen
3.	Textfunktionen
4.	Datentypbeschreibung und -umwandlung
5.	Rechnen mit Bedingungen
6.	Rundungs- und Formatierungsfunktionen
7.	Verweisfunktionen
8.	Bereichsrückgabefunktionen
9.	Mathematik allgemein
10.	Lageparameter
11.	Streuungsmaße
12.	Regressionsrechnung
13.	Kombinatorik
14.	Statistische Verteilungen
15.	Matrizenrechnung
16.	Trigonometrie
17.	Zinseszins- und Rentenrechnung
18.	Abschreibungsmethoden
19.	Wertpapierfunktionen
20.	Umwandlung Zahlensysteme
21.	Komplexe Zahlen
22.	Exoten
23.	Neue Funktionen

Tabelle 6.1: Liste der Funktionen nach unserer Zuordnung

6.2 Datumsfunktionen

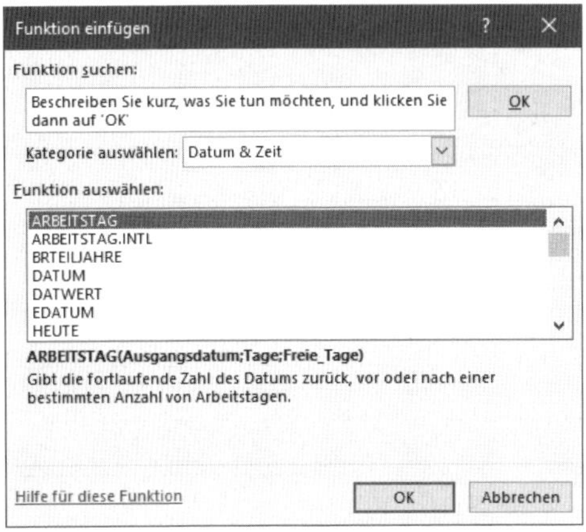

Abbildung 6.1: Datumsfunktionen

DATUM ermittelt aus den Bestandteilen Jahr, Monat und Tag ein Datum. Mit den Funktionen JAHR, MONAT und TAG kann dieses Datum wieder in die Einzelteile Jahr, Monat und Tag zerlegt werden.

DATWERT wandelt ein als String angegebenes Datum in die entsprechende fortlaufende Ganzzahl um.

HEUTE ermittelt bei jeder Neuberechnung die fortlaufende Ganzzahl des aktuellen Datums.

WOCHENTAG ermittelt eine Zahl von 1 bis 7, die den Tagen einer Woche entspricht.

Syntax	**Beispiel**	**Wert**	**Datum**
`=DATUM(Jahr;Monat;Tag)`	`=DATUM(2021;6;9)`	44356	09.06.2021
`=JAHR(Datum)`	`=JAHR(44356)`	2021	
`=MONAT(Datum)`	`=MONAT(44356)`	6	
`=TAG(Datum)`	`=TAG(44356)`	9	
`=DATWERT(Datumstext)`	`=DATWERT("09.06.2021")`	44356	09.06.2021
`=WOCHENTAG(Datum;Typ)`	`=WOCHENTAG("09.06.2021";2)`	5	

Tabelle 6.2: Beispiele zu herkömmlichen Datumsfunktionen

MONATSENDE liefert den letzten Tag des Monats eines angegebenen Datums, wobei noch eine bestimmte Anzahl Monate voraus- oder zurückgerechnet werden kann. `MONATSENDE(Datum;0)` ergibt dasselbe wie

```
DATUM(JAHR(Datum);MONAT(Datum)+1;0)
```

EDATUM addiert oder subtrahiert ebenfalls zu einem bestimmten Ausgangsdatum eine vorgegebene Anzahl Monate.

BRTEILJAHRE wandelt die Anzahl der ganzen Tage zwischen Ausgangsdatum und Enddatum in Bruchteile von Jahren um. Wie bei vielen finanzmathematischen Funktionen kann noch die Jahresbasis eingegeben werden. Bei einer Jahresbasis von 2 mit 360 Tagen gilt die Gleichung

```
BRTEILJAHRE(A1;E1;2)=(E1-A1)/360
```

NETTOARBEITSTAGE gibt es in einer erweiterten Fassung NETTOARBEITSTAGE.INTL. Sie gibt die Anzahl der Arbeitstage in einem Zeitintervall zurück. Feiertage in dem Intervall können subtrahiert werden.

ARBEITSTAG macht genau das Gegenteil. Hier wird eine Anzahl Arbeitstage vorgegeben, und Excel berechnet das resultierende Enddatum des Intervalls. Feiertage können ebenfalls definiert und berücksichtigt werden.

ISOKALENDERWOCHE rechnet die deutsche Kalenderwoche nach ISO 8601 bzw. DIN 1330. Wir definieren die erste Kalenderwoche eines Jahres als die Woche, in die mindestens vier Tage fallen. KALENDERWOCHE kann das auch, aber nur mit dem Parameter 21:

```
=KALENDERWOCHE(A1;21)
```

6.2.1 Superfunktion DATEDIF

DATEDIF ist eine Superfunktion, aber mit Vorsicht zu genießen. In bestimmten Konstellationen rechnet sie falsch.

```
=DATEDIF(Anfangsdatum;Enddatum;Rückgabewert)
```

Rückgabewert	Erklärung
"Y"	die Anzahl der vollständigen Jahre im Zeitraum
"M"	die Anzahl der vollständigen Monate im Zeitraum

Rückgabewert	Erklärung
"D"	die Anzahl der Tage im Zeitraum
"MD"	Die Differenz zwischen den Tagen in Anfangsdatum und Enddatum. Die Monate und Jahre der Datumsangaben werden ignoriert.
"YM"	Die Differenz zwischen den Monaten in "Ausgangsdatum" und "Enddatum". Die Tage und Jahre der Datumsangaben werden ignoriert.

Die Differenz zwischen zwei Datumswerten in Jahren wird korrekt und auf den Tag genau berechnet:

```
A1: 12.7.1989
A2: =1.5.2020
A3: =DATEDIF(A1;A2;"Y") Ergebnis:30
```

Auch das funktioniert noch problemlos:

```
=DATEDIF(A1;A2;"y")&" Jahre, "&DATEDIF(A1;A2;"ym")&" Monate und
"&DATEDIF(A1;A2;"md")& " Tage"
```

Ergebnis: 30 Jahre, neun Monate und 19 Tage

Das Argument "MT" sollte nicht verwendet werden, es rechnet falsch. Um die Resttage eines Monats zu berechnen, können Sie auch diese Formel nehmen:

```
=A2-DATUM(JAHR(A2);MOINAT(A2);1)
```

6.2.2 Praxis: Datumsdifferenzen berechnen – Tage pro Monat

Ein Beispiel für den Einsatz von Datumsfunktionen in der Praxis: Die Berechnung von Zeitdifferenzen gehört zu den Standardaufgaben für Sachbearbeiter im Personalwesen. Zeiterfassungssysteme liefern Arbeits- und Pausenzeiten von Mitarbeitern, für Leiharbeiter und Teilzeitkräfte werden Listen mit Beginn und Ende der Beschäftigung angelegt und gepflegt. Was über die einfache Differenzberechnung hinausgeht, erledigt Excel mit Funktionen wie ARBEITSTAG(), MONATSENDE() oder NETTOARBEITSTAGE(). Diese Aufgabe lässt sich aber mit keiner Standardfunktion lösen:

Wie viele Tage pro Monat stecken in einer Datumsdifferenz?

Ausgangspunkt ist eine Personalliste mit Arbeitsbeginn und Arbeitsende. Für die Entgeltabrechnung und eine spätere Auswertung der Einsätze braucht der Sachbearbeiter neben der Differenz in Tagen auch eine Aufschlüsselung der Arbeitszeit auf die einzelnen Monate. Abb. 6.2 zeigt die Liste mit sieben Datensätzen und die (händisch) berechneten Arbeitstage für den ersten Arbeitnehmer.

	A	B	C	D	E	F	G	H	I	J
1	**Name**	**Beginn**	**Ende**	**Januar**	**Februar**	**März**	**April**	**Mai**	**Juni**	**Juli**
2	Hans Meier	01.01.2021	15.04.2021	31	28	31	15			
3	Fritz Dietrich	04.01.2021	29.01.2021	26						
4	Berta Fröhlich	22.02.2021	03.06.2021		7	31	30	31	3	
5	Richard Weinmann	18.04.2021	12.06.2021				13	31	12	
6	Susanne Gärtner	01.01.2021	31.12.2021	31	28	31	30	31	30	31
7	Bernhard Lehmann	01.11.2021	31.12.2021							
8	Anna Kirchner	15.12.2021	17.12.2021							

Abbildung 6.2: Beschäftigungsliste mit Aufschlüsselung der Differenz nach Monaten

Legen Sie ein neues Tabellenblatt an, und schreiben Sie das Auswertungsjahr in die erste Zelle. Geben Sie dieser Zelle den Bereichsnamen *Jahr*, schreiben Sie diesen in das Namensfeld, und drücken Sie die [↵]-Taste. Schreiben Sie in Zelle B1 die Formel zur Berechnung des ersten Kalendertages. Die Funktion DATUM() berechnet ihn mit den Parametern Jahr, Monat und Tag. Für den letzten Parameter geben Sie die Spaltennummer der Formelzelle an (abzüglich 1, damit die Zeitschiene am 1. Januar beginnt):

```
=DATUM(Jahr;1;SPALTE()-1)
```

Formatieren Sie das Datum mit dem Zahlenformat TT.MM.

Ziehen Sie das Füllkästchen am Zellzeiger nach rechts, bis alle Kalendertage des Jahres berechnet sind (letzte Zelle: $NC$1).

Geben Sie dem markierten Bereich ($B$1:$NC$1) den Bereichsnamen *Zeitschiene*.

Abbildung 6.3: Die Zeitschiene wird mit einem globalen Bereichsnamen versehen.

Wichtig ist, dass die Bereichsnamen global, also für die gesamte Arbeitsmappe, vergeben werden. Kontrollieren Sie die Namen im Namens-Manager (*Formeln/Definierte Namen*).

Wechseln Sie zum Tabellenblatt mit der Personaleinsatzliste mit den Spalten *Name*, *Beginn* und *Ende*, und tragen Sie die Monatsnamen in die anschließenden Spalten ein. Verwenden Sie aber eine Formel für die Berechnung. Auch hier leistet die Kombination DATUM() und SPALTE() wieder nützliche Dienste; der Monat wird aus der Spaltennummer berechnet:

```
D1: =DATUM(Jahr;SPALTE()-3;1)
```

Geben Sie der Zelle D1 das benutzerdefinierte Zahlenformat MMMM für den Monatsnamen, und kopieren Sie die Formel nach rechts bis zur Spalte O. Falls die Einsatzliste über mehrere Jahre geht, erweitern Sie die Zeitschiene entsprechend.

Um zu berechnen, wie viele Tage der Differenz zwischen Arbeitsbeginn und Arbeitsende auf den jeweiligen Monat fallen, vergleichen Sie die Datumswerte mit der Zeitschiene.

Setzen Sie den Zellzeiger in die Zelle D2 und schreiben Sie diese Formel:

```
=SUMME(WENN(Zeitschiene>=$B2;WENN(Zeitschiene<=$C2;WENN(MONAT(Zeitschiene)=MON
AT(D$1);1;0))))
```

Drücken Sie Strg+⇧+↵, um die Formel als Matrixformel abzuschließen.

Kopieren Sie die Formel mit dem Füllkästchen nach unten bis zum letzten Datensatz der Liste und anschließend nach rechts bis zum letzten Auswertungsmonat.

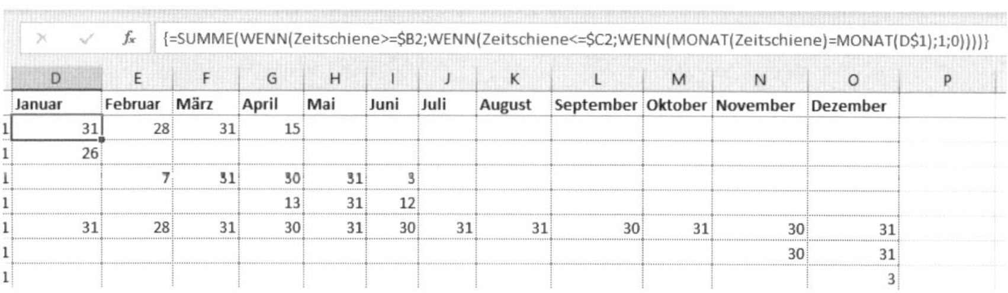

{=SUMME(WENN(Zeitschiene>=$B2;WENN(Zeitschiene<=$C2;WENN(MONAT(Zeitschiene)=MONAT(D$1);1;0))))}

	D	E	F	G	H	I	J	K	L	M	N	O	P
	Januar	Februar	März	April	Mai	Juni	Juli	August	September	Oktober	November	Dezember	
1	31	28	31	15									
1	26												
1		7	31	30	31	3							
1				13	31	12							
1	31	28	31	30	31	30	31	31	30	31	30	31	
1											30	31	
1												3	

Abbildung 6.4: Die Matrixformel berechnet, wie viele Tage des jeweiligen Monats in der Zeitdifferenz liegen.

Die Formel verwendet drei geschachtelte WENN-Funktionen. Die ersten beiden prüfen, ob Beginn (B2) und Ende (C2) innerhalb der Zeitschiene liegen. Die dritte WENN-Funktion vergleicht den Monat der Zeitschiene mit dem Monat in der Kopfzeile (D$1). Über diesen Funktionen liegt eine Summe, die für jede Fundstelle eine 1 aufsummiert. Der Abschluss der Formel als Matrixformel sorgt dafür, dass die Berechnungen für jeden einzelnen Tag der Zeitschiene durchgeführt werden.

6.2.3 Das Zwillingsdatum

Können Sie eine Datumsreihe so anlegen, dass jedes Datum zweimal vorkommt? Im Haushaltsplan brauchen wir diese Regel z. B., um Soll und Haben untereinander auszuweisen.

In Zelle B1 steht das Tagesdatum:

```
B1: =HEUTE()
```

Schreiben Sie in B2 diese Formel:

```
=WENN(REST(ZEILE();2)<>0;DATUM(JAHR($B$1);MONAT($B$1);(ZEILE()-1)/2+1);B1)
```

Die Funktion REST() ermittelt den ganzzahligen Rest einer Division, d. h., in geraden Zeilennummern wird das Datum mit der Tagesberechnung (ZEILE()-1)/2+1 gebildet. Bei ungeraden Zeilennummern wird das Datum vom Vorgänger kopiert. Das Ergebnis von (ZEILE()-1)/2+1 ist eigentlich 1,5 – 2,5 – 3,5 etc., aber für den Tag wird nur der ganzzahlige Wert genommen.

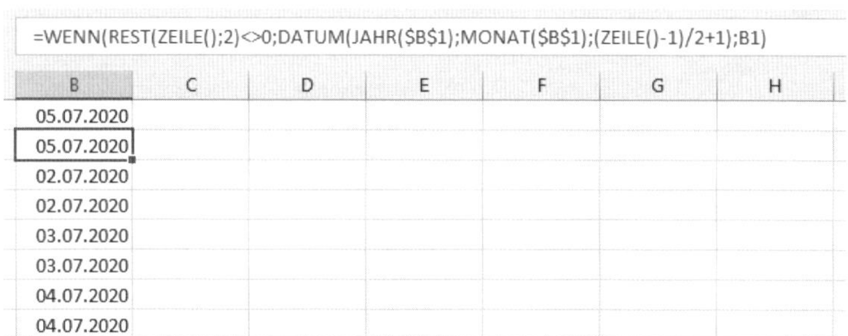

Abbildung 6.5: Zweimal hält besser – ein Zwillingsdatum

6.2.4 Die nächsten Geburtstage

Wer hat demnächst Geburtstag? Wenn Sie den Begriff »demnächst« noch etwas konkreter formulieren, können Sie Excel die Aufgabe überlassen, die anstehenden Geburtstage Ihrer Mitarbeiter, Freunde und Verwandten zu ermitteln.

Legen Sie eine Adressliste an, schreiben Sie ab Zeile 5 die Adressen mit Vorname, Nachname, Straße, Postleitzahl und Ort, und tragen Sie in Spalte F das Geburtsdatum ein.

Das Ausgangsdatum schreiben Sie in Zelle D1, nennen Sie diese Zelle *Tagesdatum*. Wenn Sie das echte Tagesdatum brauchen, tragen Sie natürlich `=HEUTE()` oder `=JETZT()` ein.

In Zelle $D$2 schreiben Sie die Zahl für die Differenz, z. B. 7, wenn Sie wissen wollen, wer die nächsten sieben Tage fällig ist für eine Bürofeier.

Legen Sie ein Bedingungsformat mit Formel für den Bereich $A$6:$F$24 an (*Start/Formatvorlagen/Bedingte Formatierung*). Definieren Sie eine Füllfarbe und geben Sie diese Formel ein:

```
=DATUM(JAHR(Tagesdatum);MONAT($F6);TAG($F6))
=MEDIAN(DATUM(JAHR(Tagesdatum);MONAT($F6);TAG($F6));
Tagesdatum;Tagesdatum+7)
```

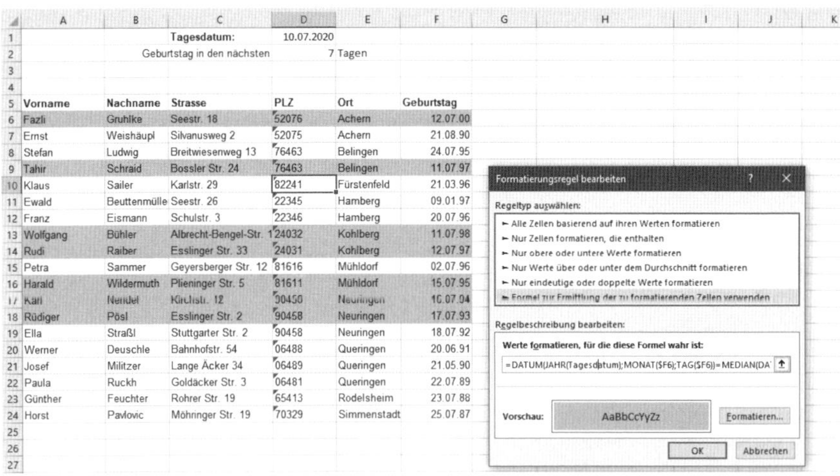

Abbildung 6.6: Die nächsten Kandidaten für die Geburtstagsfeier

Excel formatiert damit alle Datensätze mit Personen, die in den nächsten sieben Tagen Geburtstag haben. Die Formel konstruiert zunächst das Geburtsdatum der Person in diesem Jahr und vergleicht dieses anschließend über die MEDIAN()-Funktion mit dem aktuellen Datum und dem um die Tageszahl verschobenen Datum.

6.2.5 Sommerzeit

Wann wird eigentlich die Uhr wieder umgestellt? Lassen sich der Beginn und das Ende der Sommerzeit berechnen? Aber sicher! Die Sommerzeit beginnt in Deutschland immer am letzten Sonntag im März und endet am letzten Sonntag im Oktober. Schreiben Sie das Jahr in die Zelle D1 und berechnen Sie in den Zellen darunter:

Beginn: `=DATUM($D$1;3;31)-(WOCHENTAG(DATUM($D$1;3;31))-1)`
Ende: `=DATUM($D$1;10;31)-(WOCHENTAG(DATUM($D$1;10;31))-1)`

Wenn Sie die Datumswerte noch mit einem passenden Zahlenformat versehen, sollten sie jeweils auf einen Sonntag fallen.

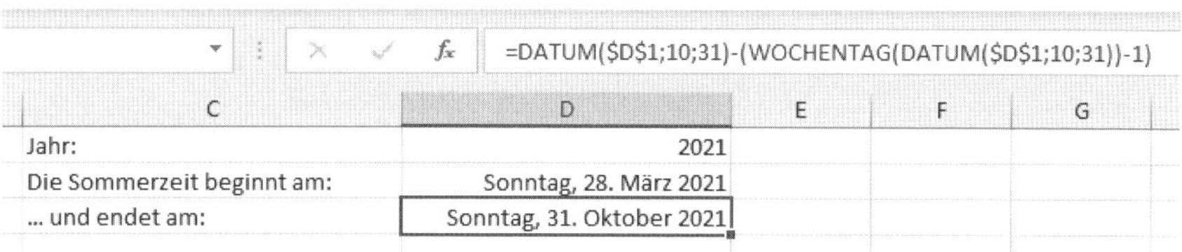

Abbildung 6.7: Uhr umstellen! Sommerzeit!

6.2.6 Wochenbeginn oder -ende

Wie bekomme ich zu einem Datum den Wochenanfang, also den Montag vor diesem Datum? Nehmen Sie die Funktion WOCHENTAG(), sie bietet einen Parameter, über den Sie den Wochenanfang regeln können:

```
A1: 12.05.2021
A2: =A1-WOCHENTAG(A1;2)+1 Ergebnis: Montag, 10.05.2021
```

Ziehen Sie den berechneten Wochentag vom Datum ab, erhalten Sie den letzten Tag der Vorwoche. Addieren Sie eine 1, wird der Wochenanfang ausgegeben. So berechnen Sie den letzten Tag der Woche:

```
A3: =A1-WOCHENTAG(A1;2)+7 Ergebnis: Sonntag, 16.05.2021
```

6.2.7 Der ewige, multilinguale Kalender

Da Excel ein absolutes Multitalent ist und daher auch von so vielen Anwendern geliebt wird, ist es kaum verwunderlich, dass eine der beliebtesten Aufgaben ebenfalls nur allzu häufig mit Excel gelöst wird: die Erstellung eines Kalenders.

Sei es zur Urlaubs- und Personalplanung, für Geburtstagslisten, Terminlisten etc. – Excel bietet dafür alle Möglichkeiten. Wir werden in diesem Kapitel nicht nur irgendeinen Kalender basteln – nein – wir basteln einen multilingualen Kalender, denn Excel ist – bereits seit Excel 2002 (XP) – ein echtes Sprachgenie. Führen Sie ein und denselben Kalender mit Ihrem Kollegen aus Litauen, Ihren Kolleginnen aus Israel und China und Ihrem Chef aus Griechenland, denn Excel spricht gleichzeitig sowohl Deutsch als auch Hebräisch, Chinesisch, Litauisch und Griechisch. Insgesamt beherrscht Excel 114 Sprachen und zudem 24 Zahlensysteme!

Genug der Vorrede – fangen wir an. Unsere Mappe besteht aus den vier Blättern *Kalender*, *Feiertage*, *Ländercodes* und *Zahlencodes* (Abb. 6.8):

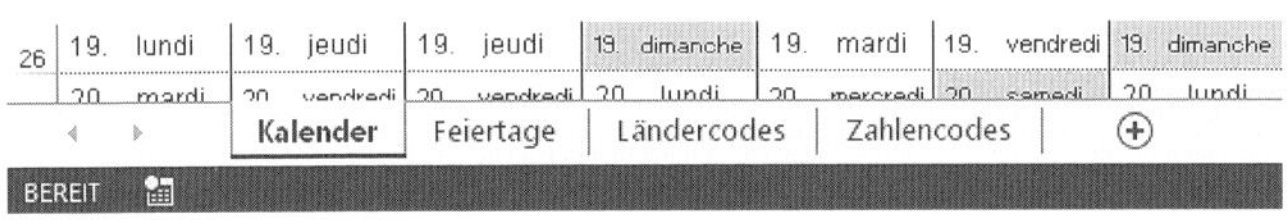

Abbildung 6.8: Die vier Tabellenregister des multilingualen Kalenders

Damit das Ganze einigermaßen übersichtlich bleibt, arbeiten wir auch mit ein paar Hilfsspalten, die am Ende ausgeblendet werden. Wir befinden uns zunächst im Blatt *Kalender*. Dort erstellen wir mithilfe einer einzigen Formel einen Schnellkalender. Dieser muss optisch nicht sehr ansprechend sein, da er später ausgeblendet wird. Aber er vereinfacht die weitere Bearbeitung in unserem eigentlichen multilingualen Kalender, da wir später auf den Schnellkalender Bezug nehmen können.

In A7 bis L7 schreiben wir die zwölf Monatsnamen: Januar, Februar, März etc. Der Zelle A6 verpassen wir den Namen *Jahr* und versehen sie zunächst mit einer x-beliebigen Jahreszahl, z. B. 2015. Die Zelle A8 formatieren wir benutzerdefiniert mit TTT*<Leerzeichen>TT (muss eigentlich nicht sein, sieht aber doch besser aus) – was zu einer innerhalb der Zelle gleichzeitig links- und rechtsbündigen Darstellung führt. Das * – gefolgt von einem Leerzeichen – füllt die Zelle zwischen TTT und TT mit Leerzeichen auf.

Dazu schreiben wir in A8 diese Formel:

```
A8: =WENN(MONAT(DATUM(Jahr;SPALTE(A$1);ZEILE($A1)))>SPALTE(A$1);"";
DATUM(Jahr;SPALTE(A$1);ZEILE($A1)))
```

Die Formel aus A8 lässt sich jetzt auf den gesamten Bereich A8:L38 übertragen.

Das Ergebnis sehen Sie in Abb. 6.9:

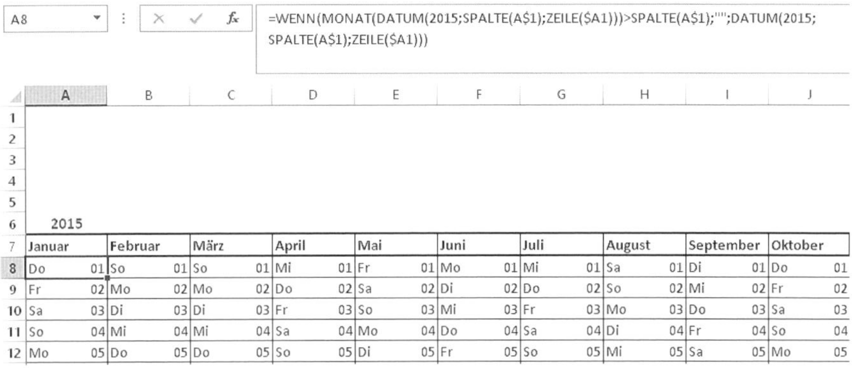

	A	B	C	D	E	F	G	H	I	J
7	Januar	Februar	März	April	Mai	Juni	Juli	August	September	Oktober
8	Do 01	So 01	So 01	Mi 01	Fr 01	Mo 01	Mi 01	Sa 01	Di 01	Do 01
9	Fr 02	Mo 02	Mo 02	Do 02	Sa 02	Di 02	Do 02	So 02	Mi 02	Fr 02
10	Sa 03	Di 03	Di 03	Fr 03	So 03	Mi 03	Fr 03	Mo 03	Do 03	Sa 03
11	So 04	Mi 04	Mi 04	Sa 04	Mo 04	Do 04	Sa 04	Di 04	Fr 04	So 04
12	Mo 05	Do 05	Do 05	So 05	Di 05	Fr 05	So 05	Mi 05	Sa 05	Mo 05

Abbildung 6.9: Aufbau des Schnellkalenders

Hier muss man die Funktionsweise der Funktion DATUM verstehen. Um z. B. eine fortlaufende Datumsreihe, beginnend beim 01.01.2015, zu erzeugen, schreiben Sie in

`A1: =DATUM(2015;1;ZEILE(A1))`

`ZEILE(A1)` steht zunächst für die 1. Kopieren Sie die Formel 100 Zeilen nach unten. Aus `Zeile(A1)` wird `ZEILE(A2)`, dann `ZEILE(A3)` etc. Dieses Prinzip haben wir in Abschnitt 7.5.1, »Zwei Funktionen als Allzweckwaffe«, beschrieben. Die Formel gibt aber nicht nach dem 31. Tag den Geist auf, denn in Zeile 32 steht:

`A32:=DATUM(2015;1;ZEILE(A32))`, was übersetzt bedeutet: 32.01.2015. Angezeigt wird aber der 01.02.2015 (Abb. 6.10). Auch die 99. Zeile berechnet quasi den »99.01.«. Aber Excel macht daraus korrekterweise den 09.04.2015.

Wir erinnern uns, dass sich hinter einem Datum lediglich eine Ganzzahl größer null verbirgt und nur aufgrund der Formatierung als Datum (z. B. im Format TT.MM.JJJJ) dargestellt wird. Dabei hat Excel den kompletten Kalender vom 00.01.1900 (Zahl 0) bis zum 31.12.9999 (Zahl 2.958.465) integriert. Und der hochgezählte Tag innerhalb der Funktion DATUM addiert immer nur die Ganzzahl mit 1 und gibt diese korrekt als Datum wieder.

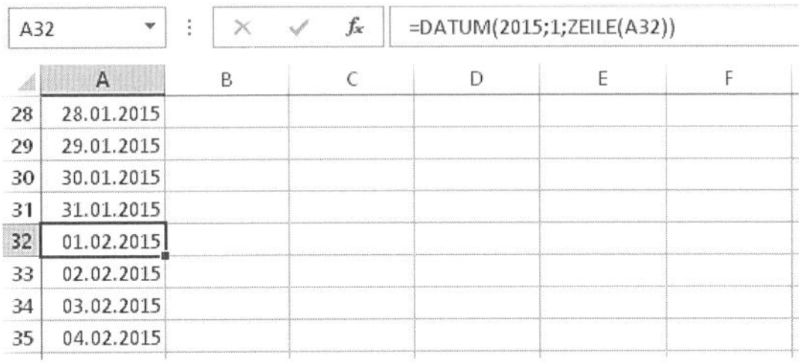

Abbildung 6.10: Excels Datumslogik – »32.01.« = »01.02.«

Mit diesem Wissen kommen wir zurück zu unserer Formel, die, vereinfacht dargestellt, Folgendes überprüft:

```
=WENN(MONAT(Datum)>Spaltennummer;Zelle_leer_lassen;Datum_anzeigen)
```

Da wir in Zeile 8 (A8) mit der Formel begonnen haben (mit Bezug auf das Jahr in A6 = 2015), werden bis Zelle A38 Daten angezeigt (31.01.2015). Ab Zelle A39 bleibt die Zelle leer, da das Datum in den Februar rutscht und der Monat (= 2) somit größer als `SPALTE(A$1)` (= 1) ist. In der Nachbarspalte B wird in einem Nicht-Schaltjahr die letzte mit einem Datum beschriebene Zelle B35 sein, da der Datumszähler in B36 auf den 01.03.2015 klettert und der Monat größer als `SPALTE(B$1)` (= 2) ist. Wäre das Jahr hingegen ein Schaltjahr, dann ergäbe die Formel in B36 nicht den 01.03., sondern den 29.02. Der Abgleich zwischen Monat (2) und `SPALTE(B$1)` ergäbe WAHR, und das Datum würde angezeigt.

Die Überprüfung, ob ein bestimmtes Jahr ein Schaltjahr ist, können Sie mit diesem Wissen bereits vornehmen. Leichter ist es, den Tag vor dem 01.03. auf 29 zu überprüfen. Ist das Ergebnis WAHR, dann handelt es sich um ein Schaltjahr. Doch wie gelangen Sie immer an den Monatsletzten? Ganz einfach: Der nullte Tag eines Monats ist immer der letzte Tag des Vormonats. Demzufolge ist `=DATUM(2015;3;0)` der 28.02.2015, da 2015 kein Schaltjahr ist. `=DATUM(2016;3;0)` ist der 29.02.2016, denn das Jahr 2016 ist ein Schaltjahr. Und in Gänze prüfen wir genau den Tag dieses Datums mit der gleichnamigen Funktion auf 29 (im Beispiel von Abb. 6.11 steht in A1 das Jahr):

```
A3: =WENN(TAG(DATUM(A1;3;0))=29;"Schaltjahr";"kein Schaltjahr")
```

So, das war bisher aber nur Vorgeplänkel, denn diesen Teil des Blatts *Kalender* blenden wir nachher noch aus. Jetzt geht es langsam ans Eingemachte, denn wir verfolgen ja unser Ziel, den Kalender als Sprachgenie einzusetzen. Bevor wir unser Endprodukt in Angriff nehmen können, müssen wir aber erst noch ein paar *Namen* definieren.

A3 | =WENN(TAG(DATUM(A1;3;0))=29;"Schaltjahr";"kein Schaltjahr")

	A	B	C	D	E	F	G	H
1	2016							
2								
3	Schaltjahr							
4								
5								

Abbildung 6.11: Prüfung, ob ein Jahr ein Schaltjahr ist

Dazu begeben wir uns jetzt in das Arbeitsblatt *Feiertage*. Der Blattname lässt bereits vermuten, worum es geht: Wir erstellen eine Liste aller Feiertage. Diese soll sich abhängig vom gewählten Jahr dynamisch anpassen. Zunächst setzen wir einen Bezug zum *Jahr*:

```
A1: =Jahr
```

Ab B1 berechnen wir nun untereinander die wesentlichen Feiertage – und beschränken uns dabei auf die deutschen Feiertage (Abb. 6.12):

A1 | =Jahr

	A	B	C	D	E	F	G
1	2015	01.01.2015	Neujahr	=(1.1."&A1)*1			
2		03.04.2015	Karfreitag	=B3-2			
3		05.04.2015	Ostersonntag	=DM((TAG(MINUTE(A1/38)/2+55)&".4."&A1)/7;)*7-6			
4		06.04.2015	Ostermontag	=B3+1			
5		14.05.2015	Himmelfahrt	=B3+39			
6		25.05.2015	Pfingstmontag	=B3+50			
7		04.06.2015	Fronleichnam	=B3+60			
8		01.05.2015	Maifeiertag	=DATUM(A1;5;1)			
9		03.10.2015	Tag der deutschen Einheit	=DATUM(A1;10;3)			
10		25.12.2015	1. Weihnachtsfeiertag	=DATUM(A1;12;25)			
11		26.12.2015	2. Weihnachtsfeiertag	=B10+1			
12							

Kalender | **Feiertage** | Ländercodes | Zahlencodes ...

Abbildung 6.12: Berechnung der vom Ostersonntag abhängigen Feiertage

Die Grundlage für viele Feiertage bildet der Ostersonntag, der immer auf den ersten Sonntag nach dem ersten Vollmond nach Frühlingsanfang fällt (beschlossen vom Ersten Konzil von Nizäa, 325 n. Chr.). Carl Friedrich Gauß (vielen noch vom guten alten 10-DM-Schein bekannt) entwickelte dafür als Erster im Jahre 1800 eine allgemeingültige Formel, die noch heute Gültigkeit besitzt. Die von uns verwendete Formel ist das Gewinnerprodukt eines Internetwettbewerbs aus dem Jahr 1998, den Ostersonntag mit einer möglichst kurzen Formel unter Verwendung der Microsoft-

Datumsfunktionen zu ermitteln. Bis zum Jahr 2203 funktioniert sie auch einwandfrei (mit Ausnahme von 2079 – da ist sie eine Woche zu früh dran). Danach muss wohl wieder ein neuer Wettbewerb ausgerufen werden.

Durch schlichte Addition/Subtraktion von Tagen kann man dadurch Karfreitag, Ostermontag, Himmelfahrt, Pfingsten, Fronleichnam und auch noch einige Feiertage mehr (z. B. Rosenmontag) ermitteln. Die anderen aufgeführten Feiertage sind fixe Termine. Regionale Feiertage können natürlich auch noch nach Belieben ergänzt werden. Daher definieren wir für die Feiertage auch einen dynamischen Namen *Feiertage* mit Bezug auf:

```
=BEREICH.VERSCHIEBEN(Feiertage!$B$1;;;ANZAHL(Feiertage!$B:$B))
```

Damit kommen wir auch schon zum nächsten Tabellenblatt, *Ländercodes*. Und ab hier bringen wir Excel bei, Fremdsprachen zu sprechen. Dazu muss man wissen, dass jedes Land einen Ländercode besitzt, den man sowohl in ein benutzerdefiniertes Zahlenformat als auch in die Funktion TEXT integrieren kann.

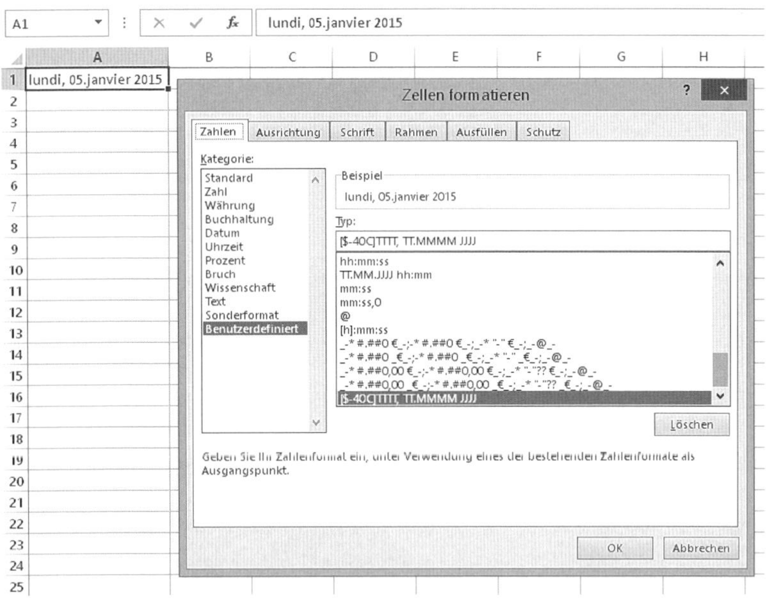

Abbildung 6.13: Dialogfeld zum Festlegen eines benutzerdefinierten Zahlenformats mit internationalem Ländercode

Beispielsweise hat Frankreich den Ländercode 40C. Kleidet man diesen nach diesem Muster in eckige Klammern, wird das Datum auf Französisch angezeigt (Abb. 6.13).

`[$-Ländercode]TTTT, TT.MMMM JJJJ` – also für Frankreich
`[$-40C]TTTT, TT.MMMM JJJJ`

Dasselbe Ergebnis erzielt man mit der Funktion TEXT, mit dem Unterschied, dass das Ergebnis im Textformat und nicht mehr als Zahl vorliegt (Abb. 6.14):

B1 =TEXT(A1;"[$-40C]TTTT, TT.MMMM JJJJ")

	A	B	C	D	E	F
1	05.01.2015	lundi, 05.janvier 2015				
2						

Abbildung 6.14: Zahlenformat mit internationalem Ländercode über die Funktion TEXT sichtbar machen

Dies alles vorausgeschickt, legen wir uns nun mit etwas Fleißarbeit eine Liste aller Ländercodes an (Abb. 6.15). In Spalte A der Ländercode, in Spalte B die Sprache und in Spalte C verketten wir die Spalten A und B:

	A	B	C
1	45a	(Alt)Syrisch	45a-(Alt)Syrisch
2	436	Afrikaans	436-Afrikaans
3	41c	Albanisch	41c-Albanisch
4	45E	Amharisch	45E-Amharisch
5	401	Arabisch	401-Arabisch
6	42b	Armenisch	42b-Armenisch
7	82C	Aserbaidschanisch (Kyrillisch)	82C-Aserbaidschanisch (Kyrillisch)
8	42C	Aserbaidschanisch (Lateinisch)	42C-Aserbaidschanisch (Lateinisch)
9	44D	Assamesisch	44D-Assamesisch
10	42d	Baskisch	42d-Baskisch
11	445	Bengalisch	445-Bengalisch
12	416	Brazilian	416-Brazilian
13	402	Bulgarisch	402-Bulgarisch
14	45C	Cherokee	45C-Cherokee
15	804	Chinese (Simpel)	804-Chinese (Simpel)
16	404	Chinese (Standard)	404-Chinese (Standard)
17	406	Dänisch	406-Dänisch
18	407	Deutsch	407-Deutsch
19	C07	Deutsch (Österreich)	C07-Deutsch (Österreich)
20	807	Deutsch (Schweiz)	807-Deutsch (Schweiz)
21	465	Dhivehi	465-Dhivehi
22	466	Edo	466-Edo

Kalender | Feiertage | **Ländercodes** | Zahlencodes ...

Abbildung 6.15: Liste der internationalen Ländercodes (Auszug)

Eine vollständige Liste aller 114 Codes haben wir in die Beispieldatei auf unserer Homepage integriert: *https://www.herber.de/excelformeln/pages/Weihnachtsspecial.html*.

Auch für die Ländercodes definieren wir den Namen *Ländercodes* mit Bezug auf: `=Ländercodes!$C$1:$C$114`.

Dieser Bezug kann statisch sein, da es definitiv nur 114 Ländercodes gibt.

Zum Abschluss unserer Vorarbeiten wandern wir jetzt weiter in das Blatt *Zahlencodes*. Was uns jetzt noch fehlt, sind die 24 verschiedenen Zahlenformate, die unser Sprachgenie Excel außerdem noch kennt. Diese besitzen jeweils einen Hexadezimalwert, seltsamerweise aber nicht durchnummeriert von 1 bis 24. Nach 1 bis 19 kommen 27, 30, 31, 39 und 153. Wenn man diesen Hexadezimalwert mit dem Zusatz **1E0407** verkettet, dann hat man ein gültiges Zahlenformat erzeugt (Abb. 6.16).

	A	B	C	D	E
1	**Hexadezimalwert**	**Ziffernntyp**	**Format**	**Darstellung**	
2	01	Westlich	[$-011E0407] T	12	=TEXT(12;C2)
3	02	Arabisch-Indisch	[$-021E0407] T	١٢	
4	03	Erweitertes Arabisch-Indisch	[$-031E0407] T	۱۲	
5	04	Devanagari	[$-041E0407] T	१२	
6	05	Bengalisch	[$-051E0407] T	১২	
7	06	Gurmukhi	[$-061E0407] T	੧੨	
8	07	Gujarati	[$-071E0407] T	૧૨	
9	08	Oriya	[$-081E0407] T	୧୨	
10	09	Tamilisch	[$-091E0407] T	௧௨	
11	0A	Telugu	[$-0A1E0407] T	౧౨	
12	0B	Kannada	[$-0B1E0407] T	೧೨	
13	0C	Malayalam	[$-0C1E0407] T	൧൨	
14	0D	Thai	[$-0D1E0407] T	๑๒	
15	0E	Laotisch	[$-0E1E0407] T	໑໒	
16	0F	Tibetanisch	[$-0F1E0407] T	༡༢	
17	1B	Japanisch 1	[$-1B1E0407] T	十二	
18	1E	Chinesisch 1	[$-1E1E0407] T	十二	
19	1F	Chinesisch 2	[$-1F1E0407] T	壹拾貳	
20	27	Koreanisch	[$-271E0407] T	십이	

... | Feiertage | Ländercodes | Zahlencodes

Abbildung 6.16: Liste der internationalen Zahlencodes

Die Spalten A bis C übernehmen wir genau so in unseren Kalender (Spalte D sollte hier nur das Ergebnis darstellen). Zu beachten ist dabei, dass Spalte A unbedingt als Text formatiert werden muss, um die führenden Nullen nicht bloß anzuzeigen, sondern sie müssen auch effektiv in der Zelle enthalten sein, da andernfalls die Verkettung nicht funktionieren würde.

Und auch für die Zahlencodes definieren wir noch den Namen *Zahlencodes* mit Bezug auf:

```
=Zahlencodes!$B$2:$B$25
```

So, die Vorarbeit ist geleistet. Wir können uns jetzt an den eigentlichen Kalender machen. Dafür wechseln wir wieder zurück in das Blatt *Kalender*. Den letztlich sichtbaren, formatierten Kalender platzieren wir rechts neben dem nackten Zahlengerüst der ersten zwölf Spalten (A:L). Wir beginnen ab Spalte M. Die mit *Jahr* benannte Zelle A6 verschieben wir nach M6 und blenden anschließend die Spalten A:L aus. Der Name *Jahr* bezieht sich also ab sofort auf M6. Was uns jetzt noch fehlt, zeigen wir vorab in einem Ausschnitt des Endprodukts (Abb. 6.17):

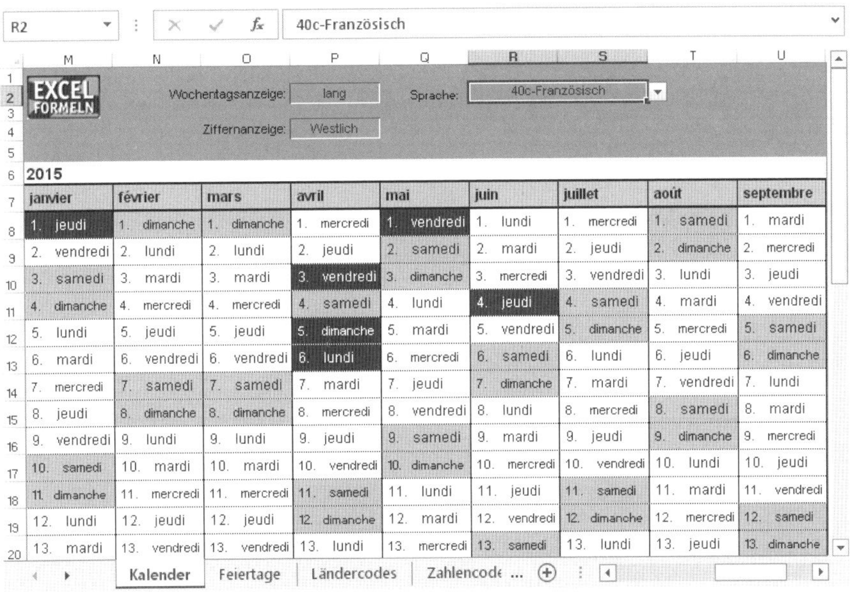

Abbildung 6.17: Ausschnitt des internationalen Kalenders (hier in Französisch)

Insgesamt gibt es drei Einstellungsmöglichkeiten:

- Einstellung der Wochentagsanzeige in Zelle P2 mit der Auswahl: lang oder kurz (*Daten/Datenüberprüfung/Liste/Quelle*: `lang;kurz`). Dadurch wird später gesteuert, ob ein Wochentag als Sonntag (lang) oder So (kurz) dargestellt wird.

- Außerdem wird in Zelle P4 die Ziffernanzeige gesteuert (aus den 24 Zahlencodes). Auch dies erfolgt mittels *Daten/Datenüberprüfung/Liste/Quelle*: `=Zahlencodes`.
- Die dritte Einstellung ist die eigentlich entscheidende, denn hier bestimmen Sie die Sprache aus der Liste der 114 Ländercodes. In R2 haben wir über *Daten/Datenüberprüfung/Liste/Quelle*: `=Ländercodes` eine Auswahlliste geschaffen.

Zunächst lesen wir den Ländercode mithilfe der in R2 getroffenen Auswahl aus, indem wir die Auswahl im Blatt *Ländercodes* vergleichen (der »SVERWEIS nach links«). Dazu vergeben wir den Namen *LC* (steht für Ländercode) bezogen auf die Formel.

```
=INDEX(Ländercodes!$A:$A;VERGLEICH(Kalender!$R$2;Ländercodes!$C:$C;0))
```

Innerhalb des Namens *TA* prüfen wir die in P2 gewählte Wochentagsanzeige auf »lang«:

TA bezieht sich auf `=$P$2="lang"` (das Ergebnis ist entweder WAHR oder FALSCH).

Darüber hinaus lesen wir in Abhängigkeit von der in P4 getroffenen Ziffernanzeige noch den zugehörigen Zahlencode aus (im Hexadezimalformat). Der Name *ZC* (Zahlencode) erhält den Bezug:

```
=INDEX(Zahlencodes!$A:$A;VERGLEICH(Kalender!$P$4;Zahlencodes!$B:$B;0))
```

Zunächst erzeugen wir die Formeln für die Wochentage.

```
Wochentag =TEXT(A8;"[$-"&LC&"]"&WENN(TA=1;"TTTT";"TTT"))
```

In Abhängigkeit vom Datum aus A8 in unserem Schnellkalender erzeugen wir mit der Funktion TEXT, unter Berücksichtigung des ausgewählten Ländercodes *LC*, das als Wochentag formatierte Datum. Die Ausgabe erfolgt im Format TTTT (*TA* = WAHR) oder TTT (*TA* = FALSCH). Für die Franzosen unter uns ergibt sich für den 01.01.2015 bei *LC* = 40c und *TA* = WAHR:

```
Wochentag =TEXT(A8;"[$-40c]TTTT")="jeudi"
```

Die formatierte Tageszahl erhalten wir auf die gleiche Weise, diesmal nur mit dem Verweis auf den Zahlencode *ZC*:

`Tageszahl =TEXT(A8;"[$-"&ZC&"1E0407] T")=" 1"` (bei westlichem Zahlencode)

Anschließend verketten wir noch Tageszahl und Wochentag und machen die Anzeige von der Referenzzelle unseres Schnellkalenders abhängig:

```
M8: =WENN(A8<>"";Tageszahl&".     "&Wochentag;"")
```

Die Formel aus M8 kopieren wir jetzt bis X38 herunter, denn dort landen wir mit dem 31. Dezember.

Nachdem das geschafft ist, bringen wir noch ein wenig Farbe ins Spiel, indem wir die Wochenenden und die Feiertage farblich hervorheben. Dazu bedienen wir uns der bedingten Formatierung. Wir markieren – beginnend bei M8 – den gesamten Bereich M8:X38 und rufen *Start/Bedingte Formatierung/Neue Regel* auf.

Die erste Bedingung prüft das Datum auf einen Feiertag, die zweite Bedingung prüft auf ein Wochenende, also Samstag oder Sonntag. Die Formeln verstehen sich aus Sicht der Zelle M8, denn sie ist die aktive (= aufrufende) Zelle (Abb. 6.18).

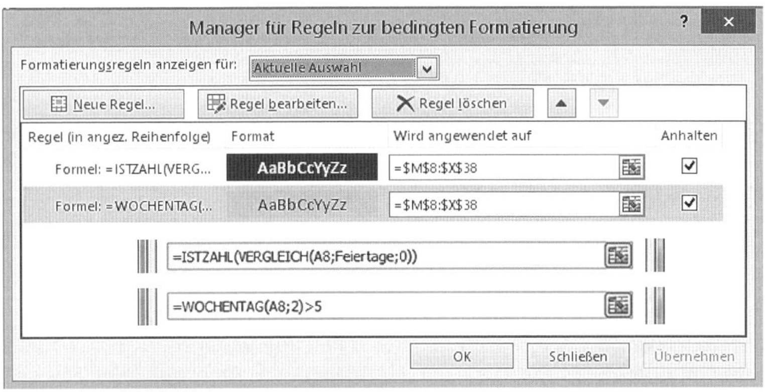

Abbildung 6.18: Dialogfeld zum Definieren einer bedingten Formatierung – Wochenenden und Feiertage einfärben

Das aus dem Schnellkalender ermittelte Datum ist der Suchwert für die Funktion VERGLEICH, die in unserer mit *Feiertage* benannten Matrix nach genau diesem Datum sucht. Ist das Datum nicht vorhanden, liefert VERGLEICH als Ergebnis `#NV` – und `ISTZAHL(#NV)` ist wiederum FALSCH. Also ist die gesamte Bedingung FALSCH und es erfolgt keine Einfärbung des entsprechenden Datums. Ergibt VERGLEICH aber einen Treffer, liefert ISTZAHL im Ergebnis WAHR, und das entsprechende Datum wird bedingt farblich hervorgehoben.

In der zweiten Bedingung wird mit der Funktion WOCHENTAG(A8;2)>5 geprüft, ob es sich um ein Wochenende handelt. Stellt man den optionalen Parameter [Typ] der Funktion WOCHENTAG auf 2, dann beginnt die Woche am Montag (=1) und endet am Sonntag (=7). Daher ist jedes Ergebnis, das größer als 5 ist, ein Samstag oder ein Sonntag. Ist das Formelergebnis WAHR, dann wird das Datum bedingt gefärbt, andernfalls nicht.

Jetzt haben wir also auch ein wenig Farbe ins Spiel gebracht. Zu guter Letzt müssen wir noch die Monatsnamen erzeugen, wiederum abhängig vom gewählten Ländercode *LC* und mit Bezug auf die Monatsersten des Schnellkalenders:

```
M7: =TEXT(A8;"[$-"&LC&"] MMMM")
```

Und siehe da: Unser Kalender ist fertig.

Er spricht 114 Sprachen, beherrscht 24 Zahlensysteme und passt sich natürlich hinsichtlich der Wochenenden, Feiertage, Schaltjahre etc. immer an das ausgewählte Jahr an.

6.2.8 Einen bestimmten Arbeitstag ermitteln

Man könnte die bedingte Formatierung auch dafür nutzen, einen ganz bestimmten Arbeitstag je Monat hervorzuheben, an dem z. B. eine Videokonferenz mit allen »multilingualen« Mitarbeitern erfolgt.

Das Ausgangsdatum (hier der Monatserste -1, also der Vormonatsletzte) bezeichnen wir mit *Start*, den gewünschten x-ten Arbeitstag mit *xter*. Zudem gehen wir von einer 5-Tage-Arbeitswoche von Montag bis Freitag aus. Nun erzeugen wir ein dynamisches Array vom ersten bis zum x-ten Tag des Monats. Und damit das auch für *xter* = 1 oder 2 funktioniert, multiplizieren wir *xter* noch mit 3, damit das Array auf jeden Fall eine ausreichende Größe erreicht. Das dynamische Array *VonBis* lautet dann:

```
VonBis: =ZEILE(INDIREKT("1:"&xter*3))
```

Bei *Start* = 31.01.2017 und *xter* = 4 (um beispielhaft den vierten Arbeitstag im Februar 2017 zu ermitteln) erzeugt die Addition von *Start* und *VonBis* das Array mit den zugehörigen Ganzzahlen vom 01.02.2017 (= 42767 – ein Mittwoch) bis zum 12.02.2017 (= 42778):

```
=Start+VonBis =42766+{1;2;3;4;5;6;7;8;9;10;11;12}
={42767;42768;42769;42770;42771;42772;42773;42774;42775;42776;42777;42778}
```

Dieses Array überprüfen wir jetzt mit der Funktion WOCHENTAG(Datum;2) auf <6 (Samstag = 6 und Sonntag = 7), um ein neues Array ohne Wochenenden zu erhalten:

```
=WENN(WOCHENTAG(Start+VonBis;2)<6;VonBis)
={1;2;3;FALSCH;FALSCH;6;7;8;9;10;FALSCH;FALSCH}
```

Der x-te Arbeitstag ist jetzt der x-kleinste Eintrag in diesem Array. Also setzen wir nur noch `KKLEINSTE(Matrix;k)` mit k = *xter* darum herum (FALSCH wird von KKLEINSTE ignoriert) und addieren dazu das Startdatum:

```
{=Start+KKLEINSTE(WENN(WOCHENTAG(Start+VonBis;2)<6;VonBis);xter)}
=Start+6 =42772 =06.02.2017
```

Dies ist ein Montag und gleichzeitig der vierte Arbeitstag im Februar 2017.

Erweitern Sie die Wochentagsprüfung auf

```
(WOCHENTAG(Start+VonBis;2)<6)*(ZÄHLENWENN(Feiertage;Start+VonBis)=0)
```

um auch noch Feiertage auszuschließen, die in den Betrachtungszeitraum fallen. *Feiertage* ist der Name eines Bereichs, der die Datumsangaben von Feiertagen enthält, die Sie ausschließen wollen. ZÄHLENWENN liefert hier für jeden Tag des Intervalls WAHR, der kein Feiertag ist.

6.2.9 Kegeln am dritten Samstag des Monats

Ihr Kegelclub trifft sich immer am dritten Samstag des Monats. Da unentschuldigtes Fehlen mit einer Lokalrunde bestraft wird (und es sind stets sehr viele Gäste im Lokal), ist Ihnen sehr daran gelegen, diesen Termin nicht zu verschlafen. Also möchten Sie gern daran erinnert werden. *Startdatum* ist das Ausgangsdatum, z. B. der 01.05.2017 (Ganzzahl 42856). Der Wochentag hat den Namen *WT*, wobei die Tage von Montag bis Sonntag von 1 bis 7 durchnummeriert sind – für den Samstag also die 6. Der wievielte Wochentag es sein soll, geht aus dem Namen *xte* hervor – im Beispiel also 3. Die Lösung:

```
=Startdatum-1-WOCHENTAG(Startdatum-WT;3)+7*xte
=42856-1-WOCHENTAG(42856-6;3)+7*3 =20.05.2017
```

WOCHENTAG mit der 3 für den Parameter *Typ* lässt die Woche bei 0 (Montag) beginnen und bei 6 (Sonntag) enden (nicht irritieren lassen: *WT* enthält dennoch den Wochentag als Zahl zwischen 1 und 7!). Alternativ zu WOCHENTAG kann man auch die Funktion REST verwenden, die mit dem Divisor 7 und dem um zwei Tage verminderten Startdatum ebenfalls zum Ziel führt:

```
=Startdatum-1-REST(Startdatum-2-WT;7)+7*xte
```

6.2.10 Kalenderwoche

Darüber hinaus könnte man den Kalender ergänzen, indem man die Kalenderwoche mit einfügt, die sich – bezogen auf ein in A1 stehendes Datum – wie folgt berechnet:

```
=KÜRZEN((A1-WOCHENTAG(A1;2)-DATUM(JAHR(A1+4-WOCHENTAG(A1;2));1;-10))/7)
```

Die vorhandene Analysefunktion KALENDERWOCHE darf in Deutschland mit Excel-Versionen vor 2010 nicht angewandt werden, da sie dort noch strikt nach amerikanischem Standard rechnet. In Deutschland ist die erste Kalenderwoche eines Jahres als die Woche definiert, in die mindestens vier Tage fallen (DIN 1355). Das ist seit 1976 der Fall, als der Wochenbeginn auf Montag festgelegt wurde. Vorher gab es die Kalenderwoche im heute bekannten Sinn also noch gar nicht.

Seit Excel 2010 hat die KALENDERWOCHE-Funktion noch einen zweiten Parameter *Zahl_Typ*, den man für deutsche Daten mit dem Wert 21 belegen muss.

Die Beispiele in Abb. 6.19 verdeutlichen den »Fehler« in der Funktion KALENDERWOCHE (vor 2007):

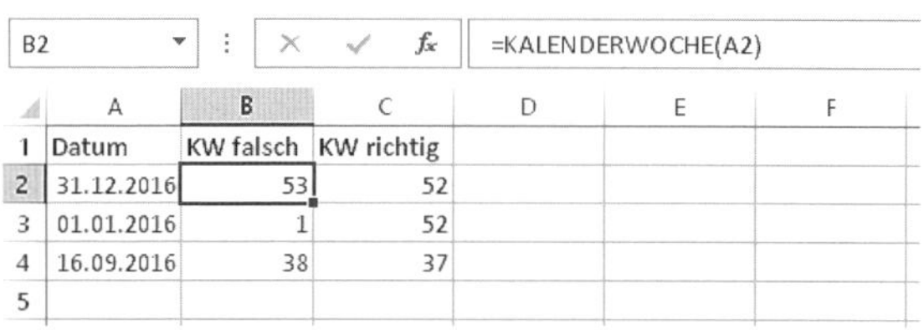
B2 =KALENDERWOCHE(A2)

	A	B	C	D	E	F
1	Datum	KW falsch	KW richtig			
2	31.12.2016	53	52			
3	01.01.2016	1	52			
4	16.09.2016	38	37			
5						

Abbildung 6.19: Vergleich der amerikanischen und deutschen Kalenderwoche

Der amerikanische (der weltweit am häufigsten verbreitete) Standard besagt, dass die erste Kalenderwoche eines Jahres die Woche ist, die den 01. Januar enthält. Der Wochentag des Beginns der nächsten Kalenderwochen ist unterschiedlich. In den USA ist es der Sonntag.

Die umgekehrte Berechnung ist ebenfalls von Bedeutung. Der Hersteller einer Ware schreibt: »Lieferung in KW 41«, und der Besteller will nun ohne Kalender wissen, wann er mit der Ware rechnen kann.

In A1 steht die Kalenderwoche und in A2 die vierstellige Jahreszahl. Den Montag der KW 41 (jetzt natürlich wieder nach EU-Norm) liefert

```
=DATUM(A2;1;7*A1-3-WOCHENTAG(DATUM(A2;;);3))
```

6.2.11 Quartal

Außerdem könnte man bestimmen, in welchem Quartal ein bestimmtes Datum liegt. Dafür gibt es mehrere Varianten.

```
=AUFRUNDEN(MONAT(Datum)/3;0)&". Quartal"
```

liest aus dem Datum den Monat aus, teilt diesen durch 3 und rundet das Ergebnis auf. Am Beispiel des 06.06.1960 ergibt die Berechnung `=AUFRUNDEN(6/3;0)=2`. Und für den 23.07.1977: `=AUFRUNDEN(7/3;0)=3`, denn 7/3 = 2,33 und aufgerundet = 3.

Eine andere Variante

```
=MONAT(MONAT(Datum)&0)&". Quartal"
```

liest ebenfalls den Monat aus dem Datum aus und verkettet diesen mit 0. Durch die Verkettung entsteht eine neue Textzahl, die von der äußeren MONAT-Funktion ausgewertet werden kann. Das Ergebnis kann nur eine Ganzzahl zwischen 1 und 4 sein.

Dieselben Beispiele wie zuvor sehen jetzt so aus:

```
=MONAT(MONAT("06.06.1960")&0)=MONAT(6&0)=MONAT(60)=2
=MONAT(MONAT("23.07.1977")&0)=MONAT(7&0)=MONAT(70)=3
```

Hier bewegen wir uns ausschließlich im Jahre 1900, denn die Zahlen 60 und 70 entsprechen im Datumsformat den Daten 29.02.1900 und 10.03.1900. Und wenn man daraus wiederum den Monat extrahiert, erhält man das Quartal. Zugegeben – ein etwas schräger Ansatz. Er funktioniert aber tadellos.

Sollten Sie einmal ein Quartal außerhalb der normalen Jahresfrist 1.1. bis 31.12. berechnen müssen (z. B. zum Bilanzstichtag 30.09.), können Sie das mit dieser Formel erledigen (Datum steht in A1, der Monat des Bilanzstichtags – hier 9 – steht in B1):

```
=AUFRUNDEN(((MONAT(A1)+(MONAT(A1)<=B1)*12)-B1)/3;0)&". Quartal"
```

6.2.12 Sternkreiszeichen

Falls Sie sich auch schon mal die Frage stellen, warum Sie mit einer bestimmten Kollegin besser und mit einer anderen weniger gut auskommen, könnte das auch astrologisch bedingt sein, denn manche Sternkreiszeichen passen manchmal einfach nicht zueinander. Da Sie die Daten der Sternkreiszeichen nicht im Kopf haben, überlassen Sie einfach Excel die Arbeit.

Zunächst benötigen wir ein Array aller Sternkreiszeichen in der Reihenfolge, wie sie innerhalb eines Jahres angeordnet sind. Dazu gehört auch, dass der Steinbock zweimal vorkommt, da er über den Jahreswechsel Gültigkeit hat.

Somit bezieht sich *Sternkreiszeichen* auf:

```
={"Steinbock";"Wassermann";"Fische";"Widder";"Stier";"Zwillinge";"Krebs";
"Löwe";"Jungfrau";"Waage";"Skorpion";"Schütze";"Steinbock"}
```

Der Einfachheit halber versetzen wir das abgefragte Datum (Name: *Dat*) zurück in das Jahr 1900 und vergeben dafür den Namen *Dat1900* mit Bezug auf:

```
=DATUM(;MONAT(Dat);TAG(Dat))
```

Zum Schluss bilden wir ein aufsteigend sortiertes Array *Tag* aus den Tagen (im Jahr 1900), ab denen das jeweilige Sternkreiszeichen beginnt:

```
={1;21;51;81;112;142;174;205;237;268;298;328;357}
```

Auch hier erhält der Steinbock wieder die Extrawurst mit dem ersten und letzten Eintrag.

Wenn wir jetzt *Dat1900* mit dem Array *Tag* vergleichen, dabei den Vergleichstyp WAHR wählen (bzw. ihn einfach weglassen) und diese Zahl an den Sternkreiszeichen-Index übergeben, dann sind wir auch schon am Ziel:

```
=INDEX(Sternkreiszeichen;VERGLEICH(Dat1900;Tag))
```

Jetzt, wo Sie wissen, dass Ihre am 06.08.1966 (im Jahr 1900 ist das der 219. Tag) geborene Kollegin eine Löwin ist, beantwortet sich vielleicht so manche Frage von selbst.

6.2.13 Muttertag

Die Excel-Mütter werden nicht vergessen – aber was hat eine Mutter mit Gauß zu tun? Muttertag ist der zweite Sonntag im Mai. Dieser lässt sich mit derselben Logik wie die Sommer- und Winterzeit ermitteln:

```
=DATUM(Jahr;5;)-WOCHENTAG(DATUM(Jahr;5;);1)+15
```

Stopp: Eine Mutter will nicht an Pfingsten geehrt werden. Sprich: Fällt der Muttertag auf den Pfingstsonntag, findet er eine Woche vorher statt, um den Müttern die uneingeschränkte Aufmerksamkeit zukommen zu lassen! Das soeben ermittelte Datum *Zweiter_Maisonntag* muss also mit dem *Pfingstsonntag* (Osterformel von Gauß plus 55 Tage) verglichen und bei Übereinstimmung um sieben Tage vorverlegt werden.

```
=Zweiter_Maisonntag-7*(Pfingstsonntag=Zweiter_Maisonntag)
```

Wobei der *Pfingstsonntag* mit dieser Formel ermittelt wird:

```
=DM((TAG(MINUTE(Jahr/38)/2+55)&".4."&Jahr)/7;)*7+43
```

Dieser Fall trat 2008 auf und tritt dann wieder 2035, 2046, 2103 und 2160 auf.

6.2.14 Weihnachten

Zusätzlich zu den vom Ostersonntag abhängigen Feiertagen gibt es weitere, vom ersten Weihnachtstag abhängige, bewegliche Feiertage. Das zu berechnen ist unspektakulär, da die Beweglichkeit nur darin liegt, dass diese auf einen bestimmten Wochentag (zumeist Sonntag) fallen müssen. Die Ausnahme davon ist der bis 1995 äußerst beliebte Buß- und Bettag: Das ist ein Mittwoch. Die Popularität hat sich mittlerweile aber auf nahe null reduziert, da dieser Feiertag seit 1995 nicht mehr überall arbeitsfrei ist. Nur in Sachsen ist dies noch ein Feiertag. Dafür wird dort aber auch ein höherer Anteil zur Pflegeversicherung fällig. Die sich um Weihnachten rankenden Feiertage errechnen sich wie folgt:

```
=DATUM(Jahr;12;25)-WOCHENTAG(DATUM(Jahr;12;25);2)-Tage
```

Dabei nimmt *Tage* für die unterschiedlichen Feiertage folgende Werte an:

- 35: Volkstrauertag
- 32: Buß- u. Bettag
- 28: Totensonntag

- 21: 1. Advent
- 14: 2. Advent
- 7: 3. Advent

Für den 4. Advent entfällt die Subtraktion von *Tage*.

6.3 Zeitfunktionen

Die Funktion ZEIT ermittelt aus den Bestandteilen Stunde, Minute und Sekunde eine Uhrzeit. In Excel steht hinter jeder Zeit eine Bruchzahl zwischen 0 und 1. 0,25 steht für 06:00 Uhr morgens, 0,5 steht für 12:00 mittags und 0,75 für 18:00 Uhr abends.

Die Funktionen STUNDE, MINUTE und SEKUNDE zerlegen diese als Bruchzahl ausgedrückte Uhrzeit wieder in ihre Bestandteile Stunde, Minute und Sekunde.

Die Funktion ZEITWERT wandelt eine als Zeichenkette angegebene Uhrzeit in die entsprechende Bruchzahl um.

Die Funktion JETZT ermittelt bei jeder Neuberechnung die fortlaufende Ganzzahl des aktuellen Datums, analog zu HEUTE zuzüglich der Bruchzahl der aktuellen Uhrzeit. Nur die aktuelle Uhrzeit erhalten Sie durch Subtraktion beider Funktionen: =JETZT()-HEUTE().

Syntax	**Beispiel**	**Wert**	**Zeit**
`=ZEIT(Stunde;Minute;Sekunde)`	`=ZEIT(15;20;15)`	0,6390625	15:20:15
`=STUNDE(Zahl)`	`=STUNDE(0,6390625)`	15	
`=MINUTE(Zahl)`	`=MINUTE(0,6390625)`	20	
`=SEKUNDE(Zahl)`	`=SEKUNDE(0,6390625)`	15	
`=ZEITWERT(Zeit)`	`=ZEITWERT("15:20:15")`	0,6390625	15:20:15

Tabelle 6.3: Beispiele zu Zeitfunktionen

Da als Zeichenkette ausgedrückte Zahlen durch Multiplikation mit 1 auch in Zahlen umgewandelt werden können, funktioniert im letzteren Fall auch

```
="15:20:15"*1 = 0,6390625
```

6.3.1 Dezimalwerte in Stundenangaben umrechnen

In einem Tabellenblatt werden Sollstunden per Formel berechnet. Die Formel liefert aber Dezimalwerte – beispielsweise 6,5 für sechs Stunden und 30 Minuten. Uhrzeiten sind Bruchteile eines ganzen Tages. Ein Dezimalwert liegt damit zwischen 0 und 1. Teilen Sie die Dezimalzahl durch die Anzahl der Stunden eines Tages – also durch 24 –, und weisen Sie der Formel das Zahlenformat h:mm zu. Der Wert wird in Excel als Zeit angezeigt:

```
A1: 6,5
A2: =6,5/24 Ergebnis: 6:30
```

6.3.2 Zeitformat über 24 Stunden

Wenn Sie mit Stundenangaben rechnen, die über die Tagesgrenze hinausgehen, die also größer als 24 sein können, wählen Sie das Format "37:30:55". Das sieht mit Platzhaltern unter *Benutzerdefiniert* so aus:

```
[h]:mm:ss;@
```

Das Zahlenformat, das nur Stunden und Minuten ausgibt, rundet das Ergebnis aber nicht korrekt auf die nächste Minute. Excel schneidet einfach den Sekundenanteil ab, aus 6,36 Stunden wird der Zeitwert "6:21". Da sich bei sekundengenauer Darstellung "6:21:36" ergibt, müsste der Zeitwert aber eigentlich auf "6:22" aufgerundet werden. So korrigieren Sie den Wert:

Rechnen Sie die dezimale Stundenangabe in Minuten um, und runden Sie das Ergebnis auf die nächste ganze Zahl. Damit daraus anschließend ein Excel-typischer Zeitwert entsteht, müssen Sie die Minuten noch durch die Anzahl der Minuten eines ganzen Tages – also durch 24*60 = 1440 – teilen.

```
=RUNDEN(A1*60;0)/1440 Ergebnis: 6:22
```

6.4 Textfunktionen

CODE rechnet jedes Zeichen in die fortlaufende Zahl des ANSI-Zeichensatzcodes um:

```
=CODE("A")
```

ZEICHEN wandelt diesen Code in das entsprechende Zeichen um und ist somit die Umkehrfunktion von CODE.

```
=ZEICHEN(65)
=CODE(ZEICHEN(66))=66
```

CODE und ZEICHEN funktionieren bis 255, weil das die letzte im ANSI-Code definierte Zahl ist. (8 Bit = 1 Byte, 2^8 = 255). UNICODE und UNIZEICHEN listen die Unicodes bis 65.000.

SUCHEN und FINDEN suchen innerhalb eines Textes eine Zeichenfolge und geben die Positionsnummer des Suchtextes innerhalb des durchsuchten Textes zurück. Sie unterscheiden sich voneinander dadurch, dass Erstere nicht nach Groß- und Kleinschreibung unterscheidet, Letztere dagegen schon.

TEIL gibt den Teil eines Textes zurück, der sich aus der Vorgabe von Positionsnummer und Länge des Teilstrings ergibt. Sie ist in etwa die Umkehrfunktion von FINDEN/SUCHEN.

Wenn die Position des zurückzugebenden Teilstrings links oder rechts beginnt, nehmen Sie anstelle der Funktion TEIL die Funktionen LINKS oder RECHTS. Häufig ist es sinnvoll, eine dieser Funktionen mit der Funktion LÄNGE zu kombinieren, die die Anzahl Zeichen eines Textes zählt. Mit `LINKS(Text;LÄNGE(Text)-3)` können Sie beispielsweise die drei ersten Zeichen von rechts abschneiden.

VERKETTEN und TEXTKETTE hängen Texte oder Zellinhalte aneinander, was allerdings durch das kaufmännische & genauso gut erledigt werden kann. TEXTVERKETTEN ist besser, damit können Sie ein Trennzeichen angeben und leere Zellen ignorieren.

WIEDERHOLEN ist eine schöne Funktion, damit generieren Sie Textketten aus beliebigen Zeichen. Das zweite Argument ist der Wiederholfaktor. So zeichnen Sie schöne Textdiagramme (siehe Praxisbeispiel unten).

KLEIN und GROSS wandeln alle Zeichen eines Textes in Klein- oder Großbuchstaben um. Auf numerische Ziffern oder Sonderzeichen haben diese Funktionen keine Auswirkung. GROSS2 schreibt nur das erste Zeichen jedes Wortes in einem Text groß und den Rest klein. Die Wörter müssen nicht unbedingt durch Leerzeichen getrennt sein. Eine Trennung durch Bindestrich, Unterstrich oder ein anderes Sonderzeichen hat den gleichen Effekt.

GLÄTTEN entfernt überflüssige Leerzeichen (mehr als eines nebeneinander) eines Textes und entspricht in etwa den Trimm-Funktionen, die in diversen Programmiersprachen bekannt sind. SÄUBERN entfernt alle nicht druckbaren Zeichen.

IDENTISCH prüft, ob zwei Texte identisch sind, und unterscheidet sich von der einfachen Prüfung `=Text1=Text2` dadurch, dass sie zwischen Groß- und Kleinschreibung unterscheidet. Für Excel ist standardmäßig `="a"="A"=WAHR`. Die Funktion DELTA macht dasselbe, funktioniert aber nur für numerische Zeichen, was ihr jegliche Daseinsberechtigung entzieht. Anstelle von WAHR/FALSCH liefert sie 1/0.

Die Funktion WECHSELN ersetzt eine Zeichenfolge innerhalb eines Textes durch eine andere. Die Funktion ERSETZEN macht fast das Gleiche. Der Unterschied besteht darin, dass Sie bei WECHSELN eine Zeichenfolge vorgeben, die innerhalb des Textes gesucht werden muss. Bei ERSETZEN geben Sie stattdessen die Position und die Länge der Zeichenfolge vor, die ausgetauscht werden soll. Es funktioniert auch die Länge 0.

Text	Beispiel	Ergebnis
X	=CODE(Text)	88
88	=ZEICHEN(Text)	X
Excel	=SUCHEN("e";Text)	1
Excel	=FINDEN("e";Text)	4
Excel	=TEIL(Text;4;1)	e
Excel	=LINKS(Text;2)	Ex
Excel	=RECHTS(Text;2)	el
	=VERKETTEN("E";"x";"c";"e";"l")	Excel
	="E"&"x"&"c"&"e"&"l"	Excel
Ha	=WIEDERHOLEN(Text;3)	HaHaHa
Formeln	=GROSS(Text)	FORMELN
Formeln	=KLEIN(Text)	formeln
KLAUS KÜHNLEIN	=GROSS2(Text)	Klaus Kühnlein
Klaus Kühnlein	=GLÄTTEN(Text)	Klaus Kühnlein
ab	=SÄUBERN(Text)	ab
	=IDENTISCH("a";"A")	FALSCH
	="a"="A"	WAHR
	= DELTA("3";"3")	1
	= DELTA("a";"A")	#WERT!
Alphorn	=WECHSELN(Text;"hor";"i")	Alpin
Alphorn	=ERSETZEN(Text;4;3;"i")	Alpin

Tabelle 6.4: Beispiele zu Textfunktionen

6.4.1 Textkette mit dynamischen Arrays

Die neue Matrixtechnik der dynamischen Arrays (siehe Kapitel 7.4) liefert Ergebnisse, die mit der früheren Matrixtechnik nicht möglich waren. Hier zwei Beispiele mit der Funktion TEXTVERKETTEN(), einer neuen Funktion ab Excel 2016:

Schreiben Sie diese Formel in eine beliebige Zelle:

```
=TEXTVERKETTEN("-";WAHR;ZEICHEN(SEQUENZ(26;;65;1)))
```

Das Ergebnis ist eine Textkette mit allen Buchstaben des Alphabets. Dazu verwendet die Funktion die Formel ZEICHEN(), die das einem ASCII-Wert zugeordnete Zeichen ausgibt. Das wird von der Funktion SEQUENZ() im Bereich von 26 (A) bis 65 (Z) abgegriffen, und mit dem ersten Argument packt die Textkette noch ein Minuszeichen zwischen die einzelnen Buchstaben.

Diese Formel dreht einen Text um und präsentiert ihn in Spiegelschrift. Schreiben Sie die geschweiften Klammern mit [AltGr]+[7]:

```
=TEXTKETTE("";TEIL(A4;{20;19;18;17;16;15;14;13;12;11;10;9;8;7;6;5;4;3;2;1};1))
```

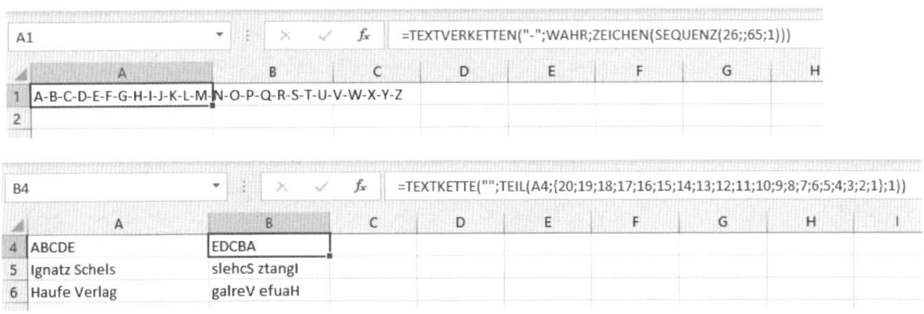

Abbildung 6.20: Spezial-Arrayfunktionen mit Textketten

6.4.2 Praxis: Plan-Ist-Vergleiche mit Textdiagrammen

Der Plan-Ist-Vergleich gehört zu den Standardmethoden des Projektcontrollings. Anfällige Projektkosten werden mit dem Kostenplan verglichen, die Terminkontrolle gibt Auskunft über die Einhaltung geplanter Zeiten. Zur Visualisierung dieser Kennzahlen wird in der Praxis das Säulen-, Balken- oder Liniendiagramm verwendet, für Zeitdifferenzen eignet sich das Gantt-Chart am besten. Bei größeren Projekt- oder Ressourcenplänen stoßen die Standardwerkzeuge manchmal an ihre Grenzen, denn die Werteachsen sind nur begrenzt belastbar. Mit Textdiagrammen richten Sie schnelle Visualisierungen für große Listen ein, und wenn Sie noch ein Drehfeld einzeichnen, lässt sich das Resultat sogar flexibel auf die Größenverhältnisse anpassen.

Die Basis: Projektkosten

Für den Plan-Ist-Vergleich können Sie einen Projektstrukturplan (PSP) oder jede andere Liste mit Projektvorgängen verwenden. Lassen Sie oben ein paar Zeilen Platz, starten Sie in Zeile 5 mit der Überschrift. Tragen Sie die Plan- und Istkosten in die beiden Spalten neben der Vorgangsbezeichnung ein.

	A	B	C
1			
2			
3			
4			
5	**Projektvorgang/Phase**	Plankosten	Istkosten
6	Gelände- und Umfeldanalyse	3200	4800
7	Flächennutzungsplan	4800	2500
8	Bauanträge und Bebauungsplan	12000	8000
9	Wasserrechtsanalyse	3000	4800
10	Wirtschaftlichkeitsplan, Break Even, Liquiditätsanalyse	2000	2500
11	Raumordnungsverfahren	1500	1500
12	Umweltverträglichkeitsstudien	2500	2800
13	**Phase 2: Detailplanung**		
14	Routingplan aufstellen	1600	2000
15	Bauanträge entwerfen/stellen	2500	4200
16	Ausschreibung und Leistungsverzeichnisse erstellen	3800	3000
17	Angebote einholen	5000	4000
18	Schematischer Entwurf/CAD-Skizzen	12000	13500
19	Bahnenplan zeichnen, Masterplan entwerfen	15000	18000
20	Budgetierungsplan und Zahlungsplan erstellen	5000	4200
21	Baupläne erstellen	8500	6000
22	**Phase 3: Golfanlage**		
23	Driving Range	25000	22000
24	Abschlaghütten aufstellen	18000	15000
25	Betriebsgebäude planen	16000	18000
26	Spielbahnen modellieren, Konturen ausführen	25000	23000
27	Bunker graben und einsanden	5800	5900
28	Beregnungsanlage installieren	15000	16000
29	Bäume und Sträucher pflanzen	25000	23000
30	Einsaat und Besodung durchführen	6000	8000

Abbildung 6.21: Plan/Ist-Kosten im Projekt

Berechnen Sie in der nächsten Spalte die Differenz zwischen Ist- und Plankosten mit einer Matrixformel:

Markieren Sie mit [Strg]+[⇧]+[+] die dreispaltige Liste.

Wählen Sie *Formeln/Definierte Namen/Aus Auswahl erstellen/Oberste Zeile.*

Tragen Sie die Überschrift ein und berechnen Sie die Differenz:

```
D5: Differenz
D6: =Istkosten-Plankosten
```

Kopieren Sie die Formel per Doppelklick auf das Füllkästchen nach unten bis zum letzten Vorgang (in Excel 2019 wird die Matrix automatisch gefüllt). Wenn Sie die Liste mit Strg+T in eine Tabelle umwandeln, können Sie die Differenz mit einem strukturierten Verweis berechnen.

Vorteil: Bei neuen Einträgen werden alle Formeln und Textdiagramme (sofern sie Teil der Tabelle sind) automatisch weiterkopiert:

```
=[@Istkosten]-[@Plankosten]
```

Das Textdiagramm ist nichts anderes als die Wiederholung eines bestimmten Zeichens. Die Formel braucht das Zeichen als erstes Argument und die Anzahl der Wiederholungen als zweites Argument:

```
=WIEDERHOLEN(Zeichen;Anzahl)
```

Mit dieser Formel erzeugen Sie eine Reihe, bestehend aus 15 X:

```
=WIEDERHOLEN("X";15)
Ergebnis: XXXXXXXXXXXXXXX
```

Das einzige Zeichen, das einen kontinuierlichen Balken ohne Zwischenräume erzeugt, finden Sie unter *Einfügen/Symbole/Symbol*. Schalten Sie um auf die Schriftart *Arial* und den Zeichencode *Unicode (hex)*. Suchen Sie in der Liste der Subsets nach *Blockgrafikzeichen*. Hier finden Sie den Balken unter dem Zeichencode 2588.

Fügen Sie dieses Zeichen in die Zelle C2 ein, und weisen Sie der Zelle über den Namens-Manager den Bereichsnamen *Zeichen* zu.

Tipp: Geben Sie die Codenummer gleich in das Zeichencodefeld ein, das geht am schnellsten.

Schalten Sie unter *Datei/Optionen/Menüband erweitern* die Hauptregisterkarte *Entwicklertools* ein. Wählen Sie *Entwicklertools/Steuerelemente/Einfügen*, und klicken Sie auf das Drehfeld-Symbol (erste Reihe, 4. von links). Zeichnen Sie im Bereich D1:D2 ein Drehfeld.

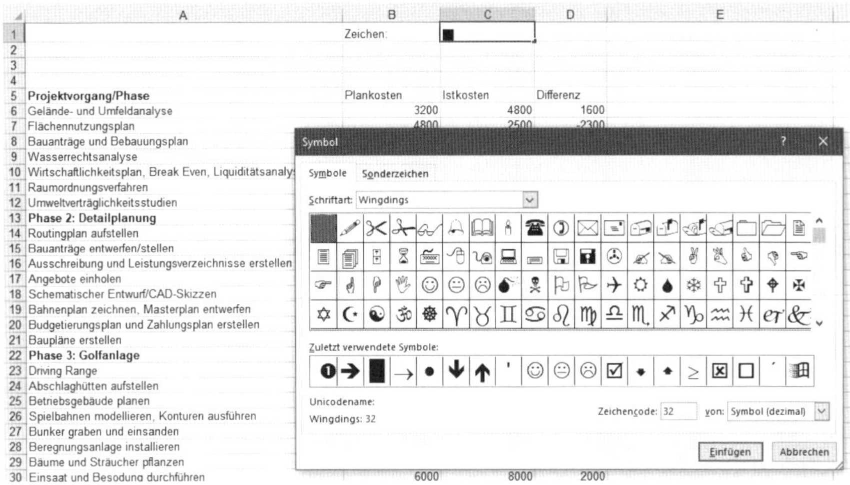

Abbildung 6.22: Das Blockgrafikzeichen mit der Codenummer 2588 eignet sich am besten für Textdiagramme.

Klicken Sie mit der rechten Maustaste auf das Drehfeld und wählen Sie Steuerelement formatieren. Der Minimalwert ist 1, den Maximalwert setzen Sie auf 1.000. Die Schrittweite ist 1, und die Zellverknüpfung setzen Sie auf die Zelle $D$1.

Die Zelle D2 bekommt jetzt diese Formel:

```
=$D$1/100
```

... und über den Namens-Manager den Bereichsnamen *Faktor*.

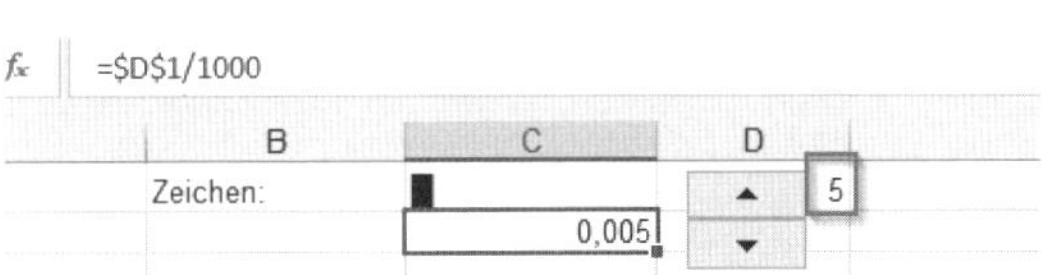

Abbildung 6.23: Ein Drehfeld mit Zellverknüpfung und Faktorformel

Für das Textdiagramm brauchen Sie die beiden nächsten Spalten. Wenn Sie mit einer Tabelle arbeiten, stellen Sie sicher, dass die beiden nächsten Spalten zur Tabelle gehören. Ziehen Sie dazu einfach das kleine blaue Dreieck am unteren rechten Tabellenrand zwei Spalten weiter.

In Zelle E6 wird die erste negative Abweichung ermittelt. Prüfen Sie mit WENN() den Status. Für die Wiederholung des Zeichens brauchen Sie den Absolutwert der Differenz (Funktion ABS()). Multiplizieren Sie ihn mit dem Faktor. Über das Drehfeld regelt dieser die Größe des Balkens. So berechnen Sie die Negativabweichung in E6:

```
=WENN(D6<0;WIEDERHOLEN(Zeichen;ABS(D6)*Faktor);"")
```

Kopieren Sie die Formel per Doppelklick auf das Füllzeichen bis zum letzten Vorgang. Markieren Sie die Spalte E, und weisen Sie ihr die Schriftfarbe Rot und die Ausrichtung Rechtsbündig zu.

Die Formel in Zelle F6 für die positive Abweichung verwendet die Differenz, multipliziert mit dem Faktor. Kopieren Sie auch diese Formel per Doppelklick auf das Füllkästchen bis zum letzten Vorgang. Formatieren Sie die ganze Spalte mit der Schriftfarbe Grün und der Ausrichtung Linksbündig:

```
=WENN(D6>0;WIEDERHOLEN(Zeichen;D6*Faktor);"")
```

Jetzt lässt sich das Textdiagramm bequem über das Drehfeld in die richtige Größe bringen. Stellen Sie Ihr Drucklayout auf Querformat, und prüfen Sie in der Seitenansicht, wie breit die beiden Diagrammspalten sein dürfen. Klicken Sie auf das Drehfeld, um die Größe zu ändern.

Jetzt fehlt noch die Beschriftung für die negativen und positiven Abweichungen. Dafür verketten Sie die bestehenden Formeln mit einer Textfunktion. Wenn Sie die absolute Abweichung anzeigen lassen wollen, verwenden Sie die Differenz, alternativ dazu können Sie auch die prozentuale Abweichung oder beides in das Textdiagramm einfügen.

Die Funktion =TEXT() wandelt eine Zahl in einen Text um und verwendet für die Anzeige das Zahlenformat im zweiten Argument:

```
=TEXT(Zahl;Zahlenformat)
```

In der Formel für die Negativabweichung stellen Sie die Textfunktion vor die Wiederholungen. Achten Sie auf das Leerzeichen zwischen den beiden Formelteilen.

```
=WENN(D6<0;TEXT(ABS(D6);"-#.##0")&" "&WIEDERHOLEN(Zeichen;ABS(D6)*Faktor);"")
```

Die positive Abweichung bekommt den Text nach den Wiederholungen, das Leerzeichen steht wieder dazwischen:

```
=WENN(D6>0;WIEDERHOLEN(Zeichen;D6*Faktor)&" "&TEXT(D6;"+#.##0");"""")
```

Für die prozentuale Abweichung teilen Sie die Differenz durch die Plankosten und weisen das Ganze als Prozentsatz aus:

Positiv:

```
=WENN(D6>0;WIEDERHOLEN(Zeichen;D6*Faktor)&" "&TEXT((D6/B6);"+0,0%");"")
```

Negativ:

```
=WENN(D6<0;TEXT(ABS(D6)/B6;"0,0%")&" "&WIEDERHOLEN(Zeichen;ABS(D6)*Faktor);"")
```

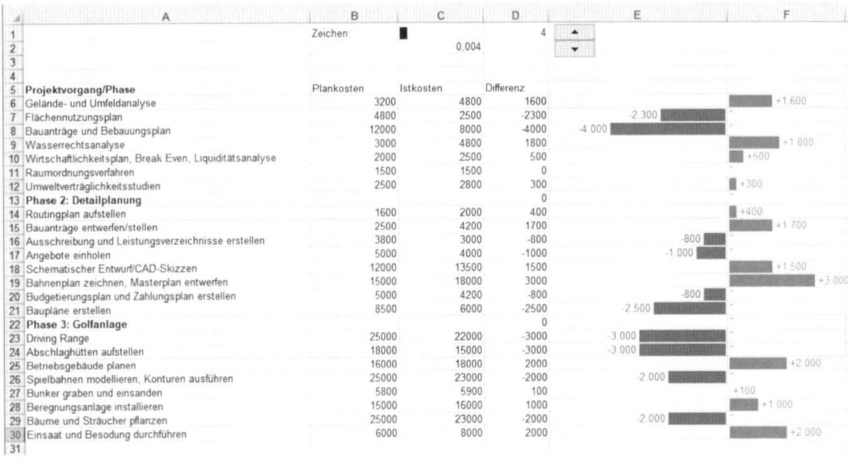

	A	B	C	D	E	F
1		Zeichen:	█	4		
2			0,004			
3						
4						
5	**Projektvorgang/Phase**	Plankosten	Istkosten	Differenz		
6	Gelände- und Umfeldanalyse	3200	4800	1600		+1 600
7	Flächennutzungsplan	4800	2500	-2300	-2 300	
8	Bauanträge und Bebauungsplan	12000	8000	-4000	-4 000	
9	Wasserrechtsanalyse	3000	4800	1800		+1 800
10	Wirtschaftlichkeitsplan, Break Even, Liquiditätsanalyse	2000	2500	500		+500
11	Raumordnungsverfahren	1500	1500	0		
12	Umweltverträglichkeitsstudien	2500	2800	300		+300
13	**Phase 2: Detailplanung**			0		
14	Routingplan aufstellen	1600	2000	400		+400
15	Bauanträge entwerfen/stellen	2500	4200	1700		+1 700
16	Ausschreibung und Leistungsverzeichnisse erstellen	3800	3000	-800	-800	
17	Angebote einholen	5000	4000	-1000	-1 000	
18	Schematischer Entwurf/CAD-Skizzen	12000	13500	1500		+1 500
19	Bahnenplan zeichnen, Masterplan entwerfen	15000	18000	3000		+3 000
20	Budgetierungsplan und Zahlungsplan erstellen	5000	4200	-800	-800	
21	Baupläne erstellen	8500	6000	-2500	-2 500	
22	**Phase 3: Golfanlage**			0		
23	Driving Range	25000	22000	-3000	-3 000	
24	Abschlaghütten aufstellen	18000	15000	-3000	-3 000	
25	Betriebsgebäude planen	16000	18000	2000		+2 000
26	Spielbahnen modellieren, Konturen ausführen	25000	23000	-2000	-2 000	
27	Bunker graben und einsanden	5800	5900	100		+100
28	Beregnungsanlage installieren	15000	16000	1000		+1 000
29	Bäume und Sträucher pflanzen	25000	23000	-2000	-2 000	
30	Einsaat und Besodung durchführen	6000	8000	2000		+2 000
31						

Abbildung 6.24: Textdiagramme für positive und negative Abweichungen

6.4.3 Anzahl der Wörter ermitteln

Wenn Sie wissen wollen, wie viele Zeichen eine Zelle enthält, schreiben Sie eine Formel mit der Funktion LÄNGE():

```
=LÄNGE(a1)
```

Leider gibt es auch keine Formel, um die Anzahl der Wörter in einer Zelle zu zählen, aber mit einer Kombination aus LÄNGE(), GLÄTTEN() und WECHSELN() kommen Sie zum Ziel:

```
=LÄNGE(GLÄTTEN(A1))-LÄNGE(WECHSELN(A1;" ";""))+1
```

Wörter sind durch Leerzeichen getrennt. Die Anzahl der Wörter lässt sich aus der Differenz zwischen Gesamtlänge und der Länge des Wortes, aus dem vorher mit GLÄTTEN() das Leerzeichen entfernt wurde, ermitteln.

Die Formel rechnet auch richtig, wenn durch Tippfehler zwei oder mehr Leerzeichen zwischen den Wörtern stehen. Dazu wird vorher die Gesamtlänge ohne Leerzeichen ermittelt. GLÄTTEN löscht hier nur überflüssige Leerzeichen aus dem Text.

6.5 Datentypbeschreibung und -umwandlung

Unter Programmierern gehört es zum elementaren Basiswissen, dass Daten unterschiedliche Datentypen besitzen. Die in Excel relevanten Datentypen sind *Zahl*, *Text* (String), *boolescher Wert* (WAHR/FALSCH) und *Fehlerwert*.

T wandelt ein Argument in einen Text um.

N und WERT wandeln ein Argument in eine Zahl um. N eignet sich unter anderem prima dazu, Kommentare in Formeln zu platzieren, ohne Einfluss auf das Ergebnis zu nehmen. Beispiel:

```
=IKV({-10.4.4.4};0)+N("Diese Formel berechnet den internen Zinsfuß einer
Zahlungsreihe")
```

TYP und FEHLER.TYP geben eine Ganzzahl zurück, die angibt, um welchen Datentyp bzw. Fehlertyp es sich bei einem Argument handelt. Eine ähnliche Aufgabe erfüllen die Funktionen ISTFEHL, ISTBEZUG, ISTFEHLER, ISTKTEXT, ISTLEER, ISTLOG, ISTNV, ISTTEXT und ISTZAHL. Das Ergebnis dieser Funktionen ist aber keine Ganzzahl, sondern ein boolescher Wert: WAHR oder FALSCH.

Mit ISTGERADE und ISTUNGERADE können Sie prüfen, ob eine Zahl durch 2 teilbar ist. Sie ignorieren Nachkommastellen und rechnen das Gleiche wie:

ISTGERADE: `=REST(KÜRZEN(A1);2)=0`

ISTUNGERADE: `=REST(KÜRZEN(A1);2)=1`

VORZEICHEN gibt an, ob eine Zahl positiv, negativ oder null ist.

ANZAHLLEEREZELLEN zählt leere Zellen und Zellen mit der Länge 0. Eine Zelle mit der Länge 0 muss nicht unbedingt leer sein, sie könnte auch einen sogenannten Nullstring ="" enthalten.

ISTLEER liefert FALSCH, wenn eine Zelle einen solchen Leerstring enthält.

UMWANDELN wandelt eine in einer bestimmten Maßeinheit angegebene Zahl in eine andere Maßeinheit um (z. B. Gewichte, Entfernung, Temperatur).

6.6 Rechnen mit Bedingungen

Die Funktionen UND, ODER und NICHT liefern Wahrheitswerte, die zum Ausdruck bringen, ob eine Bedingung erfüllt ist oder nicht. WAHR und FALSCH besitzen gleichnamige Funktionen, die völlig sinnfrei sind und laut Excel-Hilfe nur aus Kompatibilitätsgründen zu anderen Programmen zur Verfügung stehen. `=WAHR()` liefert WAHR. Das ist so, als gäbe es eine Funktion `=EINS()`, die den Wert 1 liefert.

WENN kann abhängig von einer solchen Bedingungsprüfung ein Dann oder ein Sonst ausgeben. Für mehrere Bedingungen lässt sich die Funktion bis zu siebenmal ineinanderschachteln, besser ist dafür meist eine neue Funktion: Mit WENNS können bis zu 127 Bedingungen und die dazu passenden Aktionen (für den WAHR-Fall) angegeben werden. Ein FALSCH gibt es nicht, wenn keine Bedingung zutrifft, ist das Ergebnis #NV!.

WAHL kann – im Gegensatz zu den zwei Alternativen (Dann_Wert/Sonst_Wert) der WENN-Funktion – 254 alternative Berechnungen durchführen. Die Prüfung erfolgt deshalb nicht über die Wahrheitswerte WAHR und FALSCH, sondern über einen fortlaufenden Index von 1 bis 254 im ersten Argument.

ZÄHLENWENN und SUMMEWENN fragen einen ganzen Bereich ab, können dabei aber **nur eine** Bedingung prüfen. SUMMEWENNS und ZÄHLENWENNS können mehrere Bedingungen auf einmal verarbeiten. Und für die goldene Mitte gibt es MITTELWERTWENN und MITTELWERTWENNS.

Formel	**Ergebnis**
`=WENN(WAHR;3;5)`	3
`=ODER(WAHR;FALSCH)`	WAHR
`=UND(WAHR;FALSCH)`	FALSCH
`=UND(WAHR;WAHR)`	WAHR
`=WENN(UND(ODER(1;0);1);UND(0;1);5)`	FALSCH
`=UND(ODER(1;1);NICHT(FALSCH))`	WAHR
`=WAHL(2;"eins";"zwei";"drei")`	zwei

Tabelle 6.5: Beispiel zum Rechnen mit Bedingungen

I16 | =MITTELWERTWENNS(C:C;A:A;E7;B:B;F7)

	A	B	C	D	E	F	G	H	I
1	Kriterium 1	Kriterium 2	Wert		Formel				Ergebnis
2	b	x	3		=ZÄHLENWENN(A:A;"a")				6
3	a	x	6		=SUMMEWENN(A:A;"<a"C:C)				45
4	a	x	4		=MITTELWERTWENN(A:A;"a";C:C)				5,166667
5	b	y	4						
6	c	z	2		Kriterium1	Kriterium2			
7	a	z	7		a	y			
8	a	y	6		b	x			
9	b	y	4						
10	c	y	6		=DBSUMME(A:C;"Wert";E6:F7)				13
11	b	x	7		=DBMAX(A:C;"Wert";E6:F8)				7
12	c	x	10		=DBANZAHL2(A:A;"Kriterium1";E6:E8)				10
13	a	y	7						
14	c	y	9		=SUMMEWENNS(C:C;A:A;E7;B:B;F7)				13
15	a	x	1		=ZÄHLENWENNS(A:A;E7;B:B;F7)				2
16					=MITTELWERTWENNS(C:C;A:A;E7;B:B;F7)				6,5
17									

Abbildung 6.25: Rechnen mit Bedingungen

Eine geniale Erfindung ist die längst überfällige Funktion WENNFEHLER, mit der ein einfacheres Abfangen von Fehlern in Formeln möglich wird – z. B. beim SVERWEIS. Wenn diese Funktion einen Suchbegriff nicht finden kann, liefert sie den Fehlerwert #NV. Stattdessen möchte man eventuell lieber den Text »nicht vorhanden« sehen. Vor der Einführung von WENNFEHLER hätte man in diesem Fall wie folgt formuliert:

```
=WENN(ISTNV(SVERWEIS("x";A:C;3;0));"nicht vorhanden"; SVERWEIS("x";A:C;3;0))
```

Zum einen nervt die doppelte Eingabe desselben Formelteils. Zum anderen bindet die redundante Berechnung unnötige CPU-Ressourcen. Mit der Funktion WENNFEHLER genügt stattdessen

```
=WENNFEHLER(SVERWEIS("x";A:C;3;0); "nicht vorhanden")
```

6.6.1 Praxis: WENN() mit mehreren Bedingungen

In der Spalte *bezahlt* prüft die WENN-Funktion, ob die Zahlung dem Rechnungsbetrag entspricht, und gibt "Ja" oder "Nein" aus.

```
=WENN(D2=E2;"Ja";"Nein")
```

Genauer wird's mit WENNS. Die Formel prüft vier Bedingungen gleichzeitig:

```
=WENNS(E2="";"nein";D2=E2;"vollständig";D2>E2;"teilweise";D2<E2;"zu viel")
```

Noch ein Beispiel: Bestelldatum und Lieferzeit werden zu einem Lieferdatum addiert. Da der Fahrer nicht am Wochenende arbeitet, berechnet eine WENNS-Formel, ob ein oder zwei Tage aufaddiert werden müssen:

```
=@WENNS(WOCHENTAG(B1+B2)=7;B1+B2+2;WOCHENTAG(B1+B2)=1;B1+B2+1;UND(WOCHENTAG(B1
+B2)>1;WOCHENTAG(B1+B2)<7);B1+B2)
```

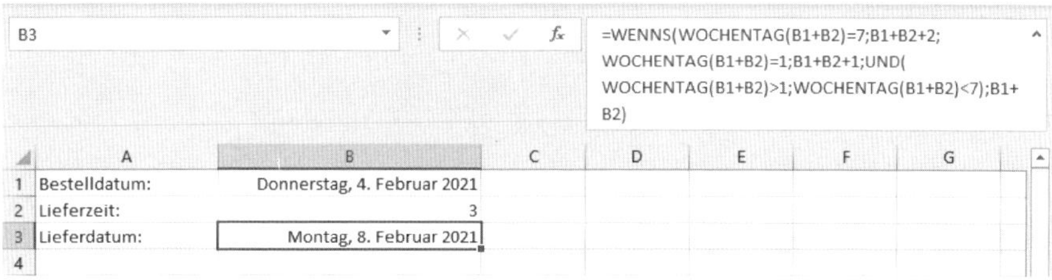

Abbildung 6.26: Geliefert wird immer ab Montag.

6.6.2 Anzahl unterschiedlicher Einträge ermitteln

Wie viele unterschiedliche Einträge enthält ein Tabellenbereich? Wenn Sie z. B. wissen wollen, aus wie vielen verschiedenen Ländern die Teilnehmer einer Rallye kommen, legen Sie die Liste als Tabelle an. Geben Sie ihr den Tabellennamen *tbl_Teilnehmer.*

	A	B	C
1	**Nachname**	**Vorname**	**Land**
2	Attenbrunner	Ernst	Deutschland
3	Bley	Armin	Frankreich
4	Decker	Helmut	Frankreich
5	Denk	Anna	Italien
6	Fessele	Gerhard	Italien
7	Fink	Hans	Deutschland
8	Glaser	Herbert	Spanien
9	Günther	Elisabeth	Spanien
10	Heilmair	Heinz	Deutschland
11	Hinke	Hartwig	Österreich
12	Mezger	Johannes	Österreich
13	Obergöker	Robert	Deutschland
14	Pfeiffer	Peter	Spanien
15	Reicher	Martin	Österreich
16	Sadiki	Orhan	Österreich
17	Sailer	Klaus	Schweiz
18	Thamm	Erwin	Deutschland
19	Beuttenmüller	Ewald	Frankreich
20	Eismann	Franz	Schweiz
21	Emhardt	Gernot	Frankreich

Abbildung 6.27: Rallye-Teilnehmer aus vielen Ländern

Geben Sie diese Formeln ein:

```
Anzahl Teilnehmer: =ZEILEN(tbl_Teilnehmer)
Verschiedene Länder: =SUMME(1/
ZÄHLENWENN(tbl_Teilnehmer[Land];tbl_Teilnehmer[Land]))
```

Mit EINDEUTIG() listen Sie noch die Länder auf. Die Funktion gibt es aber nur unter Microsoft 365.

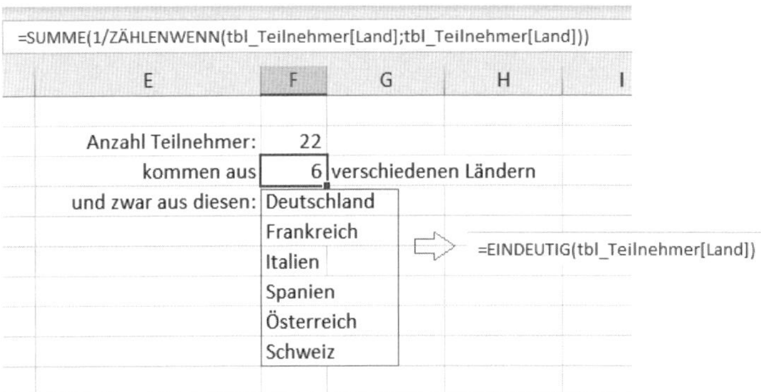

Abbildung 6.28: Teilnehmerauswertung

Die ZÄHLENWENN-Funktion vergleicht den zu analysierenden Bereich mit sich selbst, liefert also ein Array mit der Häufigkeit jedes einzelnen Eintrags. Wenn Sie 1 durch die einzelnen Häufigkeiten teilen, weisen Sie den Arraywerten eine Wertigkeit zu. Bei einem ZÄHLENWENN-Ergebnis von "5" ist beispielsweise jeder einzelne nur ein Fünftel wert, und alle zusammen ergeben "1". Die Summe aller Wertigkeiten entspricht somit der Anzahl der unterschiedlichen Tabelleneinträge.

6.7 Matrizen spiegeln mit WAHL()

WAHL() gehört zu den Matrixfunktionen von Excel, und wie der »große Bruder« SVERWEIS() bietet diese Funktion die Möglichkeit, über einen Index andere Argumente zu referenzieren. Eine besonders nützliche Technik mit WAHL(), das Spiegeln von Matrizen, beschreibt dieser Beitrag.

Die Funktion WAHL() berechnet die von einem Index abhängige Zuordnung an Argumenten. Oder einfacher ausgedrückt: Die Zahl im ersten Argument bestimmt, welches der folgenden Argumente das Ergebnis bildet. Der Index ist eine Zahl von 1 bis n, bis zu 254 weitere Argumente dürfen folgen:

```
=WAHL(Index;Wert1;Wert2; ... Wertn)
```

WAHL() wird oft, ähnlich wie SVERWEIS(), für Berechnungen mit Datumswerten verwendet. Hier einige Beispiele für WAHL():

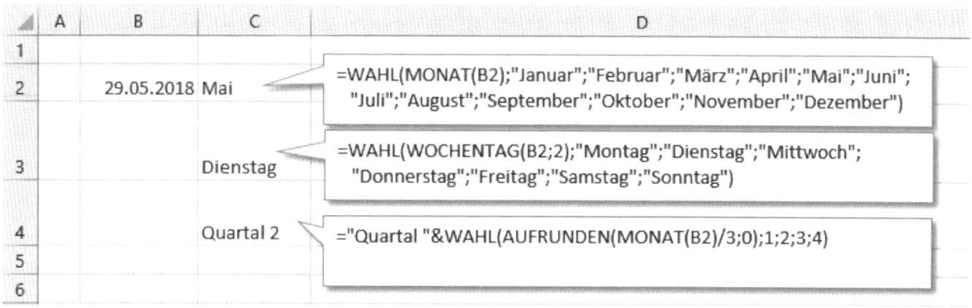

Abbildung 6.29: Die WAHL()-Funktion in der Praxis

6.7.1 Vielseitig kombinierbar mit Steuerelementen

Die Funktion WAHL() gehört zu den Matrixfunktionen, und als solche kann sie weit mehr als Datumswerte berechnen. Mit dem Einsatz von Bereichen als Argumente wird die Funktion besonders vielseitig. Der numerische Index wird dabei mithilfe von Datenüberprüfungslisten, ActiveX- oder Formularelementen erzeugt. Letztere eignen sich besonders gut als Indexgeber, weil sie über die Zellverknüpfung eine ganze Zahl generieren.

6.7.2 Beispiel: Auftragsliste nach Standort mit WAHL() und Power Query

Um eine Matrix zu spiegeln, brauchen Sie einen Index und mehrere Datenpools. Für den Index verwenden Sie ein Formularelement (Kombinationsfeld oder Drehfeld), die Datenpools sind Tabellen, in unserem Beispiel Projektlisten mit Projekten an drei verschiedenen Standorten. Diese Tabellen legen Sie an oder holen sie über Power Query aus externen Quellen. Das hat den Vorteil, dass Sie auch CSV-Dateien, Datenbankdaten oder Webdaten auswerten können. Das Ergebnis der Power-Query-Abfrage ist immer eine Tabelle. Unsere Tabellen heißen *tbl_Köln*, *tbl_Frankfurt* und *tbl_München*.

	A	B	C	D	E	F	G	H	I	J	K
1	Auftrag	Kunde	Ort		Auftrag	Kunde	Ort		Auftrag	Kunde	Ort
2	Neubau Messestand	Bergmann KG	Köln		Europrojekt Abgas N/W	VERTEX AG	Frankfurt		Einführung SAP	FormBau AG	München
3	Umrüstung Sage/KKH	Kitz GmbH	Köln		Lagerhalle West	RicoTec AG	Frankfurt		Einführung SAP	FormBau AG	München
4	Abgasmessung LKW-Flotte	Paulsen OHG	Köln		Europrojekt Abgas N/W	VERTEX AG	Frankfurt		Neubau Verwaltung	Bogenmüller GmbH	München
5	Online-Auftritt	Bergmann KG	Köln		Lagerhalle West	RicoTec AG	Frankfurt		Neustruktur Vertrieb	Otto Walter GmbH	München
6	Vetrieb Neustrukturierung	Kitz GmbH	Köln						Neubau Verwaltung	Bogenmüller GmbH	München
7	Waschstrasse	Paulsen OHG	Köln						Neustruktur Vertrieb	Otto Walter GmbH	München
8											

Abbildung 6.30: Drei Tabellen für WAHL() und Power Query

Die Namen der drei Standorte werden in einen Zellbereich $M$1:$M$3 geschrieben, die Namensliste bekommt den Bereichsnamen *Standorte*. Dieser Bereichsname bildet dann den Eingabebereich des Kombinationsfeldes unter *Bitte Standort wählen*. Gezeichnet wird das Formularelement über *Entwicklertools/Steuerelemente/Einfügen/Formularsteuerelemente*, mit der rechten Maustaste werden über *Steuerelement formatieren* der Eingabebereich und die Zellverknüpfung zugewiesen:

```
Eingabebereich: Standorte
Zellverknüpfung: $N$1
```

Der Bereichsname *Standort_Aktuell* bekommt jetzt die Aufgabe, den über das Formularelement gewählten Standort in einen virtuellen Bereichsnamen zu spiegeln. Dazu geben Sie die Tabellen als Argument Nr. 2 bis n an (der Zusatz [#Alle] sorgt dafür, dass auch die Kopfzeile mitgenommen wird:

Formeln/Definierte Namen/Namen definieren

```
Name: Standort_Aktuell
Bereich: Arbeitsmappe
Bezieht sich auf:
=WAHL($N$1;tbl_Köln[#Alle];tbl_Frankfurt[#Alle];tbl_München[#Alle])
```

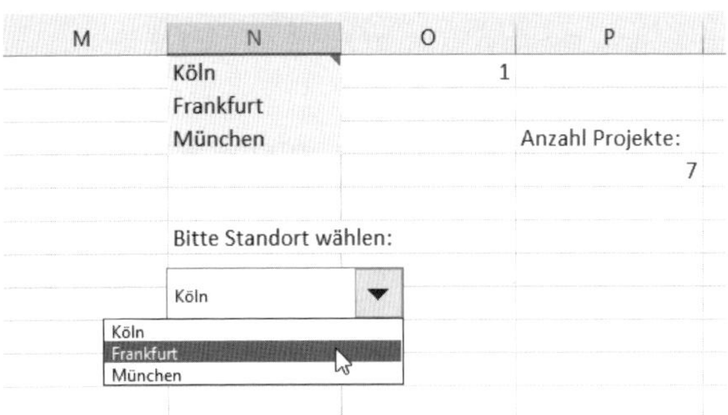

Abbildung 6.31: Standortauswahl per Kombinationsfeld

Die virtuelle Matrix kann jetzt bereits über Formeln und Funktionen ausgewertet oder in eine PivotTable überführt werden. Damit berechnen Sie z. B. die Anzahl der Projekte:

```
=ZEILEN(Standort_Aktuell)
```

Um die berechnete und gespiegelte Matrix abzubilden, erstellen Sie eine Power-Query-Abfrage auf eine der Quelltabellen und ändern den Quellbezug im Abfrage-Editor:

Setzen Sie den Zellzeiger in die erste Tabelle, und wählen Sie *Daten/Daten abrufen und Transformieren/Aus Tabelle/Bereich.*

Der Abfrage-Editor startet und präsentiert die Tabelle. Schalten Sie im Menü Ansicht die Bearbeitungsleiste ein, und markieren Sie im Schritte-Editor rechts den ersten Schritt Quelle bzw. Source. Damit zeigt die Formel in der Bearbeitungsleiste die Herkunft der Quelle an. Ändern Sie die Anweisung, und tragen Sie die virtuelle Matrix Standort_Aktuell anstelle des Tabellennamens ein. Wenn der Editor anschließend die Kopfzeile nicht mehr erkennt, wählen Sie *Start/Transformieren/Erste Zeile als Überschriften verwenden.*

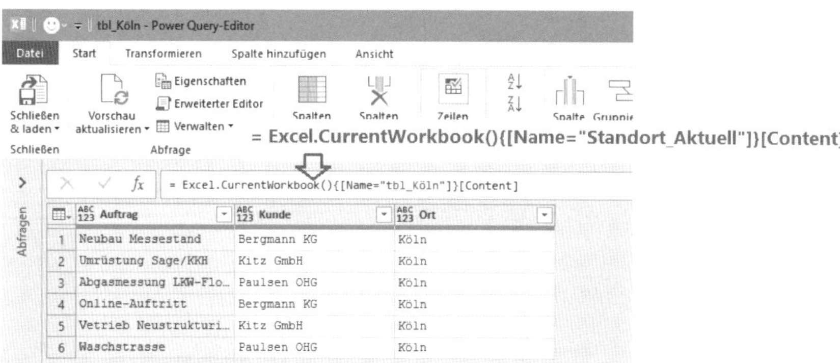

Abbildung 6.32: Power Query: virtuelle Matrix als Quelle angeben

Wählen Sie *Schließen/Schließen und Laden*, und generieren Sie eine neue Tabelle aus der Power-Query-Abfrage. Mit dem virtuellen Bereich, der über WAHL() programmiert wurde, enthält diese neue Tabelle immer die Daten aus dem gewählten Standort. Mit einem kleinen VBA-Makro stellen Sie sicher, dass die Tabelle automatisch aktualisiert wird, wenn sich die Standortauswahl ändert:

Klicken Sie mit der rechten Maustaste auf das Formularelement, um es zu bearbeiten. Tragen Sie in das Namensfeld den Namen *Standort_Auswahl* ein.

Holen Sie aus dem Kontextmenü der rechten Maustaste *Makro zuweisen*. Klicken Sie auf Neu und schreiben Sie diese Routine:

```
Sub Standort_Auswahl_BeiÄnderung()
  ActiveWorkbook.RefreshAll
End Sub
```

Achten Sie darauf, dass die Arbeitsmappe damit im Dateiformat XLSM (Excel-Makro-Arbeitsmappe) gespeichert werden muss. Jetzt können Sie den VBA-Editor schließen und in eine beliebige Zelle klicken. Mit der Standortauswahl wird die Abfrage automatisch neu berechnet.

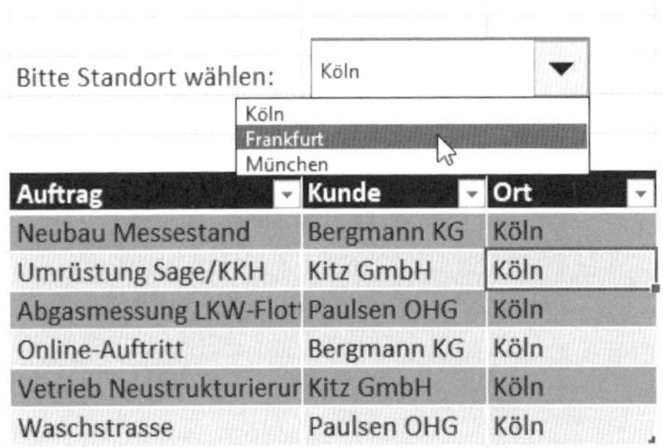

Abbildung 6.33: Die Power-Query-Abfrage liefert die Daten aus der gespiegelten Matrix.

6.8 Formatieren und Runden

TEXT formatiert eine Zahl und wandelt das Ergebnis in einen Text um. Geben Sie im zweiten Argument das Zahlenfomat an:

```
=TEXT(HEUTE();"TTTT, TT. MMMM JJJJ")
```

RUNDEN, FEST und DM runden nach einer beliebigen Anzahl Stellen auf oder ab. Ab 0,5 wird stets aufgerundet. Sie liefern das identische Ergebnis, außer dass FEST und DM Texte liefern. DM liefert zusätzlich das gemäß Ländereinstellung aktuell gültige Währungssymbol. Bei DM setzt die Multiplikation mit 1 voraus, dass das Währungssymbol mit einer Textfunktion abgeschnitten wurde. Die nicht dokumentierte Funktion USDOLLAR macht exakt dasselbe.

ABRUNDEN, KÜRZEN, UNTERGRENZE und GANZZAHL runden nach unten ab. Bei ABRUNDEN und KÜRZEN kann eine beliebige Anzahl Stellen vorgegeben werden. Enthält das Argument *Anzahl_Stellen* eine negative Zahl, kann auf volle Zehnerpotenzen (vor dem Komma) gerundet werden. Mit UNTERGRENZE kann man noch feiner justieren, da auf das nächstliegende Vielfache einer beliebig definierbaren Schrittweite abgerundet werden kann. GANZZAHL schneidet alle Nachkommastellen ab. Die gleiche Funktion mit zwei G, also GGANZAHL, führt die völlig banale Prüfung

```
=(A1>=B1)*1
```

durch. QUOTIENT ist keinen Deut nützlicher und liefert lediglich den ganzzahligen Teil einer Division, genau wie

```
GANZZAHL(Zahl1/Zahl2)
```

AUFRUNDEN und OBERGRENZE runden nach oben auf und funktionieren ansonsten wie ihre Pendants zum Abrunden.

VRUNDEN rundet auf das beliebige Vielfache einer Zahl auf oder ab und macht damit das Gleiche wie

```
=RUNDEN(Zahl/Vielfaches;0)*Vielfaches
```

VRUNDEN liefert stets entweder das Ergebnis von UNTERGRENZE, falls abgerundet wird, oder das von OBERGRENZE, falls aufgerundet wird.

GERADE und UNGERADE runden positive Zahlen auf die nächste gerade bzw. ungerade Zahl auf und im negativen Bereich ab.

ABS liefert den Absolutwert einer Zahl.

Wert	**Formel**	**Ergebnis**
2,336	`=TEXT(Wert;"#.##0,00")`	2,34
2,336	`=DM(Wert;2)`	2,34 €
2,336	`=FEST(Wert;2)`	2,34
2,336	`=ABRUNDEN(Wert;2)`	2,33
-2,336	`=ABS(Wert)`	2,336

Tabelle 6.6: Beispiele zu Rundungsfunktionen

Wert	Formel	Ergebnis
2,336	=AUFRUNDEN(Wert;2)	2,34
2,336	=GANZZAHL(Wert)	2
2,336	=GERADE(Wert)	4
2,336	=KÜRZEN(Wert;2)	2,33
2,336	=OBERGRENZE(Wert;0,05)	2,35
2,336	=VRUNDEN(Wert;0,05)	2,35
2,336	=RUNDEN(Wert;2)	2,34
2,336	=UNGERADE(Wert)	3
2,336	=UNTERGRENZE(Wert;0,05)	2,3
12345	=RUNDEN(Wert;-3)	12000

Tabelle 6.6: Beispiele zu Rundungsfunktionen (Forts.)

6.8.1 Praxis: Quartal berechnen mit AUFRUNDEN

Nutzen Sie die Funktion, um das Quartal aus einem Datumswert zu berechnen:

Schreiben Sie den 1.1.2021 in die Zelle A1. Ziehen Sie das Füllkästchen rechts unten am Zellzeiger mit der rechten Maustaste bis zur Zelle A12. Wählen Sie *Monate ausfüllen*. Schreiben Sie diese Formel in die Zelle B1, klicken Sie doppelt auf das Füllkästchen, um sie nach unten zu kopieren:

```
=AUFRUNDEN(MONAT(A1)/3;0)
```

6.8.2 Gerundete Werte summieren

Die Funktion RUNDEN() ist mit Vorsicht zu genießen, sie darf nicht zum Einsatz kommen, wenn die Werte in ihrer Genauigkeit weiterberechnet werden. Entscheiden Sie selbst, wann die Werte gerundet werden:

```
A1: 10,123456
A2: 10, 123456
```

`=SUMME($A$1:$A$2)` liefert das Ergebnis 20,24691, also 20,25, auf zwei Nachkommastellen gerundet. Wollen Sie die Werte bereits gerundet summieren, schreiben Sie:

```
=SUMME(RUNDEN($A$1:$A$2;2))
```

Drücken Sie zum Abschluss der Formel Strg+⇧+↵, dann wird das Ergebnis als Matrix berechnet.

6.9 Verweisfunktionen

Wer mit großen Datenmengen hantiert und verschiedene Datentabellen miteinander in Beziehung setzen muss, benutzt in der Regel eine Verweisfunktion. Ähnlich wie in der Datenbank verknüpft diese zwei Datenbestände über eine 1:n-Beziehung.

SVERWEIS sucht in der ersten linken Spalte eines Bereichs nach einem Suchkriterium und gibt vom ersten Treffer eine rechts benachbarte Zelle zurück.

WVERWEIS durchsucht die oberste Zeile eines Bereichs und gibt einen Wert zurück, der sich in derselben Spalte wie der Suchtreffer befindet.

In beiden Funktionen entscheidet ein weiteres Argument, ob eine genaue Übereinstimmung mit dem Suchkriterium erforderlich ist.

VERWEIS ist bei der Suchrichtung etwas flexibler. Die Funktion kann zeilen- oder spaltenweise suchen, je nach Vorgabe, die Suchspalte muss aber aufsteigend sortiert sein.

XVERWEIS ist flexibler als der SVERWEIS, die Funktion fordert eine Suchspalte, die nicht links im Suchbereich stehen muss, und eine Rückgabespalte an, die rechts und links von der Suchspalte stehen kann.

VERGLEICH durchsucht wahlweise eine Spalte oder eine Zeile und sucht nach Angabe in einem weiteren Argument entweder nach genauer Übereinstimmung oder dem nächstgelegenen Treffer. Das Ergebnis ist die Zeilen- oder Spaltennummer der Fundstelle.

XVERGLEICH sucht wie der VERGLEICH in einem Bereich, bietet aber eine Platzhaltersuche und eine Bewertung der Suchergebnisse an.

6.9.1 SVERWEIS

Sucht einen Schlüssel in der ersten Spalte eines Bereichs und liefert als Ergebnis eine bestimmte Spalte der Zeile, in der sich der Suchbegriff befindet.

```
=SVERWEIS(suchbegriff;suchmatrix;spaltenindex;bereichsverweis)
```

Das letzte Argument ist besonders wichtig, es bestimmt, ob das Suchergebnis eindeutig sein muss:

- WAHR oder leer: Sucht den nächstkleineren Wert. Die Liste muss dazu aufsteigend nach der Suchspalte sortiert sein.
- FALSCH oder 0: Sucht genau den Wert. Wird dieser nicht gefunden, ist das Ergebnis #NV!.

Warum eigentlich FALSCH oder 0 im letzten Argument? Die Frage lässt sich wieder mit Blick zurück beantworten: Bis Version 4.0 (bis 1994) gab es den SVERWEIS nur mit drei Argumenten, und demzufolge konnte auch nur in sortierten Bereichen gesucht werden. Bei Personalnummern, Abrechnungs- oder Buchungsnummern war ein Zahlendreher oder eine falsche Nummer natürlich fatal, der Verweis lieferte einfach den nächsten Wert (nach oben). Deshalb haben die Microsoft-Entwickler beschlossen, die Version 5 mit einem logischen Schalter, einem booleschen Argument, auszustatten, und da ein solcher digital immer mit WAHR bzw. -1 oder FALSCH bzw. 0 bezeichnet wird, haben wir einen SVERWEIS mit einem verwirrenden, aber sehr nützlichen Argument.

Wenn Sie den SVERWEIS noch benutzen und nicht bereits auf die wesentlich modernere Verknüpfungsart über Power Query umgestiegen sind (siehe unten), können Sie mit ein paar guten Tricks mehr herausholen:

Sie waren in diversen Ländern im Urlaub und haben sich dort auf eine Cognac-/Brandy-Marke eingeschossen. Ihr Weinhändler zu Hause hat Ihnen sein exzellentes Sortiment als Tabelle (*tbl_Cognac*) geschickt, und Sie interessieren sich für die Flaschenpreise (Spalte D) (Abb. 6.34).

Suchen Sie nach dem ersten Land, geben Sie die Tabelle als Matrix an:

```
F2: Spanien
F3: =SVERWEIS(F2;tbl_Cognac;2;FALSCH)
```

Ist der Cognac-/Brandy-Name nur noch bruchstückhaft präsent (»Der hieß irgendwas mit Alba«), dann sind die "*"-Platzhalter wieder einmal hilfreich. Starten Sie die Suche aber in Spalte 2:

```
F2: alba
F3: =SVERWEIS("*"&F2&"*";tbl_Cognac[[Marke]:[Inhalt]];2;FALSCH)
```

	A	B	C	D
1	Provenience	Marke	Inhalt	Preis
2	Spanien	103	0,7	9,99
3	Deutschland	Asbach Uralt	0,7	13,79
4	Spanien	Cardenal Mendoza Carta Real	0,7	59,99
5	Spanien	Carlos I	1	19,95
6	Spanien	Carlos II	1,2	21,99
7	Frankreich	Davidoff Extra 0,7 L	1	144,00
8	Spanien	grand Duc d'Alba	0,7	31,00
9	Frankreich	Hennessy Richard 0,7 L	1	1.249,00
10	Spanien	Lepanto	0,7	37,95
11	Griechenland	Metaxa V	0,8	19,95
12	Griechenland	Metaxa XII	1,5	57,99
13	Spanien	Osborne negro	0,7	19,99
14	Frankreich	Remy Martin	1	28,70
15	Italien	Vecchia Romagna Etichetta	0,7	16,95

Abbildung 6.34: Erlesene Brände als Tabelle

Der Spaltenindex war beim klassischen SVERWEIS immer schon das größte Risiko. Verschiebt sich die Spalte mit der Fundstelle, stimmt er einfach nicht mehr und passt sich auch nicht an. Dabei ist es ganz einfach: Suchen Sie einfach per VERGLEICH in der Kopfzeile nach dem Spaltennamen. Dann kann dieser stehen, wo er will:

```
=VERGLEICH("Provenience";tbl_Cognac[#Kopfzeilen];0)
```

Und alles zusammen:

```
=SVERWEIS("*"&F2&"*";tbl_Cognac[[Marke]:[Inhalt]];VERGLEICH("Provenience";tbl_
Cognac[#Kopfzeilen];0);FALSCH)
```

=SVERWEIS("*"&F2&"*";tbl_Cognac[[Marke]:[Inhalt]];VERGLEICH("Provenience";tbl_Cognac[#Kopfzeilen];0);FALSCH)

	D	E	F	G	H	I	J
	Preis		Suche:				
0,7	9,99		alba				
0,7	13,79		grand Duc d'Alba				
0,7	59,99						
1	19,95						

Abbildung 6.35: Wenn SVERWEIS, dann mit sicherem Spaltenindex

Da der SVERWEIS nicht nach links suchen kann, wurde er früher durch eine Kombination aus INDEX und VERGLEICH ersetzt:

```
F3: =INDEX(tbl_Cognac[Provenience];VERGLEICH("*"&F2&"*";tbl_Cognac[Marke];0))
```

Dafür gibt es in Microsoft 365 aber den XVERWEIS.

6.9.2 XVERWEIS

Diese Funktion bietet Excel ab 2019 nur in Microsoft 365 an. Hier die Syntax:

```
=XVERWEIS(Kriterium;Suchmatrix;Rückgabematrix;
[wenn nicht gefunden];[Vergleichsmodus];[Suchmodus])
```

- *Kriterium* ist der Text bzw. der Wert, den Sie suchen
- *Suchmatrix* ist der Zellbereich, in dem Excel nach dem Kriterium suchen soll
- *Rückgabematrix* ist der Zellbereich, aus dem die Ergebnisse des Suchvorgangs stammen

Diese Parameter sind immer erforderlich. Die restlichen sind optional.

- [wenn nicht gefunden] ist ein Text oder ein Zahlenwert, den die Funktion liefert, wenn keine Übereinstimmung gefunden wird. Standardmäßig liefert XVERWEIS in diesem Fall den Fehlerwert #NV.
- [Vergleichsmodus] bestimmt die Art der Suche. Standardmäßig sucht XVERWEIS mit 1 nach einer exakten Übereinstimmung (-1 = nächstkleineres Element, 2 = Platzhaltersuche).
- [Suchmodus] beeinflusst die Suchrichtung. Standardmäßig sucht XVERWEIS vom ersten bis zum letzten Eintrag in der Suchmatrix. Die Funktion bietet aber auch folgende Möglichkeiten:
  1 vom ersten bis zum letzten Element suchen
  -1 vom letzten bis zum ersten Element suchen
  2 Binärsuche in aufsteigender Reihenfolge
  -2 Binärsuche in absteigender Reihenfolge

Im Unterschied zum SVERWEIS geben Sie den Bereich, aus dem die Ergebniswerte stammen sollen, als Zellbezug ein und nicht etwa als Spaltenindex. Excel passt diesen Zellbezug automatisch an, wenn Sie später z. B. eine Spalte in die Suchliste einfügen. In einer SVERWEIS-Formel müssten Sie selbst dafür sorgen, dass der Spaltenindex auf den korrekten Bereich verweist.

Mit XVERWEIS können Sie auch waagerecht suchen. Dafür müssen Such- und Rückgabematrix nur eine entsprechende Orientierung aufweisen. Somit ist XVERWEIS eine Alternative zum SVERWEIS und zum WVERWEIS.

Unser Beispiel: Suchen Sie in der Adressliste nach dem Nachnamen »Schmid« in der Nachnamenspalte (A), und liefern Sie den Wohnort (Spalte E) ab:

```
B3: Schmid
B4: =XVERWEIS(B3;tbl_Personal[Nachname];tbl_Personal[Ort])
```

Oder umgekehrt: Gesucht wird der Ort, Lieferung Nachname:

```
E3: Belingen
E4: =XVERWEIS(E3;tbl_Personal[Ort];tbl_Personal[Nachname])
```

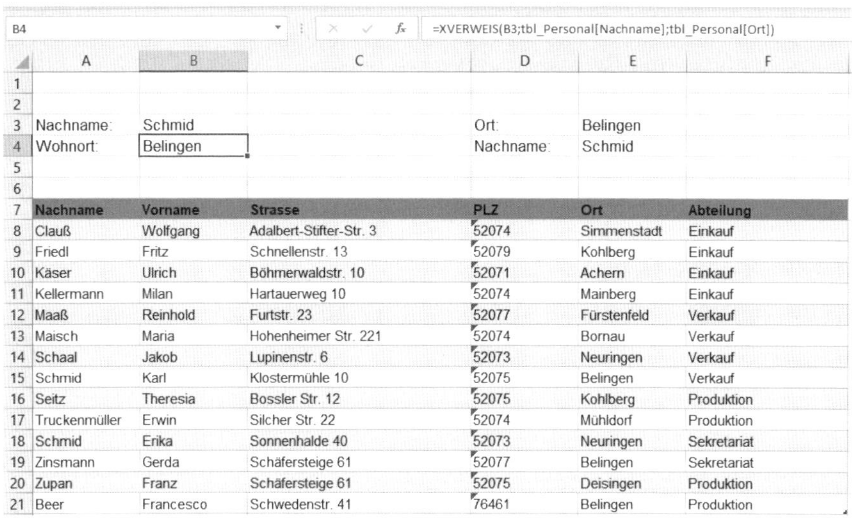

B4 | =XVERWEIS(B3;tbl_Personal[Nachname];tbl_Personal[Ort])

	A	B	C	D	E	F
1						
2						
3	Nachname:	Schmid		Ort:	Belingen	
4	Wohnort:	Belingen		Nachname:	Schmid	
5						
6						
7	Nachname	Vorname	Strasse	PLZ	Ort	Abteilung
8	Clauß	Wolfgang	Adalbert-Stifter-Str. 3	52074	Simmenstadt	Einkauf
9	Friedl	Fritz	Schnellenstr. 13	52079	Kohlberg	Einkauf
10	Käser	Ulrich	Böhmerwaldstr. 10	52071	Achern	Einkauf
11	Kellermann	Milan	Hartauerweg 10	52074	Mainberg	Einkauf
12	Maaß	Reinhold	Furtstr. 23	52077	Fürstenfeld	Verkauf
13	Maisch	Maria	Hohenheimer Str. 221	52074	Bornau	Verkauf
14	Schaal	Jakob	Lupinenstr. 6	52073	Neuringen	Verkauf
15	Schmid	Karl	Klostermühle 10	52075	Belingen	Verkauf
16	Seitz	Theresia	Bossler Str. 12	52075	Kohlberg	Produktion
17	Truckenmüller	Erwin	Silcher Str. 22	52074	Mühldorf	Produktion
18	Schmid	Erika	Sonnenhalde 40	52073	Neuringen	Sekretariat
19	Zinsmann	Gerda	Schäfersteige 61	52077	Belingen	Sekretariat
20	Zupan	Franz	Schäfersteige 61	52075	Deisingen	Produktion
21	Beer	Francesco	Schwedenstr. 41	76461	Belingen	Produktion

Abbildung 6.36: Flexible Suche in alle Richtungen mit XVERWEIS

Dass die beiden Bereiche für Suche und Rückgabe dieselbe Höhe haben müssen, versteht sich von selbst. Wenn Sie wie im Beispiel mit Tabellen arbeiten, kommen Sie gar nicht in Versuchung, hier einen Fehler zu machen.

Der XVERWEIS liefert nicht nur eine Fundstelle, er kann sogar den ganzen Datensatz, in unserem Beispiel die komplette Adresse, als dynamisches Array ausgeben. Dazu wird im dritten Argument die ganze Tabelle oder ein Bereich daraus angegeben:

```
I3: Schmid
I4: =XVERWEIS(I3;tbl_Personal[Nachname];tbl_Personal)
```

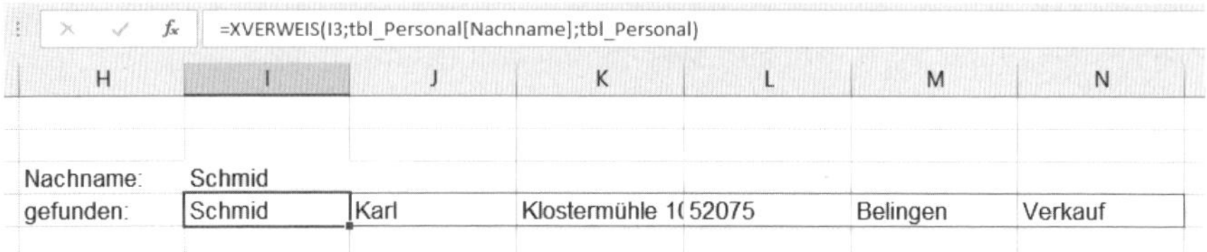

Abbildung 6.37: Suchergebnis ganze Adresse mit dynamischen Arrays

Die ungefähre Suche bietet nicht nur die Möglichkeit, einen Wert in der Nähe der Fundstelle auszugeben, Sie können auch eine Meldung absetzen, wenn der XVERWEIS gar nichts findet - hier am Beispiel einer Portotabelle (*tbl_Porto*), die in der ersten Spalte das Gewicht der Pakete und in der zweiten Spalte das Porto anbietet. Der XVERWEIS sucht nach einem Gewicht und liefert das passende Porto, vorausgesetzt, er findet ein ähnliches, leichteres Gewicht. Falls nicht, wird die Meldung *Kein Porto gefunden* ausgegeben.

```
=XVERWEIS(B3;tbl_Porto[Gewicht bis];tbl_Porto[Porto];"Kein Porto gefunden";1)
```

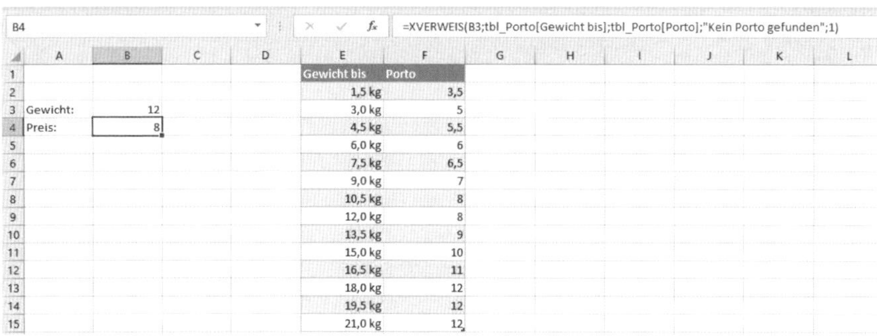

Abbildung 6.38: Ungefähre Übereinstimmung oder Meldung

6.9.3 Power Query statt SVERWEIS

Keine Funktion (außer der SUMME) ist in Excel-Kalkulationen so oft vertreten wie der SVERWEIS. Für viele Anwender ist er das einzige Werkzeug, das eine relationale Verknüpfung zwischen zwei Datenmengen ermöglicht, obwohl das eigentlich die Aufgabe für eine relationale Datenbank wie Access oder SQL Server wäre. Aber die Aufgabenstellung rechtfertigt meist nicht den Aufwand für eine Datenbankinstallation. Und außerdem - Excel ist flexibler als Access.

Lassen Sie uns diese (falsche!) Aussage als Basis nehmen, um den SVERWEIS zu beerdigen. Sie haben richtig gelesen, es gibt mittlerweile eine Alternative zum SVERWEIS, die nicht nur flexibler, sondern auch wesentlich sicherer ist. Und diese Alternative heißt Power Query.

Nehmen wir ein einfaches Szenario als Beispiel: Ihr ERP-System liefert die aktuellen Personalzahlen des Unternehmens auf Knopfdruck. Die Liste wird aus Datenschutzgründen nur mit Personalnummer und Abteilung täglich in eine Excel-Mappe exportiert. Was das System nicht liefert, ist die Zuordnung der Abteilung zu einer Kostenstelle, aber dafür gibt es eine weitere Liste. Mit einem SVERWEIS verknüpfen Sie bisher die beiden Listen, um zu ermitteln, wie viele Mitarbeiter sich auf die einzelnen Kostenstellen verteilen.

C2 =SVERWEIS(B2;$E$1:$F$9;2;FALSCH)

	A	B	C	D	E	F	G	H
1	**PersNr**	**Abteilung**	**KS**		Abteilung	Kostenstelle		
2	00001200	Einkauf	10-1010		Einkauf	10-1010		
3	00001201	Entwicklung	10-1020		Entwicklung	10-1020		
4	00001202	Verkauf	10-1030		Verkauf	10-1030		
5	00001203	Entwicklung	10-1020		Produktion	10-1040		
6	00001204	Produktion	10-1040		Marketing	10-1050		
7	00001205	Produktion	10-1040		Reklamation	10-1060		
8	00001206	Produktion	10-1040		Service	10-1070		
9	00001207	Marketing	10-1050		Controlling	10-1080		
10	00001208	Reklamation	10-1060					
11	00001209	Service	10-1070					
12	00001210	Marketing	10-1050					
13	00001211	Produktion	10-1040					
14	00001212	Produktion	10-1040					
15	00001213	Reklamation	10-1060					
16	00001214	Produktion	10-1040					
17	00001215	Produktion	10-1040					
18	00001216	Controlling	10-1080					
19	00001217	Produktion	10-1040					
20	00001220	Verkauf	10-1030					
21	00001221	Service	10-1070					
22	00001223	Verkauf	10-1030					
23	00001224	Controlling	10-1080					

Abbildung 6.39: Die alte Technik: zwei Listen, ein statischer SVERWEIS

Diese Verknüpfung ist nicht mehr zeitgemäß. Neue Daten lassen sich nur mit Copy & Paste in die Auswertung holen, und bei Änderungen in einer der Listen müssen die Formeln nachgebessert werden. Lösen Sie die Aufgabe zukünftig mit Power Query:

Löschen Sie die Spalte mit dem SVERWEIS, speichern Sie die Personalliste als Mappe.

Pers.xlsx

	A	B
1	**PersNr**	**Abteilung**
2	00001200	Einkauf
3	00001201	Entwicklung
4	00001202	Verkauf
5	00001203	Entwicklung
6	00001204	Produktion
7	00001205	Produktion
8	00001206	Produktion

Legen Sie die Kostenstellenliste ebenfalls als Datei an.

Kostenstellen.xlsx

D	E
Abteilung	Kostenstelle
Einkauf	10-1010
Entwicklung	10-1020
Verkauf	10-1030
Produktion	10-1040
Marketing	10-1050
Reklamation	10-1060

Starten Sie in einer neuen Mappe eine Power-Query-Abfrage.

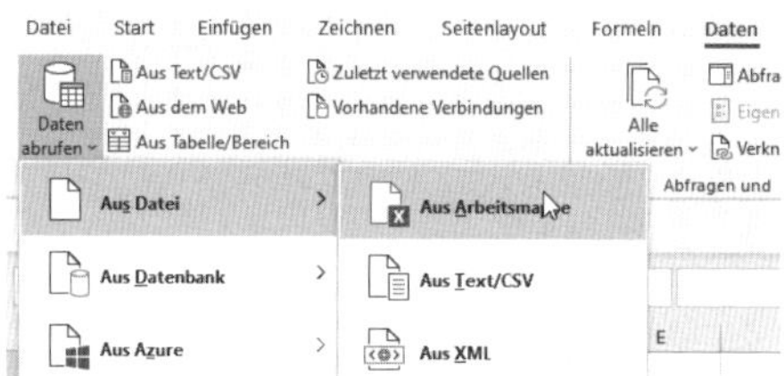

Markieren Sie die Datenquelle und wählen Sie *Daten transformieren.*

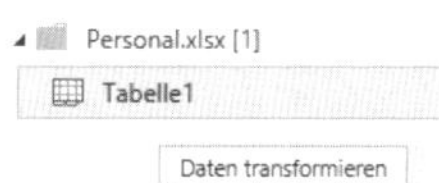

Geben Sie der Abfrage den Namen *Personal*, und passen Sie die Feldtypen der einzelnen Spalten an.

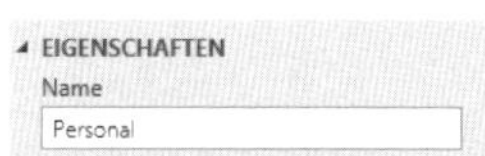

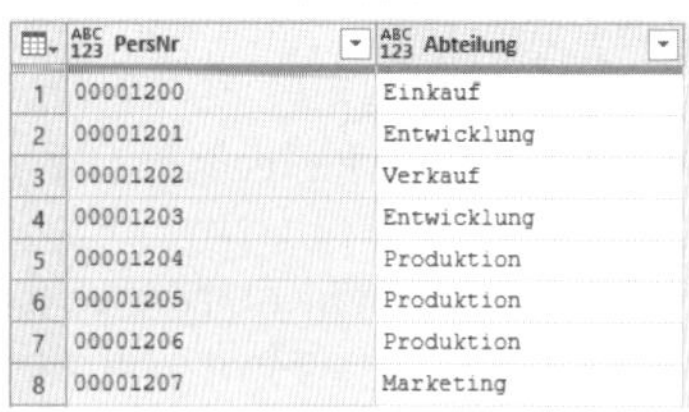

	PersNr	Abteilung
1	00001200	Einkauf
2	00001201	Entwicklung
3	00001202	Verkauf
4	00001203	Entwicklung
5	00001204	Produktion
6	00001205	Produktion
7	00001206	Produktion
8	00001207	Marketing

Die zweite Liste holen Sie über *Start/ Neue Abfrage/Neue Quelle*. Suchen Sie die Datei *Kostenstelle.xlsx.*

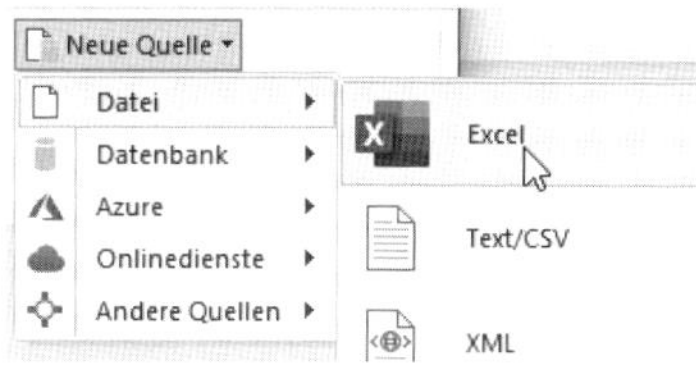

Markieren Sie wieder die Liste, und holen Sie die Daten mit *OK* in den Power-Query-Editor.

Geben Sie der Abfrage den Namen *Kostenstellen*, und überprüfen Sie die Datentypen der einzelnen Spalten.

Wechseln Sie zur Abfrage *Personal*, wählen Sie *Start/Kombinieren/Abfragen zusammenführen* und führen Sie die beiden Abfragen als neue Abfrage zusammen.

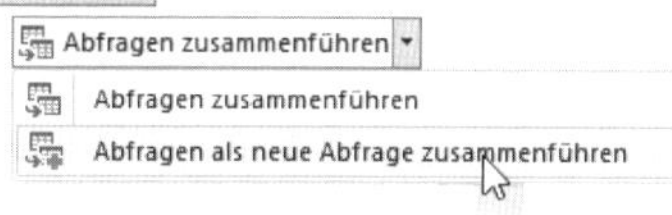

Holen Sie die zweite Abfrage in die Liste unterhalb der ersten Abfrage. Markieren Sie in beiden Abfragen die Spalte *Abteilung*.

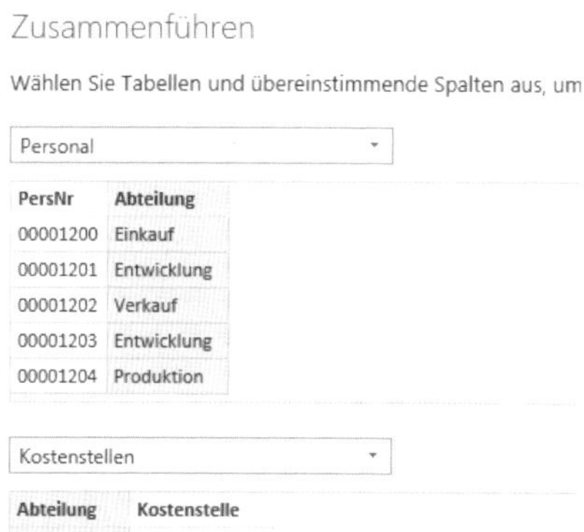

Bestätigen Sie die Join-Art *Linker äußerer Join*. Sie stellt sicher, dass alle Personaldaten erhalten bleiben und nur bei Übereinstimmung die Kostenstelle gelistet wird.

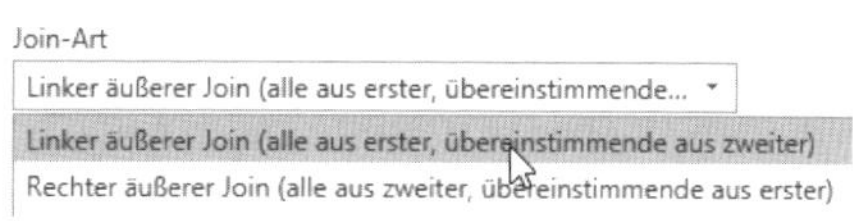

Klicken Sie auf das Doppelpfeilsymbol der neuen Spalte und kreuzen Sie die Spalte *Kostenstelle* an. Bestätigen Sie mit *OK* ...

... und die Verknüpfung ist perfekt.

	PersNr	Abteilung	Kostenstelle
1	00001200	Einkauf	10-1010
2	00001201	Entwicklung	10-1020
3	00001203	Entwicklung	10-1020
4	00001202	Verkauf	10-1030
5	00001204	Produktion	10-1040
6	00001205	Produktion	10-1040
7	00001206	Produktion	10-1040

Geben Sie der neuen Abfrage einen passenden Namen. Mit *Start/Schließen und laden* holen Sie das Ergebnis in ein neues Tabellenblatt oder (mit *Laden in*) in das aktive Blatt.

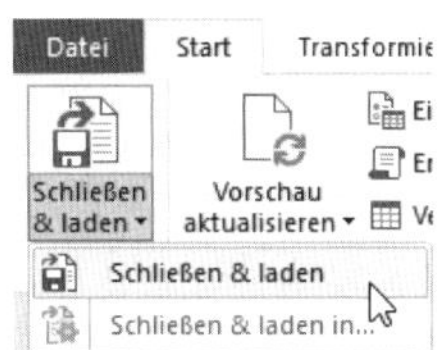

Und das ist das Ergebnis: eine dynamische Abfrage, die mit der Aktualisierung alle Verbindungen herstellt.

Über die Eigenschaften der Abfrage können Sie die Aktualisierung sogar über ein Zeitintervall automatisieren.

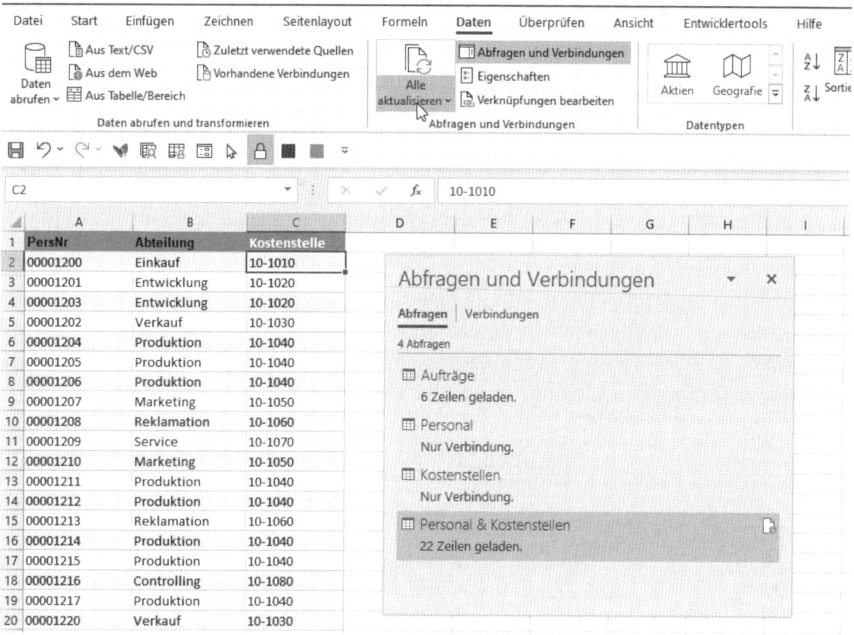

Abbildung 6.40: Besser als SVERWEIS: Power Query

6.10 Bereichsrückgabefunktionen

Die Funktionen dieser Gruppe sind 100 % Excel-spezifisch. Zeilen, Spalten und Zellen beschreiben Excel-Bereiche bzw. -Tabellen, die sozusagen das lebensnotwendige Skelett einer jeden Excel-Anwendung darstellen.

Mit den Funktionen `BEREICH.VERSCHIEBEN(Bezug;Zeilen;Spalten; Höhe;Breite)`, `INDEX (Bezug;Zeile;Spalte)` und `INDIREKT(Bezug)` werden Excel-Bereiche definiert und verändert. Die ersten beiden können aus einem vorgegebenen Ausgangsbereich eine ganze Spalte, Zeile oder einzelne Zelle zur weiteren Verarbeitung herauspicken. Nur bei INDEX kann anstelle des Bereichs auch eine Matrix(-konstante) vorgegeben werden. Mit BEREICH.VERSCHIEBEN können Bereiche sogar völlig neu dimensioniert und verschoben werden. INDIREKT wandelt eine Bereichsangabe im Textformat in einen Bereich um. Dabei kann der Bereich (Bezug) direkt als Text oder aber auch als Bezug auf eine Zelle, die den Bereich in Textform enthält, angegeben werden. Die

Bereichsangabe kann auch auf eine nicht aktive Tabelle und sogar auf eine andere Arbeitsmappe verweisen, die aber geöffnet sein muss, um ein Ergebnis zu erhalten.

MTRANS transponiert einen Bereich oder eine Matrix, macht also aus Spalten Zeilen und aus Zeilen Spalten. Die Funktionen ZEILE und SPALTE liefern die fortlaufende Ganzzahl der Zeile bzw. Spalte des angegebenen Bezugs. Enthält der angegebene Bezug mehrere Zeilen oder Spalten, lassen sich flexibel einsetzbare Zahlenfolgen erzeugen, worauf im Laufe dieses Buches noch sehr ausführlich eingegangen wird. ZEILEN und SPALTEN geben die Anzahl der Zeilen und Spalten des angegebenen Bereichs zurück.

ADRESSE gibt aus der Angabe von Zeilen- und Spaltennummer eine Zelladresse im Textformat aus. Da INDIREKT eine solche Zelladresse in Textform erwartet, können diese beiden Funktionen gut miteinander kombiniert werden. Die Funktion BEREICHE zählt die innerhalb eines Bezugs aufgeführten Bereiche.

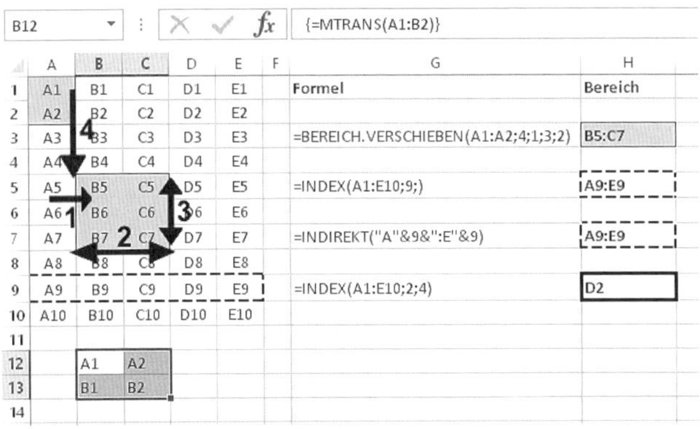

Abbildung 6.41: Bereichsrückgabefunktionen

Formel	**Ergebnis**
=ZEILE(A3)	3
=SPALTE(B3)	2
=ZEILEN(A1:E10)	10
=SPALTEN(A1:E10)	5
=BEREICHE((A1:B2;C5:D6))	2
=ADRESSE(20;30)	$AD$20

Tabelle 6.7: Beispiele zu den Bereichsrückgabefunktionen

6.10.1 Indirekter Zellbezug

Wenn Sie den Inhalt einer Zelle als Bezug in einer Formel verwenden möchten, verwenden Sie INDIREKT. Beispiel: Die Tabellenblätter *Jan* und *Feb* enthalten jeweils in B3 einen Wert. In *Jan* steht 12345, in Feb 10220. Geben Sie im Tabellenblatt *Auswertung* in der Zelle B1 die Verknüpfung zu *Jan* ein:

```
=Jan!B3
```

Um die Formel wahlweise auf *Jan* oder *Feb* zu beziehen, schreiben Sie diese Funktion:

```
A1: Jan
B1: =INDIREKT(A1&"!B3")
```

Ändern Sie A1 von *Jan* auf *Feb*, erhalten Sie den Wert aus diesem Blatt.

6.11 Mathematik allgemein

Diese Funktionen gehören auch auf jeden handelsüblichen Taschenrechner.

EXP liefert eine Potenz der eulerschen Zahl $e = 2{,}718$, und LN kehrt diese Berechnung um, indem sie den natürlichen Logarithmus zur Basis e liefert. LOG10 liefert den Logarithmus einer Zahl zur Basis 10 und LOG zu einer beliebigen Basis. Auch die Funktionen POTENZ, PRODUKT, SUMME und WURZEL können kaum verbergen, was sie im Schilde führen.

Formel	**Ergebnis**
`=EXP(1)`	2,71828183
`=EXP(2)`	7,3890561
`=LN(EXP(2))`	2
`=LOG10(100)`	2
`=LOG(3^5;3)`	5
`=POTENZ(3;4)`	81
`=PRODUKT(2;3;4)`	24
`=SUMME(2;3;4)`	9
`=WURZEL(2)`	1,41421356

Tabelle 6.8: Beispiele zu mathematischen Funktionen

Ein besonderes Augenmerk verdient die Funktion REST, die den Rest einer Division zurückgibt.

`=REST(5;3)=2` denn 5/3 = 1 + 2/3
`=REST(26;7)=5` denn 26/7 = 3 + 5/7

Das scheint auf den ersten Blick nichts Besonderes zu sein, doch diese Funktion ist sehr nützlich. Mit dem Divisor 7 ersetzt sie beispielsweise die Funktion WOCHENTAG vollständig, denn es gilt

```
=REST(Datum-2;7)+1 = WOCHENTAG(Datum;2)
```

Beides nummeriert die Wochentage von Montag bis Sonntag von 1 bis 7 durch. Aber das ist nur eine von vielen Facetten dieses Allrounders.

GGT und KGV sind zwei leistungsstarke Funktionen (ehemalige Add-ins), die man bis Excel 2003 nur sehr mühsam und eingeschränkt mit Standardfunktionen nachbauen konnte. Sie ermitteln die größten gemeinsamen Teiler bzw. kleinsten gemeinsamen Vielfache von bis zu 255 Zahlen zurück.

```
=KGV(2;4;8;12;16) = 48
=GGT(51;85;136)=17
```

6.12 Lageparameter

Damit kommen wir zu den ersten statistischen Funktionen, die aber kein Hexenwerk irgendwelcher Spezialisten sind, sondern auch von Otto Normalverbraucher verwendet werden können. Unter Lageparametern versteht man einfach zu verstehende und in der Regel vertraute statistische Kennzahlen, von denen Excel folgende zur Berechnung anbietet:

MAX liefert den größten Wert einer Datenreihe, MIN den kleinsten. Wenn Sie auch der zweitgrößte oder zweitkleinste Wert interessiert, nehmen Sie die Funktionen `KGRÖSSTE(Matrix;k)` bzw. `KKLEINSTE(Matrix;k)`. Die Funktion `RANG(Zahl;Bezug;Reihenfolge)` stellt die Umkehrfunktion dieser Funktionen dar. Bei ihr geben Sie einen Wert der Datenreihe vor. Sie berechnet dann, der wievieltgrößte oder -kleinste er in dieser Datenreihe ist.

Wenn anstelle des absoluten Rangs der relative RANG gewünscht ist, erledigt dies die Funktion QUANTILSRANG, die den Rang der gesuchten Zahl in das Verhältnis zur Anzahl aller Werte stellt. Wie genau sie rechnet, veranschaulicht folgende Gleichung:

```
=QUANTILSRANG(Werte;x)=(RANG(x;Werte;1)-1)/(ANZAHL(Werte)-1)
```

Auch QUANTILSRANG hat eine Umkehrfunktion namens QUANTIL, die quasi wie KKLEINSTE funktioniert, mit dem Unterschied, dass sie anstelle eines Absolutwerts *k* eine Prozentzahl *alpha* erwartet. Die Umkehrung beider Funktionen erhält man mit:

```
=QUANTIL(Werte;QUANTILSRANG(Werte;X;15))=X
```

Der MEDIAN berechnet die Zahl, die in der Mitte aller Werte der Datenreihe liegt. Das heißt, die eine Hälfte der Werte ist kleiner als der Median, und die andere Hälfte der Werte ist größer. Bei einer geraden Anzahl der Werte innerhalb der Datenreihe errechnet er sich aus dem arithmetischen Mittel der beiden Werte, die am nächsten in der Mitte liegen. Die Funktion QUARTILE teilt die beiden durch den Median geteilten Hälften in zwei weitere Hälften, sodass es drei Quartile (unteres, mittleres und oberes) gibt. Die Funktion liefert zwar fünf Werte, doch der erste und fünfte Wert sind überflüssig, denn die entsprechen dem Minimum bzw. dem Maximum.

Zwischen Quartilen und Quantilen besteht der Zusammenhang:

```
=QUARTILE(A2:A22;0)=MIN(A2:A22)
=QUARTILE(Werte;1)=QUANTIL(Werte;25%)
=QUARTILE(Werte;2)=QUANTIL(Werte;50%)
=QUARTILE(Werte;3)=QUANTIL(Werte;75%)
=QUARTILE(A2:A22;4)=MAX(A2:A22)
```

Der MODALWERT liefert den häufigsten Wert einer Datenreihe. Wenn jeder Wert einmalig ist, liefert er eine Fehlermeldung.

Darüber hinaus gibt es eine Reihe von Durchschnittsfunktionen. MITTELWERT liefert das arithmetische Mittel, das man auch mit

```
=SUMME(Werte)/ ANZAHL(Werte)
```

darlegen könnte.

GEOMITTEL liefert das geometrische Mittel mit dem Pendant

```
=PRODUKT(Werte)^(1/ANZAHL(Werte))
```

und HARMITTEL das harmonische Mittel einer Datenreihe, die gleichfalls der Logik

```
{=1/(SUMME(1/Werte)/ANZAHL(Werte))}
```

folgt.

GESTUTZMITTEL liefert das arithmetische Mittel einer Datenreihe, bei der Ausreißer an den Rändern unberücksichtigt bleiben.

Die Funktionen MITTELWERT, MIN und MAX gibt es in einer zweiten Ausführung, bei der dem Funktionsnamen A angehängt wird, also MITTELWERTA, MINA und MAXA. Diese Funktionen unterscheiden sich dadurch, dass Texte und Wahrheitswerte anders interpretiert werden. In der Standardform werden Texte und Wahrheitswerte ignoriert. Mit dem A-Anhang wird WAHR als 1 und FALSCH und Text als 0 interpretiert.

E17 | fx | {=QUARTILE(A2:A22;{1.2.3.4})}

	A	B	C	D	E	F	G	H
1	Werte	sortiert						
2	10,449	2,490						
3	10,149	2,795						
4	8,520	2,916						
5	2,916	2,964						
6	11,991	3,809						
7	2,490	4,282						
8	9,666	4,559						
9	4,282	4,969						
10	7,359	5,220						
11	3,809	7,359						
12	7,994	7,994						
13	8,641	8,520		Lageparameter:				
14	9,195	8,641		MAX	11,991		MIN	2,490
15	5,220	8,798		MITTTELWERT	7,028		ANZAHL	21
16	2,964	9,195		MEDIAN	7,994		MODALWERT	#NV
17	4,969	9,666		QUARTILE	4,282	7,9937	9,6662	11,991
18	8,798	10,149		KKLEINSTE(2)	2,795		KGRÖSSTE(2)	10,631
19	10,631	10,188		RANG(2,7952)	20		RANG(10,6314)	2
20	2,795	10,449		GEOMITTEL	6,264		HARMITTEL	5,472
21	4,559	10,631					GESTUTZMITTEL(10%)	7,005
22	10,188	11,991					GESTUTZMITTEL(0%)	7,028
23								

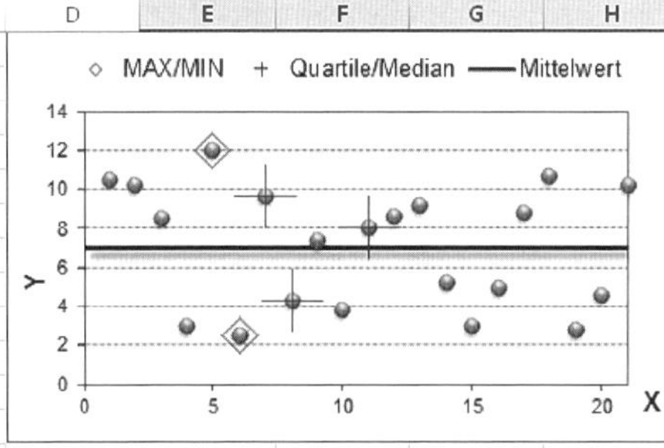

Abbildung 6.42: Lageparameter

6.13 Streuungsmaße

Lageparameter reichen oft nicht aus, um Merkmale einer Datenreihe befriedigend zu beschreiben. Angenommen, Sie haben ein Steak gegrillt, das auf der einen Seite noch roh und blutig, aber auf der anderen Seite total verkohlt ist. Im Durchschnitt ist es gut durch, aber es schmeckt garantiert scheußlich. Zwei Datenreihen können gleiche Extrempunkte oder Mittelwerte haben, aber trotzdem eine völlig unterschiedliche Streuung aufweisen, die mithilfe von Streuungsparametern bestimmt wird.

Die Funktion `HÄUFIGKEIT(Daten;Klassen)` teilt die Werte der Datenreihe in Intervalle bzw. Häufigkeitsklassen ein. Das Array `{6.9}` im Argument *Klasse* teilt die Datenreihe in drei Klassen auf. Die erste Klasse enthält die Werte <=6, die zweite Klasse enthält alle Werte >6 und <=9, und die dritte Klasse enthält die übrigen Werte >9. Als Ergebnis liefert die Funktion die Häufigkeit der Werte in den drei Klassen.

Streuungsmaße messen durchschnittliche Abweichungen der Werte einer Datenreihe von ihrem Mittelwert. Um zu verhindern, dass sich positive und negative Abweichungen neutralisieren, hat man zwei Möglichkeiten. Entweder man betrachtet nur die Absolutwerte der Abweichungen (so macht es die Funktion MITTELABW zur Berechnung der mittleren, absoluten Abweichung), oder man quadriert die Abweichungen. Nach diesem Prinzip werden die Varianz und die Standardabweichung, die die Wurzel der Varianz ist, berechnet.

Varianz=`SUMME((Werte-MITTELWERT(Werte))^2)/ANZAHL(Werte)`

Die Berechnung der Varianz gibt es in den Alternativen VARIANZEN, VARIANZENA, VARIANZ und VARIANZA. Die ersten beiden gehen davon aus, dass die Datenreihe aus einer vollständigen Grundgesamtheit besteht. Die letzten beiden unterstellen, dass die beobachteten Werte lediglich eine Stichprobe der Grundgesamtheit darstellen. Die Alternativen mit der A-Erweiterung interpretieren WAHR als 1 und FALSCH und Text als 0.

Multipliziert man die Varianz mit der Anzahl der Werte der Datenreihe, erhält man die Summe der quadrierten Abweichungen. Den gleichen Zweck erfüllt die Funktion SUMQUADABW.

Zieht man von allen vier Varianzfunktionen die Quadratwurzel ab, erhält man ihre Pendants zur Berechnung der Standardabweichung STABWN, STABWNA, STABW und STABWA.

KOVAR berechnet die Varianz von zwei zueinander in Beziehung gesetzten Datenreihen und wird beispielsweise in der Kapitalmarkttheorie (Capital Asset Pricing Model) benötigt. Rechnerisch entspricht `KOVAR(DatA;DatB)` dem Ergebnis aus

```
{=MITTELWERT((DatA-MITTELWERT(DatA))*(DatB-MITTELWERT(DatB)))}
```

Die folgende Abb. 6.43 vergleicht Datenreihen mit gleichem arithmetischen Mittel, aber unterschiedlichen Streuungen. Wie zu sehen ist, sind die Streuungsmaße der Wertereihe B kleiner, da ihre Werte näher am arithmetischen Mittelwert liegen.

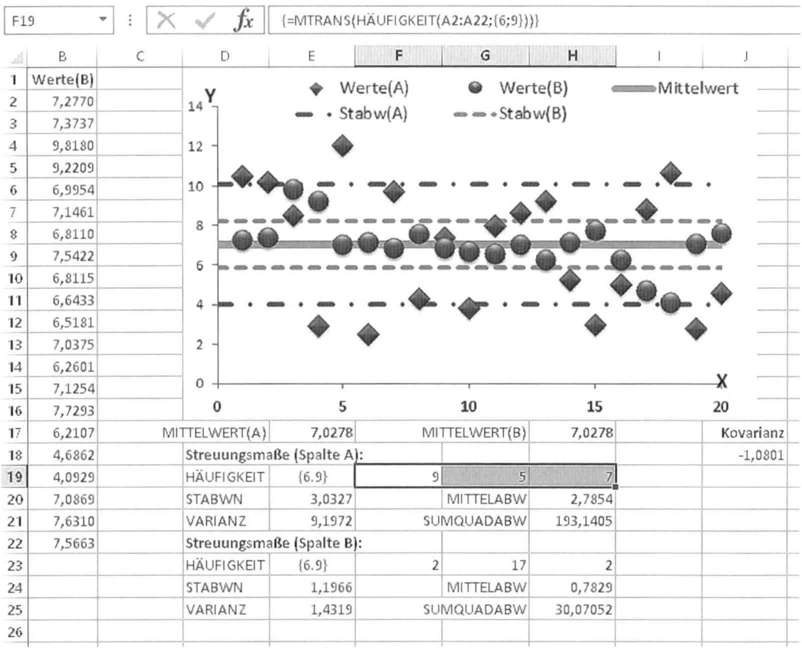

	B	C	D	E	F	G	H	I	J
1	Werte(B)								
2	7,2770								
3	7,3737								
4	9,8180								
5	9,2209								
6	6,9954								
7	7,1461								
8	6,8110								
9	7,5422								
10	6,8115								
11	6,6433								
12	6,5181								
13	7,0375								
14	6,2601								
15	7,1254								
16	7,7293								
17	6,2107		MITTELWERT(A)	7,0278		MITTELWERT(B)	7,0278		Kovarianz
18	4,6862		Streuungsmaße (Spalte A):						-1,0801
19	4,0929		HÄUFIGKEIT	{6.9}	9	5	7		
20	7,0869		STABWN	3,0327		MITTELABW	2,7854		
21	7,6310		VARIANZ	9,1972		SUMQUADABW	193,1405		
22	7,5663		Streuungsmaße (Spalte B):						
23			HÄUFIGKEIT	{6.9}	2	17	2		
24			STABWN	1,1966		MITTELABW	0,7829		
25			VARIANZ	1,4319		SUMQUADABW	30,07052		
26									

Abbildung 6.43: Streuungsmaße

6.14 Regressionsrechnung

Die Regressionsrechnung ist ein statistisches Verfahren, das die Abhängigkeit einer Datenreihe (y-Werte) von einer zweiten Datenreihe (x-Werte) analysiert und einen funktionalen Zusammenhang zwischen beiden Größen herstellt. Aus den daraus erlangten Kenntnissen sollen zukünftige Prognosen bzw. Trends abgeleitet werden können. Excel stellt eine Gruppe von Funktionen zur Verfügung, die sich dieser Thematik annehmen und sich sehr gut ergänzen und teilweise auch substituieren lassen.

Die meisten Funktionen gehen standardmäßig von einem linearen Zusammenhang zwischen abhängiger und unabhängiger Größe aus. Es werden folglich lineare Trends unterstellt. Abb. 6.44 zeigt in Spalte A die unabhängige Größe und in Spalte B die abhängigen Messwerte, die in einem Punkt (XY)-Diagramm dargestellt werden. Die Gerade stellt den linearen Trend dieser Messwerte dar.

Die Funktion `STEIGUNG(Y_Werte;X_Werte)` gibt die Steigung der Trendgeraden zurück. `ACHSENABSCHNITT(Y_Werte;X_Werte)` liefert den y-Wert, an dem die Gerade die y-Achse schneidet. Die Funktion `RGP(Y_Werte; X_Werte)` liefert ein Array aus zwei Werten in obiger Form, die ebenfalls die Steigung und den y-Achsenschnittpunkt bestimmen. Darüber hinaus besitzt sie noch zwei weitere optionale Parameter, über die weitere statistische Kennzahlen der Trendfunktion abfragbar sind.

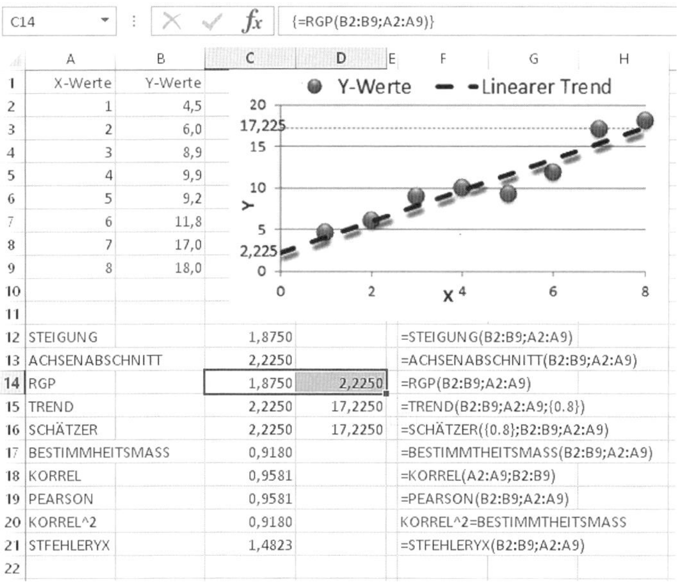

	A	B	C	D	F
1	X-Werte	Y-Werte			
2	1	4,5			
3	2	6,0			
4	3	8,9			
5	4	9,9			
6	5	9,2			
7	6	11,8			
8	7	17,0			
9	8	18,0			
10					
11					
12	STEIGUNG		1,8750		=STEIGUNG(B2:B9;A2:A9)
13	ACHSENABSCHNITT		2,2250		=ACHSENABSCHNITT(B2:B9;A2:A9)
14	RGP		1,8750	2,2250	=RGP(B2:B9;A2:A9)
15	TREND		2,2250	17,2250	=TREND(B2:B9;A2:A9;{0.8})
16	SCHÄTZER		2,2250	17,2250	=SCHÄTZER({0.8};B2:B9;A2:A9)
17	BESTIMMHEITSMASS		0,9180		=BESTIMMTHEITSMASS(B2:B9;A2:A9)
18	KORREL		0,9581		=KORREL(A2:A9;B2:B9)
19	PEARSON		0,9581		=PEARSON(B2:B9;A2:A9)
20	KORREL^2		0,9180		KORREL^2=BESTIMMHEITSMASS
21	STFEHLERYX		1,4823		=STFEHLERYX(B2:B9;A2:A9)
22					

Abbildung 6.44: Regressionsrechnung (linear)

Die Funktion TREND berechnet aus vorgegebenen x-Werten einzelne y-Werte der Trendfunktion, was natürlich auch über Steigung und y-Achsenschnittpunkt ableitbar wäre:

```
=TREND(x)=STEIGUNG*x+ACHSENABSCHNITT
```

Die Funktion `SCHÄTZER(x; Y_Werte; X_Werte)` macht genau das Gleiche wie TREND, nur dass die Parameter in einer etwas anderen Reihenfolge verlangt werden. TREND hat aber noch ein paar spezielle Tricks auf Lager, die Sie mit SCHÄTZER nicht machen können, bleiben Sie deshalb lieber gleich bei TREND.

Die Funktionen `BESTIMMTHEITSMASS(Y_Werte; X_Werte)`, `KORREL(Matrix1; Matrix2)` und `PEARSON(Matrix1; Matrix2)` drücken aus, wie stark die y-Werte überhaupt von den x-Werten abhängig sind. Die beiden Letztgenannten liefern stets ein identisches Ergebnis. Werden beide quadriert, ergibt sich das BESTIMMTHEITSMASS. Bei rein zufälligen y-Werten, die absolut nichts mit den x-Werten zu tun haben, liefern alle drei Funktionen einen Wert nahe 0. Bei vollständiger Abhängigkeit liefern sie den Wert +1. KORREL und PEARSON können auch eine negative Korrelation bis zu -1 darstellen. Da die Funktion BESTIMMTHEITSMASS deren Quadrat ist, liegt ihr Ergebnis im Bereich von 0 und 1.

Es besteht übrigens auch ein Zusammenhang zwischen diesen Funktionen und der im vorangegangenen Abschnitt erwähnten Kovarianz und der Standardabweichung:

```
=KORREL(WerteA;WerteB)*STABWN(WerteA)*STABWN(WerteB)
=KOVAR(WerteA;WerteB)
```

`STFEHLERYX(Y_Werte;X_Werte)` ist ein weiteres Maß zur Bestimmung der Abhängigkeit zwischen y-Werten und x-Werten. Je stärker die Abhängigkeit der y-Werte ist, desto kleiner ist das Ergebnis dieser Funktion. Im Extremfall einer vollkommenen Abhängigkeit liefert sie `#DIV/0!`.

```
=STFEHLERYX({5.10.15};{1.2.3})=#DIV/0!
```

Der Zusammenhang zwischen y-Werten und x-Werten muss nicht immer linear sein. Anstelle einer linearen Funktion

```
y=a+b*x
```

ist auch eine polynomische Funktion

```
y=a + b*x + c*x^2+d*x^3+...
```

darstellbar. Werden die x-Werte in den Funktionen RGP und Trend mit den Potenzen der Polynomfunktion ^{1.2.3...} verquickt, liefern sie die richtigen Koeffizienten bzw. y-Werte des Funktionsgraphen, wie Abb. 6.45 zeigt. Dic Mcsswerte werden hier durch eine polynomische Trendfunktion 3. Ordnung angenähert.

Neu dazu gesellt sich die Funktion POTENZREIHE, mit der man zwar nicht unmittelbar Regressionsrechnungen durchführt, die aber zusammen mit RGP und TREND ein sich schön ergänzendes Dreigestirn bildet. TREND ermittelt ja y-Werte aus vorhandenen x/y-Werten. POTENZREIHE kann dieselben y-Werte aus den Koeffizienten herleiten, die RGP als Ergebnis liefert.

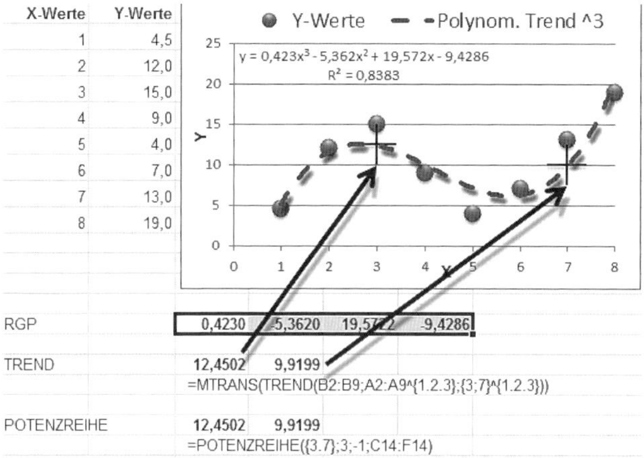

Abbildung 6.45: Regressionsrechnung (polynomisch)

Dass wir uns hier schon sehr nahe am Bereich der Finanzmathematik befinden, demonstriert der Zusammenhang

```
POTENZREIHE(1/(1+5%);1;1;Zahlungsreihe)
=NBW(5%;Zahlungsreihe)
```

Mit beiden Funktionen kann gleichermaßen der Barwert einer Zahlungsreihe gebildet werden. Dies nur als kleiner Appetithappen auf Ausführungen im Vertiefungsteil dieses Buches.

Noch mal zurück zur Trendrechnung. Handelt es sich weder um einen linearen noch um einen polynomischen Trend, sondern um einen exponentiellen Zusammenhang zwischen unabhängiger und abhängiger Größe, werden die Funktionen RGP und TREND durch die Funktionen RKP und VARIATION ersetzt, die ansonsten in gleicher Weise zu handhaben sind. Sie beschreiben Wachstumsfunktionen. RGP und RKP liefern jeweils Koeffizienten der Trendfunktion, TREND und VARIATION einzelne y-Werte oder eine ganze Reihe von y-Werten. Die Formeln

```
=VARIATION({ 1 . 1,1 . 1,21 . 1,331 };{ 0 . 1 . 2 . 3 };4)
= 1,4641
=RKP({ 1 . 1,1 . 1,21 . 1,331 };{ 0 . 1 . 2 . 3 }) = {1,1.1}
```

... sind so zu interpretieren: Ein Taler wächst in jedem Zeitabschnitt um den Faktor 1,1 (er wird mit 10 % verzinst). Nach vier Perioden ist er auf 1,4641 Taler angewachsen.

6.15 Kombinatorik

Dieses Gebiet der Statistik beschäftigt sich mit der Anordnung oder Auswahl von *k* Elementen aus einer Grundgesamtheit von *n* Elementen.

Es gibt sechs Kombinationsmöglichkeiten, zwei Elemente *k* aus einer Grundgesamtheit *n* von 4 anzuordnen: AB, AC, AD, BC, BD und CD. Berechnet wird dies mit der Formel:

```
=KOMBINATIONEN(4;2)=6
```

Spielt die Reihenfolge der Elemente eine Rolle, sodass AB und BA als zwei verschiedene Möglichkeiten gewertet werden, spricht man von Variationen ohne Wiederholung.

`=VARIATIONEN(4;2)` ergibt 12 und das steht für die Variationsmöglichkeiten AB, AC, AD, BC, BD, CD, BA, CA, DA, CB, DB und DC.

Können auch noch doppelte Elemente vorkommen, handelt es sich um Variationen mit Wiederholung, deren Anzahl mit *n^k*, hier 4^2 = 16, ermittelt werden kann:

AA, AB, AC, AD, BA, BB, BC, BD, CA, CB, CC, CD, DA, DB, DC, DD

Schließlich können mit der Funktion FAKULTÄT weitere Aufgaben der Kombinatorik gelöst werden. Beispielsweise versteht man unter der Veränderung der Reihenfolge der Elemente Permutationen, wobei gilt: $k = n$. Bei vier Elementen gibt es

`=FAKULTÄT(4)=24` Permutationen, diese lauten:

ABCD, ABDC, ACBD, ACDB, ADBC, ADCB, BACD, BADC, BCAD, BCDA, BDAC, BDCA, CBAD, CBDA, CABD, CADB, CDBA, CDAB, DBCA, DBAC, DCBA, DCAB, DABC, DACB.

Eine Erweiterung stellt die Funktion POLYNOMIAL dar. Sie beantwortet folgende Frage: Wie viele Pärchen können aus den Buchstaben A, B, C, D gebildet werden? Listet man das Ergebnis auf, gibt es folgende Alternativen:

- 1. Paar: AB; 2. Paar: CD
- 1. Paar: AC; 2. Paar: BD
- 1. Paar: AD; 2. Paar: BC
- 1. Paar: CD; 2. Paar: AB
- 1. Paar: BD; 2. Paar: AC
- 1. Paar: BC; 2. Paar: AD

Diese sechs Möglichkeiten ergeben sich aus:

```
POLYNOMIAL(2;2) = 6
```

Was man auch mithilfe von Fakultäten erreichen könnte:

```
FAKULTÄT(4)/FAKULTÄT(2)^2 = 6
```

Logisch, denn es gibt FAKULTÄT(4)=24 Permutationen, von denen aber, umgemünzt auf die Pärchenaufgabe, immer vier Permutationen als eine Lösung anzusehen sind, z. B.

- 1. Paar: AB; 2. Paar: CD
- 1. Paar: BA; 2. Paar: CD
- 1. Paar: AB; 2. Paar: DC
- 1. Paar: BA; 2. Paar: CD

Folglich muss 24 durch 4 geteilt werden, um auf 6 zu kommen. Das Resultat müsste noch durch 2 geteilt werden, falls

- 1. Paar: AB; 2. Paar: CD
- 1. Paar: CD; 2. Paar: AB

als nur eine Lösung gelten würde. Im nachfolgenden WM-Beispiel wären die sechs Möglichkeiten (Doppelpaarungen) vom Anfang die Gruppenspiele mit Rückspiel. Das gibt es aber nicht – darum die Division durch 2.

Bei einer Mannschafts-WM spielen 24 Mannschaften in sechs Gruppen gegeneinander. Dies seien dieselben Mannschaften wie vier Jahre zuvor. Wie hoch ist die Wahrscheinlichkeit, dass die 100 % identischen Vorrundenpaarungen zustande kommen wie vier Jahre zuvor?

```
=1/(POLYNOMIAL(4;4;4;4;4;4)/FAKULTÄT(6))
=1/(FAKULTÄT(24)/PRODUKT(FAKULTÄT({4.4.4.4.4.4.6})))
=1/4.509.264.634.875
```

Die Wahrscheinlichkeit beträgt also eins zu 4,5 Billionen.

6.16 Statistische Verteilungen

In dieser Kategorie geht es um statistische Spezialfunktionen, mit denen der durchschnittliche Excel-Anwender seltener Berührungspunkte hat. Es geht um unterschiedliche Wahrscheinlichkeitsverteilungen, von denen die gaußsche Normalverteilung und die Binomialverteilung die bekanntesten sind.

Einige dieser Funktionen wurden ab Excel 2010 in die Kategorie *Kompatibilität* verbannt und durch Entsprechungen mit ähnlichem Namen ersetzt. Zum Beispiel gibt es für die Funktion `NORMVERT` nun ein Pendant namens `NORM.VERT`.

Die Funktion `NORMVERT(x;Mittelwert;Standabwn;Kumuliert)` berechnet die Wahrscheinlichkeit eines Messwerts (x) innerhalb eines normal verteilten Vorgangs, von dem der arithmetische Mittelwert aller Messwerte sowie deren Standardabweichung bekannt sind. Diese Wahrscheinlichkeit kann entweder als kumulierte oder Einzelwahrscheinlichkeit dargestellt werden.

`NORMINV(Wahrsch;Mittelwert;Standabwn)` schließt nach Vorgabe der kumulierten Wahrscheinlichkeit wieder auf den Messwert (x) zurück, ist also quasi die Umkehrfunktion von NORMVERT.

Bei den Funktionen `STANDNORMVERT(x)` und `STANDNORMINV(Wahrsch)` verhält es sich genauso, nur dass man hier nicht arithmetisches Mittel und Standardabweichung frei definieren kann, sondern Werte von 0 bzw. 1 unterstellt werden.

Da unsere Welt nicht nur aus normal verteilten Zufallsgrößen besteht, existieren noch weitere Funktionen zur Beschreibung von Wahrscheinlichkeitsverteilungen. Windgeschwindigkeiten sind beispielsweise WEIBULL-verteilt und Interessierten steht eine gleichnamige Funktion zur Verfügung. Weitere Verteilungsfunktionen enden in der Regel mit VERT, als da wären: BETAVERT, BINOMVERT, CHIVERT, EXPONVERT, FVERT, GAMMAVERT und HYPGEOMVERT, mit der die Wahrscheinlichkeit für x Richtige im Lotto ermittelt werden kann. Außerdem gibt es LOGNORMVERT, NEGBINOMVERT, TVERT und POISSON, die auch dazugehört, obwohl ihr der Zusatz VERT fehlt. Die meisten dieser Funktionen besitzen analog zur Normalverteilung eine Umkehrfunktion, die mit INV endet.

Mit den INV-Funktionen können übrigens Zufallszahlen generiert werden, die sich gemäß der verfügbaren Wahrscheinlichkeitsverteilungen verhalten. Beispielsweise erzeugt

```
=NORMINV(ZUFALLSZAHL();7;2)
```

normal verteilte Zufallszahlen mit dem arithmetischen Mittelwert 7 und der Standardabweichung 2. Zum Beweis können Sie die Formel in einige Hundert Zellen kopieren und dann den Mittelwert und die Standardabweichung dieser Werte überprüfen. Abb. 6.46 stellt eine Auswahl verschiedener Verteilungsfunktionen dar.

I2 {=NORMVERT(H2;7;2;{0.1})}

	G	H	I	J	K
1	**Berechnung**	**x**	**Wahrscheinl.**	**kumuliert**	**Formel**
2	NORMVERT	7	0,1995	0,5000	{=NORMVERT(H2;7;2;{0.1})}
3	NORMINV			7	=NORMINV(J2;7;2)
4	GAMMAVERT	7	0,0648	0,6702	{=GAMMAVERT(H4;1,5;4;{0.1})}
5	GAMMAINV			7	=GAMMAINV(J4;1,5;4)
6	WEIBULL	7	0,049	0,9012	{=WEIBULL(H6;1,5;4;{0.1})}
7	POISSON	7	0,1044	0,8666	{=POISSON(H7;5;{0.1})}
8	STANDNORMVERT	0		0,5	=STANDNORMVERT(0)
9	STANDNORMINV			0	=STANDNORMINV(J8)

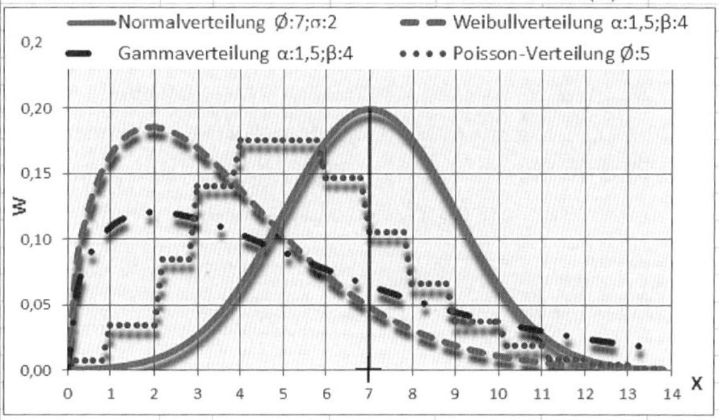

Abbildung 6.46: Statistische Verteilung

Um die vier Funktionsgraphen der Abbildung zu erhalten, führen Sie die Berechnungen mit den Funktionen NORMVERT, GAMMAVERT, WEIBULL und POISSON nicht für einen einzelnen x-Wert, sondern für das ganze x-Achsenintervall von 0 bis 14 durch.

Die Funktion SCHIEFE gibt Aufschluss über die Symmetrie einer Verteilung. Bei normal verteilten Zufallswerten liefert sie einen Wert nahe null, da die Normalverteilung (gaußsche Glockenkurve) spiegelsymmetrisch ist, wie leicht zu erkennen ist. Gamma- oder Weibullverteilung liefern eine positive Schiefe, da ihr Gipfel linksseitig ausgeprägt ist. Aus Verteilungen mit rechtslastigem Gipfel würde eine negative Schiefe resultieren.

- rechtslastig: `SCHIEFE({1;2;3;3;4;4;4;4;5}) = -0,8`
- linkslastig: `SCHIEFE({1;1;1;1;2;2;2;3;4}) = +1,1`
- spiegelsymmetrisch: `SCHIEFE({5;2;2;3;3;3;4;4;1}) = 0`

Bei den spiegelsymmetrischen Werten wurde bewusst die Fünf an den Anfang und die Eins an das Ende gestellt, um zu zeigen, dass die Reihenfolge der Zahlen keine Rolle spielt.

KURT (Kurtosis) ermittelt, ob der Berg der Verteilung einer Datenreihe sehr steil und spitz oder eher flach ist – dies aber nicht absolut, sondern immer relativ zur Normalverteilung mit gleichem Mittelwert und gleicher Standardabweichung wie die vorhandene Datenreihe. Denn zwei Normalverteilungen haben trotz unterschiedlicher Standardabweichungen und damit unterschiedlicher Wölbung nahezu dieselbe Kurtosis:

```
{=KURT(NORMINV(ZEILE(1:10000)/10001;7;10))}
= -0,0195879817865228
{=KURT(NORMINV(ZEILE(1:10000)/10001;7;1))}
= -0,0195879817865223
```

Die Funktion `STANDARDISIERUNG(x;Mittelwert;Standabwn)` transformiert einen mit NORMINV erzeugten Messwert (x) in den entsprechenden x-Wert der Standardnormalverteilung, indem sie von ihm den Erwartungswert, der dem arithmetischen Mittel entspricht, subtrahiert und das Ergebnis durch die Standardabweichung dividiert:

```
=NORMINV(0,4;7;2)= 6,4933
=STANDNORMINV(0,4)=(6,4933-7)/2=STANDARDISIERUNG(6,4933;7;2)= -0,2533
```

Bei der Standardisierung wird lediglich die »Glocke« nach links verschoben, bis der Mittelwert auf der y-Achse liegt, dann die Standardabweichung auf 1 angepasst (weil die Standardnormalverteilung eben eine Standardabweichung von 1 hat) und abschließend der neue Messwert (x) der Wahrscheinlichkeit von 0,4 (kumuliert) abgelesen.

Die Binomialverteilung untersucht eine festgelegte Anzahl Zufallstests, die entweder einen Erfolg oder einen Misserfolg mit sich bringen und bei denen die Erfolgswahrscheinlichkeit bei jedem Test konstant bleibt. In der integrierten Excel-Hilfe fanden wir als Beispiel für einen Erfolgsfall ein männliches Neugeborenes. Aber um keine Geschlechterdebatte auszulösen, betrachten wir ein neutraleres Beispiel, und zwar den guten alten Münzwurf. Eine Münze wird viermal geworfen. Wie hoch ist die Wahrscheinlichkeit, genau zweimal Zahl zu erhalten?

```
=BINOMVERT(2;4;0,5;0)=37,5%
```

Die Wahrscheinlichkeit, mindestens zweimal Zahl zu erhalten, beträgt

```
=BINOMVERT(2;4;0,5;1)=0,6875
```

Das Ergebnis lässt sich übrigens prima empirisch überprüfen. Schreiben Sie in A1:D1

```
=KÜRZEN(ZUFALLSZAHL()*2)
```

Das Ergebnis dieser Formel ist 0 oder 1, bezogen auf eine Münze steht die 1 für Zahl und die 0 für Wappen. In E1 summieren Sie A1:D1. Dann kopieren Sie A1:E1 500 Zellen nach unten. Anschließend zählen Sie, wie oft in Spalte E eine 2 vorkommt, und setzen das Ergebnis ins Verhältnis zu den 500 Zeilen. Das Ergebnis wird in etwa 37,5 % betragen.

Auch BINOMVERT besitzt eine Umkehrfunktion, die ausnahmsweise mal nicht mit INV endet:

```
=KRITBINOM(4;0,5;0,6875) = 2
```

In Ergänzung zu den Verteilungsfunktionen existieren Testfunktionen, die gegebene Stichproben auf eine bestimmte Verteilung hin überprüfen. Zu nennen sind dabei der GTEST für die Normalverteilung sowie CHITEST, FTEST und TTEST.

`=WAHRSCHBEREICH(Werte;Wahrscheinlichkeiten;von-Wert;bis-Wert)` ist eine sehr banale statistische Funktion und wahrscheinlich nicht besonders gängig. Jedem Wert der Wertematrix ist ein Wert der Matrix aus Wahrscheinlichkeiten zugeordnet. Die Summe der Wahrscheinlichkeiten muss immer 1 ergeben, was allein schon die Funktion ziemlich einschränkt. *Von*-Wert und *Bis*-Wert grenzen ein Intervall von Werten ein, deren Wahrscheinlichkeiten dann addiert werden.

Nur noch der Vollständigkeit halber nennen wir die Funktionen GAMMALN, KONFIDENZ, FISHER und FISHERINV, die auch noch in den Bereich der Statistik gehören und die Gott weiß was machen (wir können ja nicht alles wissen).

Aus der Gruppe der ehemaligen Add-in-Funktionen können nur zwei den statistischen Verteilungsfunktionen zugeordnet werden. Unsere Kenntnisse über die beiden beschränken sich auf den integrierten Hilfetext:

```
GAUSSFEHLER(Untere_Grenze;Obere_Grenze)
```

Gibt die gaußsche Fehlerfunktion zurück.

```
GAUSSFKOMPL(Untere_Grenze)
```

Gibt das Komplement zur gaußschen Fehlerfunktion zurück.

6.17 Matrizenrechnung

Die Funktionen MMULT, MINV und MDET führen spezielle Rechenoperationen aus dem Bereich der linearen Algebra durch. MMULT multipliziert zwei Matrizen, MINV berechnet die Inverse einer Matrix und MDET deren Determinante. Diese Funktionen können Sie nicht auf jede x-beliebige Matrix oder jeden Bereich im Excel-Sinne anwenden. Sie verlangen spezielle Matrizen, die für diese Berechnungen sinnvoll dimensioniert sind. MMULT verlangt, dass die Anzahl der Spalten von Matrix 1 mit der Anzahl der Zeilen von Matrix 2 übereinstimmt. Als Ergebnis liefert die Funktion eine Matrix, die dieselbe Anzahl von Zeilen wie Matrix 1 und dieselbe Anzahl von Spalten wie Matrix 2 besitzt. MDET und MINV können nur auf quadratische Matrizen angewandt werden.

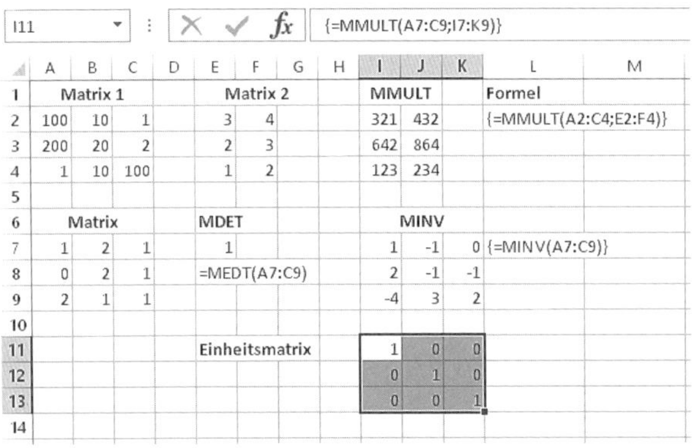
I11 {=MMULT(A7:C9;I7:K9)}

	A	B	C	D	E	F	G	H	I	J	K	L	M
1	Matrix 1				Matrix 2				MMULT			Formel	
2	100	10	1		3	4			321	432		{=MMULT(A2:C4;E2:F4)}	
3	200	20	2		2	3			642	864			
4	1	10	100		1	2			123	234			
5													
6		Matrix			MDET					MINV			
7	1	2	1		1				1	-1	0	{=MINV(A7:C9)}	
8	0	2	1		=MEDT(A7:C9)				2	-1	-1		
9	2	1	1						-4	3	2		
10													
11					Einheitsmatrix				1	0	0		
12									0	1	0		
13									0	0	1		
14													

Abbildung 6.47: Matrizenrechnung (1)

Die Berechnung von MMULT kann auch mit den Operatoren * und + sowie der richtigen $-Setzung ganz einfach nachgebaut werden:

```
I2: =$A2*E$2+$B2*E$3+$C2*E$4
```

wird bis J4 kopiert. Die Werte der Matrixinversen in I7:K9 weisen die Eigenschaft auf, dass man die sogenannte Einheitsmatrix erhält, wenn man sie mit der Ursprungsmatrix A7:C9 multipliziert. Diese besteht aus lauter Nullen und einer Diagonalen aus Einsen (I11:K13).

Mit MMULT in Kombination mit MINV können lineare Gleichungssysteme gelöst werden. Gegeben sind beispielsweise die zwei Gleichungen

```
15=4*a+8*b
10=6*a+4*b
```

Für a und b müssen diejenigen Werte gewählt werden, für die beide Gleichungen aufgehen. Die Formel dazu lautet

```
{=MMULT(MINV({4.8;6.4});{15;10})} = {0,625;1,5625}
```

Die Lösung für a lautet demnach 0,625 und für b 1,5625, denn:

```
4*0,625+8*1,5625 = 15
6*0,625+4*1,5625 = 10
```

Die weiteren Funktionen dieser Gruppe können auf beliebige Bereiche bzw. Matrizen angewandt werden. QUADRATESUMME bildet das Quadrat jedes Werts eines Bereichs oder einer Matrix und addiert danach alle Quadrate.

SUMMENPRODUKT müsste eigentlich Produktsumme heißen, denn die Funktion multipliziert jedes n-te Element zweier oder mehrerer Matrizen und bildet anschließend die Summe aller Produkte. Die Funktion ist bei Matrixformeln sehr nützlich, weil mit ihr z. B. Summen mit mehreren Bedingungen ermittelt werden können.

Die Funktionen SUMMEX2MY2 und SUMMEX2PY2 subtrahieren bzw. addieren die quadrierten Elemente zweier Matrizen und bilden anschließend eine Gesamtsumme. Bei der Funktion SUMMEXMY2 ist nur die Reihenfolge anders, es wird erst subtrahiert und dann quadriert. Die Variante erst zu addieren und dann zu quadrieren gibt es nicht – wurde die vielleicht vergessen?

Diese Funktionen sind sehr leicht durch die Funktion SUMME und eine mit [Strg]+[⇧]+[↵] abgeschlossene Arrayformel zu ersetzen. Abb. 6.48 zeigt Beispiele dieser Funktionen. Zur Veranschaulichung der Rechenlogik wird die Arrayformel-Alternative jeweils direkt darunter gezeigt:

N6 | fx {=SUMME(A2:A6^2)}

	A	D	G	N
1	Matrix1	Matrix2	Formel/Alternative mit Arrayformel	Ergebnis
2	2	30	=SUMMENPRODUKT(A2:A6;D2:D6)	300
3	3	20	{=SUMME(A2:A6*D2:D6)}	300
4	4	15		
5	5	12	=QUADRATESUMME(A2:A6)	90
6	6	10	{=SUMME(A2:A6^2)}	90
7				

N3 | fx {=SUMME(A2:A6^2)}

	A	D	G	N
1	Matrix1	Matrix2	Formel/Alternative mit Arrayformel	Ergebnis
2	6	5	=SUMMEX2MY2(A2:A6;D2:D6)	35
3	5	4	{=SUMME(A2:A6^2-D2:D6^2)}	35
4	4	3		
5	3	2	=SUMMEX2PY2(A2:A6;D2:D6)	145
6	2	1	{=SUMME(A2:A6^2+D2:D6^2)}	145
7				
8			=SUMMEXMY2(A2:A6;D2:D6)	5
9			{=SUMME((A2:A6-D2:D6)^2)}	5
10				
11			???	
12			{=SUMME((A2:A6+D2:D6)^2)}	285
13				

Abbildung 6.48: Matrizenrechnung (2)

6.18 Trigonometrie

Die geläufigsten Funktionen dieser Kategorie SIN, COS und TAN fehlen auch auf keinem guten Taschenrechner und berechnen den Sinus, den Kosinus und den Tangens einer Zahl. Mit *Zahl* ist hier eine in das Bogenmaß umgerechnete Gradzahl gemeint. Diese Umrechnung erfolgt mit der gleichnamigen Funktion BOGENMASS. Das Bogenmaß von 180° entspricht der Kreiszahl PI, für die selbstverständlich ebenso eine gleichnamige Funktion zur Verfügung steht.

```
=BOGENMASS(180)=PI()=3,14159265358979
```

Die Umkehrfunktion – Sie können es erraten – lautet:

```
=GRAD(PI())=180
```

Zur Erinnerung an Ihren Mathematikunterricht in der Mittelstufe: In einem rechtwinkligen Dreieck ist der Sinus eines Winkels das Verhältnis der Gegenkathete zur Hypotenuse. Der Kosinus beschreibt das Verhältnis der Ankathete zur Hypotenuse, und der Tangens ergibt sich schließlich aus dem Verhältnis von Gegenkathete zu Ankathete oder auch von Sinus zu Kosinus.

Auch SIN, COS und TAN haben Umkehrfunktionen, die sogenannten Arcusfunktionen: ARCSIN, ARCCOS und ARCTAN. ARCTAN2 errechnet den Arcustangens oder umgekehrten Tangens, geht dabei aber (im Gegensatz zu ARCTAN) nicht vom Tangens, sondern von einem x/y-Koordinatenpunkt aus.

Beispielrechnungen mit einem rechtwinkligen Dreieck zeigt Abb. 6.49.

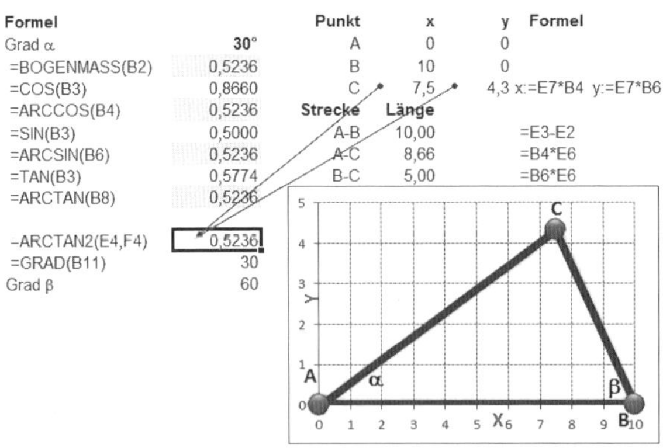

Abbildung 6.49: Trigonometrische Berechnungen

Wem das nicht genügt, der kann sich außerdem noch an sechs hyperbolischen Funktionen austoben: SINHYP, COSHYP, TANHYP, ARCSINHYP, ARCCOSHYP und ARCTANHYP.

An neuen Funktionen nennen wir nur der Vollständigkeit halber WURZELPI, die wirklich nicht überlebensnotwendig ist, denn

```
=WURZELPI(x)=WURZEL(PI()*x)
```

6.19 Zinseszins- und Rentenrechnung

Die Zusammenfassung der nächsten beiden Abschnitte wird im zweiten Teil des Buches natürlich noch wesentlich vertieft, und die Inhalte sind hier lediglich als kleine »Appetitanregung« zu verstehen.

Die kaufmännische deutsche Zinsmethode rechnet einen Monat mit 30 Tagen und ein Jahr mit 360 Tagen. Um taggenaue Zinsen nach dieser Methode rechnen zu können, hilft Ihnen die Funktion TAGE360. Allerdings steht diese Funktion mit dem Februar auf Kriegsfuß. Die Tageszahl zwischen dem 31.12.2015 und dem 28.02.2016 sollte 60 sein – ergibt aber 58. Damit Sie sich auf die Funktion TAGE360 verlassen können, müssen Sie sie leicht modifizieren. Anstelle von

```
=TAGE360(Ausgangsdatum;Enddatum;1)
```

nehmen Sie besser

```
=TAGE360(Ausgangsdatum;Enddatum+(TAG(Enddatum+1)=1))-(TAG(Enddatum+1)=1)
```

Neun der sechzehn Funktionen aus der herkömmlichen Kategorie *Finanzmathematik* gehören quasi wie ein Team zusammen und behandeln im Grunde denselben Anwendungsfall, nur aus einer anderen Sicht mit anderen In- und Output-Parametern.

Folgender Tilgungsplan in Abb. 6.50 wird dies verdeutlichen:

H11 | =+G11+H10

	A	B	C	D	E	F	G	H
2	Barwert	20.000,00	€					
3	Laufzeit	6,00	Jahre					
4	Endwert	-5.000,00	€					
5	Annuität	-3.205,26						
6								
7	**Zeitstrahl**	t_0	t_1	t_2	t_3	t_4	t_5	t_6
8	Annuität		-3.205,26	-3.205,26	-3.205,26	-3.205,26	-3.205,26	-3.205,26
9	Zinsen (ZINSZ)		-1.000,00	-889,74	-773,96	-652,40	-524,75	-390,73
10	Tilgung (KAPZ)		-2.205,26	-2.315,53	-2.431,30	-2.552,87	-2.680,51	-2.814,54
11	Restwert	**20.000,00**	**17.794,74**	**15.479,21**	**13.047,91**	**10.495,05**	**7.814,54**	**5.000,00**
12	Resttilgung							-5.000,00
13	**Zahlungsstrom**	**20.000,00**	**-3.205,26**	**-3.205,26**	**-3.205,26**	**-3.205,26**	**-3.205,26**	**-8.205,26**
14								
15	BW	20.000,00	=BW(B1;B3;B5;B4;0)					
16	IKV	5,00%	=IKV(B13:H13)					
17	KAPZ (2. Jahr)	-2.315,53	=KAPZ(B1;2;B3;B2;B4;0)					
18	NBW	-20.000,00	=NBW(B1;C13:H13)					
19	RMZ	-3.205,26	=RMZ(B1;B3;B2;B4;0)					
20	ZINS	5,00%	=ZINS(B3;B5;B2;B4;0)					
21	ZINSZ (2. Jahr)	-889,74	=ZINSZ(B1;2;B3;B2;B4;0)					
22	ZW	-5.000,00	=ZW(B1;B3;B5;B2;0)					
23	ZZR	6	=ZZR(B1;B5;B2;B4;0)					
24								

Abbildung 6.50: Zinseszins- und Rentenrechnung

Eine Anfangsschuld wird zu einem konstanten Zinssatz über eine bestimmte Anzahl Perioden verzinst und annuitätisch, d. h. mit konstanten Zahlungsraten, getilgt. Am Ende der Laufzeit verbleibt eine zu definierende Restschuld. Die konstante jährliche Annuität setzt sich aus einem immer größer werdenden Tilgungsanteil und einem immer kleiner werdenden Zinsanteil zusammen.

Dieser Tilgungsplan könnte übrigens genauso gut ein Sparplan sein, mit dem einzigen Unterschied, dass in diesem Fall der Endwert größer wäre als der Barwert zu Beginn. Die Funktionen können auf beide Fälle angewandt werden.

BW und NBW ermitteln den Barwert des Zahlungsplans nach Vorgabe von Laufzeit, Zinssatz, Annuität und Restwert. IKV und ZINS ermitteln den Zinssatz bzw. die Rendite des Zahlungsplans, wenn alle Zahlungen von Barwert, Annuität und Endwert feststehen. RMZ errechnet die jährliche Annuität aus Barwert, Zinssatz, Anzahl Perioden und Endwert. ZW gibt den Endwert für den Fall zurück, dass Barwert, Zinssatz, Annuität und Laufzeit vorgegeben wurden.

Die Funktionen KAPZ und ZINSZ splitten die jährliche Annuität in einen Tilgungs- und Zinsanteil auf.

Falls Zinssatz, Barwert, Endwert und die Annuität feststehen und die Laufzeit des Zahlungsplans die resultierende Größe ist, nehmen Sie die Funktion ZZR zur Hand.

Die Funktionen IKV und NBW unterscheiden sich dahingehend von ihren Kollegen, dass der Zahlungsplan nicht unbedingt in der einfachen Form

Barwert=>Annuität=>Endwert

vorliegen muss. Ihnen sind die Anordnung und Höhe der Zahlungen je Periode egal und sie können beliebig schwanken. Es wird keine konstante Annuität vorausgesetzt.

Die Funktion QIKV ist eine Erweiterung der Funktion IKV. Die Methodik der internen Kapitalverzinsung, die hinter der Funktion IKV steckt, wird oft kritisiert, da in ihr keine realistischen Annahmen zur Refinanzierung und Reinvestition zu marktkonformen Soll- und Habenzinssätzen berücksichtigt werden können. QIKV modifiziert den internen Zinsfuß, indem positive und negative Cashflows zu unterschiedlichen Zinssätzen finanziert bzw. investiert werden. Wie genau rechnet der QIKV?

Die Zahlungsreihe `{-1000;-106;1000;400}` ergibt einen IKV von 11,40 %. `QIKV({-1000;-106;1000;400};6%;5%)` ergibt 9,65 %. QIKV zinst zunächst alle negativen Cashflows mit dem Sollzins auf t_0 (6 %) ab und alle positiven Cashflows mit dem Habenzins (5 %) auf t_n auf. Übrig bleiben dann eine Zahlungsreihe mit einer Auszahlung in t_0 (-1000 -100 = -1100) und einer Einzahlung in t_n (+1050 + 400 = 1450). Die effektive Rendite p.a. ergibt sich schließlich aus (1450/1100)^(1/3)-1 = 9,65 %.

Mit den Funktionen EFFEKTIV und NOMINAL rechnen Sie zwischen einem Nominal- und einem Effektivzins um. Möchten Sie z. B. einen Jahreszins von 6 % auf zwölf Monate aufteilen, müssen Sie sich darüber bewusst sein, dass ein Monatszins von 0,5 % wegen des Zinseszinseffekts zu einem Jahreszins von mehr als 6 % führt. Genau genommen

```
1,06^12 = EFFEKTIV(6%;12) = 6,16778118644976%
```

Die Rückrechnung erfolgt mit

```
NOMINAL(6,16778118644976%;12)
```

Den mathematischen Hintergrund lernen Sie im zweiten Teil dieses Buches kennen.

Die Funktion ISPMT berechnet die in einer bestimmten Periode anfallenden Zinsen eines durch konstante Tilgungsraten zu bedienenden Darlehens (Abb. 6.51).

A5 =ISPMT(A1;A4;A2;A3)

	A	B	C	D	E
1	10%	Jährliche Verzinsung			
2	3	Laufzeit in Jahren			
3	8.000.000,00	Darlehen			
4	1	Periode der zu ermittelnden Zinsen			
5	-533.333,33	Zinsen			
6					
7	**Tilgungsplan**	**Kreditbetrag**	**Tilgung (vorschüssig)**	**Zinsen**	**Annuität**
8	1. Jahr	8.000.000,00	-2.666.666,67	-533.333,33	-3.200.000,00
9	2. Jahr	5.333.333,33	-2.666.666,67	-266.666,67	-2.933.333,33
10	3. Jahr	2.666.666,67	-2.666.666,67		-2.666.666,67
11			**-8.000.000,00**	**-800.000,00**	**-8.800.000,00**
12					

Abbildung 6.51: Beispielrechnung der Funktion ISPMT

6.20 Abschreibungsmethoden

Die Funktion LIA berechnet die lineare Abschreibung eines Wirtschaftsguts und ersetzt damit lediglich die einfache Formel

```
AfA = (Anschaffungskosten-Restwert)/Nutzungsdauer
```

Die Funktion DIA berechnet die arithmetisch-degressive Abschreibung. Die Abschreibungsraten haben bei dieser Methode die Eigenschaft, dass die absolute Differenz einer Rate zur Rate der Vorperiode immer gleich groß ist.

Die Funktion VDB ermittelt laut Excel-Hilfe die degressive Doppelraten-Abschreibung. Im Zusammenhang mit deutschem Handels- und Steuerrecht ist die Bezeichnung *geometrisch-degressive Abschreibung mit optionalem Methodenwechsel zur linearen Abschreibung* geläufiger. Geometrisch-degressiv bedeutet, dass jede Abschreibungsrate relativ zur Vorperiode abnimmt. Über einen Faktor kann die Höhe der relativen Veränderung bestimmt werden. Der Methodenwechsel zur linearen Abschreibung wird in der Periode vollzogen, in der der lineare Abschreibungsbetrag höher ist als der degressive.

Der optionale Methodenwechsel unterscheidet die Funktion VDB von der Funktion GDA, die ebenfalls eine geometrisch-degressive Abschreibung rechnet, diese aber immer bis zum Ende der Laufzeit rechnet. Ist der Methodenwechsel bei VDB ausgeschaltet, liefern VDB und GDA stets das gleiche Ergebnis. Bei geometrisch-degressiver Abschreibung ohne Methodenwechsel verbleibt immer ein Restwert, da ein gleichbleibender Prozentsatz vom Restbuchwert der Vorperiode abgeschrieben wird. Die Angabe eines Restwerts im entsprechenden Funktionsparameter hat deshalb nur dann Auswirkung auf die Berechnung, wenn er größer ist als der ohnehin verbleibende Restbetrag.

G7 | =+(F7-F6)/F6

	A	B	C	D	E	F	G	H	I
2		Restwert		0					
3		Nutzungsdauer		10					
4									
5		Jahr	LIA	DIA	Δ €	VDB	Δ %	GDA	Δ %
6		1	1.000,00	1.818,18		2.000,00		2.000,00	
7		2	1.000,00	1.636,36	-181,82	1.600,00	-20%	1.600,00	-20%
8		3	1.000,00	1.454,55	-181,82	1.280,00	-20%	1.280,00	-20%
9		4	1.000,00	1.272,73	-181,82	1.024,00	-20%	1.024,00	-20%
10		5	1.000,00	1.090,91	-181,82	819,20	-20%	819,20	-20%
11		6	1.000,00	909,09	-181,82	655,36	-20%	655,36	-20%
12		7	1.000,00	727,27	-181,82	655,36	0%	524,29	-20%
13		8	1.000,00	545,45	-181,82	655,36	0%	419,43	-20%
14		9	1.000,00	363,64	-181,82	655,36	0%	335,54	-20%
15		10	1.000,00	181,82	-181,82	655,36	0%	268,44	-20%
16		**Summe**	**10.000,00**	**10.000,00**		**10.000,00**		**8.926,26**	
17	Restwert		0,00	0,00		0,00		1.073,74	
18									
19		Formeln:							
20		C6:	=LIA($D$1;$D$2;$D$3)						
21		D6:	=DIA($D$1;$D$2;$D$3;$B6)						
22		F6:	=VDB($D$1;$D$2;$D$3;$B6-1;$B6;$D$3*$G$1;0)						
23		H6:	=GDA($D$1;$D$2;$D$3;B6;$D$3*$G$1)						
24		(kopiert bis Zeile 15)							
25									

Abbildung 6.52: Vergleich verschiedener Abschreibungsfunktionen

6.21 Wertpapierfunktionen

Die folgenden drei Funktionsgruppen enthalten ausschließlich Funktionen der ehemaligen Add-in-Funktionen. 28 davon behandeln verschiedene Typen von Wertpapieren. Diese Wertpapierfunktionen basieren auf denselben finanzmathematischen Grundlagen wie jene der Gruppe *Zinseszins- und Rentenrechnung*. Der wesentlichste Unterschied liegt in der Berücksichtigung von gebrochenen Perioden. Bei den Funktionen BW, ZW und Co. werden stets ganzzahlige Perioden unterstellt. Diese Prämisse wird nun fallen gelassen. Schließlich werden Wertpapiere nicht nur einmal oder zwölfmal pro Jahr gehandelt, sondern an fast jedem Tag. Also müssen sie auch an jedem Tag bewertbar sein.

Abb. 6.53 zeigt, worum es bei dieser Funktionskategorie geht.

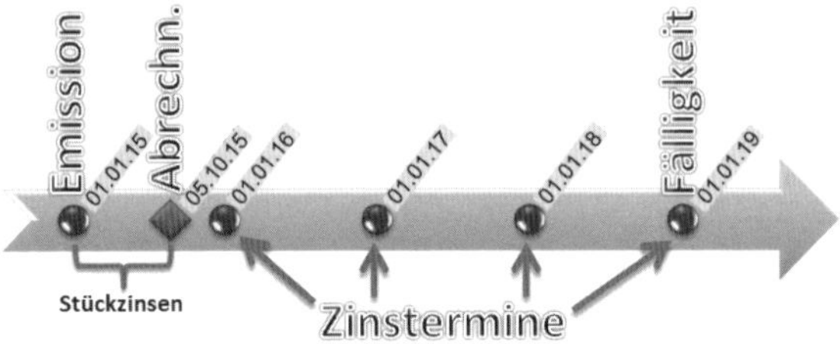

Abbildung 6.53: Inhalt der Wertpapierfunktionen

Ein Wertpapier wird zu einem Emissionsdatum ausgegeben und am Fälligkeitsdatum wieder zurückgegeben, jeweils zum Nennwert. Was in der Zwischenzeit passiert, kann in drei Fälle unterschieden werden:

1. Es fallen regelmäßig auszuzahlende Zinsen an (gemäß Abbildung).
2. Die kumulierten Zinsen werden erst am Ende der Laufzeit ausgezahlt.
3. Formal fallen überhaupt keine Zinsen an (Zerobonds).

Wertpapiere können zu jedem beliebigen, unterjährigen Zeitpunkt den Besitzer wechseln, dem Zeitpunkt der *Abrechnung*. Den Wert des Papiers an diesem Tag bezeichnet man als *Kurs*. Es ist der Betrag, zu dem ein Käufer unter marktgerechten Bedingungen bereit wäre, das Papier zu erwerben. Man kann diesen Wert auch als Barwert *bw* verstehen, und der zum Fälligkeitsdatum ausgezahlte Betrag wäre dann der Endwert *zw*.

Angenommen, das Wertpapier mit Nennwert 100 € wird am 01.01.15 ausgegeben. Die Nominalverzinsung beträgt 6 %. Die Zinsen werden vier Jahre lang jährlich nachschüssig ausgezahlt, und am 01.01.19 ist das Wertpapier fällig, dann wird es voll getilgt. Am 05.10.15 wird das Papier am Markt zu einem Kurs von 80 € gehandelt. Wie hoch wäre die Rendite eines potenziellen Erwerbers an diesem Abrechnungstag? (Abb. 6.54)

RENDITE | =RENDITE(Abrechnung;Fälligkeit;Zins;Kurs;Rückzahlung;Häufigkeit;Basis)

	A	B	C	D	E	F	G	H
1	Emission	01.01.2015	Zinstage	Stückzinsen			**Zeitachse**	**€**
2	Abrechnung	05.10.2015	277	**4,55**	**AUFGELZINS**		05.10.2015	-84,55
3	Fälligkeit	01.01.2019					01.01.2016	6
4	Zins	6,0%					01.01.2017	6
5	Kurs	80	(⇨BW)				01.01.2018	6
6	Rückzahlung	100	(⇨ZW)				01.01.2019	106
7	Häufigkeit	1					**XINTZINSFUSS**	**14,06%**
8	Basis	3					**XKAPITALWERT**	0,00000
9	**RENDITE**	**14,07%**						
10	**KURS**	**80,00**						

Abbildung 6.54: Beispielrechnung Wertpapierfunktionen (1)

Häufigkeit legt die Anzahl der Zinszahlungen pro Jahr fest. Zulässig sind nur 1, 2 oder 4. Der Parameter *Basis* gibt die angewandte Zinsmethode an:

- 0 oder nicht angegebenUSA (NASD) 30/360
- 1 taggenau/taggenau
- 2 taggenau/360
- 3 taggenau/365
- 4 Europa 30/360

Die Rendite des Wertpapiers ermittelt die Formel

```
B9:=RENDITE(Abrechnung;Fälligkeit;Zins;Kurs;Rückzahlung;Häufigkeit;Basis)
```

Die Rückrechnung zum Kurs ergibt sich dann mit vorgegebener Rendite aus

```
B10:=KURS(Abrechnung;Fälligkeit;Zins;Rendite;Rückzahlung;Häufigkeit;Basis)
```

Würde das Abrechnungsdatum auf einen Zinstermin fallen (z. B. der 01.01.16), entspräche die Funktion RENDITE der Funktion ZINS, dies beweist die Formel

```
=RENDITE("01.01.16";"01.01.19";6%;80;100;1;3)
=ZINS(3;6;-80;100;0) = 14,72%
```

Genauso verhält es sich mit den Funktionen KURS und BW.

Interessant ist also der Fall, in dem das Abrechnungsdatum aperiodisch ist. Dann handelt es sich um einen aperiodischen Zahlungsstrom, der auch mit der Funktion XINTZINSFUSS bewertet werden kann. In Spalte H stehen die Werte und links daneben in Spalte G alle relevanten Datumsangaben. Der interne Zinsfuß ergibt sich nun aus

```
H7:=XINTZINSFUSS(H2:H6;G2:G6)
```

und entspricht annähernd dem Ergebnis der Funktion RENDITE. Auch dafür existiert eine Umkehrfunktion

```
H8:=XKAPITALWERT(H7;H2:H6;G2:G6) = 0
```

die den Kapitalwert der aperiodischen Zahlungen zum vorgegebenen Kalkulationszinsfuß ermittelt.

Wie kommen wir auf den Wert 84,55 € in H2? Warum steht dort nicht der Kurs von glatt 80,00 €? Weil dem Veräußerer noch die unterjährig angefallenen Zinsen zwischen letztem Zinstermin und Abrechnungsdatum zustehen. Und da es noch gar keinen Zinstermin gab, gilt das Emissionsdatum. Diese Zinsen bezeichnet man als Stückzinsen. Die 4,55 € im Beispiel ermittelt die Formel

```
D2:=AUFGELZINS("01.01.15";"01.01.16";Abrechnung;Zins;Rückzahlung;Häufigkeit;Basis)
```

Dahinter steht die ganz einfache Zinsrechnung:

```
(Abrechnung-Emission)/365*Zins*Rückzahlung
```

Die Funktionen KURSFÄLLIG und RENDITEFÄLLIG behandeln den zweiten Fall, in dem die Zinsen nicht periodisch, sondern am Ende der Laufzeit ausgezahlt werden. Die übrigen Prinzipien gelten natürlich gleichermaßen.

Abb. 6.55 zeigt den dritten Fall, in dem keine nominalen Zinsen anfallen, die sogenannten Zerobonds bzw. T-Bonds.

B11 =XINTZINSFUSS(C1:C2;B1:B2)

	A	B	C	D	E
1	Abrechnung	01.01.2017	-80		
2	Fälligkeit	01.01.2019	100		
3	Rückzahlung	100			
4	Basis	0			
5	Kurs	80			
6					
7					
8	DISAGIO	10,000%			
9	KURSDISAGIO	80,00 €			
10	RENDITEDIS	12,50%			
11	XINTZINSFUSS	0,11803399			
12					

Abbildung 6.55: Beispielrechnung Wertpapierfunktionen (2)

Zum Abrechnungstag wird das Wertpapier zum Kurs erworben und zum Fälligkeitstag zurückgegeben. Dazwischen existieren keine Zahlungsströme. Es existieren auch keine expliziten Zinsen, aber de facto verlangt der Erwerber natürlich eine Verzinsung seines Kapitals. Sie ergibt sich aus der Differenz des heutigen Kurses – der um ein Disagio geminderte Nennwert – zur Rückzahlung am Fälligkeitstag. Das in Prozent ausgedrückte Disagio ergibt sich aus

```
B8:=DISAGIO(Abrechnung;Fälligkeit;Kurs;Rückzahlung;0) = 10%
```

Die Berechnungslogik, die dahintersteht, kann man auch mit

```
B8:=(Rückzahlung-Kurs)/Rückzahlung *(360/TAGE360(Abrechnung;Fälligkeit))
```

umschreiben (wenn *Basis*=0). Vorsicht, wer nicht die aktuelle Excel-Version nutzt! Im Hilfetext von Excel 2007 hat sich an dieser Stelle ein Fehler eingeschlichen. Dort wird im Nenner der Kurs anstelle der Rückzahlung angegeben. Eine Rückrechnung zum Kurs ist mit

```
B9:=KURSDISAGIO(Abrechnung;Fälligkeit;Disagio;Rückzahlung;Basis)
```

möglich. Die Rendite, die dem Erwerber zugutekommt, lautet

```
B10:=RENDITEDIS(Abrechnung;Fälligkeit;Kurs;Rückzahlung;Basis)
```

Hat da der Programmierer gerade mal den Zinseszinseffekt vergessen? RENDITEDIS rechnet nämlich

```
=360/TAGE360(Abrechnung;Fälligkeit)*(Rückzahlung/Kurs-1) = 12,5%
```

teilt also den Gesamtgewinn von 20/80 = 25 linear durch 2. Da Abrechnung und Fälligkeit die einzigen Zahlungszeitpunkte sind, können wir dies mit

```
B11:=XINTZINSFUSS(C1:C2;B1:B2) = 11,8034%
```

widerlegen. Dies ist die effektive Rendite unter Berücksichtigung des Zinseszinseffekts.

Die Funktionen TBILLRENDITE, TBILLKURS und TBILLÄQUIV behandeln sogenannte T-Bonds (= Schatzwechsel), die rechnerisch zu ähnlichen oder zum Teil identischen Ergebnissen führen wie die zuvor beschriebenen Funktionen der Zerobonds, aber auf eine Laufzeit von einem Jahr begrenzt sind.

Für Kursangaben von Bonds gibt es die besondere Schreibweise von Ganzzahl und Zweiunddreißigstel, die durch einen Doppelpunkt getrennt sind. Ein Kurs von 90,5 wird demnach als 90:16 notiert. Auch dafür hat Excel vorgesorgt:

```
=WECHSELN(NOTIERUNGBRU(90,5;32);",";":") = 90:16
```

und die Rückrechnung:

```
=NOTIERUNGDEZ(WECHSELN("90:16";":";",");32) = 90,5
```

Darüber hinaus gibt es noch eine Reihe von Zinsterminfunktionen, die bestimmte Tage zwischen Abrechnung und Fälligkeit, abhängig von Zinsmethode und Anzahl Zinszahlungen pro Jahr, berechnen. Sie sind relativ selbsterklärend, sodass sie lediglich in Abb. 6.56 aufgelistet werden.

	A	B	C	D
2	Fälligkeitstermin	20. Jul 16		
3	Zinszahlungen (Kupon): halbjährlich (siehe oben)	1		
4	Basis: Taggenau/taggenau (siehe oben)	3		
5				
6	ZINSTERMNZ	42205	=ZINSTERMNZ(B1;B2;B3;B4)	Gibt eine Zahl zurück, die den nächsten Zinstermin nach dem Abrechnungstermin angibt.
7	ZINSTERMTAGE	365	=ZINSTERMTAGE(B1;B2;B3;B4)	Gibt die Anzahl der Tage der Zinsperiode zurück, die den Abrechnungstermin einschließt.
8	ZINSTERMTAGNZ	100	=ZINSTERMTAGNZ(B1;B2;B3;B4)	Gibt die Anzahl der Tage vom Abrechnungstermin bis zum nächsten Zinstermin an.
9	ZINSTERMTAGVA	265	=ZINSTERMTAGVA(B1;B2;B3;B4)	Gibt die Anzahl der Tage vom Anfang des Zinstermins bis zum Abrechnungstermin zurück.
10	ZINSTERMVZ	41840	=ZINSTERMVZ(B1;B2;B3;B4)	Gibt eine Zahl an, die die letzte Zinszahlung vor dem Abrechnungstermin repräsentiert.
11	ZINSTERMZAHL	2	=ZINSTERMZAHL(B1;B2;B3;B4)	Gibt die Anzahl der zwischen dem Abrechnungsdatum und dem Fälligkeitsdatum zahlbaren Zinszahlungen an, und zwar aufgerundet.

Abbildung 6.56: Zinsterminfunktionen

6.22 Umwandlung von Zahlensystemen

Alle Daten in unseren Computern basieren auf den beiden Zuständen ein/aus, wahr/falsch, 1/0. Dass wir trotzdem auch die in unserer realen Welt gebräuchlichen Zahlen 1234567890 im Dezimalsystem auf dem Bildschirm sehen können, verdanken wir der Umrechnung von Zahlensystemen. Dies passiert tief unten in den Eingeweiden des Rechners und hat mit praxisnahen Anwendungen nicht viel zu tun. Damit Sie trotzdem solche Berechnungen in Excel nachvollziehen können, gibt es spezielle Funktionen dazu.

Die Zahlensysteme, zwischen denen umgerechnet werden kann, sind

- Binärsystem (0, 1)
- Oktalsystem (0 bis 7)
- Dezimalsystem (0 bis 9)
- Hexadezimalsystem (0 bis 9, A bis E)

Von jedem dieser vier Systeme kann in alle anderen Systeme umgerechnet werden, ergo gibt es die zwölf Funktionen BININOKT, BININDEZ, BININHEX, OKTINBIN, OKTINDEZ, OKTINHEX, DEZINBIN, DEZINOKT, DEZINHEX, HEXINBIN, HEXINOKT, HEXINDEZ.

	A	B	C	D
1	1111		15	=BININDEZ(A1)
2	101010110		342	=BININDEZ(A2)
3	1111111111		-1	=BININDEZ(A3)
4	255		11111111	=DEZINBIN(A4)
5	511		111111111	=DEZINBIN(A5)
6	65536		10000	=DEZINHEX(A6)
7	ABCDE		703710	=HEXINDEZ(A7)

Abbildung 6.57: Umwandlung von Zahlensystemen

Wie man in C3 und C5 sieht, unterliegen die Funktionen bestimmten Größenbeschränkungen. DEZINBIN und BININDEZ können beispielsweise nur bis

```
2^9-1=511
```

rechnen. Eine interessante mathematische Knobelaufgabe besteht darin, diese Berechnungen auch ohne die dafür gedachten speziellen Funktionen umzusetzen und dabei auch die Größenbeschränkungen aufzuheben.

- BININDEZ(Zahl)

```
=SUMMENPRODUKT(LINKS(RECHTS("0"&Zahl;ZEILE($1:$256)))
*2^(-1+ZEILE($1:$256)))
```

- DEZINBIN(Zahl)

```
=SUMMENPRODUKT(GANZZAHL(REST(Zahl/2^(ZEILE($1:$256)-1);2))
*10^(ZEILE($1:$256)-1))
```

- HEXINDEZ(Zahl)

```
{=SUMME((SUCHEN(TEIL(Zahl;ZEILE(INDIREKT("1:"&LÄNGE(Zahl)));1);
"0123456789ABCDEF")-1)*16^(LÄNGE(Zahl)-ZEILE(INDIREKT("1:"&LÄNGE(Zahl)))))}
```

Da bietet Excel ab Version 2013 nun die Superfunktionen DEZIMAL und BASIS. Obige lange Formel für große Zahlen HEXINDEZ wird erschlagen durch:

`=DEZIMAL(Zahl;16)` wieder zurückrechnen geschieht mit:

`=BASIS(Zahl;16)` 16 ist HEX; 2 ist BIN – funktioniert für alle Basiszahlen bis 36

Für die meisten Excel-Anwender haben solche Berechnungen in der Praxis kaum Relevanz. Aber für alle, die gern mit Farben experimentieren, gibt es doch ein interessantes Anwendungsbeispiel.

Excel verwaltet seine Farben in Hexadezimalzahlen. Die technische Bezeichnung für die Farbe Lila ist A03070. Das kommt daher, dass Excel (bzw. Windows) mit dem RGB-Farbmodell arbeitet. Jede Farbe setzt sich aus einer Mischung von **R**ot-, **G**rün- und **B**lautönen zusammen. Jeder dieser drei Töne kann einen Wert von 0 bis 255 annehmen. Das sind genau 16^2 Töne je Farbe, also insgesamt 16^6 = 16.777.216 mögliche Farben.

Zu sehen war das bislang beispielsweise im Eigenschaften-Editor von Steuerelementen oder innerhalb der Optionen, mit denen die Farbpalette einer Arbeitsmappe konfiguriert werden kann. Hinsichtlich der Farbgebung wurde Excel seit der Version 2007 revolutioniert. Es ist nun für jede einzelne Zelle möglich, das komplette Farbspektrum zu editieren (Abb. 6.58).

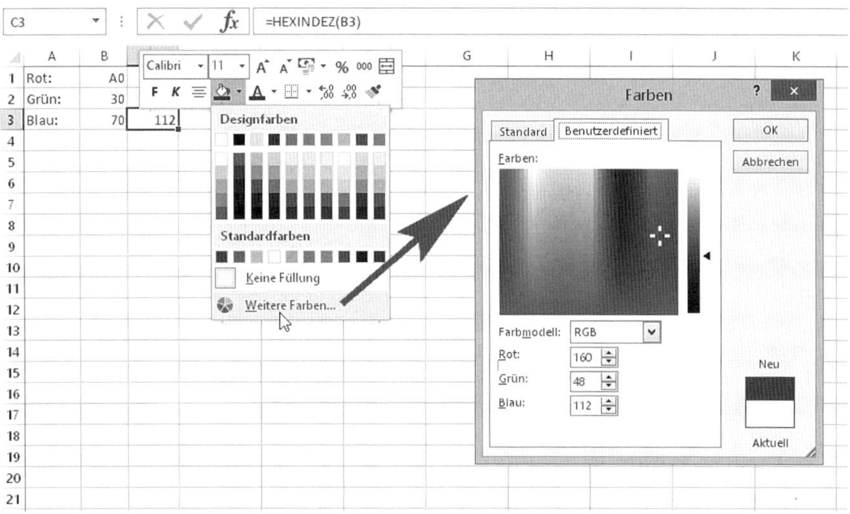

Abbildung 6.58: Umwandlung von Zahlensystemen zur Bestimmung von Farbcodes

Der technische Farbton A03070 wird in drei Teile zerlegt und dann vom hexadezimalen ins dezimale Zahlensystem umgewandelt:

- Rot: =HEXINDEZ("A0")=160
- Grün: =HEXINDEZ("30")=48
- Blau: =HEXINDEZ("70")=112

Lila besteht in Excel also aus 160 Teilen Rot, 48 Teilen Grün und 112 Teilen Blau. Weiß hat den Farbcode 255, 255, 255 und Schwarz 0, 0, 0.

In VBA gibt es drei Möglichkeiten, einen Farbton dem Hintergrund einer Zelle zuzuordnen.

- Mit der Hexadezimalzahl, der &H vorangestellt werden muss:

  ```
  ActiveCell.Interior.Color = &HA03070
  ```

- Mit der Funktion RGB, die die drei Farbbestandteile in eine Dezimalzahl(!) umwandelt:

  ```
  ActiveCell.Interior.Color = RGB(160, 48, 112)
  ```

- Mit Farbkonstanten:

  ```
  ActiveCell.Interior.Color = rgbViolet (entspricht RGB 238,130,238)
  ```

RGB(160, 48, 112) liefert die Zahl 7352480, die entsprechende Dezimalzahl dieses Farbcodes.

Bis Excel 2003 konnte man einer Zelle nicht direkt eine Farbe zuordnen. Da ordnete man die Farbe einer Palette der Arbeitsmappe zu. Diese Palette bestand nur aus 56 verschiedenen Farben. Der Zelle konnte man dann nur eine Nummer von 1 bis 56 aus der aktuell gültigen Palette zuordnen.

Dieses Palettenmodell wurde nicht komplett über Bord geworfen, d. h., eine Arbeitsmappe besitzt immer noch eine Palette mit 56 Farben, und den Zellen können auch weiterhin Farben aus dieser Palette zugeordnet werden.

6.23 Rechnen mit komplexen Zahlen

Die Wurzel aus -1 kann es ja nicht geben. Denn eine Zahl mit sich selbst multipliziert gibt immer eine positive Zahl. Plus mal plus gibt plus und minus mal minus gibt auch plus. Das lernen wir in der Schule und damit hat sich die Welt auch lange Zeit abgefunden. Doch irgendwann waren ein paar schlaue Köpfe damit nicht mehr zufrieden. Sie wollten partout die Wurzel aus -1 berechnen und erweiterten die Menge der reellen Zahlen um eine weitere Dimension.

Zur Erinnerung, die Menge der reellen Zahlen kann auf einem eindimensionalen Zahlenstrahl dargestellt werden, wie Abb. 6.59 zeigt.

Dazu zählen

- natürliche Zahlen 1, 2, 3, ...
- ganze Zahlen: natürliche Zahlen und negative Zahlen inklusive 0, -1, -2, -3
- rationale Zahlen: alle Brüche, die man aus den ganzen Zahlen bilden kann, z. B. 2/3, 14/5, -4/3
- irrationale Zahlen: Zahlen mit unendlich vielen, nichtperiodischen Nachkommastellen, die sich nicht als Bruch darstellen lassen, z. B. die Wurzel aus 2, die eulersche Zahl (2,718...) oder Pi (3,14...)

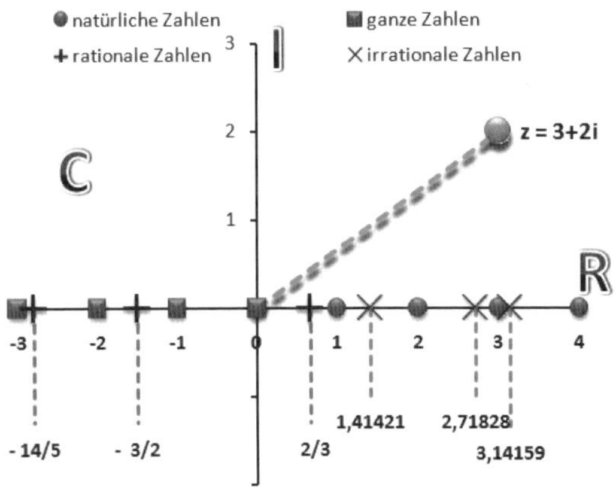

Abbildung 6.59: Die komplexe Zahlenebene

Durch Einführung einer imaginären Achse entsteht nun die komplexe Zahlenebene (C). Jede komplexe Zahl z besteht demnach aus einem Realteil und einem Imaginärteil, der als Vielfaches von i (der Wurzel aus -1) dargestellt wird. Die Funktion KOMPLEXE erzeugt aus einem Realteil und einem Imaginärteil eine komplexe Zahl.

```
=KOMPLEXE(3;2) = "3+2i"
```

Man muss beachten, dass komplexe Zahlen in Excel immer als Zeichenkette (Datentyp *Text*) vorkommen.

Die Funktionen IMREALTEIL und IMAGINÄRTEIL kehren das Ganze wieder um und splitten eine komplexe Zahl in ihren Realteil und ihren Imaginärteil auf.

```
=IMREALTEIL("3+2i") = 3
=IMAGINÄRTEIL("3+2i") = 2
```

IMSUMME addiert zwei komplexe Zahlen und IMPRODUKT multipliziert sie miteinander. IMAPOTENZ potenziert die Zahl mit dem angegebenen Exponenten.

Da per Definition i die Wurzel aus -1 ist, müsste i^2 genau -1 betragen, aber

```
=IMAPOTENZ("i";2) = -1+1,22514845490862E-16i
```

... sieht unschön aus, da sich Excels generelle Rundungsprobleme insbesondere auf die komplexen Funktionen auswirken. Mit etwas Tuning kann man das Ergebnis richtigstellen:

```
=IMREALTEIL(IMAPOTENZ("i";2))&"+"&RUNDEN(IMAGINÄRTEIL(IMAPOTENZ("i";2));10)&"i"
= -1+0i
```

Quod erat demonstrandum. Die Rückrechnung erfolgt mit IMWURZEL. Die Wurzelfunktion, die sich in der reellen Zahlenwelt bewegt, liefert natürlich bei

```
=WURZEL(-1)
```

den Fehlerwert `#ZAHL!`.

```
=IMWURZEL(-1)
```

liefert das Ergebnis i. (Der hässliche Realteil muss wieder weggerundet werden.)

Neben der reinen Mathematik sind komplexe Zahlen in der Grundlagenphysik und der Elektrotechnik von Bedeutung. Den mit Abstand schönsten Anwendungsfall stellt aber die Iteration der Funktion

$$Z_{n+1} = Z_n^2 + C$$

Abbildung 6.60: Iterationsformel der Mandelbrotmenge

zur Darstellung der Mandelbrotmenge (benannt nach Benoît Mandelbrot) dar.

Darüber hinaus gibt es noch weitere Funktionen zum Rechnen mit komplexen Zahlen. Diese lauten:

IMABS, IMARGUMENT, IMCOS, IMDIV, IMEXP, IMKONJUGIERTE, IMLN, IMLOG10, IMLOG2, IMSIN, IMSUB

6.24 Exoten

Diese Funktionen passen in keine der anderen Kategorien und besitzen sehr ungewöhnliche Eigenschaften und Fähigkeiten.

Die Funktion TEILERGEBNIS kann eine Reihe anderer Funktionen wahlweise ersetzen. Je nach Parametereingabe berechnet sie das arithmetische Mittel, die Anzahl von Zahlen oder Texten, Maximum oder Minimum, Produkt, Standardabweichung, Summen oder die Varianz von Werten eines Bereichs. Sie kann entweder manuell eingegeben oder über den Aufruf *Daten/Teilergebnis* erzeugt werden.

Abbildung 6.61: Funktion TEILERGEBNIS

Das Besondere an ihr ist, dass sie bei der Berechnung Zellen ignoriert, die selbst die Funktion TEILERGEBNIS enthalten. Außerdem ignoriert sie durch den AutoFilter und (ab Excel 2003 optional) auch manuell ausgeblendete Zeilen.

Die Funktionen INFO und ZELLE geben Informationen über das aktuelle Betriebssystem oder Eigenschaften (wenn auch in spärlichem Umfang) mancher Excel-Objekte zurück.

Beide Funktionen erwarten als Argument einen Text, der vorgibt, was berechnet werden soll.

Die Argumente `"Sysversion"`, `"System"` und `"Version"` offenbaren Name und Version Ihres Betriebssystems bzw. Letztere die Nummer der Excel-Version.

Informationen, die sich auf die aktuelle Excel-Anwendung beziehen, liefert die Funktion INFO über folgende Parameter:

- `"Dateienzahl"`: Anzahl aktiver Arbeitsblätter in den geöffneten Arbeitsmappen. Dabei werden auch Add-ins und im Hintergrund geöffnete Mappen mitgezählt.
- `"Berechne"`: der aktuelle Berechnungsmodus `"Automatisch"` oder `"Manuell"`
- `"Verzeichnis"`: der Pfad des aktuellen Verzeichnisses oder Ordners

  Die Angabe bezieht sich nicht auf den Pfad, unter dem die aktuelle Arbeitsmappe gespeichert ist, sondern auf den Ordner, der im *Öffnen*-Dialogfeld aktiv ist (entspricht *VBA.CurDir*).

Die Formel

```
=TEIL(INFO("Ursprung");4;9)
```

gibt die Adresse der ersten, links oben sichtbaren Zelle der aktiven Tabelle zurück.

Die Funktion ZELLE liefert Informationen zur aktuellen Arbeitsmappe einer Tabelle oder Zelle. Im Gegensatz zur Funktion INFO kann bei ZELLE noch ein Bezug angegeben werden, auf den sich die Berechnung bezieht. Wird der Bezug nicht angegeben, bezieht sich die Berechnung auf die momentan aktive Zelle. Informationen über die Position der vorgegebenen oder der aktiven Zelle erhalten Sie mit den Parametern "Adresse", "Zeile" oder "Spalte". Die Parameter "Inhalt", "Typ", "Format", "Schutz", "Präfix", "Klammern" und "Farbe" liefern Angaben über den Inhalt und die Formate der Zelle.

Der Parameter "Breite" liefert die Breite der Spalte der angegebenen Zelle bzw. der aktuellen Spalte, falls kein Bezug angegeben wurde. In Kombination mit der Funktion TEXT könnte man das z. B. dazu verwenden, das Datumsformat einer Zelle flexibel an die aktuelle Spaltenbreite anzupassen (nach Änderung der Breite F9 drücken):

```
A1:=TEXT(JETZT();"TT."&SVERWEIS(ZELLE("Breite";A1);
{0.0;5."MM.";7."MM.JJ";9."MM.JJJJ";11." MMM JJJJ";13." MMMM JJJJ"};2))
```

"Dateiname" liefert Laufwerk, Pfad, Dateiname und Tabellenname, in denen sich der angegebene Bezug befindet.

Der Parameter beider Funktionen in Textform hat den Nachteil, dass die Funktionen beim Öffnen mit einer englischen Excel-Anwendung nicht automatisch übersetzt werden können, wie das normalerweise der Fall ist.

Die Funktion HYPERLINK berechnet nichts, sondern erzeugt in der aufrufenden Zelle einen Hyperlink, den Sie anklicken können. In den herkömmlichen Funktionskategorien hat sich diese Funktion mysteriöserweise unter die Matrixfunktionen verirrt. Mit VERGLEICH kombiniert kann man HYPERLINK als Suchfunktion nutzen.

```
=HYPERLINK("#A"&VERGLEICH(Suchkriterium;A:A;0);"Such mich!")
```

sucht das Suchkriterium in Spalte A und springt im Erfolgsfall auch dorthin.

Einen ebensolchen Irrläufer stellt die Funktion RTD dar, die Echtzeitdaten eines Programms empfängt, das die COM-Automatisierung unterstützt. Ohne die entsprechenden Add-ins und die Installation eines Servers für Echtzeitdaten können Sie mit dieser Funktion nichts anfangen.

Die Funktion ZUFALLSZAHL() liefert eine zufällige Zahl zwischen 0 und 1 mit (in der Regel) 15 zufälligen Nachkommastellen. Trotz ihrer schlichten Funktionalität ist sie ein Juwel unter den Excel-Funktionen, das vor allem in der Statistik sehr wichtig ist und mit dem man jede Menge Spaß haben kann. ZUFALLSBEREICH liefert ganzzahlige Zufallszahlen im angegebenen Intervall, was mit ZUFALLSZAHL aber auch möglich wäre, z. B.

```
=ZUFALLSBEREICH(1;49)=KÜRZEN(ZUFALLSZAHL()*49)+1
```

Die Funktion RÖMISCH wandelt eine arabische Zahl bis maximal 3.999 in eine römische Zahl als Text um. Bevor es die Funktion ARABISCH gab, erfolgte die Rückrechnung mit

```
{=VERGLEICH(A1;RÖMISCH(ZEILE(INDIREKT("1:3999")));0)
```

Jetzt (ab Excel 2013):

```
=ARABISCH(A1)
```

Die Funktion BAHTTEXT wandelt eine Zahl in Thai-Text um und fügt diesem das Suffix "Baht" hinzu. Wir rätseln bislang erfolglos, wie und warum sich diese Funktion in den Standardkatalog der deutschen Excel-Version verirrt hat.

Nimmt man Bezug auf die Zelle einer PivotTable (Abb. 6.62), wird anstelle des absoluten Bezugs die Funktion PIVOTDATENZUORDNEN eingefügt. Höhe und Breite einer PivotTable können sich bei Aktualisierung ändern, und diese Funktion gewährleistet dann, dass der Bezug immer auf die zu den angegebenen Suchkriterien passende Zelle zugreift. Die Funktion kann auch manuell editiert werden.

Kennzahl	Umsatz				
Summe von Euro	**Gebiet**				
Monat	**Nord**	**Ost**	**Süd**	**West**	**Total**
Jan	1.019	71	832	52	1.974
Feb	67	893	1.118	37	2.115
Mrz	80	1.085	51	900	2.116
Apr	864	58	69	1.066	2.057
Mai	1.066	66	855	91	2.078
Jun	62	884	1.001	65	2.012
Jul	51	1.146	68	879	2.144
Aug	946	72	79	1.077	2.174
Sep	1.152	70	909	67	2.198
Okt	62	891	1.106	51	2.110
Nov	75	1.094	59	895	2.123
Dez	836	64	51	1.118	2.069
Total	**6.280**	**6.394**	**6.198**	**6.298**	**25.170**

```
=PIVOTDATENZUORDNEN("Euro";$I$3;"Monat";"Sep";"Gebiet";"Nord")
```

Abbildung 6.62: PivotTable per Formel auswerten

6.25 Neue Funktionen

Darunter zusammengefasst sind neue Funktionen ab Excel 2013 bzw. auch ältere, die bisher nicht behandelt wurden. Von den zahlreichen neuen Funktionen sind sehr viele absolute Spezialformeln aus dem Bereich Statistik und z. B. Trigonometrie imaginärer Zahlen, aber es ist auch einiges an Überflüssigem und Kinkerlitzchen dabei. Nur elf erwähnenswerte Funktionen sollen deshalb hier angeführt werden.

Die Funktionen DEZIMAL, BASIS und ARABISCH zur Umwandlung von Zahlensystemen wurden schon bzw. werden in den folgenden Kapiteln noch erwähnt. Die sind irre einfach und, was die Leistung betrifft, perfekt.

`=ISTFORMEL(A1)` ergibt WAHR, wenn in A1 eine Formel steht, bzw. FALSCH, wenn nicht. Sehr praktisch, dafür mussten wir uns früher mit Excel-4-Makrofunktionen abmühen.

`=FORMELTEXT(A1)` gibt die Formel in A1 ausgeschrieben wieder.

`=WENNNV(A1)` ist das Gleiche wie `=WENNFEHLER(A1)` mit der Beschränkung auf die Fehlermeldung #NV.

`=BLATT("Blattname")` gibt die Nummer des ausgewählten Blatts in der Reihenfolge der Arbeitsmappe wieder.

`=BLÄTTER()` ist die Anzahl der Blätter in der Arbeitsmappe.

`=UNIZEICHEN(A1)` und `=UNICODE(A1)` sind eigentlich das Gleiche wie `=ZEICHEN(A1)` und `=CODE(A1)`, nur ist für ZEICHEN bei 255 Schluss, UNIZEICHEN funktioniert bis 55.295.

`=AGGREGAT(Funktion;Option;Bereich;k)`

Das klingt erst mal unhandlich – ist aber u. a. eine enorme Verbesserung der Funktion TEILERGEBNIS.

Ein Beispiel:

In Spalte A1:A99 stehen Zahlen, in B1:B99 Begriffe – A1:B99 wurden nach irgendeinem Begriff gefiltert.

`=TEILERGEBNIS(9;A1:A99)` ergibt die gefilterte Summe. 9 ist die Funktion für Summe – die Funktionen in AGGREGAT sind identisch (es gibt aber ein paar mehr).

`=AGGREGAT(9;1;A1:A99)` ergibt auch die gefilterte Summe.

Wozu soll AGGREGAT dann gut sein? Jetzt kommen die Optionen ins Spiel (es gibt 7, siehe Onlinehilfe). Ist einer der Werte in Spalte A nach der Filterung ein Fehlerwert, ergeben beide Formeln Müll. Bei TEILERGEBNIS wären jetzt Formelkombinationen erforderlich, um das auszuschließen. Mit

```
=AGGREGAT(9;7;A1:A99)
```

ist das kein Problem. 7 ist die Option für *ausgeblendete Zeilen und Fehlerwerte ignorieren.*

Wie oben bereits erwähnt wurde, gibt es im Vergleich zu TEILERGEBNIS einige Funktionen mehr. Erwähnenswert sind 12 MEDIAN, 14 KGRÖSSTE und 15 KKLEINSTE.

`=AGGREGAT(14;7;A1:A99;2)` ermittelt z. B. den zweitgrößten gefilterten Wert. Bei den Funktionen 14 und 15 ist also das *;k* am Ende erforderlich.

Nach der ersten Euphorie aber gleich ein kleiner Dämpfer. Man könnte vermuten, wenn AGGREGAT so viel besser ist als TEILERGEBNIS, dass es sicher auch zeilenweise funktioniert. Aber Pustekuchen: AGGREGAT kann auch nur senkrecht.

AGGREGAT kann man auch mit anderen Formeln kombinieren – da entfällt der {Arrayabschluss} mit Strg+⇧+↵. Ausgeblendete Werte werden dann aber nicht ignoriert.

Kapitel 7

Matrix oder Array – die dritte Dimension

Das Arbeiten mit Matrizen bzw. Arrays wird häufig als die Krönung der Kalkulation bezeichnet. Mit Arrays lassen sich tatsächlich interessante Formeln konstruieren, aber der praktische Nutzen hält sich doch in Grenzen, und mit der Einführung der dynamischen Arrays hat Excel den Zauber noch ein wenig entschärft. Wagen wir trotzdem einen Ausflug in die dritte Dimension, die Matrix.

7.1 Was jetzt – Matrix oder Array?

Diese beiden Begriffe werden auf allen Supportseiten und in Dokumentationen unkontrolliert und beliebig benutzt. Im englischsprachigen Bereich gibt es nur das Array, die Matrix ist eine deutsche Übersetzung davon. Der Begriff Matrixformel hat sich zwar etabliert, das Array setzt sich aber mit Einführung der dynamischen Arrays durch.

Gewöhnen wir uns also langsam an das Array, auch wenn die Matrix gemeint ist.

7.1.1 Die Arraykonstante

Die manuelle Herstellung eines Arrays ist nur für spezielle Spezialformeln nötig. Ein Array wird grundsätzlich durch {geschweifte Klammern} dargestellt.

Schreiben Sie die Klammern selbst (mit AltGr+7 und AltGr+0 oder mit Alt+1 2 5 und Alt+1 2 6 auf dem Zahlenblock):

Array	Bedeutung
={2.5.7}	Eine horizontale Matrix. Der Punkt ist das Trennzeichen (abhängig von der Windows-Ländereinstellung).
={5;6;9}	eine vertikale Matrix
={1.2.3;4.5.6;7.89}	eine zweidimensionale Matrix

Zulässige Elemente eines Arrays sind Zahlen, Texte, logische Werte (WAHR und FALSCH) sowie Fehlerwerte. Nicht zulässig sind hingegen Zellbezüge, Namen und die Sonderzeichen $, % sowie Klammern (). Zudem dürfen keine Zeilen oder Spalten unterschiedlicher Größe vorhanden sein, wie z. B. `={1.2.3;3.4.5.6}`.

Die Elemente eines Arrays können auch unterschiedlichen Typs sein:

```
={1.2.3."A".WAHR.#NV."XY".22,55.1E+307}
```

Zu beachten ist dabei, dass Texte in "Anführungszeichen" gesetzt werden. Zahlen können auch dezimal oder im wissenschaftlichen Format (1E+307) angegeben werden. Für alle Arraykonstanten gilt, dass die {geschweiften Klammern} manuell erzeugt werden.

Matrizen können mit mathematischen Operationen kombiniert oder miteinander multipliziert werden.

`={2.4.6}*5` ergibt `{10.20.30}`

da jedes Element mit der Zahl 5 multipliziert wird. Das Ergebnis ist wieder ein Array mit der gleichen Anzahl von Elementen wie das Ausgangsarray.

Bei zwei Arrays, die gleich dimensioniert sind, korreliert jedes x-te Element von Array A mit dem zugehörigen x-ten Element von Array B.

`={2.4.6}*{3.4.5}` ergibt `={6.16.30}`

Sind beide Arrays unterschiedlich dimensioniert, wird jedes Element von Array A mit jedem Element von Array B multipliziert:

`={2.4.6}*{3;4}` ergibt `={6.12.18;8.16.24}`

Die Arraydimensionen müssen sinnvoll zusammenpassen. Eine Konstruktion wie

`={1.2;3.4}*{2;3;4}` ergibt `={2.4;9.12;#NV.#NV}`

da das zweite Array aus drei Zeilen besteht, das erste hingegen nur aus zwei. Die ersten Berechnungen werden mit 1*2, 2*2, 3*3 und 4*3 korrekt ausgeführt. Für die letzte 4 im zweiten Array gibt es hingegen kein Pendant mehr im ersten Array, und somit führt dies zu den Fehlerwerten #NV.

Sollte Ihr Array einmal Zahlen enthalten, die aus verschiedensten Gründen im Textformat vorliegen, bekommen Sie im weiteren Verlauf oftmals Schwierigkeiten:

```
=SUMME({"1";"2";"3"})
```

ergibt eine humorlose Null. Abhilfe schafft hier eine mathematisch neutrale Bearbeitung des Arrays. Eine Zahl wird mathematisch nicht verändert, wenn man sie mit 1 multipliziert, durch 1 dividiert oder 0 addiert. Und genau das kann man auch mit einem Array machen. Dabei ist Excel so intelligent, aus allem, was wie eine Zahl aussieht, eine echte Zahl zu machen, den Datentyp also zu verändern.

```
=SUMME({"1";"2";"3"}+0) = SUMME({1;2;3}) = 6
```

Noch ein schönes Beispiel für eine Arraykonstante: Die Funktion INDEX() ist prädestiniert für die Analyse eines Arrays. Hier sucht sie den Wochentag in der Arraykonstanten und liefert das passende Ergebnis:

```
A1: =HEUTE()
A2: =INDEX({"So";"Mo";"Di";"Mi";"Do";"Fr";"Sa"};WOCHENTAG(A1);1)
A3: =INDEX({"Sunday";"Monday";"Tuesday";"Wednesday";"Tuesday";"Friday";
"Saturday"};WOCHENTAG(A1);1)
```

7.1.2 Matrix anzeigen und berechnen

Ist das Ergebnis einer Formel eine Matrix, wird diese im Tabellenblatt aufgebaut. Die Formel bleibt dabei in der ersten Zelle, die übrigen Zellen bleiben leer. Wenn der Bereich für die Anzeige der Matrix nicht leer ist, entsteht ein Überlauffehler (siehe unten).

Um eine Matrix zu berechnen, markieren Sie alle Zeichen der Formel in der Bearbeitungsleiste oder in der Zelle und drücken [F9]. Damit wird die Matrix aufgelöst, und wenn Sie mit [↵] bestätigen, erhalten Sie das Ergebnis anstelle der Formel. Beispiel:

Legen Sie eine Zahlenreihe im Bereich A1:A6 an.

Schreiben Sie diese Formel:

```
=WENN(A1:A6>5;A1:A6;"")
```

Markieren Sie den Formelteil "A1:10>5" und drücken Sie [F9]:

```
=WENN({FALSCH;FALSCH;FALSCH;WAHR;WAHR;FALSCH};A1:A6;"")
```

Markieren Sie den zweiten Teil und drücken Sie wieder [F9]:

```
=WENN({FALSCH;FALSCH;FALSCH;WAHR;WAHR;FALSCH};{2;4;5;6;7;1};"")
```

Die Formelteile werden in Arraykonstanten umgewandelt, und so können Sie Arrayformeln besser nachvollziehen und korrigieren.

7.2 Die CSE-Formel

Gebräuchlicher und auch nützlicher als die direkt mit Klammern erzeugte Arraykonstante ist die Arrayformel, und diese musste in älteren Versionen noch mit einer Tastenkombination erzeugt werden:

Halten Sie Strg und ⇧ gleichzeitig gedrückt, und drücken Sie dann die ↵-Taste. Die Formel wird mit {geschweiften Klammern} umrandet und damit zur Array- oder Matrixformel. Diese Formel wird CSE-Formel genannt (CSE = Ctrl+Shift+Enter), auch der Begriff *Legacy Arrayformel* taucht manchmal dafür auf.

Seit September 2018 ist diese Eingabeform überflüssig. Ein Array als Formelergebnis wird in den umliegenden Zellen aufgebaut. Liefert die Formel einen Wert, wird dieser ohne geschweifte Klammern ausgegeben. Dazu reicht ein einfacher Bezug, der als Array interpretiert wird:

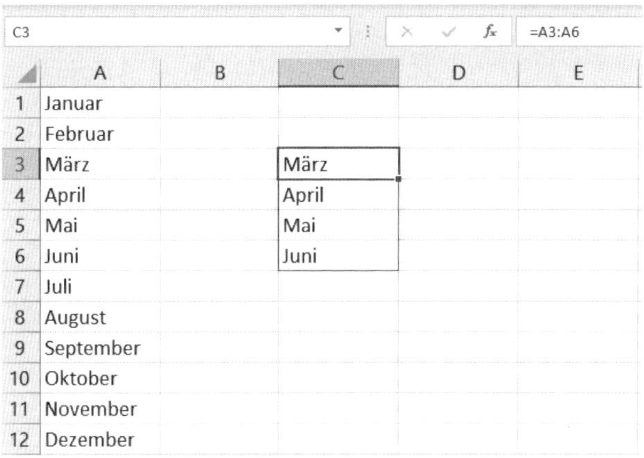

Abbildung 7.1: Ein dynamisches Array entsteht bereits durch einen mehrzelligen Bezug.

Kalkulationen mit CSE-Formeln werden aber weiterhin korrekt berechnet und können auch in dynamische Arrays umgewandelt werden. Markieren Sie dazu den Bereich rund um die Formel (*F5/Inhalte/Aktueller Array* oder Strg+⇧++). Löschen Sie den Bereich, und geben Sie die Formel ohne die CSE-Tastenkombination ein.

Problematisch ist die Verwendung von Arbeitsmappen mit dynamischen Arrays in älteren Excel-Versionen. Einfache Bezüge werden noch in CSE-Arrays umgewandelt. Arrayfunktionen versucht Excel noch mit dem Formelzusatz xlfn zu retten (xlfn.SEQUENCE oder XLFN.ANCHORARRAY), aber bei Neuberechnungen geben auch diese Fehler aus.

7.2.1 Bereich mal x gleich Matrix

In der überwiegenden Anzahl der Fälle wird die Darstellung aller einzelnen Elemente der Rückgabematrix gar nicht benötigt, sondern es soll damit weitergerechnet werden.

Abb. 7.2 zeigt Einzahlungen auf zwei Konten, die über drei Jahre zu 10 % verzinst werden sollen. Letztlich interessiert hier nur das gesamte Endvermögen nach Ablauf der Perioden zum Stichtag 01.01.2018. Doch um dieses Ergebnis zu erhalten, benötigen Sie im Normalfall einige Zwischenschritte.

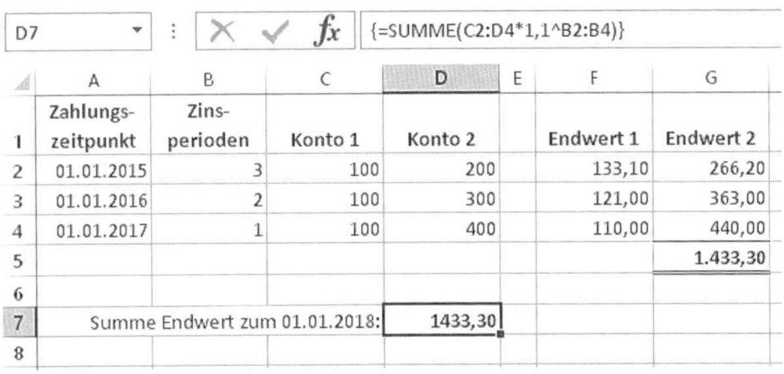

D7 | {=SUMME(C2:D4*1,1^B2:B4)}

	A	B	C	D	E	F	G
1	Zahlungs-zeitpunkt	Zins-perioden	Konto 1	Konto 2		Endwert 1	Endwert 2
2	01.01.2015	3	100	200		133,10	266,20
3	01.01.2016	2	100	300		121,00	363,00
4	01.01.2017	1	100	400		110,00	440,00
5							1.433,30
6							
7		Summe Endwert zum 01.01.2018:		1433,30			
8							

Abbildung 7.2: Mit Matrixformeln können mathematische Operatoren auf mehrzellige Bereiche angewandt werden.

Mit der Formel

```
F2: =C2*1,1^$B2
```

wird die Zahlung in C2 abhängig von der Anzahl der Zinsperioden in B2 zu 10 % aufgezinst (1,1=1+10 %). Die Formel wird bis G4 kopiert, um auch die übrigen Endwerte zu erhalten. Schließlich erhalten wir mit

```
G5: =SUMME(F2:G4)
```

die Summe aller Endwerte. Dank Matrixformeln ist das Hilfstableau von F1:G5 gar nicht notwendig. Stattdessen können wir mit

```
D7: {=SUMME(C2:D4*1,1^B2:B4)}
```

alle Teilberechnungen auf einmal ausführen, vorausgesetzt, wir schließen die Formeleingabe mit [Strg]+[⇧]+[↵] ab.

`C2:D4*1,1^B2:B4` erzeugt eine Ergebnismatrix mit sechs Einzelberechnungen, die aber nicht dargestellt, sondern an die Funktion SUMME weitergegeben werden. Diese summiert die Elemente und liefert nur noch einen übrig gebliebenen Funktionswert, sprich: die Summe.

Sie haben bereits gesehen, wie über mathematische Operationen Matrizen manipuliert werden können. Nach dem gleichen Muster kann ein mathematischer Operator auf einen Bereich angewandt werden, wodurch eine neue Matrix entsteht. Wir zerlegen obige Berechnung in ihre Einzelteile. Zuerst werden die drei Zinsfaktoren (1,1 ^ *Perioden*) berechnet:

```
1,1^B2:B4 = 1,1^{3;2;1} = {1,331 ; 1,21 ; 1,1}
```

Nun werden die Zinsfaktoren mit den Zahlungen multipliziert:

```
C2:D4*{1,331;1,21;1,1}
= {100 . 200 ; 100 . 300 ; 100 . 400} * {1,331 ; 1,21 ; 1,1}
= {133,1 . 266,2 ; 121 . 363 ; 110 . 440}
= 1433,30
```

Hier haben wir den Fall, dass zwei Matrizen mit unterschiedlichen Dimensionen multipliziert werden. Die linke Matrix der Zahlungen ist zweidimensional (Trennzeichen, Punkt und Semikolon), und die rechte Matrix der Zinsfaktoren ist ein eindimensionales Zeilenarray (Trennzeichen: Semikolon).

7.2.2 Gut argumentiert?!

Auf der einen Seite gibt es Argumente, die einen einzelnen Wert (eines bestimmten oder beliebigen Datentyps) erwarten. Andererseits gibt es Argumente, die von Haus aus eine Matrix aus Werten oder einen Bereich verlangen.

Argument Suchmatrix

Zum Beispiel das zweite Argument bei der Funktion VERGLEICH:

```
VERGLEICH(Suchkriterium;Suchmatrix;Vergleichstyp)
```

Folgende Befüllungen für *Suchmatrix* sind denkbar:

- eine Zeile oder eine Spalte (der Standardfall)
- eine konstante Matrix
- eine Matrix, die über Bereichsoperationen entsteht (Strg+⇧+↵)

Alle drei Fälle probieren wir am Beispiel in Abb. 7.3 aus. Die Liste ist nach Monatsumsätzen absteigend sortiert.

F4 =VERGLEICH(2021;A3:A12;0)

	A	B	C	D	E	F
1	**Top 10 Monatsumsätze**					
2	**Jahr**	**Monat**	**Monatsumsatz T€**			
3	2020	Jul	1.774		Suchkriterium	Zeile(=Rang)
4	2020	Feb	1.753		2021	4
5	2020	Jun	1.740		2021Dez	5
6	2021	Feb	1.723			
7	2021	Dez	1.716			
8	2020	Mai	1.634			
9	2021	Aug	1.633			
10	2021	Jun	1.545			
11	2020	Mrz	1.531			
12	2021	Okt	1.470			

Abbildung 7.3: Liste mit Monatsumsätzen

Gesucht ist zunächst die Zeile des umsatzstärksten Monats im Jahr 2021. Diese liefert die Standardformel

```
F3: =VERGLEICH(2021;A3:A12;0) = 4
```

Den Bereich, den die Funktion VERGLEICH hier in eine Matrix umwandelt, können wir auch direkt (konstant) dort eintragen:

```
F3: =VERGLEICH(2021;{2020;2020;2020;2021;2021;2020;2021;2021;2020;2021};0) = 5
```

Der dritte Anwendungsfall kommt zur Geltung, wenn sich das Suchkriterium aus Spalte A und B zusammensetzt. Spalte A und Spalte B werden mit &-Operator verkettet. Dadurch entsteht eine Matrix, die Excel nur mit der Tastenkombination [Strg]+[⇧]+[↵] akzeptiert:

```
F4: {=VERGLEICH(2021&"Dez";A3:A12&B3:B12;0)} = 5
```

Hier haben wir also eine Matrixformel kreiert, die im Gegensatz zur WENN-Funktion nur einen Rückgabewert liefert (wie im Standard).

Fazit: Entsteht eine Matrix in einem Argument, das standardmäßig eine Matrix oder einen Bereich erwartet, liefert die Funktion auch nur die standardmäßige Anzahl Rückgabewerte.

Anders ist der Fall wieder gelagert, wenn die Matrix im ersten Argument entsteht:

```
=VERGLEICH({"Jun"."Okt"."Mrz"};B3:B12;0) = {1.9.5}
```

Aus einem Suchkriterium werden drei. Also werden aus einem Rückgabewert auch drei. (Der Juni wird an erster Stelle gefunden, der Oktober an neunter Stelle und der März an fünfter Stelle.)

Argument Bereich oder Bezug

Es gibt Funktionen wie ZÄHLENWENN, RANG oder TEILERGEBNIS, die als Argument einen Bereich bzw. Bezug anstelle einer Matrix verlangen. An deren Verhalten wird noch einmal sehr schön der Unterschied zwischen Matrix und Bereich klar. Ein Bereich beinhaltet eine Matrix. Deshalb kann in einem Matrix-Argument sowohl ein Bereich als auch eine Matrix angegeben werden. Andersherum gilt dies nicht. Eine Matrix ist noch lange kein Bereich. Und deshalb verweigern die oben genannten Funktionen die Übergabe von Matrizen:

```
=ZÄHLENWENN(2021;2020;2021;2021;2020);2021)
```

ist genauso wenig zulässig wie

```
=ZÄHLENWENN(A3:A12&B3:B12;2021&"Dez")
```

Die Funktion ZÄHLENWENN verlangt also das reine, unmanipulierte »Medium« *Bereich*. Funktionen, die als Argument *Bezug* anstelle von *Bereich* verlangen (wie RANG oder TEILERGEBNIS), verhalten sich in gleicher Weise.

Rückgabematrix

Wir haben uns angesehen, wie sich Funktionen, die im Standard einen Rückgabewert besitzen, verhalten, wenn sie mit Arrays bestückt werden. Darüber hinaus gibt es aber auch einige Funktionen, die schon im Standardfall selbst Matrizen als Rückgabewerte liefern, ohne dass die Tastenkombination [Strg]+[⇧]+[↵] nötig wäre. Dazu zählen: MTRANS, MMULT, MINV, RGP, RKP

Auf einzelne Werte der Rückgabematrix kann mit der Funktion INDEX zugegriffen werden:

```
=INDEX(MTRANS({1.2.3;4.5.6;7.8.9});1;3) = 7
```

denn

```
=MTRANS({1.2.3;4.5.6;7.8.9}) = {1.4.7;2.5.8;3.6.9}
```

In der Ursprungsmatrix steht die 7 in der ersten Spalte der dritten Zeile. MTRANS transponiert diese Matrix, d. h., Zeilen und Spalten werden getauscht. In der Ergebnismatrix steht die 7 in der ersten Zeile und dritten Spalte, wie die Funktion INDEX beweist.

Matrix aus Bereichen

Um das Bild zu vervollständigen, fehlt noch ein recht abstrakter Sonderfall. Der Unterschied zwischen Bereich und Array sollte klar sein. Es gibt da aber auch ein seltsames Konstrukt, das man als Matrix aus Bereichen bezeichnen kann. Wir haben festgestellt, dass ein Argument, das einen Bereich verlangt, keine Matrix akzeptiert.

Das erste Argument von ZÄHLENWENN wäre demnach nicht matrixfähig. Dies ist auch richtig, außer in dem Fall, in dem die Matrix keine Werte (oder Zeichen) enthält, sondern Bereiche. Um das zu glauben bzw. zu verstehen, muss man es wohl gesehen haben. Folgende Formel beinhaltet einen solchen Sonderfall:

```
=ZÄHLENWENN(INDIREKT({"A:A";"B:B"});"x")
```

INDIREKT übergibt hier eine Matrix aus zwei Bereichen. ZÄHLENWENN führt nun für jeden Bereich die Berechnung durch und liefert eine Matrix aus zwei Rückgabewerten. Der erste Wert beinhaltet die Anzahl x in Spalte A und der zweite die Anzahl x in Spalte B.

Das Resultat ist natürlich nicht gleichbedeutend mit der Formel

```
=ZÄHLENWENN(A:B;"x")
```

die nur eine Gesamtanzahl liefert.

Eine Matrix aus Bereichen lässt sich mit den Funktionen INDIREKT und BEREICH.VERSCHIEBEN erzeugen. Mit diesem Konstrukt lassen sich Fragestellungen beantworten wie: In welcher Spalte kommen die meisten »x« vor? Zudem lassen sich Berechnungen für diskontinuierliche Bereiche verwirklichen, auf die wir im Verlauf dieses Kapitels noch eingehen.

Für Vergessliche

Die in den diversen Excel-Foren mittlerweile meistgenannte Funktion ist wohl SUMMENPRODUKT. Sie weist die Besonderheit auf, auf die Tastenkombination Strg+⇧+↵ verzichten zu können.

Wird ein Bereich einer mathematischen Operation unterzogen, z. B.

```
A1:A10*5
A1:A10 & B1:B10
```

entsteht eine Matrix, die Excel normalerweise nur mit der Tastenkombination [Strg]+[⇧]+[↵] berechnen kann. SUMMENPRODUKT versteht auch so, was zu tun ist (Abb. 7.4):

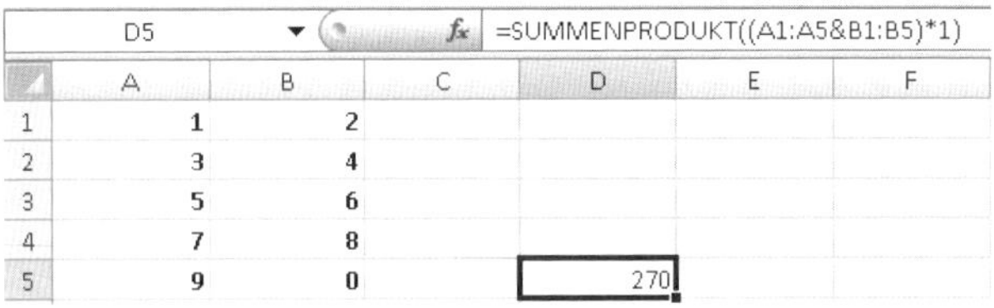

Abbildung 7.4: Matrixformel ohne { }

```
=SUMMENPRODUKT((A1:A5&B1:B5)*1)
= 12 + 34 + 56 + 78 + 90 = 270
```

So besteht also nicht mehr die Gefahr, die Formeleingabe versehentlich ohne geschweifte Klammern abzuschließen und somit keine oder falsche Ergebnisse zu erhalten. Ein weiterer Vorteil besteht darin, dass man problemlos die Tastenkombination [Strg]+[↵] (Kopieren einer Formel auf mehrere Zellen gleichzeitig) verwenden kann. Das ist mit der klassischen Arrayvariante so nicht möglich. Ansonsten hat die Formel aber keinen Vorteil gegenüber der herkömmlichen Matrixformel

```
{=SUMME((A1:A5&B1:B5)*1)}
```

7.3 Nichts als die Wahrheit

Die Zutaten zu diesem Bereich sind weder wahr noch falsch, sondern ausschließlich WAHR und FALSCH. Wahrheitswerte sind unverzichtbar bei der Arbeit mit Arrayformeln.

WAHR ist eine Bedingung immer dann, wenn sie nicht FALSCH ist.

- =1=1 ergibt logischerweise WAHR.
- =1=2 ergibt wiederum FALSCH.

Dank der Funktion NICHT lassen sich die Zustände auch umdrehen:

- `=NICHT(1=2)` ergibt WAHR, denn `=NICHT(FALSCH)` ist eben nicht falsch und somit wahr.
- `=NICHT(1=1)` ergibt FALSCH, denn `=NICHT(WAHR)` ist eben nicht wahr und somit falsch.

Auch wenn im reinen Excel die Funktion NICHT eher selten gebraucht wird, ist die doppelte Negierung in VBA gang und gäbe, da dort sehr oft mit den sogenannten booleschen Variablen gearbeitet wird (Variablen, die nur die Wahrheitswerte WAHR und FALSCH bzw. TRUE und FALSE zurückgeben können). Wenn die boolesche Variable den Namen *Bol* trägt, dann ist folgende Abfrage nicht selten:

```
If Not Bol Then ...
```

Ebenso wird im Zusammenhang mit Bereichsvariablen häufig ein `If Not Bereich Is Nothing Then` ... gebraucht. Also »Wenn nicht wahr/falsch, dann...« bzw. »Wenn nicht Bereich ist nichts, dann ...«.

Aber zurück zu Excel. Es wimmelt überall von Wahrheitswerten. Der bekannteste Vertreter wird in der schlichten Funktion WENN gebraucht:

```
=WENN(A1=5;"Ja";"Leider keine 5")
```

`A1=5` liefert entweder WAHR oder FALSCH – nicht mehr und nicht weniger.

Wenn man WAHR oder FALSCH mit irgendeiner mathematischen Operation (+, –, *, /) verbindet, wird aus WAHR eine 1 und aus FALSCH eine 0 (in VBA hat der Wert TRUE übrigens den Wert -1). Abb. 7.5 zeigt einige Rechenbeispiele:

Abbildung 7.5: Mit Wahrheitswerten können Sie rechnen.

Der Fehlerwert `#DIV/0!` resultiert daher, dass mathematisch eine Division durch null (bzw. FALSCH) nicht zulässig ist. In den anderen Beispielen werden die Wahrheitswerte in die Zahlen 1 und 0 umgewandelt. Exakt dieses Prinzip wird beispielsweise in der Funktion SUMMEWENN gebraucht.

```
=SUMMEWENN(A1:A5;"x";B1:B5)
```

summiert alle Werte aus B1:B5, wenn die zugehörige Zelle in A1:A5 ein »x« enthält. Dabei wird jede Zelle aus dem Bereich A1:A5 nacheinander auf die Übereinstimmung mit »x« geprüft. Ist das Ergebnis WAHR, wird der Wert aus Spalte B summiert, ist das Ergebnis FALSCH, wird eben nicht summiert. Mathematisch stellen Sie sich einfach vor, dass der Wert aus Spalte B mit dem Wahrheitswert WAHR oder FALSCH multipliziert wird. Bei FALSCH wird also mit null multipliziert (Zahl*FALSCH = 0), bei WAHR mit 1 (Zahl*WAHR = Zahl). Und die Summe aller Einzelergebnisse führt dann zum Gesamtergebnis.

Eines der am häufigsten vorkommenden Probleme ist nun aber, dass eine Spalte nur dann summiert werden soll, wenn davor zwei Spalten bestimmte Werte enthalten. Dafür haben uns die Microsoft-Entwickler lange eine passende Funktion vorenthalten. Erst seit der Version 2007 gibt es die Funktion SUMMEWENNS, die dieses Versäumnis beseitigt. Bis zur Excel-Version 2003 hingegen kommen Sie nicht um einen Workaround herum. In folgendem Beispiel soll Spalte C nur summiert werden, wenn der Wert in Spalte A »x« **und** der Wert in Spalte B »y« ist (Abb. 7.6).

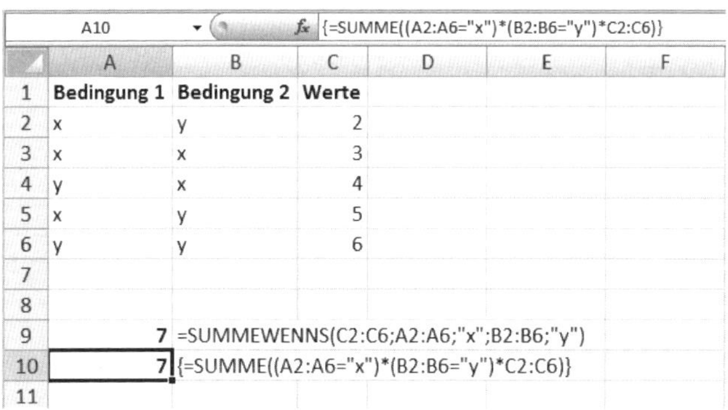

A10 {=SUMME((A2:A6="x")*(B2:B6="y")*C2:C6)}

	A	B	C	D	E	F
1	**Bedingung 1**	**Bedingung 2**	**Werte**			
2	x	y	2			
3	x	x	3			
4	y	x	4			
5	x	y	5			
6	y	y	6			
7						
8						
9	**7**	=SUMMEWENNS(C2:C6;A2:A6;"x";B2:B6;"y")				
10	**7**	{=SUMME((A2:A6="x")*(B2:B6="y")*C2:C6)}				
11						

Abbildung 7.6: SUMMEWENN mit zwei Bedingungen

Das Ergebnis ist 7, denn nur in Zeile 2 und 5 sind die Werte »x« und »y«. Konzentrieren wir uns an dieser Stelle nur auf die Arrayvariante in A10. Wenn wir die einzelnen Formelteile

```
(A2:A6="x")
(B2:B6="y")
C2:C6
```

mit F9 einer Teilauswertung unterziehen, ergibt sich

```
(A2:A6="x")   = {WAHR;WAHR;FALSCH;WAHR;FALSCH}
(B2:B6="y")   = {WAHR;FALSCH;FALSCH;WAHR;WAHR}
C2:C6         = {2;3;4;5;6}
```

Abb. 7.7 visualisiert dies noch mal:

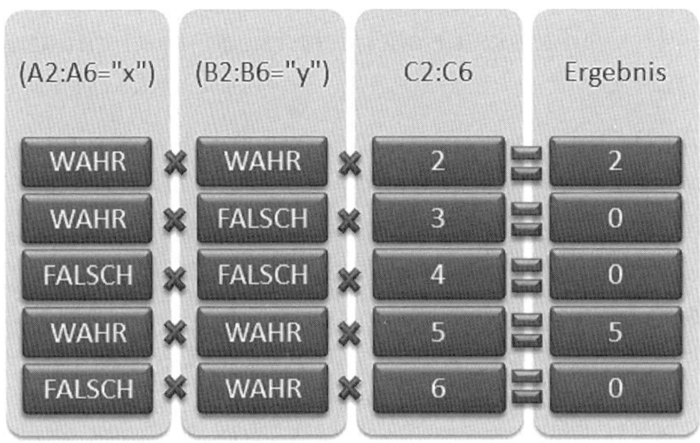

Abbildung 7.7: SUMMEWENN mit zwei Bedingungen durch Rechnen mit Wahrheitswerten

In Gänze:

```
=SUMME({WAHR;WAHR;FALSCH;WAHR;FALSCH}*{WAHR;FALSCH;FALSCH;WAHR;WAHR}*{2;3;4;5;6})
```

Wir erhalten also drei Arrays. Jetzt wird jedes Element des einen Arrays mit dem entsprechenden Element der anderen Arrays multipliziert. Werten wir nur die Multiplikation der ersten beiden Wahrheitsarrays aus, erhalten wir

```
=SUMME({1;0;0;1;0}*{2;3;4;5;6})
```

Zu guter Letzt werden die beiden übrig gebliebenen Arrays vereint, sodass das Ergebnis

```
=SUMME({2;0;0;5;0}) = 7
```

übrig bleibt. Hier bleibt abschließend festzuhalten, dass ausschließlich die Multiplikation von zwei (oder mehr) WAHR zum Ergebnis 1 führt, alle anderen ergeben null (Abb. 7.8).

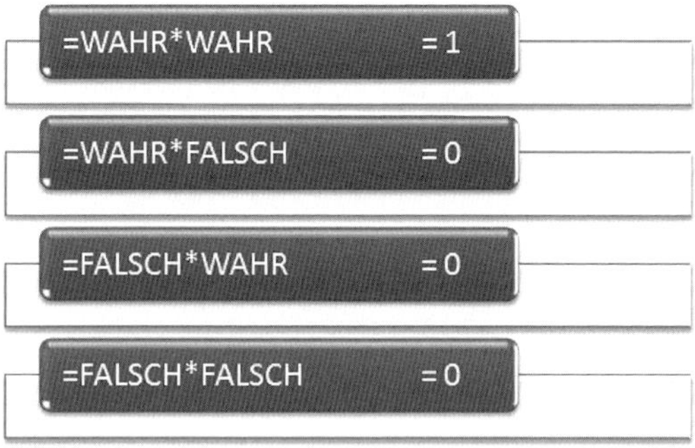

Abbildung 7.8: Multiplikation von Wahrheitswerten

Mithilfe der Wahrheitswerte kann man auch häufig auf die WENN-Funktion verzichten.

```
=WENN(A1=5;16;10)
```

ist identisch mit

```
=10+6*(A1=5)
```

Wenn in A1 eine 5 steht, ergibt der Wahrheitswert `(A1=5)` WAHR. Und `6*WAHR = 6`. Steht in A1 hingegen keine 5, ergibt `(A1=5)` FALSCH – und `6*FALSCH = 0`. Also wird zur Zahl 10 entweder 6 oder 0 addiert, und damit hat man beide Bedingungen der WENN-Funktion abgedeckt. Ein weiteres Beispiel:

In Ihrer Sparplanberechnung gemäß Abb. 7.9 unterscheiden Sie zwischen vor- und nachschüssiger Variante (das finanzmathematische Verständnis der Formel spielt an dieser Stelle keine Rolle). Dazu stellen Sie dem Anwender die Auswahlmöglichkeit in Zelle C4 zur Verfügung: *Ja* = vorschüssig, *Nein* (oder leer) = nachschüssig.

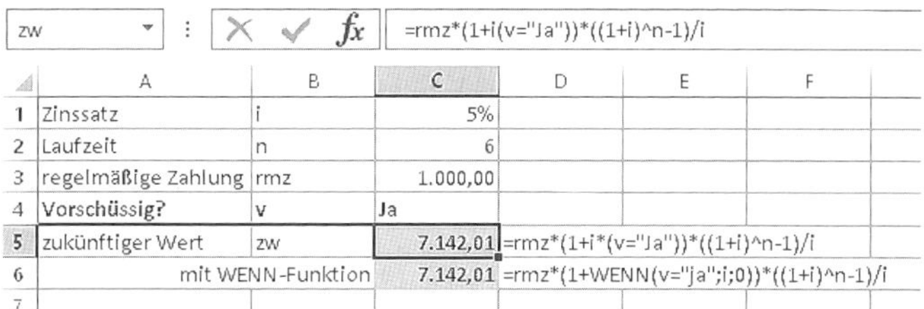
zw | =rmz*(1+i(v="Ja"))*((1+i)^n-1)/i

	A	B	C	D	E	F
1	Zinssatz	i	5%			
2	Laufzeit	n	6			
3	regelmäßige Zahlung	rmz	1.000,00			
4	**Vorschüssig?**	v	Ja			
5	zukünftiger Wert	zw	7.142,01	=rmz*(1+i*(v="Ja"))*((1+i)^n-1)/i		
6	mit WENN-Funktion		7.142,01	=rmz*(1+WENN(v="ja";i;0))*((1+i)^n-1)/i		
7						

Abbildung 7.9: Multiplikation mit Wahrheitswert anstelle der WENN-Funktion

Die Zellen C1:C4 sind alle mit den links danebenstehenden Bezeichnungen benannt (siehe Kapitel 4 »Bereichsnamen und dynamische Bereiche«).

Bei der vorschüssigen Variante wird die regelmäßige Sparleistung *rmz* zunächst mit dem Aufzinsungsfaktor 1+i multipliziert, während diese Multiplikation bei der nachschüssigen Variante entfällt. Der Formelteil

```
(1+i*(v="Ja"))
```

kann somit entweder 1 oder 1+i (hier: 1+5 %=1,05) ergeben. Ist die Verrechnung vorschüssig – `v="Ja"` –, dann ergibt die Auswertung diese Formelteile:

```
(1+i*(v="Ja")) = (1+0,05*WAHR) = (1+0,05) = 1,05
```

Ist die Verrechnung hingegen nachschüssig – v ist alles, nur nicht »Ja« –, ergibt sich

```
(1+i*(v="Ja")) = (1+0,05*FALSCH) = (1+0) = 1
```

In der Gesamtformel sieht das wie folgt aus:

Vorschüssig: `=rmz*1,05*((1+i)^n-1)/i`

Nachschüssig: `=rmz*1*((1+i)^n-1)/i`

Obwohl die WENN-Variante genauso zum Ziel führt, werden Sie schnell feststellen, dass das Arbeiten mit Wahrheitswerten oftmals ausreicht und bequemer ist.

Die gleiche Formel mit der nachschüssigen Variante ergibt übrigens einen zukünftigen Wert von 6.801,91 €. So oder so: Sparen lohnt sich immer!

7.4 Dynamische Arrays

Mit dem Office-365-Update vom September 2018 wurde Excel mit einer revolutionären Neuerung ausgestattet: Dynamische Arrays lösen die alte Matrixtechnik ab und schaffen ganz neue Möglichkeiten in der Kalkulation. Das Prinzip: Mit der Eingabe einer Matrixformel wird gleich die Matrix bzw. das Array produziert, die Kennzeichnung der Formel mit [Strg]+[⇧]+[↵] (CSE = Control+Shift+Enter) fällt weg.

7.4.1 Das Prinzip »Überlauf«

Schreiben Sie eine Matrix oder verwenden Sie eine Funktion, die eine Matrix zum Ergebnis hat, erzeugen Sie einen Überlauf (Spill). So wird das dynamische Array in der Dokumentation genannt, und aus diesem Begriff leitet sich auch der Überlauffehler ab. Schreiben Sie den mehrzelligen Bezug deshalb nur in die erste (oberste linke) Zelle des Ausgabebereichs und bestätigen Sie mit [↵]:

```
=A1:A7
```

Die Tastenkombination [Strg]+[⇧]+[↵] wird überflüssig. Die Formel steht in der ersten Zelle, alle anderen Überlaufzellen sind leer. Die Formel wird zwar (ausgegraut) angezeigt, kann aber nicht bearbeitet werden. Löschen Sie die Formel in der ersten Zelle, verschwindet auch der Überlauf.

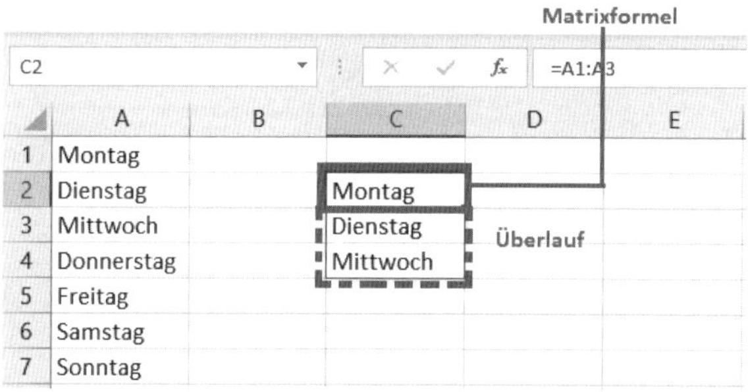

Abbildung 7.10: Neue Matrixtechnik – nur eine Formel mit Überlauf

Dynamische Arrays werden automatisch erzeugt, wenn eine Formel oder ein Formelteil einen mehrdimensionalen Bezug oder eine Matrix enthält. Mit dieser Formel konnte bisher eine Zahlenreihe von 1 bis 5 erzeugt werden, dazu musste sie aber mit CSE abgeschlossen werden:

```
={1;2;3;4;5}
```

Mit dem neuen Excel wird das Array automatisch erzeugt, die Formel bleibt in der ersten Zelle, die übrigen Zellen sind leer. Ein weiteres Beispiel: Die Funktion `=ZEILE(1:6)` liefert in der »alten« Excel-Version nur die erste Zeilennummer, mit dynamischen Arrays aber automatisch sechs Zahlen ab der Ausgangszelle.

```
=ZEILE(1:6)
```

Und die gute alte Kurvenfunktion braucht jetzt nur noch eine Formel am Ausgangspunkt, die übrigen Zeilen werden automatisch gefüllt (Abb. 7.11).

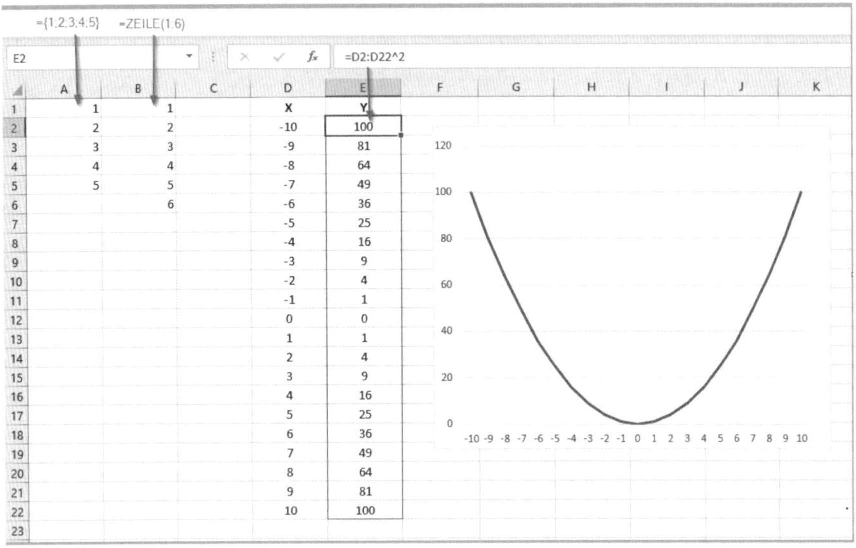

Abbildung 7.11: Dynamische Arrays brauchen nur noch eine Formel am Ausgangspunkt.

7.4.2 Beispiel: Monatsreihe auswerten

Schreiben Sie eine Liste mit Monatsnamen, und verweisen Sie mit einfachen Bezügen auf die Liste bzw. Teile dieser Liste. Die frühere Technik, Formeln mit Matrixbezügen mit Strg+⇧+↵ abzuschließen, ist hier nicht mehr nötig:

Schreiben Sie in die Zelle A1 *Januar.* Setzen Sie den Zellzeiger zurück auf A1. Ziehen Sie das Füllkästchen am rechten unteren Rand der Zelle A1 nach unten bis zum Endwert *Dezember.*

Schreiben Sie in die Zelle C1 den Bezug =A1:A12 und drücken Sie ↵. Berechnen Sie in der nächsten Spalte das erste Quartal:

```
D1: =A1:A3
```

Geben Sie alle Monatsnamen aus, die mit *J* beginnen:

```
E1: =WENN(LINKS(A1:A12)="J";A1:A12;"")
```

Berechnen Sie den Monatsnamen jedes zweiten Monats:

```
F1: =WENN(REST(ZEILE(A1:A12);2)>0;A1:A12;"")
```

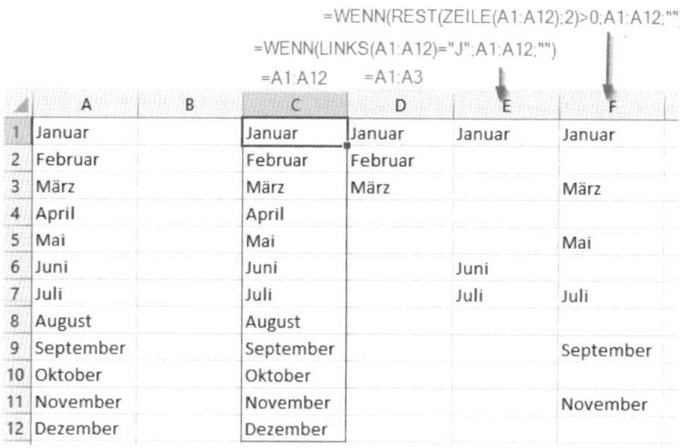

Abbildung 7.12: Dynamische Arrays berechnen Matrizen ohne Matrixformel.

7.4.3 Überlauffehler

Die neue, dynamische Matrix braucht Platz: Stellen Sie sicher, dass der Bereich frei ist, den die Matrix belegen wird. Ist der Ausgabebereich in nur einer einzelnen Zelle blockiert, liefert die Matrixformel diesen Fehler:

#ÜBERLAUF!

Der Indikator, das Symbol links oben in der Fehlerzelle, meldet den Grund und bietet auch gleich eine Option, um die blockierende(n) Zelle(n) zu finden. Entfernen Sie die Blockade, funktioniert die Formel wieder.

Fehlermeldung	**Erklärung**
Der Überlaufbereich ist nicht leer.	Mindestens eine Zelle in dem Bereich, den das dynamische Array belegen würde, ist nicht leer.
Der Überlaufbereich ist zu groß.	Der dynamische Bereich überschreitet die Grenze des Tabellenblatts (1.048.576 Zeilen oder 16.384 Spalten).
Blockierende Zellen auswählen	Markiert alle Zellen, die den Fehler auslösen.
Berechnungs-Schritte anzeigen	Startet die Formelauswertung. Werten Sie die Formel Schritt für Schritt aus, um den Fehler zu finden.
Fehler ignorieren	Entfernt den Indikator und das Fehlermenü. Der #ÜBERLAUF-Fehler bleibt bestehen.

Fehlermeldung	Erklärung
In Bearbeitungsleiste bearbeiten	Setzt den Cursor in die Formel in der Bearbeitungsleiste.
Optionen zur Fehlerüberprüfung	Aktiviert die *Optionen* im *Datei*-Menü, die für die Fehlerprüfung verfügbar sind.

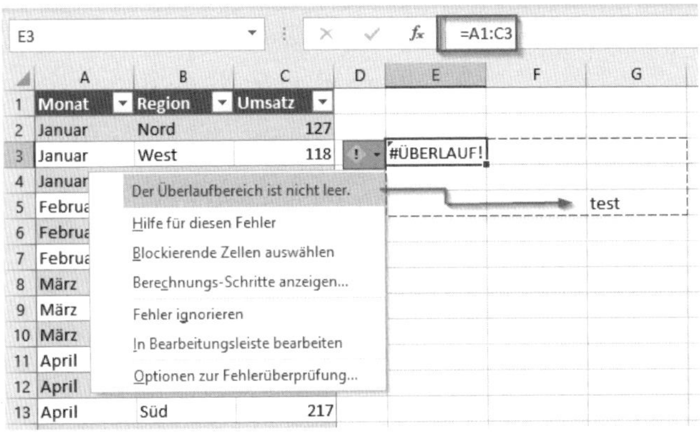

Abbildung 7.13: Überlauffehler: Der Arraybereich ist nicht leer, die Zelle G5 blockiert.

Tipp: Verbundene Zellen führen ebenfalls zu Überlauffehlern. Lösen Sie für dynamische Arrays alle verbundenen Zellen auf.

Überlaufformeln können auch nicht in Tabellen verwendet werden, lassen aber Bezüge auf Tabellen (strukturierte Verweise) zu. Diese sind besonders vorteilhaft in dynamischen Arrays, weil sie sich dynamisch an die Tabellengröße anpassen. Beim Versuch, eine Matrix in einer Tabelle zu verwenden, erhalten Sie einen Überlauffehler. Zwischen zwei Arbeitsmappen funktionieren dynamische Arrays nur, wenn beide Mappen geöffnet sind. Wird eine Mappe geschlossen, liefert die Überlaufformel einen #BEZUG!-Fehler.

7.4.4 Einzelwert und implizite Schnittmenge

Dynamische Arrays werden, so praktisch sie sind, in der Praxis nicht immer die beste Lösung sein. Es gibt Formeln, die zwar mit Arrays arbeiten, aber nur einen bestimmten Wert daraus als Ergebnis brauchen. Für diese Aufgabe hat Excel die neue Funktion EINZELW() eingeführt:

```
=EINZELW(Wert)
```

Wird im Argument *Wert* ein Array angegeben, gibt die Funktion einen einzelnen Wert davon aus, und zwar den aus der impliziten Schnittmenge. Excel nimmt die Funktion EINZELW() aber heraus und ersetzt sie durch ein @-Zeichen, den Schnittmengenoperator.

Die implizite Schnittmenge liefert den Wert an der Schnittstelle zwischen dem berechneten Bereich und dem Standpunkt der Formel. Schreiben Sie z. B. die Wochentage von Montag bis Sonntag in den Bereich A1:A7, können Sie an jeder beliebigen Stelle ein dynamisches Array als Kopie dieses Bereichs erzeugen:

```
=A1:A7
```

Um nur einen einzelnen Wert aus dem Quellbereich zu ermitteln, verwenden Sie die Funktion EINZELW() bzw. den Schnittmengenoperator:

```
B2: =EINZELW(A1:A7)
```

oder

```
B2: =@A1:A7
```

Das Ergebnis ist der Wert aus der Zelle der gleichen Spalte (*Dienstag*). Anstelle der Funktion EINZELW() erhalten Sie ein @-Zeichen:

```
=@A1:A7
```

Verschieben Sie die Formel in eine andere Zeile, wird sie automatisch wieder den Schnittmengenwert ausgeben, vorausgesetzt, die Formel bleibt im Bereich der Zeilen 1 bis 7. Landet sie nämlich außerhalb des Bereichs, ist das Ergebnis ein #WERT!-Fehler.

7.4.5 Der #-Operator für dynamische Arrays

Ein dynamisches Array muss in der Kalkulation natürlich auch »greifbar« sein. Seine Größe definiert sich nämlich meist über eine Formel, und das Ergebnis – eine Liste – lässt sich im Unterschied zur Tabelle nicht so einfach weiterverarbeiten. Damit das dynamische Array für weitere Berechnungen verfügbar ist, führt Excel einen neuen Operator ein. Ein #-Zeichen wird neben den Bezug auf ein Array geschrieben, um diesen vollständig zu adressieren.

Auf den Hilfeseiten wird der Operator etwas holprig als »verschütteter Bereichsoperator« bezeichnet, was aus der Übersetzung von »spill range operator« stammt.

Ein Beispiel: Tragen Sie eine Monatsliste in den Bereich A1:A12 ein. Geben Sie in Spalte B für jeden Monat einen Betrag ein. Schreiben Sie in C1 die Formel für ein dynamisches Array, das die Beträge für das 1. Halbjahr ausgibt:

```
D1: =B1:B6
```

So verknüpfen Sie das dynamische Array mit der nächsten Zelle:

```
E1:=C1#
```

So berechnen Sie die Anzahl der Zeilen, die Summe und den Durchschnitt der Zahlen im dynamischen Array:

```
G1:=ZEILEN(C1#)
G2: =SUMME(C1#)
```

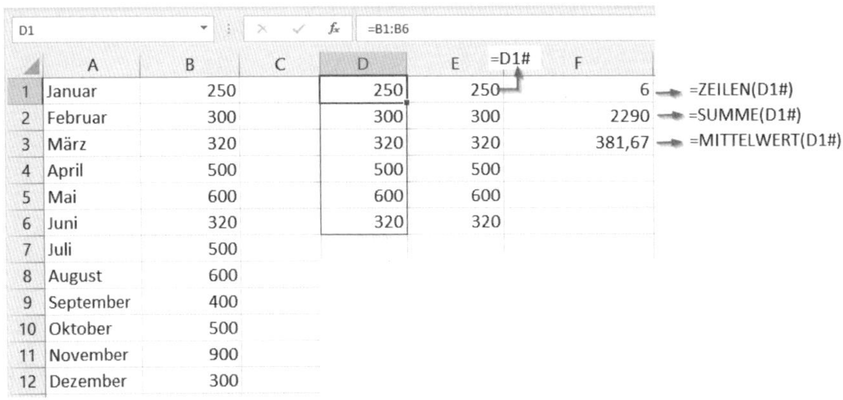
D1 =B1:B6

	A	B	C	D	E	F	
1	Januar	250		250	250	6	=ZEILEN(D1#)
2	Februar	300		300	300	2290	=SUMME(D1#)
3	März	320		320	320	381,67	=MITTELWERT(D1#)
4	April	500		500	500		
5	Mai	600		600	600		
6	Juni	320		320	320		
7	Juli	500					
8	August	600					
9	September	400					
10	Oktober	500					
11	November	900					
12	Dezember	300					

Abbildung 7.14: Der #-Operator adressiert das dynamische Array.

Der #-Operator lässt sich in Formeln und in Bereichsnamen verwenden. Besonders nützlich ist er in Verbindung mit Tabellen und dynamischen Arrayfunktionen wie FILTER(), SORTIEREN() und EINDEUTIG().

7.4.6 Sortieren mit dynamischen Arrays

Seit September 2018 gibt es in Office 365 (nicht in der Excel-2019-Standardversion) die Funktion SORTIEREN(). Sie lässt sich sowohl in Tabellen als auch in Listen verwenden. Das Ergebnis ist im Unterschied zur manuellen Sortierung (*Daten*-Menü oder *Start/Bearbeiten*) ein dynamisches Array, das die sortierten Daten wiedergibt.

Die Syntax:

```
=SORTIEREN(Bereich;[Spalte];[Sortierreihenfolge];[nach Spalte])
```

Im Argument *Bereich* wird eine Matrix angegeben. Das kann eine Liste oder eine Tabelle oder ein benannter Bereich sein. Ein einfaches Beispiel: Tragen Sie in Spalte A eine Wertereihe ein (A1:A10). Markieren Sie eine leere Zelle und geben Sie diese Formel ein:

```
=SORTIEREN(A1:A10;1;1)
```

Das Ergebnis ist der aufsteigend sortierte Bereich in einem dynamischen Array. Mit -1 im letzten Argument erhalten Sie einen absteigend sortierten Bereich. Das Argument *Bereich* muss angegeben sein, die beiden anderen Argumente sind optional. Geben Sie diese nicht an, wird der Bereich nach der ersten Spalte aufsteigend sortiert. Das letzte Argument bietet die Möglichkeit, den Bereich nach Zeilen (Standard, WAHR) oder nach Spalten (FALSCH) zu sortieren.

Beispiel: Mehrspaltige Tabelle sortieren

Geben Sie bei mehrspaltigen Bereichen die zu sortierende Spalte an. Hier ein Beispiel, wie eine Tabelle nach der letzten Spalte sortiert wird:

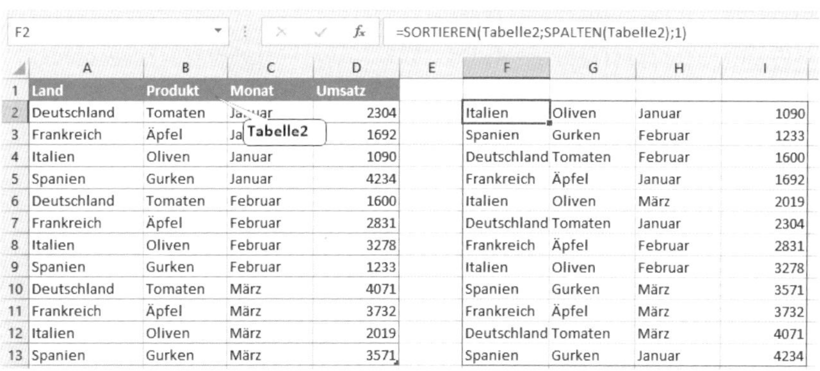

F2 =SORTIEREN(Tabelle2;SPALTEN(Tabelle2);1)

	A	B	C	D	E	F	G	H	I
1	Land	Produkt	Monat	Umsatz					
2	Deutschland	Tomaten	Ja..uar	2304		Italien	Oliven	Januar	1090
3	Frankreich	Äpfel	Ja Tabelle2	1692		Spanien	Gurken	Februar	1233
4	Italien	Oliven	Januar	1090		Deutschland	Tomaten	Februar	1600
5	Spanien	Gurken	Januar	4234		Frankreich	Äpfel	Januar	1692
6	Deutschland	Tomaten	Februar	1600		Italien	Oliven	März	2019
7	Frankreich	Äpfel	Februar	2831		Deutschland	Tomaten	Januar	2304
8	Italien	Oliven	Februar	3278		Frankreich	Äpfel	Februar	2831
9	Spanien	Gurken	Februar	1233		Italien	Oliven	Februar	3278
10	Deutschland	Tomaten	März	4071		Spanien	Gurken	März	3571
11	Frankreich	Äpfel	März	3732		Frankreich	Äpfel	März	3732
12	Italien	Oliven	März	2019		Deutschland	Tomaten	März	4071
13	Spanien	Gurken	März	3571		Spanien	Gurken	Januar	4234

Abbildung 7.15: Dynamische Arrays sortieren

7.4.7 SORTIERENNACH()

Mit SORTIERENNACH() lässt sich die Tabelle nach mehreren Kriterien sortieren. Im ersten Argument wird das zu sortierende Array angegeben, dann folgt eine Reihe von

Argumentpaaren, jeweils bestehend aus Sortierspalte und Sortierfolge (1 = aufsteigend, -1 = absteigend):

```
=SORTIERENNACH(Array;Sortierspalte1;Sortierfolge1;Sortierspalte2;Sortierfolge2 ...)
```

Damit erhalten Sie im Beispiel ein nach Produkten sortiertes Array, das alle Umsätze jedes einzelnen Produkts noch einmal absteigend sortiert:

```
=SORTIERENNACH(Tabelle2;Tabelle2[Produkt];1;Tabelle2[Umsatz];-1)
```

7.4.8 Filtern mit dynamischen Arrays

Die Funktion FILTER() ist ebenfalls eine neue Funktion in Office 365 (seit September 2018, nicht in der Excel-2019-Standardversion verfügbar):

```
=FILTER(Bereich;Bedingung;[wenn leer])
```

So filtern Sie die Tabelle nach allen Umsätzen im Monat Januar. Schreiben Sie die Formel in einen freien Bereich, stellen Sie sicher, dass nach unten und nach rechts genügend Platz für das dynamische Array vorhanden ist:

```
=FILTER(Tabelle2;Tabelle2[Monat]="Januar";"")
```

Kombinieren Sie SORTIEREN() und FILTER(), übergeben Sie den gefilterten Bereich als Sortierbereich:

```
=SORTIEREN(FILTER(Tabelle2;Tabelle2[Monat]="Januar";"");SPALTEN(Tabelle2);1)
```

Kombinieren Sie das dynamische Array mit einer Datenüberprüfungsliste, erhalten Sie eine flexible Filterfunktion (siehe unten).

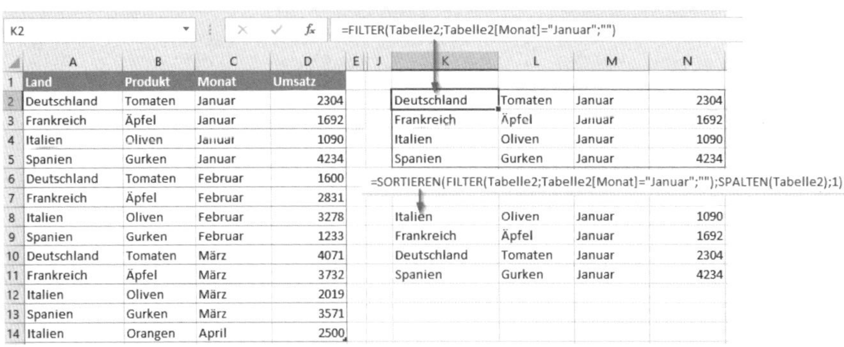

Abbildung 7.16: Sortieren und Filtern, kombiniert in einem dynamischen Array

7.4.9 Eindeutige Werte

Darauf haben Excel-Anwender lange gewartet: Was bisher nur mit komplexen und komplizierten Funktionsschachteln oder eben händisch über *Duplikate entfernen* (*Daten*-Register) machbar war, lässt sich mit der dynamischen Arrayfunktion EINDEUTIG() schnell und einfach erledigen:

```
=EINDEUTIG(Bereich;[anhand Spalte];[einmaliges Vorkommen])
```

Markieren Sie eine leere Zelle und geben Sie diese Formel ein. Sie erzeugt ein dynamisches Array mit allen eindeutigen Werten in *Tabelle2*, Spalte *Produkt*:

```
=EINDEUTIG(Tabelle2[Produkt])
```

Kombinieren Sie die Funktion mit SORTIEREN(), erhalten Sie eine sortierte Produktliste:

```
=SORTIEREN(EINDEUTIG(Tabelle2[Produkt];FALSCH;FALSCH))
```

Zu den Hauptabnehmern der Funktion EINDEUTIG() zählen natürlich Formularsteuerelemente, allen voran die Listen und Kombinationsfelder. Auch die Datenüberprüfungsliste braucht meist eine eindeutige Liste, und diese lässt sich über die Funktion schnell und komfortabel erzeugen. Hier ein Praxisbeispiel:

Die Tabelle *tbl_Obst* enthält im Bereich A1:D14 Umsatzzahlen nach Land, Produkt und Monat. Berechnen Sie zunächst in einem freien Bereich die Liste der Umsatzmonate:

```
M1: =EINDEUTIG(tbl_Obst[Monat])
```

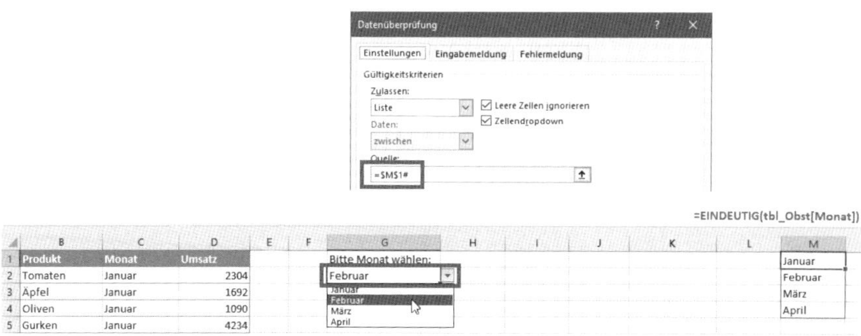

Abbildung 7.17: Die Funktion liefert eine eindeutige Liste für die Datenüberprüfung.

Schreiben Sie eine Aufforderung in Zelle G1 und wählen Sie für Zelle G2 *Daten / Datentools/Datenüberprüfung*. Tragen Sie diese Einstellungen ein:

```
Zulassen: Liste
Quelle: =$K$1#
```

Mit dem #-Operator verweisen Sie auf das dynamische Array, das mit der EINDEUTIG()-Funktion generiert wird.

Legen Sie in Zelle G6 eine Filterliste mit den Produkten des ausgewählten Monats an:

```
G6: =FILTER(tbl_Obst;tbl_Obst[Monat]=$G$2)
```

Wählen Sie einen Monat in der Datenüberprüfungsliste, um die Filterliste zu generieren.

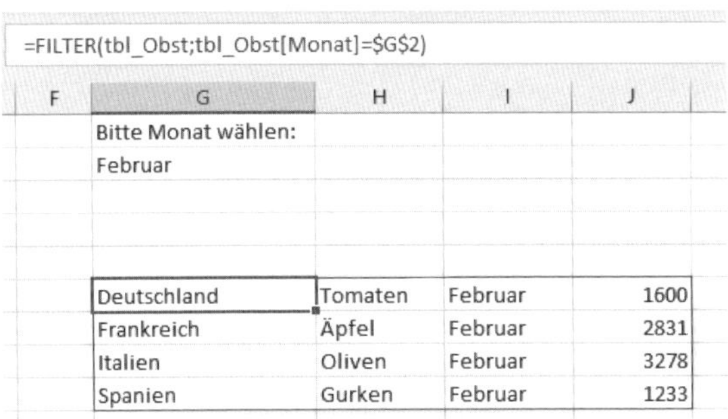

=FILTER(tbl_Obst;tbl_Obst[Monat]=$G$2)

F	G	H	I	J
	Bitte Monat wählen:			
	Februar			
	Deutschland	Tomaten	Februar	1600
	Frankreich	Äpfel	Februar	2831
	Italien	Oliven	Februar	3278
	Spanien	Gurken	Februar	1233

Abbildung 7.18: Dynamisches Array, nach Auswahlmonat gefiltert

7.4.10 Neue Funktionen: ZUFALLSMATRIX und SEQUENZ

Mit ZUFALLSBEREICH() hat Excel bereits eine nützliche Funktion für statistische Auswertungen im Gepäck. ZUFALLSMATRIX() kann noch etwas mehr als eine einspaltige Liste mit Zufallszahlen. Die Syntax:

```
=ZUFALLSMATRIX([Zeilen];[Spalten];[min];[max];[ganze Zahl]
```

Eine nützliche Funktion zum Anlegen und Berechnen dynamischer Arrays ist die neue Funktion SEQUENZ(). Die Syntax:

```
=SEQUENZ(Zeilen;[Spalten];[Anfang];[Schritt])
```

Alle Argumente sind numerisch und lassen sich natürlich auch mit Zellbezügen oder Bereichsnamen besetzen. Damit bietet die Funktion interessante Varianten.

Hier einige Beispiele:

Formel	**Ergebnis**
`=SEQUENZ(12;1)`	eine Zahlenreihe von 1 bis 12
`=SEQUENZ(12;3)`	ein Array mit 36 Zahlen, aufgeteilt in drei Spalten und zwölf Zeilen
`=SEQUENZ(1;10;2;2)`	eine Reihe mit ganzen Zahlen von 2 bis 20
`=TEXT(DATUM(JAHR(HEUTE()); SEQUENZ(1;3);1);"MMMM")`	die ersten drei Monate des aktuellen Jahres
`=TEXTVERKETTEN("-";WAHR; ZEICHEN(SEQUENZ(26;;65;1)))`	eine Textkette mit allen Zeichen aus der ANSI-Tabelle von A bis Z

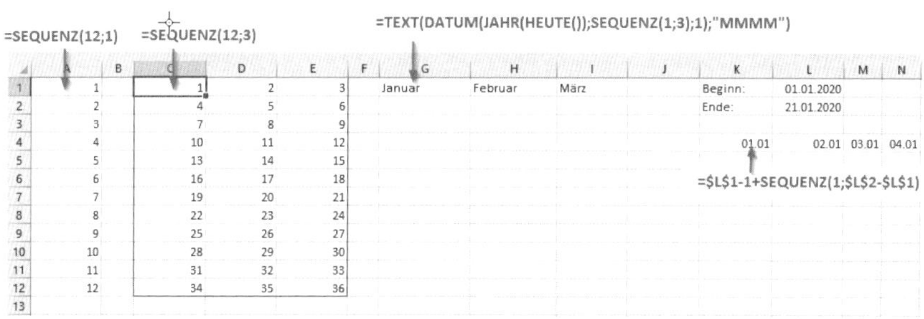

Abbildung 7.19: Vielfältig: die Funktion SEQUENZ()

7.5 Die Ganzzahlen-Fabrik

Sie kennen vielleicht schon die Funktionen `ZEILE(Bezug)` und `SPALTE(Bezug)`. Sie geben die Zeilen- bzw. Spaltennummer des angegebenen Bezugs wieder.

```
ZEILE(C7)      = 7
SPALTE(C1)     = 3
ZEILE(AB16322) = 16322
SPALTE(H34877) = 8
```

Es können auch ganze Zeilen und Spalten angegeben werden:

```
=ZEILE(7:7)     = 7
=SPALTE(B:B)    = 2
```

Sie können den Parameter *Bezug* in beiden Funktionen auch weglassen. In diesem Fall bezieht sich die Funktion auf die aufrufende Zelle, meldet sich also mit ihrem Zeilen- bzw. Spaltenstandort zu Wort.

```
In Zelle D4: =ZEILE()   = 4
In Zelle E9: =SPALTE()  = 5
```

7.5.1 Zwei Funktionen als Allzweckwaffe

Mithilfe dieser beiden Funktionen können Sie sich viel Schreibarbeit sparen. Wollen Sie beispielsweise alle k-kleinsten Werte einer Matrix auflisten, dann müssten Sie in der herkömmlichen Version den Parameter *k* der Funktion `KKLEINSTE(Matrix;k)` entweder manuell in jeder Formel um 1 erhöhen oder zumindest mit einer Hilfsspalte arbeiten, die die Zahlen von 1 bis *k* enthält, um darauf für den Parameter *k* Bezug zu nehmen. Mit der Funktion ZEILE können Sie sich das alles ersparen:

```
=KKLEINSTE(A$1:A$10;ZEILE(A1))
```

liest aus dem Bereich A1:A10 den kleinsten Wert aus, denn `ZEILE(A1)` ergibt 1. Kopieren Sie die Formel nun runter, wird aus `ZEILE(A1)` dann `ZEILE(A2)`, `ZEILE(A3)` etc. – also 1,2,3 etc.

Das gleiche Spielchen funktioniert auch mit SPALTE. Darauf greifen Sie immer dann zurück, wenn Sie einen Zähler nicht beim Kopieren nach unten, sondern beim Kopieren nach *rechts* erhöhen möchten:

```
=KKLEINSTE($A1:$A10;SPALTE(A1))
```

SPALTE(A1) wird zu SPALTE(B1), SPALTE(C1) etc. – also wiederum 1,2,3. Das war aber erst das Warm-up. Jetzt ringen wir diesen Funktionen ihre gesamte Genialität ab: Sie können auch in der Form

```
ZEILE(von:bis)
SPALTE(von:bis)
```

angegeben werden und in dieser Weise ein ganzes Array von Zahlen aufnehmen und zurückgeben.

Von:bis versteht sich dabei als Platzhalter für eine Zahlenreihe *von:bis*. Diese Zahlenreihe ist zunächst begrenzt auf die verfügbare Zeilen- bzw. Spaltenzahl eines Tabellenblatts. Seit Excel 2007 kann es also heißen

`=ZEILE(1:1048576)` oder auch `=ZEILE(A:A)`

`=SPALTE(A:XFD)` oder auch `=SPALTE(1:1)`

Bis Excel 2003 sind es nur 65.536 Zeilen und 256 (IV) Spalten.

Da das Verständnis dafür elementar wichtig für das Verständnis von Arrayformeln ist, zunächst ein paar einfache Beispiele. Nehmen wir an, Sie möchten die Zahlen von 1 bis 5 summieren. Dazu bietet sich an:

```
=SUMME(1;2;3;4;5) = 15
```

Im nächsten Schritt möchten Sie die Zahlen von 1 bis 100 summieren. Seit Excel 2007 sind nun 255 Einzelparameter möglich, aber

```
=SUMME(1;2;3;4;...;100)
```

wäre natürlich eine nervende Tipparbeit. Aber auch hier ist die Lösung immer noch einfach. Sie schreiben untereinander in A1:A100 die Zahlen 1 bis 100 und summieren sie dann mit `=SUMME(A1:A100)` – ergibt korrekt 5.050.

Wenn Sie bis hierhin aufgepasst haben, wissen Sie, dass Sie eine Zahlenfolge von 1 bis 100 schnell mit der Funktion `=ZEILE()` erzeugen können: in A1 eintragen und einfach bis A100 herunterkopieren (Abb. 7.20):

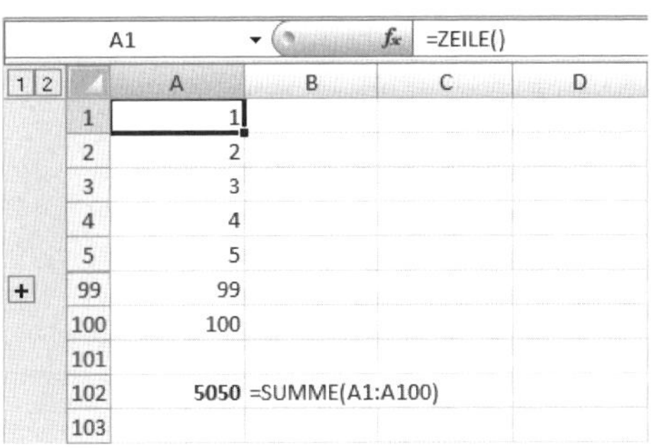

Abbildung 7.20: Summe der Zahlen von 1 bis 100 (1)

Und hier stehen wir auch bereits kurz vor dem Ziel. Anstatt in 100 Zellen die Funktion ZEILE() zu schreiben, können Sie die Funktion mit dem Parameter *von:bis* angeben – also `ZEILE(von:bis)`. Für die Zahlen 1 bis 100 demnach `ZEILE(1:100)`. Wenn Sie diesen Ausdruck jetzt noch mit der Funktion SUMME umranden, dann erhalten Sie:

```
A103: =SUMME(ZEILE(1:100))
```

Da es sich dabei um ein Array handelt, schließen Sie die Formeleingabe mit der Tastenkombination Strg+⇧+↵ ab. Nach einem Blick in die Bearbeitungsleiste stellen Sie fest, dass die Formel mit den zwei geschweiften Klammern umrandet ist (Abb. 7.21).

```
A103: {=SUMME(ZEILE(1:100))} = 5050
```

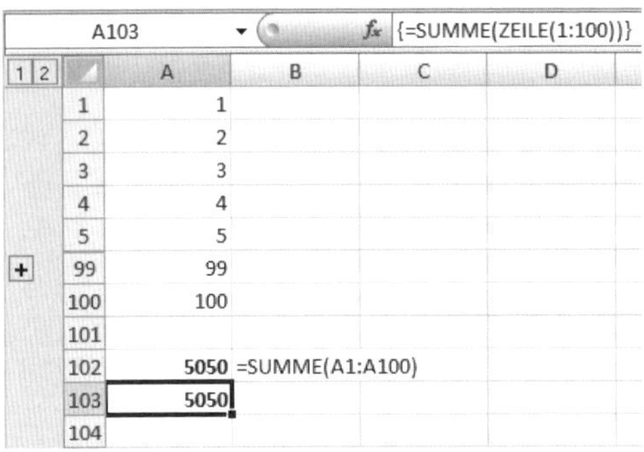

Abbildung 7.21: Summe der Zahlen von 1 bis 100 (2)

Hier wird ersichtlich, warum wir `ZEILE(1:100)` als *Platzhalter* bezeichnen, denn es wird »Platz gehalten« für die Zahlen 1 bis 100. Eigentlich erzeugen Sie mit `ZEILE(von:bis)` ein eindimensionales **vertikales** Array, mit `SPALTE(von:bis)` ein eindimensionales **horizontales** Array. Beide Arrays enthalten die Elemente *von:bis*, wobei das Besondere daran ist, dass dies innerhalb einer einzigen Formel erzeugt wird.

Die Mathematiker unter Ihnen werden sagen: Ist doch alles gar nicht nötig. Gauß hat uns doch bereits gelehrt, dass man die Zahlen von 1 bis *n* mit folgender Formel aufsummieren kann:

```
=n*((n+1)/2)
=100*(101/2) = 5.050
```

Und natürlich haben Sie recht. Aber hier ging es zunächst einmal nur darum, das Verständnis für die Funktion `ZEILE(von:bis)` innerhalb eines Arrays zu erlangen.

Mit diesem Wissen lassen sich natürlich auch andere Funktionen vereinfachen. Die Standardabweichung der Zahlen von 1 bis 20

```
=STABWN(1;2;3;4;5;...;20)
```

wird künftig mit

```
{=STABWN(ZEILE(1:20))} = 5,7662812973354
```

berechnet. Denken Sie dabei immer daran, die Arrayformel auch als solche einzugeben – mit der Tastenkombination [Strg]+[⇧]+[↵].

Sie können den Ausdruck `ZEILE(von:bis)` innerhalb einer Formel mit weiteren Rechenoperationen verknüpfen. Wenn Sie beispielsweise die Quadratsumme aller Zahlen von 1 bis 100 (in Einerschritten) berechnen möchten, potenzieren Sie die ZEILE-Funktion. Das ergibt:

```
{=SUMME(ZEILE(1:100)^2)} = 338350
```

Es wird zunächst jede Zahl mit 2 potenziert und anschließend erst summiert. Soll nur von jeder zweiten Zahl bis 100 das Quadrat summiert werden, schreiben Sie

```
{=SUMME((ZEILE(1:50)*2)^2)} = 171700
```

All das funktioniert auch mit SPALTE:

`{=MITTELWERT(SPALTE(A:E))}` ermittelt den Mittelwert der Zahlen 1 bis 5. `{=SUMME(SPALTE(A:Z))}` ergibt die Summe der Zahlen 1 bis 26.

`{=SUMME(SPALTE(1:1))}` ergibt (seit Excel 2007) 134.225.920, denn `SPALTE(1:1)` enthält alle Spalten aus Zeile 1, und das sind 16.384 Stück, was die Formeln

```
{=MIN(SPALTE(1:1))} = 1
{=MAX(SPALTE(1:1))} = 16.384
```

belegen.

7.5.2 Jetzt wird's dynamisch

Jetzt kann es aber auch vorkommen, dass wir den Bereich *von:bis* nicht immer von vornherein statisch angeben können. Im Zusammenhang mit finanzmathematischen Berechnungen wird oft ein Zeitstrahl benötigt, der im Jahr 1 beginnt und im Jahr *n* endet. Das Endjahr muss aber in vielen Fällen variabel gehalten werden, um dadurch ohne weiteren Aufwand mehrere Szenarien durchspielen zu können.

Um diesen dynamischen Zeitstrahl zu generieren, benötigen wir also ein Konstrukt wie

```
ZEILE("1:"&A1)
```

wenn in Zelle A1 die Anzahl der Jahre (*n*) steht. Das funktioniert aber leider nicht, da die Funktion ZEILE als Parameter den Datentyp *Bezug* benötigt, die Verkettung `"1:"&A1` jedoch den Datentyp *Text* liefert. Also benötigen wir eine Funktion, die aus dem Datentyp *Text* einen gültigen Bezug formt. Unseren Balzruf hat die Funktion INDIREKT erhört:

```
INDIREKT("1:"&A1)
```

liefert als Rückgabewert den geforderten Datentyp *Bezug*. Steht in A1 beispielsweise die Zahl 5, ergibt die Verkettung

```
=INDIREKT("1:"&A1) = INDIREKT("1:5")
```

Jetzt verschachteln wir dies noch mit ZEILE

```
=ZEILE(INDIREKT("1:"&A1))
=ZEILE(INDIREKT("1:5")) = {1;2;3;4;5}
```

und schon haben wir das gewünschte Array, gleichbedeutend mit `ZEILE(1:5)`, jedoch mit dem entscheidenden Unterschied, dass wir die Arraygröße dynamisch gestalten können. ZEILE und INDIREKT – das ist die perfekte Ehe! Diese Dynamisierung eines Arrays sollten Sie sich unbedingt merken – Sie werden sie an vielen Stellen gebrauchen können!

Der Vollständigkeit halber sei noch erwähnt, dass dasselbe Spielchen auch mit der Funktion SPALTE funktioniert. Steht in Zelle A1 beispielsweise der Buchstabe D, dann erhalten Sie ein horizontales Array von 1 bis 4 mit

```
=SPALTE(INDIREKT("A:"&A1))
=SPALTE(INDIREKT("A:D")) = {1.2.3.4}
```

Die Buchstabenvariante ist in der Praxis allerdings wenig geläufig. Wenn Sie also die horizontale Arrayvariante benötigen, weil beispielsweise für eine Aufgabenstellung beide Arraydimensionen gleichzeitig erforderlich sind, dann lässt sich ein indirekt erzeugtes Zeilenarray mit der Funktion MTRANS in die Horizontale transponieren. Der Vorteil: Sie können durchweg mit Zahlen arbeiten.

```
=MTRANS(ZEILE(INDIREKT("1:4")))
```

ist identisch mit

```
=SPALTE(INDIREKT("A:D"))
```

Beide Formeln liefern die horizontale Ergebnismatrix {1.2.3.4}.

Eine kleine Zusammenfassung zeigt Abb. 7.22. Als kleine Ausbaustufe haben wir hier nun sowohl Start- als auch Endgröße des Arrays dynamisiert. Das Prinzip ist aber identisch: Durch die Verkettung muss ein gültiger Bezug im Textformat entstehen, der via INDIREKT in einen echten Bezug umgewandelt und somit für ZEILE bzw. SPALTE auswertbar wird. Beachten Sie auch die unterschiedlichen Arraydimensionen.

	A	B	C	D	E
1	**Array**				
2	**von**	**bis**	**Formel**	**Ergebnis**	**Arraydimension**
3	3	7	=ZEILE(INDIREKT(A3&":"&B3))	={3;4;5;6;7}	Vertikal
4	C	G	=SPALTE(INDIREKT(A4&":"&B4))	={3.4.5.6.7}	Horizontal
5			=MTRANS(ZEILE(INDIREKT(A3&":"&B3)))	={3.4.5.6.7}	Horizontal
6					

Abbildung 7.22: Dynamisch erzeugte Arrays

7.5.3 Perfekt durchnummeriert

Von Fall zu Fall kann es sinnvoll sein, beim Durchnummerieren von Zeilen anstelle der Formel

`A1: =ZEILE()` oder `ZEILE(A1)`

die Alternative

```
A1: =ZEILEN($1:1)
```

zu verwenden. Wenn Sie beide Formeln nach unten kopieren, erscheint zunächst das gleiche Ergebnis. Fügen Sie aber in Zeile 1 eine Zeile ein, beginnt die Liste mit der Funktion ZEILE plötzlich mit 2 und diejenige mit der Funktion ZEILEN weiterhin mit 1. In A2 steht dann nämlich:

```
A2: =ZEILEN($2:2)
```

Und das ist weiterhin 1. `=ZEILE()` oder `=ZEILE(A2)` in der gleichen Zelle ergibt nun einmal 2. Dasselbe Spielchen gilt für SPALTE() oder `SPALTE(A1)`. Hier ist es oft sinnvoller, auf `SPALTEN($A:A)` zurückzugreifen. Vorsicht also beim Einfügen von Zeilen und Spalten.

7.6 Diskontinuum

Dies ist nicht zu verwechseln mit der Kontinuumshypothese, die besagt, dass zwischen der Mächtigkeit der Menge der rationalen Zahlen und der Mächtigkeit der Menge der reellen Zahlen - dem Kontinuum - keine weitere Mächtigkeit existiert. Der Beweis steht noch aus, vielmehr wurde bewiesen, dass es nicht bewiesen werden kann.

In Excel geht es weniger um unterschiedlich große Unendlichkeiten, sondern um kontinuierliche oder diskontinuierliche Bereiche. Ein »normaler« Bereich wie A1:B10 ist kontinuierlich - doch was ist überhaupt ein diskontinuierlicher Bereich?

Markieren Sie einmal bei gedrückter [Strg]-Taste den Bereich B5:B10 und dann D6:E7 ([Strg] bleibt ununterbrochen gedrückt). Dann drücken Sie [Strg]+[C] und Sie sehen eine - wahrscheinlich allseits bekannte - Fehlermeldung (Abb. 7.23):

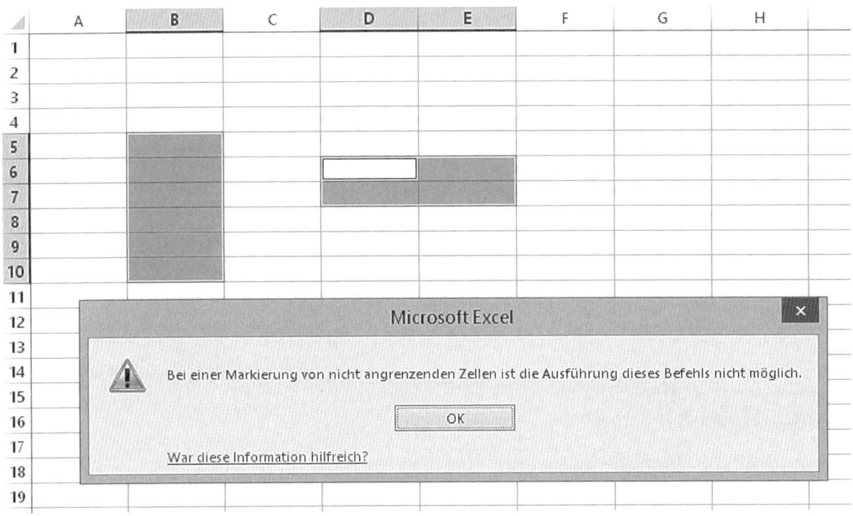

Abbildung 7.23: Fehlermeldung beim Kopieren nicht angrenzender Zellen

Damit haben Sie einen diskontinuierlichen Bereich erzeugt und versucht, diesen zu kopieren. Dies ist nur in Sonderfällen möglich, und zwar dann, wenn die Einzelbereiche so durch das Löschen ganzer Zeilen oder Spalten komprimiert werden könnten, dass ein kontinuierlicher Bereich übrig bleiben würde, beispielsweise wie in dem Fall, den Abb. 7.24 zeigt:

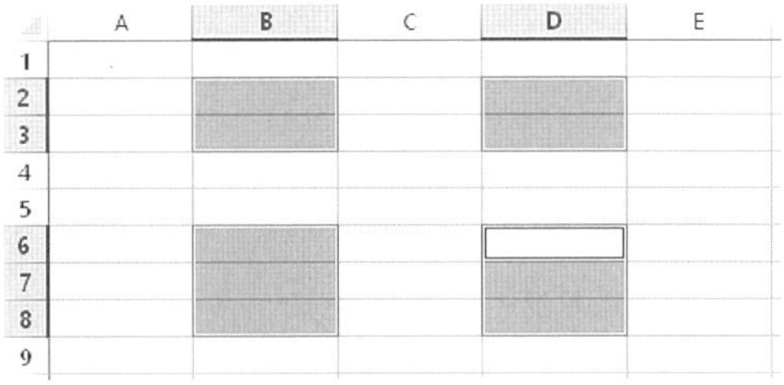

Abbildung 7.24: Gültige Markierung nicht angrenzender Zellen

Um mit einem diskontinuierlichen Bereich zu rechnen, haben Sie zwei Möglichkeiten. Die erste Möglichkeit führt über Namen (Abb. 7.25):

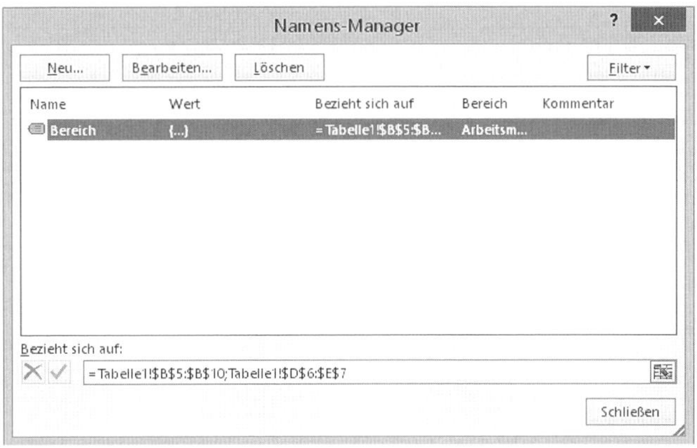

Abbildung 7.25: Namen für diskontinuierliche Bereiche definieren

Das *Bezieht sich auf*-Feld des Dialogfelds zum Definieren von Namen erlaubt die Eingabe mehrerer Bereiche, die durch Semikola getrennt werden.

Manche Funktionen können den Namen *Bereich* (der sich auf *=Bereich1;Bereich2* bezieht) auswerten:

```
=SUMME(Bereich), =MIN(Bereich)
```

Andere haben damit Probleme:

```
=SUMMEWENN(Bereich;">0") = #WERT!
=TREND(Bereich;Bereich) = #BEZUG!
```

Die Funktion BEREICHE wertet aus, wie viele Teilbereiche sich hinter dem Namen verbergen:

```
=BEREICHE(Bereich) = 2
```

Die zweite Möglichkeit besteht darin, durch Semikola getrennte Bereiche einfach in ein weiteres Klammerpaar zu setzen:

```
=BEREICHE((B5:B10;D6:E7))=2
```

Funktionen wie SUMME, ANZAHL oder MIN akzeptieren bis zu 255 Bereiche (30 bis Excel 2003), bei Angabe des 256. (31.) Bereichs erscheint folgende Fehlermeldung (Abb. 7.26):

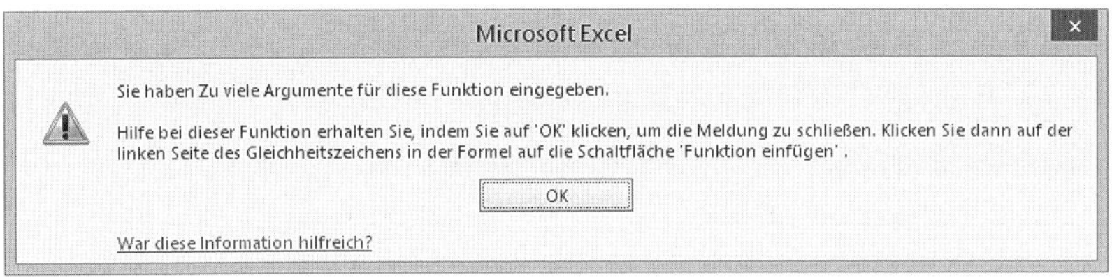

Abbildung 7.26: Fehlermeldung wegen zu vieler Argumente zu einer Funktion

Wenn Sie ein weiteres Klammerpaar darumsetzen, ist diese Grenze (scheinbar) aufgehoben:

```
=SUMME((A1;A2;A3;A4;A5;A6;A7;A8;A9;A10;A11;A12;A13;A14;A15;A16;A17;A18;A19;A20
;A21;A22;A23;A24;A25;A26;A27;A28;A29;A30;A31;A32;A33;A34;A35;A36;A37;A38;A39;
A40;A41;A42;A43;A44;A45;A46;A47;A48;A49;A50;A51;A52;A53;A54;A55;A56;A57;A58;
A59;A60;A61;A62;A63;A64;A65;A66;A67;A68;A69;A70;A71;A72;A73;A74;A75;A76;A77;
A78;A79;A80;A81;A82;A83;A84;A85;A86;A87;A88;A89;A90;A91;A92;A93;A94;A95;A96;
A97;A98;A99;...A299))
```

Dies wird verblüffenderweise akzeptiert und rechnet richtig, wer hätte das gedacht?! Allerdings wird hier nicht die Anzahl zulässiger Argumente der Funktion SUMME erhöht, sondern es handelt sich um einen aus 299 Einzelbereichen bestehenden, diskontinuierlichen Bereich, der im ersten Argument der Funktion SUMME steht.

Es gibt eine Funktion, die aus einem – aus mehreren Teilbereichen bestehenden – diskontinuierlichen Bereich einen einzelnen Bereich herauspicken kann: die Funktion INDEX. Sobald Sie die Excel-Hilfe zur Funktion INDEX starten, wird sie uns seltsamerweise in zwei Varianten angeboten (Abb. 7.27):

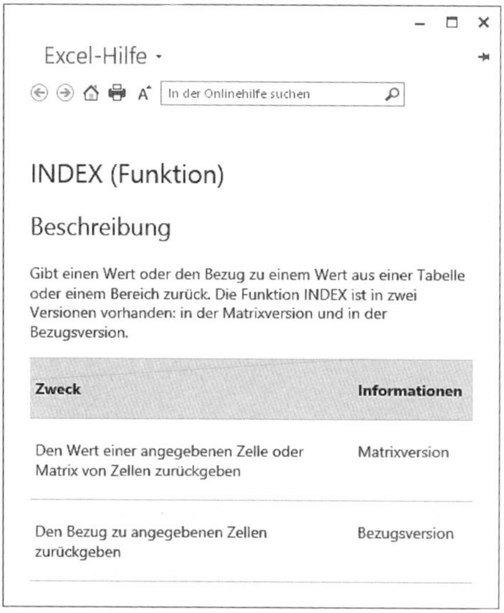

Abbildung 7.27: (Überflüssige) Auswahlmöglichkeit der Syntaxversion von INDEX

Diese INDEX-Auswahlmöglichkeit ist einfach nur verwirrend und vollkommen überflüssig, da es sich um ein und dieselbe Funktion handelt. Denn wenn Sie den vierten Parameter [*Bereich*] nicht benötigen (dieser ist nur optional), lassen Sie ihn einfach weg. Es ist dann von vornherein egal, welche Auswahl Sie treffen.

Vergleichbare Funktionen, wie z. B. der SVERWEIS, werden uns ja auch nicht in mehreren Varianten in einem Auswahlfeld angeboten, nur weil sie irgendwelche optionalen Parameter besitzen.

Jedenfalls kann mit dem vierten Argument der INDEX-Funktion ein Teilbereich eines diskontinuierlichen Bereichs herausgepickt werden – nicht mehr und nicht weniger.

`=INDEX((B5:B10;D6:E7);;;2)` oder `=INDEX(Bereich;;;2)` liefert den zweiten Teilbereich D6:E7.

`=SUMME(INDEX((B5:B10;D6:E7);;;2))` liefert dessen Summe.

Damit sind die Verwendungsmöglichkeiten solcher Bereiche im Grunde schon erschöpft. In dieser Form sind diskontinuierliche Bereiche nicht arrayformelfähig.

Versuchen wir es am Beispiel einer Diagonalen. Der diskontinuierliche Bereich, für den Sie einen Namen *Diagonale* definieren, lautet (Abb. 7.28):

```
(A1;B2;C3;D4)
```

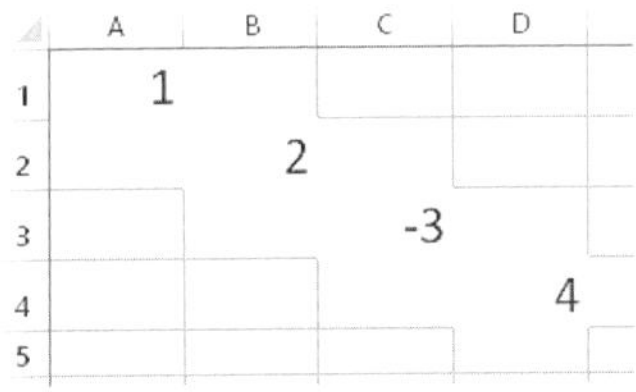

Abbildung 7.28: Zahlen einer Diagonalen addieren

Alle positiven Werte der Diagonalen sollen summiert werden, der Versuch

```
{=SUMME(WENN(Diagonale>0;Diagonale))}
```

liefert aber die Fehlermeldung #WERT!.

Natürlich gibt es »Workarounds«, um das gewünschte Ergebnis zu erhalten, beispielsweise:

```
{=SUMME(WENN((ZEILE(A1:D4)=SPALTE(A1:D4))*(A1:D4>0);A1:D4))} = 7
```

Das Ergebnis stimmt zwar, Sie rechnen aber nicht wirklich mit der Diagonalen, sondern mit dem kontinuierlichen Bereich A1:D4. Das ist also irgendwie eine Mogelpackung. Sauber wäre eine Lösung, die wirklich nur die vier Zellen der Diagonalen berücksichtigt. Ein Stück weiter bringt uns dabei die Funktion INDIREKT:

```
=INDIREKT({"A1";"B2";"C3";"D4"})
```

Wenn Sie den Ausdruck markieren und mit F9 auswerten, erhalten Sie erfreulicherweise:

```
{1;2;-3;4}
```

Voller Zuversicht versuchen Sie

```
{=SUMME(WENN(INDIREKT({"A1";"B2";"C3";"D4"})>0;INDIREKT({"A1";"B2";
"C3";"D4"}))))}
```

Doch mysteriöserweise funktioniert das nicht und liefert #WERT!. INDIREKT liefert hier offenbar kein voll funktionstüchtiges Array, obwohl das die F9-Auswertung zuvor suggerierte. Ergo: In seltenen Fällen liefert die F9-Auswertung ein anderes Ergebnis als das, was tatsächlich in der Formel berechnet wird.

Einige ausgewählte Funktionen können diesen INDIREKT-Ausdruck weiterverarbeiten, beispielsweise die Funktion TEILERGEBNIS:

```
=TEILERGEBNIS(9;INDIREKT({"A1";"B2";"C3";"D4"}))
```

liefert {1;2;-3;4}

genau wie der INDIREKT-Ausdruck allein, aber mit dem Unterschied, dass es jetzt korrekt weiterverarbeitet werden kann:

```
{=SUMME(WENN(TEILERGEBNIS(9;INDIREKT({"A1";"B2";"C3";"D4"}))>0;
TEILERGEBNIS(9;INDIREKT({"A1";"B2";"C3";"D4"}))))} = 7
```

Mit der Funktion SUMMEWENN funktioniert dies ebenso:

```
{=SUMME(SUMMEWENN(INDIREKT({"A1";"B2";"C3";"D4"});">0"))} = 7
```

Und auch die Funktionen ZÄHLENWENN und RANG können den Ausdruck

```
INDIREKT({"A1";"B2";"C3";"D4"})
```

verarbeiten. Allgemein funktioniert das mit allen Funktionen mit einem Argument, das zwingend einen Bezug verlangt, der nicht durch eine Matrix ersetzt werden kann. Im Gegensatz zu VERGLEICH, INDEX etc. kann im zweiten Argument von TEILERGEBNIS keine Matrix stehen:

```
=TEILERGEBNIS(9;{1;2;3})
```

... wird mit einer Fehlermeldung quittiert. Dasselbe passiert bei SUMMEWENN, ZÄHLENWENN und RANG.

Etwas aus der Reihe tanzen auch die Funktionen N und T, die zwar kein Argument *Bezug* verlangen, aber trotzdem den INDIREKT-Ausdruck in ein funktionierendes Array umwandeln können. Einen zusätzlichen Charme versprüht ihre winzige Länge. Beispiel:

```
{=SUMME(WENN(N(INDIREKT({"A1";"B2";"C3";"D4"}))>0;
N(INDIREKT({"A1";"B2";"C3";"D4"}))))}
```

Die Funktion N wird eingesetzt, wenn in den relevanten Zellen Zahlen stehen, die Funktion T bei Texten.

Das besondere Verhalten der genannten Funktionen ermöglicht besondere Berechnungen: die Berechnung mehrerer diskontinuierlicher Teilbereiche, wie beispielsweise die bedingte Berechnung der Diagonalen. Nun werden Sie noch weitere Anwendungsmöglichkeiten dieser diskontinuierlichen Teilbereiche kennenlernen.

7.6.1 Zeilensumme

Ein mit INDIREKT erzeugtes Bereichsarray können Sie alternativ auch mit BEREICH. VERSCHIEBEN erzeugen und dann mit N, TEILERGEBNIS & Co. weiterverarbeiten.

```
=BEREICH.VERSCHIEBEN(A1:E1;{0.1.2.3.4};)
```

liefert die Bereiche {"A1:E1";"A2:E2";"A3:E3";"A4:E4";"A5:E5"}

Aus dem Bereich A1:E5 soll die größte Zeilensumme berechnet werden (Abb. 7.29).

	A	B	C	D	E
1	10	2	4	9	12
2	19	2	5	3	15
3	11	17	8	14	4
4	**15**	**12**	**13**	**10**	**12**
5	7	10	13	4	15

Abbildung 7.29: Maximale Zeilensumme ermitteln

Das Ergebnis lautet:

```
{=MAX(TEILERGEBNIS(9;BEREICH.VERSCHIEBEN(A1:E1;{0.1.2.3.4};)))} = 62
```

TEILERGEBNIS summiert zunächst die Zeilen. Deshalb wird der Parameter 9 und nicht der Parameter 4 für das Maximum benötigt:

```
{37.44.54.62.49}
```

Im nächsten Schritt wird dann mittels der umrahmenden MAX-Funktion das Maximum ermittelt: 62.

7.6.2 3D-Berechnungen

Diskontinuierliche Bereiche, die man durch Einklammern oder Namen definiert und mit den Funktionen BEREICHE oder INDEX auswertet, müssen sich auf einem Tabellenblatt befinden. Eigentlich schade, denn vorstellbar sind ja auch Berechnungen über mehrere Tabellen. Beispielsweise:

```
{"Tabelle1!$A$1";"Tabelle2!$A$1";"Tabelle3!$A$1"}
```

In beschränktem Maße können zwar 3D-Bezüge berechnet werden, ...

```
=SUMME(Tabelle1:Tabelle3!A1)
```

... aber das ist sehr unflexibel. Beispielsweise lässt sich ein 3D-Verweis so nicht herstellen. Angenommen, Sie möchten alle A1-Zellen einer Arbeitsmappe mit den Tabellen 1 bis 10 nach einem Suchbegriff »x« durchsuchen, und beim ersten Treffer soll die benachbarte Zelle B1 zurückgegeben werden. Die Tabellennummer des Treffers erhalten Sie mit:

```
{=MIN(WENN(T(INDIREKT("Tabelle"&ZEILE(1:10)&"!A1"))="x";ZEILE(1:10)))}
```

T in Kombination mit INDIREKT erzeugt hier ein Array mit allen A1-Zellen der Tabellen 1 bis 10. Die WENN-Funktion gibt die Tabellennummern zurück, die das Suchkriterium in A1 enthalten. MIN greift daraus die Tabellennummer des ersten Treffers. Diesen bezeichnen wir als *TabNr.*

```
=INDIREKT("Tabelle"&TabNr&"!B1")
```

ermittelt dann den benachbarten B1-Wert. Beides zusammen sieht so aus:

```
{=INDIREKT("Tabelle"&MIN(WENN(T(INDIREKT("Tabelle"&ZEILE(1:10)&"!A1"))="x";
ZEILE(1:10)))&"!B1")}
```

Ist der Suchbegriff eine Zahl, wird anstelle von T die Funktion N eingesetzt. Der Ausdruck `"Tabelle"&ZEILE(1:10)` setzt voraus, dass die Tabellennamen in der Form `{"Tabelle1";"Tabelle2";...}` indizierbar sind. Ist dies nicht der Fall, müssen die Tabellennamen einzeln aufgeführt werden.

7.6.3 Datenreihen

Diskontinuierliche Bereiche können mit der gezeigten Technik sogar als Datenreihen in einem Diagramm angezeigt werden (Abb. 7.30).

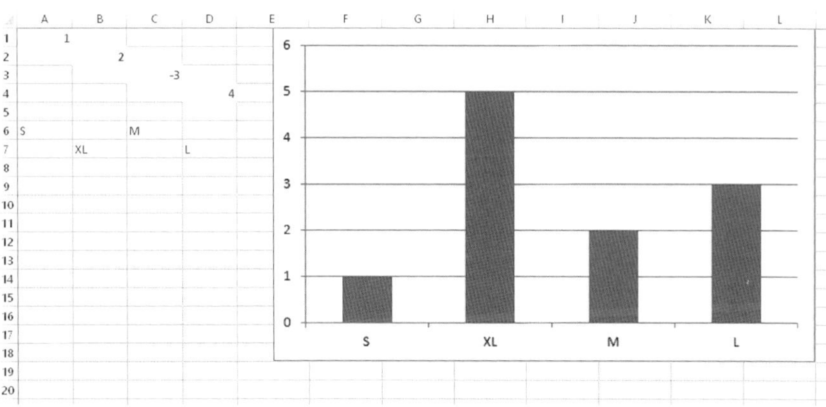

Abbildung 7.30: Nicht angrenzende Zellen in Diagrammdatenreihen anzeigen

Vergeben Sie den Namen *Diagonale* bezogen auf die Formel

```
=N(INDIREKT("Tabelle1!"&{"A1";"B2";"C3";"D4"}))
```

Und den Namen *xAchse* bezogen auf die Formel

```
=T(INDIREKT("Tabelle1!"&{"A6";"B7";"C6";"D7"}))
```

Die beiden Namen dienen als Datenquelle des Säulendiagramms:

```
=DATENREIHE(;Mappe1.xls!xAchse;Mappe1.xls!Diagonale;1)
```

Das Dateiformat (hier *.xls*) muss natürlich dem der Datei entsprechen (*.xls*, *.xlsx*, *.xlsm* etc.). Wie man sieht, kann auf diese Weise eine Datenreihe aus völlig unzusammenhängenden Zellen bestehen. Dies gilt sowohl für Werte, die Sie mit der Funktion N in ein Array transformieren, als auch für die Diagrammbeschriftungen, die mit der Funktion T erzeugt werden.

Weitere Beispiele (Abb. 7.31, 7.32, 7.33):

- Jede zweite Zeile in eine Datenreihe bringen (B2,B4,B6):

  Werte: `=N(BEREICH.VERSCHIEBEN(Tab1!$B$1;(ZEILE(Tab1!$1:$3)-1)*2+1;))`

  Beschriftung: `=T(BEREICH.VERSCHIEBEN(Tab1!$A$1;(ZEILE(Tab1!$1:$3)-1)*2+1;))`

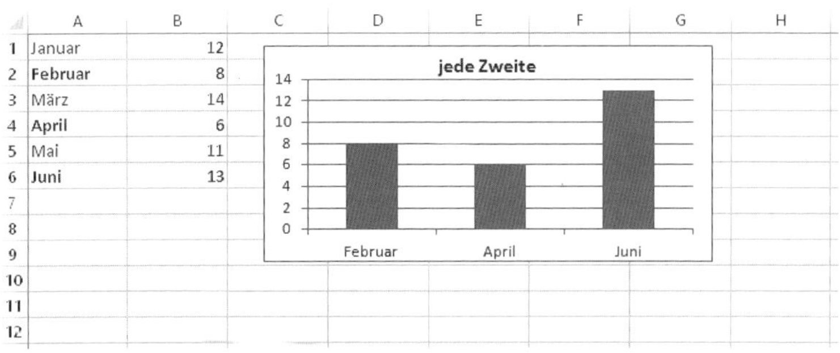

Abbildung 7.31: Jede zweite Zeile im Diagramm anzeigen

- Kumulierte Werte (Zellen B1:B6)

  `=TEILERGEBNIS(9;BEREICH.VERSCHIEBEN(Tab2!$B$1;;;ZEILE(Tab2!$1:$6)))`

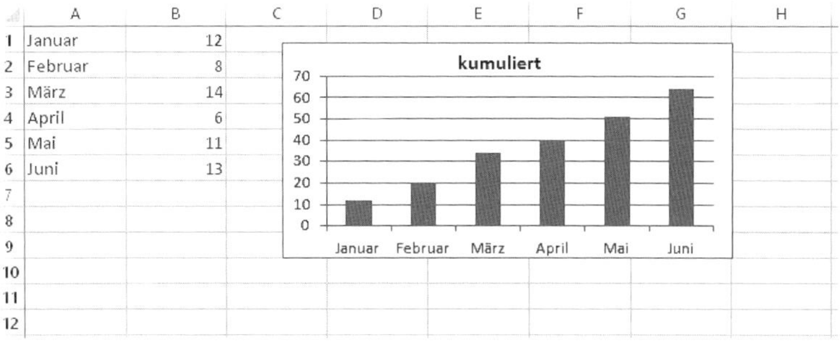

Abbildung 7.32: Kumulierte Werte (ohne Hilfsspalte) im Diagramm anzeigen

- Mehrspaltige Daten in einer Datenreihe darstellen

  Werte: `=N(BEREICH.VERSCHIEBEN(Tab3!$B$2;REST(ZEILE(Tab3!$1:$12)-1;6);3*KÜRZEN((ZEILE(Tab3!$1:$12)-1)/6)))`

  Beschriftung: `=T(BEREICH.VERSCHIEBEN(Tab3!$A$2;REST(ZEILE(Tab3!$1:$12)-1;6);3*KÜRZEN((ZEILE(Tab3!$1:$12)-1)/6)))`

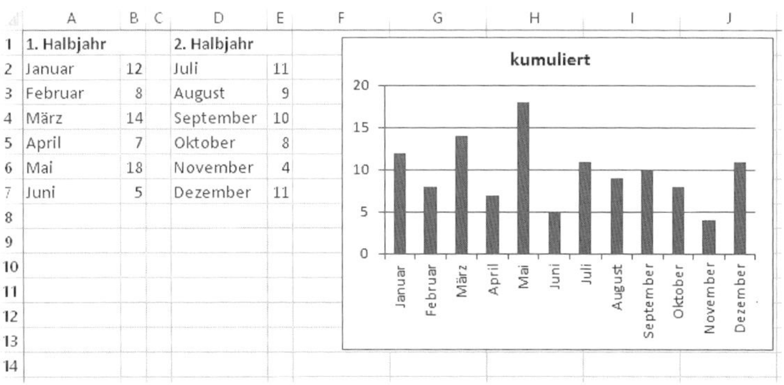

Abbildung 7.33: Mehrspaltige Daten in einer Datenreihe anzeigen

7.7 Formelklassiker

In diesem Kapitel finden Sie eine Auswahl der unzähligen Anwendungsmöglichkeiten von Arrayformeln, die besonders oft in der beruflichen Praxis vorkommen und in den einschlägigen Excel-Foren häufig nachgefragt werden.

Zunächst wird eine der populärsten Excel-Funktionen überhaupt – der SVERWEIS – in den wohlverdienten Ruhestand geschickt.

7.7.1 Unterscheidung nach Groß- und Kleinschreibung

Wenn beispielsweise das Suchkriterium »r« in Zelle C1 kleingeschrieben ist, wird es dennoch in Spalte B gefunden, obwohl dort Großbuchstaben vorkommen. Das ist auch nicht weiter verwunderlich, da es dem allgemeinen Prinzip entspricht: Eine Unterscheidung zwischen Groß- und Kleinschreibung – das sogenannte Case-sensitive-Prinzip – ist in den meisten Fällen nicht sinnvoll. Wollen Sie dennoch dazwischen unterscheiden, müssen Sie auf eine dieser vier Funktionen zurückgreifen: WECHSELN, FINDEN, CODE oder IDENTISCH. Letztere wenden wir nun hier an:

```
{=INDEX(A:A;VERGLEICH(WAHR;IDENTISCH(B1:B10;C1);0))}
```

`IDENTISCH(B1:B10;C1)` zeigt Ihnen:

```
{FALSCH;FALSCH;FALSCH;FALSCH;FALSCH;FALSCH;WAHR;FALSCH;FALSCH;FALSCH}
```

Der VERGLEICH mit dem Suchbegriff WAHR liefert die 7, und in Kombination mit dem INDEX haben Sie den Inhalt Ihrer Fundstelle. Mit dem Fehlerabfang

```
{=WENN(ODER(IDENTISCH(B1:B10;C1));...; ""}
```

können Sie auch hier prüfen, ob ein passender Eintrag überhaupt vorhanden ist.

7.7.2 Listenabgleich

Mit der dargestellten Logik der Verweise bei mehrfach vorkommenden Suchkriterien können unter anderem auch Listen aus verschiedenen Datenquellen miteinander verglichen werden. Angenommen, Sie verwalten in Excel eine Liste mit Personen und möchten diese mit einer aus einem anderen System importierten Liste (beispielsweise SAP) vergleichen bzw. zusammenführen.

Der Einfachheit halber gehen wir davon aus, dass sich die zu vergleichenden Bereiche der Listen auf eine Spalte beschränken. Diese stehen in Spalte A und Spalte B.

Möchten Sie die Einträge aufgelistet bekommen, die nur in Spalte B vorkommen, schreiben Sie die Formel

```
X1:{=INDEX(B:B;KKLEINSTE(WENN(ZÄHLENWENN(A$1:A$99;B$1:B$99)=0;ZEILE($1:$99));
ZEILE(A1)))}
```

in die erste Zeile irgendeiner Spalte und kopieren Sie diese nach unten. Das Besondere an dieser Formel ist die Bedingung

```
ZÄHLENWENN(A$1:A$99;B$1:B$99)=0
```

die ein Array aus Wahrheitswerten liefert. Für jeden Eintrag aus Spalte B, der in Spalte A vorkommt, wird ein WAHR erzeugt, andernfalls ein FALSCH. In gewohnter Manier listet KKLEINSTE in Kombination mit INDEX die entsprechenden Einträge aus Spalte B auf.

Sollen alle Einträge aufgelistet werden, die nur in Spalte A vorkommen, müssen Sie logischerweise nur die Bezüge A und B austauschen. Um nur die Einträge zu erhalten, die in beiden Listen vorkommen, ersetzen Sie die ZÄHLENWENN-Bedingung durch:

```
ZÄHLENWENN(A$1:A$99;B$1:B$99)<>0
```

Größere Praxisrelevanz hat es möglicherweise, beide Listen zusammenzuführen, und das bei gleichzeitigem Aussieben von Duplikaten. Auch dies ist mit Arrayformeln möglich, aber da kopierte Arrayformeln, die auf lange Listen von Tausenden Datensätzen angewandt werden, nicht sehr performant sind, wollen wir zur Abwechslung einmal eine Hilfsspaltenlösung vorstellen (Abb. 7.34).

Die beiden Listen stehen weiterhin in Spalte A und Spalte B.

	A	B	C	D	E	F
1	**Liste A**	**Liste B**	Hilfsspalte Liste A	Hilfsspalte Liste B		**Liste A und B ohne Doppler**
2	Förster	Zimmermann	2	2		Förster
3	Förster	Mayer		3		Metzger
4	Metzger	Bäcker	4			Koch
5	Koch	Schreiner	5			Bäcker
6	Bäcker	Koch	6			Müller
7	Müller	Müller	7			Fricke
8	Fricke	Metzger	8			Maurer
9	Maurer	Metzger	9			Schneider
10	Schneider	Zimmermann	10			Schmidt
11	Schmidt	Schneider	11			Schreiner
12	Schreiner	Schmidt	12			Zimmermann
13	Müller	Schlosser		13		Mayer
14	Koch	Schlosser				Schlosser
15	Förster					#ZAHL!
16						#ZAHL!
17						#ZAHL!

Abbildung 7.34: Vergleich und Zusammenführung zweier Listen

Spalte C und D sind Hilfsspalten mit den nach unten kopierten Formeln:

```
C2: =WENN(ODER(A2="";ZÄHLENWENN(A$2:A2;A2)>1);"";ZEILE())
D2: =WENN(ODER(B2="";ZÄHLENWENN(A:A;B2)+ZÄHLENWENN(B$2:B2;B2)>1);"";ZEILE())
```

Spalte C listet die Zeilennummern der Einträge aus Spalte A ohne Duplikate auf. In Spalte D werden die Duplikate der Einträge aus Spalte B ebenso ignoriert, aber zusätzlich auch die Einträge, die schon in Spalte A vorgekommen sind. Deshalb werden die zwei ZÄHLENWENN-Bedingungen addiert.

In Spalte F werden beide Listen zusammengeführt:

```
F2: =WENN(ZEILEN($2:2)>ANZAHL(C:C);INDEX(B:B;KKLEINSTE(D:D;ZEILEN($2:2)-
ANZAHL(C:C)));INDEX(A:A;KKLEINSTE(C:C;ZEILEN($2:2))))
```

`ZEILEN($2:2)` wird nach unten kopiert und liefert die Zahlenfolge 1;2;3;4...;k, die für den k-ten Eintrag der zusammengeführten Liste steht. Ist k kleiner oder gleich der Anzahl gültiger Einträge aus Spalte A, wird der k-kleinste Eintrag der Hilfsspalte C referenziert und das Pendant aus Spalte A herausgepickt. Ist k größer als diese Anzahl, wird der Rest von Spalte B abgeklappert.

Um noch die Fehlermeldungen am Ende der Spalte F zu unterdrücken, können Sie der Formel noch die weitere WENN-Bedingung

```
=WENN(ZEILEN($2:2)>ANZAHL(C:D);"";...)
```

»überstülpen« bzw., wie oben schon erwähnt, WENNFEHLER(Formel;"") drumrum.

7.8 Unter keinen Bedingungen – doch!

In Spalte A stehen Zahlen. Die wollen Sie bedingungslos summieren bzw. zählen. Klar:

`=SUMME(A:A)` bzw. `=ANZAHL(A:A)`

Jetzt sollen die Zahlen aus Spalte A nur berücksichtigt werden, wenn in Spalte B »M+T« steht. Das sieht dann so aus:

`=SUMMEWENN(B:B;"M+T";A:A)` bzw. `=ZÄHLENWENN(B:B;"M+T")`

Das heißt: Wenn in Spalte B »M+T« steht, werden die entsprechenden Inhalte von Spalte A addiert, bzw. das Vorkommen von »M+T« in Spalte B wird gezählt (Abb. 7.35).

	A	B	C	D	E	F
1	15		0		**Formel**	**Ergebnis**
2	5	M+T	1		=SUMMEWENN(B:B;"M+T";A:A)	19
3	18	T	0		{=SUMME(WENN(ISTZAHL(A1:A99);WENN(B1:B99="M+T";1;0)))}	3
4	15		0			
5	7	M+T	1			
6	nix	A	0			
7	5		0			
8	nada	M+T	0			
9	16		0			
10	16	B	0			
11	niente	C	0			
12	17		0			
13		M+T	0			
14	7	M+T	1			
15	16		0			

Abbildung 7.35: Rechnen mit mehreren Bedingungen

Die bedingte Summe ist bei vorkommenden Texten in Spalte A in Ordnung (die ist pflegeleicht und interpretiert Texte als null) – nicht aber das Zählen, denn es wird nur das Vorkommen von »M+T« in Spalte B gezählt, unabhängig davon, ob in Spalte A Zahlen oder Texte stehen.

Jetzt haben wir den Salat – zwei Bedingungen: Zähle die Übereinstimmungen, wenn in Spalte A eine Zahl und in Spalte B »M+T« steht. Eine Lösung dafür ist mit den normalen Excel-Funktionen auf einen Rutsch nicht möglich.

Kein Problem: In der weiteren Spalte C klopfen wir die Bedingungen mit

```
C1:=WENN(UND(ISTZAHL(A1);B1="M+T");1;0)
```

ab, kopieren das nach unten und haben das gewünschte Ergebnis:

```
=SUMME(C:C)
```

SUMMEWENN und SUMME(WENN sehen ja fast identisch aus – das Wort »fast« bedeutet aber, dass jetzt etwas Entscheidendes passiert. SUMMEWENN ist nur eine sehr eingeschränkte Funktion – SUMME(WENN der Beginn einer großen Freundschaft.

Erobern wir als Erstes die Hilfsspalte C zurück.

```
F3:{=SUMME(WENN(ISTZAHL(A1:A1000);WENN(B1:B1000="M+T";1;0)))}
```

Die Formel sagt: Überprüfe, ob gleichzeitig in Spalte A eine Zahl und in Spalte B »M+T« steht. Ist das der Fall, dann bewerte das mit 1, andernfalls mit 0, und summiere anschließend die Ergebnisse. Dieses Summieren lauter Einsen ist nichts anderes als das gewünschte Zählen der Zeilen, in denen beide Bedingungen erfüllt sind. Wollen Sie stattdessen summieren, tauschen Sie den *Dann_Wert* der WENN-Funktion (hier: 1) durch den zu summierenden Bereich aus. Okay, bei der zu summierenden Spalte A ist es wegen der Pflegeleichtigkeit der Funktion SUMMEWENN unnötig. Wollen Sie aber z. B. die Werte aus Spalte D addieren, wenn in Spalte A eine Zahl und in Spalte B »M+T« steht, dann formulieren Sie wie folgt:

```
{=SUMME(WENN(ISTZAHL(A1:A1000);WENN(B1:B1000="M+T";D1:D1000;0)))}
```

Die Bedingungen mit WENN sind nicht auf zwei beschränkt: Das funktioniert bis zu einer Schachteltiefe von 64 (vormals acht) Verschachtelungen.

Mithilfe der direkten Multiplikation oder Addition der Wahrheitswerte WAHR und FALSCH kann die Grenze von acht Verschachtelungen aufgehoben werden. Dann können so viele Bedingungen kombiniert werden, bis die maximale Formellänge erreicht ist. Beim Rechnen mit Wahrheitswerten nimmt WAHR den Wert 1 ein und FALSCH den Wert 0. Erinnern wir uns an die Hilfszelle C1:

```
=WENN(UND(ISTZAHL(A1);B1="M+T");1;0)
```

Dies ergibt 1, wenn beide Bedingungen erfüllt sind – ansonsten 0.

- `=ISTZAHL(A1)` ergibt entweder WAHR oder FALSCH und `B1="M+T"` ebenso.
- `=ISTZAHL(A1)*(B1="M+T")` ergibt entweder
- `FALSCH * FALSCH` oder
- `WAHR*FALSCH` oder
- `FALSCH*WAHR` oder
- `WAHR*WAHR`

und nur im letzteren Fall 1 anstelle von 0.

Obige Arrayformeln lauten ohne WENN:

```
{=SUMME(ISTZAHL(A1:A1000)*(B1:B1000="M+T"))}
{=SUMME(ISTZAHL(A1:A1000)*(B1:B1000="M+T")*D1:D1000)}
```

Die erste Formel zählt und die zweite Formel summiert die Elemente.

Und nie vergessen: Abschluss der Formel mit gleichzeitig gedrückten Tasten [Strg]+[⇧]+[↵] – erst dann ist's eine Arrayformel. Abhilfe für diese Vergesslichkeit bietet die

Funktion SUMMENPRODUKT. Eigentlich summiert diese Funktion das Produkt von Spalten ohne jegliche Bedingungen. Aber nur eigentlich! Setzt man sie anstelle von SUMME in obige Formeln ein, erhält man das identische Ergebnis – muss aber die Formel nicht als Arrayformel abschließen, obwohl es ein Array ist und bleibt.

```
=SUMMENPRODUKT(ISTZAHL(A1:A100)*(B1:B100="M+T"))
=SUMMENPRODUKT(ISTZAHL(A1:A100)*(B1:B100="M+T")*D1:D100)
```

Das ist doch prima. Warum haben wir jetzt das ganze Zeug mit WENN geschrieben – nur als Formelhistorie? Vorsicht – die Variante mit SUMMENPRODUKT ist nicht in allen Fällen anwendbar. Bei der Multiplikation von Wahrheitswerten wird alles gnadenlos miteinander multipliziert. Steht z. B. in einer Zelle der Spalte D ein Text, obwohl die Inhalte von der entsprechenden Zelle in Spalte A und B nicht den Kriterien entsprechen, wird diese Zeile mit

```
FALSCH*FALSCH*Text =0*0*Text
```

abgearbeitet, was den Fehlerwert #WERT! erzeugt. Die WENN-Variante »überspringt« die Elemente, die nicht summiert werden dürfen bzw. können. Und auch wenn die Suchkriterien zutreffen, ist SUMME gutmütig und interpretiert einen Treffer, wenn er denn Text ist, als 0 (null) (Abb. 7.36).

	A	B	C	D	E	F
1	x	y	1		**Formel**	**Ergebnis**
2		y	2		{=SUMME(WENN((A1:A10="x")*(B1:B10="y");C1:C10))}	8
3			3		=SUMMENPRODUKT((A1:A10="x")*(B1:B10="y")*C1:C10)	#WERT!
4	y		4			
5	x	y	murks			
6			6		**ab Excel 2007**	
7	x	y	7		=SUMMEWENNS(C1:C10;A1:A10;"x";B1:B10;"y")	8
8			8			
9						

Abbildung 7.36: Rechnen mit mehreren Bedingungen mit SUMMENPRODUKT

Das soll aber nicht darüber hinwegtäuschen, dass die Funktion SUMMENPRODUKT zu den genialsten Funktionen überhaupt zählt. In dem Beispiel leistet sie z. B. wunderbare Dienste, wenn man den zu summierenden Bereich nicht mit den Wahrheitswerten multipliziert, sondern ihn mittels Semikolon abtrennt:

```
=SUMMENPRODUKT((A1:A10="x")*(B1:B10="y");C1:C10)
```

Dann verhält sich die Formel genauso wie die {=SUMME(WENN...)}-Variante, und sie braucht dennoch nicht als Arrayformel eingegeben zu werden.

7.8.1 SUMMEWENNS ab Excel 2007

Seit Excel 2007 gibt es auch SUMMEWENNS und die kleine Schwester ZÄHLENWENNS.

Die Formel für obiges Beispiel lautet damit:

```
=SUMMEWENNS(C1:C10;A1:A10;"x";B1:B10;"y")
```

Also: zuerst der zu summierende Bereich und dann nacheinander die Kriterienbereiche mit Kriterium.

```
=(Summenbereich;Kriterienbereich1;Kriterium1;Kriterienbereich2;Kriterium2;
Krit...)
```

Dabei werden auch komplette Spalten akzeptiert:

```
=SUMMEWENNS(C:C;A:A;"x";B:B;"y")
```

Und, wenn wir schon mal kleine Fortschritte erwähnen: Es gibt jetzt auch die Funktion WENNFEHLER.

Früher musste man, um ein Fehlerergebnis zu vermeiden, die komplette Funktion wiederholen und auf einen Fehler abklopfen. Kleines Beispiel: In A1 steht eine Zahl, in B1 auch oder Text.

`=A1/B1` ergibt #WERT! Wenn in A1 und/oder B1 Text steht.

Früher: `=WENN(ISTFEHLER(A1/B1);"";A1/B1)`

Jetzt: `=WENNFEHLER(A1/B1;"")`

Das ist praktisch.

7.9 Dirty Tricks

Es ist ja nicht so, dass wir vorhandene Funktionen nur wie geplant anwenden, sondern wir denken auch mal schräg: rückwärts, von hinten durch die Brust ins Auge.

7.9.1 Dirty Trick 1

Bären, Hunde, Katzen, Schweine: Das sind vier verschiedene Tierarten. Aufgabenstellung ist es, die Anzahl unterschiedlicher Einträge in Spalte A zu ermitteln (Abb. 7.37).

	A	B	C	D
1	Hund	0	4	
2	Bär	0		
3	Bär	0		
4	Katze	0		
5	Bär	0		
6	Schwein	1		
7	Katze	0		
8	Hund	1		
9	Bär	1		
10	Katze	1		
11				

Abbildung 7.37: Tiere ohne Duplikate zählen

Mit einer Hilfsspalte B ist das einfach zu lösen. Schreiben Sie in B1 `=WENN(ZÄHLENWENN(A2:A$11;A1)>0;0;1)` und kopieren Sie die Formel nach unten. Die Formel prüft, ob in den nachfolgenden Zellen der Begriff aus Zelle A1 noch einmal vorkommt, und gibt dann 0 zurück, wenn nicht, gibt sie 1 zurück.

Die Anzahl der unterschiedlichen Einträge ist dann `=SUMME(B:B)`.

Die Hilfsspalte ist hier aber unnötig! Wie geht's ohne? Das löst diese knackig kurze Arrayformel:

```
{=SUMME(1/ZÄHLENWENN(A1:A10;A1:A10))}
```

Wie funktioniert sie? Berechnen Sie mit [F9] den Formelteil `ZÄHLENWENN(A1:A10;A1:A10)`, dann sehen Sie:

```
=SUMME(1/{2;4;4;3;4;1;3;2;4;3})
```

Jeder vorkommende Begriff wird gezählt, und zwar jedes Mal: Die vier Bären z. B. werden also an allen vier vorkommenden Positionen viermal gefunden. Das zu summieren, wäre natürlich falsch, denn da käme 30 heraus. Jetzt kommt der Dirty Trick – der Kehrwert:

Der Formelteil `1/ZÄHLENWENN(A1:A10;A1:A10)` ergibt teilausgewertet

```
=SUMME({0,5;0,25;0,25;0,3333333;0,25;1;0,3333333;0,5;0,25;0,3333333}) = 4
```

Die vier vorkommenden Bären werden jeweils degradiert auf 0,25, die drei Katzen werden gedrittelt, die zwei Hunde mutieren auf die Hälfte und das einsame Schwein gewinnt mit 1. Summiert sind die vier Viertelbären, die drei Drittelkatzen, die zwei halben Hunde und das Soloschwein jeweils 1 und alle zusammen ergo 4. Die Summe der Kehrwerte der jeweiligen Vorkommen hat es also gebracht!

Dieses kleine Beispiel ging von zehn **gefüllten** Zellen aus. Kommen auch Leerzellen vor, ist der Kehrwert der Leerzelle 1/0, was mathematisch nicht zulässig ist. Der Fehlerwert `#DIV/0!` wird erzeugt und dominiert anschließend auch die SUMME-Funktion, die selbst das Ergebnis `#DIV/0!` zurückgibt. Also müssen Leerzellen vorher eliminiert werden, was wiederum mit einer vorgeschalteten WENN-Abfrage funktioniert:

```
{=SUMME(WENN(A1:A100<>"";1/ZÄHLENWENN(A1:A100;A1:A100)))}
```

7.9.2 Dirty Trick 2

Sie möchten die Zeilenzahl bzw. den Inhalt der letzten gefüllten Zelle in einer Spalte mit Leerzellen darin ermitteln (Abb. 7.38).

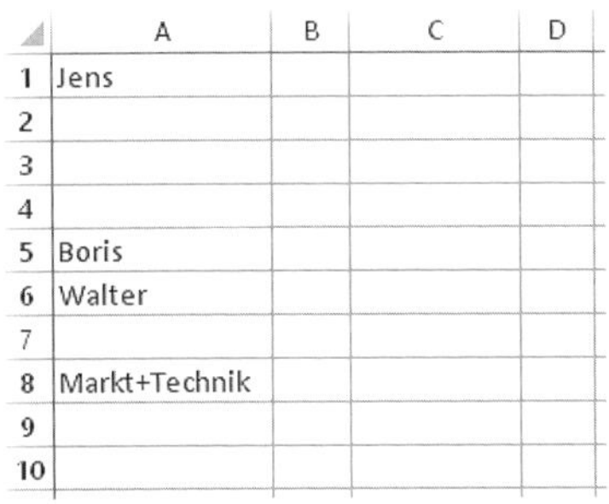

Abbildung 7.38: Den letzten Eintrag einer Spalte finden

Das passiert mit

```
{=MAX(WENN(A1:A1000<>"";ZEILE(1:1000)))}
```

oder auch mit

```
{=MAX((A1:A1000<>"")*ZEILE(1:1000))}
```

Null Problemo! Was macht diese Arrayformel? Sie durchforstet die Spalte A nach allen nicht leeren Zellen `(A1:A1000<>"")`, gibt deren Zeilenzahl mit `ZEILE(1:1000)` zurück und liest aus diesem 1.000 Zeilen langen Array mit `MAX` das Maximum aus, das für die letzte nicht leere Zelle steht. Für den Zellinhalt wird davor noch der INDEX gesetzt:

```
{=INDEX(A:A; MAX((A1:A1000<>"")*ZEILE(1:1000)))}
```

Die Formeln sind »nicht zu optimieren« – dachten wir. Und dann kam von Frank Kabel, einem Excel-Kenner, der leider im Januar 2005 tödlich verunglückte, das:

- `=VERWEIS(2;1/(A1:A1000<>"");ZEILE(A:A))` für die Zeilenzahl und
- `=VERWEIS(2;1/(A1:A1000<>"");A:A)` für den Zellinhalt

Die Dinger funktionieren – das Warum haben wir erst nicht kapiert. Mittlerweile haben wir es verstanden – und das Formelprinzip ist in diverse Beiträge von uns eingeflossen.

Was geht da ab und was zur Hölle soll das Suchkriterium 2?

Reduzieren Sie zur Veranschaulichung den Bereich auf

```
=VERWEIS(2;1/(A1:A10<>"");ZEILE(A:A)) bzw.
=VERWEIS(2;1/(A1:A10<>"");A:A)
```

damit sich Teilergebnisse anzeigen lassen.

Wir markieren `A1:A10<>""`, drücken F9 und sehen zehnmal WAHR bzw. FALSCH, je nachdem, ob die Zelle gefüllt oder leer ist.

Und nun der Dirty Trick:

Markieren Sie jetzt `1/(A1:A10<>"")`, drücken Sie F9 und Sie sehen zehnmal 1 bzw. `#DIV/0!`.

```
=VERWEIS(2;{1;#DIV/0!;#DIV/0!;#DIV/0!;1;1;#DIV/0!;1;#DIV/0!;#DIV/0!};
ZEILE(A:A))
```

In der Excel-Hilfe zur VERWEIS-Funktion heißt es:

Die zu Suchvektor gehörenden Werte müssen in aufsteigender Reihenfolge angeordnet sein: ..., -2, -1, 0, 1, 2, ..., A-Z, FALSCH, WAHR.

Und prima: Fehlerwerte, wie hier `#DIV/0!`, werden von der Funktion VERWEIS ignoriert.

Gesucht wird – von hinten nach vorne bzw. von rechts nach links – nach der 2, die nicht vorkommt. Anstelle der 2 können Sie auch jede andere Zahl, die größer als 1 ist, eingeben.

Und es heißt weiter:

Kann die VERWEIS-Funktion keinen Wert finden, der mit dem jeweiligen Wert von Suchkriterium übereinstimmt, verwendet sie den Wert in Suchvektor, der bezogen auf den Wert von Suchkriterium kleiner oder gleich ist.

Der nächstkleinere Wert (von hinten nach vorne) ist die zuletzt vorkommende 1. Im obigen Beispiel also die Position/Zeilenzahl 8 (Formel 1) mit dem Zellinhalt von A8 »Markt+Technik« (Formel 2).

Eine, wie wir finden, geniale »Zweckentfremdung« der VERWEIS-Funktion!

7.10 Wo bin ich? – Tabellennavigation ohne Kompass

Wo bin ich? Wer bin ich? Diese Fragen beantwortet die Excel-Zelle mit der Formel

```
=ADRESSE(ZEILE();SPALTE())
```

Schwieriger zu beantworten ist die Frage: Wo sind denn alle anderen? Für eine Vielzahl von Berechnungen ist es wichtig, zu wissen, über welchen Bereich die gefüllten Excel-Zellen einer Tabelle verstreut sind und welche Ausmaße der benutzte Bereich damit hat. In diesem Zusammenhang ist das oberste Gebot, an das Sie sich so weit wie möglich immer halten sollten:

Vermeiden Sie – wann immer es geht – Leerzeilen!

7.10.1 Die letzte Zelle

Wenn Sie sicher sein können, dass ein Bereich keine Leerzeilen hat, gibt es nichts Einfacheres, seine Ausmaße festzustellen, als die Formel

```
=ANZAHL2(A:A)
```

Dadurch bestimmen Sie, wie viele Zeilen belegt sind. Wenn sich Leerzeilen oder auch Leerspalten nicht vermeiden lassen, ist die Formulierung wesentlich kniffliger, aber letztlich auch keine unüberwindbare Hürde (Abb. 7.39).

	A	B	C	D	E	F	G	H	I
1			**Zielzelle**	**Zeile**		**Formel**			
2			erste Zeile	3		{=MIN(WENN(A1:A999<>"";ZEILE(A1:A999)))}			
3	Paris		letzte Zeile	11		{=MAX((A1:A999<>"")*ZEILE(A1:A999))}			
4	123		erste Zahl	4		{=MIN(WENN(ISTZAHL(A1:A999);ZEILE(A1:A999)))}			
5	London		letzte Zahl	11		{=MAX(ISTZAHL(A1:A999)*ZEILE(A1:A999))}			
6	Kapstadt		erster Text	3		{=MIN(WENN(ISTTEXT(A1:A999);ZEILE(A1:A999)))}			
7	456		letzter Text	10		{=MAX(ISTTEXT(A1:A999)*ZEILE(A1:A999))}			
8	Düsseldorf								
9									
10	München								
11	789								
12									

Abbildung 7.39: Erste und letzte gefüllte Zelle, Wert oder Text finden

Beginnen wir mit dem Tabellenanfang in einer einzelnen Spalte (A). Sie wollen den Inhalt der ersten, nicht leeren Zelle ermitteln. Sie müssen also, beginnend mit A1, alle Zellen daraufhin überprüfen, ob diese gefüllt sind oder nicht.

```
=WENN(A1<>"";A1;WENN(A2<>"";A2;WENN(A3<>"";A3;WENN(A4<>"";A4))))etc.
```

Dies ist vom Prinzip her ja richtig, aber viel zu umständlich – und bei A64 wäre sowieso Schluss, da Excel maximal 64 (bis Excel 2003: acht) Verschachtelungen zulässt.

Das geht natürlich auch kürzer:

```
{=MIN(WENN(A1:A999<>"";ZEILE(A1:A999)))}
```

Reduziert auf obigen Tabellenausschnitt von A1:A12, erhält man nach dem Markieren des Formelteils `WENN(A1:A12<>"";ZEILE(A1:A12))` und anschließender Berechnung mittels [F9]:

```
=MIN({FALSCH;FALSCH;3;4;5;6;7;8;FALSCH;10;11;FALSCH})
```

Da MIN den Wahrheitswert FALSCH nicht berücksichtigt, ist 3 das Minimum. Der davorgeschaltete INDEX

```
{=INDEX(A:A;MIN(WENN(A1:A12<>"";ZEILE(A1:A12))))}
```

ergibt den Zellinhalt »Paris«.

Sie werden es kaum glauben: MAX anstelle von MIN ergibt die Zeilennummer der letzten gefüllten Zelle. In diesem Fall kann die Formel wieder verkürzt werden, indem Sie auf das WENN verzichten und stattdessen beide Ausdrücke multiplizieren:

```
{=MAX((A1:A12<>"")*ZEILE(A1:A12))}
```

Wieder reduziert auf zwölf Zellen, nach Markieren des Multiplikationsteils `(A1:A12<>"")*ZEILE(A1:A12)` und Berechnung mit [F9], sehen Sie das Array:

```
=MAX({0;0;3;4;5;6;7;8;0;10;11;0})
```

Daraus ist auch sofort zu erkennen, dass die Variante mit der Multiplikation bei Minimum nicht funktionieren kann, denn der Wahrheitswert FALSCH multipliziert mit einer Zahl ergibt null. Das heißt, das Ergebnis wäre immer 0. Deshalb müssen Sie bei der MIN-Variante für die erste Zeile immer mit der WENN-Funktion arbeiten.

Für die letzte gefüllte Zelle gibt es die alternative Formel

```
=VERWEIS(2;1/(A1:A999<>"");A:A)
```

die Sie schon aus Abschnitt 7.9 »Dirty Tricks« kennen.

Wir haben jetzt nach der ersten/letzten Zelle mit Inhalt gesucht (Kriterium: <>""). Anstelle dieses Kriteriums können Sie in einer Spalte, gemischt aus Texten und Zahlen, mit ISTTEXT den ersten oder letzten Text lokalisieren und ausgeben, mit ISTZAHL logischerweise die erste/letzte Zahl, mit ISTFEHLER Fehlermeldungen und mit ISTLEER Leerzellen (da ist ein vorgeschalteter INDEX natürlich Blödsinn, denn der Inhalt einer Leerzelle ist nun mal nichts).

Das Strickmuster ist immer identisch. Hier das für die letzte Zahl in Spalte A:

`{= MAX(WENN(ISTZAHL(A1:A999);ZEILE(A1:A999)))}` oder

`{=MAX(ISTZAHL(A1:A999)*ZEILE(A1:A999))}`

Anstelle des Kriteriums `A1:A999<>""` könnten Sie auch `NICHT(ISTLEER(A1:A999))` verwenden. Das sähe dann für die Zeile der letzten gefüllten Zelle in Spalte A so aus:

`{=MAX(WENN(NICHT(ISTLEER(A1:A999));ZEILE(A1:A999)))}` oder

`{=MAX(NICHT(ISTLEER(A1:A999))*ZEILE(A1:A999))}`

Die Prüfungen `NICHT(ISTLEER))` und `(<>"")` sind übrigens nicht immer äquivalent. Eine Zelle, die ="" ist, ist für die Funktion ISTLEER nicht leer, aber die Prüfung <>"" würde trotzdem FALSCH ergeben. Klassischerweise entstehen diese Leerstrings durch WENN-Abfragen nach dem Muster: `=WENN(B1="";"";B1)`.

Wie Sie wahrscheinlich schon vermutet haben, funktioniert das Prinzip natürlich auch für einzelne Zeilen. Die letzte belegte Spalte in Zeile 1 wird mit

```
{=MAX((1:1<>"")*SPALTE(1:1))}
```

ermittelt.

7.10.2 Benutzter Bereich

Diese Tatsache fällt natürlich noch stärker ins Gewicht, wenn nicht nur eine einzige Zeile oder Spalte, sondern ein ganzer Bereich durchsucht werden muss. Gesucht wird dann beispielsweise nach der letzten belegten Zelle einer Tabelle (Abb. 7.40).

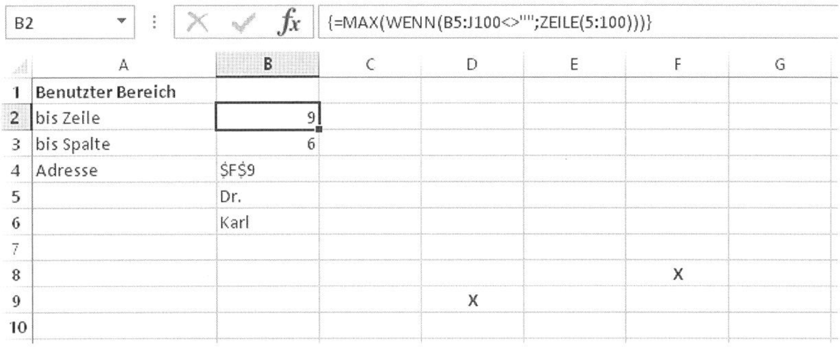

Abbildung 7.40: Benutzten Bereich ermitteln

Für einen relativ überschaubaren Bereich müssen die zuvor beschriebenen Formeln nur geringfügig angepasst werden. Der einzige Unterschied ist, dass der durchsuchte Bereich nun zweidimensional ist. Die letzte belegte Zeile findet man mit

```
B2: {=MAX(WENN(B5:J100<>"";ZEILE(5:100)))}
```

und die letzte belegte Spalte mit

```
B3: {=MAX(WENN(B5:J100<>"";SPALTE(B:J)))}
```

Die Adresse der letzten Zelle des benutzten Bereichs ergibt sich dann durch

```
B4: =ADRESSE(B2;B3)
```

Da sich die Adresse der letzten Zelle des benutzten Bereichs aus dem Schnittpunkt der letzten Zeile und der letzten Spalte ergibt, muss die Zelle selbst (F9 in Abb. 7.40) nicht unbedingt gefüllt sein.

Ersetzen Sie MAX durch MIN, erhalten Sie die erste Zelle des benutzten Bereichs. Natürlich nur innerhalb des durchsuchten Bereichs (also ohne A1:B4, in dem ja die Formeln stehen, denn es würde einen Zirkelbezug auslösen, würde man diese Zellen auch absuchen).

Die Formel funktioniert zwar, aber mit der Zellangabe J100, die den zu durchsuchenden Bereich abgrenzt, haben Sie nicht gerade Weitblick bewiesen. Dahinter kann sich ja noch alles Mögliche abspielen. Jetzt versuchen Sie mal, mit dieser Formel einen wirklich großen Bereich abzusuchen, sagen wir mal bis HH30000. Sie werden merken, dass Ihr Rechner nicht gerade begeistert davon ist, denn das bindet mächtig viele CPU-Ressourcen.

Die Funktion ANZAHLLEEREZELLEN ermöglicht an dieser Stelle eine Turboformel, mit der Sie blitzschnell die komplette Tabelle bis XFD1048576 (Excel 2003: IV65536) absuchen können. Die letzte Zeile finden Sie mit der Formel

```
B2:{=MAX(WENN(ANZAHLLEEREZELLEN(BEREICH.VERSCHIEBEN
(1:1;ZEILE(5:1048575);))<16384;ZEILE(5:1048575)+1))}
```

und die letzte Spalte mit

```
B3:{=MAX(WENN(ANZAHLLEEREZELLEN(BEREICH.VERSCHIEBEN
(B:B;;SPALTE(A:XFB);))<1048576;SPALTE(A:XFB)+2))}
```

Die Formel in B3 liefert die Spaltennummer – wollen Sie die Spaltenbuchstaben sehen:

```
=WECHSELN(ADRESSE(1;B3;4);1;)
```

Warum sind diese Arrayformeln so schnell? Die erste führt 1.048.576 Rechenoperationen durch (für jede Zeile eine) und die zweite nur 16.384 (für jede Spalte eine). Genau genommen fünf Zeilen und zwei Spalten weniger, da die Formeln selbst ja auch irgendwo stehen müssen (A1:B4). Die Formel

```
=WENN(B5:XFD1048576<>"";ZEILE(B5:XFD1048576))
```

würde alle Zellen (über 17 Mrd.) einzeln abklappern, deshalb dauert dies ewig bzw. der Rechner stürzt ab. ANZAHLLEEREZELLEN hingegen »scannt« die Tabelle sozusagen zeilen- bzw. spaltenweise ab. Im Fall der spaltenweisen Durchsuchung liefert BEREICH.VERSCHIEBEN ein Array aus den Spalten

```
{C:C . D:D . E:E . F:F . etc.}
```

ANZAHLLEEREZELLEN liefert dann ebenso ein Array mit einem Ergebnis je Spalte, beispielsweise:

```
{17432.21203.1048576.1048576}
```

Ist die Spalte komplett leer, steht dort 1.048.576, wie in der dritten und vierten Spalte zu sehen ist. Enthält die Spalte Einträge, ist der Wert kleiner als in den ersten beiden Spalten. Die WENN-Funktion erzeugt dann für alle 1.048.576 Spalten FALSCH und für alle kleineren Werte die Spaltennummer, aus der die Funktion MAX dann die größte auswählt.

Die zeilenweise Durchsuchung funktioniert analog. Dort wird nach Zeilen mit weniger als 16.384 leeren Spalten gesucht.

Einziges Manko: ANZAHLLEEREZELLEN erkennt keine Leerstrings. Eine Zelle mit dem Inhalt ="" wird als leer interpretiert.

7.10.3 Suchkriterium in der Tabelle aufspüren

Ob Sie die Ausmaße des benutzten Bereichs bestimmen wollen oder ob Sie in einer ganzen Tabelle nach einem Suchbegriff oder Wert suchen, funktioniert von der Logik her fast identisch. Beim benutzten Bereich suchen Sie die maximale Zeilen- und Spaltennummer, die einen Eintrag ungleich "" enthält.

Suchen Sie stattdessen nach einem bestimmten Wert oder Text, dann suchen Sie die kleinste Zeilen- und Spaltennummer, die dem Suchkriterium entspricht. Oder wahlweise auch die größte Zeilen- und Spaltennummer für den letzten Treffer (Abb. 7.41).

	A	B	C	D	E	F	G	H	I	J
1			174					**Suchkriterium**	54	
2	128	52	148					Zeile (MIN)	3	
3	16	176	10	80		54		Spalte (MIN)	4	
4		81	53	125	41	119		Zelle	$D$3	(falsch)
5	55	65		138	88					
6	25			54	74	100		1. Zeile, 2. Spalte	$F$3	
7		154		139	81			1. Spalte, 2. Zeile	$D$6	
8					119					
9					11					
10										

Abbildung 7.41: Tabelle nach Suchkriterium absuchen (per Formel)

Das Suchkriterium steht in I1. Die kleinste Zeilennummer ist

```
I2: {=MIN(WENN(A1:G10=I1;ZEILE(A1:G10)))}=3
```

und die kleinste Spaltennummer

```
I3: {=MIN(WENN(A1:G10=I1;SPALTE(A1:G10)))}=4
```

Obwohl beide Formeln richtig rechnen, ist die aus

```
I4: =ADRESSE(I2;I3)
```

resultierende Zelle natürlich die falsche. Denn anders als bei der Bestimmung des benutzten Bereichs, bei dem die letzte Zelle selbst leer sein kann, sollten die Zielkoordinaten in diesem Fall den richtigen Wert enthalten, also auf D6 oder F3 verweisen.

Welche davon nun die richtige ist, müssen Sie selbst entscheiden. Sie dürfen die Kriterien kleinste Zeilennummer und kleinste Spaltennummer nicht auf einmal bewerten, sondern Sie müssen dabei eine Reihenfolge festlegen. Dann wird entweder zunächst die kleinste Zeile berechnet und dann innerhalb dieser Zeile nach der kleinsten Spalte gesucht oder umgekehrt. Im ersten Fall wäre $F$3 die Lösung, im zweiten Fall $D$6.

Fall 1 (die kleinste Zeilenzahl dominiert):

```
I6: {=ADRESSE(I2;MIN(WENN(INDEX(A1:G10;I2;)=I1;SPALTE(INDEX
(A1:G10;I2;)))))} =$F$3
```

Die INDEX-Funktion macht zunächst aus dem zweidimensionalen Bereich A1:G10 einen eindimensionalen. `INDEX(A1:G10;3;)` liefert den Bezug A3:G3, in dem dann weitergesucht wird. Für `MIN` bleibt folgender Ausdruck übrig, der die Spaltennummer innerhalb der einen Zeile ermittelt:

```
=MIN(WENN(A3:G3=I1;SPALTE(A3:G3))=6
```

`ADRESSE` übersetzt schließlich, wie üblich, die Zeile 3 und die Spalte 6 in den Bezug $F$3. Bei der INDEX-Funktion ist das zweite Semikolon wichtig, hinter dem aber nichts mehr folgt. Nur dann dimensioniert INDEX den Bereich neu und macht aus einem 2D-Bezug einen 1D-Bezug.

Fall 2 (die kleinste Spaltenzahl dominiert):

```
I7: {=ADRESSE(MIN(WENN(INDEX(A1:G10;;I3)=I1;ZEILE(INDEX
(A1:G10;;I3))));I3)} =$D$6
```

Auch hier pickt INDEX aus dem Bereich A1:G10 eine einzelne Spalte heraus:

```
=INDEX(A1:G10;;I3)=D4:G4
```

..., die dann mit MIN weiter durchsucht wird. Die ganze Logik lässt sich ohne Probleme mit MAX auch auf die letzten vorkommenden Suchkriterien umstellen.

Natürlich sind auch diese Formeln nur mit einer vertretbaren Rechnerbelastung zu verwenden, wenn der Bereich eine überschaubare Größe hat. Wenn Sie Suchbegriffe in einer großen Tabelle aufspüren wollen, können Sie aber auch hier wieder den

Turbo auspacken. Erinnern Sie sich an die Alternativen mit der Funktion ANZAHLLEEREZELLEN. Anstelle dieser Funktion können Sie diesmal ZÄHLENWENN verwenden, denn die ist genauso in der Lage, eine riesige Tabelle spalten- oder zeilenweise »abzuscannen«, wie wir das bereits beschrieben haben. Die Nummer der größten Spalte, die 54 enthält, finden Sie dann mit

```
{=MAX(WENN(ZÄHLENWENN(BEREICH.VERSCHIEBEN(A:A;;SPALTE(A:XFC););54)>0;
SPALTE(A:XFC)+1))}
```

Und für die Zeile lautet die Formel (Formel steht in Zelle A1):

```
{=MAX(WENN(ZÄHLENWENN(BEREICH.VERSCHIEBEN(1:1;ZEILE(1:1048575););54);
ZEILE(1:1048575)+1))}
```

Das geht erstaunlich schnell, selbst wenn der Wert in der Zelle XFD1048576 steht. Aber denken Sie an den Zirkelbezug – die erste Formel (Spaltennummer) muss in Spalte A stehen und die zweite Formel (Zeilennummer) in der ersten Zeile, da sie sich sonst selbst durchsuchen würden. Alternativ »scannen« Sie das Tabellenblatt aus einem anderen Blatt heraus. Damit umgehen Sie jede Gefahr eines Zirkelbezugs.

7.11 Anorganische Einzeller

Mit den Arrayformeln, die Sie bis jetzt kennengelernt haben, wurden Arrays aus mehreren Zellen von ein- oder zweidimensionalen Bereichen einer Excel-Tabelle erzeugt. Jetzt wechseln wir sozusagen mal vom Makro- in den Mikrokosmos der Excel-Tabelle. Denn innerhalb einer einzigen Zelle können Arrays ebenso aus den einzelnen Zeichen einer Zahl oder eines Textes gebildet werden, es erfolgt also eine Aufsplittung des Zellinhalts in seine Einzelteile.

Die Funktion `TEIL(Text;Erstes_Zeichen;Anzahl_Zeichen)` gibt eine bestimmte Anzahl Zeichen einer Zeichenfolge ab der von Ihnen bestimmten Stelle zurück. Mit dieser Funktion können Sie also die Zeichen eines Textes in seine Einzelteile zerlegen (Abb. 7.42).

`=TEIL(Text;1;1)` liefert das erste Zeichen des Textes (von links).

`=TEIL(Text;2;1)` liefert das zweite Zeichen und so weiter. Um alle Zeichen eines Textes in einer Spalte aufzulisten, schreiben Sie in die erste Zeile

```
=TEIL(Text;Zeile();1)
```

Das fängt natürlich nur mit 1 an, wenn die Formel in der ersten Zeile steht. Andernfalls braucht's »Schreibarbeit«: `ZEILE(A1)` oder auch `ZEILEN($1:1)`.

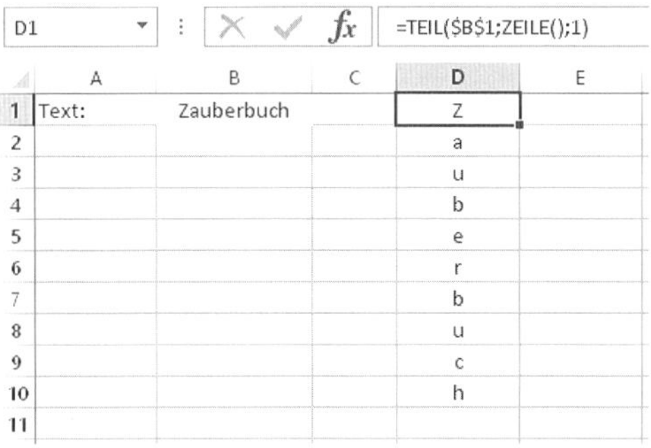

Abbildung 7.42: Die Buchstaben eines Textes auf einzelne Zellen aufteilen

Über ein Array kann die Auflistung der Spalte D in einer einzigen Zelle durchgeführt werden. Aus

`=TEIL(B1;{1;2;3;4;5;6;7;8;9;10};1)` oder `=TEIL(B1;ZEILE(1:10);1)`

resultiert dann das Array

```
={"Z";"a";"u";"b";"e";"r";"b";"u";"c";"h"}
```

In den vorangegangenen Kapiteln haben Sie gesehen, wie die Länge von Bereichen bzw. Arrays dynamisiert werden kann. Ebenso können Sie auch die Stringzerlegung des Textes dynamisch an seine Länge anpassen:

```
{=TEIL(B1;ZEILE(INDIREKT("1:"&LÄNGE(B1)));1)}
```

Mit diesem Array – nennen wir es einmal *ZeichenArray* – können Sie genauso weiterarbeiten und es in anderen Funktionen verwenden wie mit Arrays, deren Elemente aus den Zellen einer Zeile, Spalte oder eines ganzen Bereichs stammen. Beispielsweise findet

```
=VERGLEICH("a";ZeichenArray;0)=2
```

das erste Auftreten eines Zeichens – hier `"a"` – im Text (genau wie die Funktion SUCHEN). Oder

```
=INDEX(ZeichenArray;2)= "a"
```

kann wieder ein Element aus *ZeichenArray* herauspicken. Wollen Sie beispielsweise zählen, wie viele Ziffern im Text enthalten sind, sieht die entsprechende Arrayformel genauso aus, als wenn Sie das innerhalb einer Spalte machen würden:

`{=SUMME(WENN(ISTZAHL(ZeichenArray*1);1))}` oder auch

`{=SUMME(ISTZAHL(ZeichenArray*1)*1)}`

Zum Vergleich die Formel, wenn Sie in Spalte A suchen würden:

`{=SUMME(WENN(ISTZAHL(A1:A10*1);1))}` bzw. `{=SUMME(ISTZAHL(A1:A10*1)*1)}`

Wichtig ist noch die Tatsache, dass die Elemente von ZeichenArray zunächst alle im Datentyp *Text* (String) vorliegen, selbst wenn es sich um eine Ziffer handelt. Aus dem Beispieltext »123abc« resultiert das Array

```
=TEIL("123abc";{1;2;3;4;5;6};1)={"1";"2";"3";"a";"b";"c"}
```

Dieses Array würde die Funktion ISTZAHL sechsmal mit FALSCH quittieren. Damit sie wirklich erkennt, dass die ersten drei Elemente Zahlen enthalten, muss das Array zuvor mit 1 multipliziert werden:

```
=ISTZAHL(TEIL("123abc";{1;2;3;4;5;6};1)*1)
=ISTZAHL({"1";"2";"3";"a";"b";"c"}*1)
=ISTZAHL({1;2;3;#WERT!;#WERT!;#WERT!})
={WAHR;WAHR;WAHR;FALSCH;FALSCH;FALSCH}
```

Die Einsatzmöglichkeiten solcher einzelligen Arrays sind vielfältig. Dies können Berechnungen sein, wie z. B. die Quersumme, die wir in Kapitel 11 »Alles ist Zahl – Anwendungen aus der Zahlentheorie«, genau unter die Lupe nehmen, oder auch komplizierte Textoperationen, mit denen die Standardfunktionen FINDEN, SUCHEN und Co. überfordert sind. Eine beliebte Herausforderung ist in diesem Zusammenhang das Trennen von Text und Ziffern innerhalb einer Zeichenfolge.

7.11.1 Text und Ziffern trennen

Kombinationen von Text und Zahl kommen häufig vor: Bestellnummern, Ersatzteile, Nummernschilder etc.

Die Zahl kann mal links stehen und der Text rechts – oder auch andersherum. Befindet sich zwischen Zahl und Text ein eindeutiges Trennzeichen (Leerzeichen, Bindestrich, Schrägstrich etc.), ist es sehr einfach:

In A1 steht »71696 Trollinger« oder »Trollinger 71696«. Das eindeutige Trennzeichen ist also das Leerzeichen. Der linke Teil wird extrahiert mit:

```
=LINKS(A1;FINDEN(" ";A1)-1) oder =TEIL(A1;1;FINDEN(" ";A1))
```

Und der rechte Teil mit:

```
=TEIL(A1;FINDEN(" ";A1)+1;99)
```

Steht dort aber »71696Trollinger«, also ohne eindeutiges Trennzeichen, und die Anzahl Ziffern steht nicht fest, kann die Funktion FINDEN Urlaub machen. Es muss jetzt zwischen Text (ISTTEXT) und Zahl (ISTZAHL) unterschieden werden. Dazu packen wir die einzelnen Zeichen des Textes »71696Trollinger« über die oben beschriebene Formel

```
{=TEIL(Text;ZEILE(INDIREKT("1:"&LÄNGE(Text)));1)}
```

in das Array *ZeichenArray*. Die Formel

```
=VERGLEICH(0;ISTZAHL(ZeichenArray*1)*1;0) = 6
```

gibt dann die Position des ersten alphanumerischen Zeichens im Text zurück. Klar, dass die Funktion SUCHEN damit überfordert wäre.

```
=ISTZAHL(ZeichenArray*1)*1 ={1;1;1;1;1;0;0;0;0;0;0;0;0;0;0}
```

Die Einsen stehen für die fünf Ziffern der Zahl 71696. Die Nullen beginnen dort, wo die Buchstaben beginnen, also bei "T", dessen *Position* (hier 6) die Funktion VERGLEICH zurückgibt. Die Ziffern links erhalten wir dann mit

```
{=LINKS(Text;VERGLEICH(0;ISTZAHL(ZeichenArray*1)*1;0)-1)} =LINKS(Text; 6-1)
```

und den Text rechts mit

```
{=TEIL(Text;VERGLEICH(0;ISTZAHL(ZeichenArray*1)*1;0);99)} =TEIL(Text;6;99)
```

Wären Text und Ziffern vertauscht, also »Trollinger71696«, würde die ISTZAHL-Abfrage das Array

```
{0;0;0;0;0;0;0;0;0;0;1;1;1;1;1}
```

liefern, und wir würden mit VERGLEICH nach der ersten Eins Ausschau halten.

7.11.2 Text und Zeichen querbeet trennen

Besonders knifflig wird es, wenn Text und Zahlen bunt gemischt sind. Angenommen, Sie haben den Text »T7ro16lling9er6« und wollen den »Trollinger« von den Ziffern befreien. Fragen Sie nicht, wofür das gut sein soll. Der Weg ist das Ziel.

Da es nur zehn verschiedene Ziffern gibt, lassen sich die Ziffern mit einem vertretbaren Aufwand über eine WECHSELN-Verschachtelung herauspfriemeln.

```
=WECHSELN(WECHSELN(WECHSELN(WECHSELN(WECHSELN(WECHSELN(WECHSELN(WECHSELN
(WECHSELN(WECHSELN(Text;"9";"");"8";"");"7";"");"6";"");"5";"");"4";"");
"3";"");"2";"");"1";"");"0";"")
```

In Excel-Versionen vor 2007 müssen Sie das übrigens aufgrund der dort noch auf acht begrenzten Formelverschachtelungstiefe in zwei Stufen erledigen.

Das war ja auch nicht so schwer, die harte Nuss, die es zu knacken gilt, ist das Abgreifen der kompletten Ziffernfolge 71696.

Dies erledigt diese Formel:

```
{=SUMME((TEIL(0&Text;KGRÖSSTE(WENN(ISTZAHL(TEIL(0&Text;SPALTE(1:1);1)*1);
SPALTE(1:1);1);SPALTE(1:1));1))*10^(SPALTE(1:1)-1))}
```

SPALTE(1:1) liefert ein Array von 1 bis 16.384. Das Wort kann dann bis zu 16.384 Zeichen lang sein (vor Excel 2007 natürlich nur bis zu 256 Zeichen). Dies ist eine Alternative zu der Kombination aus ZEILE und INDIREKT, die die Länge des Arrays genau an die Textlänge anpasst.

ISTZAHL prüft, ob das aktuelle Zeichen eine Ziffer ist, und WENN ersetzt das Arrayelement im positiven Fall durch die Zeichenposition, ansonsten durch eine 1.

Übrig bleibt:

```
{1;1;3;1;1;6;7;1;1;1;1;1;13;1;1;16;1;1;1;1;1;1;1;1;...}
```

KGRÖSSTE bringt die Positionsnummern in absteigende Reihenfolge:

```
{16;13;7;6;3;1;1;1;1;1;1;1;1;1;1;1;1;1;1;1;1;1;1;1;...}
```

TEIL zieht dann die entsprechenden Ziffern aus dem Ursprungstext:

```
{"6";"9";"6";"1";"7";"0";"0";"0";"0";"0";"0";"0";"0";"0";"0";"0";"0";"0";"0";...}
```

Damit haben wir schon die Ziffern aus dem Text extrahiert. Diese müssen nur noch (in umgekehrter Reihenfolge) verkettet werden. Jetzt wird auch klar, dass das vorangestellte `0&` dafür sorgt, dass das Array für alle Elemente, die alphanumerische Zeichen enthalten oder leer sind, mit `"0"` aufgefüllt wird.

Abschließend werden die Ziffernzeichen mit aufsteigenden Zehnerpotenzen multipliziert, und diese werden dann summiert:

```
=6*10^0+9*10^1+6*10^2+1*10^3 +7*10^4+0*10^5+0*10^6+...
=71696
```

7.12 Carl Maria von Weber: Vor- und Nachname trennen – aber richtig!

Wenn Sie des Öfteren mit Listen zu tun haben, die Sie aus anderen Anwendungen in Excel importieren, dann kommt es vor, dass Vor- und Nachname in einer Zelle vorliegen. Womöglich haben Sie dann die undankbare Aufgabe, diese Daten, z. B. für einen Serienbrief, aufzubereiten.

Abgesehen davon, dass sich beim Import von Daten mitunter auch überflüssige, meist unsichtbare Zeichen mit einschleichen (die Sie allerdings in der Regel problemlos mit den Funktionen SÄUBERN und GLÄTTEN, alternativ auch mit SUCHEN/ERSETZEN, entfernen können), ist es noch lange nicht möglich, die Aufteilung von Vor- und Nachname auf zwei Zellen mit der Funktion *Daten/Text in Spalten* vorzunehmen. Auch ist es nicht immer richtig, nach dem ersten Leerzeichen im Zelleintrag zu suchen und mithilfe seiner Position eine Teilung des Zellinhalts vorzunehmen.

Ergebnis mit *Daten/Text in Spalten* (mit Leerzeichen als Trennzeichen):

	A	B	C	D	E
1	**Importierter Name**	**Vorname**	**Nachname**		
2	Hans Müller	Hans	Müller		
3	Thomas von Heesen	Thomas	von	Heesen	
4	Gerd Peter Meier	Gerd	Peter	Meier	
5	Dr. Franz Xaver Wack	Dr.	Franz	Xaver	Wack
6	Carl Maria von Weber	Carl	Maria	von	Weber
7					

Abbildung 7.43: Vor- und Nachname mit dem Excel-Feature Text in Spalten *trennen*

Ergebnis mit Formel, die den Namen anhand des ersten vorkommenden Leerzeichens trennt (Abb. 7.44):

B2 =LINKS(A2;FINDEN(" ";A2)-1)

	A	B	C	D
1	Importierter Name	Vorname	Nachname	
2	Hans Müller	Hans	Müller	
3	Thomas von Heesen	Thomas	von Heesen	
4	Gerd Peter Meier	Gerd	Peter Müller	
5	Dr. Franz Xaver Wack	Dr.	Franz Xaver Wack	
6	Carl Maria von Weber	Carl	Maria von Weber	
7				

Abbildung 7.44: Vor- und Nachname anhand des ersten Leerzeichens trennen

Die Formel für den Nachnamen lautet:

```
C2:=TEIL(A2;LÄNGE(B2)+2;99)
```

Sie sehen – beide Lösungswege führen zu keinem befriedigenden Ergebnis und verursachen, speziell bei langen Listen, einen immensen manuellen Nachbearbeitungsaufwand. Welche Überlegung liegt jetzt auf der Hand?

Man muss nach dem **letzten** vorkommenden Leerzeichen suchen! Das deckt schon mal alle Fälle ab, in denen keine adligen Nachnamen vorliegen, wie z. B. bei »Carl Maria von Weber« oder »Thomas von Heesen«. In diesen »Adelsfällen« führt weder die Suche nach dem ersten noch nach dem letzten Leerzeichen zu einem einheitlich korrekten Ergebnis (Abb. 7.45):

	A	B	C	D	E
1		Trennung beim			
2		ersten Leerzeichen		letzten Leerzeichen	
3	Importierter Name	Vorname	Nachname	Vorname	Nachname
4	Carl Maria von Weber	Carl	Maria von Weber	Carl Maria von	Weber
5					

Abbildung 7.45: Trennen von Vor- und Nachname nach erstem oder letztem Leerzeichen

In jedem Fall tun wir dem Großmeister der Musik damit großes Unrecht. Also benötigen wir folgende Lösung:

Wenn irgendein Nachname mit einem der gängigen Adelszusätze existiert, dann trenne den Eintrag direkt vor dem Adelszusatz. In allen anderen Fällen trenne den Eintrag nach dem letzten Leerzeichen.

```
=WENN(Adelszusatz_vorhanden;Trennung_vor_Adelszusatz;Trennung_beim_letzten
Leerzeichen)
```

... oder auch ganz einfach: `=WENN(A;B;C)`

Die gängigsten Adelszusätze fassen wir in einem Konstantenarray *Adel* zusammen:

```
Adel: ={" von "." zu "." ob "." van "." de "." auf "." vom "}
```

Wichtig: Jeder Adelszusatz muss von Leerzeichen umrandet sein, damit er später eindeutig identifizierbar ist. Ebenso müssen die Titel in einer logischen Reihenfolge in das Array *Adel* aufgenommen werden, da der erste in einem Namen gefundene Adelstitel relevant ist. Denn bei einem zusammengesetzten Titel wie bei »von und zu Sasel« wird »von« vor »zu« gefunden, und vor dem »von« muss der Nachname vom Vornamen getrennt werden.

Und welche Funktion ist geeignet dafür, innerhalb eines Eintrags eine bestimmte Zeichenkette zu finden? Exakt – die Funktion FINDEN (alternativ SUCHEN, wenn Sie nicht zwischen Groß- und Kleinschreibung unterscheiden möchten).

Als Suchbegriff setzen wir das Konstantenarray *Adel* ein:

```
FINDEN(Adel;Name)
```

Jetzt nehmen wir A, B und C unter die Lupe.

A – Prüfung, ob Adelszusatz vorhanden

Mit

```
ANZAHL(FINDEN(Adel;A2))
```

wird nacheinander das Array der Adelszusätze durchlaufen und in A2 gesucht.

Wird ein Zusatz nicht gefunden, liefert FINDEN für diesen Zusatz den Fehlerwert `#WERT!`. Wird er hingegen gefunden, liefert FINDEN genau die Position des Adelszusatzes innerhalb des Namens in A2 als Zahl zwischen 1 und der Länge des Eintrags. Und die Funktion ANZAHL, die ja bekanntlich alle numerischen Einträge zählt, ist dermaßen tolerant, dass sie Fehlerwerte, wie hier `#WERT!`, ignoriert. Enthält der Name also keinen Adelszusatz, läuft FINDEN siebenmal vor die Wand und bedankt sich jedes Mal mit `#WERT!`. Die Funktion ANZAHL lässt das aber kalt, denn `ANZAHL({#WERT!.#WERT!.........#WERT!})` ergibt eine humorlose Null. Die WENN-Prüfung ist also FALSCH.

Steht in A2 hingegen ein Adliger wie »Carl Maria von Weber«, dann liefert

```
=ANZAHL(FINDEN(Adel;A2))
=ANZAHL({11.#WERT!.#WERT!.#WERT!.#WERT!.#WERT!.#WERT!}) =1
```

Der erste im Array *Adel* enthaltene Adelszusatz » von « wird gefunden, und zwar genau an elfter Position des Namens »Carl Maria von Weber«. Alle anderen Adelszusätze werden nicht gefunden und ergeben somit #WERT!, was wiederum von der Funktion ANZAHL ignoriert wird. Das Ergebnis von ANZAHL ist somit 1 und die WENN-Prüfung ist WAHR.

Gehen wir einen Schritt weiter: Jetzt, wo wir wissen, ob ein Adelszusatz vorhanden ist oder eben nicht, müssen nur noch die Dann- und die Sonst-Werte definiert werden.

B – Dann_Wert – Trennung beim ersten Adelszusatz

Wir hatten mit

```
ANZAHL(FINDEN(Adel;A2))
```

herausgefunden, dass irgendein Adelszusatz vorhanden ist. Außerdem steckte in dem FINDEN-Array auch bereits die exakte Position dieses Zusatzes: 11.

Was liegt jetzt also näher, als die Funktion TEIL hinzuzunehmen und damit den Eintrag ab der elften Stelle (+1) auszulesen (+1 deshalb, weil wir ja das Leerzeichen nicht mit auslesen möchten):

```
=TEIL(A2;11+1;99)
```

Aber wie gelangen wir an die Zahl 11 in dem Array? Wir überprüfen mit ISTZAHL jeden einzelnen FINDEN-Rückgabewert, erhalten dadurch eine neue Matrix ohne Fehlerwerte und können daraus das Minimum auslesen:

```
{=MIN(WENN(ISTZAHL(FINDEN(Adel;A2));FINDEN(Adel;A2)))}
{=MIN({11.FALSCH.FALSCH.FALSCH.FALSCH.FALSCH.FALSCH})} =11
```

Die 11 ist ermittelt, wir addieren wegen des Leerzeichens noch die Zahl 1 und lesen den Rest des Eintrags mit 99 aus (der Einfachheit halber 99, weil man davon ausgehen kann, dass der Eintrag (Vor- und Nachname) nicht noch länger ist).

C – Sonst_Wert – Trennung beim letzten Leerzeichen

Für den Fall, dass der Name keinen Adelszusatz enthält, müssen wir jetzt noch das letzte Leerzeichen ausfindig machen. Also taufen wir Carl Maria von Weber jetzt um in »Dr. Franz Xaver Wack« (die Fußballfans unter Ihnen werden ihn kennen). Dann gelangen wir zum letzten Leerzeichen mit *Letztes_Leerzeichen*:

```
{=MAX((TEIL(A2;SPALTE($1:$1);1)=" ")*SPALTE($1:$1))}
```

Es wird ein TEIL-Array erzeugt, das nacheinander jedes einzelne Zeichen von »Dr. Franz Xaver Wack« durchläuft und dabei prüft, ob es sich bei dem jeweiligen Zeichen um ein Leerzeichen " " handelt. Die Ergebnisse (WAHR oder FALSCH) werden mit ihren zugehörigen Pendants aus `SPALTE($1:$1)` multipliziert. Die beiden aus jeweils 16.384 Elementen bestehenden Arrays ergeben – miteinander multipliziert – die Ergebnismatrix:

```
{=MAX({0.0.0.4.0.0.0.0.0.10.0.0.0.0.0.16.0.0.0.0......0})} =16
```

Wobei alle Zahlen ungleich null den Positionen der Leerzeichen innerhalb des Namens entsprechen. Und die Maximalzahl gibt die Position des letzten Leerzeichens an.

Wenn wir jetzt ab diesem Leerzeichen alles auslesen möchten, dann addieren wir auf die Formel noch +1 (da das Leerzeichen selbst ja nicht mit ausgelesen werden soll) und nutzen dieses Ergebnis innerhalb einer weiteren, umrandenden TEIL-Funktion:

```
{=TEIL(A1;Letztes_Leerzeichen+1;99)}
```

Und so haben wir dann auch diese Hürde genommen! Die Sonst-Bedingung (C) ist definiert – und die Formel sieht in Gänze wie folgt aus:

```
{=WENN(ANZAHL(FINDEN(Adel;A2));TEIL(A2;MIN(WENN(ISTZAHL(FINDEN(Adel;A2));
FINDEN(Adel;A2)))+1;99);TEIL(A2;MAX((TEIL(A2;SPALTE($1:$1);1)=" ")
*SPALTE($1:$1))+1;99))}
```

Also:

```
=WENN(A;B;C)
```

Der Vorname ist dann nur noch ein Kinderspiel:

```
=GLÄTTEN(LINKS(A2;LÄNGE(A2)-LÄNGE(C2)))
```

	A	B	C	D
1	**Importierter Name**	**Vorname**	**Nachname**	
2	Hans Müller	Hans	Müller	
3	Thomas von Heesen	Thomas	von Heesen	
4	Gerd Peter Meier	Gerd Peter	Meier	
5	Dr. Franz Xaver Wack	Dr. Franz Xaver	Wack	
6	Carl Maria von Weber	Carl Maria	von Weber	
7				

Abbildung 7.46: Endergebnis – Vor- und Nachname korrekt getrennt

Das ist ein Paradebeispiel dafür, wie man Schritt für Schritt zu einer Lösung gelangt.

Kapitel 8

Power Query

Power Query, das BI-Tool, das sowohl in Excel als auch für Power BI Desktop zur Verfügung steht, ist das Standardwerkzeug für die Automatisierung von ETL-Prozessen. Das Extrahieren, Transformieren und Laden externer Daten wird über die Skriptsprache M aufgezeichnet, und der Code steht während des Prozesses und nach Abschluss der letzten Aktion zur Verfügung. Ähnlich wie beim VBA-Makrorekorder zeichnet Power Query alle Zugriffe auf Pfade, Dateien oder Excel-Objekte absolut auf. Die Skriptsprache M bietet aber die Möglichkeit, variable Inhalte zu erstellen und mit Parametern zu arbeiten.

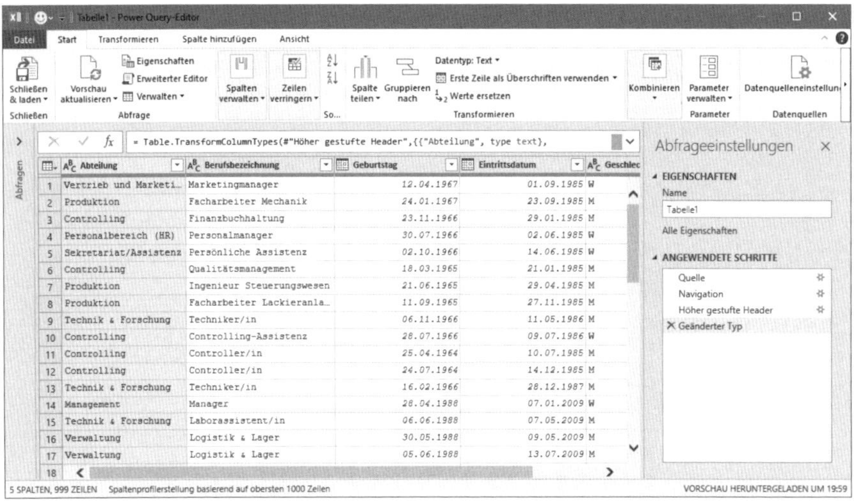

Abbildung 8.1: Der Power-Query-Editor

Power Query ersetzt den mühsamen und unflexiblen Text-Assistenten, der für die Transformation von Excel- oder CSV-Daten zuständig war. Der Editor kann aber weit mehr als Trennzeichen erkennen und Daten in Spalten aufteilen. Viele Textfunktionen wie GLÄTTEN und ERSETZEN haben Einzug gehalten, Funktionen wie *Nach unten ausfüllen* oder *Entpivotieren* machen das Werkzeug besonders flexibel.

8.1 Mit Parametertabellen in Power Query arbeiten

Nach dem ETL-Prinzip werden die Daten zuerst aus einer externen oder auch internen Quelle (Tabellen, Tabellenbereiche) geholt (extrahiert) und dann transferiert. Power Query zeichnet dabei bei externen Daten den Pfad und den Dateinamen auf. Namen von Tabellenblättern werden ebenfalls in Textform in den M-Code geschrieben.

Abbildung 8.2: Pfade und Dateinamen werden im M-Code fixiert.

Versuchen Sie, solche fixen Verweise auf Pfade, Dateien und Tabellenblätter aus dem M-Code herauszuhalten. Mit einer Parametertabelle bleibt der Zugriff auf externe Daten mit Power Query variabel, und mit dem Einsatz einer Datenüberprüfungsliste lässt er sich sogar gezielt steuern.

8.1.1 Das Beispiel: Lagerbestand

In diesem Praxisbeispiel liefert das ERP-System Artikellisten für Produkte, die das Unternehmen im Angebot hat. Jede einzelne Artikelkategorie steht in einem eigenen Tabellenblatt, die Arbeitsmappe heißt *Lagerbestand.xlsx*.

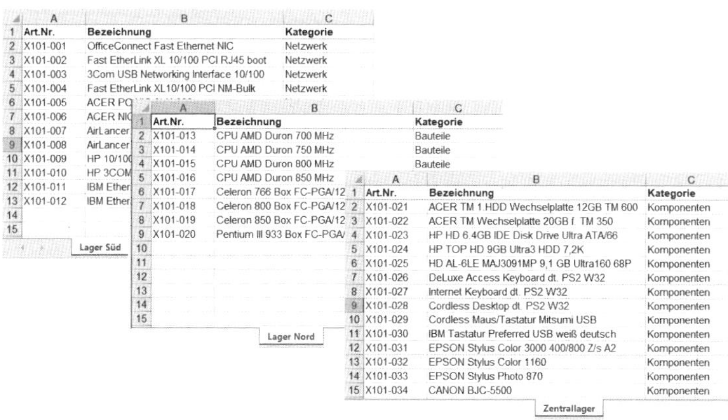

Abbildung 8.3: Lagerbestand, verteilt auf mehrere Standorte

Erstellen Sie eine Power-Query-Abfrage auf die externe Quelle und holen Sie die Umsätze aus der ersten Region:

Drücken Sie Strg+N für eine neue Mappe und wählen Sie *Daten/Daten abrufen und transformieren/Daten abrufen/Aus Datei/Aus Arbeitsmappe*. Markieren Sie die Datei *Lagerbestand.xlsx* und wählen Sie *Importieren*.

Markieren Sie im Navigator das erste Tabellenblatt *Lager Nord* und wählen Sie *Daten transformieren*. Schalten Sie im Power-Query-Editor unter *Ansicht* die Abfrageeinstellungen und die Bearbeitungsleiste ein. Im Schritt-Editor werden die Schritte angezeigt, die Power Query verwendet, um die Daten zu extrahieren und zu transformieren.

Im letzten Schritt wandelt Power Query die Spaltentypen automatisch um, findet dabei aber nicht immer den richtigen Typ. Ändern Sie die Spaltentypen über das Typensymbol oder im Kontextmenü der rechten Maustaste mit *Typ ändern*. Markieren Sie die Schritte einzeln und sehen Sie sich den M-Code in der Bearbeitungsleiste an.

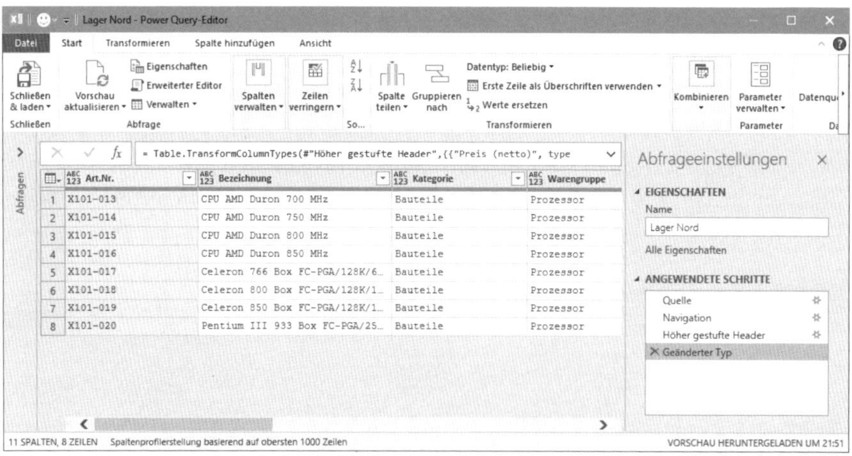

Abbildung 8.4: Die erste Abfrage auf den Lagerbestand

8.1.2 Parametertabelle anlegen

Der M-Code der Power-Query-Abfrage speichert, wie oben gezeigt, sowohl den Pfad als auch den Dateinamen und das Tabellenblatt in Textform. Wird die Quelle umbenannt oder an einen anderen Speicherort verschoben, bleibt das zuletzt abgefragte Ergebnis zwar erhalten, eine Aktualisierung der Abfrage führt aber zur Fehlermeldung.

Holen Sie das Abfrageergebnis in ein leeres Tabellenblatt, setzen Sie es in Zeile 5 ab. Legen Sie dann eine Parametertabelle an:

Geben Sie in Zeile 1 die Spaltenüberschriften *Parameter* und *Wert* ein und drücken Sie mit dem Zellzeiger in A1 [Strg]+[T].

Die Daten für die Tabelle befinden sich in $A$1:$B$1, markieren Sie die Option *Tabelle hat Überschriften.*

Tragen Sie in Spalte A die Parameter *Dateipfad*, *Dateiname* und *Tabellenblatt* ein.

Tragen Sie in B2 den Pfad *C:\Daten* ein, oder verwenden Sie den Pfad, in dem sich Ihre Auswertungsdatei befindet. Wenn die externe Datei im gleichen Pfad wie die Auswertungsdatei steht, können Sie diesen berechnen:

```
=LINKS(ZELLE("Dateiname";$A$1);FINDEN("[";ZELLE("Dateiname";$A$1))-1)
```

Schreiben Sie den Dateinamen *Lagerbestand.xlsx* in die Zelle B3.

Für die Auswahl des Tabellenblatts verwenden Sie eine Datenüberprüfungsliste. Wählen Sie *Daten/Datentools/Datenüberprüfung*. Schalten Sie unter *Zulassen* um auf *Liste* und geben Sie diese Quelle ein:

```
Lager Süd;Lager Nord;Zentrallager
```

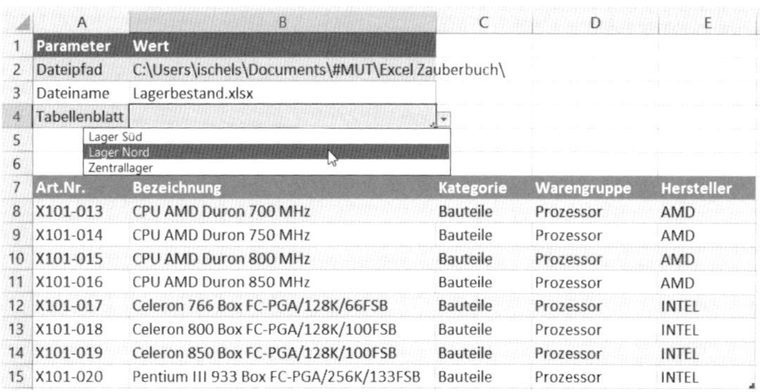

	A	B	C	D	E
1	Parameter	Wert			
2	Dateipfad	C:\Users\ischels\Documents\#MUT\Excel Zauberbuch\			
3	Dateiname	Lagerbestand.xlsx			
4	Tabellenblatt				
5		Lager Süd			
		Lager Nord			
6		Zentrallager			
7	Art.Nr.	Bezeichnung	Kategorie	Warengruppe	Hersteller
8	X101-013	CPU AMD Duron 700 MHz	Bauteile	Prozessor	AMD
9	X101-014	CPU AMD Duron 750 MHz	Bauteile	Prozessor	AMD
10	X101-015	CPU AMD Duron 800 MHz	Bauteile	Prozessor	AMD
11	X101-016	CPU AMD Duron 850 MHz	Bauteile	Prozessor	AMD
12	X101-017	Celeron 766 Box FC-PGA/128K/66FSB	Bauteile	Prozessor	INTEL
13	X101-018	Celeron 800 Box FC-PGA/128K/100FSB	Bauteile	Prozessor	INTEL
14	X101-019	Celeron 850 Box FC-PGA/128K/100FSB	Bauteile	Prozessor	INTEL
15	X101-020	Pentium III 933 Box FC-PGA/256K/133FSB	Bauteile	Prozessor	INTEL

Abbildung 8.5: Parametertabelle mit Datenüberprüfungsliste für das Tabellenblatt

Größere Auswahllisten schreiben Sie in eine freie Spalte, weisen den Daten den Bereichsnamen *Regionsliste* zu und verwenden diese als Quelle:

```
=Regionsliste
```

Damit ist die Parameterliste erstellt, weisen Sie der Tabelle noch über den Tabellenentwurf den Tabellennamen *tbl_Parameter* zu. Speichern Sie die Auswertungsmappe unter dem Pfad, in dem sich Ihre Datenquelle für die Power-Query-Abfrage befindet.

8.1.3 Parametertabelle in Power Query einbinden

Im nächsten Schritt holen Sie die neue Parametertabelle in den Power-Query-Editor und verknüpfen Dateipfad, Dateiname und Tabellenblatt mit den Quellangaben für die Umsatzabfrage.

Setzen Sie den Zellzeiger in die Parametertabelle und wählen Sie *Daten/Daten abrufen und transformieren/Aus Tabelle/Bereich.*

Weisen Sie den beiden Spalten den Datentyp *Text* zu. Filtern Sie über den Textfilter den Dateipfad. Klicken Sie auf den angezeigten Wert und wählen Sie im Kontextmenü der rechten Maustaste *Drilldown ausführen.* Geben Sie der Abfrage die Bezeichnung *Dateipfad.*

Duplizieren Sie in der linken Abfrageliste die Abfrage (im Kontextmenü). Geben Sie dieser Abfrage die Bezeichnung *Dateiname.* Suchen Sie unter *Angewendete Schritte* den Schritt *Gefilterte Zeilen.* Ändern Sie das Filterkriterium von *Dateipfad* auf *Dateiname.*

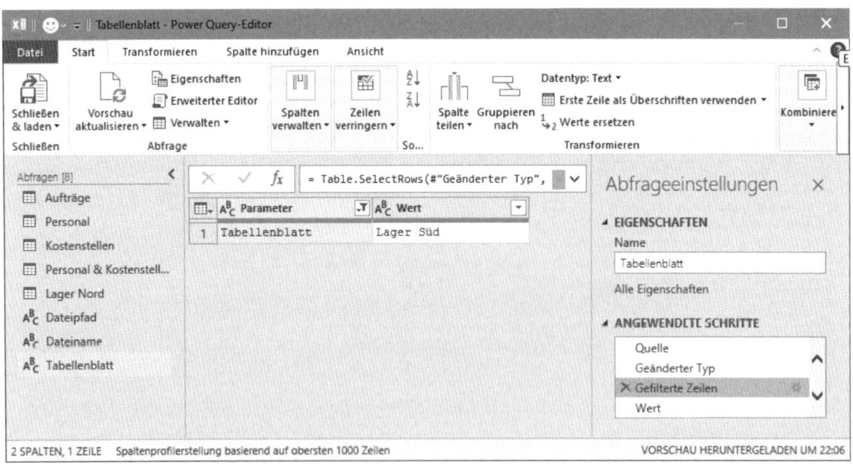

Abbildung 8.6: Variablen für Dateipfad, Dateiname *und* Tabellenblatt *als Abfragen*

Duplizieren Sie die Abfrage noch einmal, nennen Sie das Duplikat *Tabellenblatt*, und ändern Sie den Filter von *Dateiname* in *Tabellenblatt*. Jetzt sollte der Abfrage-Editor die drei Variablen *Dateipfad*, *Dateiname* und *Tabellenblatt* enthalten.

Achten Sie auf die Schreibweise der Variablen. Power Query unterscheidet zwischen Groß- und Kleinschreibung. Wenn Sie die Abfrage *DateiPfad* nennen, muss sie in dieser Schreibweise auch im M-Code verwendet werden.

8.1.4 Abfragevariablen in M-Code einbinden

Holen Sie die per Filter und Drilldown erstellten Variablen jetzt in die zuvor erstellte Abfrage. Geben Sie dieser die Bezeichnung *Lagerabfrage* (vorher: *Lager Nord*). Für die Änderungen können Sie die ersten beiden Schritte markieren und den Code in der Bearbeitungsleiste ändern oder unter *Ansicht/Weitere/Erweiterter Editor* den gesamten M-Code der Abfrage öffnen und editieren.

Ersetzen Sie im Schritt *Quelle* den Dateipfad und den Dateinamen durch eine Verkettung der beiden Variablen mit dem &-Zeichen:

```
Alt: = Excel.Workbook(File.Contents("C:\Daten\Lagerbestand.xlsx"), null, true)
Neu: = Excel.Workbook(File.Contents(Dateipfad&Dateiname), null, true)
```

Ersetzen Sie im Schritt *Navigation* den Namen des Tabellenblatts durch die Variable:

```
Alt: = Quelle{[Item="Lager Nord",Kind="Sheet"]}[Data]
Neu: = Quelle{[Item=Tabellenblatt , Kind="Sheet"]}[Data]
```

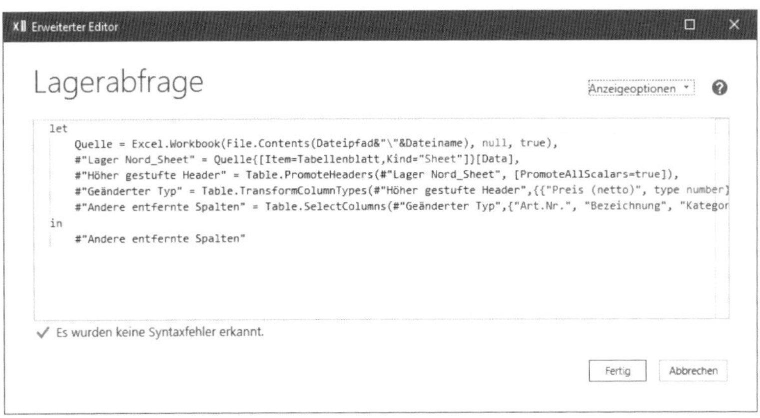

Abbildung 8.7: Die Parameter im M-Code

Wählen Sie *Schließen und Laden* im ersten Register (*Home* oder *Start*), um alle Abfrageergebnisse nach Excel zu holen.

Die Tabellenblätter, die damit für die drei Variablen angelegt werden, können Sie löschen, dadurch werden diese Abfragen auf den Status *Nur Verbindung* gesetzt.

Damit haben Sie eine funktionelle Parametertabelle für die Power-Query-Abfrage. Mit der Datenüberprüfungsliste stellen Sie das passende Tabellenblatt ein, ein Klick auf *Daten/Alle aktualisieren* holt das aktuelle Abfrageergebnis aus der Datenquelle.

8.1.5 Daten aktualisieren per Makro

Mit einem kleinen VBA-Makro automatisieren Sie auch den letzten Schritt noch. Schreiben Sie es im VBA-Editor. Achten Sie darauf, dass die Auswertungsmappe anschließend mit dem Dateityp XLSM gespeichert werden muss (Excel-Arbeitsmappe mit Makros).

Aktivieren Sie mit Alt+F11 den VBA-Editor. Schalten Sie im *Ansicht*-Menü den Projekt-Explorer ein, und öffnen Sie unter *Microsoft Excel-Objekt* das Tabellenblatt mit der Umsatzauswertung (und der Parametertabelle).

Geben Sie dieses Makro ein. Die absolute Adresse $B$4 ist das »target«, wenn diese Zelle verändert wird, startet das Makro die Aktualisierung aller Abfragen.

```
Private Sub Worksheet_Change(ByVal Target As Range)
If Target.Address = "$B$4" Then ActiveWorkbook.RefreshAll
End Sub
```

Speichern Sie die Mappe als Makro-Arbeitsmappe ab. Testen Sie das Makro, holen Sie über die Datenüberprüfungsliste einen anderen Eintrag in die Zelle $B$4, wird die Power-Query-Abfrage automatisch aktualisiert.

8.2 Fuzzy-Übereinstimmung (ungefähre Übereinstimmung)

Das Problem kennen Sie sicher vom SVERWEIS: Der Suchbegriff muss exakt mit den Suchdaten übereinstimmen, sonst findet die Formel nichts. Ein Leerzeichen oder ein überflüssiger Punkt genügt schon, um die Suche zu torpedieren.

Power Query bietet in Microsoft 365 ein nützliches Werkzeug, das beim Zusammenführen von Daten bis zu einem bestimmten Grad auch ungefähre Übereinstimmung zulässt. Die Fuzzy-Übereinstimmung akzeptiert kleine Abweichungen zwischen Suchbegriff und Suchbereich. Wikipedia definiert das Ganze als unscharfe Suche, einem Informatik-Algorithmus für Zeichenketten:

https://de.wikipedia.org/wiki/Unscharfe_Suche

Erstellen Sie im Power-Query-Editor eine erste Abfrage. Wählen Sie *Start/Kombinieren/Abfragen zusammenführen*. Holen Sie eine zweite Abfrage mit einer identischen Spalte in das Dialogfeld. Markieren Sie in beiden Vorschaulisten die Spalte mit den gemeinsamen Schlüsselbegriffen.

Schalten Sie *Fuzzyübereinstimmung zum Zusammenführen verwenden* ein, um das Ergebnis zu verbessern. Power Query sucht damit auch Werte in der zweiten Abfrage, die mit denen der ersten ungefähr übereinstimmen.

Über die *Optionen* lässt sich das Ergebnis noch steuern:

- *Schwellenwert für die Ähnlichkeit:* Gibt an, wie ähnlich zwei Werte sein müssen, damit sie als übereinstimmend erkannt werden. Mit dem Mindestwert 0 stimmen alle überein, beim Höchstwert 1 nur die mit exakt gleicher Schreibweise. Nehmen Sie einen Standardwert von 0,8, und variieren Sie ihn, falls zu viele oder zu wenig Treffer gelandet werden.
- *Groß-/Kleinschreibung ignorieren:* Standardmäßig wird Groß-/Kleinschreibung beim Vergleich ignoriert. Schalten Sie die Option aus, wenn die Schreibweise eine Rolle spielt.
- *Durch Kombination von Textteilen abgleichen:* Findet Übereinstimmungen, indem Texte zusammengefügt werden (z. B. Sportverein und Sport Verein).
- *Maximale Zahl Übereinstimmungen:* Geben Sie an, wie viele Übereinstimmungen Sie für jede einzelne Zeile haben wollen (Standard: *alle Werte).* Mit 1 findet Fuzzy nur jeweils eine Übereinstimmung.
- *Transformationstabelle:* Tragen Sie den Namen einer zweispaltigen Zuordnungstabelle ein.

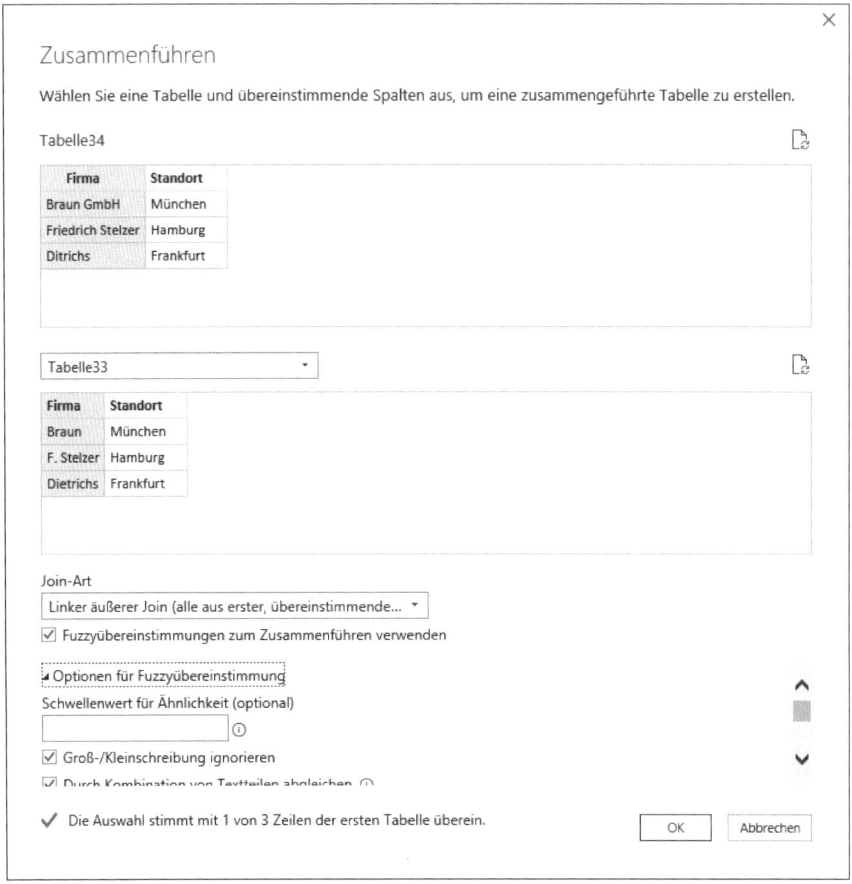

Abbildung 8.8: Mit Fuzzy-Logik sucht Power Query mit künstlicher Intelligenz.

Kapitel 9

DB-Funktionen und Mehrfachoperationen

Excel ist ein außerordentlich flexibles Programm. Die Eier legende Wollmilchsau, mit der Sie so gut wie alles machen können (was nicht heißen soll, dass es immer das optimale Programm ist).

Zur Lösungsfindung stehen manchmal so viele Alternativen zur Verfügung, dass Sie buchstäblich die Qual der Wahl haben. Das gilt im besonderen Maße beim Rechnen mit verschiedenen Bedingungen. Wie das mit Arrayformeln umzusetzen ist, haben Sie im vorangegangenen Kapitel gesehen.

9.1 DB-Funktionen

Gut eignen sich dazu auch PivotTables. Wenn Sie darauf aber mal keine Lust haben oder eben lieber mit Formeln hantieren, stehen Ihnen außerdem die Datenbankfunktionen zur Verfügung, die Sie in der gleichnamigen Funktionskategorie finden. Ihre Vorteile liegen in der schlichten Syntax, der einfachen Handhabung und der flexiblen Einstellung beliebig vieler Bedingungen.

Ein Beispiel sehen Sie in Abb. 9.1:

J5 fx =DBSUMME(A1:F18;F1;H1:I2)

	A	B	C	D	E	F	G	H	I	J
1	Name	m/w	Abt.	Geburtstag	Uhrzeit	Wert		Abt.	m/w	
2	Boris	m	CO	17.11.1971	06:25	81		Co	w	
3	Steffi	w	VT	20.09.1968	18:15	49				
4	Bettina	w	CO	14.02.1977	01:07	81			Anzahl	2
5	Michael	m	EK	04.08.1960	23:58	69				93
6	Andreas	m	EK	09.01.1949	01:29	27				
7	Eric	m	FI	23.08.1966	09:42	77				
8	Claudia	w	EK	22.11.1949	21:33	93				
9	Sylvia	w	FI	18.12.1952	23:43	13				
10	Eva	w	EK	07.02.1995	21:47	33				
11	Jens	m	VT	17.12.1983	22:54	79				
12	Rainer	m	VT	10.05.1978	04:33	64				
13	Thomas	m	FI	08.03.1976	12:41	38				
14	Verena	w	VT	21.02.1960	07:46	26				
15	Nicolas	m	CO	10.03.1963	10:31	31				
16	Sven	m	CO	11.06.1982	00:51	62				
17	Ulla	w	FI	16.06.1981	14:46	64				
18	Helga	w	CO	21.05.1982	14:05	12				
19										

Abbildung 9.1: Datenbank mit DB-Funktionen analysieren

Die Spalten A:F enthalten eine Datenbanktabelle. Um Datenbankfunktionen verwenden zu können, müssen Sie irgendwo einen Bereich mit den Suchkriterien platzieren. In unserem Beispiel liegt er in H1:I2. Kriterien, die nebeneinanderstehen, sind UND-Bedingungen. Untereinanderstehende Bedingungen sind hingegen ODER-Bedingungen.

Die DB-Funktionen haben alle die gleiche Syntax:

```
DBXXX(Datenbank;Feld;Suchkriterien)
```

Sie möchten jetzt zählen, wie viele weibliche Personen zur Abteilung CO gehören. Die Formel dazu lautet:

```
=DBANZAHL(A1:F18;F1;H1:I2)
```

Wenn Sie Spalte F nicht zählen, sondern summieren möchten, dann lautet die Formel (wie unschwer zu erahnen ist):

```
=DBSUMME(A1:F18;F1;H1:I2)
```

Die Feldangabe aus F1 kann auch direkt in die Formel geschrieben werden:

```
=DBSUMME(A1:F18;"Wert";H1:I2)
```

Mit den Suchkriterien geht das **nicht**, und damit kommen wir auch schon zum wesentlichen Problem der Datenbankfunktionen:

```
=DBSUMME(A1:F18;"Wert";{"Abt."."m/w";"CO"."w"})
```

... wird mit `#WERT!` quittiert. Aber warum denn? Der Suchbereich wurde doch lediglich in ein Array transformiert? Die DB-Funktionen sind da richtige Sensibelchen und akzeptieren das einfach nicht. Wegen dieser Bremse büßen sie enorm viel Flexibilität ein und verkümmern unter den Excel-Funktionen leider als wenig beachtete Ladenhüter.

Sorry, nobody's perfect, aber warum ist das denn so schlimm? Wenn Sie nur eine Kombination von Kriterien berechnen wollen, ist es nicht tragisch. Aber sobald Sie eine Reihe von Berechnungen durchführen wollen, nervt dieses Handicap ungemein.

Angenommen, Sie möchten nicht nur die Personen der Abt. CO, sondern aller Abteilungen zählen. Die Abteilungen CO, EK, FI und VT listen Sie in H10:H13 auf und wollen die Anzahl danebenstellen. Mit Arrayformeln ist das kein Problem, da schreiben Sie ...

```
I10:{=SUMME(WENN(($B$2:$B$18="w")*($C$2:$C$18=H10);$F$2:$F$18))}
```

... und kopieren die Formel einfach bis I13.

Mit den DB-Funktionen geht das nicht. Da hängt Ihnen der Suchkriterienbereich in H1:I2 wie ein Klotz am Bein: Den müssen Sie nämlich für jede der vier Berechnungen neu definieren, beispielsweise in J1:K2 für die zweite Berechnung, L1:M2 für die dritte Berechnung etc. Das ist eigentlich unzumutbar umständlich.

9.2 Mehrfachoperation

Müssen wir die armen DB-Funktionen nun beerdigen? Nein, denn sie haben eine Kollegin, die ihnen neues Leben einhaucht: die MEHRFACHOPERATION (MOP).

Mithilfe der MEHRFACHOPERATION wird untersucht, wie sich eine Ergebniszelle (Output) bei Variation zweier Eingabezellen (Input) verändert. Dabei werden alle Operationen, von denen die Ergebniszelle abhängig ist, mehrfach (im Hintergrund, ohne dass es der Anwender bemerkt) durchgeführt.

Diese Funktion kann nicht manuell eingegeben, sondern nur über den Aufruf *Daten/Tabelle* (in älteren Excel-Versionen *Daten/Mehrfachoperation*) erzeugt werden.

In unserem Anwendungsfall ist die Ergebnisgröße die Formel der DB-Funktion in J5, und die zwei Eingabezellen sind die Suchkriterien: »CO« in H2 und »w« in I2.

1. Schreiben Sie in H10:H13 alle Werte des ersten Kriteriums *Abt.*, für die Sie die Berechnung durchführen wollen. In I9 und J9 schreiben Sie die zwei möglichen Geschlechter *m* und *w*.
2. H9 beziehen Sie auf die Ergebniszelle J5, die berechnet werden soll. Dann selektieren Sie den kompletten Bereich H9:J13 und wählen im Menüband *Daten/Was-wäre-wenn-Analyse/Datentabelle*.
3. Füllen Sie das folgende kleine Dialogfeld (Abb. 9.2) wie folgt aus:

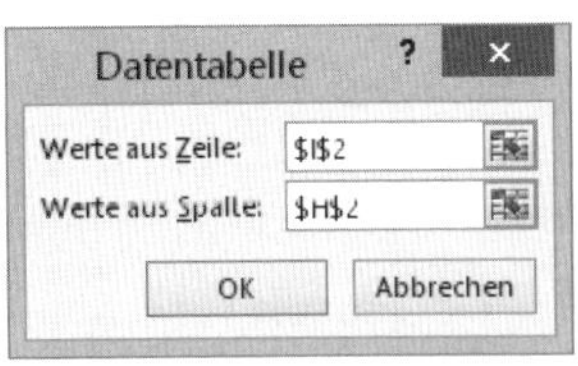

Abbildung 9.2: Dialogfeld für Mehrfachoperationen

4. Mit *OK* bestätigt, erhalten Sie das fertige Berechnungstableau (Abb. 9.3):

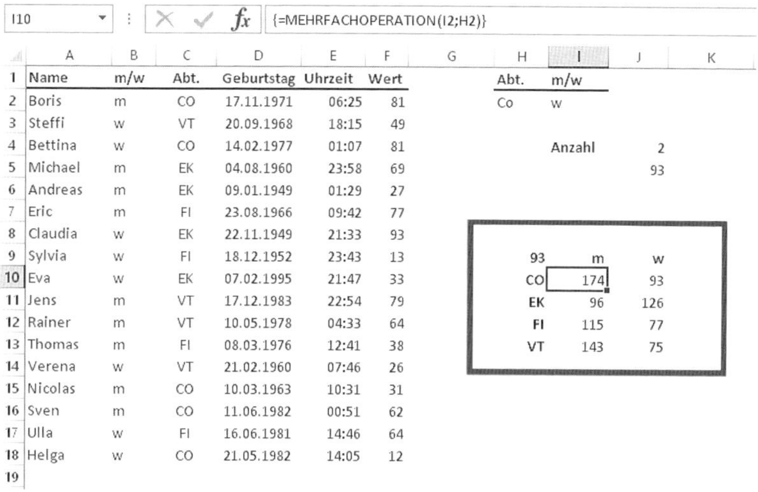

I10 {=MEHRFACHOPERATION(I2;H2)}

	A	B	C	D	E	F	G	H	I	J	K
1	Name	m/w	Abt.	Geburtstag	Uhrzeit	Wert		Abt.	m/w		
2	Boris	m	CO	17.11.1971	06:25	81		Co	w		
3	Steffi	w	VT	20.09.1968	18:15	49					
4	Bettina	w	CO	14.02.1977	01:07	81			Anzahl	2	
5	Michael	m	EK	04.08.1960	23:58	69				93	
6	Andreas	m	EK	09.01.1949	01:29	27					
7	Eric	m	FI	23.08.1966	09:42	77					
8	Claudia	w	EK	22.11.1949	21:33	93					
9	Sylvia	w	FI	18.12.1952	23:43	13		93	m	w	
10	Eva	w	EK	07.02.1995	21:47	33		CO	174	93	
11	Jens	m	VT	17.12.1983	22:54	79		EK	96	126	
12	Rainer	m	VT	10.05.1978	04:33	64		FI	115	77	
13	Thomas	m	FI	08.03.1976	12:41	38		VT	143	75	
14	Verena	w	VT	21.02.1960	07:46	26					
15	Nicolas	m	CO	10.03.1963	10:31	31					
16	Sven	m	CO	11.06.1982	00:51	62					
17	Ulla	w	FI	16.06.1981	14:46	64					
18	Helga	w	CO	21.05.1982	14:05	12					
19											

Abbildung 9.3: Datenbank mit Mehrfachoperation analysieren

Sie konnten jetzt also acht Berechnungen mit Datenbankfunktionen durchführen, obwohl Sie nur einen Suchkriterienbereich definiert haben. Wenn das mal kein Fortschritt ist.

9.2.1 MOP mit zwei Ergebniszellen und drei Eingabezellen

Nun ist die MEHRFACHOPERATION von Haus aus auch etwas eingeschränkt, da sie nur zwei Eingabezellen und eine Ergebniszelle vorsieht. Doch diese Grenzen sind leicht auszuhebeln. Die Ergebniszelle kann nämlich auch einen String enthalten, der sich aus mehreren Berechnungen zusammensetzt. Mit der Formel in ...

```
J5: =DBSUMME(A1:F18;F1;H1:I2)&ZEICHEN(10)&DBANZAHL(A1:F18;F1;H1:I2)
```

... können Sie beide Berechnungen (Summe und Anzahl) inklusive Zeilenumbruch auf einmal in den Mehrfachoperationen anzeigen. Über einen zusammengesetzten String lassen sich auch drei oder noch mehr Eingabewerte integrieren.

Angenommen, Sie möchten die Personen nach dem Geschlecht und nach Uhrzeitintervallen gruppieren (Abb. 9.4).

J7 | {=MEHRFACHOPERATION(I2;M2)}

	A	B	C	D	E	F	G	H	I	J	K	L
1	Name	m/w	Abt.	Geburtstag	Uhrzeit	Wert		Abt.	m/w	Uhrzeit	Uhrzeit	
2	Boris	m	CO	17.11.1971	06:25	81		Co	w	>00:00	<=08:00	
3	Steffi	w	VT	20.09.1968	18:15	49						
4	Bettina	w	CO	14.02.1977	01:07	81			Anzahl	1		
5	Michael	m	EK	04.08.1960	23:58	69						
6	Andreas	m	EK	09.01.1949	01:29	27			1	m	w	
7	Eric	m	FI	23.08.1966	09:42	77			>00:00;<=08:00	2	1	
8	Claudia	w	EK	22.11.1949	21:33	93			>08:00;<=18:00	1	1	
9	Sylvia	w	FI	18.12.1952	23:43	13			>18:00;<=23:59	0	0	
10	Eva	w	EK	07.02.1995	21:47	33						
11	Jens	m	VT	17.12.1983	22:54	79						
12	Rainer	m	VT	10.05.1978	04:33	64						
13	Thomas	m	FI	08.03.1976	12:41	38						
14	Verena	w	VT	21.02.1960	07:46	26						
15	Nicolas	m	CO	10.03.1963	10:31	31						
16	Sven	m	CO	11.06.1982	00:51	62						
17	Ulla	w	FI	16.06.1981	14:46	64						
18	Helga	w	CO	21.05.1982	14:05	12						
19												

Abbildung 9.4: Mehrfachoperation mit drei Eingabeparametern

Im Kriterienbereich stehen drei Bedingungen, *m/w*, *Uhrzeit* (von) und *Uhrzeit* (bis). Der Trick dabei ist, dass die beiden Uhrzeitbedingungen über die Zelle M2 verkettet werden. Für die MEHRFACHOPERATION ist M2 nur eine Eingabezelle. Aber in Wahrheit können damit im Spaltenbereich I7:I9 zwei Eingabezellen verknüpft werden. Im eigentlichen Kriterienbereich wird der String zerlegt, um die einzelnen Eingabewerte zu erhalten:

```
J2: =LINKS(M2;6)
K2: =RECHTS(M2;7)
```

Das Spielchen ließe sich weitertreiben, wenn beispielsweise im Zeilenkriterium nach Geschlecht und Abteilung unterschieden werden soll. Dann könnte man in die Zelle

```
M3: CO/m
```

schreiben, danach im Kriterienbereich darauf zugreifen ...

```
H2:=Links(M3;2)
I2:=Rechts(M3;1)
```

... und hätte im Zeilenkopf der Berechnungstabelle J6:Q6

```
CO/m;CO/w;EK/m;EK/w; FI/m;FI/w;VT/m;VT/w
```

stehen. Faktisch würde die MEHRFACHOPERATION damit vier Eingabezellen verarbeiten.

9.3 Intelligente DB-Funktionen

Arrayformeln können bekanntlich nicht auf ganze Spalten angewandt werden. Sie müssen also explizit einen Bereich wie A1:A10000 definieren. Außerdem erkennt die Arrayformel nicht, bis wohin der vorgegebene Bereich tatsächlich Daten enthält. Es wird gnadenlos bis Zeile 10000 durchgerechnet, was überflüssige Rechenzeit beansprucht.

Andere Funktionen sind blitzschnell, obwohl ganze Spalten wie A:A angegeben wurden. Diese Funktionen hören einfach auf zu rechnen, wenn sie merken: Halt, da kommt nichts mehr!

Über diese Intelligenz verfügen auch die DB-Funktionen und sie können gleichzeitig arrayformeltypische Berechnungen durchführen. Angenommen, Sie möchten alle Personen zählen, die nach 1950 geboren wurden. Per Arrayformel sieht das so aus:

```
{=SUMME(WENN(JAHR(D2:D20)>1950;1))} = 15
```

DBANZAHL kann das auch, und das sogar mit Angabe der ganzen Spalte (Abb. 9.5):

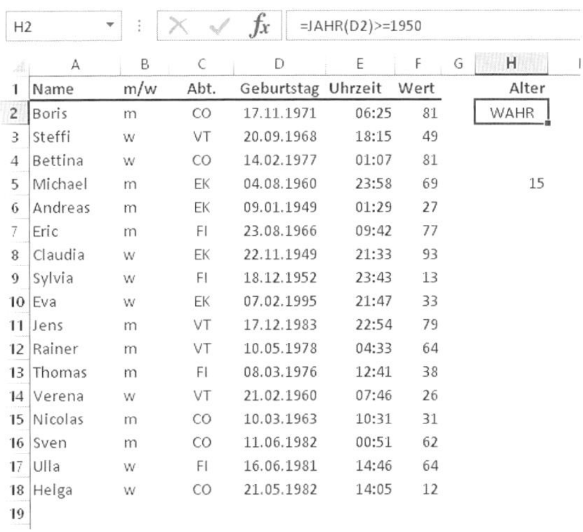

H2 | =JAHR(D2)>=1950

	A	B	C	D	E	F	G	H
1	Name	m/w	Abt.	Geburtstag	Uhrzeit	Wert		Alter
2	Boris	m	CO	17.11.1971	06:25	81		WAHR
3	Steffi	w	VT	20.09.1968	18:15	49		
4	Bettina	w	CO	14.02.1977	01:07	81		
5	Michael	m	EK	04.08.1960	23:58	69		15
6	Andreas	m	EK	09.01.1949	01:29	27		
7	Eric	m	FI	23.08.1966	09:42	77		
8	Claudia	w	EK	22.11.1949	21:33	93		
9	Sylvia	w	FI	18.12.1952	23:43	13		
10	Eva	w	EK	07.02.1995	21:47	33		
11	Jens	m	VT	17.12.1983	22:54	79		
12	Rainer	m	VT	10.05.1978	04:33	64		
13	Thomas	m	FI	08.03.1976	12:41	38		
14	Verena	w	VT	21.02.1960	07:46	26		
15	Nicolas	m	CO	10.03.1963	10:31	31		
16	Sven	m	CO	11.06.1982	00:51	62		
17	Ulla	w	FI	16.06.1981	14:46	64		
18	Helga	w	CO	21.05.1982	14:05	12		
19								

Abbildung 9.5: Formelbedingungen in DB-Funktionen

Der Kriterienbereich besteht nur aus H1:H2. In H2 wird geprüft, ob das Jahr von D2 größer ist als 1950. Das korrekte Ergebnis von 15 erhalten wir mit

```
H5: =DBANZAHL(A:F;"Geburtstag";H1:H2)
```

Die DB-Funktion ist so clever, zu erkennen, dass die Formel in H2 auf alle Datensätze der Datenbank angewandt werden soll, und zählt alle Datensätze, für die die Formel WAHR ergibt.

Wenn der Kriterienbereich eine solche Formelbedingung enthält, muss sich die Überschrift der Bedingung, hier *Alter*, von den Spaltenköpfen der Datenbank unterscheiden, sonst rechnet die Formel nicht. Was stattdessen darin steht, ist egal. Fragen Sie bitte nicht warum. Das ist einfach so.

Einen der beliebtesten Formelklassiker, Zählen ohne Duplikate, haben wir Ihnen im Abschnitt 7.9 »Dirty Tricks« bereits gezeigt. Mithilfe einer Formelbedingung haben die DB-Funktionen dafür auch eine wunderschöne Alternative in petto.

In unserer Beispieldatenbank möchten Sie zählen, wie viele unterschiedliche Abteilungen es gibt. Wir wissen, dass es vier sind: CO, EK, FI und VT.

In H1 schreiben Sie irgendetwas, beispielsweise *unterschiedliche Abteilungen*. Die Formelbedingung kommt in

```
H2:=ZÄHLENWENN(C$2:C2;C2)=1
```

Nun liefert, man sehe und staune, die Formel

```
=DBANZAHL(A:F;"Wert";H1:H2)
```

das korrekte Ergebnis 4.

Um das Resultat besser zu verstehen, schreiben Sie in die zweite Zeile irgendeiner Hilfsspalte die Formel

```
=ZÄHLENWENN(C$2:C2;C2)=1
```

und kopieren sie nach unten bis zum Ende der Liste. Wegen des Absolutsetzens der Startzeile ($) sucht die Formel immer von Beginn der Liste bis zur aufrufenden Zeile, in Zeile 10 beispielsweise:

```
=ZÄHLENWENN(C$2:C10;C10)=1
```

Die Formel liefert nur dann WAHR, wenn der Eintrag in C10 im Bereich C2:C9 noch nicht vorgekommen ist. Dies kann für jede *Abt.* in Spalte C nur jeweils einmal vorkommen. Alle übrigen Einträge sind Duplikate.

DBANZAHL zählt die WAHR-Zellen (die Originale), ohne auf die Hilfsspalte angewiesen zu sein.

Teil 2

Abenteuerreisen in die Excel-Welt

Bitte anschnallen, nun entführen wir Sie auf verschiedene Reisen durch die Excel-Welten. Dabei sollen Sie lernen, wie Sie komplexe Anwendungen selbst entwickeln und verschiedene Excel-Funktionalitäten geschickt miteinander kombinieren können. Außerdem werden Sie sehen, wie unterhaltsam Excel sein kann.

Kapitel 10

Die Iden des März – Datumsdifferenzen mit Zeiten vor 1900

Die Microsoft-Zeitrechnung beginnt bekanntlich mit der Zahl Null am 00.01.1900, dem einzigen Datum der Neuzeit, an dem kein Mensch das Licht der Welt erblickt hat.

10.1 Die Microsoft-Zeitrechnung

Seitdem wächst die Null Tag für Tag um 1 an. Die Jahrtausendwende ereignete sich somit vom 36.525. auf den 36.526. »Microsoft-Tag«.

Eine Datumsdifferenz in Tagen lässt sich seit dem Jahr 1900 daher mittels einfacher Subtraktion des älteren vom jüngeren Datum errechnen. So stand die Berliner Mauer z. B. exakt 10.315 Tage (13.08.1961 bis 09.11.1989), das »Wunder von Bern« wurde 7.308 Tage später in München erneut geschrieben (04.07.1954 bis 07.07.1974) und wenn (voraussichtlich) am 01.01.2038 die Kennedy-Akten der Öffentlichkeit präsentiert werden, sind exakt 27.069 Tage seit dessen Ermordung am 22.11.1963 vergangen.

```
=A1(junges Datum)-A2(altes Datum)
```

lautet die gleichermaßen schlichte wie effektive Lösung.

10.2 Datumsdifferenzen nach Einführung des gregorianischen Kalenders

Doch wie viele Tage zählte das Leben von Albert Einstein? Wie viel Zeit verging vom Prager Fenstersturz (23.05.1618) bis zum Westfälischen Frieden (24.10.1648)? Oder wie lange liegen die Iden des März (Cäsars Ermordung am 15. März 44 vor Christus) zurück? In letzterem Fall lässt eine Lösung ohnehin Interpretationsspielraum, da wir darüber philosophieren müssen, ob es das Jahr 0 überhaupt gab und wann und durch wen die Schaltjahre eingeführt wurden (Gregor; Julian; Cäsar; Ramses II.?). Bei Albert Einstein wird es deshalb schwierig, da er vor dem Microsoft-Urknall geboren, jedoch erst danach gestorben ist (14.03.1879 bis 18.04.1955).

Und zur Zeit des 30-jährigen Krieges waren sich zwar alle schon über die Ermittlung der Schaltjahre einig, jedoch gab es wiederum die Microsoft-Zeitrechnung noch nicht.

Beginnen wir mit dem zweiten Prager Fenstersturz, bei dem ein paar protestantische Adlige aus Verärgerung über verletzte Religionsfreiheit drei Katholiken aus 20 Meter Höhe aus dem Fenster in die Tiefe beförderten (es überlebten übrigens alle – einer von ihnen erhielt später nicht von ungefähr den Adelszusatz »von Hohenfall«).

Um jetzt die seitdem verstrichenen Tage bis zum westfälischen Frieden zu ermitteln, wäre Excel zunächst als Hilfsmittel wenig geeignet:

	A	B
1	24.10.1648	Westfälischer Friede
2	23.05.1618	zweiter Prager Fenstersturz
3	?	**Differenz in Tagen**
4		

Abbildung 10.1: Datumsangaben vor 1900 werden von Excel als Text interpretiert.

An der Zellausrichtung (linksbündig) erkennen Sie sofort, dass es sich hier jeweils um Text und kein Datum handelt.

Die entscheidende Frage lautet daher:

Wie mache ich aus dem »Textdatum« ein »Excel-Datum«, damit ich damit auch rechnen kann?

Und hier kommt bereits der entscheidende Kniff:

Wir addieren 2000 Jahre! Damit schlagen wir drei Fliegen mit einer Klappe: Erstens befinden wir uns plötzlich innerhalb der Microsoft-Zeitrechnung, zweitens kommen wir nicht mit den derzeit gültigen gregorianischen Schaltregeln ins Gehege, denen zufolge sich ein Jahr immer dann um einen Tag verlängert, wenn es entweder a) durch 400 oder b) durch 4, aber nicht 100 teilbar ist, und drittens ändert sich an der gesuchten Datumsdifferenz überhaupt nichts, solange wir das mit beiden Daten machen.

Die Umsetzung ist mit Textzerlegung denkbar einfach – hier zunächst mal am Beispiel »23.05.1618«:

Wir spalten Tag und Monat (TT.MM.) sowie das Jahr (JJJJ) mit den Funktionen LINKS und TEIL ab:

Für Tag und Monat (TT.MM.):

```
=LINKS("23.05.1618";6) ="23.05."
```

Für das Jahr (JJJJ):

```
=TEIL("23.05.1618";7;4) ="1618"
```

Jetzt rechnen wir 2000 Jahre hinzu und verketten TT.MM. und JJJJ wieder:

```
=LINKS("23.05.1618";6)&TEIL("23.05.1618";7;4)+2000
="23.05.3618"
```

Das gleiche Spiel machen wir mit dem »24.10.1648«:

Für Tag und Monat (TT.MM.):

```
=LINKS("24.10.1648";6) ="24.10."
```

Für das Jahr (JJJJ):

```
=TEIL("24.10.1648";7;4) ="1648"
```

Auch hier rechnen wir 2000 Jahre hinzu und verketten TT.MM. und JJJJ wieder:

```
=LINKS("24.10.1648";6)&TEIL("24.10.1648";7;4)+2000
="24.10.3648"
```

Im letzten Schritt subtrahieren wir beide Daten:

```
=("24.10.3648")-("23.05.3618")
```

Und erhalten damit unser gewünschtes Ergebnis: 11.112.

Und wenn wir jetzt die Daten durch die einzelnen Formeln ersetzen, erhalten wir:

A3 =(LINKS(A1;6)&TEIL(A1;7;4)+2000)-(LINKS(A2;6)&TEIL(A2;7;4)+2000)

	A	B	C	D	E	F	G
1	24.10.1648	Westfälischer Friede					
2	23.05.1618	zweiter Prager Fenstersturz					
3	**11.112**	**Differenz in Tagen**					
4							

Abbildung 10.2: Datumsdifferenz in Tagen vor 1900

Exakt 11.112 Tage später wurden die Friedensverträge unterzeichnet.

Gehen wir ein paar Jahre weiter zu Albert Einstein, dessen Werke die Mathematik und die Physik revolutionierten und noch heute Rätsel aufwerfen:

Wie viele Tage dauerte sein schaffensreiches Leben?

A3 ?

	A	B
1	18.04.1955	Einsteins Tod in Princeton, USA
2	14.03.1879	Einsteins Geburt in Ulm
3	?	**Differenz in Tagen**
4		

Abbildung 10.3: Datumsdifferenzen vor und nach 1900

An den unterschiedlichen Zellausrichtungen erkennen Sie sofort, dass es sich beim Todesdatum (A1 – rechtsbündig) um ein Excel bekanntes Datum handelt, das Geburtsdatum (A2 – linksbündig) hingegen im Textformat vorliegt.

Weil wir immer nach möglichst allgemeingültigen Lösungen suchen (da wir vorher nicht immer wissen können, welche Daten sich in welchem Format in welcher Zelle befinden), müssen wir die vorliegenden Daten zunächst irgendwie vereinheitlichen – entweder beide zu Zahlen oder beide zu Text.

Die Antwort: Wir machen zunächst einmal Texte daraus.

Der Vorteil: Wir kommen mit der gleichen Vorgehensweise wie beim 30-jährigen Krieg zur Lösung.

Und um aus dem Todesdatum von Einstein einen Text zu machen, nutzen wir die gleichnamige Funktion:

```
=TEXT(A1;"TT.MM.JJJJ")
```

Und zur Sicherheit – da wir nicht von vornherein wissen, ob das Datum in A2 nicht vielleicht doch in die Microsoft-Zeitrechnung passt – sprechen wir A2 auch mit

```
=TEXT(A2;"TT.MM.JJJJ")
```

an.

Der Rest ist dann identisch mit der Lösung zum 30-jährigen Krieg:

Wir spalten Tag und Monat (TT.MM.) sowie das Jahr (JJJJ) mit den Funktionen LINKS und TEIL ab:

Für Tag und Monat (TT.MM.) des Todestages in A1:

```
=LINKS(TEXT(A1;"TT.MM.JJJJ");6)
=LINKS("18.04.1955";6) ="18.04."
```

Für das Jahr (JJJJ):

```
=TEIL(TEXT(A1;"TT.MM.JJJJ");7;4)
=TEIL("18.04.1955";7;4) ="1955"
```

Jetzt rechnen wir 2000 Jahre hinzu und verketten TT.MM. und JJJJ wieder:

```
=LINKS(TEXT(A1;"TT.MM.JJJJ");6)&TEIL(TEXT(A1;"TT.MM.JJJJ");7;4)+2000
="18.04.3955"
```

Das gleiche Spiel machen wir mit dem Geburtsdatum in A2:

Für Tag und Monat (TT.MM.):

```
=LINKS(TEXT(A2;"TT.MM.JJJJ");6)
=LINKS("14.03.1879";6) ="14.03."
```

Für das Jahr (JJJJ):

```
=TEIL(TEXT(A2;"TT.MM.JJJJ");7;4)
=TEIL("14.03.1879";7;4) ="1879"
```

Auch hier rechnen wir 2000 Jahre hinzu und verketten TT.MM. und JJJJ wieder:

```
=LINKS(TEXT(A2;"TT.MM.JJJJ");6)&TEIL(TEXT(A2;"TT.MM.JJJJ");7;4)+2000
="14.03.3879"
```

Im letzten Schritt subtrahieren wir beide Daten:

```
A3:=(LINKS(TEXT(A1;"TT.MM.JJJJ");6)&TEIL(TEXT(A1;"TT.MM.JJJJ");7;4)+2000)-
(LINKS(TEXT(A2;"TT.MM.JJJJ");6)&TEIL(TEXT(A2;"TT.MM.JJJJ");7;4)+2000)
=("18.04.3955")-("14.03.3879") = 27.793
```

Und erhalten damit unser gewünschtes Ergebnis: 27.793.

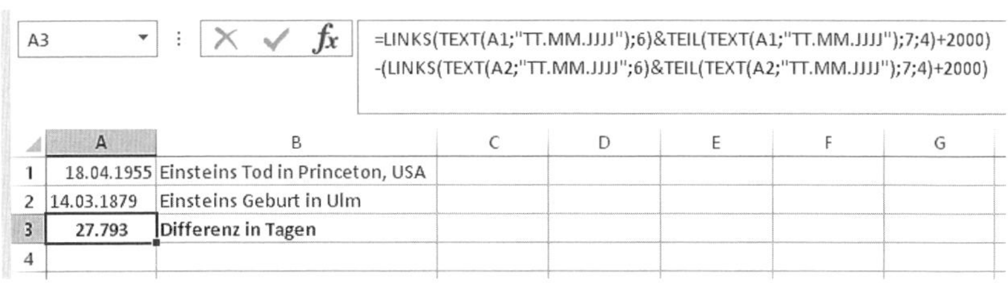

Abbildung 10.4: Datumsdifferenzen vor und nach 1900 – Lösung 1

Einsteins Leben dauerte also genau 27.793 Tage.

Und die zwei Einzelberechnungen lassen sich auch in einem Array vereinen, indem wir die Summe der um 2000 Jahre erhöhten Daten bilden.

Ja, Sie haben richtig gelesen – die SUMME. Allerdings die Summe vom positiven Enddatum (Todestag) und dem negativen Startdatum (Geburtstag). Und wie wird das Startdatum negativ? Durch Multiplikation mit minus 1: `(*-1)`.

Mit den errechneten Daten lässt sich das wie folgt darstellen:

```
=SUMME((Todesdatum:Geburtsdatum+2000 Jahre)*{1;-1})
=SUMME((Todesdatum+2000 Jahre)*1;(Geburtsdatum+2000 Jahre)*-1)
=SUMME("18.04.3955"*1;"14.03.3879"*-1)
```

Dafür ergänzen wir am Ende noch das Array aus +1 und -1: `*{1;-1}`.

Zudem fassen wir die Daten in A1 und A2 in dem Bereich A1:A2 zusammen.

Also A1 (+2000 Jahre) wird mit 1 und A2 (+2000 Jahre) mit -1 multipliziert und anschließend wird die SUMME gebildet:

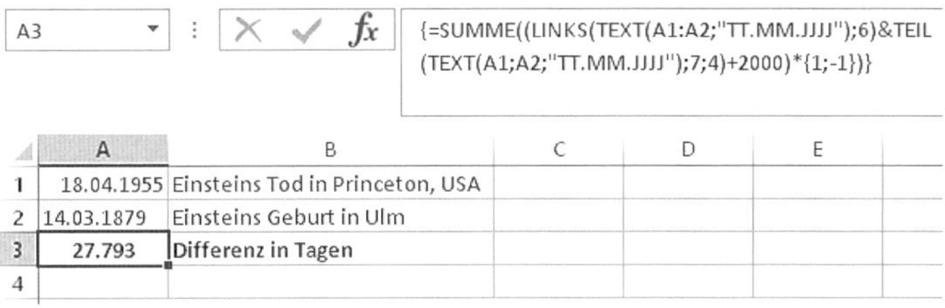

Abbildung 10.5: Datumsdifferenzen vor und nach 1900 – Lösung 2

In Einzelschritten macht die Formel also Folgendes:

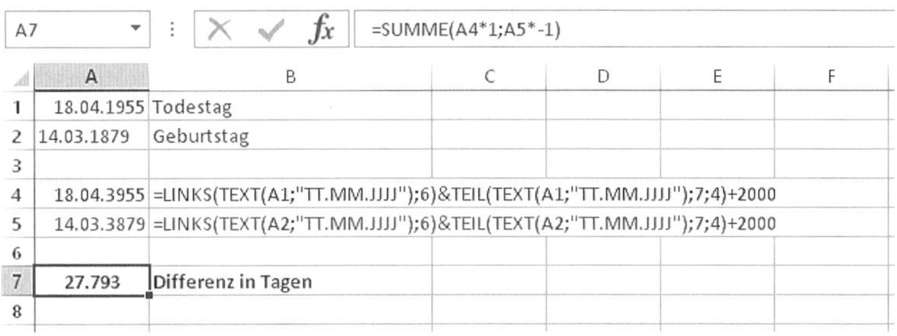

Abbildung 10.6: Datumsdifferenzen vor und nach 1900 – Lösung in drei Schritten

Auch hier sehen Sie wieder die unterschiedlichen Zellausrichtungen:

Die um 2000 Jahre erhöhten Daten in A4 und A5 werden zunächst linksbündig, also im Textformat, ermittelt, obwohl es eigentlich Daten sind, die innerhalb der Microsoft-

Zeitrechnung liegen. Doch an dieser Stelle ist noch der Verkettungsoperator & dominant, der einen Zellwert zunächst immer als Text darstellt.

Jetzt haben wir aber bereits gelernt, dass Excel so »schlau« ist, diese Texte in Zahlen umzuwandeln, wenn man sie mit irgendeiner mathematischen Operation »dazu bringt«. Die hier verwendete Operation in der Summenformel in Zelle A7 ist die Multiplikation mit 1 bzw. -1. Dann werden die »Textdaten« in die entsprechenden Ganzzahlen konvertiert und lassen sich summieren.

Die beiden bisherigen Lösungen (30-jähriger Krieg und Einstein) funktionieren übrigens ab dem Jahr 1583 nach Christus. Warum erst ab 1583?

10.3 Datumsdifferenzen vor Beginn des gregorianischen Kalenders

Gehen wir in der Zeitreise weit zurück zu den Iden des März 44 vor Christus (15.03.0044 v. Chr.), dem Tag, an dem Cäsar im Saal des Pompeiustheaters zur Senatsversammlung erschien, um dort anschließend von Brutus und seinen Gefolgsleuten mit 23 Dolchstichen ermordet zu werden. Wie viele Tage sind seitdem vergangen?

Diese Frage zu beantworten, grenzt fast an das Unmögliche, denn bis zum Jahr 1582 herrschte heilloses Chaos hinsichtlich der Länge eines Kalenderjahres und der Länge des tatsächlichen Jahres. Das führte dazu, dass es Jahre mit extrem unterschiedlicher Länge gab, 377, 350, 360 Tage etc., und der Sommeranfang fast auf den ersten Schneefall fiel. Erst Papst Gregor der VIII. hatte 1582 nach Christus einigermaßen Durchblick, als er die Länge eines Jahres auf 365,2425 Tage (365 Tage, 5 Stunden, 49 Minuten und 12 Sekunden) festlegte und dazu auch die derzeit gültigen Schaltjahrregeln einführte. Da zu dieser Zeit der gültige Kalender aber zehn Tage »hinterherhinkte«, hatte er beschlossen, dem 04.10.1582 den 15.10.1582 folgen zu lassen. Die Reihenfolge der Wochentage wurde dadurch nicht beeinträchtigt, aber die fehlenden zehn Tage verschwanden in einem großen schwarzen Loch.

Die folgende Lösung ermittelt daher nicht die Tagesdifferenz, sondern die in Jahre, Monate und Tage aufgeteilte Differenz. Dabei werden wir allerdings das »schwarze Loch« gebührend berücksichtigen, sobald ein Enddatum in den Oktober des Jahres 1582 fällt.

Die Einzelschritte gehen aus folgender Abbildung hervor:

Datumsdifferenzen vor 1583 (und auch vor Christus)		v = vor Christus	Wenn "v": Daten auf das Startjahr Null verschieben	2000 Jahre addieren	involvierte Tage vom 05. bis 14.10.1582 ermitteln
Datum bis	22.06.2006		22.06.2050	22.06.4050	
Datum von	15.03.0044	v	15.03.0000	15.03.2000	0

Jahre:	**2050**	=DATEDIF(E3;E2-F3;"Y")
Monate:	**3**	=DATEDIF(E3;E2-F3;"YM")
Tage:	**7**	=DATEDIF(E3;E2-F3;"MD")

Formeln in D2, D3, E2, E3 und F3

D2 -WENN(C3="v";LINKS(DatBis;6)&TEXT(RECHTS(DatBis;4)+RECHTS(DatVon;4);"0000");DatBis)
D3 =WENN(C3="v";LINKS(DatVon;6)&"0000";DatVon)
E2 =(LINKS(D2;6)&RECHTS(D2;4)+2000)+0
E3 =(LINKS(D3;6)&RECHTS(D3;4)+2000)+0
F3 =MAX(0;MIN(E2;"14.10.3582"*1)-MAX(E3;"05.10.3582"*1)+1)*(RECHTS(DatBis;7)="10.1582")

Namen:

DatBis =TEXT(Tabelle1!$B$2;"TT.MM.JJJJ")
DatVon =TEXT(Tabelle1!$B$3;"TT.MM.JJJJ")

Abbildung 10.7: Datumsdifferenzen vor Einführung des gregorianischen Kalenders und vor Christus

Das Startdatum wird in B3 eingetragen. In C3 kennzeichnet das »v«, dass es sich um ein Datum vor Christus handelt. Ohne das »v« wird das Datum als nachchristlich berechnet. Das Enddatum in B2 muss hingegen nach Christus liegen, jedoch nicht unbedingt innerhalb der Microsoft-Zeitrechnung. Daten außerhalb der Microsoft-Zeitrechnung müssen im Format TT.MM.JJJJ vorliegen.

Der erste Gedanke:

Wenn ein Datum vor Christus vorliegt, dann verschieben wir beide Daten zunächst auf das Jahr null (dessen Existenz wir übrigens unterstellen). Dazu wandeln wir, analog der Einstein-Vorgehensweise, beide Daten in das Textformat um, lesen die Jahre mit der Funktion RECHTS aus, setzen das Startdatum auf das Jahr null und erhöhen das Jahr des Enddatums um die Jahre vor Christus. Im Beispiel wird das Jahr 2006 um die 44 vorchristlichen Jahre auf 2050 erhöht. Analog der »Einstein-Lösung« sprechen wir beide Daten wieder im Textformat an und haben dafür die abgebildeten Namen *DatVon* und *DatBis* vergeben.

Daher wird für D2 wie folgt formuliert:

```
D2: =WENN(C3="v";LINKS(DatBis;6)&TEXT(RECHTS(DatBis;4)+RECHTS(DatVon;4);
"0000");DatBis)
```

Falls *DatVon* vor Christus liegt (C3="v"), wird das Jahr mit RECHTS(DatVon) ausgelesen, zum mit RECHTS(DatBis) extrahierten Jahr addiert, mittels der Funktion TEXT in das vierstellige Format "0000" umgewandelt und an Tag und Monat (TT.MM.) von *DatBis* angehängt. Liegt *DatVon* hingegen nach Christus, passiert gar nichts: *DatBis* wird unverändert übernommen.

In D3 wird mit

```
D3: =WENN(C3="v";LINKS(DatVon;6)&"0000";DatVon)
```

in Abhängigkeit von C3 entweder das Datum auf das Jahr null verschoben, indem Tag und Monat (TT.MM.) von *DatVon* extrahiert und anschließend mit "0000" verkettet werden, oder aber unverändert übernommen.

Im nächsten Schritt verschieben wir die beiden Daten wieder in die Microsoft-Zeitrechnung, indem wir 2000 Jahre addieren:

```
E2: =(LINKS(D2;6)&RECHTS(D2;4)+2000)+0
E3: =(LINKS(D3;6)&RECHTS(D3;4)+2000)+0
```

Das wäre eigentlich schon die ganze Vorarbeit, wenn wir nicht noch berücksichtigen wollten, dass das Enddatum auch in den Oktober 1582 fallen kann, denn eine Datumsdifferenz vom 15.09.1582 bis 15.10.1582 beträgt nicht einen Monat, sondern, aufgrund des schwarzen Lochs, nur 20 Tage. Also ermitteln wir dieses Szenario in F3 mit:

```
F3:=MAX(0;MIN(E2;"14.10.3582"*1)-
   MAX(E3;"05.10.3582"*1)+1)*(RECHTS(DatBis;7)="10.1582")
```

Das Ergebnis kann nur dann ungleich null sein, wenn das Enddatum innerhalb des Oktobers 1582 liegt – durch die abschließende Multiplikation mit

```
*(RECHTS(DatBis;7)="10.1582")
```

Nach diesem kleinen Zusatz kommen wir dann auch zu den Endformeln in B5 bis B7. Hier bedienen wir uns der Funktion DATEDIF, die mit den unterschiedlichen Parametern die Jahres-, Monats- und Tagesdifferenz berechnet:

```
B5: =DATEDIF(E3;E2-F3;"Y")
B6: =DATEDIF(E3;E2-F3;"YM")
B7: =DATEDIF(E3;E2-F3;"MD")
```

Am 22.06.2006 lagen die Iden des März bereits 2050 Jahre, 3 Monate und 7 Tage zurück!

KAPITEL 11

Alles ist Zahl – Anwendungen aus der Zahlentheorie

Wer sich auf irgendeine Weise schon mal mit Programmierung beschäftigt hat oder sich einfach für Zahlen interessiert, hat sich wahrscheinlich auch schon einmal mit Primzahlen befasst. Seit ewigen Zeiten sind Zahlentheoretiker auf der Suche nach der allgemein gültigen Formel zur Berechnung der nächsten oder aller Primzahlen.

11.1 Teiler und Primzahlen

Das ist bis heute nicht gelungen, aber man tröstet sich zumindest damit, die schönsten und schnellsten Algorithmen zur Identifizierung einer, wenn auch nur beschränkten, Menge an Primzahlen zu entwickeln. Gibt man bei Google den Begriff »Primzahl« ein, erhält man weit über 300.000 Treffer. Gibt man im Vergleich dazu z. B. den Begriff »Zweifakultät« ein, erhält man nur rund 1.800 Treffer. Da ist es erstaunlich, dass Excel die Add-in-Funktion ZWEIFAKULTÄT zur Verfügung stellt, aber keine Funktion für Primzahlen. Dabei hätten sie es doch wirklich verdient.

Andererseits hätten wir dann auch nicht so viel Spaß daran, einen Algorithmus zu entwickeln, mit dem man mit einer einzigen Excel-Formel auf Primzahlensuche gehen kann.

11.1.1 Teiler

Der Schlüssel zum Erfolg ist auf diesem Weg die Funktion REST. Primzahlen sind Zahlen, die nur durch sich selbst und die Zahl 1 teilbar sind. Die 1 ist ex definitione keine Primzahl. Wir sind also auf der Suche nach Teilern. Möchte man wissen, ob eine Zahl x durch eine andere Zahl y teilbar ist, kann man dies mit der Formel

```
=WENN(REST(x;y)=0; "y ist Teiler von x"; "")
```

ermitteln. `REST(6;3)=0`, denn 3 ist ein Teiler von 6.

Wie wir bereits gelernt haben, lassen sich mit Excel Operationen, die man mit einer Zahl durchführen kann, auch mithilfe eines Arrays für eine ganze Reihe von Zahlen durchführen. Wenn wir also wissen wollen, welche Teiler die Zahl 6 hat (ohne die Zahl selbst), schreiben wir die Formel

```
=WENN(REST(6;{1.2.3.4.5})=0;{1.2.3.4.5}),
```

die als Ergebnis die Matrix `{1.2.3.FALSCH.FALSCH}` liefert.

Die 6 hat also die Teiler 1, 2 und 3.

Die Mathematik teilt alle natürlichen Zahlen hinsichtlich ihrer Teilersumme in drei Gruppen auf:

- abundante Zahlen, deren Teilersumme größer ist als die Zahl selbst
- defiziente Zahlen, deren Teilersumme kleiner ist als die Zahl selbst
- vollkommene Zahlen

Die Zahl 6 ist also eine vollkommene Zahl, denn 1+2+3=6.

Wie kann man die Teilersumme einer beliebigen Zahl berechnen?

Zuerst ersetzen wir das Array `{1.2.3.4.5}` durch `=ZEILE(1:5)`, denn wir wollen uns ja bei großen Zahlen keinen Wolf tippen (`{1.2.3.4.5.6.7.8.9.10.11.12.13......}`), sondern es einfach haben: `=ZEILE(1:65536)`.

Die Länge des Arrays können wir mit INDIREKT dynamisieren.

```
=ZEILE(INDIREKT("1:"& x-1))
```

Die Auflistung der Teiler erreichen wir mit:

```
=WENN(REST(x;ZEILE(INDIREKT("1:"& x-1)))=0;ZEILE(INDIREKT("1:"& x-1)))
```

Um diesen Ausdruck setzen wir nur noch die Funktion SUMME und schließen die Formeleingabe mit [Strg]+[⇧]+[↵] ab (Abb. 11.1):

```
B2    {=SUMME(WENN(REST(A2;ZEILE(INDIREKT("1:"&A2-1)))=0;ZEILE(INDIREKT("1:"&A2-1))))}
```

	A	B	C	D	E	F	G
1	Zahl	Teilersumme					
2	4	3	1+2				
3	5	1	1				
4	6	6	1+2+3	vollkommen			
5	7	1	1				
6	8	7	1+2+4				
7	9	4	1+3				
8	10	8	1+2+5				
9	11	1	1				
10	12	16	1+2+3+4+6	abundant			
11	13	1	1				
12	14	10	1+2+7				
13							

Abbildung 11.1: Teilersummen von Zahlen

11.1.2 Primzahlen

Sie erahnen es vielleicht, wir sind den Primzahlen schon ganz dicht auf den Fersen. Wenn Sie die Teilersummen betrachten, kommt es nicht von ungefähr, dass die Zahlen 7, 11 und 13 eine Teilersumme von 1 aufweisen. Richtig, das sind schon die ersten Primzahlen.

Wir müssen unsere Teilersummen-Formel nur geringfügig erweitern:

```
=WENN(Teilersumme=1;"Primzahl";"keine Primzahl")
```

Folglich ergibt sich:

```
{=WENN(SUMME(WENN(REST(A2;ZEILE(INDIREKT("1:"&A2-1)))=0;ZEILE
(INDIREKT("1:"&A2-1))))=1;"PRIM";"")}
```

Das war es im Grunde schon. Damit haben Sie sich bereits zum Primzahljäger qualifiziert.

Die Formel kann noch etwas vereinfacht werden:

```
{=WENN(SUMME(WENN(REST(A1;ZEILE(INDIREKT("2:"&A1-1)));0;1));"";"PRIM")}
```

Für jeden gefundenen Teiler wird in der kürzeren Variante statt der Teilerzahl selbst nur noch 1 addiert, denn bei der Primzahlprüfung ist es, im Gegensatz zur Ermittlung der Teilersumme, nicht relevant, wie groß die Teiler sind. Es reicht zu wissen, ob es überhaupt welche gibt.

Noch einfacher und die 2 wird als Primzahl erkannt (andere Denke):

```
{=WENN(KKLEINSTE(REST(A1;ZEILE(Z:Z));3);"PRIM";"")}
```

Die ist aber ressourcenfressend. Oder {ohne geschweifte Klammern}:

```
=WENN(SUMMENPRODUKT((REST(A1;ZEILE(Z:Z))=0)*1)>2;"";"PRIM")
```

Wenn Ihnen das genügt, können Sie zum nächsten Kapitel übergehen. Wenn Sie aber jetzt erst richtig Blut geleckt haben, dann lesen Sie weiter. Das war erst die Pflicht, jetzt kommt die Kür.

Das Zeilenarray `=ZEILE(INDIREKT("1:65536"))` kann nur 65.536 Elemente erfassen (in den neuen Excel-Versionen sind es 2 hoch 20, also 1.048.576).

Mit obiger Formel können Sie also nur Primzahlen bis 65.536 bzw. 1.048.576 aufspüren (mit den einfacheren jeweils das Doppelte). Aber kein Grund zu resignieren, denn wir werden nun Primzahlen bis zur Excel-Rechengrenze von 10 hoch 15 berechnen.

11.2 Sehr große Primzahlen

Bisher haben wir zur Prüfung, ob x eine Primzahl ist oder nicht, alle Zahlen von 1 bis x-1 auf Teilbarkeit überprüft. Es stellt sich die Frage, ob es wirklich nötig ist, die Prüfung bis x-1 durchzuführen. Und da wir diese Frage stellen, können Sie bereits erahnen, dass dem nicht so ist. Betrachten wir die Teiler der Zahl 36 auf einem Zahlenstrahl (Abb. 11.2).

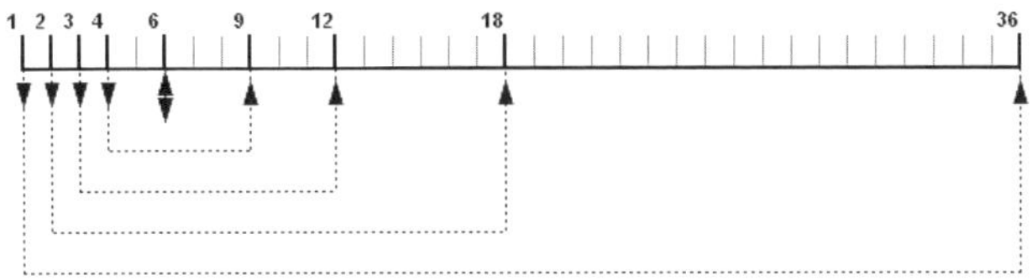

Abbildung 11.2: Teilerpaare der Zahl 36

Alle Teiler der Zahl 36 sind mit Pfeilen markiert. Wenn man die 1 und die 36 ignoriert, bleiben die Zahlen 2, 3, 4, 6, 9, 12 und 18. Die Teiler der Zahl 36, und auch jeder anderen Zahl, treten immer paarweise auf: Bei der Zahl 36 sind es die Paare 2&18, 3&12, 4&9 und die Wurzel 6 paart sich mit sich selbst (die Arme). Mit dieser Erkenntnis können zwei Aussagen getroffen werden:

- Ein Teiler der Zahl x kann niemals größer sein als die Hälfte der Zahl x. Um zu prüfen, ob die Zahl x eine Primzahl ist, müssen nicht alle möglichen Teiler bis x, sondern nur bis x/2 geprüft werden.
- Von einem Teilerpaar muss der kleinere Partner stets kleiner oder gleich der Wurzel der Zahl sein. Der größere Partner muss stets größer oder gleich der Wurzel der Zahl sein. Daraus folgt: Wenn bis zur Wurzel der Zahl x kein Teiler gefunden wurde, ist x eine Primzahl.

Um festzustellen, ob eine Zahl x eine Primzahl ist, müssen wir die Teiler also nur bis zur Wurzel suchen. Oder andersherum: Wenn uns 1.048.576 Elemente zum Suchen zur Verfügung stehen, können wir Primzahlen bis zur Obergrenze von $1.048.576^2$ = 1.099.511.627.776 aufspüren. In unserer Primzahlenformel müssen wir jetzt bloß den Teil

```
ZEILE(INDIREKT("2:"&A1-1))
```

durch

```
ZEILE(INDIREKT("2:"&AUFRUNDEN(A1^0,5;0)))
```

ersetzen. `WURZEL(A1)` kann mit `A1^0,5` dargestellt werden. Die Formel lautet dann insgesamt:

```
{=WENN(SUMME(WENN(REST(A1;ZEILE(INDIREKT("2:"&AUFRUNDEN(A1^0,5;0))));0;1));"";
"PRIM")}
```

Zur besseren Lesbarkeit der Formel ersetzen wir den Ausdruck

```
ZEILE(INDIREKT("2:"&AUFRUNDEN(A1^0,5;0)))
```

durch den Platzhalter *Array*. Dann verbleibt:

```
{=WENN(SUMME(WENN(REST(A1; Array );0;1));"";"PRIM")}
```

Die Formel müsste nun eigentlich bis $1.048.576^2$ funktionieren, aber wenn Sie dies versuchen, erscheint die Meldung `#ZAHL!`. Das liegt daran, dass die Funktion REST nur mit Zahlen bis 2^28-1 (ab Excel 2010 – noch nicht in Excel 2007 – bis 2^41-1) klarkommt.

Da bekanntlich viele Formeln in den Excel-Himmel führen, gibt es auch für diese Sackgasse einen Umweg.

`=REST(5;3)=0` (ergibt `FALSCH`)

prüft, ob 3 ein Teiler von 5 ist. Das Gleiche macht die Alternative

`=5/3=GANZZAHL(5/3)`.

`=REST(2^28;1)` liefert `#ZAHL!`, `=REST(2^28;3)` funktioniert zwar komischerweise wieder, aber `=REST(2^29;3)` wiederum nicht mehr. Die Beschränkung von REST hängt also irgendwie mit dem Verhältnis von Zähler und Nenner zusammen, das einen bestimmten Grenzwert nicht überschreiten darf.

Die Alternative schafft das bis 2^47:

`=2^47/(2^47-1)=GANZZAHL(2^47/(2^47-1))` ergibt FALSCH

Darüber hinaus ist auch bei ihr aufgrund der allgemeinen Grenze von Excels Rechengenauigkeit Sense.

`=2^48/(2^48-1)=GANZZAHL(2^48/(2^48-1))` ergibt WAHR

Excel kann 2^48 nicht von 2^48-1 unterscheiden.

Um die Berechnungsgrenze der Funktion REST in der Primzahlenformel auszuschalten, ersetzen wir sie durch GANZZAHL. Aus

```
REST(A1;Array)
```

wird

```
(A1/Array <> GANZZAHL(A1/Array))*1
```

Die komplette Primzahlenformel lautet dann:

```
{=WENN(SUMME(WENN((A1/Array <> GANZZAHL(A1/Array))*1;0;1));"";"PRIM")}
```

Sie vermag es, Primzahlen bis zur Grenze von $1.048.576^2$ zu berechnen. Die höchste so ermittelte Primzahl ist $1.099.511.627.689 = 1.048.576^2-87$.

11.2.1 Noch größere Primzahlen aufspüren

Wenn Sie so unersättlich sind, dass Ihnen diese Primzahlen immer noch nicht groß genug sind, haben Sie immer noch einen Trumpf im Ärmel. Bisher haben wir ja nur die eindimensionale Arraygrenze von 1.048.576 Elementen ausgenutzt. Wenn Sie sich noch der Spaltendimension bedienen, stehen Ihnen 1.048.576 x 16.384 = 17.179.869.184 Elemente zur Verfügung.

Die obige Primzahlenformel enthält das *Array* mit den Elementen `{2.3.4.5.6.7...?}`. Ob diese Elemente aus einer oder zwei Dimensionen stammen, ist der Funktion GANZZAHL egal. Es könnte sich also auch um ein zweidimensionales Array mit den Elementen `{2.3;4.5;6.7;...?}` handeln. Ziel ist es nun, ein zweidimensionales Array zu erzeugen, das alle Zahlen von 1 bis 17.179.869.184 enthält. Da das nicht so einfach zu veranschaulichen ist, tun wir erst einmal so, also gäbe es nur 5 statt 1.048.576 Zeilen und nur 3 statt 16.384 Spalten. Das Array, das wir benötigen, lautet also:

```
{2.3.4;5.6.7;8.9.10;11.12.13;14.15.16}
```

Aus einer Dimension wäre das kein Problem (`ZEILE(2:16)`), aber wir müssen uns sowohl der Zeilen- als auch der Spaltendimension bedienen. Also lautet die Formel:

```
{=SPALTE(A:C)+(ZEILE(1:5)-1)*3+1}
```

Für den vollen Genuss mit 1.048.536 Zeilen und 16.384 Spalten lautet die Formel folglich:

```
{=SPALTE(A:XFD)+(ZEILE(1:1048536)-1)*16384+1}
```

Das Array hat 17.179.869.184 Elemente und da Zahlen nur bis zur Wurzel auf Teilbarkeit geprüft werden müssen, können damit Primzahlen bis 17.179.869.184^2 gefunden werden. Das sind über 295 Trillionen (21 Stellen) und weit über der Darstellungsmöglichkeit von Excel. Doch seien Sie gnädig mit Ihrer CPU, denn das ist eine extrem ressourcenbindende Berechnung. Zum Testen können Sie sich auch mit einem kleineren Array, beispielsweise mit 260.000 Elementen begnügen:

```
{=SPALTE(A:Z)+(ZEILE(1:10000)-1)*26+1}
```

11.3 Die nächste Primzahl

Im vorangegangenen Abschnitt haben Sie Formeln mit ein- oder zweidimensionalen Arrays gesehen. In vielen Fällen, wie auch bei der Primzahlenformel, können Berechnungen eindimensionaler Arrays auf zwei Dimensionen ausgeweitet werden, ohne dass sich dabei die Rechenlogik ändert. Darüber hinaus gibt es aber Aufgabenstellungen, bei denen das nicht so ohne Weiteres möglich ist. So eine Aufgabenstellung wäre beispielsweise:

Wie lautet, ausgehend von einer vorgegebenen Zahl, die nächsthöhere Primzahl? Mit dem Ergebnis könnte man alle Primzahlen von 1 bis x auflisten. Auf den ersten Blick erscheint diese Aufgabe nicht viel anders zu sein als das Überprüfen einer bestimmten Zahl auf »Primzahl«. Auf den zweiten Blick erkennt man aber, dass die Anforderung viel komplizierter ist und wir noch einen Gang zulegen müssen.

Angenommen, Sie starten bei der Zahl 19 und wollen die nächsthöhere Primzahl ermitteln.

	A	B	C
1	Zahl	Teiler-Array {2;3;4;5}	Primzahl
2			
3	19	{0;0;0;0}	WAHR
4	20	{1;0;1;1}	FALSCH
5	21	{0;1;0;0}	FALSCH
6	22	{1;0;0;0}	FALSCH
7	23	{0;0;0;0}	WAHR
8	24	{1;1;1;0}	FALSCH

Abbildung 11.3: Teilbarkeit der Zahlen 19-24 durch die Teiler 2; 3; 4; 5

Spalte B in Abb. 11.3 wurde manuell erstellt und soll nur das Prinzip zeigen. Die drei Einsen in B3 machen beispielsweise kenntlich, dass die Zahl 20 durch 2, 4 und 5 teilbar ist, aber nicht durch 3.

Sie müssen zunächst eine Reichweite schätzen, d. h. den maximal möglichen Abstand zur nächsten Primzahl. Je größer die Ausgangszahl, desto größer ist natürlich der mögliche Abstand. Bei Primzahlen bis 1.000 beträgt der Abstand höchstens 20, bis 100.000 höchstens 72. Übrigens beträgt der häufigste Abstand (Modalwert) 6, und zwar auch noch für richtig große Primzahlen von 10^10 oder noch größer. Wenn Sie also mit vielen Leuten wetten, welche Primzahl – ausgehend von einer bestimmten Primzahl – die nächstgrößere sein wird, dann addieren Sie 6 dazu und Sie haben die größte Aussicht auf einen genauen Treffer.

Im Beispiel durchsuchen wir nur einen Abstand von 5, also die Zahlen 20 bis 24. Bisher haben wir immer nur eine Zahl auf Teilbarkeit geprüft, ...

`=(REST(20;{2;3;4;5})=0)*1`

... doch nun müssen wir dies für einen ganzen Zahlenbereich tun, was den Einsatz eines weiteren Arrays zur Folge hat.

`=(REST({20;21;22;23;24};{2;3;4;5})=0)*1`

scheitert, denn wie wir bereits in den Basics gelernt haben, wird bei gleich dimensionierten Arrays jedes n-te Element des Arrays A mit jedem n-ten Element von Array B berechnet. Hier wollen wir aber allen Zahlen von 20-24 alle Teiler von 2 bis 5 gegenüberstellen. Also muss entweder bei Zahlen oder Teilern die Dimension geändert werden:

`=(REST({20;21;22;23;24};{2.3.4.5})=0)*1` ergibt

`{1.0.1.1;0.1.0.0;1.0.0.0;0.0.0.0;1.1.1.0}`

Das sieht schon mal ganz gut aus, hilft uns aber noch nicht wirklich weiter. Jetzt könnte man höchstens die Einsen zusammenzählen und hätte die Anzahl aller Teiler der Zahlen von 20-24 – sie beträgt 8. Das wollten wir aber nicht wissen, sondern wir wollen die nächste Primzahl finden, und die liegt dort, wo eine komplette Zeile nur Nullen enthält, denn jede Zeile enthält alle Teiler einer der Zahlen (1 = teilbar) (Abb. 11.4):

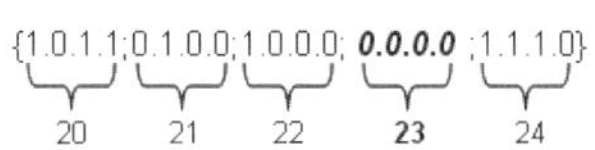

Abbildung 11.4: Array der Teilbarkeitsprüfung der Zahlen 20-24 durch 2; 3; 4 und 5

Wie wir sehen, trifft dies für die vierte Zeile zu, die direkt mit dem gesuchten Primzahlenabstand gleichzusetzen ist. Ergo lautet die nächste Primzahl 19 + 4 = 23.

In dem Fall sehen wir zwar, dass die vierte Zeile nur aus Nullen besteht, aber wie kann man es berechnen? Vorhang auf, MMULT betritt die Bühne. In der Excel-Hilfe lesen wir:

MMULT(Matrix1;Matrix2) gibt das Produkt zweier Matrizen

zurück. Das Ergebnis ist eine Matrix, die dieselbe Anzahl von Zeilen wie Matrix1 und dieselbe Anzahl von Spalten wie Matrix2 hat. [...]. Die Anzahl der Spalten von Matrix1 muss mit der Anzahl der Zeilen von Matrix2 übereinstimmen und beide Matrizen dürfen nur Zahlen enthalten.

Es werden also bei dieser Operation bestimmte Regeln eingehalten, die aus der linearen Algebra stammen und deren Einhaltung auch zur Lösung linearer Gleichungssysteme notwendig ist. In diesem Sinne ist die Berechnung

```
{1.2.3.4}*{1.2.3.4}={1.4.9.16}
```

keine Matrixmultiplikation. Nach den vorgenannten Regeln gilt hingegen:

```
=MMULT({1.2.3.4};{1;2;3;4}) = {30}
=MMULT({1;2;3;4};{1.2.3.4}) = {1.2.3.4;2.4.6.8;3.6.9.12;4.8.12.16}
```

Bei einer gewöhnlichen Multiplikation gilt: a*b = b*a. Bei einer Matrixmultiplikation ist dies offenbar nicht der Fall. Vielmehr wird hier jedes n-te Element jeder Zeile der ersten Matrix mit jedem n-ten Element jeder Spalte der zweiten Matrix multipliziert und zu einem Element der Ergebnismatrix aufaddiert (Abb. 11.5).

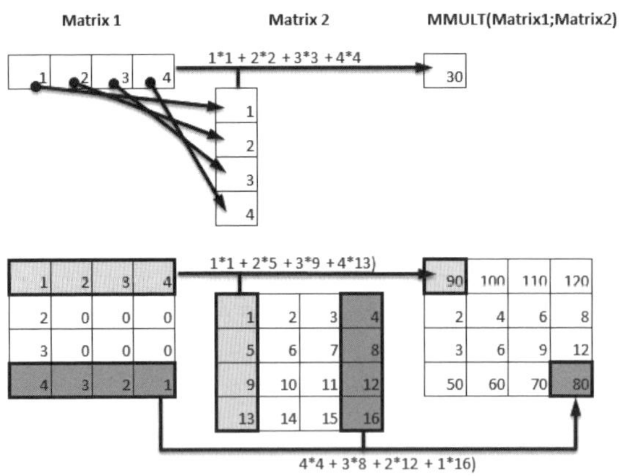

Abbildung 11.5: Rechenlogik der Matrixmultiplikationen

Jetzt versuchen wir, die Kurve zur nächsten Primzahl zu schlagen. Es gilt, rechnerisch zu bestimmen, dass im Array

```
{1.0.1.1;0.1.0.0;1.0.0.0; 0.0.0.0 ;1.1.1.0}
```

die vierte Zeile ausschließlich aus Nullen besteht, und das machen wir mit folgender Matrixmultiplikation (Abb. 11.6):

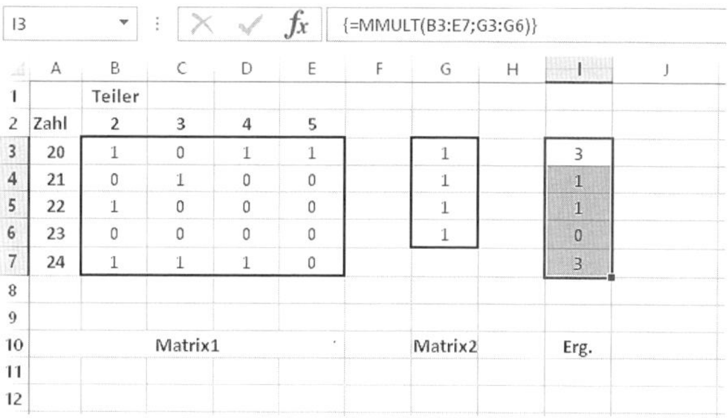

	A	B	C	D	E	F	G	H	I	J
1		Teiler								
2	Zahl	2	3	4	5					
3	20	1	0	1	1		1		3	
4	21	0	1	0	0		1		1	
5	22	1	0	0	0		1		1	
6	23	0	0	0	0		1		0	
7	24	1	1	1	0				3	
8										
9										
10			Matrix1				Matrix2		Erg.	
11										
12										

Abbildung 11.6: Teilbarkeitsprüfung mit MMULT

Matrix1 ist das Teiler-Array in B3:E7. *Matrix2* ist ein einspaltiges Array, bestehend aus lauter Einsen und mit so vielen Zeilen, wie *Matrix1* Spalten enthält. Diese *Matrix2* bewirkt, dass die Ergebnismatrix in I3:I7 aus den Zeilensummen der *Matrix1* besteht. In I3 steht eine 3, da die Zahl 20 drei Teiler aufweist. In I6 steht eine 0, da die Zahl 23 keinen Teiler besitzt und die Summe aus B6:E6 demnach 0 ist. Die Position der 0 in der eindimensionalen Ergebnismatrix I3:I7 zu finden, ist jetzt nur noch ein Klacks. Die tabellarische Darstellung kann natürlich auch in einer Formel eingefangen werden:

```
{=MIN(WENN(MMULT((REST(Zahlen;MTRANS(Teiler))=0)*1;WENN(Teiler;1))=0;Zahlen))}
```

mit

Zahlen: `=ZEILE(INDIREKT(Ausgangszahl+1&":"&Ausgangszahl+Reichweite))` und

Teiler: `=ZEILE(INDIREKT("2:"&AUFRUNDEN((Ausgangszahl+Reichweite)^0,5;0)))`

In unserem konkreten Beispiel mit *Ausgangszahl* = 19 und *Reichweite* = 5 gilt:

```
{=MIN(WENN(MMULT((REST({20;21;22;23;24};{2.3.4.5})=0)*1;{1;1;1;1})=0;
{20;21;22;23;24})))}
{=MIN(WENN({3;1;1;0;3}=0;{20;21;22;23;24}))}
= 23
```

`REST(Zahlen;MTRANS(Teiler))=0)*1` erzeugt die *Matrix1*, die die Teiler der Zahlen angibt. `WENN(Teiler;1)` erzeugt *Matrix2*, die einspaltige Matrix, die nur Einsen enthält, denn für jeden Teiler `{2;3;4;5}` greift in dieser WENN-Formel der *Dann_Wert* und macht aus der 1 ein `{1;1;1;1}`.

Abschließend kann festgehalten werden, dass mit MMULT zwei Dimensionen einer Matrix stufenweise berechnet werden können. Im ersten Schritt wird aus der zweidimensionalen Matrix eine eindimensionale Matrix. Im zweiten Schritt wird die resultierende Matrix einer anderen Berechnung unterzogen. Und weil das so schön ist, demonstrieren wir diese Technik noch an einigen anderen Beispielen.

11.4 Die größten Teiler und das kleinste Vielfache

Da wir gern teilen, unter anderem auch Zahlen, kommen wir noch einmal zurück auf dieses Thema, insbesondere auf gemeinsame Teiler verschiedener Zahlen. Zur Berechnung des größten gemeinsamen Teilers gibt es die Add-in-Funktion GGT. Aber da wir auf der einen Seite Add-in-Funktionen möglichst vermeiden wollen und auf der anderen Seite gern hinter die Kulissen schauen und Logiken verstehen wollen, versuchen wir nun, GGT »zu Fuß« zu berechnen.

Wie wir bereits wissen, ermittelt man die Teiler einer Zahl mit

```
=REST(A1;ZEILE(INDIREKT("1:"&GANZZAHL(A1/2))))=0
```

Für alle Teiler ohne Rest gibt diese Formel WAHR zurück. Der größte gemeinsame Teiler zweier Zahlen ist der größte Teiler, bei dem obige Formel für beide Zahlen den Wert 0 zurückgibt. Steht die zweite Zahl in B1, dann lautet die Bedingung:

`=REST(A1;Teiler) + REST(B1;Teiler) = 0` mit
Teiler: = `ZEILE(INDIREKT("1:"&GANZZAHL($A$1/2)))`

Die Zahl in A1 ist immer die kleinere Zahl. Deshalb werden die potenziellen Teiler von B1 auch nur bis A1/2 geprüft, denn der GGT kann höchstens die Hälfte der kleineren Zahl betragen. Darüber hinaus gibt es nur den einen Sonderfall, dass A1 selbst Teiler von B1 ist, was vorab geprüft wird:

```
{=WENN(REST(B1;A1)=0;A1;MAX(WENN(REST(B1;Teiler)+REST(A1;Teiler)=0;Teiler)))}
```

Beispiel:

`A1:=16` und `B1:=24`
`Teiler-Rest-A1: = {0;0;1;0;1;4;2;0}`

```
Teiler-Rest-B1: = {0;0;0;0;4;0;3;0}
GGT=MAX(WENN({0;0;1;0;5;4;5;0}=0;{1;2;3;4;5;6;7;8}))=8
```

Wegen der Zeilenbegrenzung darf die kleinere Zahl nicht größer als 2.097.152 sein. Die Add-in-Funktion GGT kann den größten gemeinsamen Teiler von beliebig vielen Zahlen berechnen. Mit unserer Alternativlösung würde das auch gehen – dann müsste man aber einen riesigen Rattenschwanz erzeugen:

```
=(REST(A1;Teiler)+ REST(B1;Teiler)+ ... + REST(X1;Teiler) + ... ) = 0
```

Mit der gezeigten MMULT-Technik können Sie die einzelnen Zahlen »en bloc« ansprechen: Für fünf Zahlen, die in A1:E1 stehen, ermittelt sich der GGT beispielsweise aus

```
{=MAX(WENN(MMULT(REST(A1:E1;Teiler);{1;1;1;1;1})=0;Teiler))}
```

Auch hier muss die kleinste Zahl in A1 stehen. Die Anordnung der Zahlen B1:E1 spielt keine Rolle. Wenn A1 selbst Teiler aller Zahlen von B1:E1 ist, ist A1 selbst der GGT.

```
{=WENN(UND(REST(B1:E1;A1)=0);A1;...}
```

Bis Excel 2003 konnte eine Dimension einer Matrix nur 5.461 Elemente enthalten. Die kleinste Zahl durfte zur Berechnung des GGT mit MMULT also nicht größer als 5.461*2 = 10.922 sein. Die Größe der anderen Zahlen spielte dann keine Rolle.

11.4.1 KGV

Das Gegenstück zum größten gemeinsamen Teiler mehrerer Zahlen ist das kleinste gemeinsame Vielfache. Auch dafür gibt es eine Add-in-Funktion mit dem nahe liegenden Namen KGV. Das KGV der Zahlen 8 und 14 ist beispielsweise 56 (Abb. 11.7).

	A	B	C
1	**8**	**14**	**Faktor**
2	16	18	2
3	24	42	3
4	32	**56**	4
5	40	70	5
6	48	84	6
7	**56**	98	7
8	64	112	8
9	72	126	9
10	80	140	10
11	88	154	11
12	96	168	12

Abbildung 11.7: Vielfache der Zahlen 8 und 14

Aus jeder Zahl wird eine Folge ihrer Vielfachen gebildet und das Vielfache, das zuerst bei beiden Zahlen vorkommt, ist ihr KGV. Die Formel

```
{=8*MIN(WENN(ISTZAHL(VERGLEICH(8*Faktor;14*Faktor;0));Faktor))}
{=8*MIN(WENN(ISTZAHL({#NV.#NV.#NV.#NV.#NV.#NV.4.#NV});{1.2.3.4.5.6.7.8}))}= 8*7
= 56
```

mit

Faktor:={1.2.3.4.5.6.7.8}

offenbart es. Im ersten Argument von VERGLEICH werden alle Vielfachen der 8 als Suchkriterium eingestellt. Die zu durchsuchende Matrix enthält die Vielfachen von 14. Nur bei 8*7 liefert VERGLEICH eine Zahl, nämlich 4 (14*4=56), ansonsten #NV!. Das siebte Suchkriterium liefert also einen Treffer und dies ist auch das Resultat der MIN-Funktion, die dann nur noch mit 8 multipliziert werden muss. Die Matrix *Faktor* beginnt im Übrigen nur deshalb bei 1, damit auch das KGV von zwei identischen Zahlen korrekt ermittelt werden kann (auch wenn es eher sinnfrei ist).

Man kann noch ein bisschen geschickter vorgehen, indem man die Vielfachen der größeren Zahl in der Funktion REST als Zahl einsetzt und prüft, ob die kleinere Zahl 8 ein Teiler dieser Vielfachen ist.

```
{=14*MIN(WENN(REST(14*Faktor;8)=0;Faktor))}
{=14*MIN(WENN(REST({14.28.42.56.70.84.98.112};8)=0;{1.2.3.4.5.6.7.8}))}
```

Das liefert dann ebenso 56.

Die Anzahl der Elemente in *Faktor* entspricht der Höhe der kleineren Zahl (hier 8), da das KGV höchstens das Produkt der beiden Zahlen (14*8=112) sein muss, falls nicht schon ein kleineres KGV gefunden wird. Das Array 14*{1.2.3.4.5.6.7.8} muss folglich das KGV enthalten. Das KGV von mehreren Zahlen lässt sich ebenfalls mit MMULT berechnen. Die Zahlen stehen in A1:E1, wobei in A1 die größte Zahl steht. Das KGV ergibt sich aus:

```
{=A1*MIN(WENN(MMULT((REST(A1*(ZEILE(1:100000));A1:E1)>0)*1;{1;1;1;1;1})=0;
ZEILE(1:100000)))}
```

MMULT verträgt keine Leerzellen oder null. Soll mit dieser Formel z. B. nur das KGV von A1 bis D1 berechnet werden, darf E1 nicht gelöscht werden – da gehört dann eine 1 rein.

11.5 Exkurs MMULT: Welche Spalte ist sortiert?

Diese Frage passt zwar eigentlich nicht in den Bereich der Zahlentheorie, ist aber noch ein sehr anschauliches Beispiel zur zweistufigen Berechnung zweidimensionaler Arrays mithilfe von MMULT. Sie haben die Wertetabelle in Abb. 11.8 und wollen prüfen, ob eine bestimmte Spalte sortiert ist oder nicht.

B12 | {=UND(B2:B11>=B1:B10)}

	A	B	C	D	E	F
1						
2		24	6	12	97	96
3		2	18	47	9	24
4		19	25	28	47	44
5		49	36	31	17	26
6		48	40	25	90	84
7		33	44	44	66	71
8		28	51	7	5	92
9		12	51	1	17	7
10		51	69	19	0	5
11		89	89	50	17	28
12	sortiert:	FALSCH	WAHR	FALSCH	FALSCH	FALSCH
13						

Abbildung 11.8: Prüfung, ob Spalten sortiert sind

Die Arrayformel in B12 prüft, ob eine Zelle immer größer/gleich ist als ihr Nachbar darüber. Gilt das für alle Zellen im Bereich B2:B11, ist die Spalte per Definition aufsteigend sortiert und die Formel liefert WAHR. Diese Formel prüft, ob eine Spalte sortiert ist oder nicht. Schwieriger ist die Fragestellung, **welche** der Spalten des Bereichs sortiert sind, und das Ganze weiterhin mit nur einer Formel. Dies ist ein Fall für MMULT (Abb. 11.9):

P3 | {=MMULT(MTRANS(H3:L11);N3:N11)}

	A	B	C	D	E	F	G	H	I	J	K	L	M	N	O	P
1																
2		24	6	12	97	96				Matrix1				Matrix2		
3		2	18	47	9	24		0	1	1	0	0		1		4
4		19	25	28	47	44		1	2	0	1	1		1		9
5		49	36	31	17	26		1	1	1	0	0		1		5
6		48	40	25	90	84		0	1	0	1	1		1		4
7		33	44	44	66	71		0	1	1	0	0		1		4
8		28	51	7	5	92		0	1	0	0	1		1		
9		12	51	1	17	7		0	1	0	1	0		1		
10		51	69	19	0	5		1	1	1	0	0		1		
11		89	89	50	17	28		1	1	1	1	1		1		
12																

Abbildung 11.9: Prüfung mit MMULT, ob Zahlen sortiert sind

Im Bereich H3:L11 (*Matrix1*) wird geprüft, ob die Werte in B3:F11 größer/gleich als ihre Nachbarn darüber sind (1 = ja; 0 = nein).

`H3:= (B3>=B2)*1` (kopieren bis L11)

Eine Spalte gilt dann als sortiert, wenn alle Werte in *Matrix1* den Wert 1 enthalten, was in Spalte I unschwer zu erkennen ist. Rechnerisch ist die Bedingung erfüllt, wenn die Spaltensumme 9 beträgt. Die Berechnung der Spaltensumme ist die erste Stufe, die mithilfe der MMULT-Funktion in P3:P7 erfolgt:

```
{=MMULT(MTRANS(H3:L11);N3:N11)}
```

Bei den Primzahlen und Teilern haben wir mit MMULT *Matrix1* zeilenweise summiert. Hier wollen wir die Spalten summieren. Deshalb wird *Matrix1* transponiert. Die *Matrix2* muss ja so viele Zeilen haben, wie *Matrix1* Spalten hat. Da *Matrix1* zuvor transponiert wurde, sind dies neun Zeilen und nicht fünf. In der resultierenden Matrix muss dann in der zweiten Stufe nur noch die Position der 9 gefunden werden. Die entsprechende Formel ohne die ganzen Hilfsspalten lautet:

```
{=MIN(WENN(MMULT(MTRANS((B3:F11>B2:F10)*1);WENN(ZEILE(1:9);1))=9;ZEILE(1:5)))}
Ergebnis: 2
```

Die 2 besagt, dass die zweite Spalte des Bereichs sortiert ist. Wären mehrere sortierte Spalten vorhanden und Sie wollten alle ermitteln, dann müssten Sie die MIN-Funktion durch `KKLEINSTE(Matrix;k)` ersetzen. Mit steigendem k gelangen Sie dann zu allen Treffern.

11.6 Quersummen

Aus der Mathematik ist uns der Begriff Quersumme bestens bekannt. Als Quersumme bezeichnet man das Ergebnis der Addition aller Ziffern einer Zahl. Das klingt zunächst wenig spektakulär, jedoch liefert die Quersumme wertvolle Hilfe im Bereich der sogenannten Teilbarkeitsregeln. Die Frage, ob die Zahl 255.636 durch 9 teilbar ist, lässt sich mithilfe der Quersumme im Handumdrehen beantworten, denn solange die Quersumme der Zahl durch 9 teilbar ist, gilt dies auch für die Zahl selbst. 2+5+5+6+3+6=27 – und 27/9=3. Dieselbe Regel gilt für die Teilbarkeit durch 3. Und auch eine Teilbarkeit durch 6 lässt sich mit der Quersumme ermitteln, solange die Zahl gerade ist (das ist natürlich für die Teilbarkeit durch 6 eine Grundvoraussetzung) und die Quersumme durch 3 teilbar ist. Demnach ist die Zahl 255.636 ebenfalls durch 6 teilbar.

Verwunderlich ist allerdings, dass die Excel-Programmierer seinerzeit offensichtlich vergessen haben, eine derartige Funktion in den Funktionskatalog mit aufzunehmen. Dabei ist ihre Programmierung doch derart simpel, dass – zumindest für Ganzzahlen – selbst der ungeübte VBA-Anwender schnell auf folgende eigene Funktion (UDF) kommt:

```
Function Quersumme(Zahl As String) As Long

Dim l As Long
For l = 1 To Len(Zahl)
    Quersumme = Quersumme + Clng(Mid(Zahl, l, 1))
Next l
End Function
```

Aber wie wir noch sehen werden, ist auch die Umsetzung ohne VBA problemlos möglich. Dass wir den Quersummen einen eigenen Abschnitt widmen, hat mit einer Ausweitung der Aufgabenstellung zu tun.

Wir untersuchen jetzt vier aufeinander aufbauende Aufgaben:

- Ermittlung der Quersumme einer fünfstelligen Zahl
- Ermittlung der Quersumme einer beliebig langen Zahl
- Ermittlung der »Quersumme Spezial« einer fünfstelligen Zahl. Dabei wird jede zweite Ziffer – beginnend bei der ersten – zunächst mit 2 multipliziert, von dem jeweiligen Ergebnis wird wiederum die Quersumme gebildet und in die Gesamtsumme übernommen (die eigentliche Ziffer nicht mehr). Die zweite und vierte Ziffer wird unverändert mit in die Gesamtsumme übernommen.
- Ermittlung der »Quersumme Spezial« für eine beliebig lange Zahl.

Ermittlung der Quersumme einer fünfstelligen Zahl

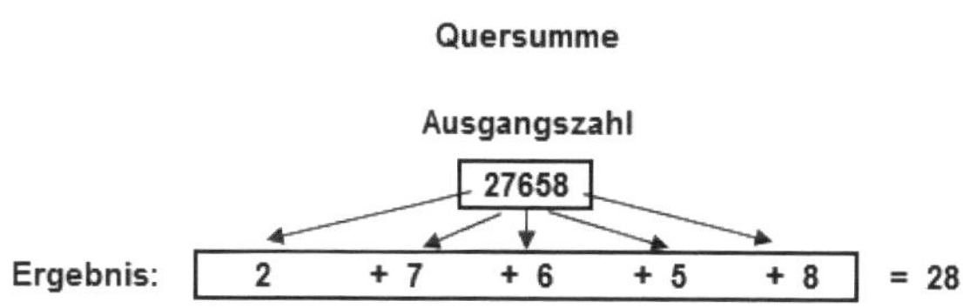

Abbildung 11.10: Schaubild zur Rechenlogik Quersumme

In Zelle D4 – diese hat den Namen *Zahl*– steht die Ausgangszahl (Abb. 11.10), in diesem Beispiel 27.658. Wir wollen die Quersumme dieser Zahl ermitteln: 2+7+6+5+8 = 28.

Die Überlegung ist einfach: Wir müssen die Zahl in ihre fünf Ziffern aufteilen und diese dann summieren. Eine umständliche Lösung könnte mit der Funktion TEIL so aussehen:

```
=TEIL(Zahl;1;1)+TEIL(Zahl;2;1)+TEIL(Zahl;3;1)+TEIL(Zahl;4;1)+TEIL(Zahl;5;1)
```

Sie liefert zweifelsohne das korrekte Ergebnis, wird aber spätestens dann unbrauchbar, wenn die Länge der Ausgangszahl variieren kann (siehe auch Aufgabe 2). Daher stellen wir bereits bei dieser Aufgabe eine andere Überlegung an.

Anstatt die Funktion TEIL mit dem jeweils um 1 erhöhten Parameter *Erstes_Zeichen* fünfmal zu addieren, ersetzen wir diesen Parameter durch eine Matrixkonstante, die aus den Ziffern 1 bis 5 besteht: `{1.2.3.4.5}`.

Eingebaut in die Funktion TEIL sieht das dann so aus:

```
=TEIL(Zahl;{1.2.3.4.5};1) ={"2"."7"."6"."5"."8"}
```

Da die Funktion SUMME bekanntlich nicht willens und in der Lage ist, Texte (als solche liegen die Ziffern in der Ergebnismatrix vor – zu erkennen an den "") innerhalb einer Matrix zu addieren, machen wir Zahlen daraus, indem wir die Matrixelemente mit 1 multiplizieren. Anschließend summieren wir diese Matrix:

```
=SUMME(TEIL(Zahl;{1.2.3.4.5};1)*1) =SUMME({2.7.6.5.8}) =28
```

Et voilà! Aufgabe 1 ist gelöst!

Quersumme einer beliebig langen Zahl

Jetzt ist es aber eher unwahrscheinlich, dass die Länge der Ausgangszahl von vornherein bekannt ist. Sie kann also durchaus variieren. Spätestens hier wird sehr deutlich, warum die reine Addition der Ziffern mit der Funktion TEIL höchst unflexibel ist:

```
=TEIL(Zahl;1;1)+WENN(LÄNGE(Zahl)>1;TEIL(Zahl;2;1))+WENN(LÄNGE(Zahl)>2;TEIL
(Zahl;3;1))+WENN(LÄNGE(Zahl)>3;TEIL(Zahl;4;1))+WENN(LÄNGE(Zahl)>4;TEIL(Zahl;5;
1))+......+WENN(LÄNGE(Zahl)>n;(TEIL(Zahl);n;1)))
```

Es müsste also für jede Ziffer einzeln geprüft werden, ob sie überhaupt vorhanden ist. Und das muss sich bis zur maximalen Länge (n) der Ausgangszahl wiederholen. Ein in der Tat sehr mühseliges Unterfangen.

Da gegenüber Aufgabe 1 die Länge der Ausgangszahl nicht bekannt ist, können wir keine Matrixkonstante wie {1.2.3.4.5} verwenden. Wir müssen sie also dynamisieren und besinnen uns dabei auf die INDIREKT-Variante, indem wir das Zeilenarray von 1 bis LÄNGE(Zahl) erzeugen:

```
=ZEILE(INDIREKT("1:"&LÄNGE(Zahl)))
```

... ergibt für eine zehnstellige Zahl das Array {1;2;3;4;5;6;7;8;9;10}.

Der Rest ist identisch mit der Lösung für eine fünfstellige Zahl. Es wird nur die Matrixkonstante {1.2.3.4.5} durch das dynamische Zeilenarray ausgetauscht:

```
{=SUMME(TEIL(Zahl;ZEILE(INDIREKT("1:"&LÄNGE(Zahl)));1)*1)}
```

Wunderbar! Auch diese Aufgabe ist gelöst.

Und jetzt gehen wir noch einen Schritt weiter. Dieselbe Aufgabe lässt sich auch lösen, ohne die exakte Länge der Ausgangszahl mittels des dynamischen Zeilenarrays zu ermitteln. Das führt aber zunächst einmal zu einem Problem. Die Ausgangszahl ist beispielsweise 3 Ziffern lang, z. B. 582. Eine Matrixkonstante von 1 bis 5 ergibt:

```
=SUMME(TEIL(582;{1.2.3.4.5};1)*1) =SUMME({"5"."8"."2"."".""}*1)
```

Da die nicht vorhandenen Zeichen (4 und 5) in der Ergebnismatrix als Leerstrings dargestellt werden, ist die Multiplikation mit 1 nicht möglich, denn ""*1 ergibt #WERT! und das würde das gesamte Ergebnis verhageln:

```
=SUMME({5.8.2.#WERT!.#WERT!}) =#WERT!
```

Wie kann man jetzt verhindern, dass am Ende die zwei Leerstrings entstehen? Hier bedienen wir uns eines kleinen, aber äußerst wirkungsvollen Tricks. Wir fügen in unserer Ursprungsformel ein *0&* sowie ein weiteres Klammerpaar ein, das dafür sorgt, dass die Verkettung vor der Multiplikation stattfindet.

```
=SUMME((0&TEIL(582;{1.2.3.4.5};1))*1)
```

Daraus folgt:

```
=SUMME((0&{"5"."8"."2"."".""})*1) =SUMME(({"05"."08"."02"."0"."0"})*1)
```

Es wird also jedem Matrixelement eine Null vorangestellt. Die weitere Auswertung ergibt:

```
=SUMME({5.8.2.0.0}) = 15
```

Und siehe da: Die Fehlerwerte sind verschwunden. Die Formel liefert das gewünschte Ergebnis. Der kleine Trick mit der vorangestellten Null hat also verhindert, dass in der Matrix Leerstrings entstehen, beeinflusst das Ergebnis mathematisch aber in keiner Weise, da eine Addition von null nicht ergebniswirksam ist.

Statt der hier testweise verwendeten Matrixkonstanten `{1.2.3.4.5}` lässt sich auch der Ausdruck `SPALTE(1:1)` einsetzen, sodass unser Endprodukt so aussieht:

```
{=SUMME((0&TEIL(Zahl;SPALTE(1:1);1))*1)}
```

Natürlich könnten Sie auch `ZEILE(1:20)` oder `ZEILE(1:100000)` einsetzen, aber dabei ist zu bedenken, dass jedes einzelne Element von ZEILE() innerhalb der Formel »abgearbeitet« wird – bei `ZEILE(1:100000)` sind dies also 100.000 Berechnungen. Hat die Ausgangszahl nur drei Ziffern, sind das bereits 99.997 überflüssige Berechnungen, die schnell auf die Performance der Anwendung drücken können. `SPALTE(1:1)` ist da schon weniger verschwenderisch, aber um die beste Performance zu erreichen, greift man wieder auf die Lösung mit INDIREKT zurück, die nur so viele Berechnungen durchführt, wie gerade eben nötig sind, da sich die dynamische Ermittlung des Zeilenarrays exakt an der Länge der Ausgangszahl orientiert.

11.7 Besonders schräge Quersummen

Aus einer fünfstelligen Zahl soll die Quersumme ermittelt werden. Allerdings keine gewöhnliche Quersumme, sondern die »Quersumme Spezial«.

»Quersumme Spezial«, erster Teil

Zunächst soll jede zweite Ziffer – beginnend mit der ersten von links – mit 2 multipliziert werden. Aus dem Ergebnis dieser Multiplikation wird die Quersumme berechnet, die dann – statt der Ziffer selbst – mit in die Gesamtsumme einfließt.

Zum besseren Verständnis die Visualisierung in Abb. 11.11:

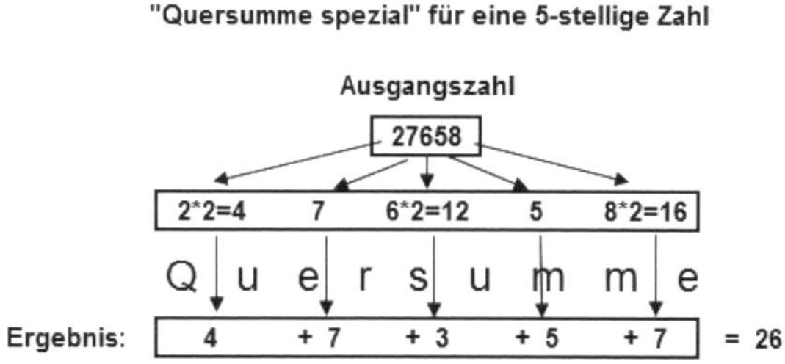

Abbildung 11.11: Schaubild zur Rechenlogik »Quersumme Spezial«

In der mit *Zahl* benannten Zelle D4 steht die Ausgangszahl: 27.658.

Auch hier basteln wir zunächst einmal eine herkömmliche Lösung mit den Textfunktionen LINKS, RECHTS und TEIL sowie der Logikfunktion WENN:

```
=LINKS(LINKS(Zahl;1)*2)+WENN(LINKS(Zahl;1)*2>9;RECHTS(LINKS(Zahl;1)*2;1))+TEIL
(Zahl;2;1)+LINKS(TEIL(Zahl;3;1)*2)+WENN(TEIL(Zahl;3;1)*2>9;RECHTS(TEIL(Zahl;3;
1)*2;1))+TEIL(Zahl;4;1)+LINKS(RECHTS(Zahl;1)*2)+WENN(RECHTS(Zahl;1)*2>9;RECHTS
(RECHTS(Zahl;1)*2;1))
```

Hier gilt wiederum: ein mehr als mühseliges Unterfangen. Und gar nicht erst dran zu denken, wenn später (in Aufgabe 4) die Länge der Ausgangszahl nicht von vornherein feststeht, diese also variieren kann.

Zu Beginn müssen wir erst einmal wieder die Ausgangszahl in ihre einzelnen Ziffern zerlegen. Das geschieht wieder mit:

```
=TEIL(Zahl;{1.2.3.4.5};1)*1 ={2.7.6.5.8}
```

Damit ist uns hier aber nicht geholfen, denn es sollen ja die erste, dritte und fünfte Ziffer mit 2 multipliziert werden.

Die Multiplikation mit 1 könnte man auch wie folgt formulieren:

```
=TEIL(Zahl;{1.2.3.4.5};1)*{1.1.1.1.1}
```

Also ändern wir die Einsermatrix entsprechend ab:

```
=TEIL(Zahl;{1.2.3.4.5};1)*{2.1.2.1.2} ={4.7.12.5.16}
```

Alle fünf Ziffern werden abwechselnd mit 2 und 1 multipliziert und es entsteht die neue Matrix {4.7.12.5.16}.

Das ist jetzt fast die halbe Miete, denn wir haben es geschafft, die erste, dritte und fünfte Ziffer mit 2 zu multiplizieren, die zweite und vierte Ziffer hingegen unverändert zu übernehmen. Jetzt kommt Teil 2 der Aufgabe, denn von den einzelnen Zahlen der Matrix {4.7.12.5.16} muss ja nun wieder die Quersumme gebildet werden. Also müssen wir diese auch wieder irgendwie in ihre einzelnen Ziffern zerlegen, sodass unsere Wunschmatrix in etwa so aussieht:

```
{4.7.1.2.5.1.6}
```

Jetzt kommt die zweite Matrixdimension ins Spiel. Wir lesen wieder die einzelnen Matrixelemente mit einer weiteren TEIL-Funktion aus:

```
=TEIL(TEIL(Zahl;{1.2.3.4.5};1)*{2.1.2.1.2}&0;{1;2};1)
```

Wir lesen also mit der zweiten TEIL-Funktion die Ziffern der Matrix {4.7.12.5.16} aus, die wir mit der ersten TEIL-Funktion erzeugt haben. Die Verkettung mit &0 ist deshalb wieder notwendig, damit jedes Matrixelement mindestens aus zwei Zeichen besteht, um Berechnungen mit Leerstrings "" zu vermeiden.

Setzen wir die Ergebnismatrix der ersten TEIL-Funktion in die Formel ein, erhalten wir:

```
=TEIL({4.7.12.5.16}&0;{1;2};1)
```

Jetzt werten wir noch die Verkettung mit &0 zusätzlich aus und erhalten folgende Matrix:

```
=TEIL({"40"."70"."120"."50"."160"};{1;2};1)
```

Durch die Verkettung mit &0 werden die Matrixelemente zunächst wieder in Texte umgewandelt, zu erkennen an den Anführungszeichen "". Die zweite Teilfunktion liest jetzt einzeln die ersten beiden Zeichen {1;2} der horizontalen Matrix {"40"."70"."120"."50"."160"} aus. Und damit sie das auch korrekt erledigen kann, muss diese Matrix {1;2} vertikal – also in der anderen Dimension – vorliegen, mit dem Semikolon als Trennzeichen zwischen den beiden Matrixelementen.

```
=TEIL(TEIL(Zahl;{1.2.3.4.5};1)*{2.1.2.1.2}&0;{1;2};1)
=TEIL({"40"."70"."120"."50"."160"};{1;2};1)
={"4"."7"."1"."5"."1";"0"."0"."2"."0"."6"}
```

Die Ergebnismatrix mit den Textzahlen – im Übrigen inzwischen zweidimensional, zu erkennen an dem Semikolon als Zeilentrenner zwischen 1 und 0 – muss jetzt wieder durch Multiplikation mit 1 in echte Zahlen umgewandelt werden, um sie anschließend mit SUMME summieren zu können:

```
=SUMME(TEIL(TEIL(Zahl;{1.2.3.4.5};1)*{2.1.2.1.2}&0;{1;2};1)*1)
=SUMME({4.7.1.5.1;0.0.2.0.6}) =26
```

Très bien! Wir erhalten unser gesuchtes Ergebnis 26!

»Quersumme Spezial«, zweiter Teil

Im allerletzten Schritt wollen wir die gleiche Aufgabe, diesmal aber für beliebig lange Zahlen, lösen. Gegenüber der vorigen Aufgabe ergeben sich lediglich zwei Änderungen. Die Matrixkonstante {1.2.3.4.5} ersetzen wir zunächst durch SPALTE(1:1). Das kennen wir bereits von der normalen Quersummenformel. Allerdings haben wir keine Lust, das Array {2.1.2.1.2} manuell auf ebenfalls 16.384 Elemente mit – im Wechsel – 8.192 Zweien und 8.192 Einsen auszuweiten. Also überlassen wir die Erzeugung dieses Arrays den Fähigkeiten von Excel. Und da kommt uns die Funktion REST wieder einmal wie gerufen, denn mit dem Divisor 2 liefern aufsteigende Zahlen immer abwechselnd den Rest 1 und 0. Wenn wir jetzt noch 1 addieren, dann haben wir unsere Matrix aus Zweien und Einsen:

```
=1+REST(SPALTE(1:1);2) ={2.1.2.1.2.1.2.1.2.1.2.1.2.1.2.1........2.1.2.1}
```

Die Endformel aus der vorigen Aufgabe lautete:

```
=SUMME(TEIL(TEIL(Zahl;{1.2.3.4.5};1)*{2.1.2.1.2}&0;{1;2};1)*1)
```

Jetzt bauen wir die *Änderungen* ein und erhalten:

```
{=SUMME(TEIL((0&TEIL(Zahl;SPALTE(1:1);1))*(1+REST(SPALTE(1:1);2))&0;{1;2};1)*1)}
```

Das funktioniert jetzt für maximal 16.384 Ziffern. Eine Ausweitung auf 1.048.576 ist auch noch drin, wenn man die Matrixdimensionen tauscht, für SPALTE(1:1) also ZEILE(A:A) einsetzt und die Matrix {1;2} in {1.2} dreht:

```
{=SUMME(TEIL((0&TEIL(Zahl;ZEILE(A:A);1))*(1+REST(ZEILE(A:A);2))&0;{1.2};1)*1)}
```

Aber da diese Variante extrem ressourcenfressend ist, raten wir dringend davon ab!

Kapitel 12

Zahlensysteme

Eine der klassischen Disziplinen im sportlich ambitionierten Programmierer-Mehrkampf ist das Umrechnen von Zahlensystemen. Excel bietet Add-in-Funktionen zur Umwandlung von Dezimalzahlen in das Binärsystem, das Oktalsystem, das Hexadezimalsystem und wieder zurück. Die Funktionen haben die sprechenden Namen DEZINBIN, DEZINOKT, DEZINHEX, HEXINDEZ, OKTINDEZ, BININDEZ.

Als Zahlenbastler gibt man sich damit natürlich nicht zufrieden, vor allem weil diese Add-in-Funktionen teilweise rabiaten Größenbeschränkungen unterliegen. Hexadezimalzahlen können nur bis 2^39-1 umgewandelt werden, Oktalzahlen bis 2^29-1 und Binärzahlen gerade mal bis 2^9-1.

Wetten, dass Sie mit einer Handvoll Standardfunktionen ebenso Zahlensysteme umwandeln können, und zwar besser, höher und weiter? Die Logik, die hinter der Umwandlung steht, tut überhaupt nicht weh.

12.1 Von der Dezimalzahl zu den Bits und zurück

Betrachten wir die Binärzahlen von 0 bis 7.

000
001
010
011
100
101
110
111

Wenn wir den Fokus nicht auf die Binärzahlen je Zeile legen, sondern die Ziffern spaltenweise von rechts nach links betrachten, erhalten wir die drei Zahlenfolgen:

- {0;1;0;1;0;1;0;1}
- {0;0;1;1;0;0;1;1}
- {0;0;0;0;1;1;1;1}

Diese Folgen gehorchen einer simplen Gesetzmäßigkeit, die Ziffern 0 und 1 wiederholen sich periodisch. Der Wechsel von 0 auf 1 erfolgt in der ersten Folge bei jeder Ziffer, bei der zweiten Folge findet bei der zweiten Ziffer ein Wechsel statt. Bei der dritten Folge wird nach vier Ziffern gewechselt und allgemein wird bei der n-ten Folge alle $2^{(n-1)}$-ten Ziffern von 0 auf 1 oder umgekehrt gewechselt. Die n-te Folge bestimmt, ob die Binärzahl an der n-ten Stelle von rechts eine 1 oder eine 0 enthält.

Wie lassen sich diese Folgen mit Excel-Formeln berechnen? Sich periodisch wiederholende Zahlenfolgen erzeugt man am besten mit der Funktion REST. Schreiben Sie in irgendeine Spalte der ersten Zeile

```
=REST(ZEILE();2)
```

und kopieren Sie die Formel nach unten, erhalten Sie schon die erste Zahlenfolge der Binärzahl, allerdings beginnend bei 1, nicht bei 0. Das leuchtet ein, denn jede ungerade Dezimalzahl beginnt im Binärsystem von rechts mit einer 1. Um die zweite Zahlenfolge zu erhalten, müssen wir die Periodenlänge verdoppeln, also teilen wir `ZEILE()` durch 2.

```
=REST(ZEILE()/2;2)
```

Nach unten kopiert ergibt sich die Folge

```
{0,5 ; 1 ; 1,5 ; 0 ; 0,5 ; 1 ; 1,5},
```

von der uns allerdings nur der ganzzahlige Teil interessiert. Deshalb machen wir daraus

```
=KÜRZEN(REST(ZEILE()/2;2))
```

mit dem Resultat:

```
{0;1;1;0;0;1;1}
```

Auch hier haben wir die erste 0 für die Umwandlung der Dezimalzahl 0 unterschlagen. Die dritte Folge erhalten wir mit:

```
=KÜRZEN(REST(ZEILE()/4;2))
```

Diese Excel-Formel können wir natürlich auch in allgemeiner Form schreiben, die n-te Folge beginnt in der ersten Zeile mit der Formel:

```
=KÜRZEN(REST(ZEILE()/2^(n-1);2))
```

Mit dieser Formel können wir also die Aussage treffen, ob eine in das binäre System umgewandelte Dezimalzahl an der n-ten Stelle (von rechts) eine 1 enthält oder nicht. In der Computerwelt von Bits und Bytes bezeichnet man diese Prüfung auch als »Bit-Test«. Führt man diesen Bit-Test für jede Stelle der Binärzahl durch und verkettet die Ergebnisse, erhält man die komplette Binärzahl. Wir fassen das Gelernte in der folgenden Tabelle zusammen (Abb. 12.1):

C2 | fx =KÜRZEN(REST($A2/2^C$1;2))

	A	B	C	D	E	F	G	H	I	J
1	DEZ		4	3	2	1	0		BIN	
2	0		0	0	0	0	0		00000	
3	1		0	0	0	0	1		00001	
4	2		0	0	0	1	0		00010	
5	3		0	0	0	1	1		00011	
6	4		0	0	1	0	0		00100	
7	5		0	0	1	0	1		00101	
8	6		0	0	1	1	0		00110	
9	7		0	0	1	1	1		00111	
10	8		0	1	0	0	0		01000	
11	9		0	1	0	0	1		01001	
12	10		0	1	0	1	0		01010	

Abbildung 12.1: Umrechnungstabelle Dezimalzahl => Binärzahl

Ab A2 werden alle Dezimalzahlen aufgelistet. In C1:G1 stehen die Zweierpotenzen der n-ten Folge (n-1). Die erste Folge in Spalte G wird also mit `G1=0` potenziert. Die zweite Folge in Spalte F mit `F1=1` etc. In C2:G12 werden die Bit-Tests durchgeführt:

`C2: =KÜRZEN(REST($A2/2^C$1;2))` (kopiert bis G12)

Durch Verkettung werden schließlich in Spalte I die Binärzahlen erzeugt:

```
I2: =C2&D2&E2&F2&G2
```

Die führenden Nullen denken wir uns weg, beim Verstehen der Logik stören sie überhaupt nicht. Wenn die Dezimalzahlen größer werden, reichen die fünf Spalten von C:G natürlich nicht mehr aus und müssen erweitert werden.

Von den Bits zurück zu den Dezimalzahlen

Der Rückweg ist schnell erzählt. Jede Dezimalzahl lässt sich als Summe von Zweierpotenzen darstellen. Welche Zweierpotenz jeweils addiert werden muss, zeigt die Binärzahl. Die Binärzahl 1010 wird durch die Berechnung

```
=2^(1-1)*0+2^(2-1)*1+2^(3-1)*0+2^(4-1)*1
```

in die Dezimalzahl 10 umgerechnet. Jetzt brauchen wir die Binärzahl in den nachfolgenden Spalten K:O nur wieder in ihre Einzelziffern aufzuteilen und jedes Bit mit der entsprechenden Zweierpotenz zu multiplizieren (Abb. 12.2).

	I	J	K	L	M	N	O	P	Q
1	BIN		4	3	2	1	0		DEZ
2	00000		0	0	0	0	0		0
3	00001		0	0	0	0	1		1
4	00010		0	0	0	2	0		2
5	00011		0	0	0	2	1		3
6	00100		0	0	4	0	0		4
7	00101		0	0	4	0	1		5
8	00110		0	0	4	2	0		6
9	00111		0	0	4	2	1		7
10	01000		0	8	0	0	0		8
11	01001		0	8	0	0	1		9
12	01010		0	8	0	2	0		10

Abbildung 12.2: Umrechnungstabelle Binärzahl => Dezimalzahl

`K2: =LINKS(RECHTS($I2;K$1+1);1)*2^K$1` (kopiert bis O12)

`Q2: =SUMME(K2:O2)` (kopiert bis Q12)

12.2 Umwandlung beliebiger Zahlensysteme

Die Formel des Bittests lässt sich nicht nur auf das Binärsystem anwenden, sondern auch auf beliebige andere Zahlensysteme. Wenn *Sys* der Platzhalter für das Zahlensystem ist, dann lautet die Formel allgemein:

```
=KÜRZEN(REST(Zahl/Sys^(n-1);Sys))
```

Das gilt zumindest für alle Systeme, die kleiner sind als das Dezimalsystem. Wir testen dies nun beispielsweise am Oktalsystem mit *Sys* = 8. Gleichzeitig gehen wir einen Schritt weiter und verzichten auf die tabellarische Darstellung der Spalte C:G. Die Oktalzahl kann nämlich direkt mit einer einzigen Arrayformel ermittelt werden, indem alle 8er-Potenzen auf einmal potenziert werden. Bei der Dezimalzahl 249 ergibt dann

```
{=KÜRZEN(REST(249/Sys^({5;4;3;2;1}-1);Sys))}
```

das Array

```
{0;0;3;7;1}
```

Würde man die Elemente des Arrays verketten, ergäbe dies die richtige Oktalzahl 173. In Excel hat man aber leider nicht diese komfortable Möglichkeit wie in VBA mit der JOIN-Funktion. Mit einem kleinen Rechentrick ist es aber dennoch möglich, denn man kann die Elemente mit Zehnerpotenzen multiplizieren und dann summieren, was quasi einem Verketten gleichkommt.

```
{=SUMME(KÜRZEN(REST(249/Sys^({5;4;3;2;1}-1);Sys))*10^{4;3;2;1;0})}
=SUMME({0;0;3;7;1}*{10000;1000;100;10;1})
=371
```

Auch die Umwandlung von der Oktalzahl zur Dezimalzahl funktioniert mit einer Arrayformel, die Achterpotenzen können auf einmal berechnet werden. Zunächst wird die Oktalzahl in ihre Einzelziffern zerlegt:

```
=TEIL(371;{1;2;3};1) = {3;7;1}
```

Dann werden die einzelnen Elemente mit der passenden Achterpotenz multipliziert:

```
=TEIL(371;{1;2;3};1)*8^({3;2;1}-1) = {192;56;1}
```

Und zum Schluss summiert:

```
=SUMME(TEIL(371;{1;2;3};1)*8^({3;2;1}-1)) = 249
```

Die Länge der Arrays `{1.2.3}` bzw. `{3.2.1}` hängt natürlich von der Länge der umzuwandelnden Zahl ab und kann mit

```
=ZEILE(INDIREKT("1:"&LÄNGE(371)))
```

dynamisiert werden.

Es ist auch denkbar, Zahlensysteme zu kreieren, die keine Ziffern, sondern Buchstaben enthalten. Im Oktalsystem kämen beispielsweise nicht die Ziffern von 0 bis 7, sondern die Buchstaben von A bis G vor. Die Bit-Testformel würde man dann wie folgt erweitern:

```
{=ZEICHEN(KÜRZEN(REST(249/8^({3.2.1}-1);8))+64)}
```

oder auch

```
{=WAHL(KÜRZEN(REST(249/8^({3.2.1}-1);8));"A";"B";"C";"D";"E";"F";"G")}
```

Aus beiden Alternativen resultiert das Array

```
={"C"."G"."A"}(C=3, G=7, A=1)
```

Das einzige Problem ist, dass nun der schöne Verkettungstrick mit den Zehnerpotenzen nicht funktioniert, denn das funktioniert natürlich nur mit Ziffern und nicht mit Buchstaben. Um die Oktalzahl »CGA« zu erhalten, bleibt uns nichts anderes übrig, als die Formel für jede Stelle der Zahl separat zu ermitteln und die Resultate danach mit & zu verketten. Statt `({3.2.1}-1)` auf einmal, müssen Sie dann ^2, ^1 und ^0 in drei separaten Formeln berechnen.

Bei der Umkehrrechnung (Oktalzahl in Dezimalzahl) stellt sich dieses Problem nicht, dies funktioniert mit Buchstaben genauso schön, entweder

```
={SUMME((CODE(TEIL("CGA";{1;2;3};1))-64)*8^({3;2;1}-1))}=249
```

oder

```
{=SUMME(VERGLEICH(TEIL("CGA";{1;2;3};1);{"A";"B";"C";"D";"E";"F";"G"};0)
*8^({3;2;1}-1))} = 249
```

Beide Varianten, sowohl CODE als auch VERGLEICH in Kombination mit TEIL, wandeln die Buchstaben wieder in die Ziffern von 1 bis 8 um und multiplizieren diese dann mit der Achterpotenz.

Warum sollte man Ziffernsysteme mit Buchstaben erzeugen? Dafür kann es drei Gründe geben. Erstens: Sie wollen Zahlen chiffrieren, beispielsweise eine Telefonnummer, die die Ehefrau nicht kennen sollte. Zweitens: aus purem Vergnügen. Und Drittens: Weil Sie ein Zahlensystem verwenden, bei dem Sie mit den Ziffern von 0 bis 9 nicht mehr auskommen, und das ist gar nicht weit hergeholt, denn da fällt uns sofort das Hexadezimalsystem ein, also das 16er-System, bei dem die Ziffern von 0 bis 9 sowie die Buchstaben A, B, C, D, E und F verwendet werden.

Um mit dem 16er-System zu rechnen, benötigen wir ein Array mit den Ziffern

```
={0;1;2;3;4;5;6;7;8;9;"A";"B";"C";"D";"E";"F"},
```

das Sie am besten in einen Namen *Ziffern* packen, um bequemer darauf zugreifen zu können. Dieses Array können Sie außerdem beliebig dynamisieren, indem Sie noch einen Namen *Array* bezogen auf

```
=ZEILE(INDIREKT("1:"&sys))
```

erstellen (*sys* ist die Ordnungszahl des Systems, beim Hexadezimalsystem also 16) und dann dem Namen *Ziffern* alternativ die Formel

```
=WENN(array-1>9;ZEICHEN(array+54);array-1)&""
```

zuordnen. Die allgemein gültige Formel zur Umrechnung einer Zahl eines beliebigen Systems in eine Dezimalzahl lautet dann:

```
{=SUMME((VERGLEICH(TEIL("ABC123";{1;2;3;4;5;6};1);Ziffern;0)-1)
*sys^(6-ZEILE(1:6)))}
```

`= 11.256.099` (bei *sys* = 16)

`6-Zeile(1:6)` verlangt hier eine sechsstellige Zahl. Das lässt sich mit

```
{=LÄNGE(Zahl)-ZEILE(INDIREKT("1:"&LÄNGE(Zahl)))}
```

natürlich auch noch dynamisieren.

Die Umrechnung von der Dezimalzahl in ein beliebiges System kann wegen des Verkettungsproblems nicht in einer Zelle durchgeführt werden, sondern nur tabellarisch (Abb. 12.3).

J2 =INDEX(Ziffern;KÜRZEN(REST($A2/sys^J$1;sys))+1)

	A	B	C	D	E	F	G	H	I	J	K	L	M
1	DEZ		7	6	5	4	3	2	1	0	sys:	16	
2	249		0	0	0	0	0	0	F	9		000000F9	
3	1234		0	0	0	0	0	4	D	2		000004D2	
4	1235		0	0	0	0	0	4	D	3		000004D3	
5	10000		0	0	0	0	2	7	1	0		2710	
6	11000		0	0	0	0	2	A	F	8		00002AF8	
7	123456789		0	7	5	B	C	D	1	5		075BCD15	
8	123456790		0	7	5	B	C	D	1	6		075BCD16	
9	123456791		0	7	5	B	C	D	1	7		075BCD17	
10	123456792		0	7	5	B	C	D	1	8		075BCD18	

Abbildung 12.3: Umrechnungstabelle Dezimalzahl => Hexadezimalzahl

In Spalte A steht die Dezimalzahl. In C:J werden die einzelnen Stellen der Zahl des Zielsystems berechnet, die in Spalte L nur noch mit & verkettet werden.

`C2: =INDEX(Ziffern;KÜRZEN(REST($A2/sys^C$1;sys))+1)` (kopiert bis J10)

KÜRZEN kann hier weggelassen werden, da INDEX sowieso nur den ganzzahligen Teil der Berechnung beachtet. Zelle L1 trägt den Namen *Sys*. Weiterhin gilt:

```
Ziffern=WENN(array-1>9;ZEICHEN(array+54);array-1)&""
Array=ZEILE(INDIREKT("1:"&sys))
```

Bei sehr großen Zahlen kann die Funktion REST an ihre Grenzen stoßen und muss durch GANZZAHL ersetzt werden. Eine Alternative zur Umwandlung einer Dezimalzahl in ein beliebiges anderes Zahlensystem liefert folgende Tabelle in Abb. 12.4.

	A	B	C	D	E
1	**Zahlensystem:**	**35**			
2	**Dezimalzahl:**	**752.449.373.223**	23	N	N
3		21498553520	10	A	AN
4		614244386	21	L	LAN
5		17549839	34	Y	YLAN
6		501423	13	D	DYLAN
7		14326	11	B	BDYLAN
8		409	24	O	OBDYLAN
9		11	22	B	BOBDYLAN
10		0			BOBDYLAN
11		0			**BOBDYLAN**

Abbildung 12.4: Alternative Umrechnungstabelle Dezimalzahl => beliebiges Zahlensystem

```
B3: =GANZZAHL(B2/$B$1)
C2: =WENN(B2=0;"";B2-GANZZAHL(B2/$B$1)*$B$1)
D2: =WENN(C2="";"";WENN(C2>9;ZEICHEN(55+C2);C2))
E2: =D2&E1
```

B3 und C2:E2 werden beliebig nach unten kopiert. Die letzte Zeile der Spalte E enthält dann das Endergebnis.

Ab Excel 2013 gibt es die Funktion BASIS. Damit wird obiges erschlagen durch:

`=BASIS(752449373223;35)` ergibt BOBDYLAN

Und für die Rückrechnung die Funktion DEZIMAL:

`=DEZIMAL("BOBDYLAN";35)` ergibt 752449373223

12.3 Excels hexadezimale Farbpalette

Übrigens verwaltet Excel (nicht nur Excel) seine Farben in Hexadezimalzahlen. So ist beispielsweise CC99FF ein Pseudonym für Hellrosa. Aquamarin wird mit CCCC33 codiert und die Farbe Lavendel nennt sich schlicht FF99CC, wer hätte das gedacht? Das kommt daher, dass Excel (bzw. Windows) mit dem RGB-Farbmodell arbeitet.

Jede Farbe setzt sich aus einer Mischung von Rot-, Grün- und Blautönen zusammen. Jeder dieser drei Töne kann einen Wert von 0 bis 255 annehmen. Das sind genau 16^2 (was für ein Zufall) Töne je Farbe, also insgesamt $16^6 = 16.777.216$ mögliche Farben. Zu sehen ist das beispielsweise im Eigenschaften-Editor von Steuerelementen oder seit Excel 2007 auch bei der Farbformatierung einzelner Zellen (Abb. 12.5).

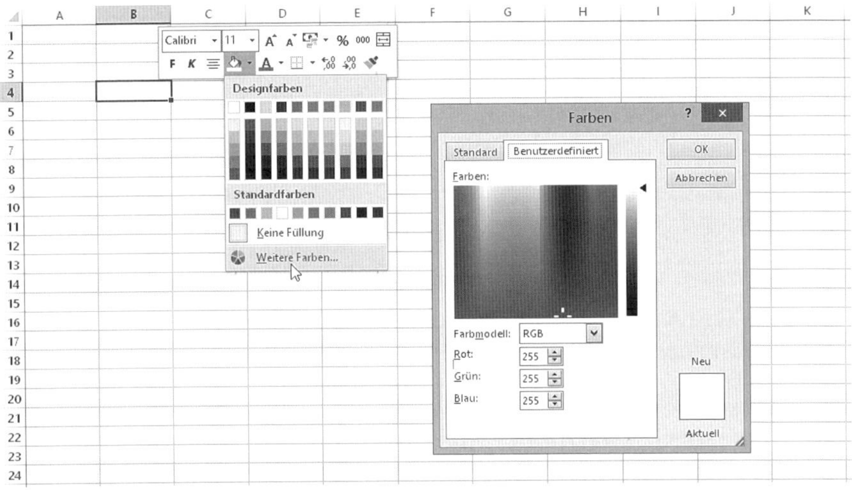

Abbildung 12.5: Dialogfelder für Farbpaletten nach dem RGB-Modell

Man kann auch sagen, das RGB-Modell ist ein 256er-Zahlensystem. Die Farbe Lavendel mit der Hexadezimalzahl FF99CC lautet dezimal

```
=15*16^5+15*16^4+9*16^3+9*16^2+12*16^1+12*16^0 = 16751052
```

was sich in die RGB-Werte umrechnen lässt:

```
Rot: =KÜRZEN(REST(16751052;256))=204
Grün: =KÜRZEN(REST(16751052/256;256)) = 153
Blau: =KÜRZEN(REST(16751052/256^2;256)) = 255
```

Andersherum können Sie natürlich auch aus RGB-Werten eine Hexadezimalzahl ableiten und somit die Farbeinstellungen im Eigenschaftsfenster eines Steuerelements komfortabler konfigurieren (Abb. 12.6):

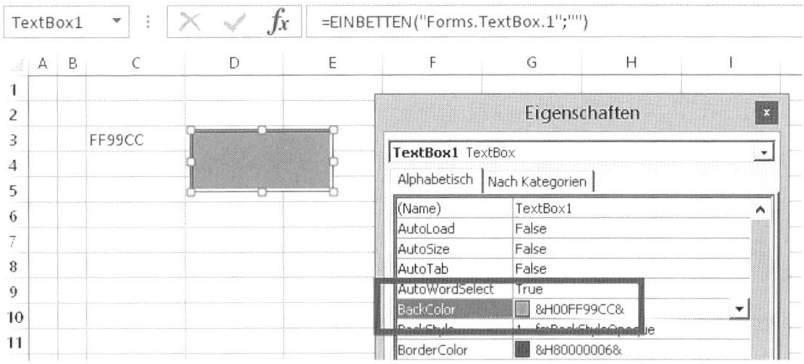

Abbildung 12.6: Textbox-Eigenschaften: BackColor *als Hexadezimalzahl einstellen*

Die richtige Hexadezimalzahl in C3 für Lavendel ergibt sich aus

```
C3: =DEZINHEX(16751052)
```

12.4 Arabisch => Römisch und vice versa

Wenn Sie in einer Excel-Tabelle die Hefte Ihrer Asterix-Sammlung auflisten und durchnummerieren wollen, benötigen Sie eine Funktion zur Zahlensystemumwandlung völlig anderer Art. Die Funktion RÖMISCH sorgt in diesem Fall für das authentische »look and feel«. Schreiben Sie in A1 die Formel

```
=RÖMISCH(ZEILE())
```

und kopieren Sie sie nach unten. Dann erhalten Sie die Liste

```
I;II;III;IV;V;VI;VII;VIII;IX;X;XI;XII;XIII;XIV;XV
```

Das können Sie treiben bis zur Zeile 3999 und der römischen Zahl MMMCMXCIX, danach ist Sense. Mit einer leichten Modifikation kann man die Grenze noch auf 4999 erweitern.

```
=WENN(ABS(4999)>3999;"M"&RÖMISCH(ABS(4999)-1000);RÖMISCH(ABS(4999)))
=MMMMCMXCIX
```

Noch größere römische Zahlen könnte man durch das Wiederholen des Symbols M, das für 1.000 steht, erreichen. M war das größte Zeichen, das die Römer hatten. Im Altertum benutzten die Römer eigentlich andere Sonderzeichen für 1.000 oder noch größere Zahlen. Erst im Mittelalter wurden diese Sonderzeichen durch das M ersetzt. 10.000 war dann MMMMMMMMMM.

Sie können aus einer römischen Zahl die entsprechende arabische Zahl berechnen. Ab Excel 2013 gelingt dies mit der Funktion ARABISCH in der Form

```
=ARABISCH("MMXV")
```

Aber auch in älteren Excel-Versionen lassen sich römische Zahlen in arabische umwandeln. Dazu packen Sie alle verfügbaren Römer von 1 bis 3.999 in ein Array

```
=RÖMISCH(ZEILE(INDIREKT("1:3999")))
```

und suchen mit der Funktion VERGLEICH, an der wievielten Stelle dieses Arrays die gesuchte Zahl gefunden wird.

```
{=VERGLEICH("XI";RÖMISCH(ZEILE(INDIREKT("1:3999")));0)}
=11
```

VERGLEICH liefert die Position des Treffers und das ist gleichzeitig die richtige arabische Zahl.

Wenn wir schon bei Römern und Arabern sind, wollen wir andere Kulturkreise natürlich nicht diskriminieren, hier soll jeder zu seinem Recht kommen. Sie werden staunen, wie sprachbegabt Ihr PC ist, vorausgesetzt, Sie haben eine Excel-Version >= 10 (Excel XP). Ihnen steht dazu die Funktion TEXT zur Verfügung, die Sie mit einem speziellen Zahlenformat kombinieren können (Abb. 12.7):

Land	Code	Format	Ziffern
Westlich	10	[$-10E0407] 0	**1234567890**
Arabisch-Indisch	20	[$-20E0407] 0	١٢٣٤٥٦٧٨٩٠
erweitertes Arabisch-Indisch	30	[$-30E0407] 0	۱۲۳۴۵۶۷۸۹۰
Devanagari	40	[$-40E0407] 0	१२३४५६७८९०
Bengalisch	50	[$-50E0407] 0	১২৩৪৫৬৭৮৯০
Gurmukhi	60	[$-60E0407] 0	੧੨੩੪੫੬੭੮੯੦
Gujarati	70	[$-70E0407] 0	૧૨૩૪૫૬૭૮૯૦
Orija	80	[$-80E0407] 0	୧୨୩୪୫୬୭୮୯୦
Tamilisch	90	[$-90E0407] 0	௧௨௩௪௫௬௭௮௯0
Telugu	A0	[$-A0E0407] 0	౧౨౩౪౫౬౭౮౯౦
Kannada	B0	[$-B0E0407] 0	೧೨೩೪೫೬೭೮೯೦
Malayalarm	C0	[$-C0E0407] 0	൧൨൩൪൫൬൭൮൯൦
Thai	D0	[$-D0E0407] 0	๑๒๓๔๕๖๗๘๙๐
Laotisch	E0	[$-E0E0407] 0	໑໒໓໔໕໖໗໘໙໐
Tibetanisch	F0	[$-F0E0407] 0	༡༢༣༤༥༦༧༨༩༠
Japanisch	1B0	[$-1B0E0407] 0	一二三四五六七八九〇
Chinesisch	1F0	[$-1F0E0407] 0	壹贰叁肆伍陆柒捌玖零
Koreanisch	270	[$-270E0407] 0	일이삼사오육칠팔구영

Abbildung 12.7: Liste der multilingualen Zahlencodes

In Spalte B steht der länderspezifische Code. Das Zahlenformat in Spalte C ergibt sich aus

```
C2: ="[$-"&B2&"E0407] 0".
```

Die Ziffern werden dann mit der Formel

```
D2: =TEXT(1234567890;C2)
```

angezeigt. Natürlich können Sie die Spalten B:D zusammenfassen und erhalten mit

```
=TEXT(1234567890;"[$-1F0E0407] 0")
```

die chinesischen Ziffern der vorgegebenen Zahl.

12.5 Neunhundertneunundneunzigmillionen Zahlwörter

Zahlen in Wörtern sind ein ganz besonderes Zahlensystem – und Gott sei Dank sind wir keine Franzosen.

12.5.1 Deutsche Sprache, schwere Sprache

Es heißt einundvierzig, einundfünfzig, einundsechzig, aber nicht einunddreizig, sondern einunddreißig. Zwischen 11 und 29 sind das nicht Einziger und Zweiziger, sondern Zehner und Zwanziger. Einundeinzig heißt bekanntlich elf und zweiundeinzig bezeichnet man im Allgemeinen als zwölf. O.k., dann geht's aber logisch weiter mit dreizehn, vierzehn, fünfzehn, sechszehn – halt: sechzehn (ohne s) und dann kommt ganz klar siebzehn (statt siebenzehn) – aber dann natürlich wieder achtzehn und neunzehn.

Zwanzig, dreißig, vierzig, fünfzig, sechzig (ohne s), siebzig statt siebenzig, achtzig und neunzig bis neunundneunzig.

Dieses Prinzip wiederholt sich dann bis 999, nur dass eben die Hunderter davorgesetzt werden. Einhundert, zweihundert, dreihundert etc. Wenn wir diese Logik bis 999 draufhaben, ist das bereits mehr als die halbe Miete. Denn darüber hinaus wiederholt sich das Ganze in jeder Tausenderpotenz, nur dass zusätzlich die jeweilige Tausenderpotenz kenntlich gemacht wird.Tausend, Million(en), Milliarde(n), Billion(en) etc. Der Rest bleibt identisch. 123.123.123 heißt in Wörtern:

- einhundertdreiundzwanzigmillionen
- einhundertdreiundzwanzigtausend
- einhundertdreiundzwanzig

Wie leicht zu erkennen ist, bestehen also alle Zahlwörter aus Ziffernblöcken mit drei Stellen. Jeder Block beginnt mit dem Hunderterzahlwort (einhundertdreiundzwanzig) und endet mit der Tausenderpotenz. Das war schon die ganze Theorie, jetzt beginnen wir mit dem Zusammenbau der Zahlwörter.

Als ersten Baustein benötigen wir die Wörter der einstelligen Ziffern. Wir vergeben den Namen *Einer* bezogen auf das Array

```
={"";"ein";"zwei";"drei";"vier";"fünf";"sechs";"sieben";"acht";"neun"}
```

Das Array beginnt mit einem leeren String, denn die Null wird nie ausgesprochen und der Eins fehlt das s, das in der Regel auch nicht ausgesprochen wird.

Als zweiten Baustein benötigen wir die Wörter der Zehnerziffern, die wir in den Namen *Zehner* packen, der sich auf das Array

```
={"";"zehn";"zwanzig";"dreißig";"vierzig";"fünfzig";"sechzig";"siebzig";
"achtzig";"neunzig"}
```

bezieht.

Weiterhin benötigen wir zwei Namen, in denen sämtliche Sonderfälle abgebildet sind. Die Sonderzahlen lauten:

```
{0.1.11.12.16.17}
```

Und die dazugehörigen Wörter lauten:

```
={"";"eins"."elf"."zwölf"."sechzehn"."siebzehn"}
```

Die beiden Arrays erhalten die Namen *SonderZ* und *SonderW*. Jetzt können wir mit dem Tabellenaufbau beginnen (Abb. 12.8):

	A	B	C	D	E	F	G	H	I	J	K	L	M
1													
2	**Stelle:**	9.	8.	7.	6.	5.	4.	3.	2.	1.	**Nachkommastellen**		
3	879.645.312,45	8	7	9	6	4	5	3	1	2	0	4	5
4				achthundert			sechshundert			dreihundert			
5				neun			fünf			zwei			fünf
6				und			und						und
7				siebzig			vierzig			zehn			vierzig
8				achthundertneunundsiebzig			sechshundertfünfundvierzig			dreihundertzwölf			fünfundvierzig
9				millionen			tausend						Komma
10				achthundertneunundsiebzigmillionen			sechshundertfünfundvierzigtausend			dreihundertzwölf			
11													
12	achthundertneunundsiebzigmillionensechshundertfünfundvierzigtausenddreihundertzwölf Komma fünfundvierzig												

Abbildung 12.8: Zahlen in Wörtern – Deutsch

In A3 steht die Zahl. Wir beschränken uns hier auf Zahlen bis 999.999.999. Zunächst müssen die einzelnen Ziffern der Zahl auf die neun benachbarten Zellen B3:M3 aufgeteilt werden. Dazu erinnern wir uns an das bisherige Kapitel, in dem wir mit der »Bit-Testformel«

```
=KÜRZEN(REST(ZEILE()/2^(n-1);2))
```

aus einer Dezimalzahl einzelne Stellen der entsprechenden Binärzahl (Bits) separiert haben. Mit der gleichen Formel können aus einer Dezimalzahl einzelne Ziffern herausgezogen werden. In B2:J2 steht die Position der Ziffer, die berechnet werden soll. (Diese Zellen enthalten Werte, der Punkt wird über das Zahlenformat erzeugt.) Dann schreiben Sie in

```
B3: =KÜRZEN(REST($A$3;10^B2)/10^(B2-1))
```

und kopieren die Formel bis J3, womit Sie die einzelnen Ziffern der Zahl erhalten. Die Formeln, die das Zahlwort des ersten – aus drei Ziffern bestehenden – Blocks berechnen, stehen im Bereich D4:D9.

```
D4: =INDEX(Einer;B3+1)&WENN(B3;"hundert";"")
```

berechnet das Hunderter-Zahlwort, das sich aus der *Einer*-Ziffer und dem Zusatz »Hundert« zusammensetzt.

```
D5: =INDEX(Einer;D3+1)
```

berechnet das Wort der ersten Ziffer von links des Dreierblocks (hier die siebte Stelle).

```
D6: =WENN(UND(C3>1;D3);"und";"")
```

generiert lediglich das »und« zwischen »neun« und »siebzig«.

```
D7: =INDEX(Zehner;C3+1)
```

ermittelt das Zehnerwort.

```
D8: {=D4&WENN(ODER((C3&D3)*1=SonderZ);
VERWEIS((C3&D3)*1;SonderZ;SonderW);D5&D6&D7)}
```

Die ODER-Abfrage prüft, ob die aus rechter und mittlerer Ziffer bestehende Zahl, hier die 79, eine der definierten Sonderzahlen ist. Ist dies der Fall, greift die VERWEIS-Funktion, die der in *SonderZ* gefundenen Sonderzahl das entsprechende Wort aus

SonderW zuordnet. Abschließend wird D4 entweder mit dem Sonderwort oder den Einzelteilen `D5&D6&D7` verkettet.

```
D9: =WENN(D8<>"";WENN(UND(B3=0;C3=0;D3=1);"million";"millionen");"")
```

ergänzt noch die Angabe der Tausenderpotenz, wobei die Ausnahme »eine Million« Berücksichtigung findet. Fertig ist der Ziffernblock der Stellen 9, 8, 7:

»Achthundertneunundsiebzigmillionen«

Der Formelbereich D4:D8 kann jetzt auf die benachbarten Dreierblöcke kopiert werden, nämlich nach G4:G8 und J4:J8. Lediglich die Angabe der Tausenderpotenz aus D9 unterscheidet sich:

```
G9: =WENN(G8<>"";"tausend";"")
```

In J9 entfällt diese Angabe.

Eine kleine Gemeinheit gilt es an dieser Stelle noch auszumerzen: Einstausend müssen wir noch vom *s* befreien und bei Einsmillionen das *s* durch ein *e* ersetzen (das sind die einzig beiden Fälle, in denen die Umwandlung durch unser Array *SonderW* unerwünscht ist).

Dazu formulieren wir in D10:

```
=WENN((RECHTS(D8;4)="eins")*(D9<>"");WECHSELN(D8;"eins";"eine")&D9;D8&D9)
```

Und in G10:

```
=WENN((RECHTS(G8;4)="eins")*(G9<>"");WECHSELN(G8;"eins";"ein")&G9;G8&G9)
```

In J10 setzen wir noch einen Bezug zu J8:

```
J10: =J8
```

Eigentlich sind wir jetzt fertig und könnten die ganzen Formeln zu einem Ausdruck zusammenfassen. Nein: In meinem Leben hab ich schon zahlreiche Schecks über mehrere 100 Millionen Euro ausgestellt und den Betrag ausgeschrieben wiederholen müssen, aber immer waren Cents dabei. Jetzt übernehmen also die Pfennigfuchser das Regime.

Dazu wird ein weiterer Dreierblock von Spalte K:M erzeugt. Die erste Nachkommastelle ergibt sich aus

```
L3: =KÜRZEN(RUNDEN((A3-KÜRZEN(A3))*100;0)/10)
```

und die zweite aus

```
M3: =RUNDEN((A3-KÜRZEN(A3)-L3/10)*100;0)
```

Die Spalte K ist ja überflüssig, könnte man meinen. Wir fügen sie nur deshalb ein, weil wir dann die Formeln aus J4:J8 wieder nach M4:M8 kopieren können. Genauer gesagt M5:M8, M4 für die Hunderterziffer entfällt bei der Nachkommazahl.

Statt Tausenderpotenzen erzeugen wir in Zeile 9 die Kommaangabe.

```
M9: =WENN(M8<>"";" Komma ";"")
```

In M10 verketten wir noch M9 und M8

```
M10: =M9&M8
```

Jetzt müssen wir die ganzen Einzelteile aus Zeile 10 nur noch zusammensetzen.

```
A11: =D10&G10&J10&M10
```

= 879.645.312,45 – in Wörtern:

»achthundertneunundsiebzigmillionensechshundertfünfundvierzigtausenddreihund ertzwölf Komma fünfundvierzig«.

12.5.2 Franzosen und Engländer

Was haben eigentlich die Franzosen damit zu tun? Gut, dass unsere Homepage auf Deutsch ist – sonst käme noch einiges hinzu (achtzig und neunzig gibt es in Frankreich nicht).

85.392 hieße z. B.: quatrevingtcinqmilletroiscentsquatrevingtdouze also nicht »fünfundachtzigtausenddreihundertzweiundneunzig«, sondern (eingedeutscht) »vierzwanzigfünftausenddreihundertevierzwanzigzwölf«.

Die spinnen, die Gallier.

Die Engländer sind da zum Glück vernünftiger. Die deutsche Zahlwortlogik ist ruck, zuck übersetzt. Das *Einer*-Array lautet:

```
={"";"one";"two";"three";"four";"five";"six";"seven";"eight";"nine"}
```

Das *Zehner*-Array:

```
={"";"ten";"twenty";"thirty";"forty";"fifty";"sixty";"seventy";"eighty";
"ninety"}
```

»Hundert« ersetzen wir überall durch »hundred«.

Die Engländer sprechen die zweistelligen Ziffern von links nach rechts, deshalb müssen wir in D8 in anderer Reihenfolge verketten, statt `D5&D6&D7` also `D7&D6&D5`. Nur zwischen 13 und 19 machen sie es wie wir, deshalb nehmen wir das Intervall in die Sonderzahlen mit auf. Das englische *SonderZ*-Array lautet:

```
={0.11.12.13.14.15.16.17.18.19}
```

Und hinter *SonderW* verbirgt sich:

```
={"". "eleven"."twelve"."thirteen"."fourteen"."fivteen"."sixteen"."seventeen".
"eighteen"."nineteen"}
```

Schließlich werden natürlich noch Tausenderpotenzen und »Komma« übersetzt. That's it (Abb. 12.9):

	A	B	C	D	E	F	G	H	I	J	K	L	M
1													
2	Stelle:	9.	8.	7.	6.	5.	4.	3.	2.	1.	Nachkommastellen		
3	879.645.312,45	8	7	9	6	4	5	3	1	2	0	4	5
4				eighthundred			sixhundred			threehundred			
5				nine			five			two			five
6													
7				seventy			forty			ten			forty
8				eighthundredseventynine			sixhundredfortyfive			threehundredtwelve			fortyfive
9				million			thousand						Point
10													
11	eighthundredseventyninemillionsixhundredfortyfivethousandthreehundredtwelve												
12	Point fortyfive												

Abbildung 12.9: Zahlen in Wörtern – Englisch

In deutschen Firmen wird ja häufig in einem gemischten Kauderwelsch aus Englisch und Deutsch kommuniziert, dem sogenannten »Denglisch«. Hoffentlich überträgt sich das nicht auf die Zahlwörter, denn das wäre ein ganz schönes Schlamassel:

»achthundretnineandsiebzigmillionensechshundretfiveandvierzigthousanddreihundretzwölf Point fiveandvierzig«

Wenn Sie auch noch Milliarden oder Billionen darstellen wollen, müssen Sie vor der Spalte B Dreierblöcke einfügen, in der zweiten Zeile die absteigende Zahlenreihe mit 12 oder 15 statt mit 9 beginnen und in Zeile 9 die zusätzlichen Tausenderpotenzen berücksichtigen. Und natürlich die Verkettung in A11 erweitern. Sie könnten das Ganze auch bis Quadrilliarden ausweiten oder noch weiter, so weit eben, wie Tausenderpotenzen benannt sind, dann müssen Sie nur in Zeile 3 die Ziffernseparierung über die Textfunktion TEIL durchführen, da die Zahl in A3 nicht mehr als Zahl interpretiert werden könnte.

Im Übrigen funktionieren die beschriebenen Formeln nur für positive Zahlen. Falls auch Eingaben negativer Zahlen möglich sein sollen, setzen Sie A3 in allen Berechnungen vorab mit der Funktion ABS auf absolut (positiv) und ergänzen im Endergebnis ein »Minus«, falls die Zahl in A3 negativ ist.

Und jetzt ein Special für das Fräulein vom Amt:

Das Mädel buchstabiert ja nur die einzelnen Ziffern. Das ist einfach: Es heißt WECHSELN, bis der Arzt kommt. Und irgendwann ist er da: ab Excel 2007 nach 64 Mal:

```
=WECHSELN(WECHSELN(WECHSELN(WECHSELN(WECHSELN(WECHSELN(WECHSELN(WECHSELN(WECHS
ELN(WECHSELN(WECHSELN(WECHSELN( A3;0;"null ");1;"eins ");2;"zwo ");3;"drei ");
4;"vier ");5;"fünf ");6;"sechs ");7;"sieben ");8;"acht ");9;"neun ");"-
";"minus  ");",";"  Komma   ")
```

Vor Excel 2007 wird der Arzt schon nach acht Verschachtelungen gerufen. Also zwei Schritte:

- Erster Schritt in X1:

```
=WECHSELN(WECHSELN(WECHSELN(WECHSELN(WECHSELN(WECHSELN(WECHSELN(WECHSELN
(A3;0;"null ");1;"eins ");2;"zwo ");3;"drei ");4;"vier ");5;"fünf ");
6;"sechs ");7;"sieben ")
```

Bei obigem Bäumchen-wechsel-dich fehlen nur noch 8 und 9 sowie das Komma und das Minus.

- Zweiter Schritt (irgendwo):

```
=WECHSELN(WECHSELN(WECHSELN(WECHSELN(X1;8;"acht ");9;"neun ");"-";
"minus  ");",";"  Komma   ")
```

Fazit: ZAHLE BAR und benutze Dein Telefonregister!

12.6 Langer Lulatsch

Zum Abschluss dieses Kapitels noch eine Grenzerfahrung mit Excels Zahlen. Wie so oft geht es wieder mal um Bits.

12.6.1 Die größte Excel-Zahl

Die größte Zahl, die Excel als Zahl akzeptiert, liegt zwischen 2^1023,99999999999 und 2^1024. Klingt komisch, ist aber so.

Die Zahl 2^1024 lässt sich nicht mehr darstellen und liefert den Fehlerwert #ZAHL! Andererseits gibt es Zahlen, die größer sind als 2^1023,99999999999.

=10^308,254715559914 ist z. B. größer.

=10^308,254715559914 +1 gilt nicht, denn für Excel ist 10^308 äquivalent mit 10^308+1, da Excel nur 15 Stellen ganz genau rechnen kann. Dies gilt sowohl für natürliche Zahlen als auch für Dezimalzahlen. Die 15 Stellen können also vor dem Komma, nach dem Komma oder sowohl als auch liegen.

Größere Zahlen berechnet Excel nur noch »über den Daumen« und lässt im wahrsten Sinne des Wortes »fünf gerade sein«, die Formel

```
=10^15+12345
```

ergibt 1000000000012340.

Nach der 15. signifikanten Stelle werden die Zahlen mit Nullen aufgefüllt. Deshalb ergibt:

```
=10^308=10^308+1=WAHR
```

Weit verbreitet ist das Gerücht, die größte darstellbare Zahl sei 9,99999999999999E+307. Das stimmt aber nicht, denn

`2^1023,999999999 > 9,99999999999999E+307` ergibt WAHR.

Laut Excel-Hilfe zum Double-Datentyp ist 1,79769313486231E+308 die Obergrenze, doch dieser Ausdruck lässt sich in einer Excel-Zelle nicht verwenden. 1,79769313486231*10^308 ist die größte darstellbare Zehnerpotenz, aber trotzdem nicht die allergrößte Zahl. Die hundertprozentig größte, nicht zu übertreffende Zahl ist

```
{=SUMME(2^ZEILE(971:1023))}
```

oder anders ausgedrückt:

```
=(1-(1/2)^53)*2^1023*2
{=SUMME(2^(ZEILE(971:1023)))=(1-(1/2)^53)*2^1023*2}=WAHR
```

Dabei spielt für Excel keine Rolle, ob das mathematisch exakt ist, nur die ersten 15 Stellen müssen identisch sein.

```
9,99999999999999E+307 < 2^1023,999999999 < 1,79769313486231*10^308
1,79769313486231*10^308 < (1/2)^53)*2^1023*2
```

Und damit ist das Ende der Fahnenstange erreicht, es existiert kein gültiger Wert, der im Sinne von Excel als größer interpretiert wird. In Stringform kann man diese Zahl als

```
="179769313486232"&WIEDERHOLEN(0;294)
```

darstellen.

Natürlich können auch längere Ziffernkolonnen in eine Zelle geschrieben werden, die interpretiert Excel aber als Text. Will man beispielsweise zwei Ziffernkolonnen mit 20 Stellen bis auf die letzte Stelle genau addieren, ist dies mit den Standardfunktionen nicht möglich. Mit ein paar Nebenrechnungen bekommt man es aber dennoch hin.

12.6.2 Zahlen bis 28 Stellen addieren

	A	B	C	D
1		< 10^14	<= 10^14	Summe
2	12345678909876543210	11235544322109	124579	12457912355443322109
3	112233445566778899			

Abbildung 12.10: Lange Zahlen addieren

Die Zahlen in A2 und A3 in Abb. 12.10 sollen zifferngenau addiert werden. Würde man das »normal« machen, käme 124579123554433000000 heraus, weil es Excel bei so großen Zahlen nicht mehr so genau nimmt. Das richtige Ergebnis lautet aber 12457912355443322109. Damit man die Zahlen in A2 und A3 überhaupt so eingeben kann, ohne dass Excel sie dann sofort rundet, müssen die Zellen als Text formatiert sein.

Um das zu verwirklichen, werden beide Zahlen in einen Teil aufgesplittet, der größer als 10^14 ist, und in einen Teil, der kleiner als 10^14 ist. Dann werden diese Teile getrennt addiert und schließlich miteinander verkettet. Konkret heißt das:

```
B2: =RECHTS(A2;14)+RECHTS(A3;14)
```

```
C2:=WENN(LÄNGE(A2)>14;LINKS(A2;LÄNGE(A2)-14);0)
+WENN(LÄNGE(A3)>14;LINKS(A3;LÄNGE(A3)-14);0)
+WENN(LÄNGE(B2)>14;LINKS(B2;LÄNGE(B2)-14);0)
```

B2 addiert den Teil der Zahlen, der innerhalb der genauen Rechengrenze bis 10^14 liegt. In C2 wird der Zahlenteil größer als 10^14 sowie der Übertrag aus der Summe der Teile kleiner als 10^14 addiert.

```
D2: =WENN(LÄNGE(A2&A3)>15;C2&TEXT(RECHTS(B2;14);"00000000000000"); A2+A3)
```

In D2 wird erst geprüft, ob die Zahlen aus A2 und A3 überhaupt die genaue Rechengrenze übersteigen. Ist dies nicht der Fall, werden die Zahlen ganz normal addiert. Ist dies der Fall, werden beide Teiladditionen verkettet. Die Funktion TEXT sorgt dafür, dass der Teil, der kleiner als 10^14 ist, immer 14 Stellen aufweist, bevor der Teil, der größer als 10^14 ist, angehängt wird. Addiert man beispielsweise 12345000000000000+12345 muss der Teil, der kleiner als 10^14 ist, mit Nullen »aufgefüllt« werden.

Die Berechnung auf Subtraktionen bzw. Additionen negativer Zahlen auszuweiten, ist nur ein wenig Fleißarbeit, bei der mit dem vorkommenden Minuszeichen etwas jongliert werden muss.

12.6.3 Viele Zahlen addieren

Um mehrere Zahlen zu addieren, bringen Sie die beiden Zahlen aus A2 und A3 in eine Zeile (A2 und B2) und rücken die Formeln B2:D2 eine Spalte nach rechts. Wenn Sie A3 ausschneiden und in B2 einfügen, müssen Sie die Bezüge der nachfolgenden Formeln nicht manuell anpassen. Dann kopieren Sie die Formelzellen nach unten. Die zu addierenden Zahlen schreiben Sie in Spalte B. In Spalte A steht dann immer das Ergebnis der Vorgängerzeile (Abb. 12.11).

		< 10^14	>= 10^14	Summe
0	456	456	0	456
← 456	123	579	0	579
← 579	789	1368	0	1368
← 1368	555	1923	0	**1923**

Abbildung 12.11: Mehrere lange Zahlen addieren

```
A2:0
A3:=E2
A4:=E3
A5:=E4
```

Das Endergebnis steht in E5.

12.6.4 Zahlen bis Länge 14 multiplizieren

Um zwei lange Zahlen zu multiplizieren, müssen diese ebenso in zwei große und zwei kleine Teile aufgeteilt werden. Die beiden großen Teile und die beiden kleinen Teile werden ebenfalls miteinander berechnet. Anders als bei der Addition müssen jetzt aber zusätzlich große und kleine Teile über Kreuz multipliziert werden (Abb. 12.12).

	A	B	C	D	E	F	G	H
1			>= 10^7	< 10^7				
2	12.345.678.956		123	4578956		67158	712434942	26522018311224
3	5465792154		546	5792154			2500109976	
4								
5						64749	3215197119	8311224
6								
7						6747951971198311224		

Abbildung 12.12: Lange Zahlen multiplizieren

- In C2:D3 werden die Zahlen aufgeteilt:

  ```
  C2: =GANZZAHL(A2/10^7)
  C3: =GANZZAHL(A3/10^7)
  D2: =RECHTS(A2;7)
  D3: =RECHTS(A3;7)
  ```

- In F2:H3 werden die vier Teilmultiplikationen durchgeführt:

  ```
  F2: =C2*C3    (groß1*groß2)
  G2: =C2*D3    (groß1*klein2)
  G3: =D2*C3    (groß2*klein1)
  H2: =D2*D3    (klein1*klein2)
  ```

- Ergebnisteil kleiner als 10^7:

  ```
  H5: =RECHTS(H2;7)
  ```

- Summe der Überkreuz-Multiplikationen und Übertrag aus der klein1*klein2-Berechnung:

  ```
  G5: =G2+G3+GANZZAHL(H2/10^7)
  ```

- Summe aus groß1*groß2 und Übertrag aus G5:

  ```
  F5: =F2+GANZZAHL(G5/10^7)
  ```

- Zusammengesetztes Endergebnis:

  ```
  F7: =WENN(LÄNGE(A2*A3)>15;F5&TEXT(RECHTS(G5;7);"000")&TEXT(H5;"000");
  A3*A2)
  ```

Auch hier wird mit `LÄNGE(A2*A3)>15` erst einmal geprüft, ob die Multiplikation normal durchgeführt werden kann. Falls mehrere Zahlen multipliziert werden sollen, müssen analog zur Addition alle Teilberechnungen in eine Zeile gebracht werden, um sie damit »kopierfähig« zu machen.

Komplizierter wird es, eine Division von sehr langen Zahlen durchzuführen. Dies könnte man in Anlehnung an die schriftliche Division mit Rest, so wie man sie aus der Schule kennt, realisieren. Das würde an dieser Stelle aber zu weit führen. Auf *https://www.herber.de/excelformeln* finden Sie dazu eine Beispielrechnung.

Kapitel 13

Enigma – geheime Botschaften

Stellen Sie sich vor, Sie sind Spion in geheimer Mission und müssen regelmäßig Excel-Dateien an Ihre Auftraggeber schicken. Die Tabellen dieser Dateien sind passwortgeschützt, und Sie vergeben, um die Sicherheit zu erhöhen, häufig wechselnde Passwörter. Ihre Auftraggeber müssen natürlich Kenntnis von den geänderten Passwörtern haben.

Wenn Sie die Passwörter verschlüsseln würden, könnten Sie diese mit der Excel-Datei verschicken, ohne dass ein Unbefugter damit etwas anfangen könnte.

13.1 Textverschlüsselung

Definieren Sie beispielsweise einen Namen *PW*, hinter dem das verschlüsselte Passwort steht. Ein feindlicher Spion, der sich mit Excel auskennt, könnte zwar vermuten, dass sich hinter diesem Namen ein Passwort verbirgt, aber nur Ihr Auftraggeber weiß, wie er den chiffrierten Text wieder in Klartext umwandeln und das Passwort verwenden kann.

Um einen Text zu chiffrieren, brauchen Sie einen gültigen Zeichensatz

```
abcdefghijklmnopqrstuvwxyz
```

und einen Schlüssel, der jedem Zeichen des Zeichensatzes ein anderes Zeichen zuordnet. In der primitivsten Variante verschieben Sie den Zeichensatz nur um ein Zeichen, sodass der Schlüssel

```
bcdefghijklmnopqrstuvwxyza
```

dabei herauskommt.

Laut den Erzählungen von Ken Follett in seinem Roman *Mitternachtsfalken* hat der englische Geheimdienst MI6 im Zweiten Weltkrieg mit diesem banalen System Text chiffriert. Der Code

```
gsff cffs jo uif dbouffo
```

sieht auf den ersten Blick schon ziemlich gut verschlüsselt aus, doch gute Codeknacker hatten wenig Probleme, den Text zu entschlüsseln, und gingen folgendermaßen dabei vor:

Der häufigste Buchstabe ist hier das *f*. Der häufigste Buchstabe in der englischen Sprache ist das *e*. Jemand, der den Code knacken möchte, würde also zunächst einmal davon ausgehen, dass *f* für *e* steht. Nur wenige Wörter enden im englischen mit Doppel-*e*. Die häufig benutzten sind *flee*, *free*, *glee*, *thee* und *tree*. Zu einem dieser Wörter muss nun ein zweites Wort passen, das zwei *e* in der Mitte hat, da käme z. B. *tree bees* oder *free beer* in Frage. Als Nächstes folgt ein Zweibuchstabenwort, von denen es nicht allzu viele gibt, die häufigsten sind *an*, *at*, *in*, *if*, *it*, *on*, *of*, *or* und *up*. Das mit Abstand häufigste Dreibuchstabenwort ist *the*. Fehlt nur noch das Siebenbuchstabenwort am Schluss, mit einem Doppel-*e*, dass auf *-eed*, *-eef*, *-eek*, *-eel*, *-een* oder *-eep* enden muss.

Mit diesen Indizien und ein bisschen Knobelei, ist es nicht abwegig, den Klartext

```
free beer in the canteen
```

zu erraten.

Eine wesentlich härter zu knackende Nuss liefern Sie den feindlichen Spionen, wenn Sie mehrere Schlüssel, die um eine unterschiedliche Anzahl Zeichen gegenüber dem Zeichensatz versetzt sind, miteinander kombinieren. Außerdem erweitern Sie den Zeichensatz um das Leerzeichen, numerische Ziffern und Großbuchstaben. Am besten packen Sie den Zeichensatz in einen mit dem Namen *Zeichensatz* versehenen String

```
=" 0123456789ABCDEFGHIJKLMNOPQRSTUVWXYZabcdefghijklmnopqrstuvwxyz"
```

Mit Leerzeichen zu Beginn enthält dieser Zeichensatz 63 gültige Zeichen.

Die Anzahl verwendeter Schlüssel und die Position der Zeichen innerhalb der Schlüssel können Sie über ein Schlüsselwort festlegen, das Sie mit Ihrem Auftraggeber vereinbaren. Wir nehmen an, das Schlüsselwort lautet *xls* und Sie schreiben es in eine Zelle mit dem Namen *key*.

Die Länge des Schlüsselworts von drei Zeichen bestimmt, dass Sie drei Schlüssel (jeder Buchstabe = 1 Schlüssel) verwenden. Der Versatz der Zeichen der Schlüssel gegenüber dem *Zeichensatz* bemisst sich nach der Position der Zeichen des Schlüsselworts im *Zeichensatz*. Die drei Positionen für *xls* lassen sich als Excel-Formel wie folgt ermitteln:

```
=FINDEN(TEIL(key;{1;2;3};1);Zeichensatz)={61;49;56}
```

Damit lauten die kompletten Schlüssel:

```
1.Schlüssel:="yz 0123456789ABCDEFGHIJKLMNOPQRSTUVWXYZabcdefghijklmnopqrstuvwx"
2.Schlüssel:="mnopqrstuvwxyz 0123456789ABCDEFGHIJKLMNOPQRSTUVWXYZabcdefghijkl"
3.Schlüssel:="tuvwxyz 0123456789ABCDEFGHIJKLMNOPQRSTUVWXYZabcdefghijklmnopqrs"
```

Die Zeichenkette des ersten Schlüssels ist um 61 Zeichen nach links versetzt. Da die Zeichenkette 63 Zeichen lang ist, ist sie gleichzeitig 63-61=2 Zeichen nach rechts versetzt, folglich steht das Leerzeichen nun an dritter Stelle von links. Im zweiten Schlüssel steht es an Position 15 (63-49+1) und im dritten Schlüssel an Position 8 (63-56+1).

Diese drei Schlüssel werden nun immer abwechselnd auf die einzelnen Zeichen des Klartextes angewandt. Mit dem ersten Schlüssel werden die Zeichen 1, 4, 7, 10, ... verschlüsselt, auf die Zeichen 2, 5, 8, 11, ... findet der zweite Schlüssel Anwendung und der dritte Schlüssel auf die übrigen Zeichen 3, 6, 9, 12, ...

Das Wort *free* wird nach diesem System chiffriert zu *ddXc* (Abb. 13.1):

Klartext	a	b	c	d	e	f	g	h	i	j	k	l	m	n	o	p	q	r	s	t	u	v	w	x	y	z
1. Schlüssel	Y	Z	a	b	**c**	**d**	e	f	g	h	i	j	k	l	m	n	o	p	q	r	s	t	u	v	w	x
2. Schlüssel	M	N	O	P	Q	R	S	T	U	V	W	X	Y	Z	a	b	c	**d**	e	f	g	h	i	j	k	l
3. Schlüssel	T	U	V	W	**X**	Y	Z	a	b	c	d	e	f	g	h	i	j	k	l	m	n	o	p	q	r	s

Abbildung 13.1: Text mit drei Schlüsseln chiffrieren

Verschlüsselung mit Excel

Den beschriebenen Algorithmus zum Verschlüsseln von Text kann man sich so einfach merken, dass man auch ohne Excel, nur mit Papier und Bleistift, Text verschlüsseln könnte. Wenn Sie beispielsweise auf einer einsamen Insel gestrandet sind und Ihrem Auftraggeber nur noch per Flaschenpost Nachrichten übermitteln können. Man muss sich nur den gültigen Zeichensatz (Leerzeichen, 0-9, A-Z, a-z) und das Schlüsselwort gemerkt haben.

Bequemer geht es natürlich mit einer Excel-Tabelle, und die bauen Sie so auf, wie es in Abb. 13.2 zu sehen ist:

	A	B	C	D	E	F	G	H	I	J	K
1	Klartext:			f	43	x	61	d	d		
2	free beer in the canteen			r	55	l	49	d	dd		
3	Schlüssel:			e	42	s	56	X	ddX		
4	xls	gültig		e	42	x	61	c	ddXc		
5	Chiffre:				1	l	49	m	ddXcm		
6	ddXcmUcQkyUgyfacaVYZmcQg			b	39	s	56	U	ddXcmU		
7				e	42	x	61	c	ddXcmUc		
8				e	42	l	49	Q	ddXcmUcQ		
9				r	55	s	56	k	ddXcmUcQk		
10					1	x	61	y	ddXcmUcQky		
11				i	46	l	49	U	ddXcmUcQkyU		
12				n	51	s	56	g	ddXcmUcQkyUg		
13					1	x	61	y	ddXcmUcQkyUgy		
14				t	57	l	49	f	ddXcmUcQkyUgyf		
15				h	45	s	56	a	ddXcmUcYkyUgyfa		
16				e	42	x	61	c	ddXcmUcYkyUgyfac		
17					1	l	49	a	ddXcmUcYkyUgyfaca		
18				c	40	s	56	V	ddXcmUcYkyUgyfacaV		
19				a	38	x	61	Y	ddXcmUcYkyUgyfacaVY		
20				n	51	l	49	Z	ddXcmUcYkyUgyfacaVYZ		
21				t	57	s	56	m	ddXcmUcYkyUgyfacaVYZm		
22				e	42	x	61	c	ddXcmUcYkyUgyfacaVYZmc		
23				e	42	l	49	Q	ddXcmUcYkyUgyfacaVYZmcQ		
24				n	51	s	56	g	ddXcmUcYkyUgyfacaVYZmcQg		
25					1	x	61	y	ddXcmUcYkyUgyfacaVYZmcQg		
26					1	l	49	m	ddXcmUcYkyUgyfacaVYZmcQg		

Abbildung 13.2: Text chiffrieren – tabellarischer Aufbau

Der Zelle A2 geben Sie den Namen *Klartext*, dort kommt der zu verschlüsselnde Text hinein. Die Zelle A4 enthält das Schlüsselwort und wird mit *Key* benannt. Alle Zeichen des Schlüsselworts müssen in *Zeichensatz* enthalten sein, sonst kann der Versatz der Schlüssel nicht berechnet werden. Ob das Schlüsselwort gültig ist, prüfen Sie dadurch, dass jedes einzelne Zeichen des *key* im *Zeichensatz* vorkommt.

```
B4:{=WENN(UND(ISTZAHL(FINDEN(TEIL(key;ZEILE(1:99);1);
Zeichensatz)));"";"un")&"gültig"}
```

`ZEILE(1:99)` erlaubt also einen 99 Zeichen langen *key*. In Spalte D werden die einzelnen Zeichen des Klartextes aufgelistet:

```
D1: =TEIL(Klartext;ZEILE();1)
```

Spalte E gibt die Position der Zeichen innerhalb des Zeichensatzes zurück:

```
E1: =FINDEN(D1;Zeichensatz)
```

In Spalte F werden die einzelnen Zeichen des Schlüsselworts wiederholt. Damit wird festgelegt, mit welchem Schlüssel das entsprechende Klartextzeichen verschlüsselt wird.

```
F1: =TEIL(key;REST(ZEILE()-1;LÄNGE(key))+1;1)
```

Dabei ergibt `REST(ZEILE()-1;LÄNGE(key))+1` revolvierend die Zahlenfolge 1, 2, 3, wenn *key* die Länge 3 hat. Spalte G gibt die Position des Schlüsselwortzeichens innerhalb des Zeichensatzes zurück und bestimmt damit den Versatz des entsprechenden Schlüssels.

```
G1: =FINDEN(F1;Zeichensatz)
```

In Spalte H wird das einzelne Klartextzeichen in Chiffre übersetzt.

```
H1: =TEIL(Zeichensatz;REST(G1+E1-1;LÄNGE(Zeichensatz))+1;1)
```

`G1+E1-1` vollzieht dabei den Versatz des aktuellen Schlüssels. Schließlich werden in Spalte I die einzelnen Zeichen der Chiffre wieder zusammengesetzt.

```
I1: =H1
I2: =WENN(ZEILE()>LÄNGE(Klartext);I1;I1&H2)
```

Die Spalten D:H werden so weit nach unten kopiert, wie es der maximalen Zeichenlänge des Klartextes, die Sie zulassen wollen, entspricht. In A6 wird dann noch die letzte Zeile von Spalte I übernommen. Nach diesem System wird unser Freibiertext mit

```
ddXcmUcQkyUgyfacaVYZmcQg
```

codiert. Dieser Code ist erheblich schwieriger zu knacken. Allein schon dadurch, dass das Leerzeichen chiffriert wird und die Länge der einzelnen Wörter nicht bekannt ist. Vor allem aber, weil einem Klartextzeichen, im Gegensatz zur einfachen Variante, abhängig von seiner Position unterschiedliche Chiffre-Entsprechungen zugeordnet werden. Das erste *e* wird zu *X*, das zweite *e* zu *c*.

Falls Ihnen die einfach zu knackende Verschlüsselung genügt, die der MI6 angeblich im zweiten Weltkrieg verwendet hat, können Sie auch diese in Excel erzeugen. Definieren Sie einen Namen *Schlüssel*, bezogen auf einen gegenüber dem Klartext-Zeichensatz um ein Zeichen versetzten Zeichensatz. Der erste Buchstabe *f* wird dann als

```
=TEIL(Schlüssel;FINDEN("f";Zeichensatz);1)
```

chiffriert.

Jedes Zeichen in *Zeichensatz* hat dann immer die gleiche Entsprechung im *Schlüssel*.

Die Anordnung der Zeichen im *Schlüssel* kann natürlich auch anders erfolgen, beispielsweise über eine zufällige Mischung. Aber ob Ihnen die auf der einsamen Insel wieder einfällt?

Dechiffrierung

Um den verschlüsselten Text wieder in Klartext umzuwandeln, müssen Sie lediglich die Formel in Spalte H geringfügig anpassen. Aus

`G1+E1-1` wird `-G1+E1-1`, d. h., der Versatz wird umgedreht.

`H1: =TEIL(Zeichensatz;REST(-G1+E1-1;LÄNGE(Zeichensatz))+1;1)` (Abb. 13.3)

	A	B	C	D	E	F	G	H	I
1	Chiffre:			d	41	x	61	f	f
2	ddXcmUcQkyUgyfacaVYZmcQg			d	41	l	49	r	fr
3	Schlüssel:			X	35	s	56	e	fre
4	xls			c	40	x	61	e	free
5	Klartext:			m	50	l	49		free
6	free beer in the canteen			U	32	s	56	b	free b
7				c	40	x	61	e	free be
8				Q	28	l	49	e	free bee
9				k	48	s	56	r	free beer
10				y	62	x	61		free beer
11				U	32	l	49	i	free beer i
12				g	44	s	56	n	free beer in
13				y	62	x	61		free beer in
14				f	43	l	49	t	free beer in t
15				a	38	s	56	h	free beer in th
16				c	40	x	61	e	free beer in the
17				a	50	l	49		free beer in the
18				V	33	s	56	c	free beer in the c
19				Y	36	x	61	a	free beer in the ca
20				Z	37	l	49	n	free beer in the can
21				m	50	s	56	t	free beer in the cant
22				c	40	x	61	e	free beer in the cante
23				Q	28	l	49	e	free beer in the cantee
24				g	44	s	56	n	free beer in the canteen

Abbildung 13.3: Text dechiffrieren – tabellarischer Aufbau

13.2 Buchstabenwirbel

Die Reifhngolee der Bhcsbeatun in einem Wort ist eagl (pps. FRNRAUFKT, 23. Smbpeteer). Nach eienr Sutdie, die uetnr aedenrm von der Cdmibgare Utserniivy dgchherürfut worden sien slol, ist es eagl, in wcelehr Reolefgnhie Bhetsbcuan in eeinm Wort seethn: Hpstcaahue, der etrse und leztte Bbsuahcte sind an der rihgecitn Stelle. Die recshlietn Bhuasbtecn könenn total dcrenedhanuir sien und man knan es tdreztom ohne Pomlbere leesn, wiel das mcnhihcslee Girhen nciht jeedn Babetscuhn ezilenn lseit, srnedon das Wort als Geanzs.

Verschlüsselter Text – oder ist da was in die Hose gegangen? Nein – wenn Sie den Text nur flüssig lesen, funktioniert es tatsächlich. Wie man einen beliebigen Text auf diese Weise mischen kann, werden Sie nun sehen.

Der umzuwandelnde Text – in Rechtschreibung und Grammatik absolut korrekt und von überflüssigen Leerzeichen befreit – steht in Zelle D1. Der Zelle D1 geben wir den Namen *Original*. Von jedem einzelnen Wort wird nur der Anfangs- und Endbuchstabe übernommen – der Rest wird mittels Zufallsgenerator durcheinandergewirbelt (Abb. 13.4).

M6 =WENN(SPALTEN($M:M)>$J6;"";ZUFALLSZAHL())

	A	B	C	D	E	F	G	H	I	J	K	L	M	N
1	**Text im Original:**			**Die Reihenfolge der Buchst**										
2	**Text bereinigt:**			Die Reihenfolge der Buchst										
3														
4	**Leerzeichen**			**Wörter**							**Wort**			
5				**Original**	**bereinigt**		**Anfang**	**Mittelteil**	**Ende**		**gewirbelt**		**Zufallszahlen =>**	
6	0	0		Die	Die		D	i	e		Die		0,312805	
7	4	4		Reihenfolge	Reihenfolge		R	eihenfolg	e		Rinehgloefe		0,5967013	0,12542479
8	16	16		der	der		d	eihenfolg	r		der		0,9660122	
9	20	20		Buchstaben	Buchstaben		B	uchstabe	n		Bbtceaushn		0,5350761	0,85715055
10	31	31		in	in		i		n		in			
11	34	34		einem	einem		e	ine	m		eneim		0,3146613	0,83946947
12	40	40		Wort	Wort		W	or	t		Wort		0,1418327	0,70548778
13	45	45		ist	ist		i	s	t		ist		0,6181519	
14	49	49		egal.	egal		e	ga	l		eagl.		0,1309951	0,29495497
15	55	55		Nach	Nach		N	ac	h		Nach		0,0634885	0,46038381
16	60	60		einer	einer		e	ine	r		enier		0,5849479	0,40454916
17	66	66		Studie,	Studie		S	tudi	e		Sutide,		0,9988392	0,34771729

Abbildung 13.4: Tabelle zum Mischen von Buchstaben innerhalb eines Textes

Die Betonung liegt auf Anfangs- und Endbuchstabe. Also müssen die Satzzeichen erst einmal eliminiert und nach der Durchwirbelung an der richtigen Position wieder hinzugefügt werden. Dafür WECHSELN wir zunächst, bis der Arzt kommt oder die maximale Verschachtelungstiefe erreicht ist.

D2 (die Zelle erhält den Namen *Bereinigt*):

```
=WECHSELN(WECHSELN(WECHSELN(WECHSELN(WECHSELN(WECHSELN(WECHSELN(WECHSELN
(Original;"?";);".";);"!";);",";);"(";);")";);":";);";";)
```

Durch die WECHSELN-Verschachtelung werden Fragezeichen, Punkt, Ausrufezeichen, Komma, Semikolon, öffnende und schließende Klammer sowie der Doppelpunkt durch nichts ersetzt.

Jetzt trennen wir:

In Spalte A identifizieren wir die Position der Leerzeichen des Originaltextes. In Spalte B machen wir das Gleiche für den um die Satzzeichen bereinigten Text.

`A6` und `B6: 0`

```
A7: =FINDEN(" ";Original&" ";A6+1)
B7: =FINDEN(" ";Bereinigt&" ";B6+1)
```

Die Formeln – nach unten kopiert – suchen immer nach dem nächsten Leerzeichen. Die Suche wird ab der Stelle des vorherigen Leerzeichens begonnen. Die Ergänzung &" " in den Texten sorgt dafür, dass auch das letzte Wort identifiziert werden kann.

In den Spalten D und E können wir dann ganz leicht, basierend auf den Positionen der Leerzeichen, den Text sowohl im Original als auch bereinigt in seine einzelnen Wörter zerlegen:

```
D6: =TEIL(Original;A6+1;A7-A6-1)
E6: =TEIL(Bereinigt;B6+1;B7-B6-1)
```

Ab H6 stehen die Wörter des bereinigten Textes ohne ersten und letzten Buchstaben mit

```
H6: =TEIL(E6;2;LÄNGE(E6)-2)
```

Vom Original benötigen wir nun noch den Anfangsbuchstaben inklusive möglicher Satzzeichen. Wir vergleichen dabei das erste Zeichen von Original und bereinigtem Wort. Falls sich diese unterscheiden, muss das an einem Satzzeichen liegen, dann wird dem Buchstaben noch das Satzzeichen vorangesetzt.

```
G6: =WENN(LINKS(D6)=LINKS(E6);"";LINKS(D6))&LINKS(E6)
```

Das Gleiche wird mit dem letzten Buchstaben in Spalte I vollzogen. Bei Bedarf wird das Satzzeichen wieder angehängt.

```
I6: =RECHTS(E6)&WENN(RECHTS(D6)=RECHTS(E6);"";RECHTS(D6))
```

Anfang und Ende wurden deshalb separiert, weil diese ja nicht durcheinandergewirbelt werden sollen. Da der Mittelteil des Worts zufällig gemischt werden soll, benötigen wir Zufallszahlen, und zwar für jedes Zeichen eine. Die Anzahl Zeichen je Wort zählen wir in der Hilfsspalte J.

```
J6: =LÄNGE(E6)
```

Zwischendurch können wir einmal alle bisherigen Spalten A7:B7 und D6:J6 so weit wie nötig nach unten kopieren, bei 77 Wörtern also 77 Zeilen.

Jetzt wird endlich gewirbelt. Ab Spalte M erzeugen wir die benötigten Zufallszahlen in Abhängigkeit der in Spalte J ermittelten Wortlänge:

```
M6: =WENN(SPALTEN($M:M)>$J6;"";ZUFALLSZAHL())
```

Das wird sowohl nach rechts bis Spalte AF als auch nach unten kopiert. Diese Formel erzeugt so viele Zufallszahlen wie wir für das jeweilige Wort benötigen. Der Formelteil `SPALTEN($M:M)` zählt – nach rechts bis Spalte AF kopiert – von 1 bis 20. Wenn die dabei entstehende Zahl kleiner oder gleich der Wortlänge aus Spalte I ist, wird eine Zufallszahl produziert, ansonsten nichts.

Wir haben also die Spalten M bis AF mit Zufallszahlen bestückt – das sind 20 Spalten. Die maximale Wortlänge aus dem Originaltext darf also maximal 22 minus 2 Buchstaben (Anfangs- und Endbuchstabe) umfassen, was in der Regel ausreichen dürfte. Wenn Sie allerdings als kultivierter Mensch zum exakten Köpfen Ihrer Frühstückseier den genialen »Eierschalensollbruchstellenverursacher« verwenden und diesen darüber hinaus auch einmal mit seinen 38 Buchstaben kräftig durcheinanderwirbeln möchten, dann sorgen Sie besser für mehr als 20 Spalten, um ihn nicht gänzlich zu verstümmeln.

Im nächsten Schritt greifen wir nochmals zu 20 Hilfsspalten, die aber – also nicht erschrecken – nur **eine** kopierbare Formel beinhalten.

```
BA6: =WENN($J6>SPALTE(A:A)-1;TEIL($H6;RANG(M6;$M6:$AF6);1);"")
```

Kopieren Sie das so weit nach rechts, wie die maximale Wortlänge (-2) sein darf – in unserem Beispiel 20 – also bis Zelle BT6.

Zunächst prüfen wir die in J6 ermittelte Wortlänge auf größer als `SPALTE(A:A)-1` (das ist zunächst null und erhöht sich beim Kopieren nach rechts jeweils um 1). Ist die Bedingung WAHR, dann ermitteln wir mittels der Funktion TEIL aus H6 (dort steht das Wort vom zweiten bis zum vorletzten Buchstaben) einen zufälligen Buchstaben. RANG liefert dabei die ganzzahlige Position der Zufallszahl aus M6 innerhalb aller Zufallszahlen im Bereich $M6:$AF6 – und das ist dann auch der notwendige Parameter [*Erstes_Zeichen*] für die TEIL-Funktion. Ist die Bedingung der WENN-Prüfung hingegen FALSCH, bleibt die Zelle leer ("").

Jetzt kopieren wir BA6:BT6 noch so weit nach unten, wie der Originaltext Wörter enthält (in unserem Beispiel bis Zeile 83 = 77 Wörter – Abb. 13.5).

BA6 | =WENN($J$6>SPALTE(A:A)-1;TEIL($H$6;RANG(M6;$M6:$AF6);1)"")

	K	L	M	N	O	AZ	BA	BB	BC	BD	BE	BF	BG	BH	BI	BJ	BK	BL
4	**Wort**																	
5	**gewirbelt**		**Zufallszahlen =>**				**Buchstaben zufällig wirbeln =>**											
6	Die		0,7787941				i											
7	Rinehgloefe		0,4691132	0,07537731	0,72849141		i	n	e	h	g	l	o	e	f	e		
8	der		0,1468548				e											
9	Bbtceaushn		0,6450794	0,36778345	0,67674315		b	t	c	a	u	s	h	n				
10	in																	
11	eneim		0,3000837	0,94678014	0,43161288		n	e	i									
12	Wort		0,440686	0,76190691			o	r										
13	ist		0,3713354				s											
14	eagl.		0,1881059	0,10256215			a	g										
15	Nach		0,9265422	0,0761653			a	c										
16	enier		0,1391155	0,98410478	0,03194141		n	i	e									
17	Sutide,		0,4008104	0,55198202	0,97927187		u	t	i	d								

Abbildung 13.5: Zufallszahlen zum Mischen der Buchstaben erzeugen

Hier machen wir also einmal wieder vom Prinzip der ganzzahligen Zufallszahlen ohne Wiederholung Gebrauch, das wir auch schon in anderen Kapiteln gesehen haben.

Kommen wir zum Finale. In K6 müssen jetzt nur noch alle Bestandteile verkettet werden: das erste Zeichen des Worts (G6) und das letzte Zeichen (I6). Dazwischen müssen allerdings noch nacheinander die bunt gewürfelten Buchstaben aus dem Bereich BA6:BT6 eingefügt werden, sodass es zu folgender kleinen Verkettung kommt:

```
K6: =G6&BA6&BB6&BC6&BD6&BE6&BF6&BG6&BH6&BI6&BJ6&BK6&BL6&BM6&BN6&BO6&BP6&BQ6&BR6&
BS6&BT6&I6
```

Wir kopieren die Formel nach unten und haben es geschafft! Und wenn Sie jetzt noch den ganzen durcheinandergewirbelten Text wieder zu einem Text zusammenführen möchten, dann suchen Sie sich eine freie Spalte (z. B. BV) und schreiben dort in Zeile 2:

```
BV2: =BV1&" "&K6
```

Kopieren Sie die Formel so weit nach unten, bis der Text vollständig ist bzw. bis `#WERT!` erscheint. Formatieren Sie anschließend noch die finale Zelle in Spalte BV mit Zeilenumbruch und ziehen Sie die Spalte etwas breiter. Dann haben Sie den ganzen Text vor Augen und können ihn mit F9 ständig neu durcheinanderwirbeln (Abb. 13.6).

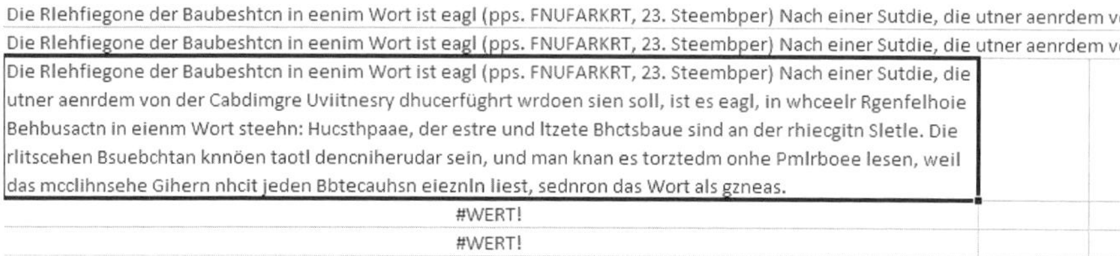

Abbildung 13.6: Buchstaben im Text mischen – Endergebnis

Falls jemand den durcheinandergewirbelten Text wider Erwarten nicht lesen kann, das war er:

Die Reihenfolge der Buchstaben in einem Wort ist egal (pps. FRANKFURT, 23. September). Nach einer Studie, die unter anderem von der Cambridge University durchgeführt worden sein soll, ist es egal, in welcher Reihenfolge Buchstaben in einem Wort stehen: Hauptsache, der erste und letzte Buchstabe sind an der richtigen Stelle. Die restlichen Buchstaben können total durcheinander sein und man kann es trotzdem ohne Probleme lesen, weil das menschliche Gehirn nicht jeden Buchstaben einzeln liest, sondern das Wort als Ganzes.

13.3 Iterative Textverkettung

Fassen wir noch einmal zusammen: Um die Zeichen eines Worts zu mischen, benötigen wir für jedes Zeichen eine Zufallszahl. Aus allen Zufallszahlen wird dann eine Rangfolge gebildet, die gleichzeitig die Reihenfolge der Zeichen im gemischten Text festlegt. Leider müssen die Zeichen des neuen Textes einzeln verkettet werden. Entweder mit & oder der Funktion VERKETTEN. Wer auf das herkömmliche Verketten keine Lust hat, dem steht noch eine schicke Alternative zur Verfügung, und zwar das iterative Verketten.

Mit dieser Methode können wir die Zeichen zufällig gemischt aneinanderketten oder – der Abwechslung halber – auch gern einmal von rechts nach links schreiben. Aktivieren Sie dazu in den Excel-Optionen in der Kategorie *Formeln* die Iteration und stellen Sie die maximale Iterationszahl auf 100 (100 entspricht dann auch der maximalen Wortlänge).

Wie sich eine iterierte Verkettung verhält, probieren wir erst einmal an einem einfachen Test aus. Wir schreiben in

`A1: ="x "` und in `B1: =A1&B1`

Hoppla, das Ergebnis ist

```
"xxxxxxxxxxxxxxxxxxxxxxxxxxxxxxxxxxxxxxxxxxxxxxxxxxxxxxxxxxxxxxxxxxxxxxxxxxxxx
xxxxxxxxxxxxxxxxxxxxxxx0 "
```

hundertmal »x«, für jeden Iterationsschritt einmal. Und wenn wir erneut F9 drücken, verdoppelt sich der String. Das wirkt etwas unkontrolliert.

Ziel ist es nun, eine kontrollierte Iteration hinzubekommen, in der das »x« beispielsweise genau 20-mal verkettet wird, und das bei erneutem Drücken von F9 auch so bleibt. Müssen wir dazu die maximale Iterationszahl auf 20 setzen? Nein – wir definieren einen Zähler. Benennen Sie eine Zelle mit *Zähler* und schreiben Sie in diese Zelle

```
=WENN(Zähler=100;1;Zähler+1)
```

Dadurch entsteht natürlich ein Zirkelbezug. Dieser Zähler funktioniert nun wie eine Schleife, die immer von 1 bis 100 hochzählt, um dann wieder bei 1 zu beginnen. Wenn die Zelle 100 anzeigt, verharrt sie in dieser Position, da die maximale Iterationszahl erreicht ist. Erst bei der nächsten Neuberechnung wird wieder von 1 bis 100 durchgezählt. Wichtig ist, dass die maximale Iterationszahl mit der Obergrenze des Zählers übereinstimmt.

Jetzt können Sie die iterierte Verkettung in B1 kontrollieren.

```
B1: =WENN(zähler>20;B1;WENN(zähler=1;A1;B1&A1))
```

zeigt genau 20-mal "xxxxxxxxxxxxxxxxxxxx".

`Steht Zähler auf 1, wird einmal` »x« aus A1 übernommen. Alles, was vorher in B1 stand, wird gelöscht. Bei einem Zählerstand von 2 bis 20 wird ein neues »x« an B1 angehängt. Bei einem Zählerstand von 21 oder darüber wird der String in B1 eingefroren.

Logo, das könnten wir auch mit

```
=WIEDERHOLEN("x";20)
```

erreichen, aber das sollte nur das Prinzip erklären. Um einen Text (aus A2) von rechts nach links zu schreiben, definieren Sie die Formel:

```
A5: =WENN(Zähler>LÄNGE(A2);A5;WENN(Zähler=1;LINKS(A2);TEIL(A2;Zähler;1)&A5))
```

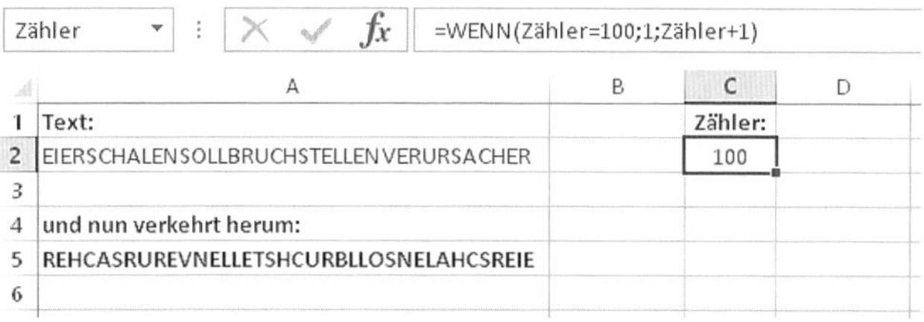

Abbildung 13.7: Text rückwärts schreiben

Wenn Sie öfter Mal mit Iterationen arbeiten müssen, merken Sie sich das Prinzip des Zählers, das kann häufig nützlich sein. Und zwar immer dann, wenn Sie die Anzahl der Iterationsschritte variabel steuern wollen, ohne jedes Mal die maximale Iterationsgrenze anzupassen.

Kapitel 14

Traue keinem über drei oder einem Solver-Ergebnis

Vielleicht haben Sie noch keine Vorstellung davon, wofür der Solver gut ist. Deshalb nähern wir uns zunächst einmal über die Zielwertsuche, die sozusagen den standardmäßig integrierten Mini-Solver darstellt.

14.1 Solver versus Zielwertsuche

Stellen Sie sich vor, Sie berechnen die kleine Formel

```
B1: =A1^5-12*A1^3+2*A1
```

Für A1=4 lautet das Ergebnis 264. Jetzt möchten Sie wissen, welchen Wert Sie in A1 einsetzen müssen, damit das Ergebnis in B1 0 beträgt. Mathematisch sind Sie da total aufgeschmissen. Das ist ein Fall für die Zielwertsuche, die Sie über *Daten/Datentools/Was-wäre-wenn-Analyse/Zielwertsuche* wie folgt einstellen (Abb. 14.1):

Abbildung 14.1: Dialogfeld Zielwertsuche

Als Ergebnis erhalten Sie etwa 3,4396. Sehr effektiv, aber damit sind die Fähigkeiten der Zielwertsuche bereits erschöpft. Das Gleiche können Sie übrigens auch mit dem Solver machen, denn der ist im Grunde eine erweiterte Zielwertsuche. Im Gegensatz zur Zielwertsuche ist der Solver kein Excel-Standard. Sie müssen ihn zunächst über *Datei/Optionen/Add-Ins/Excel-Add-Ins/Gehe zu* aktivieren. Er steht dann auf der Registerkarte *Daten* in der Gruppe *Analyse* zur Verfügung.

So gestartet, wählen Sie auch mit ihm *Zielwert*, *Ziel(zelle)* und *Variablenzellen* (Abb. 14.2):

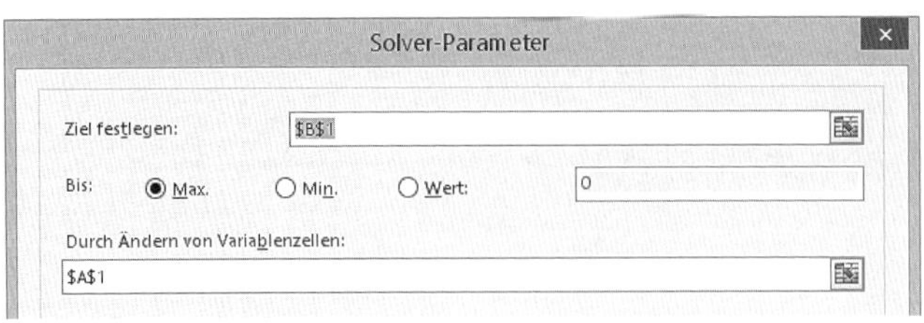

Abbildung 14.2: Dialogfeld Solver-Parameter

Wenn Sie das Solver-Dialogfeld mit *Lösen* bestätigen, findet auch er näherungsweise die Lösung der Gleichung.

Die Möglichkeiten des Solvers sind damit aber bei weitem nicht erschöpft, wie Sie im folgenden Abschnitt sehen werden.

14.2 Die launische Diva

Unter Berücksichtigung diverser Rahmenbedingungen soll ein optimales Ergebnis erzielt werden, z. B. Laufzeiten minimieren oder Stückzahlen maximieren oder – wie in nachfolgendem Anwendungsfall – Maschinenlaufzeiten optimieren.

Ein Hersteller produziert drei Artikel, die unterschiedlich lang von drei Maschinen bearbeitet werden müssen. Diese können pro Tag 10, 9,5 und 9 Stunden laufen. Die beste Auslastung wäre natürlich, wenn keine Maschine auch nur eine Minute stillstünde – aber das geht nicht. Also wollen wir der Vollauslastung von 1.710 Minuten pro Tag so nahe wie möglich kommen (Abb. 14.3).

	A	B	C	D	E	F	G	H	I	J	K
1	**Maschinenauslastung (Minuten) optimieren**										
2											
3	Artikel	**Stück**	mind.		Bearbeitungszeit		ges.	Summe Gesamtzeit			
4					Maschine						
5				I	II	III					
6	Nr. 1	53	0	4	6	8	18	212	318	424	
7	Nr. 2	23	0	10	8	2	20	230	184	46	
8	Nr. 3	10	10	9	5	10	24	90	50	100	
9		86	240	Minuten vorgegeben				532	552	570	
10											
11				maximale							
12				Maschinenlaufzeit							
13				540	600	570		1.710 wäre Vollauslastung			
14				-8	-48	0		**1.654 Ist-Auslastung**			
15											

Abbildung 14.3: Tabellenaufbau Maschinenauslastung optimieren

Bevor wir den Solver bestücken können, benötigen wir Eingaben und daraus resultierend einige (sehr einfache) Formeln.

Zeile 1 bis 5 sind (individuelle) Überschriften und A6 bis A8 die Bezeichnungen der Artikel – das ist alles für die Berechnung irrelevant. B6:B8 bleibt zunächst leer. Dort soll der Solver nachher die produzierte Stückzahl je Artikel eintragen. In C6 bis C8 geben Sie die Stückzahlen ein, die Sie pro Artikel am Tag mindestens produzieren wollen (der Normalfall ist null: die 0 explizit als Zahl eingeben und nicht einfach leer lassen – der Solver spinnt da manchmal!). In D6 bis F8 gehören die Minuten, die die Artikel die jeweilige Maschine durchlaufen müssen, und in D13 bis F13 die maximalen Maschinenlaufzeiten pro Tag.

In H6:J8 multiplizieren Sie die Bearbeitungszeiten mit den produzierten Stückzahlen. H6 enthält die Formel `=D6*$B6`, die bis J8 kopiert wird. H9:J9 enthält dann die tatsächliche Gesamtlaufzeit je Maschine. `H9:=SUMME(H6:H8)` wird bis J9 kopieren. H14 wird als wichtigste Zelle mit `=SUMME(H9:J9)` bestückt und berechnet somit die Gesamtlaufzeit aller Maschinen.

Mehr Formeln, um den Solver zu wecken, brauchen wir nicht. Alle übrigen sind nur Erläuterungen und werden später noch erwähnt.

Wählen Sie *Daten/Solver* und stellen Sie das nachfolgende Dialogfeld gemäß Abb. 14.4 ein.

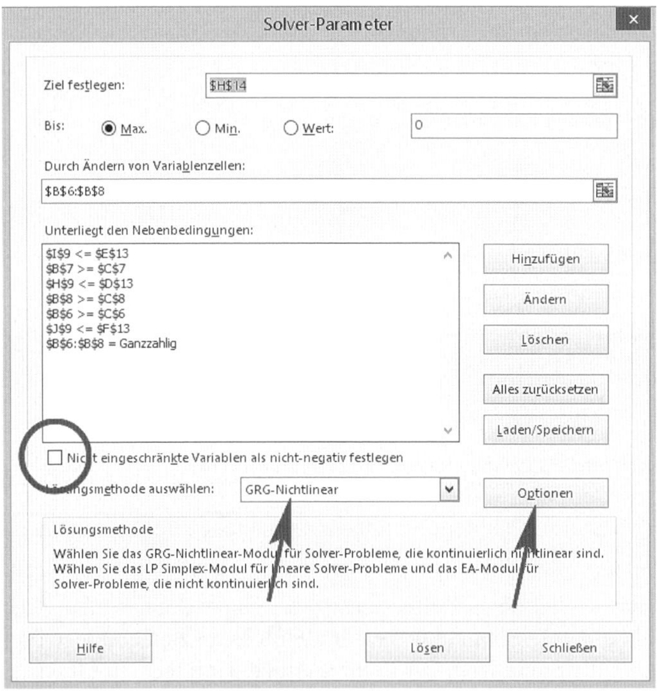

Abbildung 14.4: Solver-Parameter – Maschinenauslastung

Was wird da jetzt eingetragen?

Die Zielzelle ist H14 – die Summe unserer Maschinenlaufzeiten – und da wir diese maximieren wollen, wird beim Zielwert *Max* angeklickt. Als *Veränderbare Zellen* geben wir den Bereich B6:B8 ein – die produzierten Stückzahlen.

Wieso – in B6 bis B8 steht doch nichts? Richtig, denn da soll der Solver seine optimalen Stückzahlen hineinschreiben. (*Schätzen* brauchen wir nichts!)

Kommen wir zu den *Nebenbedingungen*. Da werden die häufigsten Fehler bzw. zu wenig Eingaben gemacht. *Hinzufügen* anklicken und – was wollen wir eigentlich?

Klar, keine halbfertigen Artikel, sondern von allen drei Maschinen bearbeitete – also B6:B8 (alle Artikel) = *ganzzahlig (bzw. int aus dem englischen integer)*: OK und den nächsten hinzufügen (Abb. 14.5).

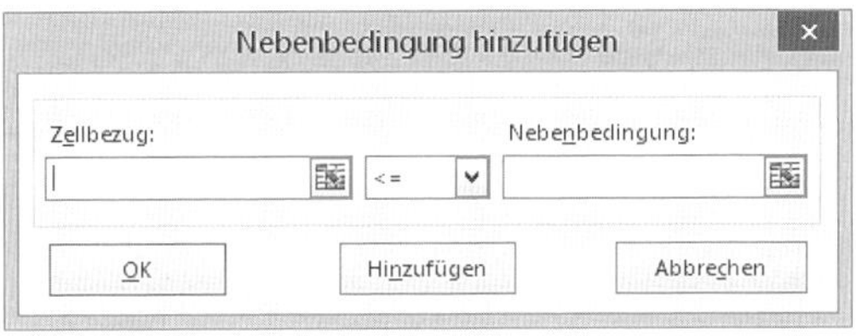

Abbildung 14.5: Dialogfeld Nebenbedingung hinzufügen

Außer *ganzzahlig (int)* wird einem noch *<=; >=; = bin* (binär) und *dif* (alldifferent) angeboten.

Nächste *Nebenbedingung*: Wir wollen, dass die zu ermittelnde Stückzahl größer oder gleich der vorgegebenen Mindestzahl in Spalte C ist, ergo *B6>=C6* und entsprechend noch *B7>=C7* und *B8>=C8*.

Nun die letzten Bedingungen: Die Maschinen haben irgendwann keine Lust mehr, sie sind ausgelastet, also *H9<=D13*, *I9<=E13* und *J9<=F13*.

Übrigens: Die Bezüge setzt der Solver automatisch absolut ($) und die Eingaben bei den Nebenbedingungen werden (blödsinnigerweise) alphabetisch sortiert. Der Haken bei *Nicht eingeschränkte Variablen als nicht-negativ festlegen* wird entfernt. Und als Lösungsmethode wird *GRG-Nichtlinear* gewählt. Danach klicken Sie auf die Schaltfläche *Optionen*, um das Dialogfeld aus Abb. 14.6 zu erhalten.

Dort muss lediglich das Kontrollkästchen *Ganzzahlige Nebenbedingungen* deaktiviert werden. Auch wenn das verwirrend klingt, denn wir haben ja Nebenbedingungen, die ein ganzzahliges Ergebnis für die Zellen B6:B8 verlangen.

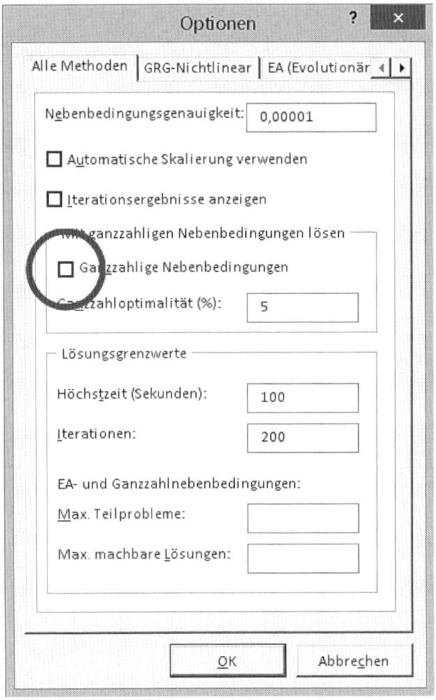

Abbildung 14.6: Dialogfeld zur Einstellung der Solver-Optionen

Das war's – jetzt soll er arbeiten und nach dem Anklicken von *Lösen* tut er es auch. Niedlich finden wir seine Zwischeninformation in der *Statusleiste*: »Ein Problem wird aufgestellt ...«

Als Ergebnis für obiges Beispiel kommen 53 – 23 – 10 Stück bei 56 Minuten Leerlaufzeit heraus – ziemlich lausig. Abb. 14.3 zeigt das Ergebnis. Das optimale Ergebnis erreicht man immer ohne minimale Stückzahlvorgabe in C6:C8.

Stände dort überall null, ergäbe das 62 – 27 – 2 und nur 6 Minuten Leerlauf. Da aber Artikel Nr. 3 vielleicht der ist, an dem der Unternehmer am meisten verdient, hat er bestimmt Interesse daran, dass dieser nach einer Optimierung überhaupt auftaucht (null wäre ja auch möglich).

Das Optimierungsergebnis haben wir jetzt – welche Formeln noch?

- `B9:=SUMME(B6:B8)` – Anzahl der Artikel insgesamt
- `C9:=SUMMENPRODUKT(C6:C8;G6:G8)` – Anzahl der durch die Mindestvorgaben in C6:C8 schon verbratenen Maschinenminuten
- `H13: =SUMME(D13:F13)` – maximale Gesamtmaschinenauslastung
- `D14: =H9-D13` – Leerlaufzeit von Maschine I – kopieren bis F14

Wichtig ist noch das Abfangen von Fehlergebnissen, denn Sie können nicht immer sicher sein, dass der Solver alle Nebenbedingungen einhält. Wenn der Solver mit den Bedingungen nicht klarkommt (»Traue keinem über drei oder einem SOLVER-Ergebnis«) und er sich bis zum Zeitlimit bzw. bis zur Iterationszahl totgerechnet hat, kommt die Meldung »Solver konnte keine machbare Lösung finden«. Idiotischerweise wird einem dann angeboten, diese Lösung zu verwenden, anstatt automatisch abzubrechen (Abb. 14.7).

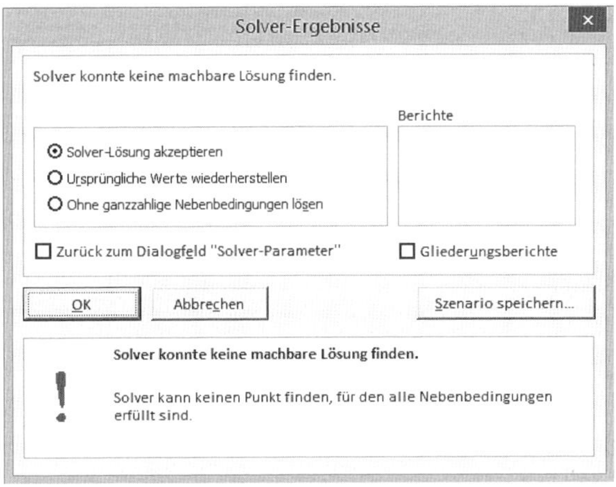

Abbildung 14.7: Der Solver kapituliert.

Man kann sich aber leider nicht immer darauf verlassen, dass die Fehlermeldung nur bei einem Blödsinnsergebnis erscheint, falls eine Bedingung nicht erfüllt wurde.

Werden als Mindestvorgabe in C6:C8 in der Summe mehr Maschinenminuten als überhaupt verfügbar gefordert, liefert der Solver ein absolut bescheuertes Ergebnis. Das fällt auf! Aber auch wenn da dreimal 25 mindestens zu produzierende Artikel stehen, was mit 1.550 vorgegebenen Minuten im Rahmen (1710) liegt, ist der Solver überfordert und liefert ein unsinniges Ergebnis bzw. kapituliert freiwillig.

Um sicherzustellen, dass Sie kein Ergebnis akzeptieren, das nicht alle Nebenbedingungen erfüllt, können Sie in C11 schreiben (Abb. 14.8):

```
C11:

=WENN(C9>H13;"Das sind zu viel!";WENN(ZÄHLENWENN(D14:F14;">0,1")>0;"mind.
reduzieren !";""))
```

	A	B	C	D	E	F	G	H	I	J	K
1	**Maschinenauslastung (Minuten) optimieren**										
2											
3	Artikel	**Stück**	mind.	Bearbeitungszeit			ges.	Summe Gesamtzeit			
4					Maschine						
5				I	II	III					
6	Nr. 1	25	25	4	6	8	18	100	150	200	
7	Nr. 2	25	25	10	8	2	20	250	200	50	
8	Nr. 3	25	25	9	5	10	24	225	125	250	
9		75	1.550	Minuten vorgegeben				575	475	500	
10											
11	mind. Reduzieren !			maximale							
12				Maschinenlaufzeit							
13				540	600	570		1.710 wäre Vollauslastung			
14				35	-125	-70		**1.550 Ist-Auslastung**			
15											

Abbildung 14.8: Maschinenauslastung optimieren – Ergebnis

Lange Rede – kurzer Sinn: Wir trauen nur Leuten unter drei.

Und dann gibt's noch die **Solver-Macke**, die meist vergessen wird.

Wenn nur diese eine Datei geöffnet ist, dauert die Berechnung den Bruchteil einer Sekunde. Wenn viele (rechenintensive) Dateien geöffnet sind, dauert die Berechnung ewig bis unendlich, da ALLE Dateien (auch die, die von der Solver-Lösung nicht tangiert werden) zigtausendmal neu berechnet werden! Wenn man's merkt, kann man das nicht mehr stoppen – außer Stecker ziehen – und dann ist natürlich alles Nichtgespeicherte im Eimer.

14.3 Wenn der Solver einmal nicht solvt

Wie Sie gesehen haben, kann der Solver ganz schön zickig werden, wenn Sie die Ausgangssituation einer Problemstellung nur geringfügig verändern. Zudem gibt es Aufgabenstellungen, bei denen es Ihnen gar nicht gelingen wird, den Solver vernünftig arbeiten zu lassen. Dann ist es schwierig, zu unterscheiden, ob es an Ihrem eigenen Unvermögen liegt oder ob eine Aufgabenstellung womöglich einfach nicht geeignet ist, den Solver darauf anzusetzen.

Kennen Sie beispielsweise das »Travelling-Salesman«-Problem? Hier geht es um einen Händler oder Spediteur, der von seinem Ausgangsort aus bestimmte Orte beliefern muss, um anschließend wieder zuhause anzukommen. Sein Primärziel ist es – wen wundert das bei den heutigen Spritpreisen –, alle Orte in der Reihenfolge anzusteuern, in der die zurückgelegte Gesamtstrecke am kürzesten ist.

Zunächst wollen wir diese Aufgabenstellung in einer Excel-Tabelle modellieren, wobei wir von sieben Orten ausgehen, die der Händler zu besuchen hat (Abb. 14.9).

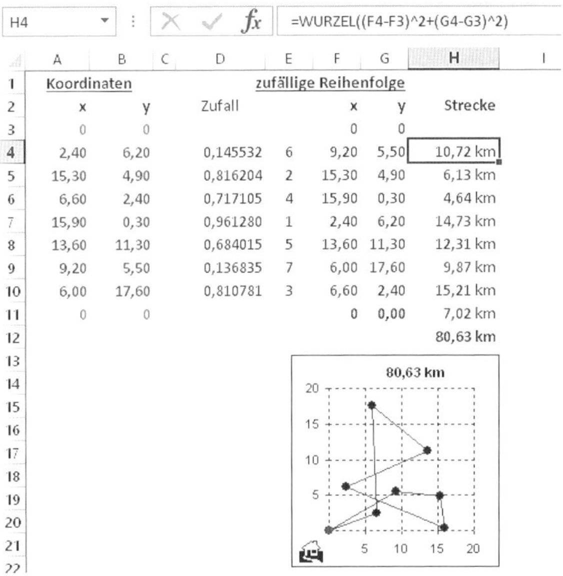

H4 =WURZEL((F4-F3)^2+(G4-G3)^2)

	A	B	C	D	E	F	G	H
1	Koordinaten				zufällige Reihenfolge			
2	x	y		Zufall		x	y	Strecke
3	0	0				0	0	
4	2,40	6,20		0,145532	6	9,20	5,50	10,72 km
5	15,30	4,90		0,816204	2	15,30	4,90	6,13 km
6	6,60	2,40		0,717105	4	15,90	0,30	4,64 km
7	15,90	0,30		0,961280	1	2,40	6,20	14,73 km
8	13,60	11,30		0,684015	5	13,60	11,30	12,31 km
9	9,20	5,50		0,136835	7	6,00	17,60	9,87 km
10	6,00	17,60		0,810781	3	6,60	2,40	15,21 km
11	0	0				0	0,00	7,02 km
12								80,63 km

Abbildung 14.9: Excel-Modellierung »Travelling Salesman« (1)

Die in einem Punkt (XY)-Diagramm visualisierte Welt des Händlers ist eine 20 Quadratkilometer große Fläche, in der die sieben zu erreichenden Orte über x-/y-Koordinaten bestimmt werden, die im Bereich A4:B10 stehen. Er selbst wohnt im Punkt 0/0. Da er sich zu Beginn überhaupt nicht entscheiden kann, in welcher Reihenfolge er die Orte anfahren will, lässt er den Zufall entscheiden. In D4:D10 stehen einfach Zufallszahlen: `=ZUFALLSZAHL()`. Darauf basierend bildet er in E4:E10 die Reihenfolge der Orte.

`E4: =RANG(D4;$D$4:$D$10)` (kopiert bis E10)

In F4:G10 werden die Koordinaten der Orte in die Reihenfolge gebracht, die durch die in Spalte E berechnete Rangfolge der Zufallszahlen bestimmt wurde.

`F4: =INDEX($A$4:$A$10;E4)` (kopiert bis F10)
`G4: =INDEX($B$4:$B$10;E4)` (kopiert bis G10)

F3:G3 und F11:G11 enthalten die Koordinaten 0, da er ja immer zuhause startet und abends auch wieder heil dort ankommt, wie wir hoffen wollen.

In Spalte H berechnen wir mit

`H4` (kopiert bis H10): `=WURZEL((F4-F3)^2+(G4-G3)^2)`
`=WURZEL((9,2-0)^2+(5,5-0)^2) = 10,72`

die Entfernung der Strecken zwischen zwei Orten. Dabei wenden wir den allseits bekannten Satz des Pythagoras an (Abb. 14.10):

$a^2+b^2=c^2$

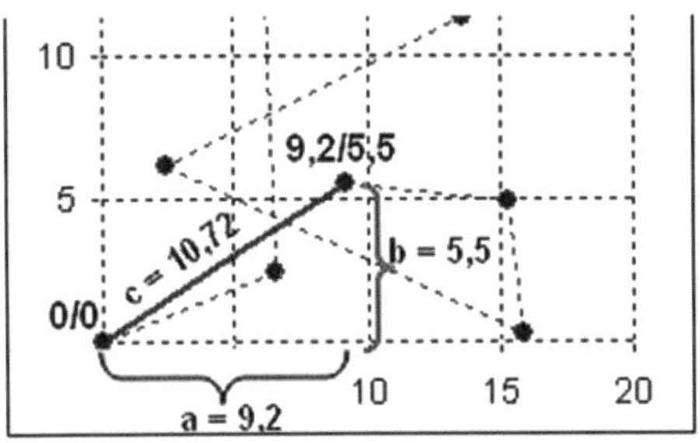

Abbildung 14.10: Streckenlänge mit Satz des Pythagoras berechnen

In H12 ergibt sich letztlich die insgesamt zurückgelegte Strecke (im Beispiel 80,63 km).

`H12: =SUMME(H4:H11)`

Natürlich sieht selbst ein Blinder mit Krückstock, dass das nicht die optimale Strecke ist, sondern dass sie den Händler über kurz oder lang in den Ruin treiben wird. Jetzt stellt sich die Frage, wie wir dem Händler helfen können, Spritkosten und natürlich auch Zeit einzusparen.

Wir könnten jetzt unserer Fantasie freien Lauf lassen und viel Zeit darauf verwenden, den Solver so einzustellen, dass er eine optimale Strecke findet. Ob uns das gelingt, ist sehr fraglich. Möglicherweise führt eine optimale Lösung über den Solver, vielleicht aber auch nicht. Mit Sicherheit ist es so schwierig, dass Sie über tiefgehende mathematische Fähigkeiten verfügen müssen, um den Solver hier zu bändigen.

Anstatt uns das Hirn zu zermartern, greifen wir zu einer wesentlich pragmatischeren und einfacher zu verstehenden Methode und lassen Excel für uns die Fleißarbeit über »Trial and Error« verrichten.

Hinter den Zufallszahlen in Spalte D steht eine feste Absicht. Denn jedes Mal, wenn wir F9 drücken, wird über die neuen Zufallszahlen eine neue Reihenfolge der Orte und damit eine andere Gesamtstrecke erzeugt. Wenn wir F9 gedrückt halten, wird Excel also eine Vielzahl von Strecken plump, aber effektiv ausprobieren. Um Ihnen die Fingerarbeit abzunehmen, würde der VBA-Einzeiler

```
For x = 1 to 10.000:Calculate:next
```

genügen. Aber da dies ein VBA-freies Buch ist, holen Sie lieber einen schweren Gegenstand und legen ihn auf die F9-Taste.

Wenn Excel auf diese Weise eine Zeit lang gesucht hat, wird es mit Sicherheit kürzere Strecken gefunden haben und mit hoher Wahrscheinlichkeit sogar die optimale. Aber jetzt müssen wir uns diese Lösung ja auch irgendwie merken bzw. protokollieren, sonst haben wir nichts davon. Dieses Protokollieren können wir mit der Excel-Iteration bewerkstelligen.

Wählen Sie bis Excel 2003 *Extras/Optionen/Berechnung* bzw. in späteren Excel-Versionen *Office-Schaltfläche* (Excel 2007) oder *Datei* (ab Excel 2010) und dann *Optionen/Formeln/Berechnungsoptionen*. Markieren Sie das Kontrollkästchen *Iterative Berechnung aktivieren* und stellen Sie die *Maximale Iterationszahl* auf 1 (Abb. 14.11).

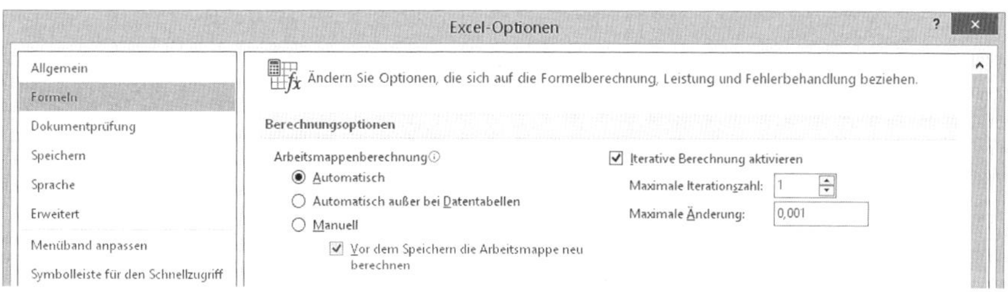

Abbildung 14.11: Dialogfeld Optionen – *Iteration aktivieren*

Dann erweitern Sie die Tabelle gemäß Abb. 14.12.

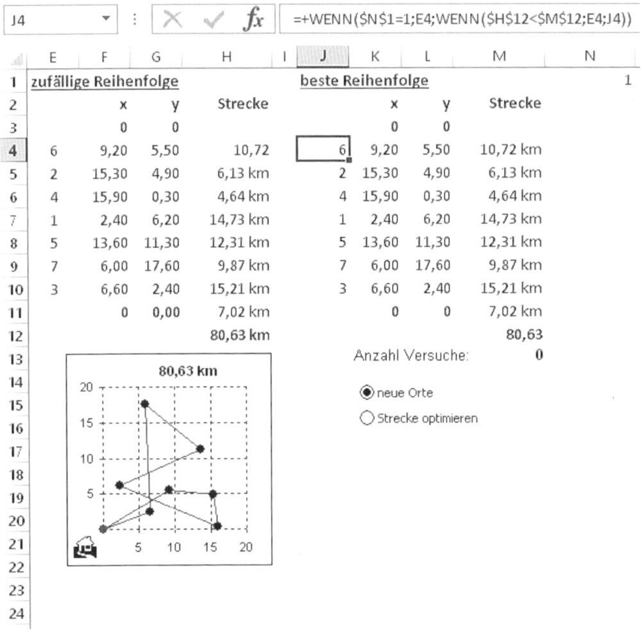

J4 =+WENN($N$1=1;E4;WENN($H$12<$M$12;E4;J4))

	E	F	G	H	I	J	K	L	M	N
1	zufällige Reihenfolge					beste Reihenfolge				1
2		x	y	Strecke			x	y	Strecke	
3		0	0				0	0		
4	6	9,20	5,50	10,72		6	9,20	5,50	10,72 km	
5	2	15,30	4,90	6,13 km		2	15,30	4,90	6,13 km	
6	4	15,90	0,30	4,64 km		4	15,90	0,30	4,64 km	
7	1	2,40	6,20	14,73 km		1	2,40	6,20	14,73 km	
8	5	13,60	11,30	12,31 km		5	13,60	11,30	12,31 km	
9	7	6,00	17,60	9,87 km		7	6,00	17,60	9,87 km	
10	3	6,60	2,40	15,21 km		3	6,60	2,40	15,21 km	
11		0	0,00	7,02 km			0	0	7,02 km	
12				80,63 km					80,63	
13						Anzahl Versuche:			0	

Abbildung 14.12: Excel-Modellierung »Travelling Salesman« (2)

Die Spalten E:H werden zunächst nach J:M kopiert. Die Berechnung der in Reihenfolge gebrachten Koordinaten sowie die Streckenangaben werden also dupliziert. Die Protokollierung der besten gefundenen Reihenfolge geschieht über die Formel:

`J4: =WENN($N$1=1;E4;WENN($H$12<$M$12;E4;J4))` (kopiert bis J10)

N1 wird über die Optionsfelder *Neue Orte* und *Strecke optimieren* gesteuert. *Neue Orte* gibt an N1 den Wert 1 weiter. In diesem Fall wird die Reihenfolge in Spalte J aus Spalte E übernommen. Die Option *Strecke optimieren* setzt N1 auf den Wert 2, damit wird die Iteration bzw. die Protokollierung der besten Reihenfolge gestartet. Diese verbirgt sich hinter dem Formelteil:

```
WENN($H$12<$M$12;E4;J4)
```

Wenn per Zufall in H12 eine Gesamtstrecke gefunden wurde, die kürzer ist als die in M12 protokollierte, dann wird die Reihenfolge aus E4 übernommen. Ansonsten bleibt der Wert aus J4 (bezieht sich auf sich selbst) eingefroren. Dies hat zur Folge, dass die Strecke in Spalte H größer und kleiner wird, aber in Spalte M kann sie immer nur kleiner werden und nähert sich ergo immer mehr dem Optimum an.

Dann wird in M13 noch gezählt, wie viele »Trial and Error«-Versuche durchgeführt wurden. Steht N1 auf 1, wird der Zähler wieder zurückgesetzt.

```
M13: =WENN(N1=1;0;M13+1)
```

Jetzt probieren wir einmal aus, wie effektiv diese Methode den optimalen Weg findet (Abb. 14.13).

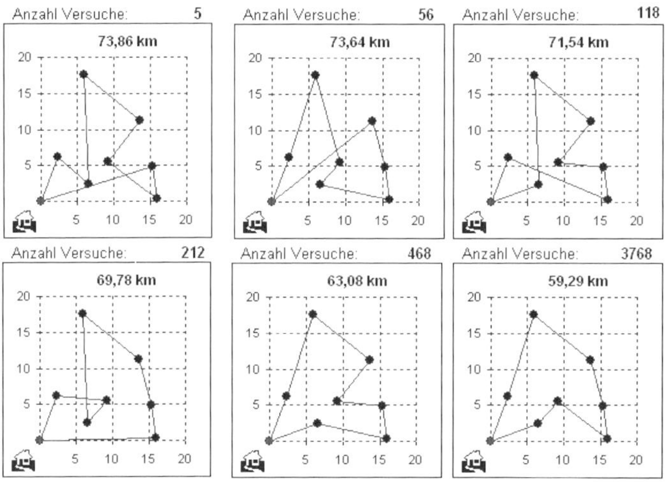

Abbildung 14.13: Schrittweise Streckenoptimierung per »Trial and Error«

Wie wir sehen, findet Excel zu Beginn in relativ kurzen Abständen bessere Streckenverläufe. Nach 468 Versuchen und einer Strecke von 63,08 km könnte man versucht sein, sich damit zufriedenzugeben. Dies ist eine Strecke, mit der der Händler sicher gut leben könnte. Er kann sich allerdings nie hundertprozentig sicher sein, dass er die optimale Strecke gefunden hat.

Ist er noch nicht zufrieden, kann er weitersuchen und siehe da: Nach 3.768 Versuchen wird eine noch bessere Lösung gefunden. Jetzt musste er aber schon mehr Geduld mitbringen, denn die Intervalle zwischen zwei temporären Bestmarken werden immer größer. Auch jetzt weiß er nicht genau, ob das die allerbeste Lösung ist. Das kann er auch nach 10 Milliarden Versuchen nicht wissen. Aber das unterscheidet eben einen

Optimierungsalgorithmus von einer mathematisch einwandfreien Lösung. Nichtsdestotrotz können wir hier wohl davon ausgehen, dass wir den Händler glücklich gemacht haben.

14.4 Ein bisschen Statistik zu »Trial and Error«

Das soeben gezeigte Verfahren eignet sich zur Lösung von ganzzahligen Aufgaben, die in den Bereich der Kombinatorik fallen. Wenn Sie ein solches Verfahren anwenden, sollten Sie zumindest ungefähr Ihre Erfolgsaussichten abschätzen können.

Beim »Travelling-Salesman«-Problem handelt es sich um eine Permutation, da die Reihenfolge von n Orten – {1;2;3;...;n} – beliebig gemischt wird. Die Anzahl möglicher Permutationen bestimmt sich aus

```
FAKULTÄT(n)
```

Bei sieben Orten (der Startpunkt des Händlers muss nicht berücksichtigt werden) sind es:

```
FAKULTÄT(7)=5.040
```

Also eine noch recht überschaubare Zahl, die aber mit zunehmender Anzahl der Orte stark ansteigt. Bei zehn Orten sind es bereits 3.628.800 Möglichkeiten.

Die Gretchen-Frage lautet nun, wie hoch die Chance ist, nach x Versuchen die optimale Lösung oder zumindest eine der drei besten Lösungen gefunden zu haben. Die Gretchen-Antwort führt über die Binominalverteilung. Die Binominalverteilung trifft Aussagen darüber, wie groß die Wahrscheinlichkeit ist, nach einer bestimmten Anzahl Versuchen eine bestimmte Anzahl Treffer gelandet zu haben, wobei die Trefferwahrscheinlichkeit bei jedem Versuch gleich ist. Bei sieben Orten ist die Trefferwahrscheinlichkeit für die optimale Lösung 1 zu 5.040. Die Wahrscheinlichkeit, die optimale Lösung nach x Versuchen mindestens einmal gefunden zu haben, lautet:

```
=1-BINOMVERT(0;x;1/5040;0)
```

Von der Gesamtwahrscheinlichkeit 1 wird also die Wahrscheinlichkeit für 0 Treffer subtrahiert, denn zwei oder mehr Treffer wären ja auch in Ordnung. Wenn es Ihnen genügt, eine der drei besten Lösungen gefunden zu haben, lautet die Wahrscheinlichkeit:

```
=1-BINOMVERT(0;x;3/5040;0)
```

Die konkreten Wahrscheinlichkeiten für unseren Händler sehen Sie in Abb. 14.14.

C3 | =1-BINOMVERT(0;A3;3/5040;0)

	A	B	C	D	E	F
1	Versuche	Optimum	beste drei			
2	x	w	w			
3	1	0,02%	0,06%			
4	10	0,20%	0,59%			
5	100	1,96%	5,78%			
6	1.000	18,00%	44,87%			
7	5.040	63,22%	95,03%			
8	10.000	86,25%	99,74%			
9	15.000	94,90%	99,99%			
10	20.000	98,11%	100,00%			
11	25.000	99,30%	100,00%			
12	30.000	99,74%	100,00%			
13						

Abbildung 14.14: Binomialverteilung der Optimierungswahrscheinlichkeit per »Trial and Error«

Nach 5.040 Versuchen, die der Anzahl insgesamt möglicher Permutationen entspricht, hat er also gute Chancen, das Optimum oder zumindest eine der besten drei Lösungen gefunden zu haben.

Nur ganz nebenbei als Erinnerung an das Mathematikgenie Leonhard Euler: Eine interessante Auffälligkeit dabei ist der Wert 63,22 %. ohne Rundung beträgt er genau 63,2157057822357 % und geht damit in die Nähe der Formel:

```
=1-1/EXP(1) = 0,632120558828558
```

Das ist kein Zufall. Wenn Sie die Anzahl Orte (n) erhöhen und die Anzahl Versuche (x) mit n gleichsetzen, nähert sich das Ergebnis immer weiter dieser Formel an.

```
=1-BINOMVERT(1;FAKULTÄT(12);1/FAKULTÄT(12);0)= 0,632120558444551
```

Was es wohl bedeuten mag, lassen wir jetzt mal offen. Ganz nach dem Motto von Benjamin Peirce vor der National Academy of Sciences in Washington im Jahre 1870:

»Gentlemen, that is surely true, it is absolutely paradoxical; we cannot understand it and we don't know what it means. But we have proved it, and therefore we know it is the truth!«

»Meine Herren, diese Formel ist in der Tat richtig. Sie ist absolut paradox, wir können sie nicht verstehen und wir wissen nicht, was sie bedeutet. Aber wir haben sie bewiesen, und deshalb wissen wir: Sie muss wahr sein!«

Er meinte damit Eulers berühmte Formel

e^(pi*i) + 1 = 0

e ist die eulersche Zahl – auch Wachstumsfaktor genannt – (1+1/n)^n mit n gegen unendlich und hat unendlich viele Nachkommastellen; pi ist logischerweise die Kreiszahl Umfang/Durchmesser mit keiner Nachkommastelle weniger und i ist das imaginäre Ergebnis der Wurzel aus -1. Logisch, dass die Verquickung dieser drei Zahlen ein ganzzahliges Ergebnis ergibt!

Mit Excel dargestellt (aktivieren Sie ausnahmsweise einmal die Analysefunktionen und ignorieren Sie Excels Rundungsungenauigkeit):

```
=IMAGINÄRTEIL(IMEXP(IMPRODUKT(PI();"i")))+IMREALTEIL(IMEXP(IMPRODUKT(PI();
"i")))+1
```

Kapitel 15

IKV – eine Funktion macht Karriere

Zur Einstimmung eine kleine mathematische Vorgeschichte.

15.1 Lösung von Gleichungen: Galois und Co.

Sie erinnern sich vielleicht aus der Schule an die quadratische Gleichung der Form

$$a \cdot x^2 + b \cdot x + c = 0$$

Abbildung 15.1: Quadratische Gleichung

Diese ließ sich mit der sogenannten *pq-Formel* lösen. Mit der Definition

$$p = \frac{b}{a}$$
$$q = \frac{c}{a}$$

Abbildung 15.2: pq-Formel (1)

und Teilung der Gleichung durch den Faktor a bringt man dabei die Gleichung in die Normalform

$$1 \cdot x^2 + p \cdot x + q = 0$$

Abbildung 15.3: Normalform quadratische Gleichung

Eine Gleichung n-ten Grades kann maximal n Lösungen besitzen. Der Grad einer Gleichung bestimmt sich nach ihrem höchsten Exponenten, bei der quadratischen Gleichung also 2. Ergo besitzt die quadratische Gleichung maximal zwei Lösungen, die mit der folgenden *pq-Formel* ermittelt werden:

$$x_{1,2} = -\frac{p}{2} \pm \sqrt{\left(\frac{p}{2}\right)^2 - q}$$

Abbildung 15.4: pq-Formel (2)

Wir probieren dies anhand eines Beispiels gemäß Abb. 15.5 einmal aus.

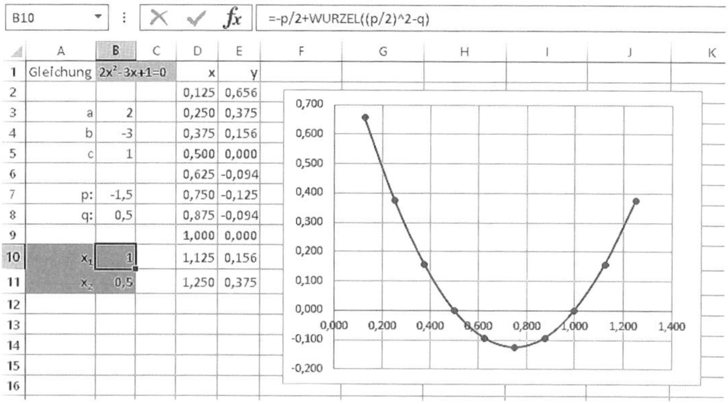

Abbildung 15.5: Lösung einer quadratischen Gleichung

Es funktioniert. Die *pq-Formel* liefert für die Gleichung

`2x^2-3x+1=0` die Lösungen

```
B10: =-p/2+WURZEL((p/2)^2-q)=1
B11: =-p/2-WURZEL((p/2)^2-q)=0,5
```

Den Zellen B3:B8 wurden die links benachbarten Symbole als Namen zugewiesen. Die Zelle B5 nennt sich »c.«, da das Symbol c (ohne Punkt) in Excel für *Column* (Spalte) reserviert ist und deshalb nicht als Name verwendet werden darf. Das Gleiche gilt auch für r (*Row*/Zeile).

Den grafischen Nachweis der zwei Lösungen fördert das Punkt (XY)-Diagramm zu Tage. Als x-Achse wurden zehn Datenpunkte zwischen 0,125 und 1,25 gewählt. Die dazugehörigen y-Punkte findet man mit:

```
E2: =a*D2^2+b*D2+c
```

Da E5 und E9 den Wert 0 annehmen, sehen wir schon, dass die dazugehörigen x-Werte zu dem Ergebnis der *pq-Formel* passen. Die Kurve des Diagramms schneidet wie erwartet die x-Achse an den Punkten 0,5 und 1.

Jetzt wollen wir die Aufgabenstellung, scheinbar geringfügig, erweitern. Gegeben sei eine Gleichung der Form

$$a \cdot x^3 + b \cdot x^2 + c \cdot x + d = 0$$

Abbildung 15.6: Kubische Gleichung

Sieht ja auch nicht viel anders aus. Ein Summand mehr und im höchsten Exponenten eine 3 statt einer 2, was die Gleichung zur kubischen Gleichung qualifiziert. Dieser Exponent +1 kann doch bezüglich Lösungsweg keinen so großen Unterschied machen. Oder doch?

Oder doch!!! Diese Gleichung kann wegen des Exponenten 3 maximal drei Lösungen für x besitzen, und diese drei zu finden, ist um ein Vielfaches schwerer als die Lösung der quadratischen Gleichung. Für Interessierte soll es nun kurz gezeigt werden. Für den weiteren Verlauf des Kapitels muss man den Lösungsweg nicht kapieren, es geht nur um die Demonstration, wie unglaublich kompliziert es ist, eine kubische Gleichung nach x aufzulösen. Falls Ihnen so viel Mathematik zu weit geht, können Sie die nächsten zwei Seiten getrost überspringen.

Die übrigen Leser wenden ihren Blick auf die nächste Abb. 15.7.

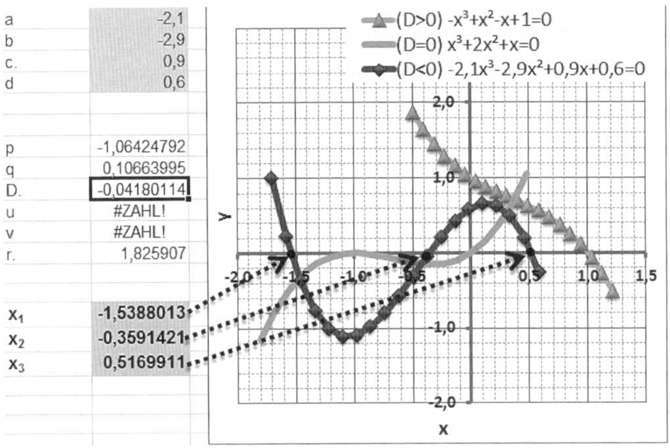

Abbildung 15.7: Lösung kubische Gleichung

In B1 bis B4 stehen die Parameter der Beispielgleichung

```
-2,1*x^3-2,9*x^2+0,9*x+0,6=0
```

Die Parameter p und q werden wieder verwendet, haben jetzt aber eine andere Definition:

```
B7(p): =(3*a*c.-b^2)/(3*a^2)
B8(q): =(2*b^3)/(27*a^3)-b*c./(3*a^2)+d/a
```

D. ist eine ganz wichtige Größe, die maßgebend für den weiteren Rechenweg ist. *D* mit Punkt, weil der Name *d* schon vergeben ist und *D* allein deshalb nicht mehr zulässig ist.

```
B9(D.): =(q/2)^2+(p/3)^3
```

Je nach Vorzeichen von *D.* gibt es drei Typen von kubischen Gleichungen.

- D. <0: Die Gleichung hat drei reelle Lösungen, wie unsere Beispielgleichung in der Tabelle.
- D. >0: Die Gleichung hat nur eine reelle Lösung. Dies trifft für die Gleichung im Diagramm zu, die die x-Achse nur einmal schneidet.
- D. =0: Ist ein Sonderfall, eine solche Gleichung hat drei Lösungen, von denen zwei identisch sind. Das Diagramm zeigt eine Kurve, die die x-Achse bei -1 berührt, aber nicht schneidet.

Weitere Zwischenrechnungen sind

```
B10(u): =(-q/2+WURZEL(D.))^(1/3)
B11(v): =(-q/2-WURZEL(D.))^(1/3)
B12(r.) =ARCCOS(-(q/2)*WURZEL(-27/p^3))
```

Damit kommen wir »schon« zu den Lösungen von x_1, x_2 und x_3:

```
B15(x1):
=WAHL(VORZEICHEN(D.)+2;-WURZEL(-4/3*p)*COS(1/3*r.-PI()/3)-b/(3*a);
(q/2)^(1/3)-b/(3*a); "---")
B16(x2):
=WAHL(VORZEICHEN(D.)+2;-WURZEL(-4/3*p)*COS(1/3*r.+PI()/3);(-4*q)^(1/3);
u+v)-b/(3*a)
B17(x3):
=WAHL(VORZEICHEN(D.)+2;WURZEL(-4/3*p)*COS(1/3*r.)-b/(3*a);
(q/2)^(1/3)-b/(3*a); "---")
```

Die Funktion WAHL sorgt hier dafür, dass abhängig des Vorzeichens von D. drei unterschiedliche Berechnungen zum Ansatz kommen.

Das vorgegebene Beispiel liefert die Lösungen -1,5, -0,36, 0,52

aus der Gleichung

```
-x^3+x^2-x+1=0
```

Mit den Parametern -1, 1, -1, 1 in B1:B4 resultiert ein positives D. Es existiert dann nur eine reelle Lösung

$x_1 = +1$

Trägt man in B1:B4 die Parameter 1, 2, 1, 0 ein, erhält man den Sonderfall D=0. Die drei Lösungen der Gleichung

```
x^3+2*x^2+x=0
```

lauten

$x_1 = -1$
$x_2 = 0$
$x_3 = -1$

Hinter den trigonometrischen Berechnungen (COS/ARCCOS) zur Lösung von kubischen Gleichungen verbergen sich Rechenoperationen mit komplexen Zahlen. Diese genauer herzuleiten, würde hier den Rahmen sprengen. (Eine detaillierte Beschreibung dazu findet man z. B. bei Wikipedia unter dem Stichwort *Cardanische Formeln*, benannt nach dem Mathematiker Gerolamo Cardano, der diese Berechnungen erstmals 1545 in seinem Buch Ars magna veröffentlichte.)

Sie haben gesehen, wie sehr sich die Gleichungen, man nennt solche Funktionen übrigens Polynome, bei nur einem höheren Exponenten als 2 verkomplizieren. Jetzt lässt sich bereits erahnen, wie kompliziert ein Polynom vierten Grades (oder noch höher) mit maximalem Exponent vier zu lösen sein muss.

Mit dem Exponent vier sind wir bei den quartischen Gleichungen angelangt. Für diese Gleichungen fand der Mathematiker Lodovico Ferrari (1522-1565) die Lösungen. Veröffentlicht wurden sie ebenso wie die Lösung der kubischen Gleichungen von Cardano, der überdies auch Ferraris Lehrer war. Die quartischen Gleichungen sind noch schwerere Kost, die uns viel zu sehr im Magen liegen würde. Also lassen wir die Finger davon.

Mit den Polynomen vierten Grades ist das Ende der Fahnenstange erreicht. Für Gleichungen mit maximalem Exponenten 5 gibt es schon keine allgemeingultigen Lösungswege mehr. Dies bewiesen die Mathematiker Ruffini, Abel und vor allem auch Évariste Galois zu Beginn des 19. Jahrhunderts. Aber selbst der Beweis für die Unmöglichkeit ist in diesem Fall so genial, dass er für Normalsterbliche nicht zu begreifen ist.

Bevor wir zu weit abschweifen, schwenken wir wieder zurück zur irdischen Finanzmathematik. Spannen wir Sie nicht länger auf die Folter, was das soeben Erzählte überhaupt mit Rendite und Zinssätzen zu tun hat.

15.2 Nominalzins versus Effektivzins

Wir haben eben gelernt, dass Polynome fünften Grades oder höher nicht allgemeingültig gelöst werden können, in Sonderfällen aber schon.

$$y = x^n$$

Abbildung 15.8: Sonderfall eines Polynoms

Die Gleichung in Abb. 15.9 ist streng genommen ein Sonderfall eines Polynoms n-ter Ordnung, bei dem nur alle Exponenten kleiner n=0 sind. Diese Gleichung lässt sich natürlich einfach nach x auflösen, nämlich durch

$$x = \sqrt[n]{y} = y^{1/n}$$

Abbildung 15.9: Auflösung von y nach x

Fast trivial einfach, aber für unsere finanzmathematischen Modelle sehr hilfreich. Es leuchtet ein, dass ein Geldbetrag, der einmal mit 12 % verzinst wird, nicht den gleichen zukünftigen Endwert aufweist wie der gleiche Geldbetrag, der zwölfmal exponentiell, also mit Zinseszinseffekt, fortgeschrieben wird. Zum Beweis:

```
100*1,12=112
100*1,01^12=112,682503013197
```

Ein Sparplan, der Ihnen einmal im Jahr 12 % Zinsen gewährt, ist also nicht äquivalent zu einer Anlage, die monatliche Zinsverrechnung bei einem Jahreszins von 12 % unterstellt. Im zweiten Fall verrechnen Sie jedes Mal ein Zwölftel des Jahreszinses und bekommen dadurch am Ende des Jahres 68 Cent mehr zurück.

Gleicher Jahreszins führt zu unterschiedlichen Ergebnissen. Das ist für den Verbraucher, der verschiedene Modelle miteinander vergleichen will, natürlich verwirrend. Deshalb gibt es die Preisangabenverordnung PAngV, die es gebietet, immer den Effektivzins einer Geldanlage oder eines Darlehens anzugeben. In beiden oben genannten Varianten beträgt der nominelle Jahreszins 12 %. Bei der jährlichen Zinsverrechnung entspricht dies ebenso dem Effektivzins. Der jährliche Effektivzins bei der unterjährigen Zinsverrechnung ist höher als der jährliche Nominalzins.

Im Folgenden bezeichnen wir den Effektivzins als i_{eff} und den Nominalzins als i_{nom}. Bezogen auf obiges Zahlenbeispiel interessieren uns zwei Fragestellungen:

- Welcher jährlichen Effektivverzinsung entspricht der Endwert von 112,6825 €?
- Welcher monatliche Nominalzins hätte vergütet werden müssen, um nach zwölf Monaten exakt 112 € zu erreichen, was einer jährlichen Effektivverzinsung von 12 % entsprechen würde?

Die erste Fragestellung beantwortet die Formel

i_{eff} = (1+i_{nom}/12)^12-1=12,6825%

In allgemeiner Form für beliebige n statt 12:

i_{eff} = (1+i_{nom}/n)^n-1

Die zweite Fragestellung entspricht quasi der Auflösung des Polynoms n-ter Ordnung nach x über die n-te Wurzel. Jetzt schließt sich endlich der Kreis von der Nullstellenberechnung zur Finanzmathematik:

i_{nom}=((1+i_{eff})^(1/n)-1)*n

Im konkreten Fall

i_{nom} =((1+12%)^(1/12)-1)*12 = 0,113865515214997

Zum Beweis rechnen wir zurück:

```
100*(1+0,113865515214997/12)^12=112
```

Quod erat demonstrandum!

Excel bietet für die Umrechnung zwischen Effektivzins und Nominalzins zwei Funktionen mit naheliegenden Namen an.

NOMINAL(Effektiver_Zins;Perioden)

Gibt die jährliche Nominalverzinsung zurück, ausgehend vom effektiven Zinssatz sowie der Anzahl der Verzinsungsperioden innerhalb eines Jahres.

EFFEKTIV(Nominalzins;Perioden)

Gibt die jährliche Effektivverzinsung zurück, ausgehend von einer Nominalverzinsung sowie der jeweiligen Anzahl der Zinszahlungen pro Jahr.

Angewandt auf obiges Beispiel:

```
=NOMINAL(12%;12)= 0,113865515214997
=EFFEKTIV(12%;12)= 0,12682503013197
```

Diese beiden Funktionen gehörten bis Excel 2003 nicht zum Standardkatalog. Falls Sie also die Excel-Dateien mit solchen Berechnungen an Personen senden, die eventuell noch ältere Excel-Versionen haben, führen Sie sie lieber »zu Fuß« durch.

Der Effektivzins lässt sich nicht nur vom Nominalzins ableiten, sondern auch aus Barwert *bw* und zukünftigem Wert *zw*, sofern natürlich die Anzahl der Perioden bekannt sind, die dazwischen liegen. Angenommen, Sie haben am 01.01.10 5.430,00 € auf ein Sparkonto eingezahlt, erhalten am 31.12.15 7.111,97 € und haben keine Ahnung, mit welchem Zinssatz ihr Guthaben vergütet wurde. Wie hoch ist die Effektivverzinsung pro Jahr?

Sechs Jahre lang war das Geld angelegt. Das Ergebnis lautet demnach

```
i_eff = (zw/bw)^(1/n)-1
=(7111,97/5430)^(1/6)-1=4,6%
```

Mit der NOMINAL-Funktion wäre man auch auf das Ergebnis gekommen:

```
=NOMINAL(7111,97/5430-1;6)/6
```

15.3 Interner Zinsfuß

Die Berechnung des Effektivzinssatzes hat sich soeben auf eine einmalige Zahlung bezogen, die sich eine bestimmte Anzahl Perioden verzinste. Betrachten wir den Fall mehrerer regelmäßiger Zahlungen von 1000 €, die fünf Jahre lang zum 01.01. eingezahlt werden und zum 31.12. des fünften Jahres in Summe auf 5.666,41 € (*zw*) angewachsen ist. Mit welchem Zinssatz wurde das Kapital verzinst?

Nun haben wir ein Problem. Die erste Zahlung wurde fünf Jahre lang verzinst, die zweite vier Jahre lang und so weiter. Wir wissen aber nicht, welcher Anteil in den 5.666,41 € auf die erste Zahlung entfällt. Deshalb können wir die Formel i=(zw_1/1000)^(1/5)-1 nicht anwenden, weil zw_1 – der auf die erste Zahlung entfallende Endwert – unbekannt ist. Wir wissen nur, dass sich *zw* aus folgender Summation ergibt:

```
zw = rmz*(1+i)^5+ rmz*(1+i)^4+ rmz*(1+i)^3+ rmz*(1+i)^2+ rmz*(1+i)^1
```

Wir sehen hier eine uns wohl bekannte geometrische Folge. Gleichzeitig sehen wir aber auch ein Polynom fünften Grades der Form

$$y = b \cdot x + c \cdot x^2 + d \cdot x^3 + e \cdot x^4 + f \cdot x^5$$

Abbildung 15.10: Polynom 5. Grades mit Konstante(y-Achsenschnittpunkt)=0

bei dem *y* für *zw* steht und *(1+i)=q* durch *x* ersetzt wurde. Die Parameter b bis f sind alle gleich groß (a bleibt der nicht besetzten Konstanten a^*x^0 vorbehalten) und haben den Wert *rmz*. Spätestens jetzt wird klar, wofür der mathematische Exkurs im ersten Abschnitt des Kapitels gut war. Dank Evariste Galois und Kollegen wissen wir: Diese Gleichung können wir mathematisch nicht nach x bzw. q auflösen.

Aber wozu auch, Excel bietet hier die niedliche Funktion

ZINS(Zzr;Rmz;Bw;Zw;F;Schätzwert)

Gibt den Zinssatz einer Annuität pro Periode zurück ...

Einfach mal ausprobiert (Abb. 15.11).

i | =ZINS(n;rmz;0;zw;f)

	A	B	C	D	E	F	G	H
1	regelmäßige Zahlung	rmz	-1.000,00		t	Zahlung	Zinsperioden	Wert
2	Perioden	n	5		t_0	1000	5	1.228,40
3	Fälligkeit	f	1		t_1	1000	4	1.178,88
4	Endwert	zw	5.666,41		t_2	1000	3	1.131,37
5	Zinssatz	i	4,200%		t_3	1000	2	1.085,76
6					t_4	1000	1	1.042,00
7					Σt_5			**5.666,41**
8								

Abbildung 15.11: Zinssatzermittlung bei vorgegebenem Endwert mit Funktion ZINS

Die Formel

```
C5: =ZINS(n;rmz;0;zw;f)
```

liefert das Ergebnis 4,2 %. Bevor wir das glauben, machen wir erst eine tabellarische Rückrechnung in der Tabelle ab Spalte E.

```
H2: =F2*(1+$C$5)^G2
```

bis H6 kopiert und der Endwert:

```
H7: =SUMME(H2:H6)
```

Wow! Passt! Doch wie kann das sein? Die hellsten Mathematiker der Geschichte haben bewiesen, dass das Problem nicht zu lösen ist, und Microsoft kontert ganz locker mit der Funktion ZINS.

Die Antwort: Das ist ein bisschen geschummelt. Um diese Schummelei zu ermöglichen, waren wieder andere Mathematiker am Werk, wie z. B. der ehrenwerte Sir Isaac Newton (1643-1727).

Das richtige Ergebnis hier ist keine exakt mathematisch hergeleitete Lösung, sondern ein über ein Näherungsverfahren erzieltes Resultat. So steht es auch in der Excel-Hilfe:

... ZINS verwendet zur Berechnung eines Zinssatzes ein Iterationsverfahren. Es ist möglich, dass es keine oder auch mehrere Lösungen gibt. Wenn die Differenzen aufeinander folgender Ergebnisse von ZINS nach 20 Iterationsschritten nicht gegen 0,0000001 konvergieren, gibt ZINS den Fehlerwert #ZAHL! zurück.

15.3.1 Charmante Annäherungsversuche

Eine Kapitalanlage mit regelmäßigen konstanten Einzahlungen oder auch ein annuitätischer Tilgungsplan stellt zwar ein Polynom n-ten Grades dar, aber eines, das recht einfach strukturiert ist. Das obere Diagramm in Abb. 15.12 zeigt das Polynom 5. Grades zu unserem Sparplan mit fünf Zahlungen je 1000 Euro und Endwert 5666,41 in großem Maßstab. Für die finanzmathematische Anwendung interessiert uns nur ein ganz kleiner Ausschnitt des Funktionsgraphen, nämlich der markierte Quadrant zwischen 0 und 2. Das untere Diagramm zeigt diesen Ausschnitt herangezoomt. Man erkennt, dass die Funktion nur an einer Stelle die x-Achse schneidet, die es zu bestimmen gilt. Würde das Polynom nicht in diesem x-Achsenintervall die x-Achse schneiden, würde das Modell betriebswirtschaftlich keinen Sinn ergeben, denn diese Stelle bestimmt die Verzinsung der Kapitalanlage.

Ein Näherungsverfahren zur Bestimmung einer Nullstelle verlangt einen Schätzwert q_S ($q=x=1+i$), von dem aus man sich der gesuchten Nullstelle annähern kann. Durch die Begrenzung des Polynoms auf den kleinen Ausschnitt mit betriebswirtschaftlicher Relevanz haben wir diese Voraussetzung bereits geschaffen. Im unteren Diagramm in Abb. 15.12 wird der x-Wert 1,4 als Ausgangspunkt bzw. Schätzwert gewählt.

An diesen Punkt legt man eine Tangente an. Ihre Steigung entspricht an diesem Punkt der Steigung des Polynoms. Berechnet wird sie aus der ersten Ableitung des Polynoms. Damit sind die Koordinaten q_S und y_S sowie die Steigung der Tangenten bekannt. Somit ist es möglich, den Punkt q_1 zu bestimmen, der die erste Annäherung an den tatsächlichen Wert von q und damit den richtigen Zinssatz i erschließt. In Höhe von q_1 legt man erneut eine Tangente an den Funktionsgraphen an und wiederholt die Berechnung. So erreicht man nach wenigen Schritten die x-Koordinate, die dem tatsächlichen Zinssatz annähernd entspricht. Abb. 15.13 zeigt die tabellarische Darstellung des Verfahrens.

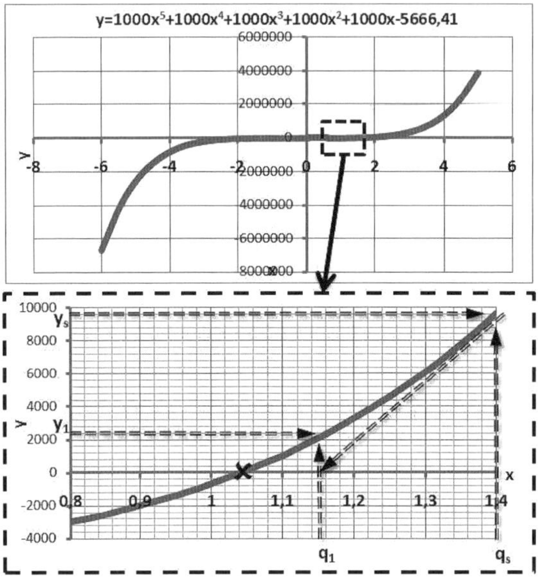

Abbildung 15.12: Grafische Darstellung des Polynoms (=Endwertfunktion)

F11 | =H21-1

	A	B	C	D	E	F	G	H	
1	x	y		Koeffizienten	Polynom*)	1.Ableitung		Iteration	
2	0,8	-2977,13		a	-5666,41	1000		1,4	q_s
3	0,83	-2707,24		b	1000	2000		1,15774057	q_1
4	0,86	-2413,32		c	1000	3000		1,05741361	q_2
5	0,89	-2093,51		d	1000	4000		1,04230569	
6	0,92	-1745,85		e	1000	5000		1,04200012	
7	0,95	-1368,25		f	1000	0		1,04199999	
8	0,98	-958,53						1,04199999	
9	1,01	-514,39			*) $y=a+bx+cx^2+dx^3+ex^4+fx^5$			1,04199999	
10	1,04	-33,43						1,04199999	
11	1,07	486,88			Zinssatz:	4,200%		1,04199999	
12	1,1	1049,20			(q-1)			1,04199999	
13	1,13	1656,30						1,04199999	
14	1,16	2311,07						1,04199999	
15	1,19	3016,54						1,04199999	
16	1,22	3775,88						1,04199999	
17	1,25	4592,38						1,04199999	
18	1,28	5469,47						1,04199999	
19	1,31	6410,73						1,04199999	
20	1,34	7419,87						1,04199999	
21	1,37	8500,77						1,04199999	
22	1,4	9657,43						1,04199999	q

Abbildung 15.13: Zinssatzermittlung über das newtonsche Näherungsverfahren

In E2:E7 stehen die Koeffizienten a bis f des Polynoms, daneben in Spalte F dessen 1. Ableitung. Zur Erinnerung an die Schulzeit, von einer Funktion

```
f(x) = a*x^n
```

lautet die 1. Ableitung

```
f'(x) = n*a*x^(n-1)
```

Umgesetzt wird diese Berechnung ganz einfach mit

```
F2: =ANZAHL(E$2:E2)*E3
```

kopiert bis F7. Klingt erst mal komisch – ist aber so. Zum Beispiel ist von `1000*a^5` aus E7 die 1. Ableitung

```
ANZAHL(E$2:E6)*E7=5*1000=5000*b^4
```

die durch die Zelle F6 repräsentiert wird. Der Exponent 5 existiert in der 1. Ableitung nicht, deshalb ist die Zelle F7 leer.

In A2:A22 wird das x-Achsenintervall definiert, in dessen Bereich die ungefähre Nullstelle angepeilt wird. Die entsprechenden y-Werte ergeben sich dann aus

```
B2: =E$2+E$3*A2+E$4*A2^2+E$5*A2^3+E$6*A2^4+E$7*A2^5
```

Gott sei Dank gibt es Matrixformeln, sodass diese Berechnung etwas kürzer und übersichtlicher gestaltet werden kann:

```
B2: {=SUMME($E$2:$E$7*A2^{0;1;2;3;4;5})}
```

(zu kopieren bis B22).

In H2 steht die erste Schätzung der Polynomnullstelle q_s mit dem Wert 1,4. Der y-Wert beträgt y_s=9657,43. Die erste Ableitung an dieser Position hat den Wert

```
f'(1,4)= SUMME($F$2:$F$7*H2^{0;1;2;3;4;5})=39864
```

Das bedeutet, dass die Tangente ebenso die Steigung 39864 hat. Aus dieser Erkenntnis kommen wir über einen banalen Dreisatz zu Punkt q1:

Wenn ein Punkt auf der Tangente einen x-Wert nach links wandert, liegt er 39864 y-Werte weiter unten. Wie viele x-Werte muss er dann nach links wandern, um von y_s=9657,43 auf y=0 verschoben zu werden? Es gilt

$(q_s-q_1)/9657,43=1/39864$
$q_s-q_1=9657,43/39864$
$q_s-9657,43/39864=q1$
$q_1=1,4-9657,43/39864=1,4-0,242259432=1,15774057$

Von diesem errechneten Punkt wird dann erneut die Steigung seiner Tangente berechnet etc. In der Excel-Tabelle formulieren wir dazu

```
H3:{=H2-(SUMME($E$2:$E$7*H2^{0;1;2;3;4;5})/H2) /(SUMME($F$2:$F$7*H2^
{0;1;2;3;4;5})/H2)}
```

und kopieren die Formel beliebig viele Iterationsschritte nach unten. In Abb. 15.13 haben wir bis H22 kopiert, aber bis Zeile 10 hätte auch genügt, denn die Annäherung ist dann so schnell am richtigen Wert angelangt, dass nur wenige Schritte notwendig sind. Von der korrekten q-Position muss schließlich noch 1 abgezogen werden, um den begehrten Zinssatz zu erhalten:

```
F12: = H21-1 = 4,2%
```

Solch eine iterative Annäherung steckt also hinter der Excel-Funktion ZINS. Allerdings ist auch ihr Einsatzgebiet sehr begrenzt.

15.3.2 Dynamische und schwankende Zahlungen

Angenommen, die fünf Zahlungen je 1000 € sind nicht konstant, sondern wachsen ab dem zweiten Jahr mit einer Dynamik von 5 % und führen zu einem Endwert von 6000 €. Den Endwert eines dynamischen Sparplans haben wir im vorangegangenen Abschnitt bereits ermittelt, doch geht dies auch mit dem internen Zinsfuß? Die Funktion ZINS ist hier bereits am Limit, da sie nur konstante Zahlungen verarbeiten kann.

Also greifen wir zu einer weitaus stärker motorisierten Funktion Namens IKV:

IKV(Werte;Schätzwert)

Gibt den internen Zinsfuß einer Investition ohne Finanzierungskosten oder Reinvestitionsgewinne zurück. Die in Werten angegebenen Zahlen entsprechen der zu der Investition gehörenden Zahlungsreihe. Diese Zahlungen müssen nicht gleich groß sein, wie dies bei Annuitätenzahlungen der Fall ist. Der Zinsfluss muss jedoch in regelmäßigen Intervallen, monatlich oder jährlich, auftreten. Der interne Zinsfuß ist der Zinssatz, der für eine Investition erreicht wird, die aus Auszahlungen (negative Werte) und Einzahlungen (positive Werte) besteht, die in regelmäßigen Abständen erfolgen.

Die Werte, die an die Funktion IKV übergeben werden, können entweder tabellarisch oder auch in einem Array übergeben werden (Abb. 15.14).

i | =IKV(F2:F7;0;1)

	A	B	C	D	E	F	G	H
1	regelmäßige Zahlung	rmz	-1.000,00		t	Zahlung	Zinsperioden	Wert
2	Perioden	n	5		t_0	-1.000,00	5	-1.150,87
3	Fälligkeit	f	1		t_1	-1.050,00	4	-1.174,93
4	Dynamik	d	5%		t_2	-1.102,50	3	-1.199,49
5	Endwert	zw	6.000,00		t_3	-1.157,63	2	-1.224,56
6	Zinssatz	i	2,850%		t4	-1.215,51	1	-1.250,15
7					Σt_5	6.000,00		**-6.000,00**
8								

Abbildung 15.14: Zinssatzermittlung bei steigenden Zahlungen mit der Funktion IKV

Im Bereich C1:C5 stehen die Eingabeparameter. Neu ist hier die Dynamik d in C4, die die Funktion ZINS überfordert. Der Zahlungsplan, der sich daraus ergibt, steht in F2:F7. F7 enthält den Endwert aus C5 mit umgekehrtem Vorzeichen zu den Einzahlungen. Den internen Zinsfuß, die Rendite dieser Zahlungsreihe, liefert die kurze Formel

```
C6:=IKV(F2:F7;0,1)=2,85%
```

Den Schätzwert von 0,1 (10 %) hätte man auch weglassen können, denn das ist der Standardwert, mit dem Excel rechnet, falls kein Schätzwert angegeben wurde. Der Wert von 2,85 % ist so zu interpretieren, dass die fünf Zahlungen mit diesem Satz zu verzinsen wären, um ein Endvermögen von genau 6000 € zu erzeugen. Zum Beweis rechnen wir zurück:

```
H2:=F2*(1+$C$6)^G2
```

Kopiert bis H6, ergibt dies in Summe genau die 6000 €.

```
H7:=SUMME(H2:H6)
```

Da IKV auch Arrays verarbeiten kann, ist die Lösung auch in einer Formel ohne die Wertetabelle in Spalte F möglich. Die Funktion ZEILE kann hier mal wieder glänzen. Die Formel lautet in diesem Fall:

```
C6: =IKV(WENN(Zeitstrahl=n+1;zw;rmz*(1+d)^(Zeitstrahl-1)))
```

Zeitstrahl ist ein Name, der zur besseren Lesbarkeit der Formel für den Ausdruck

```
ZEILE(INDIREKT("1:"&n+1))
```

definiert wurde. Er erzeugt ein Array mit allen Zeitpunkten des Zahlungsplans

```
{1;2;3;4;5;6}
```

Die WENN-Prüfung sorgt dafür, dass nur im letzten Zeitpunkt, im Beispiel der sechste, der Endwert eingesetzt wird, ansonsten die mit dem Faktor 1+d multiplizierten Zahlungen. Das resultierende Array der WENN-Funktion lautet dann

```
{-1000;-1050;-1102,5;-1157,625;-1215,50625;6000}
```

das logischerweise den Werten im Bereich F2:F6 entspricht und das IKV gleichermaßen auswerten kann.

Die Funktion IKV ist so flexibel, dass die regelmäßigen Zahlungen nicht nur mit einem dynamischen Anstieg versehen werden, sondern sogar in ihrer Höhe beliebig schwanken können. Wir betrachten dies an einem Zahlenbeispiel, bei dem eine einmalige Auszahlung zu Beginn, beispielsweise ein Darlehen, zu regelmäßigen, aber in der Höhe schwankenden Rückzahlungen führt (Abb. 15.15).

i | =IKV(B4:B8)

	A	B	C	D	E
1			Zinssatz	7,62%	
2					
3	t	Zahlung	Zinsperioden	Wert	
4	t_0	-800,00	0	-800,00	
5	t_1	200,00	1	185,84	
6	t_2	220,00	2	189,95	
7	t_3	250,00	3	200,57	
8	t4	300,00	4	223,64	
9	Σt_5			0,00	
10					

Abbildung 15.15: Zinssatzermittlung bei schwankenden Zahlungen

Die Frage, die IKV hier beantwortet, lautet:

Mit welchem Zinssatz müssen die Rückzahlungen in B5:B8 abgezinst werden, um dem Barwert in B4 zu entsprechen? Der Zinssatz lautet

```
D1: =IKV(B4:B8)
```

Die Rückrechnung auf den Barwert bei Vorgabe dieses Zinssatzes geschieht über

```
D4: =B4/(1+i)^C4
```

kopiert bis D8. Das Ergebnis passt, da die Summe in D9 genau 0 ergibt. Die Berechnung der Spalte D ähnelt der Barwertberechnung über die Funktion BW, nur mit dem Unterschied, dass BW konstante Zahlungen verlangt.

So wie die Funktion IKV die Funktion ZINS aufpeppt, gibt es auch ein Tuning für die Funktion BW, nämlich NBW:

NBW(Zins;Wert1;Wert2; ...)

Gibt den Nettobarwert (Kapitalwert) einer Investition auf Basis eines Abzinsungsfaktors für eine Reihe periodischer Zahlungen zurück.

Demzufolge kann der Barwert aus D9 auch mit

```
D9: =NBW(i;B4:B8)*(1+i)
```

ermittelt werden. NBW geht davon aus, dass der Barwert von -800 € am Ende der Verzinsungsperioden gilt und selbst noch ein Jahr zum Kalkulationszins diskontiert werden muss. Da hier aber die -800 € auf den Bezugszeitpunkt fallen und selbst nicht abgezinst werden, muss das Ergebnis von NBW um eine Periode aufgezinst werden, deshalb der Faktor *(1+i) in obiger Formel.

Wir verbleiben nun noch etwas bei der Funktion IKV. Die eigentliche Bestimmung dieser Funktion haben wir bereits hinreichend dargelegt. Wie sie gehörig über sich hinauswächst, sehen Sie im nächsten Abschnitt.

15.4 IKV legt los

Fassen wir noch einmal zusammen: Eine Zahlungsreihe mit n+1 Perioden stellt nichts anderes als eine Polynomgleichung n-ter Ordnung dar. Bezogen auf das letzte Zahlenbeispiel gilt

```
y = 300*x^4+250*x^3+220*x^2+200*x-800
```

Wobei x für einen Abzinsungsfaktor 1/(1+i) steht. IKV verwendet ein Iterationsverfahren, um eine Nullstelle dieses Polynoms nahe der y-Achse, im betriebswirtschaftlich relevanten Bereich, aufzuspüren. Wer den Zusammenhang zwischen Zahlungsreihe und Polynomgleichung verinnerlicht hat, könnte sich vielleicht folgende Frage stellen:

Ist es möglich, die finanzmathematische Sicht auszublenden, den Fokus auf die gesamte Polynomgleichung zu legen (nicht nur beschränkt auf einen kleinen Ausschnitt) und diese mit IKV weiter zu analysieren?

15.4.1 Polynomnullstellen finden

Ja, es ist möglich. Mit IKV können quasi beliebige Polynomnullstellen, Wende- und Extrempunkte berechnet und anschließend in einem Punkt (XY)-Diagramm visualisiert werden.

Untersuchen wir ein Polynom 4. Grades in der Form

```
y= a + b*x + c*x^2 + d*x^3 + e*x^4
```

das optimalerweise im betrachteten Zahlenbereich vier Nullstellen aufweist. Sie haben zwei Möglichkeiten, ein solches Polynom zu finden und in einem Punkt (XY)-Diagramm darzustellen. Entweder Sie legen die Koeffizienten a, b, c, d und e fest und berechnen für ein bestimmtes x-Achsenintervall die entsprechenden y-Werte und schauen, wie das Polynom verläuft. Einfacher geht es aber, indem Sie die x/y-Koordinaten vorgeben und Excel die Koeffizienten mithilfe einer Regressionsrechnung ermitteln lassen, und das geht wie folgt (Abb. 15.16).

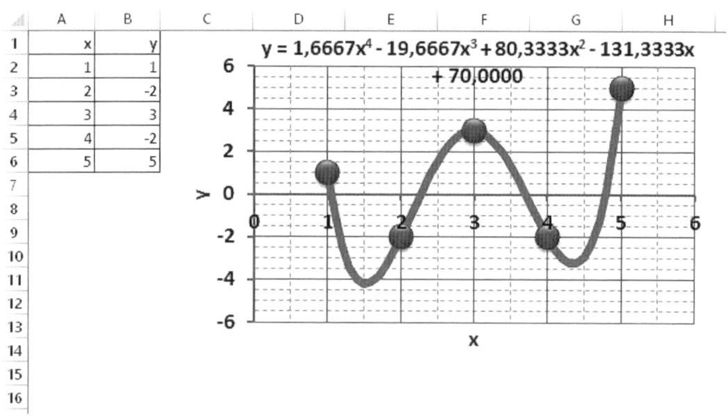

	A	B
1	x	y
2	1	1
3	2	-2
4	3	3
5	4	-2
6	5	5

Abbildung 15.16: Polynom 4. Grades

In A2:B6 definieren Sie fünf Koordinatenpunkte, denn um ein Polynom n-ten Grades zu bestimmen, brauchen Sie n+1 Datenpunkte. Erstellen Sie aus diesen Datenpunkten ein Punkt (XY)-Diagramm (nur mit Punkten, ohne Linien!). Die Koordinatenpunkte sollten so angeordnet sein, dass drei Punkte oberhalb der x-Achse liegen und zwei Punkte unterhalb (oder zwei oberhalb und drei unterhalb), damit die Funktion vier Nullstellen besitzt. Klicken Sie einen der Datenpunkte mit der rechten Maustaste an und wählen Sie aus dem Kontextmenü *Trendlinie hinzufügen* (Abb. 15.17).

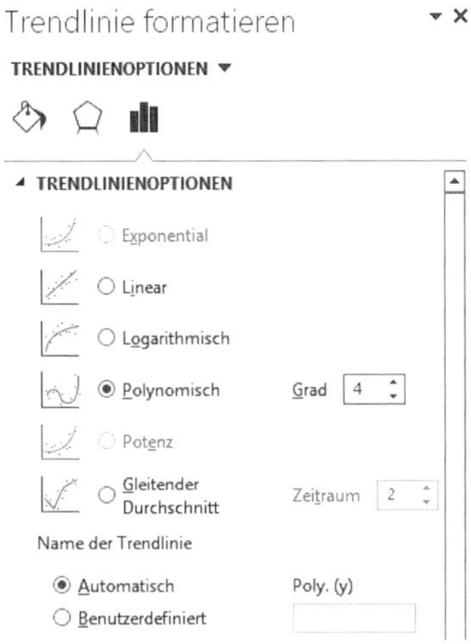

Abbildung 15.17: Trendlinienoptionen, um Trendlinien in ein Diagramm einzufügen

Wählen Sie in den eingeblendeten Trendlinienoptionen einen polynomischen Trend aus. Im Feld *Grad* tragen Sie eine 4 ein. 4 steht für 4. Grades. Aktivieren Sie dann das Kontrollkästchen *Formel im Diagramm anzeigen.* – Excel spuckt daraufhin die Polynomkoeffizienten

```
e:+1,6666667; d:-19,6666667; c:+80,33333333; b:-131,33333333; a:+70
```

aus. Außerdem wird eine Trendlinie angezeigt, die viermal die x-Achse schneidet. Die ungefähren Schnittpunkte der x-Achse sieht man bei 1,1; 2,3; 3,7; 4,8.

Jetzt geht es darum, diese Punkte exakt zu bestimmen und im Diagramm zu markieren, was einen tiefen Griff in die Excel-Trickkiste verlangt. Um zu verstehen, warum der Lösungsweg über IKV führt, tun wir so, als wären die Polynomkoeffizienten eine »normale« Zahlungsreihe, deren interner Zinsfuß mit IKV bestimmt werden soll. Die Zahlungsreihe, die IKV auswertet, beginnt links mit dem Koeffizienten a und endet rechts mit dem Koeffizienten e (also genau andersherum als in der vorherigen Darstellung).

```
=IKV({70;-131,33333333;80,33333333;-19,66666667;1,66666667})= -4,4296%
```

Die Zahlungsreihe beginnt bei IKV von links mit den Zahlungen, die am wenigsten abgezinst werden. Bezogen auf das Polynom sind das die Koeffizienten mit der niedrigsten Potenz, also von a aufsteigend.

Wie ist das Ergebnis von -4,4296 % zu interpretieren und was hat es mit den gesuchten Polynomnullstellen zu tun? Addieren Sie 1 und bilden Sie den Kehrwert, also 1/(1-4,4296 %), erhalten Sie 1,046349, was verdächtig nach der ersten gesuchten Nullstelle aussieht (und es auch ist). Erinnern wir uns, IKV gibt das i zurück, für das die Gleichung

```
0=70-131,33*(1/(1+i))+80,33*(1/(1+i))^2-19,67*(1/(1+i))^3+1,67*(1/(1+i))^4
```

gilt (bei gerundeten Nachkommastellen). Wenn Sie 1/(1+i) durch x ersetzen und i = 4,4296 % ist, dann muss x = 1,046349 betragen. Damit ist im Grunde schon das Rätsel gelöst, wie man den Bogen von einem internen Zinsfuß zur Polynomnullstelle schlagen kann.

Jetzt kennen wir aber erst eine Nullstelle. Um auch noch die anderen Nullstellen zu erhalten, müssen Sie IKV über den Schätzwert mitteilen, wo ungefähr gesucht werden muss. Sie wissen, dass die Nullstellen im Bereich von 1 < x < 5 liegen. Also listen Sie in L3:L11 ein Intervall von Schätzwerten auf, für die IKV die Nullstellen berechnen soll. Dies müssen mindestens so viele Schätzwerte sein, wie es Nullstellen gibt, dann müssen Sie aber Glück haben, dass jeder Schätzwert eine andere Nullstelle findet. Also nehmen Sie viele Schätzwerte (nur kein Geiz), damit auch alle Nullstellen gefunden werden. Da IKV i als Schätzwerte erwartet und nicht x, müssen Sie zuvor im Bereich M3:M11 x nach i umrechnen. In N3:N11 ermittelt dann IKV die Nullstellen (Abb. 15.18):

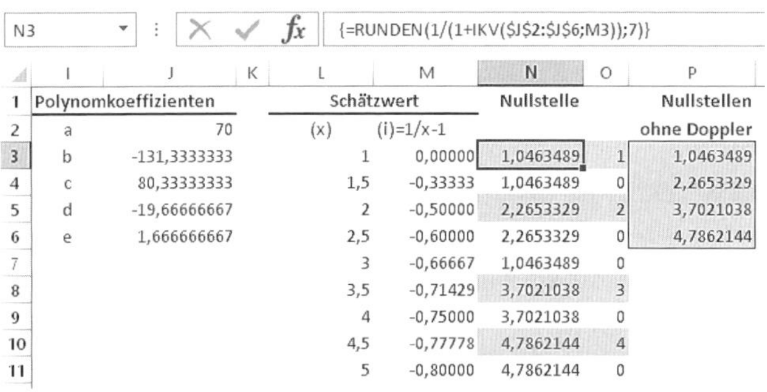
N3 {=RUNDEN(1/(1+IKV($J$2:$J$6;M3));7)}

	I	J	K	L	M	N	O	P
1	Polynomkoeffizienten			Schätzwert		Nullstelle		Nullstellen
2	a	70		(x)	(i)=1/x-1			ohne Doppler
3	b	-131,3333333		1	0,00000	1,0463489	1	1,0463489
4	c	80,33333333		1,5	-0,33333	1,0463489	0	2,2653329
5	d	-19,66666667		2	-0,50000	2,2653329	2	3,7021038
6	e	1,666666667		2,5	-0,60000	2,2653329	0	4,7862144
7				3	-0,66667	1,0463489	0	
8				3,5	-0,71429	3,7021038	3	
9				4	-0,75000	3,7021038	0	
10				4,5	-0,77778	4,7862144	4	
11				5	-0,80000	4,7862144	0	

Abbildung 15.18: Berechnung von Polynom-Nullstellen

```
N3: =RUNDEN(1/(1+IKV($J$2:$J$6;M3));6)
```

IKV hat jetzt bei neun Versuchen alle vier Nullstellen gefunden. Dadurch sind manche Ergebnisse natürlich redundant, aber das stört ja nicht. Mit der Formel

```
O3:=(ZÄHLENWENN(N$3:N3;N3)=1)*(MAX(O$2:O2)+1) (kopieren bis O3:O11)
```

können Sie markieren, ob eine Nullstelle redundant ist (0) oder erstmalig gefunden wurde (1, 2, 3, 4).

Es empfiehlt sich, das Ergebnis von IKV nach einigen Stellen zu runden, da sonst Rundungsdifferenzen auftauchen können. Dann würden zwei Nullstellen, die sich erst in der zehnten Nachkommastelle unterscheiden, als zwei unterschiedliche Nullstellen interpretiert, obwohl es ein und dieselbe ist.

Um die Nullstellen ohne Duplikate aufzulisten, schreiben Sie in P3

```
P3:=INDEX(N:N;VERGLEICH(Zeile()-2;0:0;0))
```

kopieren bis P6 nach unten und fügen diesen Bereich als x-Werte einer neuen Datenreihe in das Diagramm ein (A10:A13). Als y-Werte definieren Sie B10:B13`{0.0.0.0}` (denn bei Nullstellen muss y ja immer null sein).

Wenn Sie die Datenpunkte der Nullstellen formatieren, wird das Ergebnis etwa aussehen wie in Abb. 15.19. Die Formel in B10 erbringt den Nachweis, dass der Funktionswert an dieser x-Position 0 ergibt.

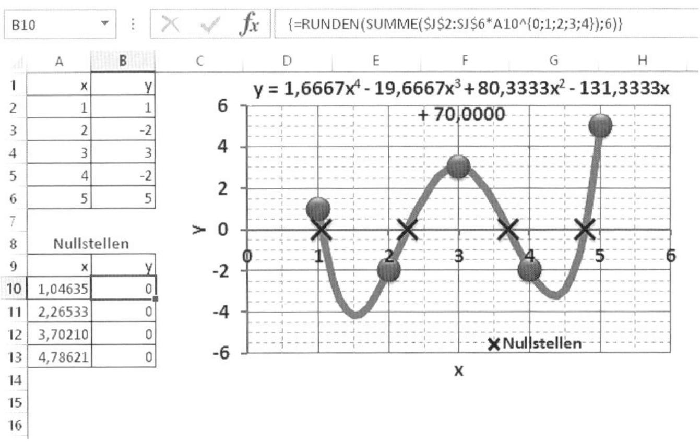

Abbildung 15.19: Polynom-Nullstellen im Diagramm anzeigen

Das Ganze funktioniert genauso mit Polynomen höheren Grades. Bis zur 8 haben wir es selbst erfolgreich ausprobiert. Aber wie gesagt, es können nur die Nullstellen im vorgegebenen Zahlenintervall gefunden werden. Wenn das vorgegebene Zahlenintervall mit dem x-Achsenintervall des Punkt (XY)-Diagramms übereinstimmt, dürfte Ihnen keine sichtbare Nullstelle durch die Lappen gehen.

15.4.2 Ableitungen und Extrempunkte

Wer in der Schule aufgepasst hat, der weiß, dass man auch Extrempunkte und Wendepunkte von Funktionen bestimmen kann. Extrempunkte liegen dort, wo die erste Ableitung des Polynoms Nullstellen aufweist. Über die zweite Ableitung sind dementsprechend Wendepunkte zu ermitteln. Ein Polynom n-ten Grades hat maximal n-1 Extrempunkte und n-2 Wendepunkte, da die erste Ableitung ein Polynom (n-1)-ten Grades und die zweite Ableitung ein Polynom (n-2)-ten Grades ist. Die Ableitungen eines Polynoms zu berechnen, ist in Excel sehr einfach (Abb. 15.20).

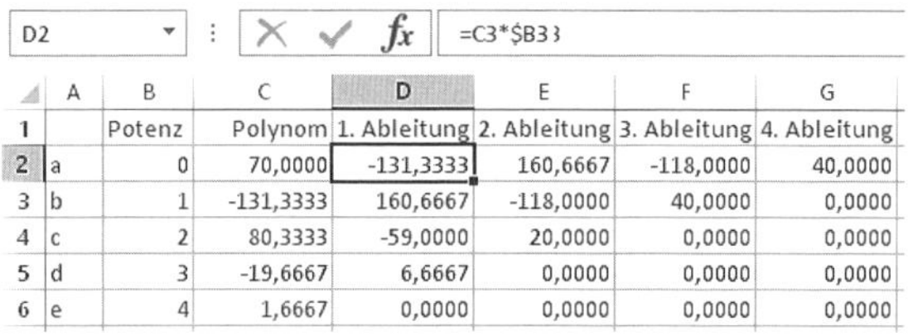
D2 =C3*$B3

	A	B	C	D	E	F	G
1		Potenz	Polynom	1. Ableitung	2. Ableitung	3. Ableitung	4. Ableitung
2	a	0	70,0000	-131,3333	160,6667	-118,0000	40,0000
3	b	1	-131,3333	160,6667	-118,0000	40,0000	0,0000
4	c	2	80,3333	-59,0000	20,0000	0,0000	0,0000
5	d	3	-19,6667	6,6667	0,0000	0,0000	0,0000
6	e	4	1,6667	0,0000	0,0000	0,0000	0,0000

Abbildung 15.20: Ableitungen von Polynomen berechnen

In Spalte C steht das Polynom und ab Spalte D folgen die Ableitungen.

```
D2:=C3*$B3
```

Die Formel in D2 muss bis G6 kopiert werden.

Die erste Ableitung unseres Polynoms lautet also:

```
y=6,66666667*x^3-59*x^2+160,66666667*x-131,33333333
```

Auf diese Funktion wenden Sie nun das gleiche Verfahren mit IKV an wie auf das ursprüngliche Polynom. Die Parameter der 1. Ableitung übertragen Sie in den Bereich J14:J17. Die Schätzwerte stehen nun in L15:M23 und sind dieselben wie zuvor, ebenso die benachbarten Formeln in Spalte N und O. Die Nullstellen der ersten Ableitung stehen in P15:P17. Diesmal sind es nur drei (Abb. 15.21).

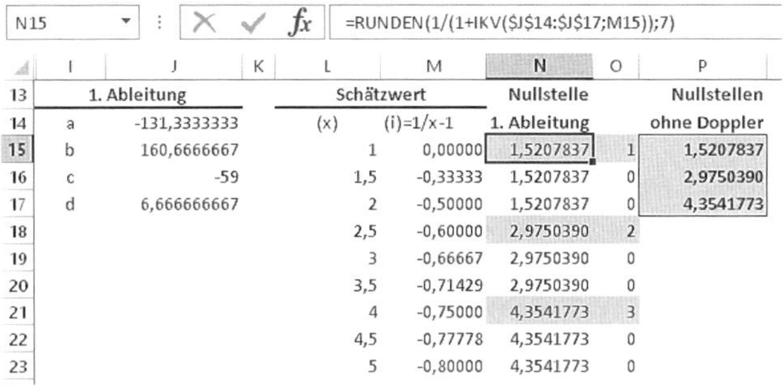

N15 =RUNDEN(1/(1+IKV($J$14:$J$17;M15));7)

	I	J	K	L	M	N	O	P
13	1. Ableitung			Schätzwert		Nullstelle		Nullstellen
14	a	-131,3333333		(x)	(i)=1/x-1	1. Ableitung		ohne Doppler
15	b	160,6666667		1	0,00000	1,5207837	1	1,5207837
16	c	-59		1,5	-0,33333	1,5207837	0	2,9750390
17	d	6,666666667		2	-0,50000	1,5207837	0	4,3541773
18				2,5	-0,60000	2,9750390	2	
19				3	-0,66667	2,9750390	0	
20				3,5	-0,71429	2,9750390	0	
21				4	-0,75000	4,3541773	3	
22				4,5	-0,77778	4,3541773	0	
23				5	-0,80000	4,3541773	0	

Abbildung 15.21: Extrempunkte berechnen

In diesem Fall sind die y-Werte aber nicht 0, sondern sie müssen bestimmt werden, indem Sie diese in das Ursprungspolynom einsetzen. Die Nullstellen aus P15:P17 übertragen Sie nach A17:A19. Die Funktionswerte ergeben sich entsprechend durch

```
B17:{=SUMME($J$2:$J$6*A17^{0;1;2;3;4})}
```

Der Bereich A17:B19 ist dann Basis für eine neue Datenreihe, die im Diagramm die Extrempunkte markiert (Abb. 15.22).

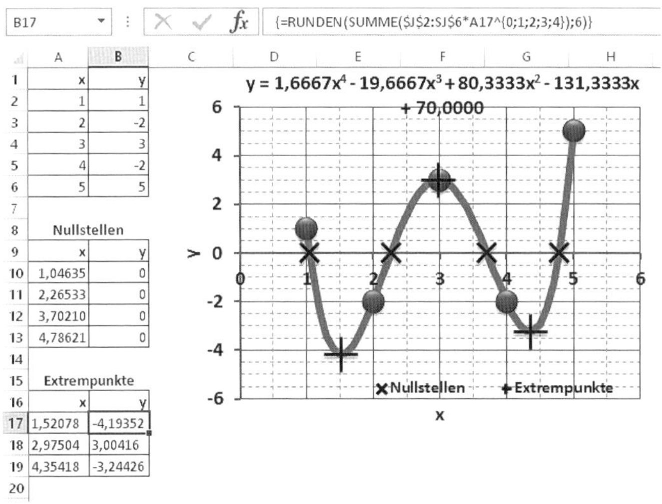

B17 {=RUNDEN(SUMME($J$2:$J$6*A17^{0;1;2;3;4});6)}

	A	B
1	x	y
2	1	1
3	2	-2
4	3	3
5	4	-2
6	5	5
7		
8	Nullstellen	
9	x	y
10	1,04635	0
11	2,26533	0
12	3,70210	0
13	4,78621	0
14		
15	Extrempunkte	
16	x	y
17	1,52078	-4,19352
18	2,97504	3,00416
19	4,35418	-3,24426
20		

Abbildung 15.22: Berechnung und Darstellung von Extrempunkten

Für die Wendepunkte wiederholen Sie die Prozedur, nehmen nur anstelle der ersten Ableitung die zweite Ableitung.

Falls Ihre Ergebnisse an irgendeiner Stelle geringfügig abweichen, kann es an der Rundung der Nachkommastellen der Koeffizienten liegen. Denn die Koeffizienten des Beispielpolynoms haben 15 periodische Nachkommastellen, die in den Abbildungen nicht vollständig angezeigt werden.

15.4.3 Negative Nullstellen

Wenn bis jetzt alles geklappt hat: Herzlichen Glückwunsch! Hoffentlich haben Sie noch etwas Ausdauer, denn eine Gemeinheit haben wir Ihnen noch verschwiegen. IKV macht Zicken, wenn sich Nullstellen im negativen Bereich bewegen.

Im nachfolgenden Polynom (Abb. 15.23) werden nur die rechten drei Nullstellen gefunden:

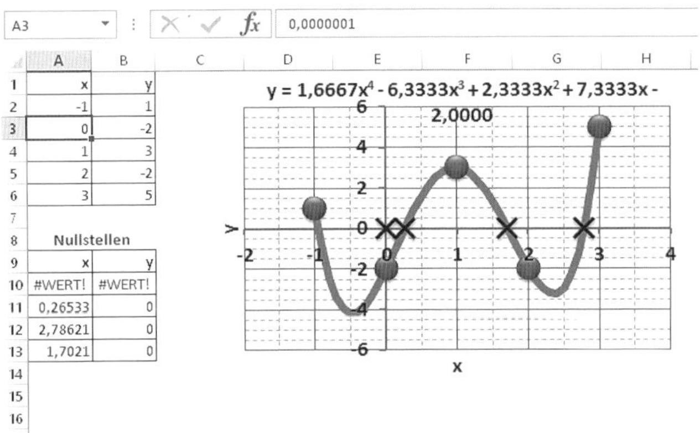

Abbildung 15.23: IKV findet (zunächst) nur positive Nullstellen.

Die linke Nullstelle wird nicht gefunden, weil IKV mit den Schätzwerten x:-1 und i=1/x-1=-2 nichts anfangen kann und die Formel

`{=RUNDEN(1/(1+IKV($J$2:$J$6;-2));6)}` bzw.

`=RUNDEN(1/(1+IKV({-2;7,33;2,33;-6,33;1,67};-2));6)}`

den Fehlerwert `#WERT!` liefert. IKV kommt nur mit positiven x-Werten und ergo Schätzwerten von i > -1 klar. (Den Datenpunkt mit dem Fehlerwert #WERT! verschiebt Excel im Diagramm fälschlicherweise in den Koordinatenpunkt 0/0.)

Müssen wir jetzt, nach diesem langen Weg, an dieser Stelle wirklich aufgeben? Nein, wir können noch tiefer in die Trickkiste greifen, um IKV auch diese Nullstelle abzutrotzen. Wie man sieht, liegt die linke Nullstelle bei ca. -0,95. Wenn man das Polynom an der y-Achse spiegeln würde, würde sie logischerweise bei +0,95 liegen und IKV könnte sie finden. Um die Funktion zu spiegeln, multiplizieren Sie alle x-Werte mit -1. Die y-Werte bleiben, wie sie sind (Abb. 15.24).

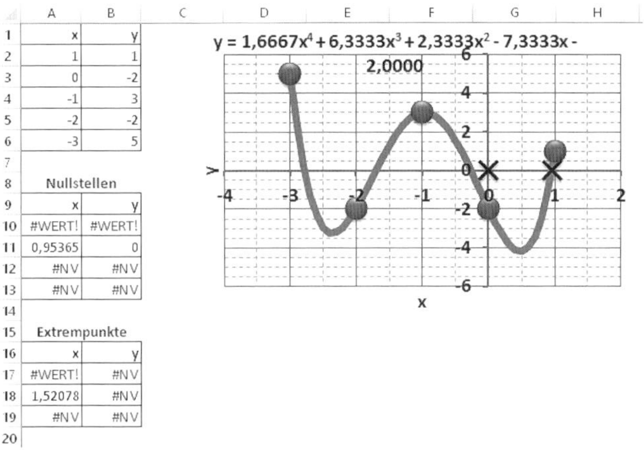

Abbildung 15.24: Darstellung einer spiegelbildlichen Funktion

Zu diesem Polynom findet IKV die Nullstelle 0,953651. Also wissen wir, dass die spiegelbildliche Nullstelle unseres Originals genau bei -0,953651 liegen muss. Wenn Sie die Koeffizienten beider Polynome vergleichen, fällt etwas besonders auf:

Original: $y = 1{,}667x^4 - 6{,}333x^3 + 2{,}333x^2 + 7{,}333x - 2{,}000$

Spiegelbild: $y = 1{,}667x^4 + 6{,}333x^3 + 2{,}333x^2 - 7{,}333x - 2{,}000$

Bei der spiegelbildlichen Funktion entsprechen alle Koeffizienten mit gerader Potenz dem Original. Alle Koeffizienten mit ungerader Potenz müssen mit -1 multipliziert werden, um das gespiegelte Gegenstück zu erhalten. Zu guter Letzt wird die Tabelle so aufgebaut, dass sowohl positive als auch negative Nullstellen gefunden werden. In K2:K6 werden die Koeffizienten der Spiegelfunktion ergänzt (Abb. 15.25).

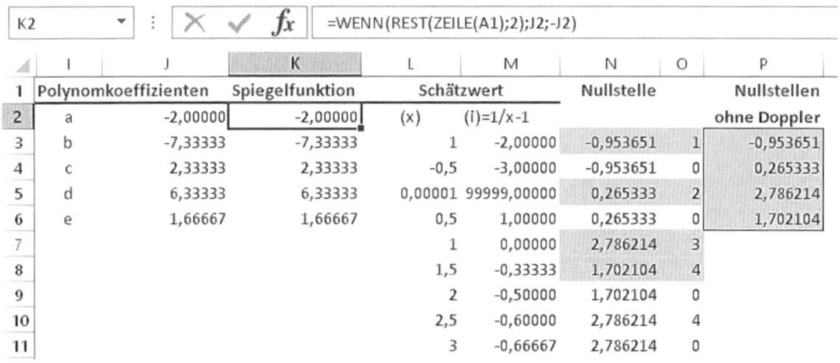

K2 | =WENN(REST(ZEILE(A1);2);J2;-J2)

	I	J	K	L	M	N	O	P
1	Polynomkoeffizienten		Spiegelfunktion	Schätzwert		Nullstelle		Nullstellen
2	a	-2,00000	-2,00000	(x)	(i)=1/x-1			ohne Doppler
3	b	-7,33333	-7,33333	1	-2,00000	-0,953651	1	-0,953651
4	c	2,33333	2,33333	-0,5	-3,00000	-0,953651	0	0,265333
5	d	6,33333	6,33333	0,00001	99999,00000	0,265333	2	2,786214
6	e	1,66667	1,66667	0,5	1,00000	0,265333	0	1,702104
7				1	0,00000	2,786214	3	
8				1,5	-0,33333	1,702104	4	
9				2	-0,50000	1,702104	0	
10				2,5	-0,60000	2,786214	4	
11				3	-0,66667	2,786214	0	

Abbildung 15.25: Negative Nullstellen über spiegelbildliche Funktion berechnen

Die Formeln der Spiegelfunktion in K2:K6 lauten:

```
K2: =WENN(REST(ZEILE(A1);2);J2;-J2)
```

Sie sorgen dafür (bis K6 kopiert), dass jeder zweite Koeffizient in Spalte J mit -1 multipliziert wird. Die Formeln zur Berechnung der Nullstellen lauten dann:

```
N3:=RUNDEN(WENN(L3<0;-1/(1+IKV($K$2:$K$6;-M3));1/(1+IKV($J$2:$J$6;M3)));6)
```

Ist der Schätzwert in L3 kleiner als null, multipliziere den Schätzwert aus M3 mit -1 (–M3) und berechne die Nullstelle von der Spiegelfunktion, ansonsten berechne die Nullstelle von der Originalfunktion (+M3). Das Endergebnis offenbart Abb. 15.26.

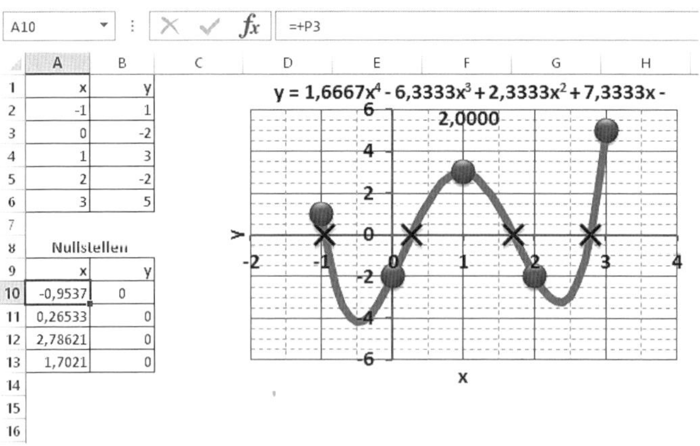

A10 | =+P3

	A	B
1	x	y
2	-1	1
3	0	-2
4	1	3
5	2	-2
6	3	5
7		
8	Nullstellen	
9	x	y
10	-0,9537	0
11	0,26533	0
12	2,78621	0
13	1,7021	0
14		
15		
16		

Abbildung 15.26: Positive und negative Nullstellen gemeinsam anzeigen

15.5 Lineare und polynomische Regression

Im vorangegangenen Kapitel haben Sie gesehen, wie aus fünf Wertepaaren ein Punkt (XY)-Diagramm erstellt wurde. Es wurde ein Polynom 4. Grades erzeugt, das durch diese fünf Punkte verläuft, und zudem wurde die Gleichung im Diagramm angezeigt. Womöglich wollen Sie die Polynomgleichung nicht aus dem Diagramm abtippen, sondern die Koeffizienten des Polynoms direkt in einer Excel-Zelle berechnen. Zu diesem Zweck stellt Excel die Funktion `RGP(y_Werte;x_Werte;[Konstante];[stats])` zur Verfügung.

In der Excel-Hilfe steht zwar, dass RGP die Parameter eines linearen Trends zurückgibt, gemeint sind damit aber auch polynomische Trends, wobei ein linearer Trend ja nichts anderes ist als ein polynomischer Trend erster Ordnung in der Form:

$y = bx + a$

Ein Polynom zweiten Grades hat die Form:

$y = cx2 + bx + a$

Ein Polynom dritten Grades wird um dx^3 ergänzt und so fort.

Wenden wir die Funktion RGP auf die Koordinatenpunkte an, die wir schon aus dem vorangegangenen Kapitel kennen:

```
x={1;2;3;4;5}
y={1;-2;3;-2;5}
```

Mit RGP ergeben sich daraus die Koeffizienten:

```
=RGP({1;-2;3;-2;5};{1;2;3;4;5}) = {0,8.-1,4}
```

Die Werte des zweispaltigen Arrays stehen für die Koeffizienten der Funktionsgleichung

```
y = 0,8x - 1,4
```

Würde man den fünf Wertepaaren einen linearen Trend zuordnen, hätte dieser also eine Steigung von 0,8 und würde die y-Achse bei -1,4 schneiden. Die Gerade, die durch diese Funktionsgleichung beschrieben wird, weist die Eigenschaft auf, dass die Summe der quadrierten Abweichungen zwischen ihr und den fünf Wertepaaren minimal ist (Abb. 15.27).

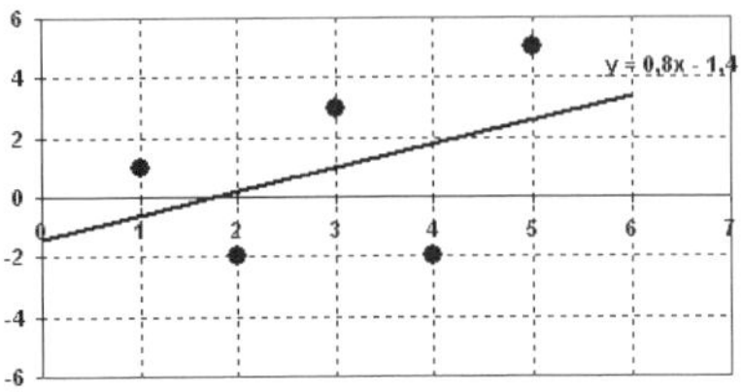

Abbildung 15.27: Datenpunkte mit linearer Trendfunktion

Übrigens erhalten wir die Steigung von 0,8 auch über

```
=STEIGUNG({1;-2;3;-2;5};{1;2;3;4;5}) = 0,8
```

und den Schnittpunkt der y-Achse von -1,4 über

```
=ACHSENABSCHNITT({1;-2;3;-2;5};{1;2;3;4;5}) = -1,4
```

Der Trend, dessen Koeffizienten wir suchen, verläuft aber nicht linear, sondern durch alle fünf Datenpunkte, deshalb ist es ja ein Trend vierter Ordnung. Damit RGP auch weiß, was wir wollen, müssen wir die x-Werte mit einem Spaltenarray von 1 bis 4 potenzieren:

```
=RGP({1;-2;3;-2;5};{1;2;3;4;5}^{1.2.3.4})
```

Woraus das Array mit unseren Koeffizienten

```
{1,66666666666671.-19,6666666666671.80,3333333333354.-131,
333333333337.70,0000000000026}
```

resultiert. Wie Sie sehen, hat die Funktion RGP eine Rundungsschwäche, deshalb sollten Sie ihr die Funktion RUNDEN überstülpen. Auf vier Stellen gerundet ergibt sich dann

```
={1,6667.-19,6667.80,3333.-131,3333.70}
```

Was das uns schon bekannte Polynom

```
y=1,6667x^4-19,6667x^3+80,3333x^2-131,3333x+70
```

repräsentiert. Im Diagramm können standardmäßig polynomische Trends bis zur 6. Ordnung dargestellt werden. Die Funktion RGP packt es sogar bis zur 16. Ordnung!

Zum Beweis wollen wir nun einmal versuchen, aus neun Wertepaaren die Koeffizienten eines Polynoms 8. Ordnung zu ermitteln und den Funktionsgraphen in einem Diagramm darzustellen.

In A2:B10 stehen neun Wertepaare (Abb. 15.28).

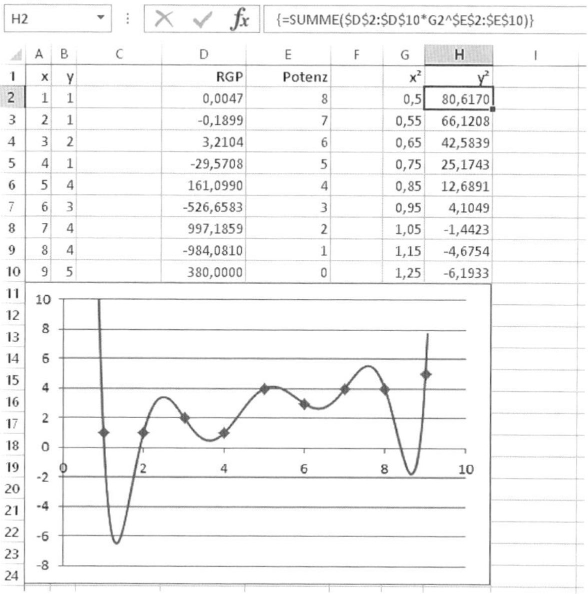
H2 {=SUMME($D$2:$D$10*G2^$E$2:$E$10)}

	A	B	C	D	E	F	G	H
1	x	y		RGP	Potenz		x^2	y^2
2	1	1		0,0047	8		0,5	80,6170
3	2	1		-0,1899	7		0,55	66,1208
4	3	2		3,2104	6		0,65	42,5839
5	4	1		-29,5708	5		0,75	25,1743
6	5	4		161,0990	4		0,85	12,6891
7	6	3		-526,6583	3		0,95	4,1049
8	7	4		997,1859	2		1,05	-1,4423
9	8	4		-984,0810	1		1,15	-4,6754
10	9	5		380,0000	0		1,25	-6,1933

Abbildung 15.28: Trendfunktion 8. Grades

```
D2: =INDEX(RGP($B$2:$B$10;$A$2:$A$10^{1.2.3.4.5.6.7.8});ZEILE(D1))
```

wird bis D10 kopiert.

Anstatt in D2:D10 die einzelnen Elemente von RGP über INDEX anzusprechen, können Sie die RGP-Formel natürlich auch als zusammenhängende Matrix mit [Strg]+[⇧]+[↵] über den gesamten Bereich erzeugen. Dann müssen Sie aber daran denken, den Ausdruck mit MTRANS zu transponieren, da die Ergebnismatrix von RGP ein horizontales Spaltenarray ist.

Wie bereits erwähnt, haben Sie nun nicht die Möglichkeit, über *Trendlinie hinzufügen* das Polynom darzustellen (das geht nur bis Grad 6), also müssen Sie selbst eine Wertereihe aus den berechneten Koeffizienten in D2:D10 erzeugen. Dazu erstellen Sie eine x-Achse mit möglichst kleinen Abständen, wie in Spalte G zu sehen ist (bis G88 kopieren), damit das Polynom auch möglichst originalgetreu dargestellt werden kann. Wenn Sie zu wenige Datenpunkte mit zu großen Abständen wählen, kann Excel das Polynom zwar durch Interpolation glätten (vorausgesetzt, Sie haben den Punkt (XY)-Diagramm-Untertyp gewählt, der dies erledigt), aber das optische Ergebnis würde dadurch verfälscht.

In H2 und den folgenden Zellen berechnen Sie die abhängigen y-Werte. Der umständliche Weg wäre es, die Koeffizienten einzeln anzusprechen:

```
=D2*G2^8+D3*G2^7+D4*G2^6+...
```

Aber per Arrayformel geht dies effizienter:

```
H2:{=SUMME($D$2:$D$10*G2^$E$2:$E$10)}
```

Ziehen Sie abschließend die Formel nach unten und fügen Sie die Spalten G und H als Datenreihe in das Diagramm ein (Abb. 15.2).

Wie unschwer zu erkennen ist, haben wir ein Polynom 8. Grades, das durch die neun Koordinaten eindeutig bestimmt wurde, korrekt erzeugt.

15.6 Das Bestimmtheitsmaß

Die polynomischen Trends, die wir bislang erzeugt haben, waren immer eindeutig bestimmt, da die Anzahl der zugrunde gelegten Datenpunkte um eins höher war als der Grad des Polynoms. Deshalb verliefen die Trendfunktionen auch immer genau durch alle Datenpunkte, das war also alles andere als ein Zufall. In diesen Fällen hat das sogenannte *Bestimmtheitsmaß* (R^2), zu dem es die gleichnamige Excel-Funktion gibt, genau den Wert 1. Wenn dies der Fall ist, korreliert die berechnete Trendlinie zu 100 % mit den zugrunde gelegten Messwerten. Korrelieren sie überhaupt nicht, nimmt R^2 den Wert 0 an. Wenn Sie einer Datenreihe eine Trendlinie hinzugefügt haben, können Sie neben der Funktionsgleichung auch das Bestimmtheitsmaß im Diagramm anzeigen lassen (Abb. 15.29).

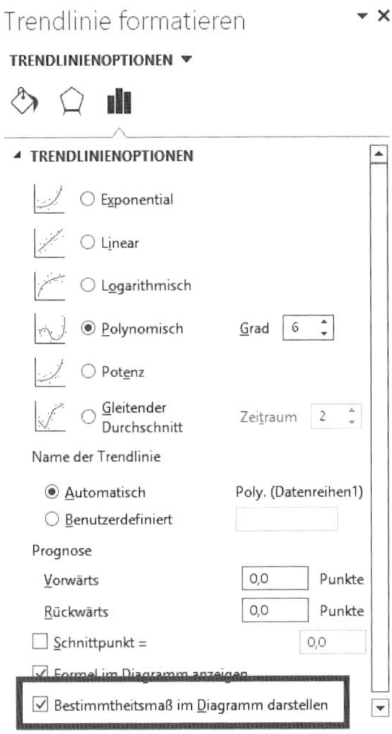

Abbildung 15.29: Trendlinienoptionen – Bestimmtheitsmaß anzeigen lassen

Bei fünf Datenpunkten mit linearem und polynomischem Trend im Vergleich sieht das wie folgt aus (Abb. 15.30).

x	y
1	1
2	-2
3	3
4	-2
5	5

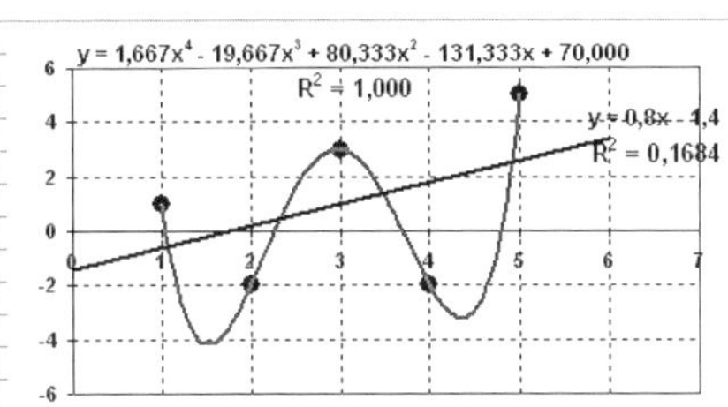

Abbildung 15.30: Vergleich lineare Trendfunktion und Trendfunktion 4. Grades

Der Trend vierter Ordnung läuft genau durch die fünf Punkte, deshalb ist das Bestimmtheitsmaß R^2 genau 1,0. Der lineare Trend hingegen beschreibt den Verlauf der Datenpunkte nur sehr ungenau, weshalb die durch R^2 ausgedrückte Korrelation nur einen niedrigen Wert von 0,1684 beträgt. Wendet man die entsprechende Excel-Funktion auf die Datenpunkte an:

```
=BESTIMMTHEITSMASS({1;-2;3;-2;5};{1;2;3;4;5})
```

kommt genau dieser Wert 0,168421052631579 heraus, denn diese Funktion unterstellt grundsätzlich eine lineare Abhängigkeit. Im Diagramm dagegen richtet sich das Bestimmtheitsmaß logischerweise nach dem Typ der in den Diagrammeinstellungen ausgewählten Trendfunktion. Wie kann man nun der Funktion BESTIMMTHEITSMASS beibringen, dass die Datenpunkte nicht hinsichtlich linearer Abhängigkeit, sondern nach Abhängigkeit höherer Ordnung bewertet werden sollen? Naheliegend wäre es, dies genau wie bei RGP zu tun, etwa in der Form:

```
=BESTIMMTHEITSMASS({1;-2;3;-2;5};{1;2;3;4;5}^{1.2.3.4})
```

Da kommt aber nichts außer `#NV` heraus. Was nun?

Sie haben nun zwei Alternativen, die eine führt über die Funktion TREND. Diese Funktion füttert man genau wie RGP und BESTIMMTHEITSMASS mit y-Werten bzw. x-Werten. Im Gegensatz zu diesen Funktionen gibt TREND aber y-Werte zurück, die sich aus dem linearen Trend ergeben. Klingt erst einmal etwas abstrakt, wird aber an einem Beispiel schnell klar (Abb. 15.31).

C2 | fx =0,8*A2-1,4

	A	B	C	D
1	x	y	y-Trend	y-TREND
2	1	1	-0,6	-0,6
3	2	-2	0,2	0,2
4	3	3	1	1
5	4	-2	1,8	1,8
6	5	5	2,6	2,6

Abbildung 15.31: Berechnung linearer Trendwerte

Wir wissen ja dank RGP schon, dass die lineare Trendfunktion für die Werte in A2:B6

```
y = 0,8 x -1,4
```

lautet, also können wir ganz leicht in Spalte C die y-Werte des linearen Trends ermitteln. Die Punkte von C2:C6 liegen genau auf der Geraden des linearen Trends. Wenn wir die Koeffizienten +0,8 und -1,4 nicht kennen würden, könnten wir trotzdem die Trendwerte ermitteln. Dazu steht in D2 (kopiert bis D6):

```
=TREND($B$2:$B$6;$A$2:$A$6;A2)
```

Alle Werte aus Spalte D stimmen mit denen aus Spalte C überein.

Bemerkenswerterweise ist die Korrelation zwischen x- und y-Werten immer genauso groß wie die Korrelation zwischen y-Werten und y-Trendwerten, es gilt:

```
BESTIMMTHEITSMASS(A2:A6;B2:B6)=BESTIMMTHEITSMASS(B2:B6;D2:D6)
=BESTIMMTHEITSMASS(B2:B6; TREND(B2:B6;A2:A6;A2:A6))
=0,16842105
```

Nun kommt erfreulicherweise dazu, dass es mit der Funktion TREND analog zur Funktion RGP möglich ist, Trendwerte für polynomische Funktionen zu ermitteln (in diesem Fall vierten Grades), indem die x-Werte mit den Potenzen von eins bis vier potenziert werden:

```
=TREND(B2:B6;A2:A6^{1.2.3.4};A2:A6^{1.2.3.4})
```

Daraus resultiert, dass sich das Bestimmtheitsmaß des Polynoms vierter Ordnung aus

```
=BESTIMMTHEITSMASS(B2:B6; TREND(B2:B6;A2:A6^{1.2.3.4};A2:A6^{1.2.3.4}))=1
```

ergibt.

Falls es Sie noch wundert, warum da jetzt genau 1 herauskommen muss, noch mal zur Erinnerung: Wenn Sie einen polynomischen Trend vierter Ordnung auf fünf Datenpunkte beziehen (A2:A6), ist er genau bestimmt und die Trendwerte entsprechen genau den y-Werten.

Mit der zweiten, etwas versteckten Alternative können Sie auf die Funktionen TREND und BESTIMMTHEITSMASS verzichten und ermitteln selbiges direkt mit RGP. Wenn Sie das vierte Argument *stats* auf WAHR setzen, erzeugt RGP ein zweidimensionales Array mit zusätzlichen, statistischen Informationen. In der ersten Spalte und der dritten Zeile befindet sich das Bestimmtheitsmaß.

```
=INDEX(RGP(B2:B6;A2:A6;;1);3;1) =0,16842105
=INDEX(RGP(B2:B6;A2:A6^{1.2.3.4};;1);3;1)=1,0
```

Das Maß der Bestimmtheit wird in der Statistik auch mit dem pearsonschen Korrelationskoeffizienten ermittelt. Er nimmt einen Wert zwischen -1 und +1 an. +1 spiegelt eine hundertprozentige positive Korrelation wider. Wenn beispielsweise ausschließlich Raucher Lungenkrebs bekämen, würde die Korrelation zwischen Lungenkrebspatienten und Rauchern 1 betragen. Wenn Rauchen und Lungenkrebs absolut nichts miteinander zu tun hätten, käme der Wert 0 heraus. Wäre Rauchen ein Heilmittel gegen Lungenkrebs (manche scheinen daran zu glauben), ergäbe dies eine negative Korrelation bis minimal -1.

Der markante Name dieses statistischen Maßes hat unter den Excel-Entwicklern offenbar Uneinigkeit ausgelöst, jedenfalls konnten sie sich auf keinen eindeutigen Funktionsnamen einigen. So gibt es die Funktion KORREL und die Funktion PEARSON, die die absolut identische Berechnung ausführen. Potenziert man beide mit zwei, erhält man das Ergebnis der Funktion BESTIMMTHEITSMASS. Es gilt:

```
PEARSON(A2:A6;B2:B6)^2= KORREL(A2:A6;B2:B6)^2
=BESTIMMTHEITSMASS(A2:A6;B2:B6)
=0,16842105
```

15.7 Multiple Regression

Zum einen könnten ja unter den Lungenkrebspatienten auch Pfeifenraucher sein, zum anderen kommt unter zwölfjährigen Schulhofrauchern Gott sei Dank weniger Krebs vor als unter Rentnern. Kurz gesagt, die abhängige Variable der Anzahl Lungenkrebspatienten hängt von mehreren unabhängigen Variablen (Zigaretten, Pfeifen, Alter etc.) ab. Wenn Sie jetzt die Chance eines Patienten auf Lungenkrebs, abhängig von seinem Alter und der Anzahl Zigaretten und Pfeifen, die er pro Tag konsumiert, ausrechnen wollen, müssen Sie eine multiple lineare Regression durchführen. (Die Daten in Abb. 15.32 sind rein fiktiv. Wenn Sie sich jetzt Sorgen machen, sind Sie selbst schuld.)

	A	B	C	D
1	Erkrankte (v. 100.000 Personen)	Alter	Zigaretten (pro Tag)	Pfeifen (pro Tag)
2	1175	60	30	10
3	355	12	20	5
4	847,5	40	25	12
5	???	33	10	8

Abbildung 15.32: Multiple Regression für Lungenkrebswahrscheinlichkeit

Sie sind 33 Jahre alt, rauchen 10 Zigaretten und 8 Pfeifen pro Tag und möchten aus drei vorhandenen Messdaten die Wahrscheinlichkeit ableiten, selbst Lungenkrebs zu haben. Die Funktionen RGP und TREND sind Ihnen dabei behilflich. Statt einer eindimensionalen x-Wertereihe füttern Sie diese mit einer zweidimensionalen x-Wertematrix:

```
A5:=TREND(A2:A4;B2:D4;B5:D5;0)=610
```

Die Wahrscheinlichkeit beträgt also 610/100.000 = 0,61 %.

Vielleicht haben Sie es gemerkt, mit dieser Aufgabe haben Sie nicht nur eine multiple lineare Regression durchgeführt, sondern gleichzeitig ein lineares Gleichungssystem gelöst. Die drei vorgegebenen Messwerte stehen für drei Gleichungen mit drei Unbekannten in der Form:

```
y= a*x1+b*x2+c*x3
```

Das vollständige Gleichungssystem des Beispiels lautet:

```
1175=60*x1+30*x2+10*x3
355=12*x1+20*x2+5*x3
847,5=40*x1+25*x2+12*x3
```

Gesucht werden die Werte für x1, x2 und x3, für die alle drei Gleichungen gelöst werden können. Lineare Gleichungssysteme lassen sich mithilfe von Matrixoperationen lösen. In unserem Beispiel liefert die Formel

```
{=MMULT(MINV(B2:D4);A2:A4)}
```

das Array

```
={15;7,5;5},
```

womit die drei Unbekannten des Gleichungssystems x1, x2 und x3 bestimmt sind. Wie genau diese MMULT-Formel funktioniert, werden wir im nachfolgenden Abschnitt noch genau unter die Lupe nehmen. Nun machen wir folgende Gegenprobe:

```
y=15*33+7,5*10+5*8=610
```

Und siehe da, wir erhalten genau den Wert 610, den zuvor die Funktion TREND berechnet hat, um die Lungenkrebswahrscheinlichkeit des 33-Jährigen zu bestimmen.

Zwischen multipler linearer Regression und der Lösung eines linearen Gleichungssystems besteht ein enger Zusammenhang. Man kann sagen, die Lösung des Gleichungssystems ist ein Sonderfall der Regression, in der das Gleichungssystem genau bestimmt ist. Bei n Unbekannten stehen Ihnen genau n Gleichungen (oder Messwerte) zur Verfügung. Nur dann funktioniert die MMULT/MINV-Formel. Bei der Regression sind Sie nicht an diese Voraussetzung gebunden, Sie können auch wesentlich mehr als n Messpunkte in die Berechnung einbeziehen. Dann lösen Sie das Gleichungssystem aber nicht mit MMULT/MINV, sondern mit RGP.

Die RGP-Lösung für obiges Gleichungssystem lautet:

```
{=RGP(A2:A4;B2:D4;0)} = {5.7,5.15}
```

Etwas gewöhnungsbedürftig ist, dass die Elemente des Arrays verkehrt herum, also von rechts, angeordnet sind.

```
y=5*8+7,5*10+15*33=610
```

Auch für die multiple Regression lässt sich das Bestimmtheitsmaß ermitteln:

```
R²=INDEX(RGP(A2:A4;B2:D4;0;1);3;1)=1
```

Im Sonderfall der Lösung eines Gleichungssystems mit n Gleichungen und n Variablen beträgt R^2 per Definition immer genau 1.

15.8 Multiple Regression versus polynomische Regression

Zu Beginn des Kapitels haben Sie gesehen, dass RGP standardmäßig die Koeffizienten eines linearen Trends liefert, aber wenn man die x-Werte mit dem Array

```
^{1.2.3.4}
```

potenziert, entstehen die Koeffizienten eines polynomischen Trends. Warum eigentlich? Dies leuchtet ein, wenn man sich klar macht, dass die Polynomregression eigentlich auch nur ein Sonderfall der multiplen linearen Regression ist. Das folgende Beispiel eines linearen Gleichungssystems verdeutlicht diese Tatsache (Abb. 15.33):

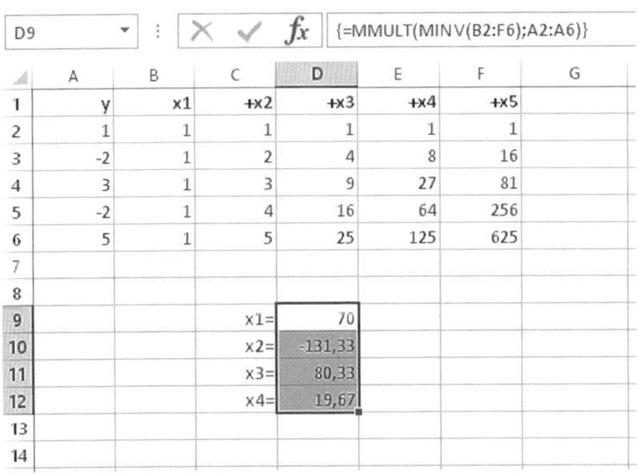
D9 {=MMULT(MINV(B2:F6);A2:A6)}

	A	B	C	D	E	F	G
1	y	x1	+x2	+x3	+x4	+x5	
2	1	1	1	1	1	1	
3	-2	1	2	4	8	16	
4	3	1	3	9	27	81	
5	-2	1	4	16	64	256	
6	5	1	5	25	125	625	
7							
8							
9			x1=	70			
10			x2=	-131,33			
11			x3=	80,33			
12			x4=	19,67			
13							
14							

Abbildung 15.33: Zusammenhang zwischen polynomischer und multipler linearer Regression

Es liegt ein System mit fünf Variablen und fünf Gleichungen in der Form

```
y=a*x1+b*x2+c*x3+d*x4+e*x5
```

vor, das mit der MMULT/MINV-Formel gelöst werden kann. Die Ergebnisse von x1–x5 kommen uns sehr bekannt vor, es sind genau die Polynomkoeffizienten unseres Polynoms vierter Ordnung. »Zufällig« sind die linearen Gleichungen so aufgebaut, dass stets gilt:

- x2^0=x1 (die Konstante)
- x2^1=x2
- x2^2=x3
- x2^3=x4
- x2^4=x5

Wenn diese Bedingungen erfüllt sind, können die linearen Gleichungen auch als Polynomgleichung in der Form

```
y=a*x2^0+b*x2^1+c*x2^2+d*x2^3+e*x2^4
```

dargestellt werden. Wir überprüfen dies, indem wir das Gleichungssystem mit RGP auflösen:

```
=RGP(A2:A6;C2:F6)= RGP(A2:A6;C2:C6^{1.2.3.4})
={1,67.-19,67.80,33.-131,33.70}
= 70*x2^0-133,33*x2+80,33*x2^2-19,67*x^3+1,67*x^4
```

Die Spalte B wurde nicht in die Berechnung von RGP einbezogen, da diese Funktion die Konstante (70) trotzdem berechnet, vorausgesetzt das dritte Argument von RGP ist WAHR oder nicht angegeben. Wenn Sie Spalte B einbeziehen und das dritte Argument, die Konstante, auf FALSCH (oder 0) setzen, kommt das gleiche Ergebnis dabei heraus:

```
=RGP(A2:A6;B2:F6;0)= {1,667.-19,667.80,3333.-131,3333.70,0000.0}
```

Die Polynomregression ist also ein Sonderfall der multiplen linearen Regression, in dem die Unbekannten in einem bestimmten (polynomischen) Verhältnis zueinander stehen.

15.9 Lösung linearer Gleichungssysteme

Die zwei bekanntesten Verfahren zur Lösung linearer Gleichungssysteme höheren Grades sind zum einen der gaußsche Algorithmus und zum anderen die Lösung nach der Cramerschen Regel. Ein Gleichungssystem zweiten Grades können Sie noch relativ einfach mit dem Eliminationsverfahren lösen, das Sie vielleicht noch aus der Schulzeit kennen:

Gegeben sind die zwei Gleichungen:

```
2x + 2y = 8
4x - 3y = 3
```

Die erste Gleichung nach x aufgelöst ergibt x = (8-2y)/2 und eingesetzt in die zweite ergibt sich 4(8-2y)/2-3y = 3. Diese dann nach y aufgelöst ergibt nach einigen Schritten: y = 13/7 und dann ergo 15/7 für x.

Das war jetzt ein Gleichungssystem zweiten Grades: zwei Unbekannte und zwei Gleichungen. Diese grundsätzlich immer richtige Lösung durch Substitutionen (Eliminationsverfahren) mag ja bei einem »Zweier« noch angehen. Bei einem höheren Gleichungssystem, beispielsweise neunten Grades, mit neun Gleichungen und neun Unbekannten, rechnen Sie sich aber so einen Wolf. Dann kommen Gauß oder Cramer ins Spiel.

Folgendes Gleichungssystem dritter Ordnung wollen wir nun nach der Cramerschen Regel auflösen:

```
2x + 4y - 3z = 58
-2x + 8y + 3z = 50
4x - 4y - 3z = -4
```

Das ergibt die in Abb. 15.34 dargestellte Matrix:

	A	B	C	D	E	F
1						
2		Lineares Gleichungssystem 3. Grades				
3						
4				x	y	z
5		1.	58	2	4	-3
6		2.	50	-2	8	3
7		3.	-4	4	-4	-3

Abbildung 15.34: Lineares Gleichungssystem dritten Grades

Der Bereich D5:F7 enthält die Werte der Koeffizientenmatrix. C5:C7 enthält die Werte der Ergebnismatrix.

Die Lösung nach der Cramerschen Regel erfolgt über eine Determinantenberechnung. Eine Determinante dritter Ordnung (hier die Koeffizientenmatrix: 3 mal 3) berechnet man nach der Sarrusschen Regel, nach der die linken beiden Spalten rechts noch einmal angefügt werden (Abb. 15.35).

	D	E	F	G	H
4	x	y	z		
5	2	4	-3	2	4
6	-2	8	3	-2	8
7	4	-4	-3	4	-4

Abbildung 15.35: Determinantenberechnung (1)

Addiert werden die Produkte der drei möglichen (vollständigen) Diagonalen von links oben nach rechts unten und davon subtrahiert werden die Produkte der drei möglichen (vollständigen) Diagonalen von links unten nach rechts oben (Abb. 15.36).

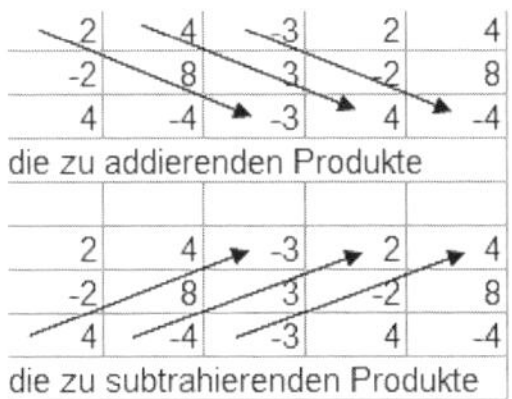

Abbildung 15.36: Determinantenberechnung (2)

```
=D5*E6*F7+E5*F6*G7+F5*G6*H7-D7*E6*F5-E7*F6*G5-F7*G6*H5
=2*8*-3 + 4*3*4 + -3*-2*-4 - 4*8*-3 - -4*3*2 - -3*-2*4 = 72
```

Exakt dafür wurde die Funktion MDET geschaffen:

```
H6: {=MDET(D5:F7)}=72
```

Nacheinander werden jetzt die Spalten in der Koeffizientenmatrix durch die Ergebnismatrix ersetzt und jeweils die Determinante berechnet: H6 kopiert nach H10, H14 und H18.

Das Ergebnis für x, y, z (die Lösung des linearen Gleichungssystems – im Beispiel: x=5/y=9/z=-4) ergibt sich aus dem Quotienten der Variablendeterminante und der Koeffizientendeterminante (Abb. 15.37).

	A	B	C	D	E	F	G	H	I	J
4				x	y	z				
5		1.	58	2	4	-3				
6		2.	50	-2	8	3		72	=MDET(D5:F7)	
7		3.	-4	4	-4	-3				
8										
9				58	4	-3				
10				50	8	3		360	=MDET(D9:F11)	
11				-4	-4	-3	x:	5		
12										
13				2	58	-3				
14				-2	50	3		648	=MDET(D13:F15)	
15				4	-4	-3	y:	9		
16										
17				2	4	58				
18				-2	8	50		-288	=MDET(D17:F19)	
19				4	-4	-4	z:	-4		
20										

Abbildung 15.37: Stufenweise Determinantenberechnung

Diese Lösung (alle drei Variablen sind ganzzahlig) heißt übrigens »diophantisch«.

Das Verfahren ist äußerst zuverlässig. Wir wollen jetzt aber auch noch ein Gleichungssystem zwölften Grades oder höher lösen. Das funktioniert auch mit Cramer, ist aber eine mörderische Schreibarbeit: Denn da müssen 13 Matrizen à 12 mal 12 Zellen bestückt werden.

Eine noch elegantere Lösung stammt vom Fürst der Mathematiker: Carl Friedrich Gauß (1777-1855). Gauß hatte die Idee, die Inverse der Matrix zu bilden. Das ist die, die mit der Ursprungsmatrix multipliziert in der Diagonalen nur Einsen und sonst Nullen ergibt. Diese spezielle Matrix nennt man auch Einheitsmatrix. Wie kommt man auf so etwas, Herr Gauß (das fragen wir Sie später einmal)?

Wie berechnen wir die Inverse unserer Koeffizientenmatrix? Die Zellen H5 bis J7 sind gleichzeitig markiert und die Arrayformel `{=MINV(D5:F7)}` ist eingegeben. Dann sehen wir dort (Abb. 15.38):

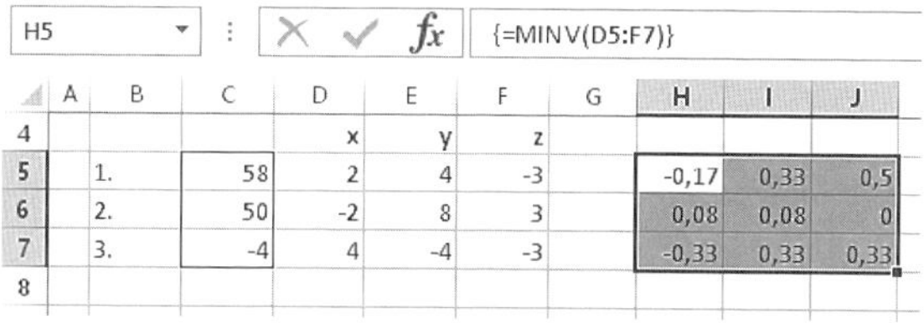

Abbildung 15.38: Berechnung der inversen Matrix

Nach der Markierung von 3 mal 3 Zellen ergibt die Multiplikation dieser beiden Matrizen mit `=MMULT(D5:F7;H5:J7)`:

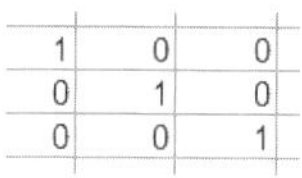

Abbildung 15.39: Einheitsmatrix

Und das ist die Einheitsmatrix – es funktioniert also.

Die inverse Matrix multipliziert mit der Ergebnismatrix bringt dieselben Resultate wie die Cramersche Lösung:

```
{=MMULT(MINV(D5:F7);C5:C7)} = {5;9;-4}
```

Das Ergebnis von MMULT ist hier ein Zeilenarray. Will man die Elemente waagerecht auflisten, muss man die Formel noch transponieren:

```
D8:F8:{=MTRANS(MMULT(MINV(D5:F7);C5:C7))}
```

Auf die einzelnen Elemente des Arrays kann mit INDEX zugegriffen werden:

`D8: =INDEX(MMULT(MINV($D$5:$F$7);$C$5:$C$7);SPALTE(A1))` (bis F8 kopiert)

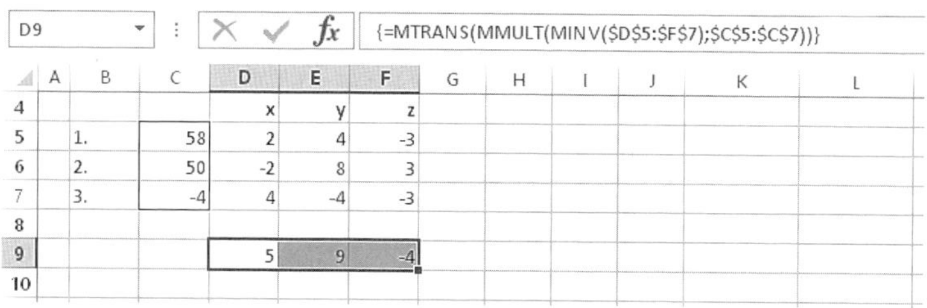

Abbildung 15.40: Lineares Gleichungssystem – gelöst

Eine 0 (Null), wenn sie denn vorkommt, muss explizit eingegeben werden – leere Zellen ergeben als Lösung #WERT!.

Der Vorteil dieser auf Gauß basierenden Lösung gegenüber der Cramerschen Regel besteht darin, dass sie völlig problemlos auf komplexe Gleichungssysteme erweiterbar ist. Beispielsweise die Lösung eines Gleichungssystems 12. Ordnung (Abb. 15.41):

Lineares Gleichungssystem 12. Grades

12

			X1	X2	X3	X4	X5	X6	X7	X8	X9	X10	X11	X12
1.	+ 11	=	2	3	0	-5	1	2	0	-2	2	10	-5	1,5
2.	+ 56	=	-1	-2	3	1	0	-1	-1	1	-4	2	0	5
3.	- 9,5	=	-10	-3	-1	10	-1	2	2	3	-2	5	3	0
4.	0	=	0	1	1	20	-1	1	-1	-1	-5	0	0	0
5.	+ 12	=	1	1	1	1	1	1	0	0	0	0	2,13	-1
6.	- 16	=	-1	-1	-1	-1	-1	-2	0	0	10	0	0	-2
7.	- 19	=	4	0	0	2	-3	0	0	-2	1	0	0	0
8.	+ 33	=	0	0	0	2	2	2	2	0	0	0	0	0
9.	+ 106	=	1	2	3	4	5	6	7	8	9	12	3	-0,5
10.	+ 10	=	0	1	-2	0	2	-1	0	0	0	-10	0	0
11.	+ 7	=	100	50	0	-1	0	0	0	0	0	0	4	0
12.	+ 35	=	3	11	0	0	0	-2	0	20	0	3	0	10
			2	**-4**	**5**	**1**	**11**	**3**	**1,5**	**-1**	**2,5**	**-0,5**	**2**	**10**

Abbildung 15.41: Lineares Gleichungssystem 12. Grades

Die Lösungsformel lautet:

```
{=MMULT(MINV(D5:O16);C5:C16)} = {2;-4;5;1;11;3;1,5;-1;2,5;-0,5;2;10}
```

Wenn der Grad des Gleichungssystems variabel sein soll, können Sie die Bereichsangaben auch dynamisieren:

```
{=MMULT(MINV(BEREICH.VERSCHIEBEN($D$5;;;$B$3;$B$3));
BEREICH.VERSCHIEBEN($C$5;;;$B$3))}
```

Wie bereits erwähnt, müssen Sie den Ausdruck mit MTRANS transponieren und dann alle Zellen von D18:O18 bei Eingabe der Arrayformel auf einmal markieren, wenn Sie die Elemente waagerecht auflisten wollen. Dies ist mit INDEX und INDIREKT ohne Eingabe als Arrayformel ebenfalls möglich. Schreiben Sie in D18:

```
=WENN(SPALTE(A1)>$B$3;"";INDEX(MMULT(MINV($D$5:INDIREKT(ADRESSE
(4+$B$3;3+$B$3)));$C$5:INDIREKT("C"&4+$B$3));SPALTE(A1)))
```

Und kopieren Sie die Formel nach rechts bis O18.

15.9.1 Alternative Lösung mit dem Solver

Jetzt wollen wir noch einmal den Solver auf die Probe stellen. Ist er für das Lösen von linearen Gleichungssystemen geeignet? Um ihn nicht zu überfordern, beschränken wir uns zunächst auf ein Gleichungssystem dritten Grades (Abb. 15.42).

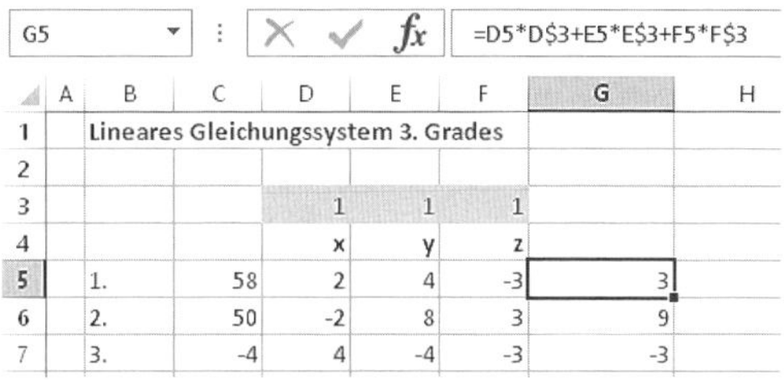
G5 =D5*D$3+E5*E$3+F5*F$3

	A	B	C	D	E	F	G	H
1		Lineares Gleichungssystem 3. Grades						
2								
3				1	1	1		
4				x	y	z		
5		1.	58	2	4	-3	3	
6		2.	50	-2	8	3	9	
7		3.	-4	4	-4	-3	-3	

Abbildung 15.42: Lineares Gleichungssystem mit Solver lösen

In C5:F7 steht das Gleichungssystem. In D3 bis F3 stehen die Ergebniszellen (absolute Zahlen) mit irgendwelchen Initialwerten, die der Solver später optimieren soll. In G5 bis G7 stehen die Formeln für die Nebenbedingungen.

`G5:=D5*D$3+E5*E$3+F5*F$3` (kopiert bis G7)

Bei sehr vielen Gleichungen würde sich auch

```
G5:=SUMMENPRODUKT((D$3:F$3);(D5:F5))
```

anbieten. H1 ist auch eine Eingabezelle – dazu kommen wir später.

Der Solver wird wie folgt bestückt:

Optimieren wollen wir eigentlich nichts – es sollen nur die drei Nebenbedingungen erfüllt werden. Die Werte in G5:G7 müssen nach der Rechnung mit den Werten aus C5:C7 übereinstimmen. Der Solver verlangt aber in der Ergebniszelle eine Formel. Also geben wir dort als Zielzelle die Zelle für die erste Nebenbedingung (G5) ein und als Zielwert den Wert aus Zelle C5 (= 58) (Abb. 15.43).

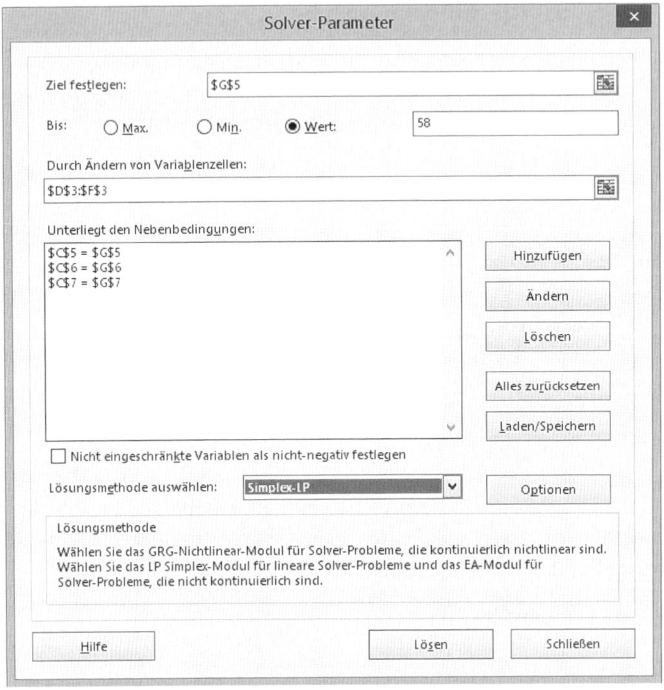

Abbildung 15.43: Dialogfeld Solver-Parameter

Als weitere Nebenbedingungen definieren wir G5 = C5, G6 = C6 und G7 = C7. Die veränderbaren Zellen sind D3:F3, in denen letztlich die Lösungen für x, y und z stehen sollen. Als Lösungsmethode muss *Simplex-LP* gewählt werden und das Kontrollkästchen *Nicht eingeschränkte Variablen als nicht-negativ festlegen* muss deaktiviert werden.

Nun lassen Sie den Solver lösen und er wird das richtige Ergebnis finden (Abb. 15.44):

	A	B	C	D	E	F	G
1		Lineares Gleichungssystem 3. Grades					
2							
3				5	9	-4	
4				x	y	z	
5		1.	58	2	4	-3	58
6		2.	50	-2	8	3	50
7		3.	-4	4	-4	-3	-4

Abbildung 15.44: Lineares Gleichungssystem mit Solver gelöst

Der Zielwert akzeptiert keinen Zellbezug: Da muss explizit eine Zahl darin stehen. Im Beispiel war es 58. Diese bei einem neuen Gleichungssystem jedes Mal neu einzugeben, ist lästig! Es ist aber auch nicht nötig, da wir mit der Nebenbedingung G5 = C5 auch dafür sorgen, dass auf den richtigen Wert 58 optimiert ist.

Wir können als Zielzelle auch irgendeine andere nehmen, z. B. H1 mit der Formel

```
H1:=0
```

Das Ergebnis ist dasselbe.

15.10 Von Wachstum und stetiger Verzinsung

Wie wir gesehen haben, sind die Trendtypen *linear* und *polynomisch* eng miteinander verwandt und deshalb werden zu ihrer Berechnung auch die gleichen Excel-Funktionen herangezogen. Excel stellt darüber hinaus noch andere Verfahren der Regression zur Verfügung, die völlig anders geartete Korrelationen zwischen abhängigen und unabhängigen Größen beschreiben, beispielsweise die Wachstumsfunktionen.

Was ja schönerweise von selbst wachsen kann, ist Geld. Vorausgesetzt, man hat es zinsbringend angelegt. Dieses Wachstum kennen wir alle unter dem Stichwort Zinseszinseffekt. Es kann jedem unermessliche Reichtümer bescheren, vorausgesetzt, man kann lange genug warten. Wenn Sie einen Euro 300 Jahre lang zu 5 % festlegen, sparen sich immerhin knapp 2,3 Mio. Euro an. Ihre Nachfahren werden es Ihnen danken. Vorausgesetzt, die Inflation hält sich bis dahin in Grenzen.

Um auf Nummer sicher zu gehen, wollen Sie womöglich aus Werten der vergangenen Jahre eine Prognose der zukünftigen Geldwertentwicklung berechnen. Sie halten in Spalte A:B fest, wie sich der Preis eines Produkts, Warenkorbs oder der Lebenshaltungsindex entwickelt hat, erstellen davon ein Punkt (XY)-Diagramm und fügen einen exponentiellen Trend hinzu, wie in Abb. 15.45 gezeigt.

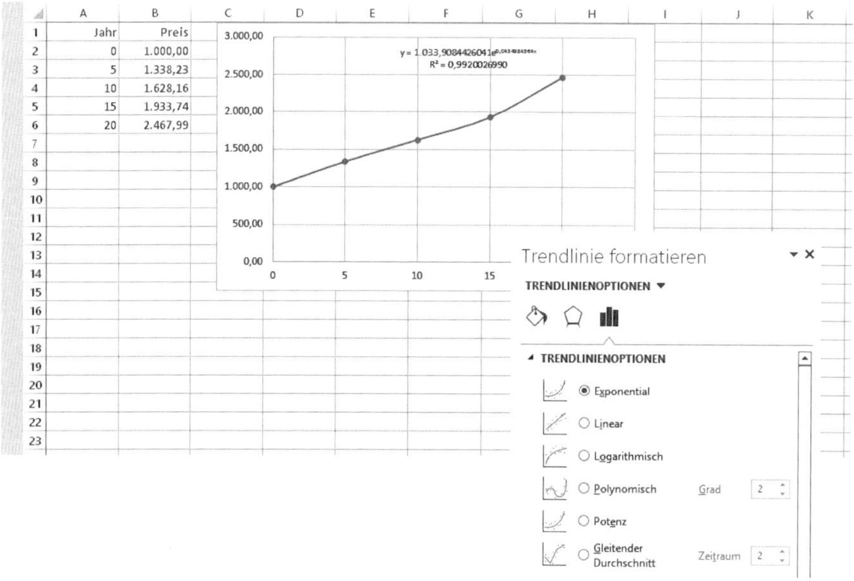

Abbildung 15.45: Exponentielle Trendfunktion

Aus der im Diagramm dargestellten Trendfunktion

$y = 1033{,}9084e^{0{,}0435x}$

können folgende Trendwerte in Spalte C abgeleitet werden (Abb. 15.46):

C3 =1033,9084426041*EXP(0,0434984564*A3)

	A	B	C	D	E	F
1	Jahr	Preis	Trend (exp.)	Zinssatz p.a.		
2	0	1.000,00	1.033,91			
3	1		1.079,87	4,4458382%		
4	2		1.127,88	4,4458382%		
5	3		1.178,03	4,4458382%		
6	4		1.230,40	4,4458382%		
7	5	1.338,23	1.285,10	4,4458382%		
8	10	1.628,16	1.597,33	4,4458382%		
9	15	1.933,74	1.985,41	4,4458382%		
10	20	2.467,99	2.467,77	4,4458382%		
11	300		480.644.478,26			

Abbildung 15.46: Exponentielle Trendfunktion und jährliche Verzinsung

In Spalte D erkennt man, dass die Werte der exponentiellen Trendfunktion so geglättet sind, dass ihr Wachstum pro Jahr konstant ist.

```
C3:=1033,9084426041*EXP(0,0434984564*A3)
D3: =C3/C2-1=4,4458382%
```

Wenn der Abstand der Jahre in Spalte A größer ist als 1, sieht das so aus:

```
D8: =(C8/C7)^(1/(A8-A7))-1
```

Natürlich können auch beim exponentiellen Trend Koeffizienten und Trendwerte ohne das Diagramm mithilfe von Excel-Funktionen berechnet werden. Die Funktionen RGP und TREND der linearen Trendrechnung haben jeweils ein Pendant für exponentielle Trends, nämlich RKP und VARIATION. Funktionsnamen sind in Excel ja meistens sprechend, aber warum die Funktion VARIATION heißt, ist schleierhaft. Im Englischen heißt die Funktion treffenderweise GROWTH (Wachstum). Mithilfe dieser Funktion kann aus den fünf Messjahren 0, 5, 10, 15 und 20 der prognostizierte Betrag im Jahre 300 ermittelt werden:

```
=VARIATION(B2:B6;A2:A6;300) = 480.644.481,13
```

Für einen Gegenstand, der heute einen Wert von 1.000 Euro hat, müssen Sie in 300 Jahren also rund 480 Mio. Euro hinblättern. Pech gehabt, dann kämen Ihre Nachfahren mit dem einen angelegten Euro, der in 300 Jahren auf 2,3 Mio. Euro angewachsen ist, irgendwie doch nicht so weit.

Die Funktionskoeffizienten erhält man mit:

```
=RKP(Preise;{0;5;10;15;20}) = {1,04445838210557.1033,9084426041}
```

Der rechte Wert von 1.033,9 Euro ist der Trendpreis im Jahr 0 und gleichzeitig der y-Achsenschnittpunkt. Der linke Wert verwundert ein wenig, denn in der Diagrammgleichung erscheint stattdessen der Wert 0,0434984564. Welcher Zusammenhang besteht zwischen diesen beiden Werten? 1,04445838210557 ist der konstante Zinssatz, den wir in Spalte D berechnet haben, plus 1. Mit diesem Faktor kann man also den Preis eines Jahres multiplizieren, um den Preis der Folgeperiode zu erhalten. Der natürliche Logarithmus (Logarithmus zur Basis e) dieses Faktors ist:

```
=LN(1,04445838210557) = 0,0434984564
```

Aha, da schließt sich der Kreis. Verstehen muss man das aber noch nicht unbedingt. Deshalb machen wir noch einen kurzen finanzmathematischen Ausflug zur Überleitung von einem Jahreszins auf einen stetigen Zins.

Ein Kapital von 1.000 € wird ein Jahr lang zu 4 % verzinst, sodass am Jahresende ein Kapital von 1.040 € entstanden ist. Bei monatlicher statt jährlicher Zinsverrechnung ergeben sich =1000* (1+4 %/12)^12 = 1.040,7415 €. Bei täglicher Verzinsung sind es =1000 * (1+4 %/365)^365 = 1.040,8085. Allgemein gilt:

$$K_1 = K_0 \cdot \left(1 + \frac{i}{n}\right)^n$$

Mit i als jährlichem Zinssatz und n als Anzahl Zinsverrechnungen pro Jahr. Setzt man i / n = 1 / x, d. h. n = i*x und x = n / i, dann ergibt sich:

$$K_1 = K_0 \cdot \left[\left(1 + \frac{1}{x}\right)^x\right]^i$$

Zur Probe:

$$K_1 = 1000 \cdot \left[\left(1 + \frac{1}{(12/4\%)}\right)^{12/4\%}\right]^{4\%} = 1.040{,}74$$

Wenn man die Zinsperioden unendlich klein werden lässt, strebt x im Ausdruck

$$\left(1 + \frac{1}{x}\right)^x$$

gegen unendlich und die Formel nimmt den Wert der eulerschen Zahl e = 2,71828182845905 ein. Man spricht dann von stetiger Verzinsung oder (stetigem) Wachstum. In Excel erhält man die eulersche Zahl mit der Funktion `EXP(1)`.

Bei stetiger Verzinsung wächst das Kapital in einem Jahr somit auf

```
=1000*e^4% = 1000*EXP(4%) = 1.040,8108
```

Der effektive Jahreszinssatz ergibt sich ferner aus

```
=EXP(4%)-1 = 4,08107741923882%
```

Will man andersherum wissen, mit welchem Zinssatz stetig verzinst werden muss, um einen Effektivzinssatz von 4 % zu erhalten, verwendet man einfach die Umkehrfunktion von EXP nämlich LN.

```
=LN(1+4%) = 3,92207131532813%
```

Angewendet auf unsere Preisentwicklung gilt:

- Stetige Verzinsung/Wachstumsrate aus Effektivzins p.a.:
  `=LN(1,04445838210557) = 4,34984564198636%`
- Effektivzins p.a. aus stetiger Verzinsung:
  `=EXP(4,34984564198636%)-1 = 4,445838210557%`

Lange Rede, kurzer Sinn, im Diagramm weist Excel den Zinssatz der stetigen Verzinsung aus, die RKP-Funktion hingegen gibt als Koeffizienten die jährliche Effektiv-Verzinsung zurück.

Genau wie RGP kann auch RKP das Bestimmtheitsmaß angeben:

R^2 = `INDEX(RKP(B2:B6;A2:A6;;1);3;1) = 0,992002698987872`

15.11 Sonstige Trendsetter

Der Vollständigkeit halber sei schließlich noch erwähnt, dass Excel mit Funktionen bzw. im Diagramm zwei weitere Regressionstypen darstellen kann.

15.11.1 Potenzielle Regression

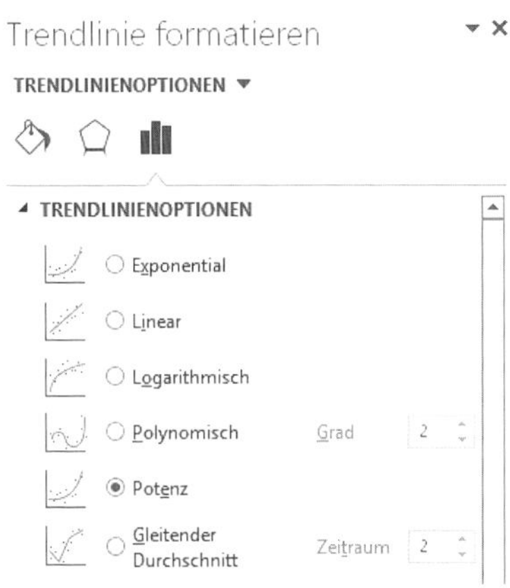

Abbildung 15.47: Trendlinienoptionen zur Auswahl des Trendtyps Potenz

Der Trendtyp *Potenz* ist zu wählen, wenn der Funktionsgraph durch eine Gleichung in der Form

```
y = m*x^b
```

beschrieben werden kann.

Die Koeffizienten einer Potenzfunktion ermittelt man auch über die Funktion RKP:

```
m = INDEX(RKP(yWerte;LN(xWerte));1;2)
b = LN(INDEX(RKP(yWerte;LN(xWerte));1;1))
R² = INDEX(RKP(yWerte;LN(xWerte);;WAHR);3;1)
```

15.11.2 Logarithmische Regression

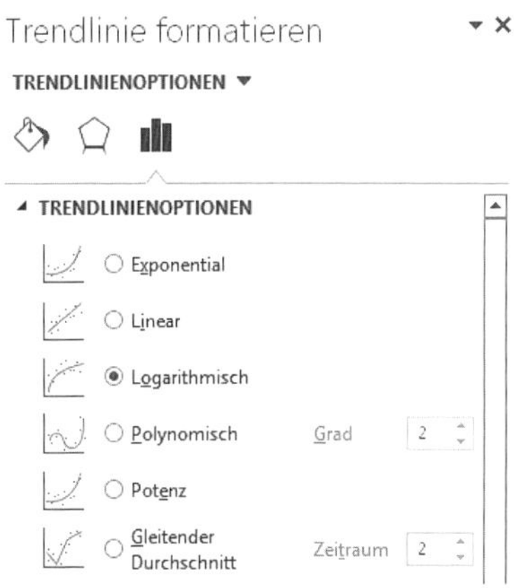

Abbildung 15.48: Trendlinienoptionen zum Einstellen des logarithmischen Trends

Die logarithmische Regression beschreibt Funktionen in der Form

```
y = m*LN(x) + b
```

Die Berechnung von m, b und des Bestimmtheitsmaßes ergibt sich wie folgt:

```
m = INDEX(RGP(yWerte;LN(xWerte));1;1)
b = INDEX(RGP(yWerte;LN(xWerte));1;2)
R² = INDEX(RGP(yWerte;LN(xWerte);;WAHR);3;1)
```

Kapitel 16

Finanzmathematische Schmankerl

In diesem Kapitel zeigen wir Ihnen, wie die Funktion ZEILE in der Finanzmathematik zur Höchstform aufläuft und warum so manche Excel-Funktionen eine echte (vorschüssige) Macke haben.

16.1 ZEILE – Multitalent als Finanzjongleur

Die Funktion ZEILE zählt ursprünglich zur Gattung der Matrixfunktionen. Aufgrund ihrer hohen Anpassungsfähigkeit und Paarungsbereitschaft mit anderen Spezies fühlt sie sich aber fast überall heimisch. Man glaubt es kaum: Sie ist sogar ein Meister der Finanzmathematik. In der Finanzmathematik baut vieles auf Folgen und Reihen auf.

16.1.1 Folgen und Reihen

Eine Zahlenfolge ist eine Folge von reellen Zahlen, die in einem funktionalen Zusammenhang zu den natürlichen Zahlen (ganze Zahlen 1, 2, 3, ...) oder einer Teilmenge daraus stehen (würde ein Mathematiker sagen). Die Funktion `=ZEILE(1:10)` liefert die natürlichen Zahlen von 1 bis 10, also die Zahlenfolge:

```
{1;2;3;4;5;6;7;8;9;10}
```

Multipliziert man diese Folge mit einem Faktor q, erhält man eine arithmetische Folge

```
=ZEILE(1:10)*2 = {2;4;6;8;10;12;14;16;18;20}
```

bei der die Differenz zweier aufeinanderfolgender Glieder konstant ist.

Potenziert man q mit der Zahlenfolge, so erhält man eine geometrische Folge

```
=2^ZEILE(1:10)= {2;4;8;16;32;64;128;256;512;1024}
```

die die Eigenschaft aufweist, dass der Quotient zweier aufeinanderfolgender Glieder konstant ist.

Werden die Glieder einer Folge aufsummiert, so erhält man eine Reihe. Die arithmetische Reihe aus der obigen arithmetischen Folge ergibt sich dann aus `{2;6;12;20;30;42;56;72;90;110}`, die geometrische Reihe ferner aus `{2;6;14;30;62;126;254;510;1022;2046}`. Das zehnte Glied der arithmetischen Reihe berechnet sich in Excel aus

```
{=SUMME(Zeile(1:10)*2)}=110
```

(da Gauß die Funktion ZEILE nicht kannte, hätte er es so gemacht: `= 5*(10+1)*2`)

und das zehnte Glied der geometrischen Reihe aus

```
{=SUMME(2^ZEILE(1:10))}=2.046
```

16.1.2 Renten- und Tilgungsrechnung

Jetzt schlagen wir den Bogen zur Finanzmathematik. Zinseszinsrechnung ist nichts anderes als das Berechnen einer geometrischen Folge und Rentenrechnung ist nichts anderes als das Berechnen einer geometrischen Reihe. Die natürlichen Zahlen stehen hier für Zeitpunkte (Perioden). Die Folge aus n Zeitpunkten stellt den betrachteten Zeithorizont dar. Um diese ganze Geschichte Excel-technisch umzusetzen, verwenden wir nun die Funktion ZEILE.

Geben Sie irgendeiner Zelle den Namen *n*. Dann definieren Sie einen weiteren Namen Zeitstrahl, bezogen auf die Formel

```
=ZEILE(INDIREKT("1:"&n))
```

Wenn Sie in die Zelle n den Wert 5 eintragen, übergibt die Formel an den Namen *Zeitstrahl* das Array `{1;2;3;4;5}`, das für fünf Zahlungszeitpunkte steht.

Diesen Baustein können Sie nun bestens zur Rentenrechnung einsetzen. Legen Sie beispielsweise fünf Jahre lang zu Beginn jeden Jahres 500 € an, die zu 6 % verzinst werden.

Für alle folgenden Formeln gilt: i ist der Jahreszinssatz und n die Laufzeit in Jahren. Wollen Sie unterjährige Verzinsungen (monatlich, vierteljährlich etc.) darstellen, müssen Sie i durch v (Verrechnungen p.a.) dividieren und n mit v multiplizieren.

Welchen Betrag haben Sie am Ende des fünften Jahres angespart? Um das zu berechnen, haben Sie die Qual der Wahl. Im Grunde gibt es vier Möglichkeiten.

1. Tabellarisch

	A	B	C	D	E	F	G	H	I	J
1	Perioden (n):	5			t0	t1	t2	t3	t4	Σ t5
2	Zahlung (RMZ):	500		Zahlung	500	500	500	500	500	
3	Zinssatz (i)	6%		Zinsperioden	5	4	3	2	1	
4				Ergebnis/Summe	669,11	631,24	595,51	561,80	530,00	2.987,66
5										

Abbildung 16.1: Tabellarischer Tilgungsplan

Die Zahlungen werden einzeln aufgezinst und dann in J4 aufaddiert.

2. Excel-Funktion

Für dieses Beispiel gibt es die Standardfunktion ZW:

```
-ZW(i;n;500;0;1)=2.987,66
```

3. Finanzmathematische Funktion

   Falls Sie ein vernünftiges Mathebuch mit finanzmathematischen Funktionen im Regal stehen haben, müssten Sie dort auch die passende Formel finden:

   ```
   -500*(1+i)*(1-(1+i)^n)/i = 2.987,66
   ```

   Aber bevor Sie jetzt lange grübeln, weil Sie die Formel nicht verstehen, wenden Sie sich lieber der vierten Alternative zu, denn darum geht es schließlich in diesem Kapitel.

4. Arrayformel mit ZEILE

   Sie erzeugen aus dem Namen *Zeitstrahl* die Arrayformel

   ```
   {=SUMME(500*(1+i)^Zeitstrahl)}
   ```

   die ebenso 2.987,66 als Ergebnis ausspuckt und die Sie sofort verstehen, wenn Sie bis hierher aufgepasst haben (Stichwort »geometrische Reihe«).

Den Baustein *Zeitstrahl* können Sie für eine ganze Reihe finanzmathematischer Berechnungen einsetzen (Abb. 16.2):

	A	B	C	D
1	n=5; i=6%			
2	Berechnung	Excelfunktion	Arrayformel	Ergebnis
3	Barwert (nachschüssig)	=-BW(i;n;500)	{=SUMME(500/(1+i)^Zeitstrahl)}	2.106,18
4	Barwert (vorschüssig)	=-BW(i;n;500;0;1)	{=SUMME(1/(1+i)^(Zeitstrahl-1))}	2.232,55
5	Annuität (nachschüssig)	=-RMZ(i;n;2106,18)	{=2106,18/SUMME(1/(1+i)^Zeitstrahl)}	500,00
6	Annuität (vorschüssig)	=-RMZ(i;n;2232,55;0;1)	{=2232,55/SUMME(1/(1+i)^(Zeitstrahl-1))}	500,00
7	Endwert (nachschüssig)	=-ZW(i;n;500)	{=SUMME(500*(1+i)^(Zeitstrahl-1))}	2.818,55
8	Endwert (vorschüssig)	=-ZW(i;n;500;0;1)	{=SUMME(500*(1+i)^Zeitstrahl)}	2.987,66
9	Sparrate (nachschüssig)	=-RMZ(i;n;0;2818,55;0)	{=2818,55/SUMME((1+i)^(Zeitstrahl-1))}	500,00
10	Sparrate (vorschüssig)	=-RMZ(i;n;0;2987,66;1)	{=2987,66/SUMME((1+i)^Zeitstrahl)}	500,00
11				

Abbildung 16.2: Einsatz des Zeitstrahls für diverse finanzmathematische Berechnungen

Beim Vergleich der Formeln sieht und versteht man den Zusammenhang der Funktionen BW, RMZ und ZW. Beispielsweise entspricht der Kehrwert des Annuitätenfaktors A (RMZ-Funktion) dem Rentenbarwertfaktor (BW-Funktion):

```
=A/RMZ(i;n;1)=BW(i;n;A)
```

Der Kehrwert der Sparrate entspricht dem Rentenendwertfaktor:

`=A/RMZ(i;n;0;1)=ZW(i;n;A)`

Barwertfaktor und Endwertfaktor sind ebenso austauschbar:

`=BW(i;n;A)*(1+i)^n=ZW(i;n;A)`

Bei allen finanzmathematischen Funktionen, die das Argument *Fälligkeit* besitzen, gilt, dass 1 für vorschüssig steht und 0 für nachschüssig. Excel versteht darunter den Zahlungszeitpunkt und unterstellt, dass der Zahlungszeitpunkt maßgeblich für die Zinsverrechnung ist.

Die Funktionen BW, RMZ und ZW durch den *Zeitstrahl* zu ersetzen, ist nicht nur eine anschauliche Alternative, sondern bringt sogar einen echten Mehrwert. Wenn die Aufgabenstellung erweitert wird, sind die Standardfunktionen schnell überfordert. Wenn Sie beispielsweise nicht 500 € konstant sparen wollen, sondern jedes Jahr 20 € (oder 5 %) mehr, muss die Funktion ZW bereits die weiße Flagge hissen. Auch BW und RMZ kommen nur mit konstanten Zahlungen klar. Finanzmathematische Lösungen sind zwar vorhanden, aber nicht leicht zu verstehen, geschweige denn selbst herzuleiten.

Mit Ihrem Baustein *Zeitstrahl*, hinter dem sich die Funktion ZEILE verbirgt, ist dies überhaupt kein Problem. Zum Vergleich noch einmal die tabellarische Lösung bei 20 € mehr in jedem Jahr (Abb. 16.3):

	D	E	F	G	H	I	J
1		t0	t1	t2	t3	t4	Σ t5
2	Zahlung	500	520	540	560	580	
3	Zinsperioden	5	4	3	2	1	
4	Ergebnis/Summe	669,11	656,49	643,15	629,22	614,80	3.212,77
5							

Abbildung 16.3: Endwert bei steigenden Zahlungen

Die Arrayformel lautet:

`{=SUMME((500+20*(n-Zeitstrahl))*(1+i)^Zeitstrahl)}` gleich

`{=SUMME((500+20*({4;3;2;1;0}))*(1+i)^{1;2;3;4;5})}` gleich

`{=SUMME(({580;560;540;520;500})*(1+i)^{1;2;3;4;5})}=3.212,77`

Bei einer Steigerung von 5 % pro Periode statt konstant 20 € lautet die Formel:

`{=SUMME((500*1,05^(n-Zeitstrahl))*(1+i)^Zeitstrahl)}=3.283,03`

Der entsprechende Barwert in t0 lautet:

`{=SUMME((500*1,05^(Zeitstrahl-1))/(1+i)^(Zeitstrahl-1))}=2.453,27`

Die finanzmathematischen Lösungen für die zwei letztgenannten Aufgabenstellungen lauten übrigens (x ist die jährliche Steigerung in %):

`500*((i+1)^(n+1)-(i+1)*(x+1)^n)/(i-x)` für den Zukunftswert und

`500*(1-((1+x)/(1+i))^n)/(i-x)*(1+i)` für den Barwert.

16.1.3 Interner Zinsfuß

Auch die Funktion `ZINS(n;rmz;bw;[zw];[f])` lässt sich hervorragend mit dem *Zeitstrahl* erweitern. Sie berechnet den internen Zinsfuß einer Rente oder einer annuitätischen Darlehenstilgung. Gegeben sind mindestens Laufzeit, jährliche Zahlung und Barwert. Die Zahlungsreihe `{-2200;500;500;500;500;500}` hat den internen Zinsfuß:

`=ZINS(5;500;-2200)=4,418%`

Auch hier gilt die Voraussetzung, dass die Zahlungen in Höhe von 500 € konstant sind. Wenn stattdessen Steigerungen von 5 % geplant sind, muss ZINS auf die Strafbank und wird durch den *Zeitstrahl* in Kombination mit IKV ersetzt. Die Formel lautet:

`{=IKV(WENN(Zeitstrahl=1;-2200;500*1,05^(Zeitstrahl-2)))}=7,8%`

mit *Zeitstrahl*: `=ZEILE(INDIREKT("1:"&n+1))`

Der Zeitstrahl muss hier deshalb um 1 verlängert werden (`n+1`), weil die Zahlungsreihe insgesamt n + 1 Zeitpunkte umfasst: von t0 bis t5.

Aus der Prüfung `Zeitstrahl=1` folgt:

`=WENN({WAHR;FALSCH;FALSCH;FALSCH;FALSCH;FALSCH};-2200;500*1,05^(Zeitstrahl-2))`

Das Element WAHR wird durch den Barwert ersetzt, allen übrigen Elementen FALSCH steht jeweils eine Zahlung gegenüber.

Daraus resultiert das Array `{-2200; 500; 525; 551,25; 578,81; 607,75}`, dessen interner Zinsfuß mithilfe von IKV berechnet werden kann.

16.1.4 Interner Zinsfuß bei aperiodischen Zahlungen

Wie wir gesehen haben, ist die Funktion ZEILE in Kombination mit der Funktion INDIREKT ein in der Finanzmathematik flexibel einsetzbares Werkzeug. Dies gilt auch für die Berechnung von internen Zinsfüßen von Zahlungsreihen, die keine periodisch gleich bleibenden Abstände aufweisen. Excel stellt dazu zwar eine Add-in-Funktion namens XINTZINSFUSS zur Verfügung. Diese hat aber zwei Nachteile: Erstens rechnet sie stets tagegenau – Monate oder Quartale können so nicht als Perioden angegeben werden. Zweitens ist es eine Add-in-Funktion, die wir bekanntlich vermeiden wollen.

Gegeben ist eine Zahlungsreihe, die in verschiedenen Monaten Zahlungen generiert. Die Monate stehen in Spalte A, müssen nicht sortiert sein und ein Monat kann mehrfach vorkommen. Es kann aber auch sein, dass ein Monat überhaupt nicht vorkommt. In Spalte B stehen die dazugehörigen Zahlungen. Der Betrachtungszeitraum ergibt sich aus dem kleinsten und größten in Spalte A vorkommenden Monat. Im folgenden Beispiel vom 1. bis zum 18. Monat (Abb. 16.4):

	A	B	C	D	E
1	Monat	Zahlungen		IKV:	11,91%
2	1	-1000			
3	5	100			
4	3	200			
5	2	-200			
6	5	180			
7	18	270			
8	6	100			
9	9	40			
10	10	250			
11	11	100			
12	4	50			
13					

Abbildung 16.4: Interner Zinsfuß bei aperiodischen Zahlungen

Der interne Zinsfuß der Zahlungsreihe beträgt 11,91 % und entspricht dem effektiven Jahreszins. Die Formel, die ihn offenbart, lautet:

```
{=(1+IKV(SUMMEWENN(A:A;ZEILE(INDIREKT(MIN(A:A)&":"&MAX(A:A)));B:B);0))^12-1}
```

ZEILE wird wie gewohnt mit INDIREKT kombiniert, mit dem einzigen Unterschied, dass die erste Periode nicht unbedingt mit 1 beginnen muss, sondern mit dem kleinsten Monat in Spalte A. Die letzte Periode ergibt sich aus dem größten Monat. Aus

`ZEILE(INDIREKT(MIN(A:A)&":"&MAX(A:A)))` wird `ZEILE(INDIREKT("1:18"))`, der benötigte Zeitstrahl lautet `{1;2;3;...;18}`.

Auf jedes Element des Zeitstrahls wird SUMMEWENN angewandt.

```
=SUMMEWENN(A:A;{1;2;3;...;18};B:B)
```

Dieser Formelteil serviert die Zahlungsreihe so, dass IKV nur noch »abstauben« muss. Erstens werden die Monate in Reihenfolge gebracht, zweitens werden mehrere Zahlungen, die den gleichen Monat betreffen, zusammengefasst und drittens werden Monate, die nicht vorkommen, mit Nullen aufgefüllt. Somit wird aus der aperiodischen Zahlungsreihe eine periodische Zahlungsreihe – in manchen Monaten mit der Zahlung null. Das resultierende Array mit 18 Elementen ist:

```
={-1000;-200;200;50;280;100;0;0;40;250;100;0;0;0;0;0;0;270}
```

Und mit IKV ergibt das 0,942293807183462 %.

Da es sich um Monate handelt, ist der von IKV berechnete Zinssatz der Monatszins. Mit der Formel

```
Jahreszins=(1+Monatszins)^12-1
```

wird der Monatszins in den effektiven Jahreszins umgerechnet.

`=(1+0,00942293807180426)^12-1` ergibt gerundet 11,91 %.

Statt Monaten können in Spalte A auch tagesgenaue Datumsangaben stehen. IKV und SUMMEWENN ist das völlig egal. Sie müssen nur beachten, dass der berechnete Zins immer korrekt in den effektiven Jahreszins umgerechnet wird. Stehen in Spalte A genaue Tage, lautet die Umrechnungsformel:

```
Jahreszins=(1+Tageszins)^365,25-1
```

Bei der Add-in-Funktion XINTZINSFUSS müssen es unbedingt Tage sein, denn diese Funktion ermittelt immer einen vom Tageszins umgerechneten Jahreszins.

16.2 Die vorschüssige Macke – ein kleiner finanzmathematischer Exkurs

Eine weltweit bekannte Firma, die höchst professionelle Taschenrechner herstellt, war und ist bei Innovationen immer führend. Finanzmathematische Rechner gibt es in allen Varianten und die rechnen auch richtig – bis auf »die vorschüssige Macke«.

Eine vorschüssige Annuität (kommt in der Praxis äußerst selten vor) wird korrekt berechnet. Das heißt: Die Belastung pro Periode/p.a. in Prozent bzw. als Betrag ist absolut in Ordnung.

Die zugehörige Excel-Funktion lautet =RMZ(Zins;Zzr;Bw;Zw;F) – mit 1 für den Parameter F (0 wäre nachschüssig).

So weit, so gut: Als Zinsbelastung wird aber in der ersten Periode eines vorschüssigen Tilgungsplans bei der »vorschüssigen Macke« null angesetzt und die errechnete (richtige) Annuität gänzlich als Tilgung verbraten.

Das ist Quatsch/Unsinn/Blödsinn/Nonsens – das ist schlicht und ergreifend abgrundtief FALSCH und Excel übernimmt das sogar in manchen finanzmathematischen Funktionen, wie wir gleich sehen werden.

Sie haben ein vorschüssiges Darlehen von 1 Mio. über 5 Jahre Volltilgung zu 6,0 % Zins aufgenommen. Zur Vereinfachung: jährliche Verrechnung und Zahlungsweise (Abb. 16.5).

	A	B	C	D	E	F
1	Barwert (BW)	-1.000.000				
2	Endwert (ZW)	0				
3	Zinssatz (i)	6%				
4	Perioden (n)	5				
5	Fälligkeit (f)	1				
6						
7	**Fälligkeit**	**Periode**	**Zinsen**	**Tilgung**	**Annuität**	**Restschuld**
8			(falsch)	(falsch)		-1.000.000,00
9	01.01.2015	1	0,00	223.958,87	223.958,87	-776.041,13
10	01.01.2016	2	46.562,47	177.396,40	223.958,87	-598.644,73
11	01.01.2017	3	35.918,68	188.040,18	223.958,87	-410.604,55
12	01.01.2018	4	24.636,27	199.322,60	223.958,87	-211.281,95
13	01.01.2019	5	12.676,92	211.281,95	223.958,87	0,00
14	Summe		**119.794,34**	**1.000.000,00**	**1.119.794,34**	
15						

Abbildung 16.5: Vorschüssiger Tilgungsplan – falsch!

Die Formeln lauten:

```
C9: =ZINSZ(i;B9;n;BW;ZW;f)
D9: =KAPZ(i;B9;n;BW;ZW;f)
E9: =RMZ(i;n;BW;ZW;f)
F9: =F8+D9
```

So sieht's bei der von Excel übernommenen Macke aus: Die Bank verdient im ersten Jahr nix, da die gesamte erste Zahlung/Annuität gleichzeitig Tilgung ist. Wir bitten um Zusendung solcher Bankadressen.

Logik: Sie haben am 01.01.2015 eine Million Miese. Die Bank verlangt 60.000 Zinsen für das Jahr 2015. Just an diesem Tag zahlen Sie die erste Annuität von 223.958,87.

Also kann die Bank nur Zinsen auf 776.041,13 = 46.562,47 in Rechnung stellen. Das ist allerdings immer noch ein wenig mehr als null. Und am 01.01.2019 zahlen Sie die letzte Rate – Ihre Miesen haben Sie da also auf null getilgt. Da zahlen Sie für das Jahr 2019 auch null und nicht 12.676,92 Zinsen.

Jetzt treiben wir's auf die Spitze (Abb. 16.6): Zinskonversion wäre immer nach einem Jahr – also muss für die jeweilige Restlaufzeit neu kalkuliert werden. Sie haben nach einem Jahr eine Restschuld von 776.041,13 über noch vier Jahre Volltilgung zu (zufällig) wieder 6,0 % Zins. Der Tilgungsplan wird immer besser! Die Belastung sollte ja eigentlich bei unveränderten Konditionen die identische Annuität ergeben. Jetzt zahlen Sie aber einiges weniger: `=RMZ(6%;4;-776041,13;0;1)`, und das sind folgende 211.281,95.

	A	B	C	D	E	F
25	**Fälligkeit**	**Periode**	**Zinsen**	**Tilgung**	**Annuität**	**Restschuld**
26			(falsch)	(falsch)		-776.041,13
27	01.01.2016	1	0,00	211.281,95	211.281,95	564.759,18
28	01.01.2017	2	33.885,55	177.396,40	211.281,95	-387.362,78
29	01.01.2018	3	23.241,77	188.040,18	211.281,95	-199.322,60
30	01.01.2019	4	11.959,36	199.322,60	211.281,95	0,00
31	**Summe**		**69.086,67**	**776.041,13**	**845.127,80**	
32						

Abbildung 16.6: Vorschüssiger Tilgungsplan – falsch! (2)

Und bei den Konversionen zwei, drei und vier zahlen Sie (egal bei welchem Zinssatz) auch null Zinsen. Ein klasse Kredit, an dem die Bank nichts verdient hat!

Genug geblödelt: So sieht der richtige Tilgungsplan aus (Abb. 16.7):

	A	B	C	D	E	F
1	Barwert (BW)	-1.000.000				
2	Endwert (ZW)	0				
3	Zinssatz (i)	6%				
4	Perioden (n)	5				
5	Fälligkeit (f)	1				
6						
7	**Fälligkeit**	**Periode**	**Zinsen**	**Tilgung**	**Annuität**	**Restschuld**
8						-1.000.000,00
9	01.01.2015	1	46.562,47	177.396,40	223.958,87	-822.603,60
10	01.01.2016	2	35.918,68	188.040,18	223.958,87	-634.563,42
11	01.01.2017	3	24.636,27	199.322,60	223.958,87	-435.240,82
12	01.01.2018	4	12.676,92	211.281,95	223.958,87	-223.958,87
13	01.01.2019	5	0,00	223.958,87	223.958,87	0,00
14	**Summe**		**119.794,34**	**1.000.000,00**	**1.119.794,34**	
15						

Abbildung 16.7: Vorschüssiger Tilgungsplan – richtig!

Und jetzt ergibt die vorschüssige Kalkulation bei einem Restdarlehen von 822.603,60 bei Volltilgung über vier Jahre und 6,0 % Zins natürlich die unveränderte Annuität von E18: `=RMZ(6%;4;-822603,6;0;1)= 223.958,87`.

Die weiteren (bis Zeile 22 kopierten) Formeln lauten:

```
C18: =-(F17+E18)*i
D18: =E18-C18
F18: =F17+D18
```

In der Summe (nominell) für die zwei fünfjährigen Tilgungspläne sind die zu zahlenden Zinsen (119.794,34) identisch. Bei Barwertbetrachtung ist die vorschüssige Macke bei einem Abzinsungssatz von 6,0 % zum Stichtag 01.01.2015 (jährlich vorschüssige Abzinsung) für die Bank ein Nachteil von 6.397,25 (Abb. 16.8).

F3 | =E3/1,06^(A3-1)

	A	B	C	D	E	F
1	Jahr	HP-Zins	Barwert		richtiger Zins	Barwert
2						
3	1	0,00	0,00		46.562,47	46.562,47
4	2	46.562,47	43.926,86		35.918,68	33.885,55
5	3	35.918,68	31.967,50		24.636,27	21.926,20
6	4	24.636,27	20.685,09		12.676,92	10.643,78
7	5	12.676,92	10.041,31		0,00	0,00
8	Σ		106.620,75			113.018,00
9			-6.397,25			
10						

Abbildung 16.8: Zinsnachteil der Bank aufgrund der »vorschüssigen Macke«

Trotz der Macke ist die Funktion ZINSZ nicht unbrauchbar. Bei nachschüssigen Tilgungen rechnet sie ja richtig. Und bei vorschüssigen Tilgungen ist lediglich die Periode verschoben. Das können Sie aber ganz leicht ausgleichen, indem Sie zu der Periode die Fälligkeit *f* (0 oder 1) addieren.

```
=ZINSZ(i;Periode+f;n;BW;ZW;f)
```

Anders sieht es mit KAPZ aus. Die rechnet im vorschüssigen Fall definitiv falsch. Um die richtige Tilgung zu erhalten, können Sie die bereinigte ZINSZ-Funktion von der richtig rechnenden RMZ-Funktion subtrahieren:

`KAPZ` (richtig) = `RMZ(i;n;BW;ZW;f) - ZINSZ(i;Periode+f;n;BW;ZW;f)`

ZINSZ hat nicht nur bei Tilgungsplänen Probleme. Eigentlich sollte man erwarten können, dass diese Funktion auch bei Sparplänen funktioniert. Ein Sparplan liegt dann vor, wenn der Parameter BW den Wert null einnimmt und ZW irgendein Endvermögen darstellt. Wenn Sie am 01.01. der Jahre 1, 2, 3, 4 und 5 Geld auf ein Sparbuch einzahlen, sollte Ihnen die Bank zum 31.12.19 fünfmal Zinsen gutgeschrieben haben. ZINSZ vergisst die Zinszahlung des fünften Jahres, wie Abb. 16.9 zeigt.

	A	B	C	D	E
1	Barwert (BW)	0			
2	Endwert (ZW)	1.000			
3	Zinssatz (i)	6%			
4	Perioden (n)	5			
5	Fälligkeit (f)	1			
6					
7	**Fälligkeit**	**Periode**	**Zinsertrag**	**Sparbetrag**	**Vermögen**
8			(falsch)	(falsch)	0,00
9	01.01.2015	1	0,00	167,36	167,36
10	01.01.2016	2	10,04	167,36	344,75
11	01.01.2017	3	20,69	167,36	532,79
12	01.01.2018	4	31,97	167,36	732,11
13	01.01.2019	5	43,93	167,36	943,40
14					

Abbildung 16.9: Fehler der Funktion ZINSZ bei vorschüssigem Sparplan

Die Formeln lauten:

```
C9: =ZINSZ(i;B9;n;BW;ZW;f)
D9: =-RMZ(i;n;BW;ZW;f)
E9: =E8+D9+C9
```

Da fehlen am Ende 56,60 Euro, egal ob Sie *f* auf 0 oder 1 stellen. Und im ersten Jahr ist das Ergebnis immer 0, sowohl bei f = 1 als auch bei f = 0. ZINSZ kennt also in der ersten Periode grundsätzlich keine Zinsen, wenn der Wert von *BW* gleich 0 ist. Um die richtigen Zinsen zu erhalten, schreiben Sie in C9:

```
=-RMZ(i;n;BW;ZW;1)*i+ZW(i;B9-1;RMZ(i;n;BW;ZW;1);0;1)*i
```

Dann werden in jeder Periode der Sparbetrag sowie das Vermögen am Ende der Vorperiode verzinst, was zum richtigen Ergebnis führt (Abb. 16.10).

C9 | =-RMZ(0,06;5;0;1000;1)*i+ZW(0,06;B9-1;RMZ(0,06;5;0;1000;1);0;1)*0,6

	A	B	C	D	E	F	G	H
7	**Fälligkeit**	**Periode**	**Zinsertrag**	**Sparbetrag**	**Vermögen**			
8					0,00			
9	01.01.2015	1	10,04 €	167,36	177,40			
10	01.01.2016	2	20,69 €	167,36	365,44			
11	01.01.2017	3	31,97 €	167,36	564,76			
12	01.01.2018	4	43,93 €	167,36	776,04			
13	01.01.2019	5	56,60 €	167,36	1.000,00			
14								
15								

Abbildung 16.10: Vorschüssiger Sparplan – richtig!

Die Funktionen ZINSZ und KAPZ haben noch zwei Kollegen, die den Zins- bzw. Tilgungsanteil kumuliert darstellen können, und zwar die Funktionen KUMZINSZ und KUMKAPITAL. Dies sind in älteren Excel-Versionen Add-in-Funktionen, die erst über *Extras/Add-Ins* bzw. Schaltfläche *Office/Excel-Optionen/Add-Ins* aktiviert werden müssen. Sie rechnen das Gleiche wie ZINSZ und KAPZ, nur dass Sie statt eines Zeitpunkts eine Zeitspanne angeben, über die die kumuliert anfallenden Zinsen bzw. Tilgungen berechnet werden.

Beim Wort »Zeitspanne« müsste es bei Ihnen jetzt eigentlich »klick« machen, denn damit wären wir wieder bei unserem legendären Zeitstrahl, den wir mit der Funktion ZEILE erzeugen können. Das hat zur Folge, dass die beiden Add-in-Funktionen (mal wieder) in die »Ablage P« verbannt werden können.

Die Syntax der kumulativen Zinsfunktion lautet:

```
=KUMZINSZ(i;n;BW;Start_Periode;End_Periode;f)
```

Bei ZINSZ können Sie ja normalerweise statt *Start_Periode* und *End_Periode* nur eine Periode angeben:

```
=ZINSZ(i;Periode;n;BW;ZW;f)
```

Wenn Sie aber das Argument *Periode* durch

```
ZEILE(INDIREKT(Start_Periode&":"&End_Periode))
```

ersetzen, wird ein Array aller Zinszahlungen des gesamten Zeitraums gebildet, das Sie dann nur noch zu summieren brauchen:

```
{=SUMME(ZINSZ(i;ZEILE(INDIREKT(Start_Periode&":"&End_Periode));n;BW;ZW;f))}
```

Diese Formel liefert stets dasselbe Ergebnis wie KUMZINSZ. Das gilt sowohl vorschüssig als auch nachschüssig. Und mit den Funktionen KAPZ und KUMKAPITAL verhält es sich natürlich genauso. Die logische Schlussfolgerung daraus ist, dass KUMZINSZ und KUMKAPITAL ebenso die vorschüssige Macke in sich tragen.

Apropos finanzmathematische Taschenrechner:

Der stetig zunehmende Übergang von der deutschen Zinsmethode (Monat: 30; Jahr: 360 Tage) auf die EURO-Methode (Monat: genau; Jahr: 360 Tage) bedeutet, dass alle weltweit existierenden finanzmathematischen Taschenrechner in die Tonne müssen.

Zusätzlich zu den üblichen Darlehensbedingungen wie Darlehenssumme, Restwert, Zinssatz, Verrechnungen p.a., vor- oder nachschüssige Verrechnung sowie Laufzeit spielt dann auch noch das Datum des Darlehensbeginns eine Rolle: Bei sonst absolut identischen Konditionen ergeben sich bei monatlicher Verrechnung abhängig vom Datum des Darlehensbeginns 48 verschiedene Annuitäten (Annuität ist die gleich bleibende Summe aus Zins und Tilgung). Denn nur im Schaltjahresrhythmus wiederholen sich die Ergebnisse. Das ist mit Formeln nicht mehr zu packen – es sei denn, Sie besitzen einen Taschenrechner, bei dem man ein Beginndatum eingeben kann (wir kennen keinen).

Bei der TARGET-Tage-Methode – auch sie kommt übermächtig – sind es sogar genauso viele Annuitäten wie die Gesamtlaufzeit x Fälligkeiten p.a. TARGET = Trans-european Automated Real-time Gross settlement Express Transfer system: Zahlungen erfolgen nicht an Wochenenden und auch nicht an Neujahr, Karfreitag, Ostermontag, 1. Mai, 25. und 26. Dezember. Der Zahlungstermin wird dann auf den darauf folgenden nächsten Arbeitstag gelegt. Fällt dieser in den nächsten Monat, wird er auf den vorhergehenden, letzten Arbeitstag gelegt.

Das heißt, dass hinter jeder Annuitätenberechnung ein detaillierter Tilgungsplan hängen muss – das kostet Speicher! Und berechnen kann man diesen nur über die Zielwertsuche. Die Kalendertagemethode (Monat: genau; Jahr: genau – das sind die Engländer) gibt's dann auch noch – wenn wir schon einmal dabei sind.

Die Formeln für diese Tilgungspläne hatten wir formuliert – sie sind aber für ein Buch (zum Nachbauen von Formeln) zu komplex. Einen Download dieses Tilgungsplans finden Sie unter *https://www.herber.de/excelformeln*.

Kapitel 17

Die dritte Dimension

Excel bietet einige ganz nette Möglichkeiten, Diagramme dreidimensional darzustellen. Da wäre vor allem das Oberflächendiagramm zu nennen. Außerdem bieten Säulen-, Linien-, Flächen-, Zylinder-, Kegel- und Pyramidendiagramme die Möglichkeit, Datenreihen nebeneinander darzustellen, sodass ein 3D-Effekt entsteht. Andere Diagrammtypen können Datenreigen im 3D-Look darstellen (z. B. Kuchendiagramm oder Blasendiagramm). Eine richtige frei beeinflussbare räumliche Darstellung von dreidimensionalen Objekten fehlt aber.

17.1 Das Punkt (XYZ)-Diagramm

Die Position eines Punkts auf einer zweidimensionalen Fläche wird durch seine x/y-Koordinaten bestimmt. Zweidimensionale Figuren können wunderbar im Punkt (XY)-Diagramm dargestellt werden (Abb. 17.1):

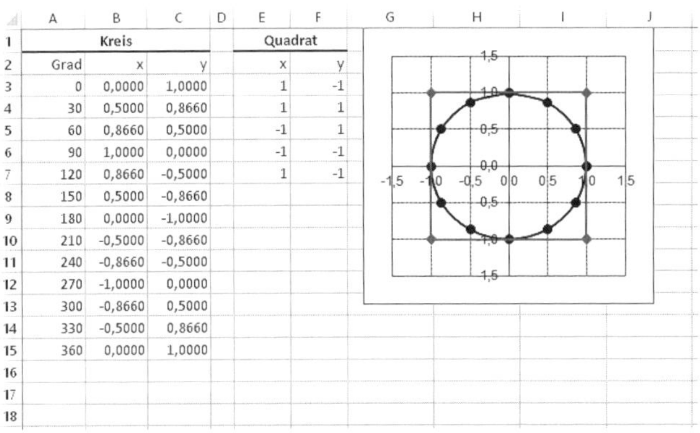

	A	B	C	D	E	F
1		Kreis			Quadrat	
2	Grad	x	y		x	y
3	0	0,0000	1,0000		1	-1
4	30	0,5000	0,8660		1	1
5	60	0,8660	0,5000		-1	1
6	90	1,0000	0,0000		-1	-1
7	120	0,8660	-0,5000		1	-1
8	150	0,5000	-0,8660			
9	180	0,0000	-1,0000			
10	210	-0,5000	-0,8660			
11	240	-0,8660	-0,5000			
12	270	-1,0000	0,0000			
13	300	-0,8660	0,5000			
14	330	-0,5000	0,8660			
15	360	0,0000	1,0000			
16						
17						
18						

Abbildung 17.1: Kreis und Quadrat in Punkt (XY-Diagramm) erzeugen

Beispielsweise wird ein Kreis konstruiert, in dem man in Spalte A Gradzahlen von 0 bis 360 schreibt. In B3 und C3 stehen die Formeln

`B3:=SIN(BOGENMASS(A3))` und
`C3:=COS(BOGENMASS(A3))`

die jeweils bis Zeile 15 kopiert werden. Die Spalten B und C liefern die Datenquelle für den Kreis im Punkt (XY)-Diagramm. Mit den Werten aus E3:F7 kann man ein Quadrat konstruieren. Das ist nicht besonders spektakulär und nur als kleines »Warm-up« gedacht, um zu zeigen, wofür ein Punkt (XY)-Diagramm gut ist. Im Diagramm-Assistenten sieht man auf den ersten Blick keinen großen Unterschied zum Liniendiagramm, aber versuchen Sie Obiges einmal mit dem Liniendiagramm. Dann wird Ihnen schnell klar, dass die beiden völlig unterschiedlich ticken. Beim Quadrat wählen Sie den Diagrammuntertyp ohne interpolierte Linien und beim Kreis mit interpolierten Linien, sonst würden Sie ein Zwölfeck sehen.

17.1.1 Darstellung eines dreidimensionalen Körpers

Die Position eines Punkts in einem dreidimensionalen Raum wird durch seine x/y/z-Koordinaten bestimmt. Leider gibt es in Excel kein Punkt (XYZ)-Diagramm, also lassen sich dreidimensionale Körper, z. B. ein Würfel, nicht darstellen (eigentlich).

Mithilfe der trigonometrischen Funktionen SIN und COS in Kombination mit der Matrixfunktion MMULT ist es jedoch möglich, ein Punkt (XY)-Diagramm so zu frisieren, dass es dreidimensionale Körper darstellen kann und man es mit Schiebereglern sogar spektakulär bewegen kann. Um beispielsweise einen Würfel derart zu animieren, müssen Sie folgende Tabelle aufbauen (Abb. 17.2):

	A	B	C	D	E	F	G	H	I	J	K	L	M	N	O	P
1	x	y	z		x'	y'	z'		x''	y''		Betrachter X		0	0°	
2	1	1	1		1	1	1		0,93	0,93		Betrachter Y		0	0°	
3	-1	1	1		-1	1	1		-0,93	0,93		Abstand/Brennweite		13		
4	-1	-1	1		-1	-1	1		-0,93	-0,93						
5	1	-1	1		1	-1	1		0,09	-0,93		Drehmatrix:	1,00	0,00	0,00	
6	1	-1	-1		1	-1	-1		1,08	-1,08			0,00	1,00	0,00	
7	-1	-1	-1		-1	-1	-1		-1,08	-1,08			0,00	0,00	1,00	
8	-1	1	-1		-1	1	-1		-1,08	1,08						
9	1	1	-1		1	1	-1		1,08	1,08						
10	1	1	1		1	1	1		0,93	0,93						
11	1	1	-1		1	1	-1		1,08	1,08						
12	1	-1	-1		1	-1	-1		1,08	-1,08						
13	1	-1	1		1	-1	1		0,93	-0,93						
14	1	1	1		1	1	1		0,93	0,93						
15	-1	1	-1		-1	1	-1		-1,08	1,08						
16	-1	-1	-1		-1	-1	-1		-1,08	-1,08						
17	-1	-1	1		-1	-1	1		-0,93	-0,93						
18	-1	1	1		-1	1	1		-0,93	0,93						
19	-1	1	-1		-1	1	-1		-1,08	1,08						
20																
21																

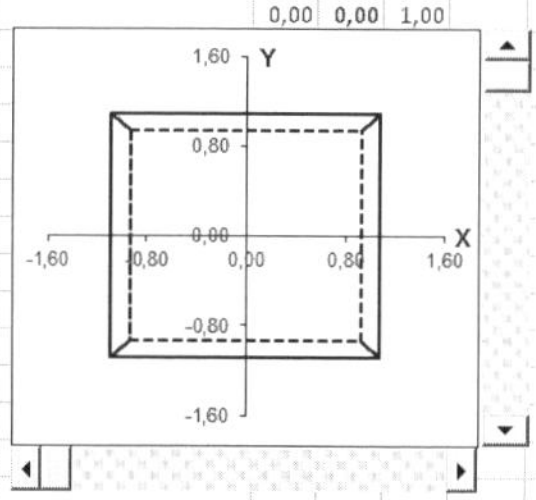

Abbildung 17.2: Aufbau eines Punkt (XYZ)-Diagramms

Jeder Datenpunkt des Würfels wird durch seine x/y/z-Koordinaten bestimmt, die in den Spalten A, B und C manuell eingetragen werden. (Weitere Eingabezellen sind die Zellen O1:O2 und N3. Alle weiteren Zellen werden über Formeln berechnet.) Der gezeigte Würfel hat eine Seitenlänge von 2 und sein Mittelpunkt liegt genau im Schnittpunkt von x-Achse, y-Achse und der virtuellen z-Achse. Die acht Ecken des Würfels haben die Koordinaten:

(1;1;1) / (-1;1;1) / (-1;-1;1) / (1;-1;1) / (1;-1;-1) / (-1;-1;-1) / (-1;1;-1) / (1;1;-1)

Wenn Sie jede Ecke nur als Punkt darstellen würden, würden dafür die acht Datenpunkte von A2:C9 ausreichen. Da sie aber mit Linien verbunden werden sollen, müssen Sie die Datenreihe erweitern, bis alle zwölf Kanten des Würfels bedeckt sind. Um alle zwölf Kanten des Würfels abzudecken, müssen manche Kanten mehrfach durchlaufen werden, deshalb geht die Datenreihe bis zur Zeile 19. Würde man nun von den Werten aus Spalte A und B eine Datenreihe im Punkt (XY)-Diagramm erzeugen, würde man nur ein Quadrat sehen. Die virtuelle z-Achse können Sie sich vielleicht vorstellen, aber im Diagramm ist nichts davon zu sehen.

Um den Würfel dreidimensional sehen zu können, müssen Sie ihm zwei Fähigkeiten geben.

- Erstens müssen Sie ihn drehen können, und zwar auf der x-Achse oder der y-Achse. Auf der z-Achse würde nicht genügen, denn dann würde er immer noch wie eine Fläche aussehen und die hinteren Ecken und Kanten blieben verborgen. Erst die Drehung auf der x- oder y-Achse bringen sie zum Vorschein.
- Zweitens müssen Sie ihm eine Perspektive geben. Das heißt, wenn die sechs Flächen des Würfels transparent sind, müssen die weiter hinten liegenden Kanten kürzer erscheinen (siehe gestrichelte Linien in Abb. 17.2).

Die Drehung ermöglichen Sie mit den Transformationsspalten E, F und G, die die transformierten Datenpunkte x', y' und z' wiedergeben. Die Werte sind abhängig von der Stärke der x- und y-Drehung, die in O1 und O2 per Hand in Grad vorgegeben wird. In N1 und N2 werden die Gradangaben in Bogenmaß umgerechnet.

```
N1:=BOGENMASS(O1)
N2:=BOGENMASS(O2)
```

Definieren Sie einen Namen *xDrehung* bezogen auf die Formel:

```
=WAHL({1.2.3;4.5.6;7.8.9};1;0;0;0;COS($N$1);SIN($N$1);0;-SIN($N$1);COS($N$1))
```

Und einen Namen *yDrehung* bezogen auf die Formel:

```
=WAHL({1.2.3;4.5.6;7.8.9};COS($N$2);0;-SIN($N$2);0;1;0;SIN($N$2);0;COS($N$2))
```

In diesen beiden Formeln (von Klaus Kühnlein, Kanada) steckt viel Mathematik, die später die Drehbewegung der Objekte ermöglicht. Ausnahmsweise ist das tiefere Verständnis dieser Formeln nicht unbedingt nötig, um dem Kapitel weiter folgen zu können.

Dann markieren Sie M5:O7 und erzeugen die zusammenhängende Matrixformel:

```
{=MMULT(xDrehung;yDrehung)}
```

Jetzt markieren Sie E2:G2 und erzeugen wieder die zusammenhängende Matrixformel

```
{=MMULT(A2:C2;$M$5:$O$7)}
```

die Sie bis E19:G19 nach unten kopieren.

Für jeden Datenpunkt der Transformationsspalten wird also eine Matrixmultiplikation der Basisspalten A:C und der Drehmatrix M5:O7 vorgenommen. Solange in N1 und N2 eine Null steht, entsprechen die transformierten Punkte x', y', z' den Originalen x, y und z.

Wenn man jetzt den Bereich E2:F19 als Datenreihe verwenden würde, wäre der Würfel schon drehbar, aber die Perspektive würde noch fehlen. Deshalb werden zwei weitere Transformationsspalten I und J mit den perspektivischen x"- bzw. y"-Werten erzeugt. Der Bereich I2:J19 wird dann als Datenquelle in das Diagramm übernommen. Spalte I enthält die x-Werte und Spalte J die y-Werte.

```
I2: =E2*$N$3/($N$3+G2)
J2: =F2*$N$3/($N$3+G2)
```

Die Formeln kopieren Sie jeweils bis Zeile 19.

Die manuelle Eingabe in N3 bestimmt den Abstand bzw. die Brennweite des Betrachters, also seine Perspektive. Folgender Vergleich soll den Einfluss der Perspektive veranschaulichen.

Würfeldrehung aus x'y' (E2:F19) ohne Perspektive (Abb. 17.3):

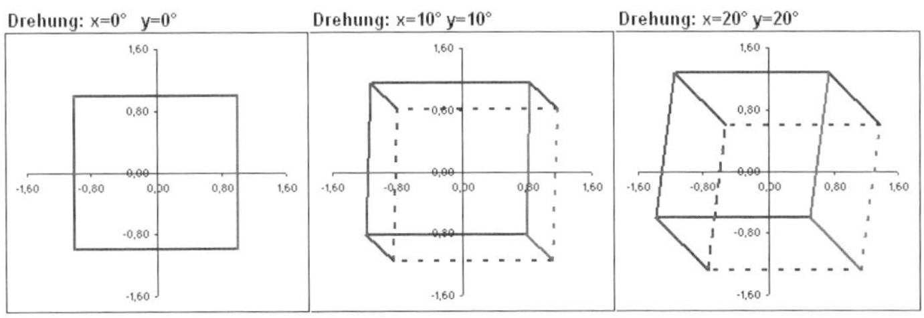

Abbildung 17.3: Ansicht eines Würfels aus drei verschiedenen Betrachterperspektiven

Würfeldrehung aus x"y" (I2:J19) mit Perspektive (Abstand = 10) (Abb. 17.4):

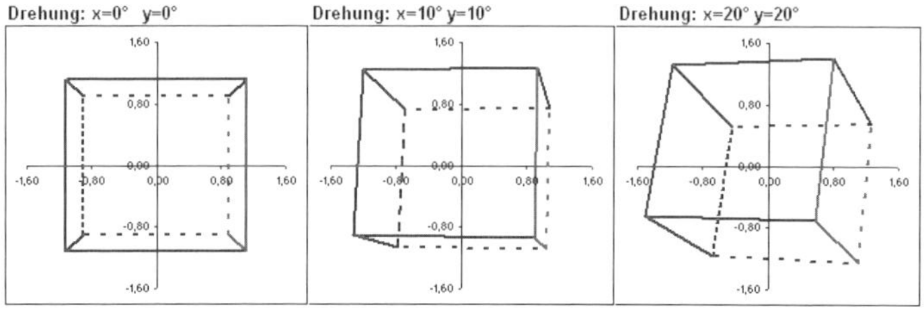

Abbildung 17.4: Perspektivische Ansicht eines Würfels aus drei verschiedenen Betrachterperspektiven

Das Einzige, was jetzt noch fehlt, sind Bildlaufleisten, mit denen Sie die Würfeldrehung fließend durchführen können. Nehmen Sie dazu unbedingt zwei Bildlaufleisten aus der Gruppe der *ActiveX-Steuerelemente* und verknüpfen Sie eine davon mit der Zelle O1 und die andere mit der Zelle O2 (Abb. 17.5). Aktivieren Sie den Entwurfsmodus (zweite Schaltfläche im Menüband in Abb. 17.5), klicken Sie die Bildlaufleisten rechts an, aktivieren Sie über das Kontextmenü das *Eigenschaften*-Dialogfeld und setzen Sie die *LinkedCell*-Eigenschaft auf O1 bzw. O2.

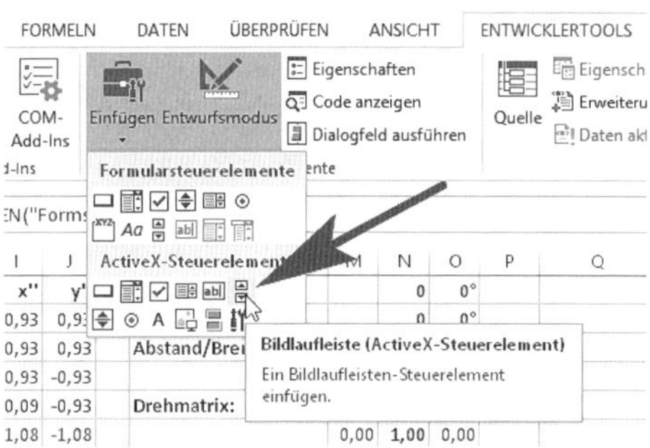

Abbildung 17.5: Bildlaufleiste in der Gruppe der ActiveX-Steuerelemente

Die Bildlaufleisten der Steuerelemente haben für diese Anwendung einen ganz wesentlichen Vorteil gegenüber der Bildlaufleiste der *Formularsteuerlemente*. Wenn Sie mit der Maus die Bildlaufleiste anklicken, wird bei Ersteren das Diagramm sofort neu berechnet und angezeigt, auch wenn Sie die Maus noch gedrückt halten. Dadurch entsteht eine wunderschöne fließende Bewegung des Würfels. Die Bildlaufleiste der Formular-Symbolleiste müssen Sie zuerst wieder loslassen, damit das Diagramm neu angezeigt wird.

Außerdem ist es ratsam, die Achsenskalierung zu fixieren. Wenn Sie dies nicht tun, wird sie sich bei Drehung des Diagramms automatisch anpassen, was dann ziemlich doof aussieht. Im Menüband finden Sie die entsprechenden Einstellungen über *Diagrammtools>Layout>Achsen>Horizontale Primärachse* bzw. *Vertikale Primärachse>Weitere Optionen.*

Jetzt ist Ihr Punkt (XYZ)-Diagramm voll funktionstüchtig. In den Spalten A, B und C können die x/y/z-Koordinaten beliebiger Objekte oder auch Funktionen eingetragen und im Diagramm dreidimensional dargestellt werden.

17.1.2 Darstellung einer dreidimensionalen Funktion

Mit der gezeigten Drehtechnik können Sie nicht nur geometrische Objekte drehen, sondern auch dreidimensionale Funktionen in der Form

```
z=f(xy)=sin(x)*cos(y)
```

wie man das auch von Oberflächendiagrammen kennt.

In Spalte A und B erzeugen Sie alle x/y-Kombinationen im Intervall von -2 bis +2 mit einer Schrittweite von 0,2, das sind 21*21= 441 Datenpunkte (= Zeilen).

```
A2: =(-20+KÜRZEN((ZEILE()-2)/21)*2)/10
B2: =(-20+REST(ZEILE()-2;21)*2)/10
C2: =SIN(A2)*COS(B2)
```

Das wird jeweils bis Zeile 442 kopiert. An den Formeln der Spalten E bis O ändert sich nichts (Abb. 17.6).

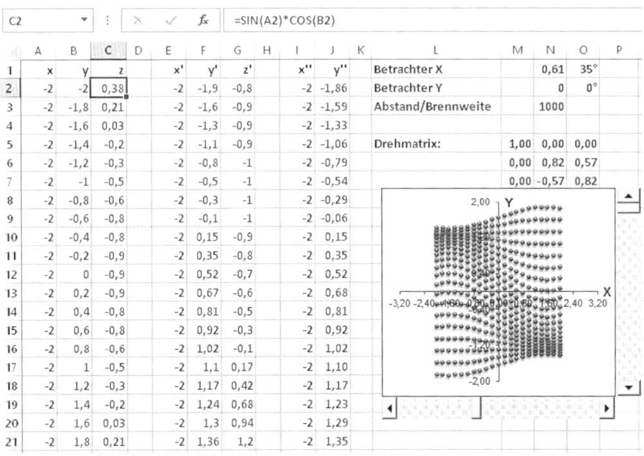

C2 =SIN(A2)*COS(B2)

	A	B	C	D	E	F	G	H	I	J	K	L	M	N	O
1	x	y	z		x'	y'	z'		x''	y''		Betrachter X		0,61	35°
2	-2	-2	0,38		-2	-1,9	-0,8		-2	-1,86		Betrachter Y		0	0°
3	-2	-1,8	0,21		-2	-1,6	-0,9		-2	-1,59		Abstand/Brennweite		1000	
4	-2	-1,6	0,03		-2	-1,3	-0,9		-2	-1,33					
5	-2	-1,4	-0,2		-2	-1,1	-0,9		-2	-1,06		Drehmatrix:	1,00	0,00	0,00
6	-2	-1,2	-0,3		-2	-0,8	-1		-2	-0,79			0,00	0,82	0,57
7	-2	-1	-0,5		-2	-0,5	-1		-2	-0,54			0,00	-0,57	0,82
8	-2	-0,8	-0,6		-2	-0,3	-1		-2	-0,29					
9	-2	-0,6	-0,8		-2	-0,1	-1		-2	-0,06					
10	-2	-0,4	-0,8		-2	0,15	-0,9		-2	0,15					
11	-2	-0,2	-0,9		-2	0,35	-0,8		-2	0,35					
12	-2	0	-0,9		-2	0,52	-0,7		-2	0,52					
13	-2	0,2	-0,9		-2	0,67	-0,6		-2	0,68					
14	-2	0,4	-0,8		-2	0,81	-0,5		-2	0,81					
15	-2	0,6	-0,8		-2	0,92	-0,3		-2	0,92					
16	-2	0,8	-0,6		-2	1,02	-0,1		-2	1,02					
17	-2	1	-0,5		-2	1,1	0,17		-2	1,10					
18	-2	1,2	-0,3		-2	1,17	0,42		-2	1,17					
19	-2	1,4	-0,2		-2	1,24	0,68		-2	1,23					
20	-2	1,6	0,03		-2	1,3	0,94		-2	1,29					
21	-2	1,8	0,21		-2	1,36	1,2		-2	1,35					

Abbildung 17.6: Darstellung von Datenpunkten einer dreidimensionalen Funktion

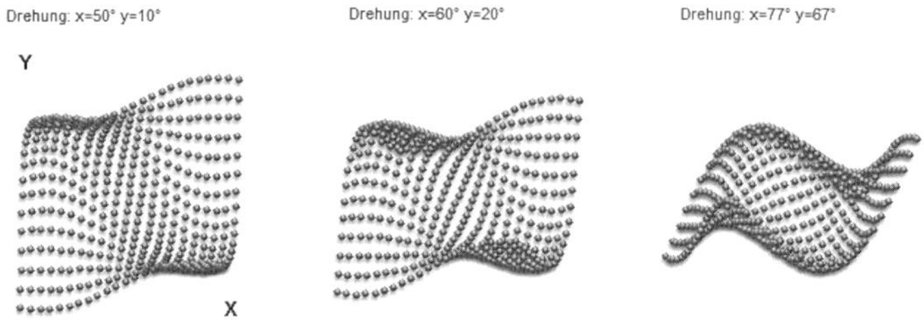

Abbildung 17.7: Dreidimensionale Funktion mit verschiedenen Betrachterpositionen

17.2 Das dreidimensionale Blasendiagramm

Neben dem Punkt (XY)-Diagramm ist das Blasendiagramm der zweite Diagrammtyp, bei dem die gezeigte dreidimensionale Drehtechnik angewandt werden kann. Wenn Sie im Diagrammassistenten die Blasendiagramme auswählen, stehen Ihnen zwei Untertypen zur Verfügung. Der eine Untertyp nennt sich *Blase mit 3D-Effekt*. Mit 3D-Effekt ist hier lediglich gemeint, dass die einzelnen Blasen so formatiert sind, dass sie kugelförmig erscheinen. Trotzdem bewegen sie sich nur auf einer zweidimensionalen Ebene.

Wir bereichern nun auch das Blasendiagramm um eine dritte Dimension. Die wesentliche Funktionalität des Punkt (XYZ)-Diagramms kann wieder verwendet werden, es sind nur einige wenige Umrüstarbeiten notwendig (Abb. 17.8):

	A	B	C	D	E	F	G	H	I	J	K	L	M	N	O	P	Q	R	S	T	U
1	x	y	z	g	x'	y'	z'		x''	y''	**g'**	**Betrachter X**		**0,00**	**0°**	z'	z''	Zeile	**x'''**	**y'''**	**g''**
2	0,0	1,0	0	2	0	1	0		0,00	1,00	**2,67**	**Betrachter Y**		**0,00**	**0°**	0,00	0,00	8	-0,71	0,71	2,67
3	0,7	0,7	0	2	0,71	0,71	0		0,71	0,71	**2,67**	**Abstand/Brennweite**		**2**		0,00	0,00	7	-1,00	0,00	2,67
4	1,0	0,0	0	2	1	0	0		1,00	0,00	**2,67**					0,00	0,00	6	-0,71	-0,71	2,67
5	0,7	-0,7	0	2	0,71	-0,7	0		0,71	-0,71	**2,67**	**Drehmatrix**	**1,00**	**0,00**	**0,00**	0,00	0,00	5	0,00	-1,00	2,67
6	0,0	-1,0	0	2	0	-1	0		0,00	-1,00	**2,67**		**0,00**	**1,00**	**0,00**	0,00	0,00	4	0,71	-0,71	2,67
7	-0,7	-0,7	0	2	-0,7	-0,7	0		-0,71	-0,71	**2,67**		**0,00**	**0,00**	**1,00**	0,00	0,00	3	1,00	0,00	2,67
8	-1,0	0,0	0	2	-1	0	0		-1,00	0,00	**2,67**					0,00	0,00	2	0,71	0,71	2,67
9	-0,7	0,7	0	2	-0,7	0,71	0		-0,71	0,71	**2,67**					0,00	0,00	1	0,00	1,00	2,67

Abbildung 17.8: Tabellenaufbau für ein dreidimensionales Blasendiagramm (1)

Die Spalten A:D sind Eingabespalten. Neu ist dabei die Eingabespalte D. E:G, I:J sowie die Drehmatrix sind identisch aufgebaut wie beim Punkt (XYZ)-Diagramm und die Zellen enthalten weiterhin dieselben Formeln. Jeder der acht Datenpunkte der Datenreihe steht für eine Blase im Blasendiagramm. Die acht Blasen sind kreisförmig angeordnet. Sie können den Bereich A2:B9 manuell oder auch über die folgenden Formeln bestücken (vergleiche die Kreiskonstruktion zu Beginn dieses Kapitels):

```
A2:A9: {=SIN(BOGENMASS({0;45;90;135;180;225;270;315}))}
B2:B9: {=COS(BOGENMASS({0;45;90;135;180;225;270;315}))}
```

In der Ausgangsposition beträgt die z-Position aller Blasen 0, d. h., sie befinden sich alle auf einer Ebene.

Die neue Spalte D definiert die Größe g der Blasen. Dies ist beim Blasendiagramm Standard. Geben Sie für alle Blasen in D2:D9 eine 2 ein. Um es nicht noch komplizierter zu machen, unterstellen wir, dass alle Blasen gleich groß sind.

Das 3D-Blasendiagramm muss genau wie das Punkt (XYZ)-Diagramm zwei Fähigkeiten besitzen. Zum einen muss die Position der Kugeln im Raum durch die Drehung auf der x- und y-Achse abgebildet werden können, zum anderen muss der Perspektive des Betrachters Rechnung getragen werden. Dies kann im Blasendiagramm sehr gut durch die Variation der Blasengröße geschehen, denn eine Blase oder Kugel wirkt ja kleiner, wenn sie sich vom Betrachter entfernt. Um dies zu gewährleisten, wurde die Spalte K mit der transformierten Größe g' ins Leben gerufen. Die Formel

`K2: =D2*$N$3/(G2-0,5+$N$3)` (kopieren bis K9)

sorgt für die nötige Perspektive. Solange die Blasen die gleiche z-Achsenposition (Spalte G) einnehmen und sie die gleiche reale Größe g haben, ist auch ihre perspektivische Größe g' in Spalte K gleich groß.

Nun muss man wissen, dass das Blasendiagramm zwei zusätzliche, wichtige Eigenschaften aufweist, die zur korrekten 3D-Darstellung beachtet werden müssen.

- **Die Blasengröße aller Blasen verhält sich relativ zur größten Blase.**

Angenommen, Sie stellen drei Blasen mit den Größen 1, 2 und 3 im Blasendiagramm dar. Wenn Sie jetzt die Größe der dritten Blase von 3 auf 9 ändern, bleibt diese Blase gleich groß, nur die anderen Blasen werden kleiner. Das heißt, immer die **größte Blase** bestimmt die Größe der anderen. Diese Eigenschaft verträgt sich nicht mit den Berechnungen zur 3D-Drehung. Um dies zu korrigieren, müssen Sie eine separate Blase in einer neuen Datenreihe erstellen, die so groß ist, dass sie auf jeden Fall größer ist als die Blasen, die Sie eigentlich betrachten wollen. Je größer Sie diese Blase machen, desto kleiner werden die übrigen Blasen dargestellt. Erstellen Sie ein neues Blasendiagramm mit zunächst nur einer einzigen Blase. Setzen Sie diese Orientierungsblase beispielsweise auf die Größe 20, ihre x- und y-Werte setzen Sie einfach auf 0:

```
=DATENREIHE(;{0};{0};1;{20})
```

Danach entfernen Sie Rahmen und farbige Fläche dieser Blase, damit sie optisch nicht mehr stört.

Darstellungsreihenfolge der Blasen

Wichtig ist auch die Darstellungsreihenfolge der Blasen. Die Blasen, die in der Datentabelle an oberster Stelle stehen, werden im Diagramm am weitesten hinten dargestellt. Das sehen Sie an einem (von der Aufgabenstellung losgelösten) Beispiel (Abb. 17.9):

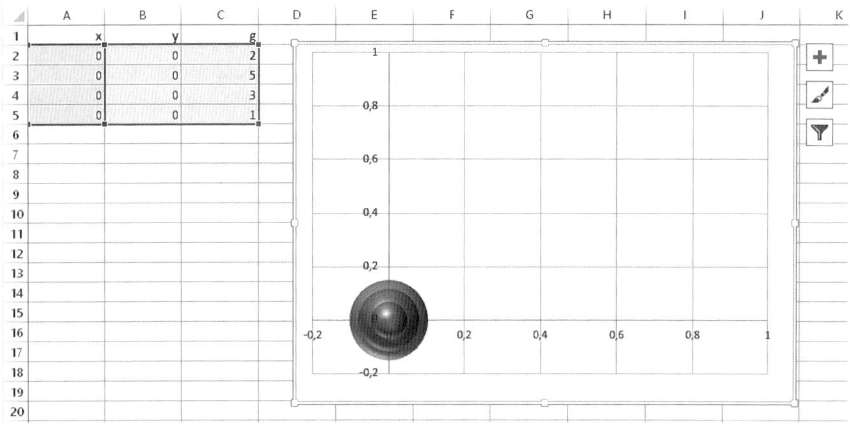

Abbildung 17.9: Prinzip der Darstellungsreihenfolge im Blasendiagramm

Die Blase mit Größe 2 ist nicht zu sehen, da sie an hinterster Stelle angezeigt wird und deshalb natürlich von den Blasen der Größe 5 und 3 verdeckt wird. Sie sehen nur drei Blasen – die der Zeilen 3, 4 und 5.

Wenn sich die Blasen im dreidimensionalen Raum korrekt auf der virtuellen z-Achse bewegen sollen, ist es natürlich wichtig, dass die weiter vorne liegenden Blasen die weiter hinten liegenden überdecken. Deshalb müssen Sie die Transformationsspalten I:K ein weiteres Mal transformieren, und zwar so, dass sie nach der in Spalte G bestimmten z-Achsenposition z' sortiert werden.

Werte sortieren

Zu diesem Zweck erweitern Sie die Berechnungen um die Spalten P:U, in denen die Blasen in die richtige Sortierreihenfolge gebracht werden (Abb. 17.10).

	I	J	K	L	M	N	O	P	Q	R	S	T	U
1	x''	y''	g'	Betrachter X		0,52	30°	z'	z''	Zeile	x'''	y'''	g''
2	0,21	0,71	2,07	Betrachter Y		0,52	30°	0,43	0,66	8	-0,33	0,46	1,85
3	0,81	0,63	2,75	Abstand/Brennweite		2		-0,05	0,50	7	-0,69	0,00	2,00
4	1,15	0,00	4,00					-0,50	0,43	1	0,21	0,71	2,07
5	0,65	-0,91	4,76	Drehmatrix	0,87	0,00	-0,50	-0,66	0,05	6	-0,77	-0,60	2,59
6	-0,32	-1,11	3,75		0,25	0,87	0,43	-0,43	-0,05	2	0,81	0,63	2,75
7	-0,77	-0,60	2,59		0,43	-0,50	0,75	0,05	-0,43	5	-0,32	-1,11	3,75
8	-0,69	0,00	2,00					0,50	-0,50	3	1,15	0,00	4,00
9	-0,33	0,46	1,85					0,66	-0,66	4	0,65	-0,91	4,76

Abbildung 17.10: Tabellenaufbau für ein dreidimensionales Blasendiagramm (2)

```
P2: =G2+ZEILE()/1000000
Q2: =KGRÖSSTE($P$2:$P$9;ZEILEN($1:$1))
R2: =VERGLEICH(Q2;$P$2:$P$9;0)
S2: =INDEX($I$2:$I$9;$R2)
T2: =INDEX($J$2:$J$9;$R2)
U2: =INDEX($K$2:$K$9;$R2)
```

Dann müssen P2:U2 noch bis P9:U9 kopiert werden.

Maßgeblich für die Sortierreihenfolge ist die z'-Position der Spalte G, also die Position jeder Blase auf der virtuellen z-Achse. Diese wird nach Spalte P übernommen und mit `+ ZEILE()/1000000` addiert. Dies erfüllt den Zweck, gleich große z' unterscheidbar zu machen. In Spalte Q werden die Werte aus Spalte P, beginnend mit dem größten, absteigend sortiert. In Spalte R wird die Zeilennummer des *k*-größten z'-Werts aus Spalte P zurückgegeben. Dazu ist es wichtig, dass alle Suchwerte in Spalte P unterschiedlich groß sind (wofür mit `ZEILE()/1000000` gesorgt wurde).

In den Spalten S:U werden schließlich die x/y-Koordinaten sowie die Größe der Blasen aus den Spalten I:K übernommen, und zwar über die Zeilenangabe in Spalte R in der gewünschten Reihenfolge. Wie man sieht, ist die Blasengröße g'' nun aufsteigend sortiert.

Der Bereich S2:U9 wird als Datenquelle in das Blasendiagramm eingefügt. S2:S9 enthält die x-Position, T2:T9 die y-Position und U2:U9 die Blasengröße. Nicht vergessen: Ihr Blasendiagramm muss die Orientierungsblase mit der x-/y-Position 0/0 und einer Blasengröße enthalten, die größer ist als alle anderen Blasen (beispielsweise 20). Dann haben Sie es geschafft (Abb. 17.11 und Abb. 17.12).

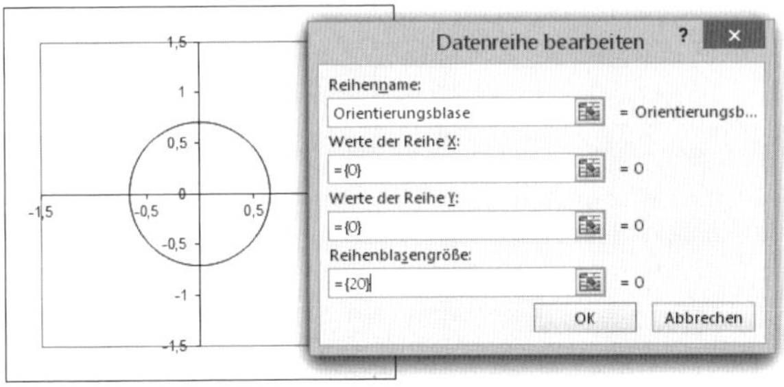

Abbildung 17.11: Erste Datenreihe: Orientierungsblase

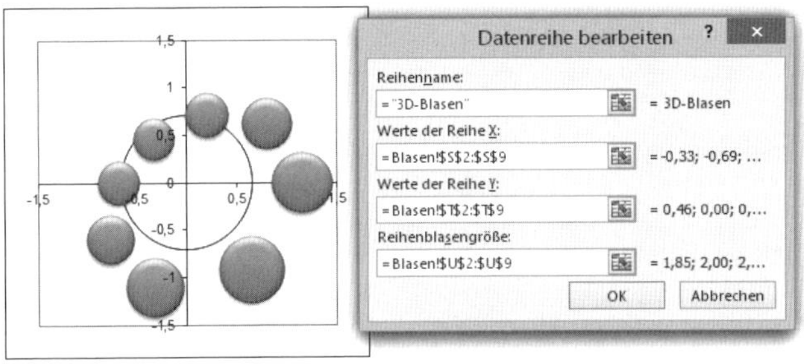

Abbildung 17.12: Zweite Datenreihe: 3D-Blasen

Das Ergebnis sehen Sie aus drei unterschiedlichen Perspektiven in Abb. 17.13.

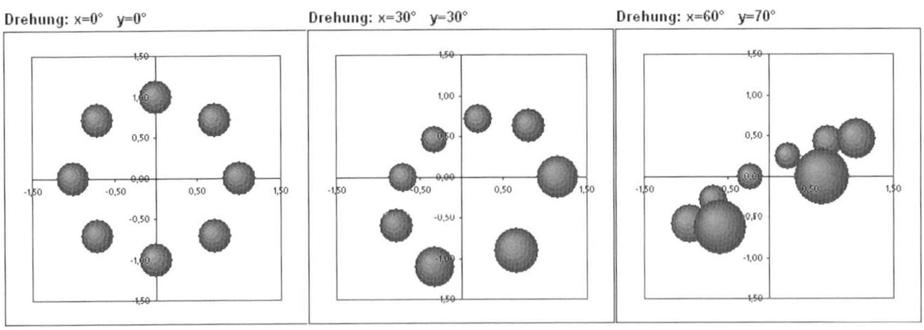

Abbildung 17.13: Darstellung eines dreidimensionalen Blasendiagramms mit verschiedenen Betrachterpositionen

KAPITEL 18

Hyperlinks: »Beam uns rauf, Scotty!«

Der Hyperlink zählt sicherlich zu den genialsten und populärsten Erfindungen des späten zwanzigsten Jahrhunderts. Ganz nach Vorbild von Raumschiff Enterprise kann man sich damit an fast jeden Ort des Internets bzw. PCs »beamen«. Auch in Excel kann dieses »Beamen« von großem Vorteil sein. In diesem Kapitel werden Sie sehen, wie Sie diese Funktionalität voll ausreizen und kreuz und quer durch den PC-Orbit düsen können.

18.1 Der »normale« Hyperlink

Beginnen wir aber zunächst mit dem »ungewollten« Hyperlink. Wir schreiben in eine Zelle

https://www.herber.de/excelformeln

und Excel macht daraus sofort einen Hyperlink. Das mag zwar in den meisten Fällen gewollt sein, ist aber vielleicht doch nicht immer erwünscht. Verantwortlich für die automatische Umwandlung ist die Einstellung *Datei/Optionen/Dokumentenprüfung/ Autokorrektur-Optionen/AutoFormat während der Eingabe/Während der Eingabe ersetzen: Internet- und Netzwerkpfade durch Links.* Sie können natürlich diesen langen Weg gehen. Allerdings können Sie auch einfach [Strg]+[Z] drücken (Shortcut für *Bearbeiten/Rückgängig*), denn Excel führt dabei zwei Aktionen nacheinander aus: 1. Wert einfügen und 2. einen Hyperlink daraus machen. Somit lässt sich die zweite Aktion einfach rückgängig machen, sodass *https://www.herber.de/excelformeln* schlicht als Text in der Zelle erscheint.

Jetzt kommen wir aber zu den »gewollten« Hyperlinks. Grundsätzlich gilt dabei, dass man alles, was irgendwie verlinkbar ist, auch verlinken kann. Dazu gehören Internetadressen (URLs), E-Mail-Adressen, Dateien/Dateinamen (z. B. auf Ihrer Festplatte) etc. Sie können sogar ein bestimmtes Blatt in einer Datei direkt ansteuern, z. B. ein Arbeitsblatt in einer Excel-Datei oder die fünfte Folie in einer PowerPoint-Präsentation. »Beam uns rauf, Scotty!« – alles kein Problem, solange man Scotty die notwendigen Zielkoordinaten gibt – sprich: den Link korrekt zusammenbastelt.

Es gibt mehrere Möglichkeiten, einen Hyperlink zu kreieren. Die eingebaute Menüfunktion *Einfügen/Link* ist der geläufigste Weg (Abb. 18.1).

Viel spannender und flexibler ist aber die gleichnamige Excel-Funktion HYPERLINK. Im Gegensatz zum obigen Feature können dort die Hyperlinks auch dynamisch erzeugt werden. Wir werden das jetzt einmal an einigen Beispielen verdeutlichen.

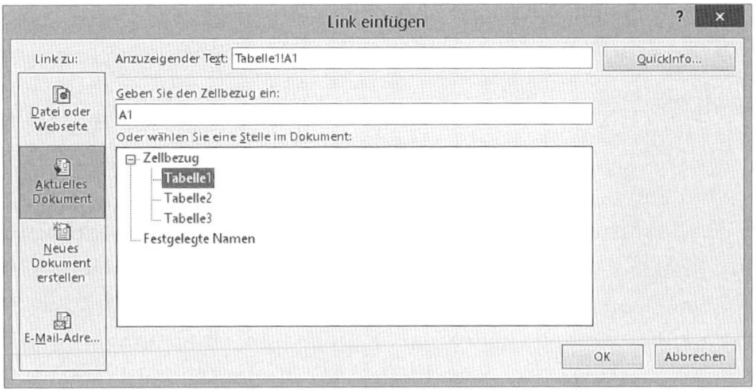

Abbildung 18.1: Dialogfeld Link einfügen

Für eine statische Verlinkung sollten Sie auch immer dieses Dialogfeld nutzen.

18.2 Arbeitsmappen-Navigator mit Hyperlinks

In umfangreichen Mappen ist es oftmals hilfreich, ein Übersichtsblatt anzulegen, von dem aus man alle anderen Blätter ansteuern kann. Möglicherweise werden in dieser Mappe im Laufe der Zeit auch noch Blätter hinzugefügt oder wieder entfernt.

Dazu ist es zunächst notwendig, alle vorhandenen Tabellenblätter zu indexieren. Dies geschieht mit der Excel-4-Makrofunktion `ARBEITSMAPPE.ZUORDNEN(Typ;Name)`. Definieren Sie also erst einmal einen Namen (Name: *Alle*) und beziehen ihn hierauf *(*Abb. 18.2):

```
=ARBEITSMAPPE.ZUORDNEN(1+0*JETZT())
```

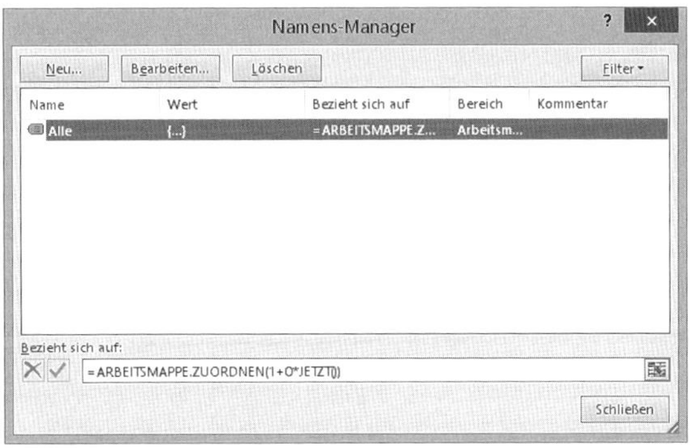

Abbildung 18.2: Dialogfeld Namens-Manager *mit Excel-4-Makrofunktion*

`ARBEITSMAPPE.ZUORDNEN(1)` gibt eine einzeilige, aus Zeichenfolgen bestehende Matrix mit den Namen der zu der Arbeitsmappe gehörenden Blätter zurück.

Die Namen werden als `[Arbeitsmappe]Blatt` zurückgegeben.

Der Zusatz `0*JETZT()` bewirkt, dass die Funktion flüchtig wird, was zur Folge hat, dass eingefügte, verschobene und gelöschte Blätter sofort ihren Platz in der »Blätter-Matrix« erhalten. Hier kann auch jede andere flüchtige Funktion verwendet werden (z. B. HEUTE oder ZUFALLSZAHL). Wichtig ist nur, dass der Parameter 1 nicht verändert wird, und das ist mit einer Addition von null immer gewährleistet. Der zweite Parameter [*Name*] kann entweder den Namen der verwendeten Arbeitsmappe erhalten oder aber entfallen. In letzterem Fall bezieht sich die Blattauflistung immer auf die **aktive** Mappe – was uns im Normalfall genügen sollte.

So, das war aber nur die Vorarbeit. Jetzt ernten wir die Früchte, indem wir die Matrix *Alle* von 1 bis n ansprechen. Dazu bietet sich die Funktion INDEX an. Schreiben wir also in irgendeine Zelle

```
=INDEX(Alle;ZEILE(A1))
```

und kopieren diese Formel nach unten. In folgendem Beispiel hat unsere Mappe fünf Blätter: *Übersicht*, *Jens F.*, *Walter F.*, *Boris G.* und *excelformeln.de*. Das Ergebnis sehen Sie in Abb. 18.3:

A2 =INDEX(Alle;ZEILE(A1))

	A	B	C	D
1	Vorhandene Blätter			
2	[Hyperlink Buch.xlsm]Übersicht			
3	[Hyperlink Buch.xlsm]Jens F.			
4	[Hyperlink Buch.xlsm]Walter F.			
5	[Hyperlink Buch.xlsm]Boris G.			
6	[Hyperlink Buch.xlsm]excelformeln.de			
7	#BEZUG!			
8	#BEZUG!			
9				

Abbildung 18.3: Alle Tabellen einer Mappe auflisten

`#BEZUG!` erscheint dann, wenn keine Blätter mehr vorhanden sind. Der Mappenzusatz *.xlsm* (oder auch jede andere Endung) erscheint im Übrigen erst, wenn die Mappe bereits einmal gespeichert wurde.

Das war aber erst die halbe Miete. Scotty soll uns jetzt noch quer durch die Mappe beamen. Dazu müssen wir die Zielkoordinaten noch etwas verfeinern. Dabei hilft uns die Funktion `HYPERLINK(Hyperlink_Adresse;Freundlicher_Name)`. Beide Parameter, *Hyperlink_Adresse* und *Freundlicher_Name*, sind ganz gewöhnliche Strings, die sich auch aus vielen Einzelteilen zusammensetzen lassen.

In Spalte B basteln wir zunächst den notwendigen String zur Verlinkung zusammen. Dieser muss – sofern wir auf die Zelle A1 verlinken möchten – am Ende so aussehen:

```
'[Mappe1.xls]Jens F.'!A1
```

Es fehlen also noch die in Anführungszeichen gesetzten Hochkommata, das Ausrufezeichen und die Zelladresse (A1). Es bietet sich folgende Stringverkettung in B2 an:

```
="'"&A2&"'!A1"
```

Doch damit kann Scotty am Ende leider noch nichts anfangen. Der Bezug muss mit einer # (Raute) beginnen, und zwar immer dann, wenn man innerhalb einer bestimmten Datei eine bestimmte *Textmarke* ansteuern möchte (hier ein bestimmtes Blatt und eine bestimmte Zelle). Wir ergänzen also die Formel

```
B2: ="#'"&A2&"'!A1"
```

und kopieren sie in Spalte B herunter.

Jetzt bauen wir diesen String in Spalte C in die Funktion HYPERLINK ein und binden als [*Freundlicher Name*] noch den reinen Blattnamen ein, den wir aus Spalte A auslesen (Abb. 18.4).

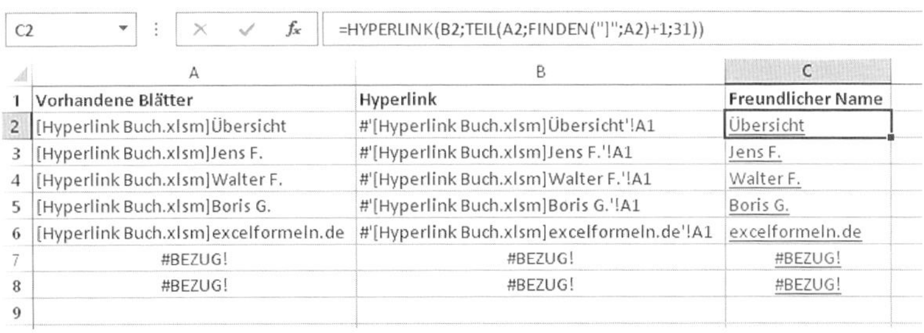
C2 | =HYPERLINK(B2;TEIL(A2;FINDEN("]";A2)+1;31))

	A	B	C
1	Vorhandene Blätter	Hyperlink	Freundlicher Name
2	[Hyperlink Buch.xlsm]Übersicht	#'[Hyperlink Buch.xlsm]Übersicht'!A1	Übersicht
3	[Hyperlink Buch.xlsm]Jens F.	#'[Hyperlink Buch.xlsm]Jens F.'!A1	Jens F.
4	[Hyperlink Buch.xlsm]Walter F.	#'[Hyperlink Buch.xlsm]Walter F.'!A1	Walter F.
5	[Hyperlink Buch.xlsm]Boris G.	#'[Hyperlink Buch.xlsm]Boris G.'!A1	Boris G.
6	[Hyperlink Buch.xlsm]excelformeln.de	#'[Hyperlink Buch.xlsm]excelformeln.de'!A1	excelformeln.de
7	#BEZUG!	#BEZUG!	#BEZUG!
8	#BEZUG!	#BEZUG!	#BEZUG!
9			

Abbildung 18.4: Aufgelistete Tabellen verlinken

Der Formelteil

```
TEIL(A2;FINDEN("]";A2)+1;31)
```

liest aus Spalte A den Text nach der schließenden eckigen Klammer "]" aus. Dies ist eben der Blattname, und diesen nutzen wir als [*Freundlicher Name*] im Hyperlink. Und just in diesem Moment heißt es bei einem Klick in Spalte C: »Beam uns rauf, Scotty!«

Und am Ende dieser Übung lassen wir auch noch die Spalten A und B verschwinden, indem wir die Formel in Spalte C einfach mit den beiden anderen Formeln verschachteln. Das sieht im Ergebnis so aus:

```
=HYPERLINK("#'"&INDEX(Alle;ZEILE(A1))&"'!A1";TEIL(INDEX(Alle;ZEILE(A1));
FINDEN("]";INDEX(Alle;ZEILE(A1)))+1;31))
```

Und wer sich jetzt noch an dem Fehlerwerten `#BEZUG!` stört, der gleicht die Funktion ZEILE() mit `ANZAHL2(Alle)` ab:

```
=WENN(ZEILE(A1)>ANZAHL2(Alle);"";HYPERLINK("#'"&INDEX(Alle;ZEILE(A1))&
"'!A1";TEIL(INDEX(Alle;ZEILE(A1));FINDEN("]";INDEX(Alle;ZEILE(A1)))+1;31)))
```

Damit kommt ein schönes Endprodukt zustande (Abb. 18.5):

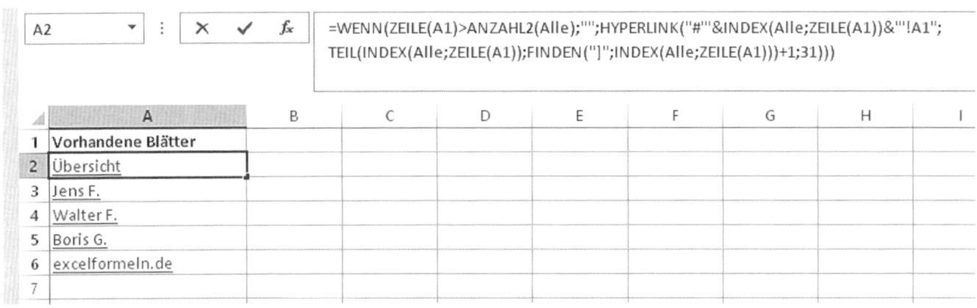

Abbildung 18.5: Tabellen ohne Hilfsspalten verlinken

Diese Formel steht bei mir (Boris) in fast jeder Mappe!

18.3 Dateien-Navigator mit Hyperlinks

Neben der Verlinkung innerhalb einer Mappe kann es auch wünschenswert sein, alle Dateien in einem bestimmten Ordner aufzulisten und gleichzeitig zu verlinken.

Dazu bedienen wir uns diesmal der Excel-4-Makrofunktion `DATEIEN(Verzeichnistext)`. Wir definieren den Namen *AlleDat*, der sich auf die Excel-4-Makrofunktion `=DATEIEN("*.*")` bezieht (Abb. 18.6).

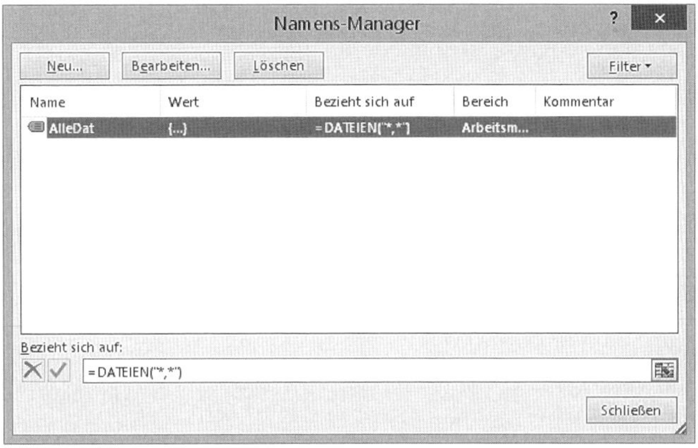

Abbildung 18.6: Dialogfeld Namens-Manager

AlleDat enthält jetzt alle Dateien des aktuellen Ordners. Die Joker können durch einen bestimmten Pfad und eine bestimmte Dateiendung ersetzt werden. Um z. B. nur die XLSX-Dateien aus dem Verzeichnis *H:\Eigene Dokumente* auszulesen, muss sich der Name hierauf beziehen:

```
=DATEIEN("H:\Eigene Dokumente\*.xlsx")
```

Der Rest ist eigentlich mit der Auflistung aller Blätter innerhalb einer Datei identisch. In irgendeiner Zelle beginnen wir mit der Auflistung mit:

```
A1: =INDEX(AlleDat;ZEILE(A1))
```

Kopieren Sie diese Formel nach unten, dann erhalten Sie dadurch eine Auflistung aller Dateien im aktuellen Ordner. Im Beispiel befinden sich dort nur Excel-Dateien, und zwar vier Stück (Abb. 18.7):

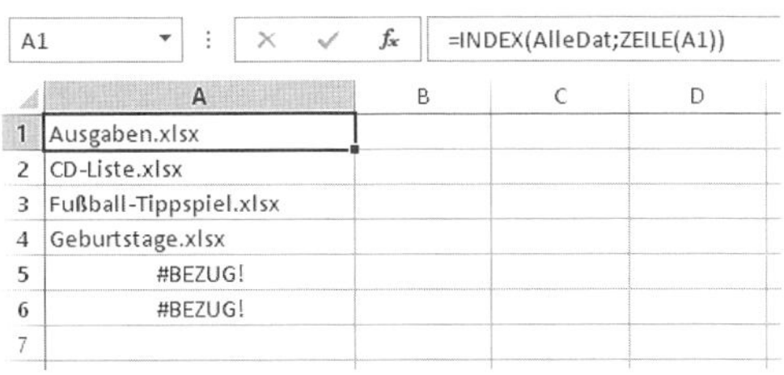

Abbildung 18.7: Dateien eines Verzeichnisses auflisten

#BEZUG! kann man auch hier wieder mit der vorgeschalteten WENN-Abfrage eliminieren, die ZEILE() mit `ANZAHL2(AlleDat)` vergleicht:

```
=WENN(ZEILE(A1)>ANZAHL2(AlleDat);"";INDEX(AlleDat;ZEILE(A1)))
```

Im nächsten Schritt verlinken wir die Dateien in Spalte B. Da wir die Dateien aus dem aktuellen Ordner aufgelistet haben, ist die Pfadangabe entbehrlich (Abb. 18.8). Es reicht also:

```
B1: =HYPERLINK(A1)
```

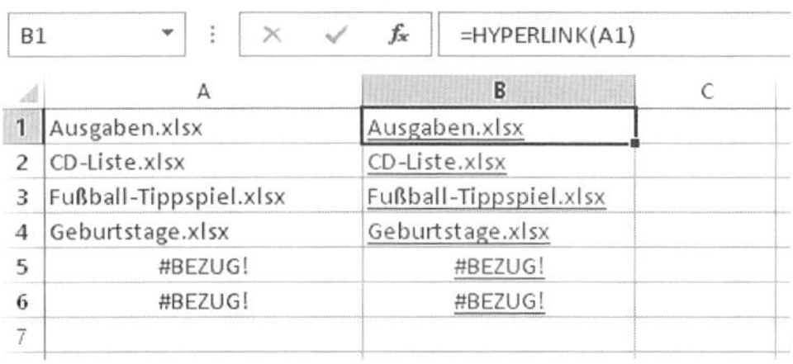

Abbildung 18.8: Aufgelistete Dateien verlinken

Und selbstverständlich können wir uns am Ende die Hilfsspalte auch noch sparen, indem wir die Formel in Spalte A direkt mit einem Hyperlink unterlegen (Abb. 18.9):

```
A1:
=WENN(ZEILE(A1)>ANZAHL2(AlleDat);"";HYPERLINK(INDEX(AlleDat;ZEILE(A1))))
```

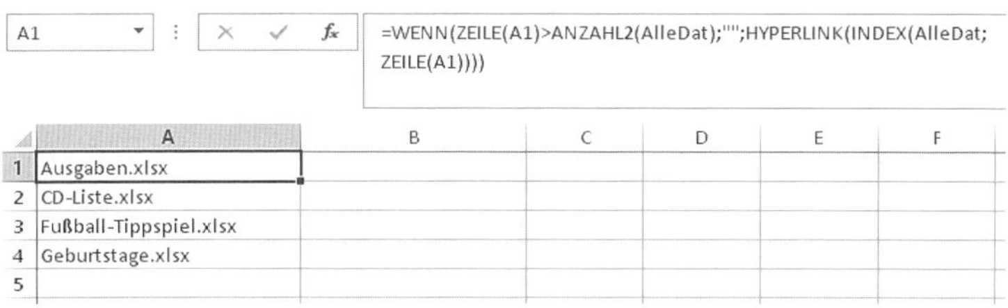

Abbildung 18.9: Aufgelistete Dateien – ohne Hilfsspalte – verlinken

Auch wenn die – in der Regel typische – Hyperlinkformatierung (blau und unterstrichen) nicht ersichtlich ist: Es sind alles Hyperlinks – und fertig ist unsere Dateiauflistung! Zumindest fast.

Der Name *AlleDat* »merkt« noch nicht, wenn in dem Verzeichnis Dateien hinzukommen oder gelöscht werden. In diesem Fall muss man die Datei zu einer Neuberechnung »zwingen«, wobei hier der schlichte Druck auf F9 nichts bewirkt. Eine Neuberechnung erlangt man nur mit der Tastenkombination Strg+Alt+F9 – in VBA bekannt als die *CalculateFull*-Methode. Auf diese Weise erzwingt man eine vollständige Berechnung der Daten in allen geöffneten Arbeitsmappen.

Doch wie so oft, gibt es auch dafür eine Lösung. Wir erinnern uns an die Namensdefinition *AlleDat*. Der Name bezog sich auf: `=DATEIEN("*.*")`.

Wir müssen nur eine flüchtige Funktion in die Namensdefinition »schmuggeln«, damit sich der Name in dem Moment aktualisiert, wo Dateien hinzukommen oder gelöscht werden. Zu Beginn des Kapitels, als es um die Verlinkung der Tabellenblätter innerhalb einer Mappe ging, haben wir uns der Funktion `JETZT()` bedient:

```
=ARBEITSMAPPE.ZUORDNEN(1+0*JETZT())
```

Doch bei `=DATEIEN("*.*")` haben wir keine Zahl, die wir einfach mit null addieren können. Die Abhilfe sieht so aus: Wir machen aus der flüchtigen Funktion `JETZT()` einen Leerstring und verketten diesen mit der Dateiauflistung. Damit schlagen wir wieder mal zwei Fliegen mit einer Klappe: Der Name erhält die notwendige Flüchtigkeit, wird aber nicht verändert oder in seiner Funktionalität gestört. Wir bedienen uns zusätzlich der Funktion `T()` und erhalten

```
=DATEIEN("*.*")&T(JETZT())
```

Et voilà: Auch dieses Problem ist gelöst. Die Berechnungsnotwendigkeit mit Strg+Alt+F9 ist Schnee von gestern!

18.3.1 Dateien an einer bestimmten Stelle öffnen

Wie bereits erwähnt, lassen sich Dateien auch derart verlinken, dass sie direkt einen gewünschten Abschnitt aktivieren. Zum Beispiel kann man mit

```
=HYPERLINK("H:\Eigene Dateien\Berichtsmanager.docx#Speicherort")
```

ein Word-Dokument verlinken und direkt auf die Seite gelangen, auf der zum ersten Mal das Wort »Speicherort« auftaucht. Mit

```
=HYPERLINK("H:\Eigene Dateien\Powerpoint\Präsentationen\Kostenanalyse.pptx#4")
```

öffnet man hingegen die vierte Folie der angegebenen PowerPoint-Präsentation. Mit der vorangestellten Raute (#) signalisiert man dem Hyperlink eine Textmarke innerhalb einer Datei. Und diese Textmarke kann eine Seitenangabe, ein Suchbegriff, der Name eines Tabellenblatts etc. sein.

18.4 Zugriff auf viele geschlossene Dateien

Jetzt kann es aber auch vorkommen, dass Sie die einzelnen Dateien nicht verlinken, sondern ausschließlich bestimmte Zellwerte auslesen möchten. Dazu gibt es zwar die Funktion INDIREKT, die aber den gravierenden Malus besitzt, dass die Quelldateien geöffnet sein müssen. Das ist in den meisten Fällen alles andere als praktisch, speziell dann, wenn es sich um eine Vielzahl von Dateien handelt.

Beispielsweise führen Sie innerhalb eines Ordners periodisch Rechnungsdateien, von denen sich bislang über 100 Stück angesammelt haben. Die Dateien sind vom Aufbau her alle identisch. Aus allen Dateien möchten Sie jetzt den Wert aus der jeweiligen Zelle *Tabelle1!A1* auslesen. Um jetzt nicht alle Mappen öffnen zu müssen, machen Sie Folgendes:

Schreiben Sie in Zelle A1 die Pfadangabe (mit abschließendem Backslash). Ab A2 führen Sie alle Dateinamen aus dem Verzeichnis auf, so wie es in Abb. 18.10 zu sehen ist. Wie das am schnellsten geht, haben Sie im letzten Abschnitt dieses Kapitels gesehen. Jetzt verketten Sie Pfad und Dateiname, sodass ein vollständiger Bezug (in Textform) auf eine nicht geöffnete Datei entsteht. Dabei ist es wichtig, dass dieser Textbezug mit einem Leerzeichen und einem Gleichheitszeichen beginnt:

B2 ="='"&A$1&"["&A2&"]"&"Tabelle1'!$A$1"

	A	B
1	C:\Ordner-RG-2015	
2	Rechnungen-Jan-15.xlsx	='C:\Ordner-RG-2015[Rechnungen-Jan-15.xlsx]Tabelle1'!$A$1
3	Rechnungen-Feb-15.xlsx	='C:\Ordner-RG-2015[Rechnungen-Feb-15.xlsx]Tabelle1'!$A$1
4	Rechnungen-Mrz-15.xlsx	='C:\Ordner-RG-2015[Rechnungen-Mrz-15.xlsx]Tabelle1'!$A$1
5	Rechnungen-Apr-15.xlsx	='C:\Ordner-RG-2015[Rechnungen-Apr-15.xlsx]Tabelle1'!$A$1
6	Rechnungen-Mai-15.xlsx	='C:\Ordner-RG-2015[Rechnungen-Mai-15.xlsx]Tabelle1'!$A$1
7	Rechnungen-Jun-15.xlsx	='C:\Ordner-RG-2015[Rechnungen-Jun-15.xlsx]Tabelle1'!$A$1

Abbildung 18.10: Bezüge zu vielen Dateien aus einem zusammengesetzten String erzeugen

Im nächsten Schritt ersetzen Sie die Formeln in Spalte B durch Werte (Spalte B kopieren, dann *Start/Einfügen/Werte einfügen*). Selektieren Sie erneut Spalte B und wählen *Start/Bearbeiten/Suchen und Auswählen/Ersetzen* (Shortcut: Strg+H). Suchen Sie jetzt nach " =" (Leerzeichen+Gleichheitszeichen) und ersetzen Sie es durch "=" (nur Gleichheitszeichen). Und siehe da: Excel erkennt die Bezüge an! Wenn Ihre Pfadangaben korrekt waren, dann stehen jetzt alle Werte aus A1 der jeweiligen Tabellen in Spalte B.

18.5 Der Such-Link – blitzschnelle Tabellennavigation

Sie arbeiten in der Materialverwaltung Ihres Unternehmens. Ihre gesamten 10.000 Artikel führen Sie in einem Excel-Blatt mit Artikelnummer, Artikelbezeichnung, Nettopreis und allem, was sonst noch dazugehört. Sie sind für die Pflege dieser Daten verantwortlich. Dabei kommt es natürlich oft vor, dass neue Artikel hinzukommen, andere wiederum aus dem Sortiment gestrichen werden oder sich einfach nur die Preise ändern. Wie Sie einen bestimmten Artikel blitzschnell ausfindig machen, werden Sie jetzt erfahren.

Die Datei ist wie folgt aufgebaut (Abb. 18.11):

C1 =HYPERLINK("#A"&VERGLEICH(B1;A6:A10000;0)+5;"Artikelnr. Finden")

	A	B	C	D	E	F	G	H
1	Artikelnr.	10249	Artikelnr. finden	Preis ändern				
2	Artikelbez.	el_130	Artikel finden	Preis ändern				
3			Ab nach oben					
4								
5	Artikel-Nr.	Artikelbezeichnung	Nettopreis	MwSt	Bruttopreis			
6	33237	Artikel_1	74,08 €	19%	88,16 €			
7	21564	Artikel_2	35,53 €	19%	42,28 €			
8	44107	Artikel_3	34,81 €	19%	41,42 €			
9	48709	Artikel_4	73,40 €	19%	87,35 €			
10	16629	Artikel_5	46,31 €	19%	55,11 €			
11	45994	Artikel_6	50,24 €	19%	59,79 €			
12	22594	Artikel_7	65,31 €	19%	77,72 €			
13	14895	Artikel_8	80,70 €	19%	96,03 €			
14	35213	Artikel_9	80,21 €	19%	95,45 €			
15	43023	Artikel_10	77,48 €	7%	82,90 €			
16	42782	Artikel_11	93,18 €	19%	110,88 €			
17	10249	Artikel_12	87,94 €	19%	104,65 €			
18	49072	Artikel_13	75,15 €	19%	89,43 €			
19	46415	Artikel_14	19,27 €	19%	22,93 €			
20	25426	Artikel_15	51,44 €	19%	61,21 €			
21	35634	Artikel_16	6,37 €	19%	7,58 €			
22	46759	Artikel_17	23,16 €	19%	27,56 €			
23	26486	Artikel_18	54,80 €	7%	58,64 €			
24	47052	Artikel_19	30,99 €	19%	36,88 €			
25	18265	Artikel_20	36,99 €	19%	44,02 €			
26	30699	Artikel_21	79,56 €	19%	94,68 €			
27	33461	Artikel_22	55,19 €	19%	65,68 €			
28	31966	Artikel_23	10,46 €	19%	12,45 €			

Abbildung 18.11: Tabelle mit Such-Link

Verschaffen Sie sich oberhalb der Tabelle etwas Platz für Ihre Navigationsinstrumente. Damit diese auch immer sichtbar sind, fixieren Sie das Fenster oberhalb von Zeile 6. Alles, was Sie jetzt noch benötigen, ist die Artikelnummer, die Sie als Suchbegriff in B1 eingeben. Mit der angegebenen Formel in

```
C1: =HYPERLINK("#A"&VERGLEICH(B1;A6:A10000;0)+5;"Artikelnr. finden")
```

wird der Suchbegriff mit der Funktion VERGLEICH im Bereich A6:A1000 gesucht. Die so ermittelte Zahl wird noch um 5 erhöht, um die Zeilennummer zu erhalten. Diese wiederum wird dann mit `#A` verkettet und schon haben wir die korrekten Zielkoordinaten. Ein Klick auf den Hyperlink wird die entsprechende Zelle in Spalte A ansteuern. Am Beispiel der Artikelnummer 14895 (Zelle A13) ergibt die teilausgewertete Formel:

```
=HYPERLINK("#A"&8+5;"Artikelnr. finden")=HYPERLINK("#A13";"Artikelnr. finden")
```

Also wird Zelle A13 verlinkt. In D1 steht exakt die gleiche Formel, nur dass `#A` durch `#C` ersetzt wurde, um direkt in der Preisspalte zu landen.

```
D1: =HYPERLINK("#C"&VERGLEICH(B1;A6:A10000;0)+5;"Preis ändern")
```

Man kann auch Suchbegriffe eingeben, die im Suchbereich nur **enthalten** sein müssen, also eine teilweise Übereinstimmung haben. Dies funktioniert aber nicht bei Zahlen, sondern nur bei Texten. Die nur leicht abgewandelte Formel lautet dazu in C2:

```
=HYPERLINK("#B"&VERGLEICH("*"&B2&"*";B6:B10000;0)+5;"Artikel finden")
```

Der Suchbegriff muss also nur vorne und hinten mit Platzhaltern (*) umrandet werden. Suchen Sie beispielsweise nach der Teilbezeichnung »kel_10«, dann wird dieser Artikel in Zeile 15 aufgestöbert und verlinkt. In D2 steht wieder die gleiche Formel mit der Abänderung der Spaltenbezeichnung von `#B` auf `#C`.

Da Ihre Suchbegriffe ja auch irgendwo in Zeile 5.000 stehen können, müssen Sie sich noch eine Möglichkeit verschaffen, wie Sie schnell wieder zum Anfang Ihrer Liste gelangen können. Dies geschieht durch einfache Verlinkung der Zelle A6 mit der Formel in C3:

```
=HYPERLINK("#A6";"Ab nach oben")
```

Das war jetzt sozusagen das »Warm-up«. Jetzt zeigen wir Ihnen, wie ein Hyperlink in einer einzigen Zelle Hunderte verschiedener Adressen ansteuern kann.

18.6 Der multiple Power-Link

Wir haben eine Telefonliste Ihres Unternehmens mit allen 10.000 Mitarbeitern entworfen. In Spalte A stehen die Nachnamen, in Spalte B die Vornamen und in Spalte C die direkte Durchwahl des Mitarbeiters (Abb. 18.12).

	A	B	C	D
1				
2	Nachname	Vorname	Durchwahl	
3	Müller	Hans	2366	
4	Fricke	Walter	2544	
5	Georgi	Boris	1623	
6	Fleckenstein	Jens	2890	
7	Müller	Bernd	3320	
8	Georgi	Helga	2440	
9	Fischer	Lutz	4562	
10	Fricke	Ulla	2870	
11	Fleckenstein	Hendrik	2990	
12	Müller	Sascha	4155	
13	Fricke	Klara	1888	
14	Müller	Heinz	4698	
15	usw.	...	...	
16	usw.	...	...	
17				

Abbildung 18.12: Beispieltabelle der Telefonnummernliste

Jetzt möchten Sie in Zelle B1 einen Nachnamen vorgeben und diesen in Zelle C1 mit einem Hyperlink ansteuern. Wie das geht, wissen Sie ja bereits. Da manche Nachnamen aber mehrfach vorkommen, möchten Sie mit jedem Klick auf den Hyperlink den nächsten Treffer ansteuern, und zwar so lange, bis der letzte Treffer erreicht ist.

Nicht möglich, denken Sie? Doch, mit ein paar Tricks geht (fast) alles.

Die Überlegung: Ausgehend von der **aktiven** Zelle/Zeile muss der Hyperlink den Suchbegriff aufspüren. Hat er ihn gefunden (und die entsprechende Zelle angesteuert), muss die Suche von vorne beginnen – und zwar wiederum von der aktiven Zelle aus. Doch wie kommen wir mit einer Formel an die aktive Zelle? Dabei hilft uns die Funktion ZELLE(Infotyp;Bezug) mit dem Infotyp *Zeile*. Lässt man den Parameter *Bezug* weg, liefert die Funktion die Zeilennummer der aktiven Zelle. Also schreiben wir in A1:

```
=ZELLE("Zeile")
```

Selektieren wir jetzt z. B. D10 und berechnen das Blatt mit [F9] neu, zeigt die Formel das Ergebnis 10 an – also die Zeile der aktiven Zelle. Die erste Hürde ist somit genommen. Jetzt müssen wir nur noch die Koordinaten für den Hyperlink abhängig von der Zeile in A1 machen. Eigentlich ist es auch lediglich der Suchbereich, der immer wieder aufs Neue bei der letzten Fundstelle beginnen muss, damit wir mit der Funktion VERGLEICH immer einen anderen Treffer landen können.

Spielen wir das am Beispiel des Suchbegriffs »Fricke« einmal durch. Der erste Treffer muss in Zeile 4 landen, der zweite Treffer in Zeile 10 und der dritte in Zeile 13. Also müssen die Suchbereiche nacheinander folgendermaßen aussehen (sicherheitshalber bis Zeile 30.000, falls künftig noch weitere Mitarbeiter hinzukommen – die Performance der Formel wird dadurch nicht merklich beeinträchtigt):

- A3:A30000
- A5:A30000
- A11:A30000

Das Ende des Bezugs (A30000) ist immer fix, die Spalte A ebenfalls. Veränderlich ist einzig und allein die Startzeile. Diese erhalten wir aus der Formel in Zelle A1 und addieren noch 1. Den gesamten Bezug bauen wir auch mit INDIREKT zusammen:

```
INDIREKT("A"&A1+1&":A30000")
```

Diesen Bezug verschachteln wir in die Funktion VERGLEICH und diese wiederum in die Funktion HYPERLINK. Schließlich zählen wir für den Parameter [*Freundlicher Name*] in der Funktion HYPERLINK noch die Anzahl der restlichen Treffer. Dazu nutzen wir die Funktion ZÄHLENWENN und bedienen uns auch des soeben ermittelten INDIREKT-Bezugs.

Das Endergebnis lautet (Abb. 18.13):

```
C1:
=HYPERLINK("#A"&VERGLEICH(B1;INDIREKT("A"&A1+1&":A30000");)+A1;
"Noch "&ZÄHLENWENN(INDIREKT("A"&A1+1&":A30000");B1)&" Treffer.")
```

C1

=HYPERLINK("#A"&VERGLEICH(B1;INDIREKT("A"&A1+1&":A30000");)+A1;"Noch "&ZÄHLENWENN(INDIREKT("A"&A1+1&":A30000");B1)&" Treffer.")

	A	B	C	D	E	F	G	H	I	J
1	1	Fricke	Noch 3 Treffer.							
2	Nachname	Vorname	Durchwahl							
3	Müller	Hans	2366							
4	Fricke	Walter	2544							
5	Georgi	Boris	1623							
6	Fleckenstein	Jens	2890							
7	Müller	Bernd	3320							
8	Georgi	Helga	2440							
9	Fischer	Lutz	4562							
10	Fricke	Ulla	2870							
11	Fleckenstein	Hendrik	2990							
12	Müller	Sascha	4155							
13	Fricke	Klara	1888							
14	Müller	Heinz	4698							
15	usw.	...	...							
16	usw.	...	...							
17										

Abbildung 18.13: Telefonnummernliste mit Such-Link

Platzieren Sie jetzt die aktive Zelle in Zeile 1 und berechnen Sie das Blatt mit F9. Klicken Sie dann auf den Hyperlink in C1. Die Zelle A4 wird angesteuert. Berechnen Sie erneut mit F9. Jetzt wird bei Klick auf C1 die Zelle A10 angesteuert. Das Gleiche noch mal und es wird A13 selektiert. Da das der letzte Treffer war, führt eine Neuberechnung zum Fehlerwert `#NV`. Klicken Sie noch mal auf den Link und die Suche geht von vorne los.

Eine Möglichkeit, die Funktionalität ohne ständige Neuberechnung mit F9 zu erlangen, haben wir bis dato nicht gefunden (was wiederum nicht heißen soll, dass es unmöglich ist). Die Funktion `=ZELLE("Zeile")` kann im Übrigen nicht direkt in der HYPERLINK-Formel verschachtelt werden, sondern muss separat in einer Zelle stehen, da jeder Klick auf den Hyperlink zunächst `ZELLE("Zeile")` berechnen würde. Da wir den Link in Zeile 1 platziert haben, wäre das Ergebnis also immer 1, sodass immer derselbe Treffer gelandet würde. Es ist also ein Unterschied (in der Berechnungsreihenfolge), ob man auf eine andere Zelle verweist oder ob man die Berechnung innerhalb der Formel vornimmt. In den meisten Fällen dürfte das egal sein, aber hier muss man die Berechnung unbedingt auslagern (im Beispiel in Zelle A1).

Wie Sie gesehen haben, hat der Hyperlink sehr viele nützliche Facetten. Es ist immer nur wichtig, die Zielkoordinaten korrekt zusammenzubasteln. Dann heißt es am Ende stets:

Beam me up, Scotty!

Kapitel 19

Relationen und Abhängigkeiten

Mit dem Excel-Feature *Daten/Datenüberprüfung/Liste* lassen sich bekanntlich bequem und einfach Auswahllisten erstellen. Diese werden gern für Formulare genutzt, in denen nur bestimmte Einträge zur Verfügung stehen sollen – im einfachsten Fall eine Ja/Nein-Auswahl. Oder aber Sie verwalten eine Artikelliste und stellen die Artikel in der Auswahlliste zur Verfügung, um im nächsten Schritt anhand der getroffenen Auswahl per Formel (z. B. mit SVERWEIS oder auch INDEX in Kombination mit VERGLEICH) den Preis zu ermitteln.

19.1 Abhängige Gültigkeiten

Jetzt kann es aber auch vorkommen, dass Sie verschiedene Oberkategorien zur Auswahl stellen und abhängig von der getroffenen Auswahl eine weitere Liste mit den zur Oberkategorie gehörenden Einträgen anbieten möchten. Also muss sich der Listeninhalt des zweiten Drop-downs dynamisch an die Auswahl des ersten Drop-downs anpassen.

Zu diesem Zweck eröffnen wir unseren eigenen kleinen Supermarkt. Die Oberkategorie besteht dabei aus den verschiedenen Oberbegriffen, in der Unterkategorie finden sich die einzelnen Marken wieder. Das Arbeitsblatt heißt *Produktmatrix* (Abb. 19.1):

	A	B	C	D	E	F	G
1	**Käse**	**Kaffee**	**Essig**	**Öl**	**Margarine**	**Rotwein**	**Bier**
2	Emmentaler	Melitta	Balsamico	Olivenöl	Rama	Rioja	Warsteiner
3	Gouda	Jacobs	Himbeeressig	Sonnenblumenöl	Lätta	Barolo	Krombacher
4	Camembert	Onko	Cherryessig	Walnussöl		Beaujolais	Frankenheim
5	Brie	Feine Milde	Apfelessig	Distelöl			Kölsch
6		Dallmayr					Erdinger
7							Jever
8							

Abbildung 19.1: Kategorisierte Lebensmittel

In einem zweiten Arbeitsblatt sollen jetzt zwei Drop-down-Listenfelder eingefügt werden (Abb. 19.2):

- Auswahl der Oberkategorie (Produktkategorie)
- Auswahl des Produkts in Abhängigkeit von der Produktkategorie

Dieses Arbeitsblatt heißt *Auswahl*:

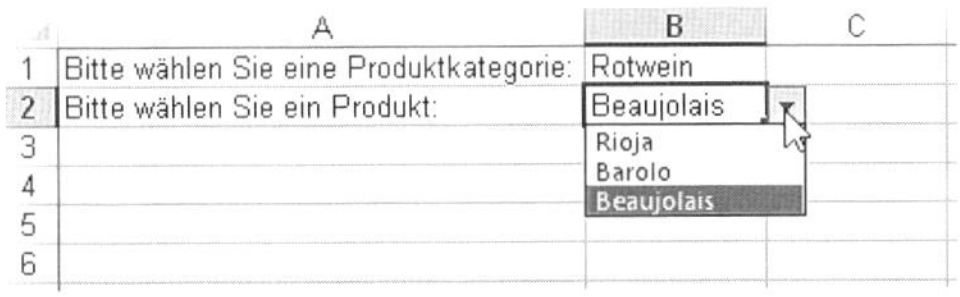

Abbildung 19.2: Auswahl von Kategorie und Produkt mit Gültigkeitslisten

Dabei kann es durchaus vorkommen, dass sich Ihr Sortiment sowohl hinsichtlich der Produktkategorien als auch innerhalb einer Kategorie erweitert. Beispielsweise nehmen Sie demnächst auch Obst mit in Ihr Programm auf, das aus Äpfeln, Bananen und Birnen besteht. Spalte H würde sodann mit Leben gefüllt. Oder Ihr Käsesortiment umfasst künftig auch Bresso und Allgäuer, dafür nehmen Sie den Apfelessig aus Ihrem Essigsortiment heraus. Alle diese Veränderungen sollen Ihre beiden Auswahlfelder natürlich sofort »mitbekommen«.

Also schreiten wir zur Tat. Zunächst müssen wir uns der Definition von zwei Namen bedienen – allein schon deshalb, weil sich die Auswahlfelder in einem separaten Tabellenblatt befinden (was bekanntlich in allen Excel-Versionen vor 2010 auf direktem Weg nicht funktioniert). Den ersten Namen definieren wir als *Kategorie* und beziehen ihn auf:

```
=Produktmatrix!$1:$1
```

Den zweiten Namen definieren wir als *Produkte* und beziehen ihn auf:

```
=Produktmatrix!$2:$10000
```

Die Zelle B1 im Blatt *Auswahl* belegen wir über *Daten/Datenüberprüfung/Liste* (Abb. 19.3) unter der Option *Quelle* mit `=Kategorie`.

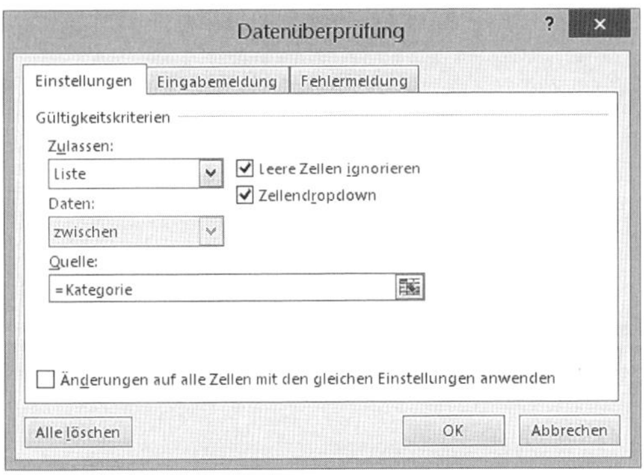

Abbildung 19.3: Dialogfeld Datenüberprüfung

Obwohl wir den Namen *Kategorie* auf die gesamte Zeile 1 des Blatts *Produktmatrix* bezogen haben, enthält die Auswahlliste am Ende keine Leerzeilen.

Bis hierhin ist das alles noch kein Problem. Doch jetzt kommen wir zur zweiten Auswahlliste in Zelle B2 des Blatts *Auswahl*. Diese Auswahl soll sich ja in Abhängigkeit von der in B1 gewählten Produktkategorie dynamisch gestalten.

Wir belegen diese Zelle B2 jetzt über *Daten/Datenüberprüfung/Liste* mit der *Quelle*:

```
=BEREICH.VERSCHIEBEN(Produkte;;VERGLEICH(B1;Kategorie;0)-1;
ANZAHL2(INDEX(Produkte;;VERGLEICH(B1;Kategorie;0)));1)
```

Wenn Sie die Liste in B2 bestücken, ohne dass in B1 eine Auswahl getroffen wurde, erhalten Sie eine Fehlermeldung. Ignorieren Sie diese einfach und fahren Sie fort.

Zerlegen wir die Formel nach den Argumenten der Funktion BEREICH.VERSCHIEBEN:

```
=BEREICH.VERSCHIEBEN(Bezug;Zeilen;Spalten;Höhe;Breite)
```

- Bezug: Der Name: *Produkte*
- Zeilenversatz: 0 (daher ;;)
- Spaltenversatz: `VERGLEICH(B1;Kategorie;0)-1`
- Höhe: `ANZAHL2(INDEX(Produkte;;VERGLEICH(B1;Kategorie;0)))`
- Breite: 1

Am Beispiel der Produktkategorie Essig, die im ersten Auswahlfeld gewählt wurde, benötigen wir als Endergebnis den Bereich C2:C5 im Blatt *Produktmatrix*, also ausgehend von der ersten Zelle im Bereich `Produktmatrix!$2:$10000` (A2) zunächst null Zeilen tiefer, zwei Spalten nach rechts, dort angekommen eine Höhe von vier Zeilen (für die vier Essigsorten) und eine Breite von einer Spalte. Doch wie gelangen wir dahin?

Ausgangspunkt ist der Bereich Produkte (`Produktmatrix!$2:$10000`). Da dieser Bereich mit dem ersten Produkt – egal aus welcher Kategorie – in Zeile 2 beginnt, muss der *Zeilenversatz* 0 lauten. Im nächsten Schritt suchen wir den *Spaltenversatz*. Diesen ermitteln wir, indem wir B1 mit dem Bereich *Kategorie* (`Produktmatrix!$1:$1`) vergleichen und 1 subtrahieren. Essig kommt dabei an dritter Position – also in Spalte

C. Ergo müssen wir den Spaltenversatz mit 2 ermitteln – daher die Subtraktion von 1. An dieser Stelle haben wir also bereits die richtige Spalte ermittelt. Würden wir den Parameter *Höhe* jetzt mit einer Konstanten – z. B. 10 – belegen, dann hätten wir bereits eine funktionsfähige Lösung mit dem Nachteil, dass unser Auswahlfeld auch Leereinträge enthalten würde. Das gilt es im letzten Schritt noch zu vermeiden. Also indexieren wir die gesamte Fundspalte mit

```
INDEX(Produkte;;VERGLEICH(B1;Kategorie;0))
```

und zählen die enthaltenen Einträge mit ANZAHL2:

```
ANZAHL2(INDEX(Produkte;;VERGLEICH(B1;Kategorie;0)))
```

Der Clou liegt dabei in der Verwendung der Funktion INDEX mit dem Wert 0 (bzw. ;;) für den Parameter *Zeile*. Auf diese Weise liefert INDEX nicht ein einzelnes Ergebnis, sondern eine Ergebnismatrix, die sich am Beispiel »Essig« auf den Bereich C2:C10000 erstreckt. Und daraus ermittelt ANZAHL2 schließlich die Zahl der vorhandenen Einträge – in unserem Essig-Beispiel 4. Wir haben also den Bereich C2:C5 dynamisch ermittelt. Und mithilfe dieser Dynamisierung ist die Produktmatrix beliebig erweiterbar. Die Auswahllisten passen sich immer den veränderten Gegebenheiten an.

19.2 Listenfelder nach dem eBay-Prinzip

Wenn Sie über eBay Artikel verkaufen, ist es enorm wichtig, dass Sie die richtige Kategorie dazu auswählen. Als Käufer kann man heutzutage in eBay sowieso nur noch ein richtiges Schnäppchen machen, wenn der Verkäufer unbedacht eine falsche Kategorie ausgewählt hat, sodass sich der Artikel in einen Bereich verirrt, in dem ihn niemand erwartet. Wenn man dann zufällig darüber stolpert, hat man gute Chancen, mit einem niedrigen Gebot den Zuschlag zu bekommen.

Um eine konkrete Kategorie auszuwählen, muss man sich vom Groben bis ins Detail, beispielsweise vom Sammeln über Esoterik und Magie bis zur Kristallkugel oder zum Hexenkessel über mehrere Listboxen, durchklicken. Die Funktionalität entspricht etwa einer Baumstruktur, die wir alle auch von der Datei- und Ordnerverwaltung innerhalb des Explorers kennen – sie sieht nur anders aus (Abb. 19.4).

Abbildung 19.4: Auswahl der Produktkategorie bei eBay

In Excel können Sie zwar eine Baumstruktur (Treeview) einbinden, sie aber nur über VBA-Programmierung mit Daten füllen. Die mehrstufigen Listenfelder (Listboxen) lassen sich auch ohne eine Zeile Programmcode realisieren. In den vorangegangenen Ausführungen der zweistufigen Gültigkeitslisten waren wir auf zwei Ebenen beschränkt. Die Elemente der ersten Ebene wurden spaltenweise angezeigt, die zweite Ebene darunter zeilenweise. Der Kniff besteht jetzt darin, die Elemente so zu strukturieren, dass sich beliebig viele Ebenen darstellen lassen.

Wie so oft gilt auch hier, wenn man weiß, wie es geht, ist es eigentlich ganz einfach, man muss nur erst einmal darauf kommen. Sie benötigen nur eine einzige vierspaltige Liste, mit der Sie alle Elemente beliebig vieler Ebenen erfassen können (Abb. 19.5):

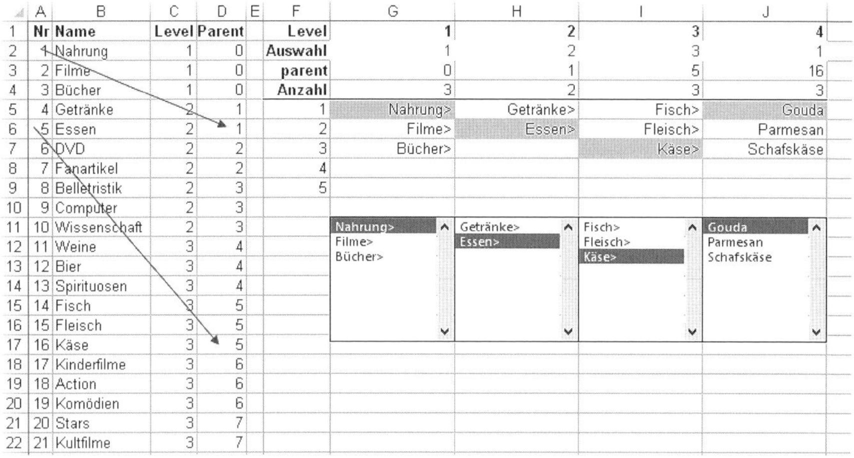

	A	B	C	D	E	F	G	H	I	J
1	**Nr**	**Name**	**Level**	**Parent**		**Level**	**1**	**2**	**3**	**4**
2	1	Nahrung	1	0		**Auswahl**	1	2	3	1
3	2	Filme	1	0		**parent**	0	1	5	16
4	3	Bücher	1	0		**Anzahl**	3	2	3	3
5	4	Getränke	2	1		1	Nahrung>	Getränke>	Fisch>	Gouda
6	5	Essen	2	1		2	Filme>	Essen>	Fleisch>	Parmesan
7	6	DVD	2	2		3	Bücher>		Käse>	Schafskäse
8	7	Fanartikel	2	2		4				
9	8	Belletristik	2	3		5				
10	9	Computer	2	3						
11	10	Wissenschaft	2	3						
12	11	Weine	3	4						
13	12	Bier	3	4						
14	13	Spirituosen	3	4						
15	14	Fisch	3	5						
16	15	Fleisch	3	5						
17	16	Käse	3	5						
18	17	Kinderfilme	3	6						
19	18	Action	3	6						
20	19	Komödien	3	6						
21	20	Stars	3	7						
22	21	Kultfilme	3	7						

Abbildung 19.5: Tabellenaufbau für hierarchische Listenfelder

In Spalte A werden alle Elemente fortlaufend durchnummeriert. In Spalte B steht die Bezeichnung der Elemente. Spalte C enthält die Nummer der Ebene, in der das Element gegebenenfalls angezeigt wird. Alle Elemente mit *Level 1* werden im ersten Listenfeld angezeigt. Elemente mit *Level 2* werden im zweiten Listenfeld angezeigt, aber natürlich nur, wenn sie in die Gruppe des Elements gehören, das auf der ersten Ebene ausgewählt wurde. Diese Gruppenzugehörigkeit bestimmt sich durch die nächste Spalte D.

Beispielsweise ist das 16. Element *Käse* dem fünften Element *Essen* untergeordnet und erhält deshalb in der *Parent*-Spalte den Eintrag 5. Das *Essen* seinerseits ist der *Nahrung* untergeordnet, dem *Parent* Numero 1.

Schließlich muss die Liste nur noch nach den Kriterien *Level* und *Parent* aufsteigend sortiert werden (Abb. 19.6).

Abbildung 19.6: Dialogfeld zum Sortieren

In den Spalten G:J werden die Einträge von vier aufeinanderfolgenden Listenfeldern, für die *Level 1* bis *4*, berechnet. G2:J2 enthält die Auswahl des Elements des aktuellen Listenfelds. Diese Zellen können manuell gefüllt werden, später geschieht das aber durch Auswahl eines Eintrags der Listenfelder.

In Zeile G3:J3 steht der berechnete Elternteil (Parent):

```
G3: 0
```

Da die Spalte H die oberste Ebene darstellt, gibt es keine übergeordneten Elemente.

```
G4: =ZÄHLENWENN($D:$D;G3)
```

zählt, wie viele Elemente zur Gruppe des übergeordneten Elements (Parent) gehören.

```
H3: =WENN(G2>G4;NV();INDEX($A:$A;VERGLEICH(G$3;$D:$D;0)+G2-1))
```

`G2>G4` prüft zunächst, ob die Auswahl gültig ist. Sie ist ungültig, wenn die Zahl (G2) größer ist als die Anzahl vorhandener Elemente (G4) der Gruppe. `VERGLEICH` durchsucht die *Parent*-Spalte D, um die Zeile des ersten Elements zu finden, das H3 als Elternteil besitzt, und addiert die Auswahl in G2 dazu (-1 für die Spaltenüberschrift), um die Zeilennummer des aktuellen Parents wiederzugeben. `INDEX` liefert dann die Nummer des Parents aus Spalte A.

G4 und H3 werden bis Spalte J nach rechts kopiert.

Die Auflistung der Elemente jeder Gruppe geschieht durch:

```
G5: =WENN($F5>G$4;"";INDEX($B:$B;VERGLEICH(G$3;$D:$D;0)+$F5-1)&">")
```

Diese Formel wird nach unten und rechts kopiert. Lediglich in der Spalte der niedrigsten Ebene wird das `&">"` weggelassen, da man sich ja nicht weiter nach rechts durchklicken kann.

Die Formel macht fast das Gleiche wie die Parent-Abfrage in H3:J3, mit dem Unterschied, dass INDEX die Bezeichnung aus Spalte B statt der Nummer aus Spalte A auswählt. Außerdem bezieht sich das Suchkriterium von VERGLEICH auf die aktuelle Ebene, in den Formeln H3:J3 ist es die Vorgängerebene.

Die graue Unterlegung wird über die bedingte Formatierung eingestellt. Die Formelbedingung der Zelle G5 lautet:

```
=$F5=G$2
```

Erstellung der Listenfelder

Jetzt kommen wir zum eigentlichen Endprodukt des Projekts – den Listenfeldern. Bekanntlich gibt es zwei Typen von Listenfeldern: jenes unter *Formularsteuerelemente* und jenes unter *ActiveX-Steuerlemente*, seit Version 2007 vereint unter *Entwicklertools/Steuerelemente/Einfügen* (Abb. 19.7):

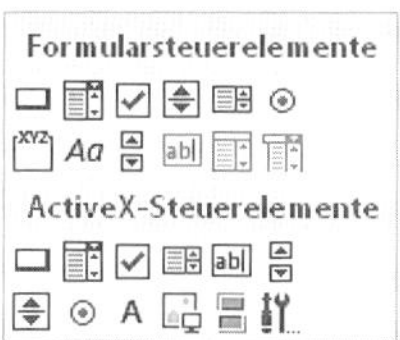

Abbildung 19.7: Formular- und ActiveX-Steuerelemente

Die Steuerelemente sind moderner, flexibler und leistungsstärker. Manchmal genügen aber auch die Formular-Objekte, sie sind in Einzelfällen sogar zweckmäßiger. Bei dieser Aufgabe wollen wir, dass aus dem Listenfeld ein Eintrag ausgewählt wird und dessen Positionsnummer nach G2:J2 geschrieben wird. Der zurückgegebene Wert des Formular-Listenfelds ist stets die Positionsnummer, es passt hier also optimal. Der zurückgegebene Wert (*Value*-Eigenschaft) des Steuerelemente-Listenfelds dagegen wäre die Bezeichnung der Auswahl, die man erst über VERGLEICH oder die *ListIndex*-Eigenschaft in eine Positionsnummer umrechnen müsste. Ergo begnügen wir uns dieses Mal mit den Formular-Listenfeldern.

Positionieren Sie vier Listenfelder unter den Spalten G:J. Wählen Sie im Dialogfeld *Steuerelement formatieren* als *Zellverknüpfung* G2 (bzw. H2, I2, J2).

Der Eingabebereich muss dynamisiert werden, da die Anzahl der Einträge variieren kann. Wie immer erstellen wir in diesem Zusammenhang Namen. Definieren Sie einen Namen *Liste1* bezogen auf die Formel:

```
=BEREICH.VERSCHIEBEN($G$5;;;$G$4+1)
```

Wenn die Liste von *Level 1* drei Einträge enthält, liefert diese Formel den Bereich G5:G8. Das Gleiche machen Sie mit den Namen *Liste2*, *Liste3* und *Liste4* bezogen auf die Spalten H, I und J. Die Namen weisen Sie dann dem jeweiligen Listenfeld als Eingabebereich zu. Wichtig ist das +1 am Ende von BEREICH.VERSCHIEBEN. Warum, das werden Sie gleich erfahren. Jetzt betrachten wir erst einmal das Endergebnis (Abb. 19.8):

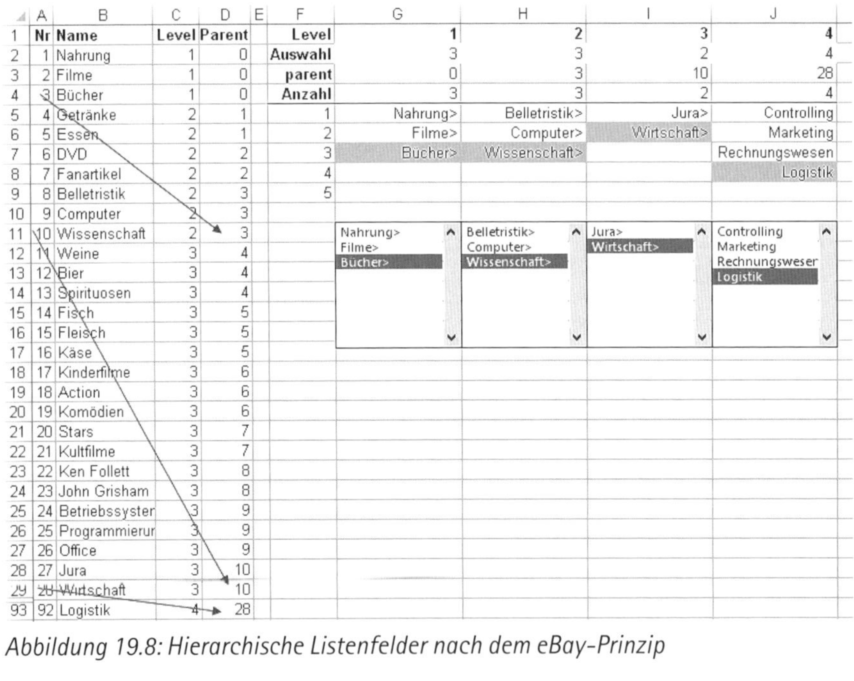

	A	B	C	D	E	F	G	H	I	J
1	**Nr**	**Name**	**Level**	**Parent**		**Level**	**1**	**2**	**3**	**4**
2	1	Nahrung	1	0		**Auswahl**	3	3	2	4
3	2	Filme	1	0		**parent**	0	3	10	28
4	3	Bücher	1	0		**Anzahl**	3	3	2	4
5	4	Getränke	2	1		1	Nahrung>	Belletristik>	Jura>	Controlling
6	5	Essen	2	1		2	Filme>	Computer>	Wirtschaft>	Marketing
7	6	DVD	2	2		3	Bücher>	Wissenschaft>		Rechnungswesen
8	7	Fanartikel	2	2		4				Logistik
9	8	Belletristik	2	3		5				
10	9	Computer	2	3						
11	10	Wissenschaft	2	3						
12	11	Weine	3	4						
13	12	Bier	3	4						
14	13	Spirituosen	3	4						
15	14	Fisch	3	5						
16	15	Fleisch	3	5						
17	16	Käse	3	5						
18	17	Kinderfilme	3	6						
19	18	Action	3	6						
20	19	Komödien	3	6						
21	20	Stars	3	7						
22	21	Kultfilme	3	7						
23	22	Ken Follett	3	8						
24	23	John Grisham	3	8						
25	24	Betriebssyster	3	9						
26	25	Programmierur	3	9						
27	26	Office	3	9						
28	27	Jura	3	10						
29	28	Wirtschaft	3	10						
93	92	Logistik	4	28						

Abbildung 19.8: Hierarchische Listenfelder nach dem eBay-Prinzip

+1 sorgt dafür, dass immer mindestens ein Eintrag in der Liste erscheint, im Zweifelsfall auch ein leerer. Wechseln Sie im ersten Listenfeld von einem Eintrag, der auf zweiter Ebene drei Elemente besitzt – beispielsweise *Bücher* – auf *Nahrung*, für den es nur zwei Untergruppen gibt, erscheint die Ansicht in Abb. 19.9.

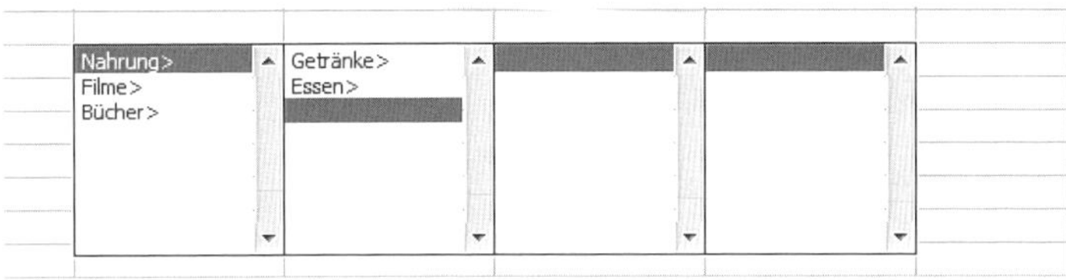

Abbildung 19.9: Ein leerer Eintrag je Liste als »Fehlanzeige«

Das zweite Listenfeld bleibt an dritter Position. Da es aber nur zwei Einträge gibt, ist der ausgewählte Eintrag leer. Auch bei den nachfolgenden Listenfeldern, die dann logischerweise gar keine Einträge haben, bleibt der erste, leere Eintrag aktiv. Wenn man nun im zweiten Listenfeld auf *Essen* klickt, wird das dritte und vierte Listenfeld wieder korrekt gefüllt. Lassen Sie die +1 bei BEREICH.VERSCHIEBEN weg, erscheint beim Wechseln auf *Nahrung* die folgende Ansicht (Abb. 19.10), die irgendwie nicht konsistent ist.

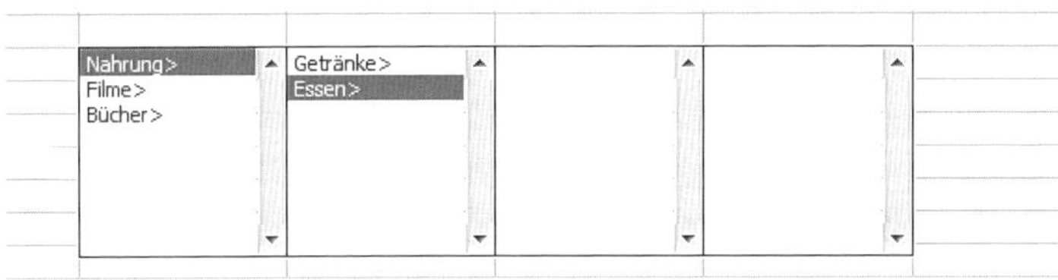

Abbildung 19.10: Inkonsistenz bei fehlendem Eintrag für die »Fehlanzeige«

Jetzt sieht es so aus, als gäbe es nichts zu essen, weil *Essen* keine Untergruppen hat. Das stimmt natürlich nicht. Und wenn man auf *Essen* klickt, werden die nachfolgenden Listenfelder auch nicht gefüllt. Man muss erst auf *Getränke* klicken und wieder zurück wechseln. Das ist nicht optimal. Deshalb ist es bei dieser Anwendung besser, den Listenbereich um eine Leerstelle (+1) zu verlängern.

Drop-down-Listen

Sie können dieses Prinzip auch mit Drop-down-Listen realisieren. Dazu stehen Ihnen drei Alternativen zur Verfügung:

- Kombinationsfeld aus dem Katalog *Formularsteuerelemente*
- Kombinationsfeld (Combobox) aus dem Katalog *ActiveX-Steuerelemente*
- Gültigkeitsliste über *Daten/Datenüberprüfung*

Die nachfolgende Abb. 19.11 zeigt Kombinationsfelder der *Formularsteuerelemente* und darunter Gültigkeitslisten.

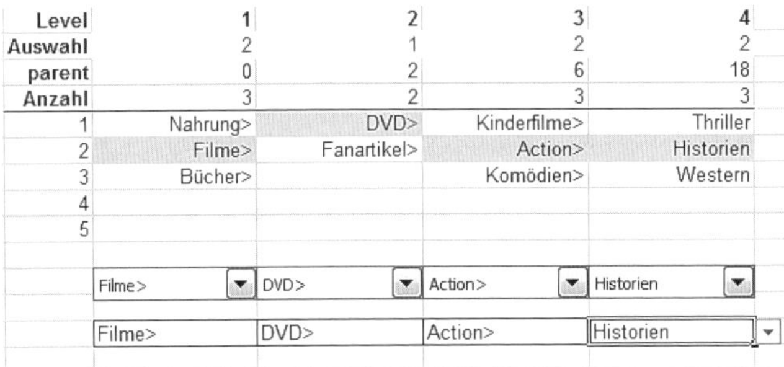

Level	**1**	**2**	**3**	**4**
Auswahl	2	1	2	2
parent	0	2	6	18
Anzahl	3	2	3	3
1	Nahrung>	DVD>	Kinderfilme>	Thriller
2	Filme>	Fanartikel>	Action>	Historien
3	Bücher>		Komödien>	Western
4				
5				
	Filme>	DVD>	Action>	Historien
	Filme>	DVD>	Action>	Historien

Abbildung 19.11: Hierarchische Auswahl – alternative Drop-down-Felder

Gegen die Verwendung des Kombinationsfelds ist nichts einzuwenden. Wenn Sie nachträglich den Eintrag in *Level 1* ändern, springen die nachfolgenden Felder an die erste Stelle Ihrer Liste, womit man sicher gut leben kann.

Die Gültigkeitslisten haben das Problem, dass sie im Gegensatz zum Listen- oder Kombinationsfeld nicht interagieren können. Wenn alle Felder gefüllt sind und Sie nachträglich *Level 1* ändern, bleiben die nun nicht mehr validen Einträge der folgenden Level stehen, solange Sie diese nicht ebenfalls geändert haben.

19.2.1 Doppelte Einträge in einer Spalte verhindern

Für viele Anwendungen müssen Sie sicherstellen, dass keine doppelten Werte in eine Spalte eingetragen werden. Das gilt z. B. für Rechnungs-, Kunden- oder Artikelnummern, die in jedem Fall immer eindeutig vergeben werden müssen. Mit wenig Aufwand können Sie dafür sorgen, dass Excel diese Prüfung für Sie übernimmt und doppelte Eingaben automatisch verhindert. Dazu möchten wir Ihnen in diesem Tipp zwei

Varianten vorstellen. Bei der ersten Lösung gehen wir davon aus, dass Sie die Zahlen in einer Spalte untereinander eingeben und neue Zahlen immer am Ende anfügen:

1. Markieren Sie die komplette Spalte, in der die Eingabe von doppelten Zahlen verhindert werden soll (z. B. Spalte B).
2. Wechseln Sie in Excel 2016, 2013, 2010 und 2007 auf das Register *Daten* der Multifunktionsleiste und klicken Sie in der Gruppe *Datentools* auf *Datenüberprüfung*. In Excel 2003 wählen Sie das Menü *Daten-Gültigkeit* an.
3. Markieren Sie in der Liste *Zulassen* den Eintrag *Benutzerdefiniert* und geben Sie dann den folgenden Ausdruck in das Feld *Formel* ein (ersetzen Sie dabei "B" durch den Buchstaben der Spalte, die Sie in Ihrer Tabelle markiert haben):

   ```
   =VERGLEICH(B1;$B:$B;0)=ZEILE(B1)
   ```

4. Wechseln Sie zum Register *Fehlermeldung* und legen Sie Inhalt und Aussehen der Dialogbox fest, die den Anwender auf die Eingabe eines doppelten Wertes aufmerksam machen soll.
5. Bestätigen Sie Ihre Einstellungen mit *OK*.

Ab sofort ist die Eingabe von doppelten Werten in der markierten Spalte nicht mehr möglich. Der eigentliche Trick bei dieser Technik ist die Formel, die Sie als Gültigkeitskriterium eingeben. Dazu muss man Folgendes wissen:

- Excel verhindert immer dann die Eingabe eines Wertes, wenn der von Ihnen eingegebene Ausdruck das Ergebnis FALSCH liefert.
- Ein relativer Bezug in der Gültigkeitsformel wird immer automatisch auf jede Zelle des markierten Bereichs angepasst. In der Zelle B10 wendet Excel also beispielsweise folgende Gültigkeitsformel an:

  ```
  =VERGLEICH(B10;$B:$B;0)=ZEILE(B10)
  ```

In der Formel passiert nun Folgendes: Der Inhalt der aktuellen ZELLE wird mithilfe der Funktion VERGLEICH mit dem übrigen Inhalt der Spalte verglichen. Als Ergebnis erhalten Sie die Nummer der Zeile in Spalte B, in der die Funktion fündig wurde. Handelt es sich nicht um eine doppelte Eingabe, entspricht diese Zeilennummer der Zeile, in die Sie etwas eingegeben haben. In diesem Fall ist das Funktionsergebnis WAHR und Excel lässt die Eingabe zu. Ist der eingegebene Wert bereits vorhanden, liefert VERGLEICH eine andere Zeilennummer, sodass das Ergebnis FALSCH ist und die Eingabe verhindert wird.

Daraus ergibt sich, dass diese Formel nur in den Fällen funktioniert, in denen Sie die Zahlen untereinander eingeben, denn Excel kann nur die Werte über der aktuellen Zelle zuverlässig prüfen. Wenn Sie Zahlen an beliebigen Positionen in der Spalte eingeben oder nachträglich ändern möchten, ändern Sie die Technik leicht ab und verwenden die folgende Gültigkeitsformel (hier ist "D" durch den Buchstaben der von Ihnen verwendeten Spalte zu ersetzen):

```
=ZÄHLENWENN($D:$D;D1)<2
```

Über die Funktion ZÄHLENWENN können Sie ermitteln, wie oft der Inhalt einer Zelle in der kompletten Spalte vorkommt. Nur wenn das Ergebnis "<2" ist, liegt keine Doppeleingabe vor und Excel nimmt den Wert an.

Kapitel 20

Arrayformel featuring VBA

Dieses Buch ist ja eigentlich eine VBA-freie Zone. Als Kreuzritter im Namen der Arrayformel müssen wir an dieser Stelle aber eine Ausnahme machen. Zur umfassenden Abhandlung aller Facetten der Arrayformel soll in diesem Kapitel gezeigt werden, dass sie in VBA kein Tabuthema ist, sondern dort auch sehr effizient eingesetzt werden kann.

20.1 Arrayformeln erobern VBA

Eine Excel-Zelle mit einer Arrayformel aus VBA heraus zu bestücken, funktioniert mit dem unspektakulären Befehl:

```
ActiveCell.FormulaArray = "=SUM(LEFT(R1C3:R5C3,2)*1)"
```

Kaum geläufig ist, wie man eine Arrayformel direkt im VBA-Code, ohne Excel-Zelle, verwenden kann. Für normale Excel-Funktionen stellt VBA das *WorksheetFunction*-Objekt zur Verfügung, das die meisten Standardfunktionen enthält. Doch Arrayformeln können über *WorksheetFunction* nicht verwendet werden. Stattdessen kann auf *Evaluate* zurückgegriffen werden, eine Methode des *Application*-Objekts. Laut Excel-Hilfe ... *konvertiert diese Methode einen Microsoft Excel-Namen in ein Objekt oder in einen Wert.*

Wie so oft drückt sich die Excel-Hilfe hier etwas umständlich aus. Einfacher ausgedrückt, wertet *Evaluate* Formelausdrücke aus, fungiert also als »Formelparser«. Ein Beispiel:

`Application.Evaluate("1+1")` ergibt 2.

`Application.Evaluate("=A1+B2")` addiert die Zellen A1 und B2 der aktiven Tabelle.

Das *Application*-Objekt muss nicht unbedingt mit angegeben werden. Es können auch, analog zu *WorksheetFunction*, Excel-Funktionen ausgewertet werden:

`Evaluate("=SUM(A1:A10)")` summiert die Zellen A1:A10.

Eine häufig verwendete Arrayformel ist die Summierung einer Spalte nach mehreren Bedingungen. Die Standardfunktion SUMMEWENN hat bekanntlich die Schwäche, dass man nur ein Kriterium auswählen kann, nach dem summiert wird, und die Funktion SUMMEWENNS steht in Excel-Versionen vor 2007 nicht zur Verfügung.

Beispielsweise sollen die Werte in Spalte C dann summiert werden, wenn in Spalte A eine 1 und in Spalte B eine 2 steht. Die passende Arrayformel lautet:

```
{=SUMME((A1:A5000=1)*(B1:B5000=2)*C1:C5000)}
```

Auf herkömmliche Weise würde man diese Berechnung in VBA wie folgt darstellen:

```
Sub SummeMitSchleife()
Dim t
Dim c As Range
Dim Summe As Double
t = Timer
For Each c In Range("A1:A5000")
   If c = 1 Then
      If c.Offset(0, 1) = 2 Then
         Summe = Summe + c.Offset(0, 2)
      End If
   End If
Next
MsgBox Summe & " Berechnungsdauer:" & Timer - t
End Sub
```

Mit *Evaluate* lässt sich die Arrayformel direkt nach VBA übertragen:

```
Sub SummeMitEvaluate()
Dim t
t = Timer
MsgBox Evaluate("=SUM((A1:A5000=1)*(B1:B5000=2)*C1:C5000)") &
" Berechnungsdauer:" & Timer - t
End Sub
```

Diese Methode ist sogar um ein Vielfaches schneller als der herkömmliche Weg über die *For-Each-Next*-Schleife.

Der Formelausdruck ist ein String (oder auf gut Deutsch: eine Zeichenkette). Wenn einzelne Parameter des Strings dynamisiert werden sollen, muss er in Teilstrings zerlegt werden.

Mit

```
K1 = 1
K2 = 2
MsgBox Evaluate("=SUM((A1:A5000=" & K1 & ")*(B1:B5000=" & K2 & ")*C1:C5000)")
```

können z. B. die Suchkriterien 1 und 2 variabel geändert werden.

Es ist außerdem möglich, um den Formelausdruck [eckige Klammern] zu setzen. Das ersetzt den Ausdruck *Evaluate*.

```
[=SUM((A1:A5000=1)*(B1:B5000=2)*C1:C5000)]
```

Dadurch geht allerdings die Flexibilität flöten, denn Sie können an den Ausdruck zur Laufzeit des Makros keine Variablen übergeben, wie es bei *Evaluate* möglich ist. Wenn das nicht nötig ist, weil Ihr Makro stets die gleiche Berechnung durchführen soll, ist die eckige Klammer aber eine praktische Alternative. Sie können mit ihr auch einfach Bereiche ansprechen. `[A1].Value` ist äquivalent zu `Range("A1").Value`.

20.1.1 Übergabe an ein Datenfeld

Arrayformeln, die als Ergebnis ein Array liefern, können dieses mit *Evaluate* direkt an ein Datenfeld übergeben. Der herkömmliche Weg lautet:

```
Sub Makro1()
Dim Feld(1 To 10) As Variant
For x = 1 To 10
Feld(x) = Left(Cells(x, 1), 3)
Next
End Sub
```

Mit *Evaluate* sieht es so aus:

```
Sub Makro2()
Dim Feld
Feld = Evaluate("transpose(left(A1:A10,3))")
Tabelle1.ListBox1.List = Evaluate("transpose(left(A1:A10,3))")
End Sub
```

Wie Sie sehen, kann das Array so auch direkt an ein Listenfeld übergeben werden. Wichtig ist, dass der Formelausdruck transponiert wird, damit *Evaluate* das Datenfeld übergibt.

20.2 Formelparsing mit AUSWERTEN

Die praktische VBA-Funktion *Evaluate* würde Excel als Standardfunktion auch gut zu Gesicht stehen. Schade, dass bei neuen Excel-Versionen so wenig Arbeit darin investiert wird, wenigstens ein paar neue Funktionen zur Verfügung zu stellen. Wenn am Gabentisch die neuen Features verteilt werden, geht der Formelfreund leider meistens leer aus.

Zum Glück gibt es oft Hintertürchen, über die man aber trotzdem ans Ziel kommt. Manchmal muss man sich dabei Relikten aus grauer Excel-Vorzeit bedienen. Seit Excel 4, dem Zeitalter der Makrofunktionen, gibt es eine Funktion namens AUSWERTEN. Excel-4-Makrofunktionen sind leider nicht in Tabellen einsetzbar. Der Versuch, eine solche Funktion in eine Zelle einzutragen, wird mit einer Fehlermeldung quittiert (Abb. 20.1).

Abbildung 20.1: Fehlermeldung bei Eingabe einer Excel-4-Makrofunktion in eine Zelle

Die Hintertür führt über Namen. Sie können einen Namen definieren, beispielsweise *WerteAus* bezogen auf die Formel

```
=AUSWERTEN($A$1)
```

Wenn Sie jetzt in eine Zelle

```
=WerteAus
```

schreiben, wird der in Stringform angegebene Ausdruck in A1 ausgewertet, genau so, wie dies *Evaluate* in VBA erledigt. Das funktioniert sowohl mit Rechenoperationen als auch mit Excel-Funktionen. In Abb. 20.2 finden Sie einige Beispiele.

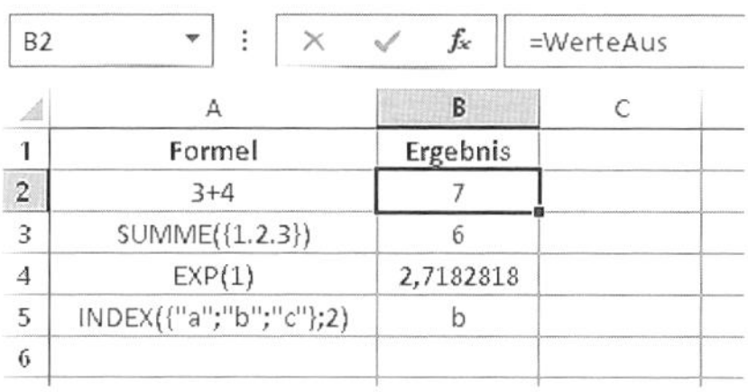

	A	B	C
1	Formel	Ergebnis	
2	3+4	7	
3	SUMME({1.2.3})	6	
4	EXP(1)	2,7182818	
5	INDEX({"a";"b";"c"};2)	b	
6			

Abbildung 20.2: Ergebnisse der Funktion AUSWERTEN

Am vierten Beispiel lässt sich schon erahnen, dass uns AUSWERTEN auf diese Weise eine weitere sehr nützliche Funktion, die eigentlich auch nur in VBA zur Verfügung steht, beschert, und zwar *Split*. Schreiben Sie in A1 einen String von Zahlen, die durch ein bestimmtes Trennzeichen getrennt sind, beispielsweise:

```
1,23,456,7890
```

Dann erzeugt der Name *Split* mit der Formel

```
=AUSWERTEN("{"&WECHSELN(Tabelle1!$A$1;",";".")&"}")
```

das Array

```
{1.23.456.7890}
```

Das zweite Argument der Funktion WECHSELN bestimmt das Trennzeichen, das im String verlangt wird. Das dritte Argument erzeugt bei "." ein horizontales Array und bei ";" ein vertikales Array.

In VBA steht zu *Split* die Umkehrfunktion *Join* zur Verfügung, die die Elemente eines Arrays verkettet. Diese Funktion ist in Excel leider auch nicht mit Excel-4-Makrofunktionen nachzubauen.

20.3 Die Gesichter der Zelle

20.3.1 Formel anzeigen

Da sich Gegensätze bekanntlich anziehen, liegt es nahe, noch kurz auf die Umkehrfunktion von AUSWERTEN einzugehen. Sie haben in einer Zelle eine Berechnung stehen, die ein Ergebnis liefert. Nun soll die Formel sichtbar gemacht werden, die zu diesem Ergebnis geführt hat. Sie können das zunächst pauschal für die ganze Tabelle machen. Dafür gibt es den Aufruf *Formeln/Formelüberwachung/Formeln anzeigen*. Das gleiche Resultat erzeugt der Shortcut [Strg]+[#].

Wenn man diesen Rundumschlag einsetzt, zuckt man vielleicht erst einmal vor Schreck zusammen, weil es einem die Tabellenansicht doch ziemlich durcheinanderbringt. Bei erneutem Drücken von [Strg]+[#] ist der Spuk Gott sei Dank wieder vorbei.

Eleganter wäre es doch, dies kontrolliert auf bestimmte Zellen anzuwenden, beispielsweise in einer benachbarten Spalte. Auch dafür gibt es leider weder eine Standardfunktion noch ein Add-in, sodass wieder auf eine Excel-4-Makrofunktion zugegriffen werden muss.

Definieren Sie einen Namen *Formel* bezogen auf

```
=ZELLE.ZUORDNEN(6;INDIREKT("Tabelle1!ZS(-1)";0))
```

Diesmal enthält der Name einen relativen Bezug in der Z1S1-Schreibweise, denn der Ausdruck bewirkt, dass immer die links benachbarte Zelle ausgewertet wird: `ZS(-1)` – also gleiche Zeile, aber eine Spalte weiter links. Zum Beispiel (Abb. 20.3):

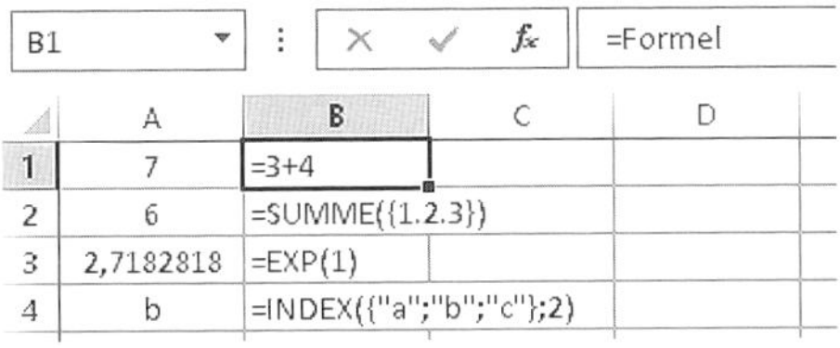

Abbildung 20.3: Formel einer benachbarten Zelle anzeigen

20.3.2 Zellansicht

Wenn wir schon dabei sind, passt auch irgendwie noch die Berechnung der Zellansicht in dieses Triumvirat aus Excel-4-Makrofunktionen. In VBA gibt es die simple Zelleigenschaft *Text*. Sie gibt das als String zurück, was eine Zelle tatsächlich anzeigt. Eine Zahl wird formatiert zurückgegeben und wenn die Spalte zu schmal ist, liefert *Text* den »Gartenzaun« aus Rauten. Nicht mal dafür gibt es eine entsprechende Excel-Funktion. Verwechseln Sie das nicht mit der Excel-Funktion TEXT, die eine Zahl in einen Text – unter Berücksichtigung eines vorgegebenen Zahlenformats – umwandelt.

Um in Excel die Zellansicht zu erhalten, definieren Sie den Namen *ZellAnsicht* bezogen auf:

```
=ZELLE.ZUORDNEN(53;INDIREKT("Tabelle1!ZS(-1)";0))
```

Die Formel `=ZellAnsicht` gibt dann immer die Zellansicht der linken Nachbarzelle aus.

Jetzt wollen wir aber nicht das Licht der Excel-Funktion TEXT unter den Scheffel stellen. Wenn sie sich von der Funktion `=ZELLE("Format";Bezug)` assistieren lässt, kann sie in begrenztem Maße Ähnliches bewirken. ZELLE liefert mit dem Parameter *Format* einen Code, der das in *Bezug* enthaltene Zahlenformat kennzeichnet. Separiert man davon noch den linken Buchstaben, ergibt dies (Abb. 20.4):

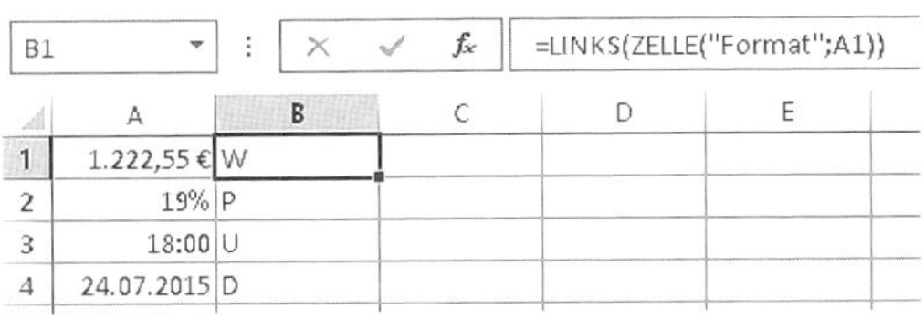

Abbildung 20.4: Formatkennzeichen einer Zelle ermitteln

Bei der Funktion TEXT muss man sich normalerweise auf ein bestimmtes Zahlenformat festlegen, das die Zahl in einen String umwandelt. Mit den Formatkennzeichen aus der vorigen Abbildung können Sie aber dafür sorgen, dass die Funktion TEXT flexibel auf das in Spalte A verwendete Zahlenformat reagieren kann (Abb. 20.5):

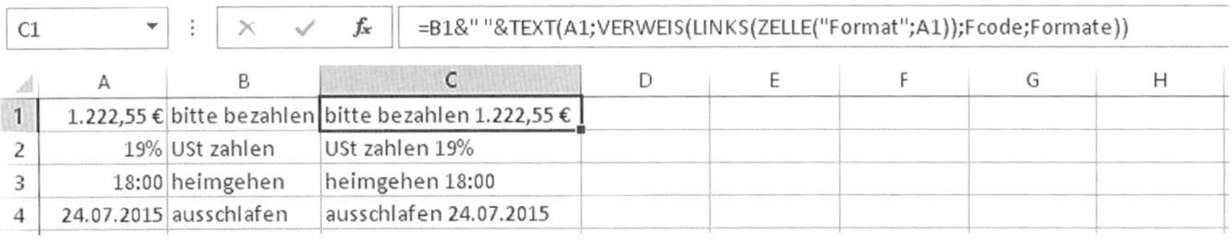
C1 =B1&" "&TEXT(A1;VERWEIS(LINKS(ZELLE("Format";A1));Fcode;Formate))

	A	B	C	D	E	F	G	H
1	1.222,55 €	bitte bezahlen	bitte bezahlen 1.222,55 €					
2	19%	USt zahlen	USt zahlen 19%					
3	18:00	heimgehen	heimgehen 18:00					
4	24.07.2015	ausschlafen	ausschlafen 24.07.2015					

Abbildung 20.5: Mit der Funktion TEXT flexibel auf aktuelles Zahlenformat reagieren

```
C1: =B1&" "&TEXT(A1;VERWEIS(LINKS(ZELLE("Format";A1));FCode;Formate))
```

Der Name *FCode* enthält die möglichen Formatcodes, die `LINKS(ZELLE("Format";A1))` liefern kann:

```
{".";"D";"E";"P";"S";"U";"W"}
```

Und der Name *Formate* enthält die zugehörigen Zahlenformate:

```
{"#.##0,00;-#.##0,00";"TT.MM.JJ";"0,0E+0";"0,0%";"0;-0";"hh:mm";"#.##0,00 €
;-#.##0,00 €"}
```

Aus diesen pickt VERWEIS dann das passende herauspickt und übergebt es an TEXT. Die Matrixkonstante für *FCode* muss die einzelnen Elemente – wie es bei VERWEIS immer der Fall ist – in aufsteigender Reihenfolge beinhalten.

Diese Formel ist deshalb nur beschränkt einsatzfähig, weil es viel mehr verschiedene Zellansichten bzw. Zahlenformate gibt, als durch den Formatcode unterschieden werden können. Zum Beispiel wird 24.07.15 und 24. Juli 2015 in Spalte A zum gleichen Ergebnis in Spalte C führen. Weiterhin wird auch der Gartenzaun ##### bei einer zu schmalen Spalte nicht erkannt. Aber das werden wir verschmerzen können.

Kapitel 21

Das nackte Chaos

Mithilfe von Iterationen, Zirkelbezügen, Zufallszahlen, Diagrammen und Mehrfachoperationen wird Excel zur Spielwiese experimenteller Mathematik.

21.1 Spiel des Lebens – zelluläre Automaten

Das »Game of Life« wurde 1968 von John Horton Conway an der Universität von Cambridge erfunden. Life ist ein einfaches System mit wenigen Grundregeln, das durch lokale Interaktion und Iteration komplexes Verhalten aufweist. Simuliert wird in Life die Entwicklung einer künstlichen Zellpopulation, die auf einem zweidimensionalen, quadratischen Gitter stattfindet. Jede Zelle dieses Gitters befindet sich in einem ständigen Kampf ums Überleben. Sie interagiert mit den acht benachbarten Zellen, die von oben, unten, rechts, links und den vier Diagonalen angrenzen. Eine Zelle stirbt, wenn es zu viele (Tod wegen Überbevölkerung) oder zu wenige (Tod wegen Einsamkeit) andere lebende Zellen um sie herum gibt. Trotz der einfachen Regeln der Simulation entsteht – abhängig von einer vorgegebenen Anfangsbevölkerung – eine ungeheure Vielfalt der sich von Generation zu Generation entwickelnden Zellkolonien. In den 1970er und 1980er Jahren, als die ersten Computer aufkamen, wurde Life auf breiter Front von Computerbegeisterten erschlossen. Besonders an der Chaostheorie Interessierte haben ihre Freude daran. Bei nur geringer Änderung der Ausgangspopulation wird die Vorhersagbarkeit einer Zellentwicklung nach vielen Iterationsschritten unmöglich. Dies erinnert an den berühmten Schmetterling, der mit einem Flügelschlag auf der anderen Seite der Erde einen Orkan auslöst.

Die Regeln sind ganz einfach erklärt:

- Eine Zelle kann die zwei Binärzustände 0 und 1 annehmen. 0 stellt eine tote und 1 eine lebende Zelle dar.
- Eine tote Zelle nimmt in der n+1-ten Generation den Wert 1 an, wird also geboren, wenn drei ihrer acht Nachbarn in der n-ten Generation den Wert 1 hatten, also lebten.
- Eine lebende Zelle lebt weiter, wenn zwei oder drei ihrer Nachbarn in der vergangenen Generation lebten.
- Eine lebende Zelle stirbt an Vereinsamung, wenn nur ein oder kein Nachbar existierte, und nimmt damit den Wert 0 an.
- Eine lebende Zelle stirbt an Überbevölkerung und erhält den Wert 0, wenn sich vier oder mehr Zellen in ihrer Nachbarschaft breit gemacht haben.

Damit sind alle Regeln vollständig beschrieben, folgendes Beispiel (Abb. 21.1) verdeutlicht dies. Schwarze Zellen leben und haben den Wert 1. Weiße Zellen sind tot und haben den Wert 0. Die angegebene Zahl gibt die Anzahl lebender Nachbarn an.

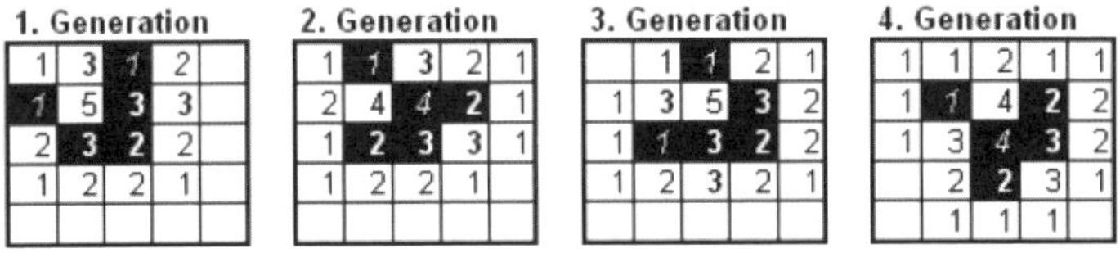

Abbildung 21.1: Beispiel der Entwicklung einer Zellpopulation von »Life«

Excel ist perfekt geeignet, diese legendäre Simulation von John Horton Conway nachzubauen. Verblüffend ist dabei, dass dazu überhaupt keine Programmierkenntnisse notwendig sind.

Zirkelbezüge

Normalerweise finden zwischen den Zellen einer Tabelle keine Interaktionen statt, die Zellverknüpfungen können noch so kompliziert und vielstufig sein, in der Regel sind sie aber immer »Einbahnstraßen«. Verfolgt man von einem Bezug die Spur zu allen Vorgängern (dafür gibt es die Befehle im Menüband *Formeln/Formelüberwachung*), wird man niemals wieder zur Anfangszelle gelangen. Ist dies doch der Fall, wird ein Zirkelbezug ausgelöst. Dies sollte in der Regel so weit wie möglich vermieden werden, aber in Sonderfällen ist gerade dies erwünscht, so auch im Fall von »Life«. In Excel ist es möglich, diese Zirkelbezüge iterativ aufzulösen, indem man unter *Datei/Optionen/Formeln/Berechnungsoptionen* das Kontrollkästchen *Iterative Berechnung aktivieren* einschaltet. Für die Simulation von Life muss dieses Kontrollkästchen auf jeden Fall aktiviert sein. Stellen Sie die *Maximale Iterationszahl* auf 1 (Abb. 21.2). Dadurch wird bei jeder Neuberechnung mit F9 immer nur ein Iterationsschritt bzw. eine neue Generation berechnet.

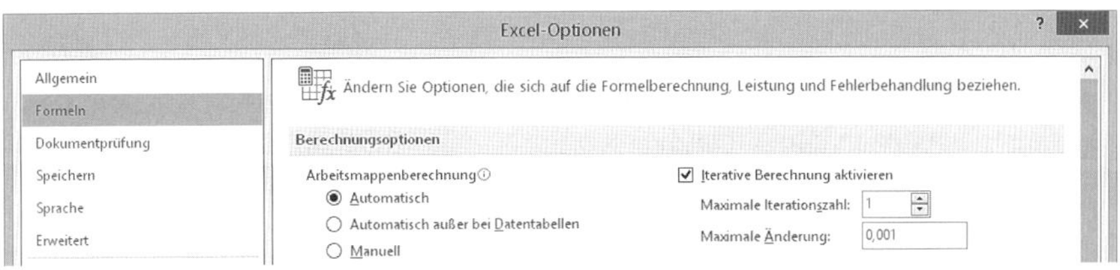

Abbildung 21.2: Dialogfeld Excel-Optionen *zum Einschalten der Excel-Iteration*

Wie groß Ihre Welt von Life wird, bleibt Ihnen überlassen, aber sie sollte schon ca. 50 x 50 Zellen groß sein. Der Aufbau wird im Folgenden an einer kleinen 10x10-Matrix demonstriert.

Sie benötigen insgesamt drei Matrizen á 10 x 10, die erste von A2:J11 legt die Anfangspopulation fest. In zu Beginn lebende Zellen tragen Sie hier eine 1 ein. Die Bereiche L2:U11 und L14:U23 enthalten zwei Matrizen, die die n-te bzw. n+1-te Generation darstellen und zwischen denen der Zirkelbezug besteht (Abb. 21.3).

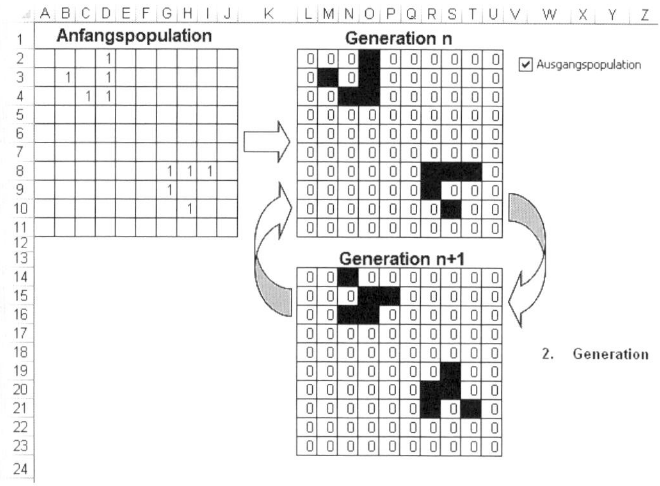

Abbildung 21.3: Tabellenaufbau für das Spiel des Lebens

Wichtig ist, dass die dritte Matrix unter der zweiten positioniert wird. Damit wird gewährleistet, dass eine Generation vollständig berechnet wurde, bevor die nächste Generation berechnet wird. Das liegt an der Reihenfolge, in der Excel die Zellen berechnet.

Berechnungsreihenfolge in Excel

Um das zu verstehen, muss man sich klar machen, in welcher Reihenfolge Zellen bei Neuberechnungen abgearbeitet werden. Dies soll in einem kleinen Experiment nachgewiesen werden. Schreiben Sie in einer anderen Tabelle in die Zelle G1 eine 1. Schreiben Sie in A1 die Formel

```
A1: =WENN($G$1=1;0;WENN(A1=0;MAX($A$1:$E$5)+1;A1))
```

und kopieren Sie sie bis E5. Aktivieren Sie die Excel-Iteration. Wenn Sie nun in G1 die 1 löschen, wird jede Zelle von A1:E5 einmal berechnet und der Maximalwert aller schon berechneten Zellen in A1:E5 plus 1 zurückgegeben. In der ersten berechneten Zelle ergibt sich 1, in der zweiten 2 etc. Dadurch lässt sich die Berechnungsreihenfolge der Zellen nachweisen, wie in der rechten Tabelle in Abb. 21.4 zu sehen ist.

	A	B	C	D	E	F	G
1	0	0	0	0	0		1
2	0	0	0	0	0		
3	0	0	0	0	0		
4	0	0	0	0	0		
5	0	0	0	0	0		

	A	B	C	D	E	F	G
1	1	2	3	4	5		0
2	6	7	8	9	10		
3	11	12	13	14	15		
4	16	17	18	19	20		
5	21	22	23	24	25		

Abbildung 21.4: Beweisführung der Berechnungsreihenfolge in Excel

Die Zellen werden also zuerst spaltenweise, dann zeilenweise berechnet. Damit eine Tabelle oder Matrix vollständig vor einer anderen berechnet wird, müssen beide also untereinanderstehen.

Nach diesem kleinen Exkurs zurück zur Life-Simulation. In L2 steht die Formel:

```
L2: =WENN(Start;A2;L14)
```

Start ist der Name irgendeiner Zelle, die quasi den Startschuss zur Iteration gibt. Solange diese Zelle den Wert 1 oder WAHR einnimmt, herrscht Stillstand und in der zweiten Matrix L2:U11 wird die Anfangspopulation angezeigt. Es bietet sich an, die Zelle *Start* über ein Kontrollkästchen zu steuern (muss aber nicht sein). Diese Formel wird bis U11 kopiert. Wird die Startzelle auf 0 gesetzt, wird der Wert aus L14 genommen, der die entsprechende Zelle der nachfolgenden Generation enthält. In L14 wiederum steht die Formel

```
L14: =WENN(L2=1;WENN(ODER(az=2; az=3);1;0);WENN(az=3;1;0))
```

az steht für die Anzahl lebender Zellen, die an die Zelle L2 – also die entsprechende Zelle der Vorgängergeneration – angrenzen. Die Formel, die sich hinter dem Namen *az* verbirgt, lautet:

```
=L1+M1+M2+ M3+ L3+ K3+ K2+ K1
```

Dies sind relative Bezüge aus Sicht der Zelle L14. Wenn Sie diesen Formelbezug in den Namensdialog eingeben (Aufruf *Formeln/Definierte Namen/Namen definieren*), muss L14 aktiv sein. Die verschachtelte WENN-Formel bildet genau die Regeln ab, die definiert wurden:

- =WENN(L2=1; (wenn L2 lebt)
- WENN(ODER(az=2;az=3);1;0) (wenn zwei oder drei Nachbarn leben, dann lebt L2 weiterhin)
- WENN(az=3;1;0) (wenn L2 tot ist, wird sie wiedergeboren, wenn drei Nachbarn leben)

Die Formel von L14 wird bis U23 kopiert. Sobald die Startzelle auf 0 gesetzt wird, wird bei jeder Neuberechnung mit F9 eine neue Generation berechnet. Sie können auch eine Zähler-Zelle namens *n* mit der Formel =WENN(start;2;n+1) definieren, die sich selbst bei jedem Iterationsschritt um 1 erhöht. So erhalten Sie die Kontrolle, wie viele Generationen insgesamt berechnet wurden. Sie können lebende Zellen mit der bedingten Formatierung farbig markieren:

Rufen Sie *Start/Bedingte Formatierung/Regeln zum Hervorheben von Zellen/Gleich* auf, geben Sie im folgenden Dialogfeld im linken Feld eine 1 ein und wählen Sie im rechten Drop-down-Listenfeld das gewünschte Format aus.

Nun kann die Simulation beginnen. Die ersten 24 Generationen des Beispiels entwickeln sich so, wie es in Abb. 21.5 zu sehen ist.

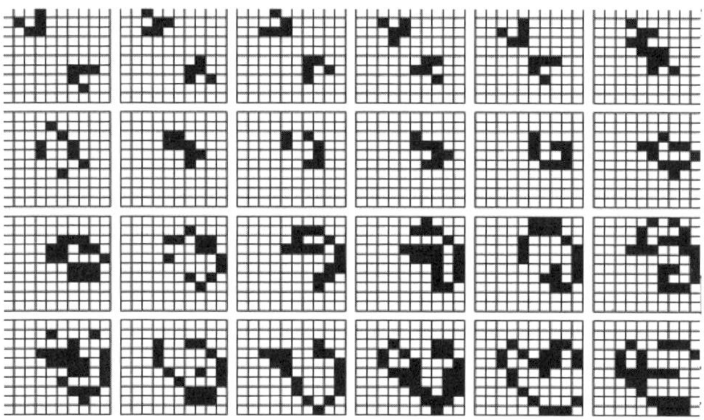

Abbildung 21.5: Entwicklung einer Zellpopulation über 24 Generationen

In der 65. Generation kommt die Bevölkerungsentwicklung zum Stillstand (Abb. 21.6). Alle vier Zellen des Quadrats haben drei lebende Nachbarn und leben daher weiter. Außerdem gibt es keine Zelle außerhalb der lebenden Gruppe, die drei Nachbarn hätte und damit wiedergeboren werden würde.

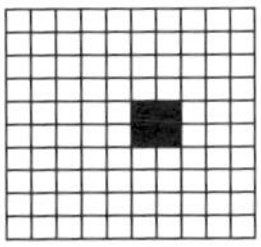

Abbildung 21.6: Endstadium einer Zellpopulation nach 65 Generationen

Das Interessante an Life ist die Unvorhersehbarkeit der Entwicklung. Wenn Sie die Anfangspopulation nur geringfügig verändern, kann es sein, dass die Zellen nach nur wenigen Generationen komplett aussterben oder auch Hunderte Generationen überleben. Fans haben eine regelrechte Wissenschaft daraus gemacht, Zellformationen zu finden, die bestimmte Eigenschaften aufweisen. Die beiden fünfzelligen Gruppen der Anfangspopulation werden z. B. Gleiter genannt, da sie sich aufeinander zu bewegen. Drei lebende Zellen in einer Reihe sind Blinker. Es gibt auch Fresser, Gleiterkanonen und vieles mehr, was an dieser Stelle zu weit führen würde. Wenn Sie nach »life John Horton Conway« googeln, finden Sie Unmengen Material. Viel Spaß beim Experimentieren.

21.2 Mandelbrots Apfelmännchen

Nach dem Spiel des Lebens beschäftigen wir uns noch einmal mit der Chaosforschung und der rechnergestützten Simulation komplexer Systeme.

Die absolute Ikone auf diesem Gebiet, die zugleich eines der schönsten (wenn nicht das schönste) Objekt ist, das durch pure Mathematik je geschaffen wurde, ist die nach Benoît Mandelbrot benannte Mandelbrotmenge. Hier muss man ganz klar sagen: Auch Excel hat Grenzen. Excel ist kein geeignetes Programm, um die Mandelbrotmenge in ihrer ganzen Schönheit, Komplexität und Farbenvielfalt darzustellen, im Gegensatz zu vielen anderen Fraktalprogrammen, die man im World Wide Web kostenlos erhalten kann.

Trotzdem lohnt es sich, die Berechnung der Mandelbrotmenge in Excel zu demonstrieren, da dies verblüffend einfach, schnell und vor allem sehr anschaulich umzusetzen ist. Außerdem ist es ein Paradebeispiel für das Zusammenwirken unterschiedlichster Excel-Funktionalitäten.

Wie wird die Mandelbrotmenge überhaupt sichtbar gemacht? Durch Iteration der einfach genialen und genial einfachen Formel:

$$Z_{n+1}=Z_n^{2}+C$$

Z_n und C sind komplexe Zahlen, die jeweils aus einem Realteil bestehen (Zr;Cr) und einem Imaginärteil (Zi;Ci). Der Realteil wird immer zuerst angegeben. Folglich gilt $Z_n = Z_n r + Z_n i$ und C = Cr+Ci. Die Iteration startet immer mit Z_0=0+0i. Für C wird ein Wert im Bereich -2 < Cr < +1 und -1,5 < Ci < +1,5 gewählt. Innerhalb dieser Grenzen existiert die Mandelbrotmenge. Sie ist definiert als die Menge an Punkten, bei denen Z_n^2+C nach n Iterationsschritten keinen Realteil von größer als ca. 2 bis 4 (Absolutwert ohne Vorzeichen) aufweist. Ist dies der Fall, gehört der Punkt C zur Mandelbrotmenge. Sie wird dargestellt in einem zweidimensionalen Koordinatensystem, wobei der x-Wert dem Realteil von C und der y-Wert dem Imaginärteil von C entspricht.

Hat der Absolutwert des Realteils von Z_n^2+C den Wert 4 überschritten, wird die Iterationsfolge unweigerlich divergieren, ins Chaos abdriften und liegt somit außerhalb der Mandelbrotmenge. Es spielt nicht nur eine Rolle, ob die Folge divergiert, sondern auch wann, also nach wie vielen Iterationsschritten. Wenn man von der Anzahl der Schritte den Farbton des Koordinatenpunkts abhängig macht, entsteht die fantastische Farbenvielfalt im Grenzbereich zwischen Chaos und Ordnung der Mandelbrotmenge.

Excel bietet Funktionen an, die Rechenoperationen mit komplexen Zahlen durchführen können. Sie benötigen die Funktionen IMSUMME, IMAPOTENZ und IMREALTEIL. Komplexe Zahlen werden immer als String angegeben.

- IMAPOTENZ berechnet Z_n^2.
- IMSUMME addiert C hinzu.
- IMREALTEIL gibt zur Prüfung des Grenzwerts Zr < 4 den Realteil von Z_n zurück.

Hinter den Funktionen steckt folgende Rechenlogik:

`IMSUMME("a+bi";"c+di")` entspricht `(a+c)+(b+d)*i`

`IMAPOTENZ("a+bi";")` entspricht `(a^2-b^2)+(2*a*b)*i.`

Es folgt ein Beispiel der Iteration für C=1+1i.

$Z_1=Z_0^2+C=(0+0i)^2+(1+1i)$

`=IMSUMME(IMAPOTENZ("0+0i";2);"1+1i")="1+i"`
$Z_2=Z_1^2$`+C=IMSUMME(IMAPOTENZ("1+1i";2);"1+1i")="1+3i"`

Wie Sie die Iteration tabellarisch durchführen, sehen Sie in Abb. 21.7.

B5 =IMSUMME(IMAPOTENZ(B4;2);$B$3)

	A	B	C	D
1	Cr	1		Prüfung < 4:
2	Ci	1		Exit nach
3	Z_0	1+1i	Abs(Zr)	3
4	Z_1	0+0i	0	Schritten
5	Z_2	1+i	1	
6	Z_3	1+3i	1	
7	Z_4	-7+7i	7	
8	Z_5	0,999999999999982-97i	1	
9	Z_6	-9407-192,999999999997i	9407	
10	Z_7	88454401+3631102,99999998i	88454401	
11	Z_8	7810996147272190+642374081668603i	7,811E+15	
12	Z_9	6,05990163519014E+31+1,00351629540419E+31i	6,0599E+31	
13	Z_{10}	3,57153628730384E+63+1,21624200789196E+63i	3,5715E+63	
14	Z_{11}	1,1276626829767E+127+8,68770493065883E+126i	1,128E+127	
15	Z_{12}	5,16860956956272E+253+1,95936013020333E+254i	5,169E+253	
16	Z_{13}	#ZAHL!	#ZAHL!	

Abbildung 21.7: Iteration der Mandelbrot-Formel

Die Zellen B1 und B2 sind die einzigen Eingabezellen. In B3 wird C aus Cr und Ci mit der Formel

```
B3: =B1&TEXT(B2;"+Standard;-Standard")&"i"
```

zusammengesetzt. Z_0 in B4 ist die Konstante »0+0i«. Die Iterationsformel lautet:

```
B5: =IMSUMME(IMAPOTENZ(B4;2);$B$3)
```

Kopieren Sie die Formel 50-mal nach unten, um 50 Iterationsschritte durchzuführen. Wie zu sehen ist, gehört der Punkt C=1+1i nicht zur Mandelbrotmenge, da er divergiert. In A16 erreicht er eine Zahl, die Excel nicht mehr darstellen kann. In Spalte C extrahieren Sie den Absolutwert des Realteils von Z_n. In C4 steht:

`C4: =ABS(RUNDEN(IMREALTEIL(B4);5))` (nach unten kopieren). Mit

```
D3: =ZÄHLENWENN(C5:C54;"<4")
```

wird ermittelt, nach wie vielen Iterationsschritten sich die Zahlenfolge ins Chaos verabschiedet. Für C=1+1i ist der »Exit« bereits nach drei Schritten erreicht. Bei einem Startwert von C=0,1+0,1i bleibt die Zahlenfolge innerhalb der Grenze von 4, in D3 wird somit 50 ausgewiesen, was zum Ausdruck bringt, dass dieser Punkt zur Mandelbrotmenge gehört.

Noch eine Anmerkung zum grundsätzlichen Verständnis von Iterationen in Excel. Im Gegensatz zum Spiel des Lebens ist es bei diesem Iterationsverfahren nicht nötig, unter den Optionen die Excel-Iteration zu aktivieren. Denn hier entsteht keine Rückkoppelung zwischen verschiedenen Zellen. Jeder Iterationsschritt bezieht sich auf die Vorgängerzeile. Eine Iteration muss also nicht zwangsweise Zirkelbezüge auslösen.

Jetzt können Sie bereits bestimmen, ob ein einzelnes C zur Mandelbrotmenge gehört oder nicht. Als Nächstes soll das Gebilde für eine zweidimensionale Fläche von C-Werten in einem Diagramm sichtbar gemacht werden. Zu empfehlen ist eine Fläche von 60 x 60 = 3.600 C-Werten. Um dies zu realisieren, benötigen Sie einen geeigneten Diagrammtyp. Am besten eignet sich dazu das Oberflächendiagramm. Außerdem benötigen Sie 3.600 Mal das Iterationsergebnis aus D3, der Exit nach x Iterationsschritten. Die »Exitzahlen« sind die Werte, die im Oberflächendiagramm dargestellt werden sollen.

Es stellt sich die Frage, wie Sie das am geschicktesten bewerkstelligen können. 3.600 Mal das komplette Iterationstableau zu kopieren, erscheint nicht sehr zweckmäßig. Denkbar wäre ein Makro, das alle 3.600 Kombinationen von Cr und Ci in B1 und B2 einträgt und nach jeder Berechnung der Iteration die »Exitzahl« aus D3 in eine Ergebnismatrix kopiert. Doch warum das Rad neu erfinden? Für dieses Problem stellt Excel standardmäßig ein geniales Feature zur Verfügung, das ungerechterweise ein etwas stiefmütterliches Dasein fristet und dem viel zu selten Beachtung geschenkt wird: die MEHRFACHOPERATION (MOP).

Mit diesem Feature erzeugen Sie ganz einfach aus einer Matrix von 60 x 60 Cr/Ci-Kombinationen die resultierende Exitzahl. Bei Mehrfachoperation wird eine Zielgröße festgelegt, in diesem Fall die Exitzahl. Nun können ein bis zwei Eingabeparameter definiert werden, deren Änderungen sich auf das Ergebnis der Zielgröße auswirken. Cr und Ci sind genau die zwei Eingabeparameter, die wir benötigen und die wir in MOP verwenden können. Excel berechnet dann für alle definierten Eingabeparameter im Hintergrund die resultierende Zielgröße. Konkret geht das wie folgt vonstatten:

Sie verknüpfen eine Zelle, beispielsweise F3, mit der Exitzahl aus D3:

```
F3: =D3
```

Ab G3 erstellen Sie nach rechts das Intervall aller Cr-Werte, die verwendet werden sollen. Am besten 61 Werte zwischen -2 und +1 in 0,05er-Schritten. Ab F4 erstellen Sie abwärts das Intervall aller Ci-Werte zwischen -1,5 und +1,5. Bei 61 x 61 umfasst die gesamte Ergebnismatrix den Bereich F3:BO64, den Sie markieren.

Nun wählen Sie *Daten/Datentools/Was-wäre-wenn-Analyse/Datentabelle*, um das folgende Dialogfeld zu erhalten.

Abbildung 21.8: Dialogfeld zur Einstellung einer Mehrfachoperation

In ganz alten Excel-Versionen (bis 2000) hieß der Menüpunkt noch *Mehrfachoperation*, das war etwas aussagefähiger. Einzutragen ist:

- *Werte aus Zeile*: =B1
- *Werte aus Spalte*: =B2

Wenn Sie mit *OK* bestätigen, wird die Ergebnismatrix gefüllt (Abb. 21.9):

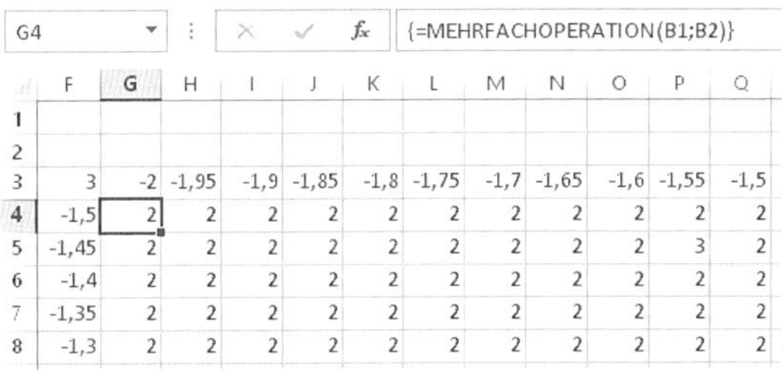

G4 {=MEHRFACHOPERATION(B1;B2)}

	F	G	H	I	J	K	L	M	N	O	P	Q
1												
2												
3	3	-2	-1,95	-1,9	-1,85	-1,8	-1,75	-1,7	-1,65	-1,6	-1,55	-1,5
4	-1,5	2	2	2	2	2	2	2	2	2	2	2
5	-1,45	2	2	2	2	2	2	2	2	2	3	2
6	-1,4	2	2	2	2	2	2	2	2	2	2	2
7	-1,35	2	2	2	2	2	2	2	2	2	2	2
8	-1,3	2	2	2	2	2	2	2	2	2	2	2

Abbildung 21.9: Matrix einer Mehrfachoperation

Excel setzt im Hintergrund alle Werte der dritten Zeile in B1 (Cr) ein und alle Werte der Spalte F in B2 (Ci). Im Schnittpunkt aller Cr/Ci-Kombinationen wird die berechnete »Exitzahl« zurückgegeben. Die Funktion MEHRFACHOPERATION kann nicht manuell eingegeben werden, sie kann nur über das Menü erzeugt werden.

Der Rest ist ein Kinderspiel. Sie markieren den Ergebnisbereich G4:BN64 und erstellen ein Oberflächendiagramm. Sie können entweder die Ansicht von oben wählen, die Werte werden dann allein durch die Farben unterschieden. Oder Sie wählen eine 3D-Oberfläche (Abb. 21.10).

Fertig ist das »Apfelmännchen«, so wird das Startbild der Mandelbrotmenge bezeichnet, die gleichzeitig ihre bekannteste Figur ist. In Zukunft können Sie in zwei Minuten aus einer nackten Excel-Datei das Apfelmännchen hervorzaubern. Wenn das nicht rekordverdächtig ist!? Damit können Sie auf jeder Party und bei jedem Date Eindruck schinden.

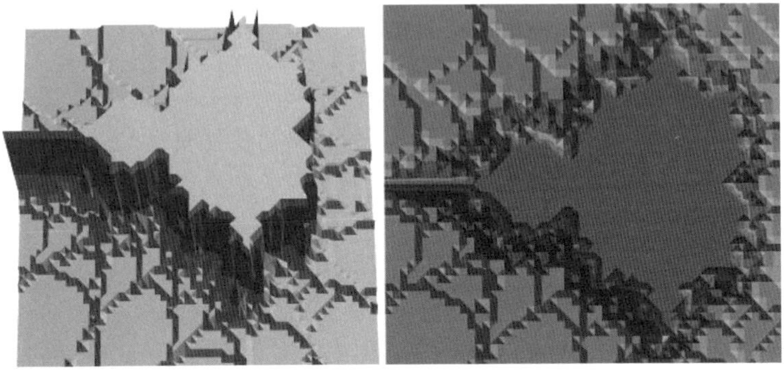

Abbildung 21.10: Apfelmännchen in einem Oberflächendiagramm

Julia-Mengen

An dieser Stelle noch eine kurze Anekdote über einen tragischen Helden Gaston Maurice Julia. Er entdeckte Anfang des 20. Jahrhunderts die nach ihm benannten »Julia-Mengen« und legte damit den Grundstein für die Erforschung von Fraktalen, die Benoît Mandelbrot erst sehr viel später aufgegriffen hat. Erst durch diese Steilvorlage konnte er die Mandelbrotmenge entdecken.

Tragisch an dieser Entdeckung ist, dass er sie niemals selbst zu Gesicht bekommen hat, denn dazu braucht man Computer und die hatte er definitiv nicht. Also musste er sich mit einem sehr guten Vorstellungsvermögen begnügen. Der Zusammenhang zwischen Mandelbrotmenge und Julia-Mengen ist schnell erklärt.

Beide Mengen drehen sich um die Formel $Z_{n+1}=Z_n^2+C$. Bei der Mandelbrotmenge gilt als Startwert der Iteration $Z_0=0+0i$. Cr und Ci sind gleichzeitig Eingabezellen der Mehrfachoperation und Achsen des Diagramms.

Bei den Julia-Mengen wird ein bestimmtes C als Startwert definiert, beispielsweise C = -0,77+0,12i. Die veränderbaren Eingabezellen sind jetzt Zr und Zi. Die Tabelle muss geringfügig angepasst werden:

In B1 steht das C. In B2 steht Zr und in B3 steht Zi. Die Formel für Z_n lautet:

```
B4:=B2&TEXT(B3;"+Standard;-Standard")&"i"
```

Die Iterationsformel lautet:

```
B5:=IMSUMME(IMAPOTENZ(B4;2);$B$1)
```

Die veränderbaren Zellen der Mehrfachoperation sind nun B2 und B3 (statt B1 und B2 bei der Mandelbrotmenge).

Alles Weitere bleibt wie gehabt. Abb. 21.11 zeigt die entstehende Julia-Menge.

O20 | {=MEHRFACHOPERATION(B2;B3)}

	A	B	C	D	E
1	C	-0,78+0,13i			
2	Zr	0,1			
3	Zi	0,1		50	
4	Z_0	0,1+0,1i	0,1		
5	Z_1	-0,78+0,15i	0,78		
6	Z_2	-0,1941-0,104i	0,1941		
7	Z_3	-0,75314119+0,1703728i	0,75314		
8	Z_4	-0,241805238905224-0,126629546671264i	0,24181		
9	Z_5	-0,737565268528157+0,191239375570611i	0,73757		
10	Z_6	-0,272569973429625-0,152103042791788i	0,27257		
11	Z_7	-0,728840945211094+0,212917444664646i	0,72884		
12	Z_8	-0,294124714826322-0,180365903242623i	0,29412		
13	Z_9	-0,726022511180862+0,236100139711257i	0,72602		
14		-0,30863458923031-0,212828032646638i	0,30863		
15		-0,730040461810876+0,26137218486518i	0,73004		

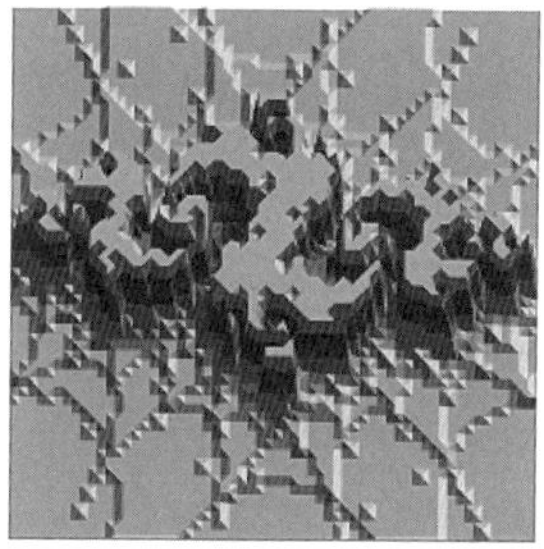

Abbildung 21.11: Iteration einer Julia-Menge und Darstellung in einem Oberflächendiagramm

Es gibt noch einen wichtigen Unterschied zwischen Mandelbrotmenge und Julia-Mengen. Es gibt nur eine Mandelbrotmenge, aber unendlich viele Julia-Mengen (für jedes C eine andere Menge).

In den beschriebenen Beispielen waren für eine Darstellung »nur« 50 x 60 x 60 = 180.000 Berechnungen nötig (50 Iterationsschritte und 60 x 60 Bildpunkte). In Excel ist das Thema damit ziemlich ausgereizt, richtige Fraktal-Programme (z. B. bei *https://www.herber.de/excelformeln* herunterzuladen) berechnen ohne Probleme Bilder mit 5.000 Iterationen und 1.000 x 1.000 Pixel, also 5 Milliarden Einzelberechnungen pro Bild. Nur dadurch wird das spektakuläre »Reinzoomen« in die Grenzbereiche der Mengen möglich.

21.3 Sternengenerator und Chaosblüten

Greifen Sie auch gern nach den Sternen? In Excel führt dieser Griff üblicherweise zu den *Excel-Formen (Shapes)*, die eine Auswahl von Sternen zur Verfügung stellen (Abb. 21.12):

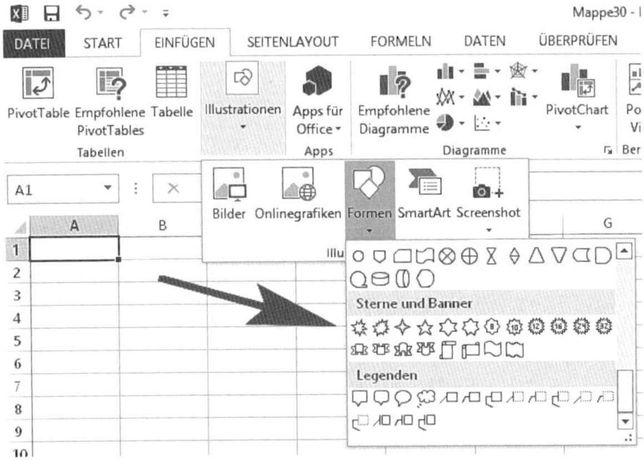

Abbildung 21.12: Auswahl von Sternen im Formen-Katalog

Toll, oder? Sie sind nicht wirklich begeistert? Wir auch nicht, so etwas wollen Sie Ihren Kindern doch nicht ernsthaft zu Weihnachten präsentieren. Aber glücklicherweise gibt es auch noch Netzdiagramme. Ja, Sie haben richtig gelesen. Jetzt werden Sie endlich erfahren, wofür die gut sind (Abb. 21.13). Wer weiß das schon?

Abbildung 21.13: Beispiele für mit Netzdiagrammen erzeugte Sterne

Das ist doch eine andere Liga, oder? Und dieser Quantensprung ist gar nicht so schwer zu vollziehen. Ein Netzdiagramm funktioniert grundsätzlich nicht viel anders als ein Liniendiagramm. Beide haben eine Rubrikenachse (x-Achse). Der Unterschied ist, dass die Rubrikenachse beim Liniendiagramm eine Gerade ist und beim Netzdiagramm ein gleichmäßiges Vieleck darstellt, dessen Eckenzahl durch die Anzahl der Elemente, die die Rubrikenachse enthält, bestimmt wird. Das Liniendiagramm besitzt eine Größenachse (y-Achse), das Netzdiagramm hat genau genommen so viele Größenachsen, wie es Ecken aufweist, die alle vom Mittelpunkt des Diagramms bis zur jeweiligen Ecke verlaufen. Die Eigenschaften aller Größenachsen des Netzdiagramms, wie beispielsweise die Skalierung, sind allerdings immer identisch. Nur die obere, senkrechte Größenachse ist beschriftet (Abb. 21.14).

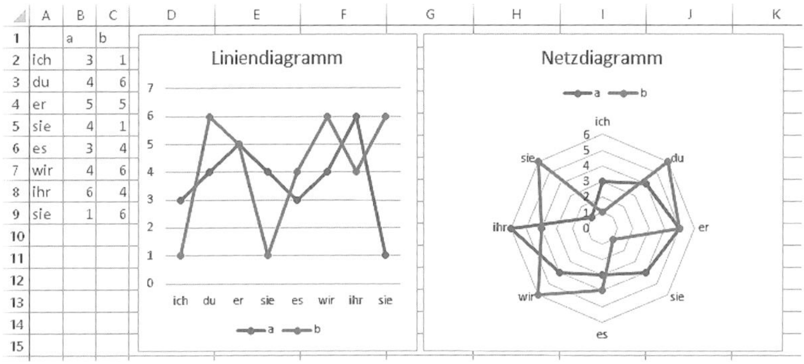

Abbildung 21.14: Vergleich von Liniendiagramm und Netzdiagramm bei gleicher Datenquelle

Dass man mit dem Netzdiagramm gleichmäßige Vielecke konstruieren kann, ist naheliegend. Eine Datenreihe mit den Werten {6;6;6;6;6;6;6;6} bildet im Netzdiagramm die Form eines Achtecks. Der entscheidende Schritt von Achteck zu Stern ist der, einfach jede zweite Ecke nach innen zu klappen, wodurch ein vierzackiger Stern entsteht. In der Datenreihe muss schlicht der Wert jedes zweiten Datenpunkts verringert werden (Abb. 21.15):

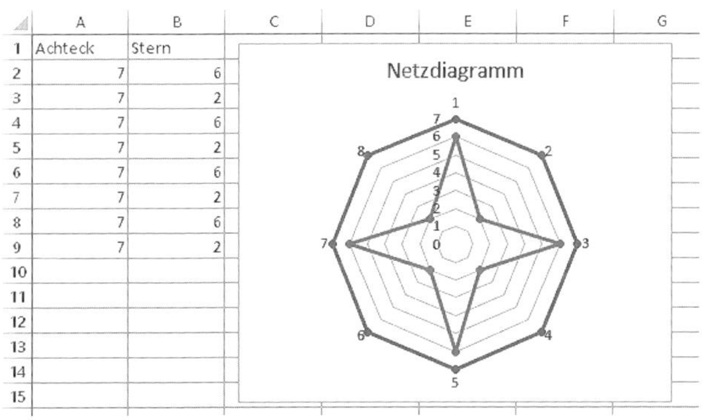

Abbildung 21.15: Stern und Vieleck in einem Netzdiagramm

Soll der Stern sechs Zacken bekommen, muss die Datenreihe um vier Elemente erweitert werden:

```
{6;2;6;2;6;2;6;2;6;2;6;2}
```

Schön wäre doch auch ein Stern, dessen Zacken nicht gleich groß, sondern abwechselnd lang und kurz sind. Die Zahlenfolge eines achtzackigen Sterns mit vier langen und vier kurzen Zacken würde so aussehen:

```
{6;2;4;2;6;2;4;2;6;2;4;2;6;2;4;2;}
```

Wenn Sie als Diagrammtyp *Gefülltes Netz* wählen, ein bisschen mit den Fülleffekten spielen und die überflüssigen Diagrammelemente ausblenden, können schon richtige Weihnachtsgefühle aufkommen:

Abbildung 21.16: Weihnachtsstern aus einem Netzdiagramm

Allgemein kann festgehalten werden, dass die Form des Sterns aus einer Zahlenfolge resultiert, die aus sich n-mal wiederholenden Teilfolgen besteht. Je öfter sich die Teilfolge wiederholt, desto mehr Zacken hat der Stern, und je länger die Teilfolge ist, desto komplexer ist die Struktur des Sterns. Beim dargestellten vierzackigen Stern wird die Teilfolge `{6;2}` viermal wiederholt. Beim achtzackigen Stern wird die Teilfolge `{6;2;4;2}` viermal wiederholt. Je länger die Teilfolge des Sterns ist, desto spektakulärer sieht natürlich der Stern aus. Die Gesamtanzahl der Datenpunkte ergibt sich aus dem Produkt der Teilfolgenlänge und der Wiederholungszahl n.

Um die bisherigen Erkenntnisse bestmöglich auszuschlachten, bestücken wir das Diagramm mit der nötigen Rechenpower. Es wäre ja umständlich, die Teilfolge immer manuell n-mal untereinander zu kopieren und die Datenquelle auf den daraus resultierenden Bereich anzupassen. Viel komfortabler ist es doch, nur einmal die Teilfolge sowie die Wiederholungszahl n einzugeben, und die Datenreihe des Diagramms wird automatisch angepasst. Angenommen, in A2:A6 steht die gewünschte Teilfolge und in B2 steht die Wiederholungszahl n (Abb. 21.17). Die Gesamtanzahl der Datenpunkte ergibt sich dann aus

```
B4: =ANZAHL(A:A)*B2 = 30
```

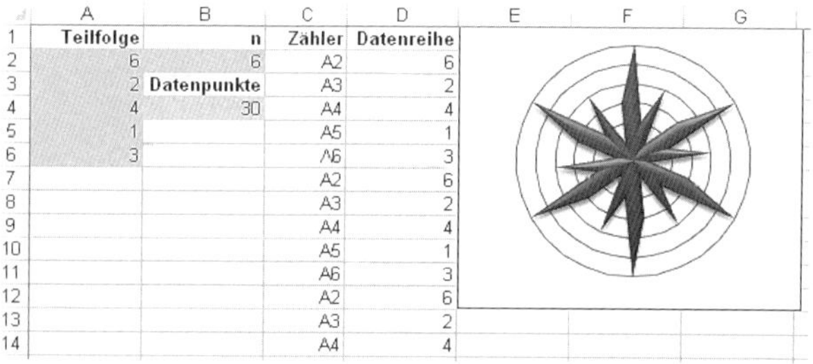

	A	B	C	D
1	Teilfolge	n	Zähler	Datenreihe
2	6	6	A2	6
3	2	Datenpunkte	A3	2
4	4	30	A4	4
5	1		A5	1
6	3		A6	3
7			A2	6
8			A3	2
9			A4	4
10			A5	1
11			A6	3
12			A2	6
13			A3	2
14			A4	4

Abbildung 21.17: Datenquelle der Sterne im Netzdiagramm

Die Formel

```
C2: ="A"&WENN(ZEILE()-1>$B$4;"";REST(ZEILE()-2;ANZAHL(A:A))+2)
```

erzeugt die Spaltenangabe "A" sowie die sich wiederholende Zahlenfolge

```
{2;3;4;5;6; 2;3;4;5;6; 2;3;4;5;6; 2;3;...},
```

die benötigt wird, um n-mal die Teilfolge in A2:A6 zu wiederholen. Die WENN-Abfrage sorgt dafür, dass diese Berechnung beendet wird, sobald die Gesamtzahl der Datenpunkte erreicht wurde. In Spalte D wird mit

```
D2: =WENN(C2<>"";INDIREKT(C2);"")
```

der Wert der Zelle aus Spalte A zurückgegeben, deren Adresse in C2:C31 steht, also eine der Zellen A2:A6. Kopieren Sie die Spalten C und D großzügig nach unten – ruhig einige Hundert Zeilen.

Sobald Sie die Teilfolge in Spalte A oder die Wiederholungszahl n in B2 ändern, wird sich der Datenbereich in Spalte D automatisch ändern. Die Länge der Datenreihe des Diagramms sollte ebenfalls dynamisiert werden. Definieren Sie dazu einen Namen, beispielsweise *Daten*, bezogen auf die Formel

```
=BEREICH.VERSCHIEBEN($D$2;0;0;$B$4;1)
```

und verwenden Sie diesen Namen als Datenquelle des Sterns. Wenn Sie den Stern anklicken, erscheint in der Bearbeitungsleiste die Funktion

```
=DATENREIHE("Stern";;Tabelle1!$D$2:$D$31;1)
```

die die Definition der Datenreihe darstellt. Ersetzen Sie den Bezug `D$2:D$31` durch den Namen *Daten*. Nun ändert sich die Länge der Datenquelle immer dynamisch mit der in B4 berechneten Gesamtanzahl der Datenpunkte des Sterns.

Jetzt können Sie Ihrer Kreativität freien Lauf lassen und unzählige verschiedene Sterne basteln. Sie können natürlich auch mehrere Datenreihen mit verschiedenen Farben übereinanderlegen.

Abbildung 21.18: Diverse Sterne aus Netzdiagrammen

Wenn Sie wollen, können Sie die Spalten C und D auch wegrationalisieren, indem Sie die Zahlenfolge direkt in einem Array berechnen, das Sie in den Namen *Daten* packen. Die Arrayformel dafür lautet:

```
=N(INDIREKT("Tabelle1!A"&REST(ZEILE(INDIREKT("Tabelle1!A1:A"&
Tabelle1!$B$4))-1;ANZAHL(Tabelle1!$A:$A))+2))
```

So ein schöner Zufall

Was hat das Ganze eigentlich mit dem Chaos zu tun? Die Sternenproduktion ging doch bisher sehr geordnet zu. Doch genau wie der Zufall – nennen wir ihn einmal den kleinen Bruder des Chaos – im Leben oftmals die schönsten Geschichten schreibt, erzeugt er bei dieser Anwendung auch die schönsten und spektakulärsten Sterne.

Schreiben Sie dazu in Spalte A statt fester Parameter die Formel

```
A2: =Zufallszahl()*4
```

und kopieren Sie die Formel bis A6. Der Faktor *4 ist nur ein Beispiel und kann auch anders aussehen, beispielsweise `*ZEILE()`, seien Sie experimentierfreudig. Wichtig ist, dass die Zufallszahlen im Spiel sind. Wenn Sie dann noch mehrere Datenreihen übereinanderlegen, erzeugen Sie mit jeder Neuberechnung einen neuen, überraschenden Stern, z. B. den in Abb. 21.19.

Abbildung 21.19: Zufällig erzeugte »Chaos-Blüte«

Kapitel 22

Für die Zocker

Bevor Sie Ihre ganze Kohle im Spielkasino verzocken, sollten Sie erst mal in Excel Ihre Gewinnchancen mit Würfel- und Kartentricks überprüfen. Für einen gefühlsechten Kasinogenuss sollten die Würfel und Karten auch wie solche aussehen.

22.1 Würfelbausatz

Wir befassen uns nun mit einem ganz normalen Würfel, dem zeitlosen Spielzeug, das so viel Spaß bereiten kann - auch in Excel. Ob Sie irgendwelche statistischen Experimente durchführen oder vielleicht auch mal Kniffel spielen wollen - die schlichte Funktion

```
ZUFALLSZAHL()
```

macht es möglich. Den Wurf eines gebräuchlichen Würfels mit den Augen eins bis sechs erzeugt die Formel

```
=KÜRZEN(ZUFALLSZAHL()*6)+1
```

Wenn das Würfelergebnis als nackte Zahl ausgegeben wird, sieht das aber ein bisschen langweilig aus, deshalb wollen wir jetzt das richtige »Würfelfeeling« produzieren. Dazu stellen wir Ihnen zwei Varianten vor.

Variante 1 – der »bedingt formatierte Würfel«

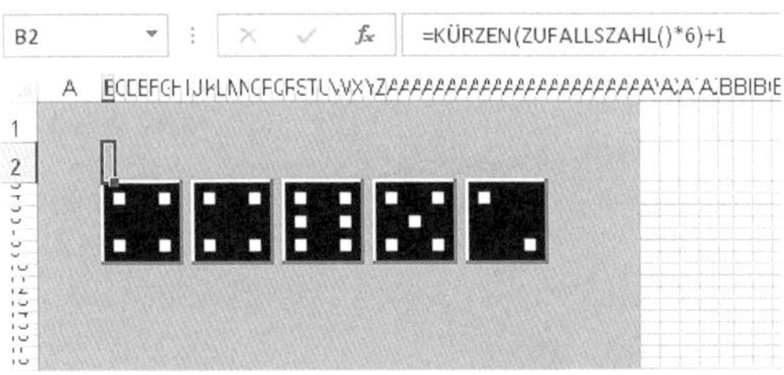

Abbildung 22.1: Fünf Würfel mit der bedingten Formatierung dargestellt

Die Tabelle der Abb. 22.1 zeigt einen Wurf mit fünf Würfeln. Jeder Würfel besteht aus einem Tabellenbereich von 7 x 7 Zellen mit schwarzem Hintergrund. Die Zeilenhöhe und Spaltenbreite verkleinern Sie auf jeweils etwa 6 (das entspricht 8 Pixel). Die weiß angezeigten Würfelaugen werden über die bedingte Formatierung gesteuert. Um alle Zahlen des Würfels von 1 bis 6 darstellen zu können, müssen Sie sieben Zellen des Würfels präparieren.

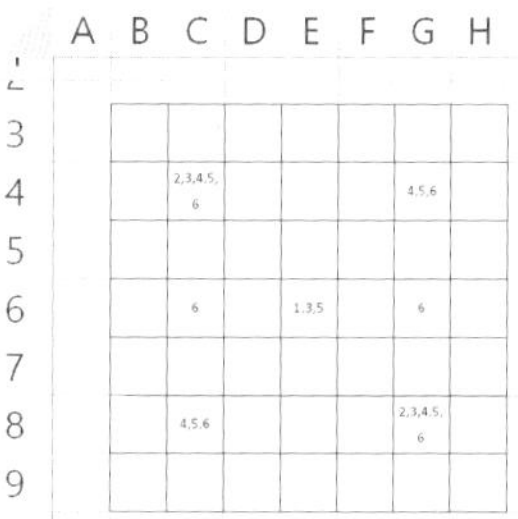

Abbildung 22.2: Schema zur Berechnung der Würfelaugen

Beim ersten Würfel sind dies die Zellen C4, G4, C6, E6, G6, C8 und G8. Die in der Abb. 22.2 gezeigten Zahlen geben an, bei welchem Wurf die Zelle ein weißes Würfelauge zeigen soll.

Beispielsweise wird das Auge links oben (C4) bei allen Würfen außer der 1 sichtbar. Das mittlere Auge (E6) wird bei einem Wurf von 1, 3 oder 5 angezeigt usw.

In der Zelle B2 führen Sie den Wurf durch:

```
B2: =KÜRZEN(ZUFALLSZAHL()*6)+1
```

Jetzt wird für die potenziellen Augen des Würfels eine *bedingte Formatierung* hinterlegt. Für die sieben potenziellen Augen des Würfels gelten die Formelbedingungen:

- `C4: =ODER(B2=2;B2=3;B2=4;B2=5;B2=6)`
- `G4: =ODER(B2=4;B2=5;B2=6)`
- `C6: =B2=6`
- `E6: =ODER(B2=1;B2=3;B2=5)`
- `G6: =B2=6`
- `C8: =ODER(B2=4;B2=5;B2=6)`
- `G8: =ODER(B2=2;B2=3;B2=4;B2=5;B2=6)`

Diese ODER-Bedingungen können übrigens auch als Arrayformel etwas kürzer dargestellt werden (allerdings nur in Zellen und nicht innerhalb der *bedingten Formatierung*):

```
G8: =ODER(B2={2.3.4.5.6})
```

Dann wählen Sie *Start/Bedingte Formatierung/Neue Regel* und stellen diese so ein (am Beispiel der Zelle G8), wie es in Abb. 22.3 zu sehen ist.

Abbildung 22.3: Bedingte Formatierung der Würfelaugen

Als Format wird weißer Hintergrund ausgewählt.

Jetzt ist der erste Würfel fertig. Sie können nun den Bereich B2:B9 beliebig oft nach rechts oder unten kopieren, um weitere Würfel zu generieren.

Zum Abschluss können Sie dem Würfel noch einen angedeuteten 3D-Effekt geben. Dieser kleine Trick lässt sich auch gut bei Eingabezellen einsetzen, um einen gewissen Formulareffekt herzustellen, ohne auf das Textfeld-Steuerelement zugreifen zu müssen. Um einen tief liegenden Eindruck zu vermitteln, umranden Sie Würfel oder Eingabezelle mit einem dunkelgrauen Rahmen links und oben sowie mit einem weißen Rahmen rechts und unten. Einen angehobenen Effekt erreicht man genau andersherum (Abb. 22.4).

Abbildung 22.4: 3D-Effekt von Zellen über Rahmenformat erzeugen

Übrigens eignet sich Excels Fotokamera ideal dazu, einen oder mehrere Würfel an anderer Stelle der Arbeitsmappe zu verwenden. Sie versteckt sich unter *Datei/Optionen/Symbolleiste für den Schnellzugriff/Befehle auswählen: Alle Befehle* (Abb. 22.5).

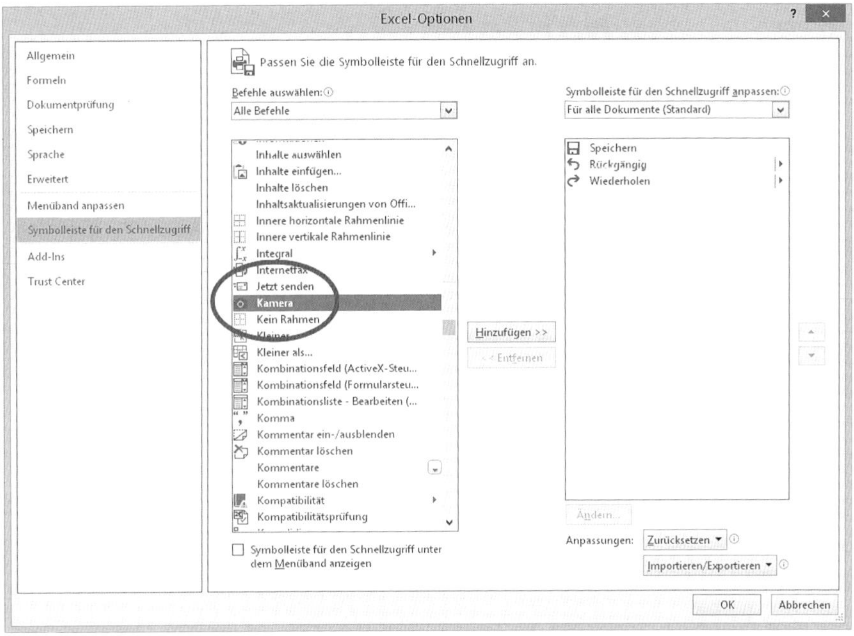

Abbildung 22.5: Kamera zur Verknüpfung von Bildobjekten mit Zellbereichen

Variante 2 – der »matrixkonstante Würfel«

Alternativ kann man einen Würfel auch mit einer 3x3-Matrix erzeugen. Dazu passen Sie die drei Spaltenbreiten an die Zeilenhöhen an, um ein Quadrat zu erzeugen. Diese neun Zellen formatieren Sie mit der Schriftart *Webdings*, der Schriftfarbe *Weiß* und der Hintergrundfarbe *Schwarz*. Somit dient uns auch hier wieder das kleine »n« als Kreis.

Jetzt definieren Sie noch sechs Namen für die sechs verschiedenen Würfelaugen, wobei sich jeder Name auf eine 3x3-Matrixkonstante bezieht, die aus Leerstrings und – an den richtigen Stellen positioniert – kleinen »n« besteht. Jedes »n« steht dabei für ein Würfelauge.

Name	**Bezieht sich auf:**
Eins	={"".""."";""."n"."";"".""."""}
Zwei	={"n".""."";"".""."";""."".“n"}
Drei	={"n".""."";""."n"."";"".""."n"}
Vier	={"n"."".“n";"".""."";"n".""."n"}
Fünf	={"n".""."n";""."n"."";"n".""."n"}
Sechs	={"n".""."n";"n".""."n";"n".""."n"}

Tabelle 22.1: Arrays der Würfelaugen

Den ersten Würfel platzieren Sie im Bereich B3:D5. In B2 wird die Zufallszahl erzeugt mit:

```
B2: =KÜRZEN(ZUFALLSZAHL()*6)+1
```

Die Schriftfarbe (B2) passen Sie der Hintergrundfarbe an. Über den Bereich B3:D5 geben Sie jetzt die zusammenhängende Matrixformel

```
B3:D5: {=WAHL(B2;Eins;Zwei;Drei;Vier;Fünf;Sechs)}
```

ein. Anschließend kopieren Sie die Spalten B bis D und fügen sie noch viermal nebeneinander ein (mit jeweils einer Leerspalte dazwischen) (Abb. 22.6).

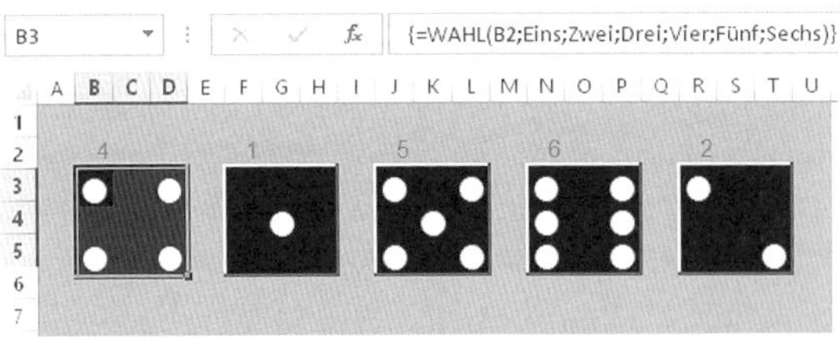

Abbildung 22.6: Fünf Würfel mit der Schriftart Webdings *erzeugen*

Die fünf Würfel beziehen ihre Zufallszahlen jetzt aus den Zellen B2, F2, J2, N2 und R2.

Nachteil von Namen und partiell absoluten Bezügen

Kehren wir jetzt zu Variante 1 (Würfelerzeugung mit der bedingten Formatierung) zurück. Wer gerne mit Namen arbeitet, könnte gewillt sein, der Zelle B2, in der der Wurf stattfindet, den Namen *Wurf* oder schlicht *w* zu geben. Er wird aber schnell einen der Nachteile von Excel-Namen erkennen. Der Würfel ist dann nicht mehr ohne Weiteres kopierbar. Damit sich alle Augen des Würfels auf B2 beziehen können, muss der Bezug im Namen *w* absolut sein: `$B$2`. Wenn der ganze Würfel nach rechts kopiert wird (ab Spalte J), dürfen sich die Augen des neuen Würfels aber nicht mehr auf `$B$2` beziehen, sondern auf die relativ versetzte Zelle J2.

Wir haben es hier also mit einem Bezug zu tun, der in einem beschränkten Radius eines Würfels absolut, darüber hinaus aber relativ ist. Falls Sie trotzdem auf Namen nicht verzichten möchten, können Sie den Bezug mit der Funktion BEREICH. VERSCHIEBEN erweitern.

Definieren Sie den Namen *w* bezogen auf

`=BEREICH.VERSCHIEBEN($B$2;;8*GANZZAHL((SPALTE()-2)/8)).`

Jede aufrufende Zelle bis zur Spalte I referenziert über *w* die Zelle B2, jede Zelle der Spalten J:Q referenziert J2, dann R2 und so fort. Innerhalb von acht Spalten sind die Bezüge immer als absolut zu verstehen, darüber hinaus als relativ.

Zufallszahlen und Namen

In bestimmten Anwendungsfällen könnte es auch interessant sein, für einen Würfelwurf selbst, ohne Zellbezug, einen Namen zu vergeben. Der Name *w* bezieht sich dann direkt auf die Formel

`=KÜRZEN(ZUFALLSZAHL()*6)+1.`

Wenn Sie *w* nun in Formeln verwenden, müssen Sie aber aufpassen, nicht in eine Falle zu tappen. Bei

`=ODER(w=1;w=2;w=3;w=4;w=5;w=6)`

wäre jedes *w* ein anderer Wurf (eine andere Zufallszahl) und nicht derselbe. Das heißt, diese Formel könnte FALSCH liefern, obwohl jeder mögliche Wurf berücksichtigt wurde, z. B.

`=ODER(3=1;4=2;5=3;2=4;1=5;1=6)=FALSCH.`

Bei der Array-Variante passiert das nicht, denn bei

`=ODER(w={1.2.3.4.5.6})`

wird nur ein Wurf mit den sechs Zahlen verglichen. Das Ergebnis muss WAHR sein, da der Wurf immer entweder 1, 2, 3, 4, 5 oder 6 ist. An dieser Stelle können wir festhalten, dass ein Array aus Zufallszahlen generell immer die gleiche Zufallszahl reproduziert. Beispielsweise könnte die Formel

```
=WENN({1;2;3};ZUFALLSZAHL())
```

das Array

```
{0,485859711928939;0,485859711928939;0,485859711928939}
```

ergeben, jedoch keinesfalls drei unterschiedliche Zufallszahlen. Ein Array aus unterschiedlichen Zufallszahlen zu erzeugen, ist eine bislang noch nicht geknackte Nuss. Wer weiß, wie es geht, möge vortreten.

22.2 Ganz schön knifflig

So, jetzt haben wir gesehen, wie man Würfel produzieren kann, jetzt wollen wir sie auch mal anwenden. Wir wollen uns überlegen, wie man beispielsweise fünf Würfel für ein Kniffelspiel auswerten könnte.

Vorab zur Erinnerung das Wichtigste aus dem Kniffel-Regelwerk.

22.2.1 Kniffelregeln

- 1er bis 6er: Summe aller 1er/2er/3er/4er/5er/6er
- 3er-Pasch: Summe aller Würfel, wenn mindestens 3 Zahlen identisch sind
- 4er-Pasch: Summe aller Würfel, wenn mindestens 4 Zahlen identisch sind
- Full-House: 25 Punkte, wenn einmal 3 und einmal 2 Zahlen identisch sind
- Kleine Straße: 30 Punkte, wenn mindestens 4 Zahlen aufeinanderfolgen: 1, 2, 3, 4 oder 2, 3, 4, 5 oder 3, 4, 5, 6, wobei die Reihenfolge der Würfe keine Rolle spielt
- Große Straße: 40 Punkte, wenn 5 Zahlen aufeinanderfolgen: 1, 2, 3, 4, 5 oder 2, 3, 4, 5, 6. Auch hier spielt die Reihenfolge keine Rolle
- Kniffel: 50 Punkte, wenn alle 5 Zahlen identisch sind
- Chance: Summe aller Würfel – ohne Bedingung

In A1:E1 simulieren wir nun die Würfe der fünf Kniffelwürfel (Abb. 22.7).

`A1: =KÜRZEN(ZUFALLSAZHL()*6)+1` (kopieren bis E1)

Für den Bereich `$A$1:$E$1` vergeben wir den Namen *Würfel*. Im Bereich B3:B8 werden die Auswertungen der 1er- bis 6er-Würfe berechnet und in F3 bis F9 die übrigen Auswertungen. Welche Formeln wir dabei benötigen, werden Sie im nächsten Abschnitt sehen.

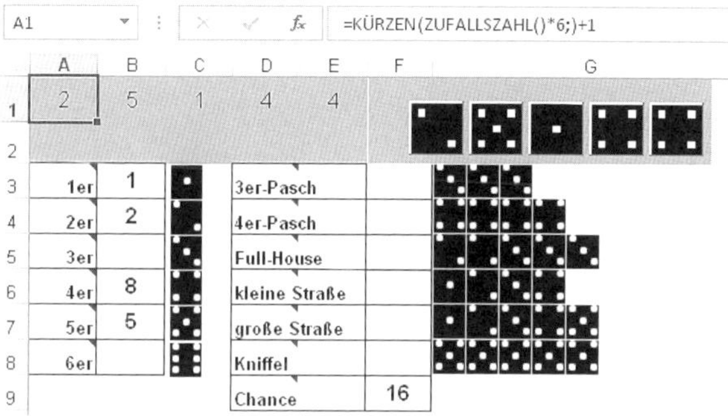

Abbildung 22.7: Auswertung der Würfel nach den Kniffelregeln

Die fünf Würfel über den Zellen F1:G1 sind ein Bildobjekt, das die Würfe in A1:E1 visualisiert. Wie das geht, wurde ja in den vorangegangenen Abschnitten bereits beschrieben (Kamerafunktion). Natürlich können Sie das Objekt auch über die Zellen A1:E1 schieben: Dann sind die »nackten« Würfelaugen nicht mehr zu sehen.

Um zu testen, ob die folgenden Formeln auch funktionieren, bietet es sich an, erst einmal in den Bereich A1:E1 feste Zahlen statt Zufallszahlen zu schreiben. Denn um die Gewissheit zu haben, ob Ihre Kniffelformel richtig rechnet, brauchen Sie natürlich einen Kniffelwurf und der kommt per Zufallszahl nur alle 6^4 = 1.296 Versuche vor.

22.2.2 1er bis 6er (und die Chance)

Jetzt kommen wir zu den Formeln. Dabei fragen wir immer die Zellen `$A$1:$E$1` über den Namen *Würfel* ab, denn dort steht ja die Anzahl der Würfelaugen (entweder zufällig oder auch per Hand gesteuert). Die 1er bis 6er zu ermitteln, stellt noch kein größeres Problem dar. Dabei zählen wir die jeweilige Zahl in unseren fünf Würfeln und multiplizieren das Ergebnis mit der Zahl, exemplarisch für die 3er: `=3*ZÄHLENWENN(Würfel;3)`. Da wir aber sehr schreibfaul sind, vereinheitlichen wir die Formel für die Zahlen 1 bis 6 und besinnen uns dabei wieder auf die Funktion ZEILE bzw. ZEILEN. Also schreiben wir in B3 für die 1er

```
B3: =ZEILEN($1:1)*ZÄHLENWENN(Würfel;ZEILEN($1:1))
```

und kopieren die Formel bis Zelle B8 nach unten. Achten Sie dabei auf die absoluten Bezüge.

In die Rubrik »Simpel« fällt natürlich auch die »Chance«, denn sie ist an keine Bedingung geknüpft. Es werden einfach nur alle Würfelaugen summiert, und zwar mit

```
F9: =SUMME(Würfel)
```

22.2.3 3er- und 4er-Pasch

Es wird aber schon schwieriger, wenn wir jetzt zum 3er-Pasch kommen. Wir müssen dabei herausfinden, ob mindestens drei unserer fünf Würfel identische Augenzahlen aufweisen. Dabei ist es egal, ob es drei, vier oder fünf identische Würfel gibt. Denn auch ein Kniffel ist ein 3er-Pasch! Es müssen eben mindestens drei Gleiche dabei sein. Bei der Problemlösung hilft uns die statistische Funktion MODALWERT, die den häufigsten Wert einer Datengruppe zurückgibt. Wir brauchen zwar nicht den häufigsten Wert, aber es langt ja bereits zu wissen, dass der häufigste Wert (welcher auch immer) öfter als zweimal vorkommt. Also zählen wir den MODALWERT und wenn dieser mehr als zweimal auftaucht (das Ergebnis also WAHR ist), summieren wir die gesamten Würfelaugen.

```
F3:=(ZÄHLENWENN(Würfel;MODALWERT(B1:F1))>2)*SUMME(Würfel)
```

Liegt ein 3er-Pasch vor, dann liefert

```
(ZÄHLENWENN(Würfel;MODALWERT(Würfel))>2)
```

im Ergebnis WAHR. Und `=WAHR*SUMME(Würfel)` führt uns dann zum gewünschten Ergebnis. Bei FALSCH hingegen bleibt das Ergebnis null, denn `=FALSCH*SUMME(Würfel)` ist immer null. Falls kein MODALWERT existiert, liefert die Funktion übrigens den Fehlerwert `#NV`. Die Funktion ZÄHLENWENN kann damit aber prima umgehen und liefert als Ergebnis null.

Mit dieser Überlegung ist der 4er-Pasch auch schnell abgehandelt. Im Gegensatz zum 3er-Pasch müssen wir nur das Vorkommen des Modalwerts auf >3 (statt >2) überprüfen.

```
F4:=(ZÄHLENWENN(Würfel;MODALWERT(Würfel))>3)*SUMME(Würfel)
```

22.2.4 Jetzt wird´s schon kniffeliger: die kleine und die große Straße

Jetzt wird's aber wirklich kniffelig. Wir kommen zu den Straßen, und zwar zunächst zur kleinen Straße. Hierbei gibt es – wie so oft – verschiedene Lösungsansätze. Wir beschränken uns jetzt auf einen. Dabei wollen wir fürchterliche WENN-Verschachtelungen vermeiden (die irgendwie sicherlich auch zum Ziel führen, jedoch absolut unübersichtlich werden dürften).

Die Überlegung ist eigentlich ganz einfach. Nehmen wir zunächst die Prüfung auf die Zahlen 1, 2, 3 und 4. Kommt jede dieser vier Zahlen bei unseren fünf Würfeln vor, liegt auf jeden Fall eine kleine Straße vor. Dabei vergleichen wir die Zahlen einzeln mit der gleichnamigen Funktion VERGLEICH, indem wir die vier Zahlen als Suchbegriff in einem Konstanten-Array vereinen:

```
=VERGLEICH({1.2.3.4};Würfel;0)
```

Das Ganze hat aber zunächst einen Haken: Für jede der vier Zahlen, die im Bereich A1:E1 (*Würfel*) **nicht** vorkommt, liefert die Funktion VERGLEICH den Fehlerwert `#NV`, und dieser würde – da er absolut dominant ist – das gesamte Ergebnis verhageln. Also brauchen wir eine weitere Funktion, die in der Lage ist, mit derartigen Fehlerwerten umzugehen, sie also schlicht zu ignorieren. Und da kommt die Funktion ANZAHL wie gerufen. Sie zählt Zahlen in einem Bereich und ignoriert Wahrheitswerte, Texte und eben auch Fehlerwerte. Also umranden wir den VERGLEICH mit ANZAHL:

```
=ANZAHL(VERGLEICH({1.2.3.4};Würfel;0))
```

Angenommen, folgender Wurf liegt vor: 3, 1, 6, 5, 5, dann liefert `VERGLEICH ({1.2.3.4};Würfel;0)` folgendes Ergebnis: `{2.#NV.1.#NV}`. Mittels der Funktion ANZAHL wird daraus im Ergebnis 2, denn zwei der vier Zahlen (die 1 und die 3) kommen in unserem Wurf vor. Da aber alle vier Zahlen vorkommen müssen, liegt hier keine kleine Straße vor. Das Ergebnis von `=ANZAHL(VERGLEICH({1.2.3.4};Würfel;0))` muss für eine kleine Straße also 4 sein, sodass die gesamte Bedingung lautet:

```
=ANZAHL(VERGLEICH({1.2.3.4};Würfel;0))=4
```

Was wir mit den Zahlen 1, 2, 3 und 4 machen können, geht natürlich auch mit den Zahlen 2, 3, 4 und 5 sowie 3, 4, 5 und 6, sodass wir die restlichen zwei Prüfungen auch abdecken können:

```
=ANZAHL(VERGLEICH({2.3.4.5};Würfel;0))=4
=ANZAHL(VERGLEICH({3.4.5.6};Würfel;0))=4
```

Da nur eine dieser drei Prüfungen WAHR ergeben muss, bietet es sich an, diese mit der ODER-Funktion zu verbinden und insgesamt mit 30 zu multiplizieren, denn so viele Punkte bekommt man für eine kleine Straße.

```
F6: =30*(ODER(ANZAHL(VERGLEICH({1.2.3.4};Würfel;0))=4;ANZAHL(VERGLEICH({2.3.4.5};
Würfel;0))=4;ANZAHL(VERGLEICH({3.4.5.6};Würfel;0))=4))
```

Für die große Straße dient die gleiche Logik mit dem einzigen Unterschied, dass es nur zwei Bedingungen sind, die geprüft werden müssen: 1, 2, 3, 4 und 5 oder 2, 3, 4, 5 und 6.

```
=ANZAHL(VERGLEICH({1.2.3.4.5};Würfel;0))=5
=ANZAHL(VERGLEICH({2.3.4.5.6};Würfel;0))=5
```

Das muss man jetzt noch mit der ODER-Funktion verbinden und das Ergebnis mit 40 (= Punkte für die große Straße) multiplizieren:

```
F7: =40*(ODER(ANZAHL(VERGLEICH({1.2.3.4.5};Würfel;0))=5;
ANZAHL(VERGLEICH({2.3.4.5.6};Würfel;0))=5))
```

Diesen ganzen Überlegungen zum Trotz gibt es für die große Straße aber noch den Knallfrosch schlechthin:

`F7: =40*(VARIANZ(Würfel)=2,5)` oder

`F7: =40*(VARIANZEN(Würfel)=2)`

22.2.5 Das Full-House

Machen wir weiter mit dem Full-House. Hier müssen wir prüfen, ob eine Zahl dreimal und eine andere (!) Zahl zweimal vorkommt. Ist das der Fall, dann gibt es 25 Punkte. Also bedienen wir uns als Grundlage der Funktion ZÄHLENWENN, indem wir alle Würfel zählen:

```
{=ZÄHLENWENN(Würfel;Würfel)}
```

Sobald ein Full-House vorliegt – und nur dann – wird die Ergebnismatrix aus drei Dreiern und zwei Zweiern bestehen. Angenommen, dieser Wurf liegt vor: 5, 4, 4, 5, 5. Dann liefert `{=ZÄHLENWENN(Würfel;Würfel)}` die Matrix `{3.2.2.3.3}`: Die erste 5 kommt dreimal vor, die 4 kommt zweimal vor, die nächste 4 wieder zweimal, die 5 wieder dreimal und die letzte 5 ebenfalls dreimal. Also liegt es jetzt nahe, sowohl das Maximum als auch das Minimum aus dieser Matrix auszulesen, mit 3 bzw. 2 zu vergleichen und die Ergebnisse (zwei Wahrheitswerte) miteinander zu multiplizieren.

```
F5:{=25*((MAX(ZÄHLENWENN(Würfel;Würfel))=3)*(MIN(ZÄHLENWENN(Würfel;
Würfel))=2))}
```

Alternativ kann man die Zahlen 2 und 3 in der ZÄHLENWENN-Ergebnismatrix vergleichen und daraus die Anzahl ermitteln. Diese wird nur bei einem Full-House 2 ergeben:

```
F5:{=25*(ANZAHL(VERGLEICH({2.3};ZÄHLENWENN(Würfel;Würfel);))=2)}
```

22.2.6 Er darf nicht fehlen: der Kniffel

Jetzt sind wir auch schon fast am Ende. Es gilt noch, den Kniffel zu ermitteln. Die grundsätzliche Überlegung ist denkbar einfach: Alle Würfel müssen mit dem Würfel in A1 übereinstimmen. Dazu verwenden wir die Funktion UND und multiplizieren deren Ergebnis mit 50 (das sind die Punkte für einen Kniffel):

```
F8: {=50*(UND(A1=B1:E1))}
```

In einer arrayfreien Variante verketten wir alle Werte und gleichen diesen verketteten String mit der fünfmal verketteten Zelle A1 ab:

```
=50*(A1&B1&C1&D1&E1=A1&A1&A1&A1&A1)
```

Auch der »Dirty Trick« aus Kapitel 7.7 »Formelklassiker« lässt sich hier anwenden (Summe der Kehrwerte aller Vorkommen auf 1 prüfen und mit 50 multiplizieren):

```
{=50*(SUMME(1/ZÄHLENWENN(Würfel;Würfel))=1)}
```

Und nicht zuletzt führt auch dieselbe Überlegung wie beim 3er- und 4er-Pasch zum Ziel. Der Modalwert muss eben fünfmal vorkommen:

```
=50*(ZÄHLENWENN(Würfel;MODALWERT(Würfel))=5)
```

Eine weitere Alternative ist:

```
=50*(SUMME((HÄUFIGKEIT(Würfel;Würfel)>0)*1)=1)
```

Alle Formeln führen zum selben Ergebnis.

Prüfen Sie die Formelergebnisse durch Zufallsberechnungen oder aber – speziell für den Viererpasch, die große Straße und den Kniffel – durch manuelle Vorgabe der Zahlen. Und versuchen Sie auch, Formelalternativen zu basteln, denn die hier genannten sind nur exemplarisch. Es gibt viele Wege, die nach Rom führen!

22.2.7 Kommentare mal etwas anders

Zusätzlich sind in den Zellen A3:A8 und D3:D9 Kommentare (in der Abbildung nicht ersichtlich) mit einer Kurzerläuterung hinterlegt. Als Beispiel folgt in Abb. 22.8 der Kommentar zum 3er-Pasch.

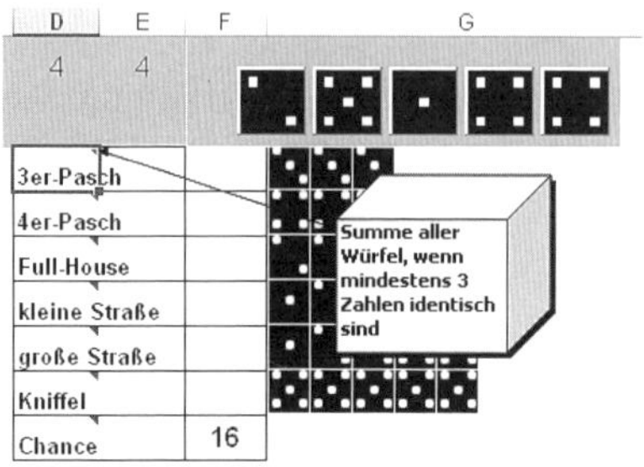

Abbildung 22.8: AutoFormen in Kommentarfelder einbinden (1)

Weil das Standardkommentarfenster doch recht langweilig ist, haben wir es durch einen Würfel ausgetauscht. Dafür erstellt man zunächst den normalen Kommentar, markiert ihn und wählt über das Symbol *Form ändern* (man findet es unter *Datei/ Optionen/Symbolleiste für den Schnellzugriff/Befehle auswählen*: *Alle Befehle*) den Würfel aus (Abb. 22.9). Selbstverständlich lassen sich auch alle anderen Formen zuweisen (Blockpfeile, Flussdiagramme, Sterne und Banner und Legenden). Lassen Sie Ihre Kommentare also in Zukunft leben!

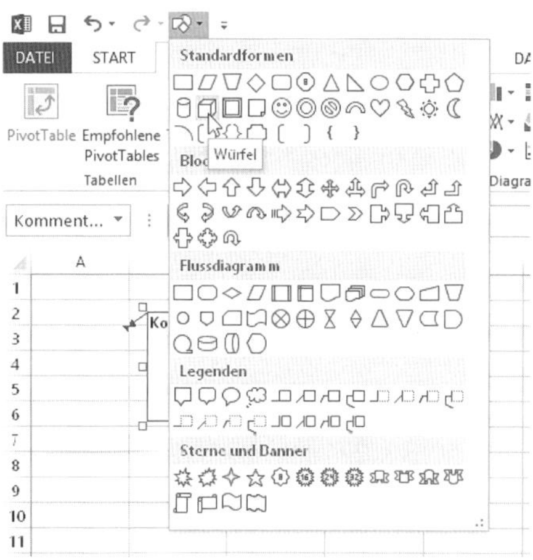

Abbildung 22.9: AutoFormen in Kommentarfelder einbinden (2)

22.3 Kartentricks

Wenn Sie statt zu würfeln, lieber Karten spielen, müssen Sie Excel nicht den Rücken kehren. So wie Sie Würfelwürfe simulieren können, geht das im Prinzip genauso mit Spielkarten beispielsweise einem Skatblatt.

Ein Skatblatt besteht bekanntlich aus 32 Karten, das auf drei Spieler zu je zehn Karten ausgeteilt wird (zwei Karten bleiben liegen). Zum Mischen des Skatblatts erzeugen Sie in A2:AF2 32 Zufallszahlen.

`A2:AF2: =ZUFALLSZAHL()`

Den 32 Zufallszahlen werden später die 32 Spielkarten

Ka7; Ka8; Ka9; Ka10; KaD; KaK; KaA; He7; He8; KaB; HeB; PiB; KrB; usw.

zugeordnet.

Dann wählen Sie aus den 32 Zufallszahlen 10 aus:

`A3: =RANG(A2;$A$2:$AF$2)`(bis J3 kopieren)

Dadurch erhalten Sie zehn zufällige Ganzzahlen im Intervall von 1 bis 32, die ein Blatt mit zehn Karten repräsentieren. Um die Karten nun noch zu sortieren, schreiben Sie in

`A4: =KKLEINSTE(3:3;SPALTE())`

und kopieren das Ganze bis J4. In puncto Rechentechnik ist die Sache damit eigentlich schon erledigt. Jetzt können Sie sich noch aus der Schriftart *Symbol* die vier Zeichen zur Anzeige von Kreuz, Karo, Pik und Herz holen, um Ihre Karten optisch etwas aufzupeppen (Abb. 22.10), heureka!

	A	B	C	D	E
1	Arial	§	¨	©	ª
2	Symbol	♣	♦	♥	♠
3					

Abbildung 22.10: Kreuz, Karo, Herz und Pik mit der Schriftart Symbol darstellen

Aber irgendwie zieht das die Wurst noch nicht so richtig vom Teller. Wir wollen richtige Karten! Die sind auch gar nicht so schwer zu bekommen, man benötigt nur eines der uralten Windows-Spiele *Hearts* oder *Solitaire*, aus denen man dann die einzelnen Karten ausschneiden und über Paintbrush oder ein anderes Bildverarbeitungsprogramm als Bilddatei abspeichern kann. Ein bisschen Fleißarbeit. Dann können die 32 Bilddateien in A1:AF1 eingefügt werden (Abb. 22.11).

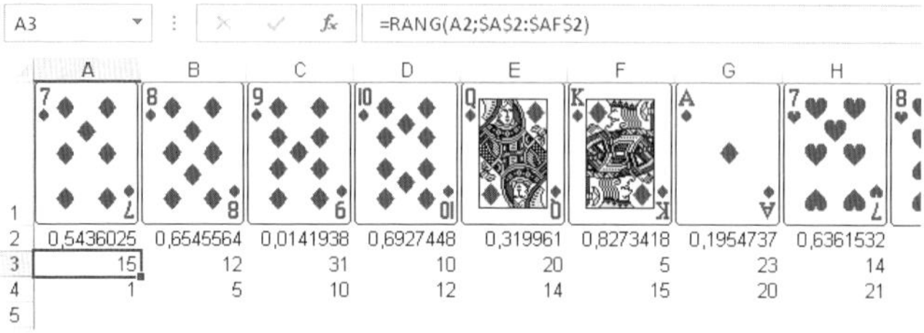

Abbildung 22.11: Skatkarten aufreihen und zufällig auswählen

Jetzt brauchen Sie noch zehn weitere Bildobjekte, um ein Blatt darzustellen, das ein Spieler auf der Hand hält. Und an der Stelle kommt Trick 17:

Definieren Sie zehn Namen von *Karte0–Karte9*, die sich jeweils auf eine zufällige Zelle der 32 Zellen in Zeile 1 beziehen (Abb. 22.12). Welche Zelle das ist, bestimmen die Werte in A4:J4.

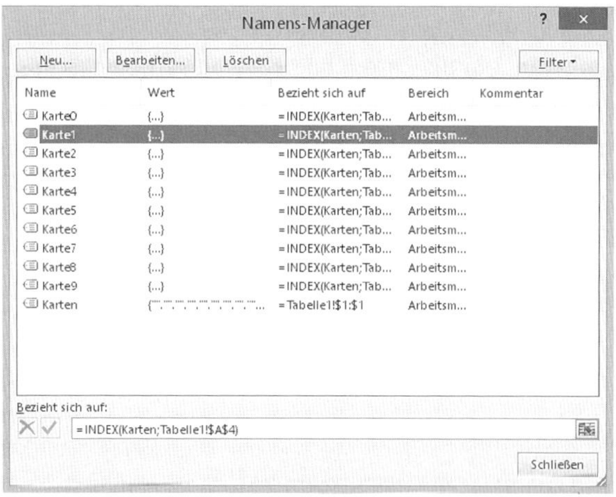

Abbildung 22.12: Namen für Skatblatt mit zehn Karten definieren

Karte1 bezieht sich auf

`=INDEX(Tabelle1!$1:$1;Tabelle1!$B$4)` usw.

Bis *Karte9*, die bezieht sich auf

```
=INDEX(Karten;Tabelle1!$J$4)
```

Den zehn Bildobjekten des Blatts eines Spielers können Sie nun die Namen *Karte0* bis *Karte9* zuordnen, indem Sie diese aktivieren und in die Bearbeitungsleiste den Namen der Karte schreiben (Abb. 22.13).

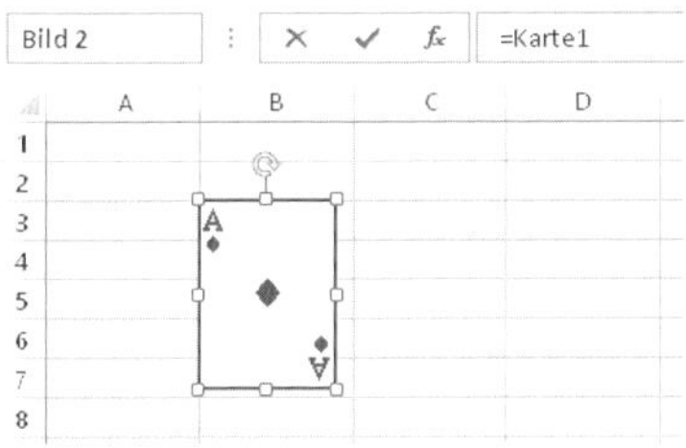

Abbildung 22.13: Dem Bildobjekt einen Namen zuordnen

Da im Beispiel in B4 eine 7 steht, greift *Karte1* auf die siebente Zelle der ersten Zeile (G1) zu, die das Karo As enthält.

Bei jedem Drücken von F9 wird das Bild nun eine neue, zufällig gezogene Karte anzeigen. Und als herzallerliebstes Bonbon haben Sie sogar noch die Möglichkeit, mithilfe des grünen Nippels die Karte so zu drehen, dass das Blatt optimal und gefühlsecht in der Hand liegt. Das Endresultat mit zehn Karten zeigt Abb. 22.14.

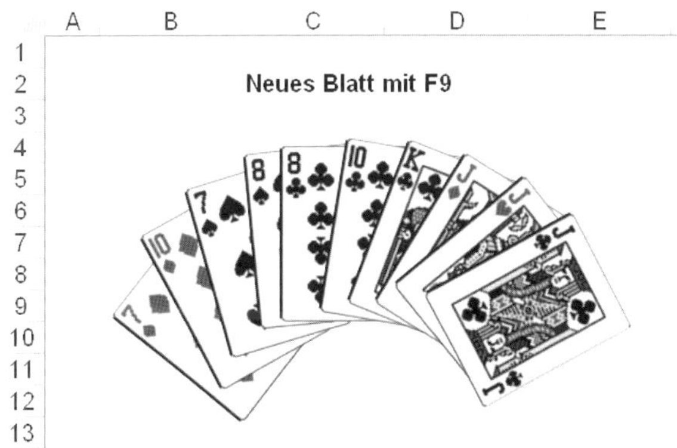

Abbildung 22.14: Zufälliges Skatblatt erzeugen

Gezielte Bildauswahl

Weniger verspielten Spöttern sei gesagt, die dynamische Bildauswahl kann durchaus auch einen ernsthaften Zweck erfüllen. Sie können die Bildauswahl natürlich nicht nur per Zufall treffen, sondern auch gezielt auswählen, beispielsweise über eine Auswahlliste (Abb. 22.15).

In der Spalte E haben Sie alle möglichen Bilder aufgelistet. In der benachbarten Spalte D steht eine Bezeichnung zu den Bildern. Platzieren Sie ein Kombinationsfeld mit:

- Eingabebereich: `=$D$2:$D$5`
- Zellverknüpfung: `=$E$1`

Nun definieren Sie einen Namen *Bildwahl* bezogen auf die Formel

```
=INDEX(Tabelle1!$E$2:$E$5;Tabelle1!$E$1)
```

Platzieren Sie ein weiteres Bildobjekt und ordnen Sie ihm den Namen *Bildwahl* zu, indem Sie bei aktiviertem Bildobjekt

```
=Bildwahl
```

in die Bearbeitungsleiste schreiben. Et voilà:

Abbildung 22.15: Bildauswahl der Mitarbeiter des Monats

Kapitel 23

Excel für Schachspieler

Auch für Liebhaber der königlichen 8x8-Matrix hat Excel ein besonderes Gericht im Repertoire, das nun zubereitet werden soll. Sie haben Ihren Gegner mal wieder in Rekordzeit mit dem sogenannten »Légals Matt« (benannt nach einem französischen Schachspieler des 18. Jahrhunderts – auch bekannt als »Seekadettenmatt«) in sieben Zügen besiegt:

	A	B	C
1	Zug	w	s
2	1.	e2-e4	e7-e5
3	2.	Sg1-f3	d7-d6
4	3.	Lf1-c4	h7-h6
5	4.	Sb1-c3	Lc8-g4
6	5.	Sf3xe5	Lg4xd1
7	6.	Lc4xf7	Ke8-e7
8	7.	Sc3-d5	

Abbildung 23.1: Notation der Blitzpartie »Seekadettenmatt«

Diese Partie spielte schon im Jahre 1750 der Franzose Légal (Philidors Lehrer) gegen den Chevalier de St. Brie.

Die Notation dieses Triumphs möchten Sie gern archivieren und wenn möglich auch visualisieren. Die Zutaten, die Sie dazu benötigen, sind:

- ein gestapeltes Säulendiagramm für das Schachbrett
- ein Punkt (XY)-Diagramm für die Figuren
- eine Bildlaufleiste der *ActiveX-Steuerelemente* für die Zugfolgen
- und die passenden Schachfiguren als Bilddatei (von irgendwo aus dem World Wide Web)

23.1 Das Schachbrett

Das gestapelte Säulendiagramm eignet sich dazu, ein Schachbrettmuster zu erzeugen. Erstellen Sie eine Tabelle mit 8 Zeilen und 16 Spalten mit sich abwechselnden Einsen und Nullen (Abb. 23.2).

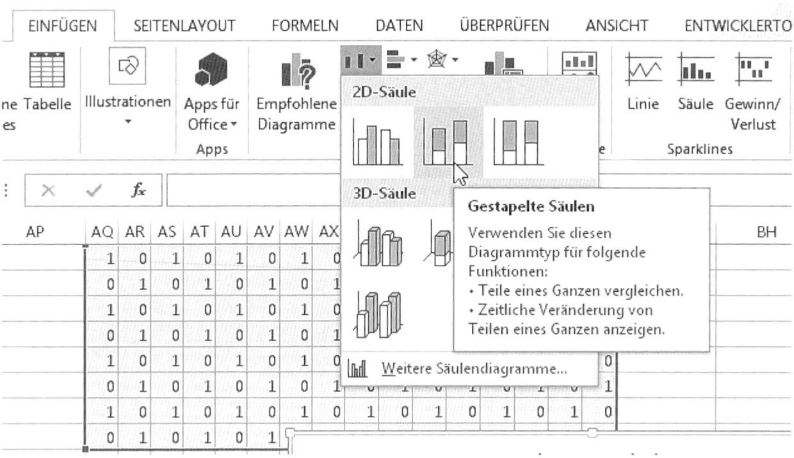

Abbildung 23.2: Matrix mit sich abwechselnden Einsen und Nullen

Erstellen Sie daraus ein gestapeltes Säulendiagramm mit einer Datenreihe je Spalte und formatieren Sie die Datenreihen so, dass nur noch ein schwarzweißes Karomuster übrig bleibt (Abb. 23.3). Die wechselnden Einsen und Nullen können Sie auch mit der folgenden Formel erzeugen:

`AQ1` (kopiert bis BF8): `=REST(ZEILE()+SPALTE()+1;2)`

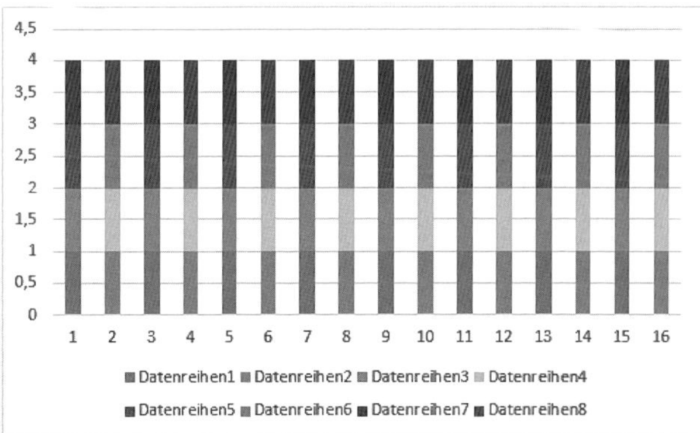

Abbildung 23.3: Gestapeltes Säulendiagramm zum Formatieren des Schachbretts

Da wir 8 Zeilen und 16 Spalten haben, erzeugt Excel in diesem Fall standardmäßig je Zeile eine Datenreihe. Wir benötigen aber je Spalte eine Datenreihe und müssen deshalb Zeilen und Spalten transponieren, wie in Abb. 23.4 zu sehen ist.

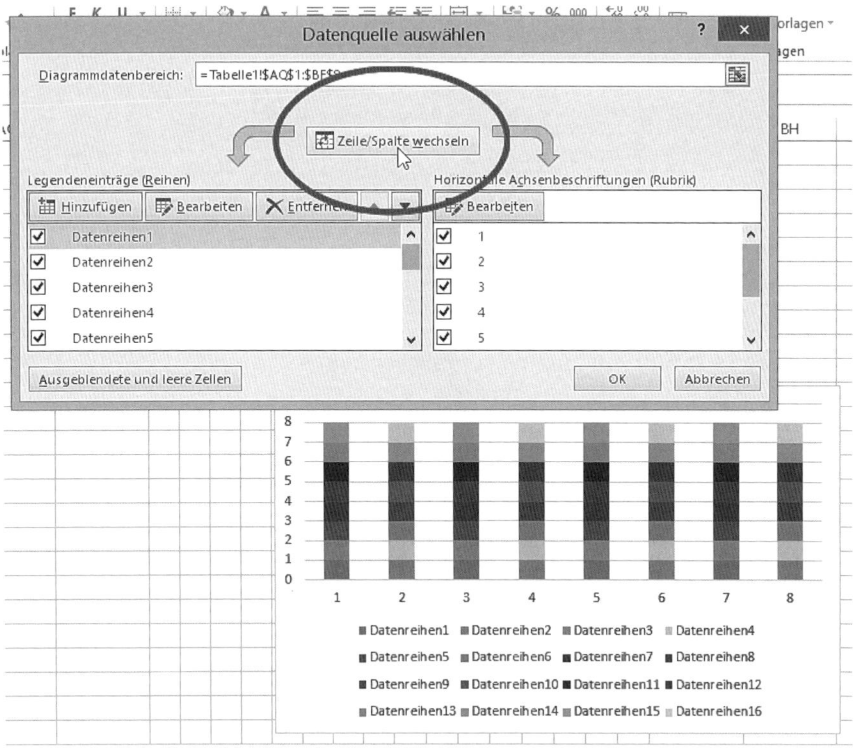

Abbildung 23.4: Säulendiagramm mit gewechselten Zeilen/Spalten

Danach erhalten wir wie gewünscht 8x8 farbige Kästchen, aus denen das Schachbrett erzeugt werden kann. Nützlich ist bei der Formatierung der Datenreihen die Tastenkombination Strg+Y. Wenn Sie eine Datenreihe formatiert haben, können Sie mit dieser Tastenkombination eine weitere Datenreihe gleichermaßen einfärben (Abb. 23.5).

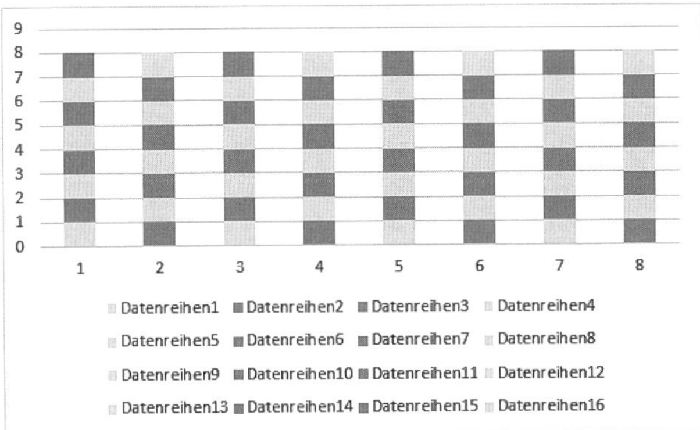

Abbildung 23.5: Gestapeltes Säulendiagramm zum Formatieren des Schachbretts (2)

Jetzt lassen Sie die Zwischenräume verschwinden, indem Sie eine Datenreihe mit der rechten Maustaste anklicken und dann über *Datenreihen formatieren/Reihenoptionen/ Abstandsbreite* selbige auf 0 % stellen. Danach wird noch die Legende eliminiert (Abb. 23.6). Die y-Achse wird zuvor auf den Maximalwert 8 begrenzt, denn wie in Abb. 23.5 zu sehen ist, hat Excel den Autowert für die y-Achse auf 9 gestellt, also 1 zu viel.

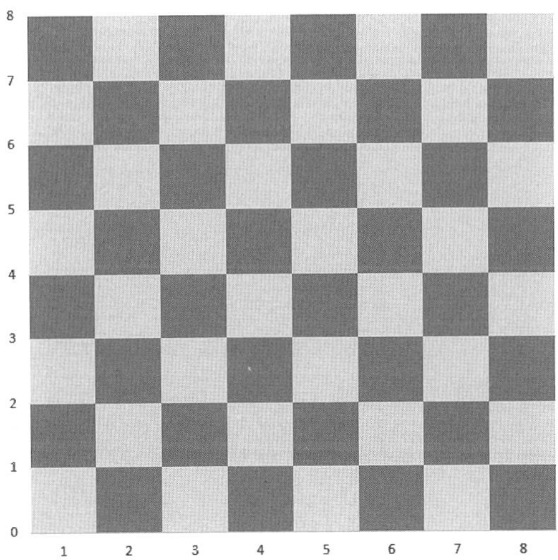

Abbildung 23.6: Fertiges Schachbrett

23.2 Die Figuren

Sie haben nun ein Brett, doch wie können Sie Figuren darauf platzieren? Mit dem flexibelsten aller Diagrammtypen, dem Punkt (XY)-Diagramm. Dieser Diagrammtyp ermöglicht es, Datenpunkte an beliebiger Stelle eines Koordinatensystems (in diesem Fall das Schachbrett) zu positionieren. Jeder Punkt wird dabei durch einen x- und einen y-Wert definiert. Um die 16 weißen Figuren auf dem Brett zu platzieren, erstellen Sie eine Tabelle mit folgenden x/y-Koordinaten (Abb. 23.7):

	K	L	M	N	O	P	Q	R	S	T	U	V	W	X	Y	Z	AA	AB
1		Figur	Ta1	Sb1	Lc1	Dd1	Ke1	Lf1	Sg1	Th1	Ba2	Bb2	Bc2	Bd2	Be2	Bf2	Bg2	Bh2
2	weiß	x	1	2	3	4	5	6	7	8	1	2	3	4	5	6	7	8
3		y	0,5	0,5	0,5	0,5	0,5	0,5	0,5	0,5	1,5	1,5	1,5	1,5	3,5	1,5	1,5	1,5

Abbildung 23.7: x/y-Koordinaten der weißen Figuren

Klicken Sie mit der rechten Maustaste auf das Diagramm und wählen Sie *Daten auswählen/Hinzufügen* und fügen Sie eine Datenreihe mit den y-Werten (ohne x-Werte!) aus M3:AB3 in das gestapelte Säulendiagramm ein. Die zusätzliche Datenreihe wird zunächst als gestapelte Säulen dargestellt (Abb. 23.8).

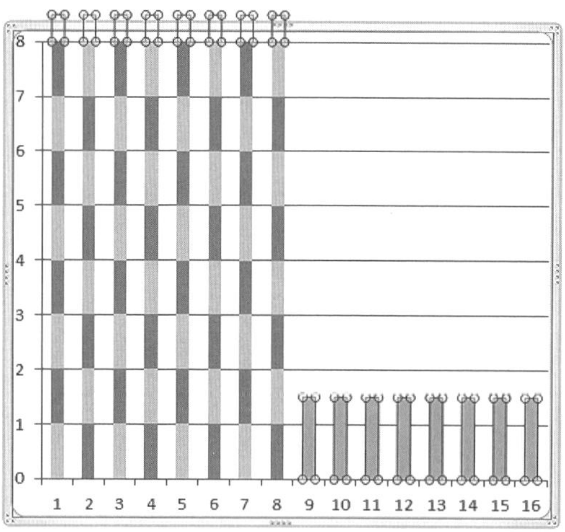

Abbildung 23.8: Datenpunkte der Figuren in das Säulendiagramm einfügen und auf Diagrammtyp Punkt (XY) ändern

Da in Excel mehrere Diagrammtypen kombiniert werden können, kann für die zusätzliche Datenreihe der Diagrammtyp *Punkt (XY)* gewählt werden. Klicken Sie dazu die Datenreihe mit der rechten Maustaste an und wählen Sie *Datenreihen-Diagrammtyp ändern/Punkt (X Y)* (Abb. 23.9 links).

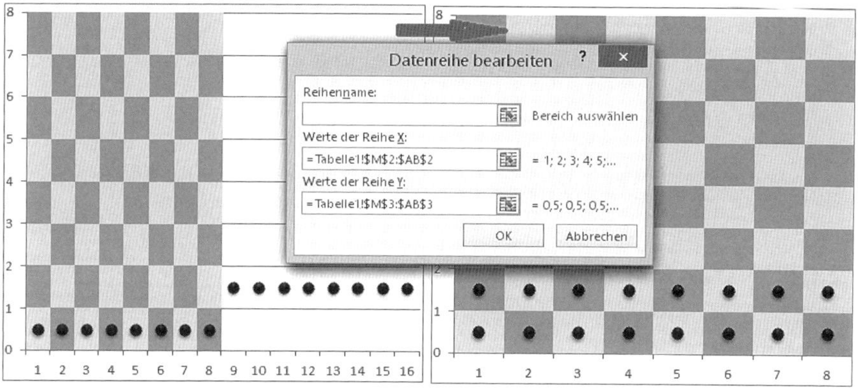

Abbildung 23.9: x-Werte der Punkt (XY)-Datenreihe anpassen

Abschließend müssen Sie für diese Datenreihe über den Kontextmenübefehl *Daten auswählen* die x-Werte M2:AB2 zuordnen, um die Darstellung in der rechten Hälfte von Abb. 23.9 zu erhalten. Wenn Sie die Punkte anklicken, erscheint in der Bearbeitungsleiste die Datenreihendefinition:

```
DATENREIHE("Figuren weiß";Tabelle1!$M$2:$AB$2;Tabelle1!$M$3:$AB$3;17)
```

Das Gleiche machen Sie nun für die schwarzen Figuren mit den folgenden Ausgangskoordinaten (Abb. 23.10).

	K	L	M	N	O	P	Q	R	S	T	U	V	W	X	Y	Z	AA	AB
5		Figur	Ta8	Sb8	Lc8	Dd8	Ke8	Lf8	Sg8	Th8	Ba7	Bb7	Bc7	Bd7	Be7	Bf7	Bg7	Bh7
6	schwarz	x	1	2	3	4	5	6	7	8	1	2	3	4	5	6	7	8
7		y	7,5	7,5	7,5	7,5	7,5	7,5	7,5	7,5	6,5	6,5	6,5	6,5	6,5	6,5	6,5	6,5

Abbildung 23.10: x/y-Koordinaten der schwarzen Figuren

Jetzt sind die Datenpunkte platziert. Aber wie können nun Schachfiguren daraus geschnitzt werden? Datenpunkte können zwar unterschiedlich formatiert werden (Raute, Kreis, Quadrat, Dreieck, ...), aber Schachfiguren sind natürlich nicht verfügbar, das wäre etwas zu viel des Guten. An dieser Stelle bietet Excel eine wirklich pfiffige Möglichkeit. Jeder Datenpunkt kann Träger eines beliebigen Grafikobjekts sein. Probieren Sie dies einmal aus. Erstellen Sie z. B. beliebige Formen (*Einfügen/Formen*). Dann kopieren Sie diese, markieren einen Datenpunkt eines Punkt (XY)-Diagramms und fügen die Grafik mit Strg+V ein. Das Ganze können Sie auch mit Bilddateien machen, die Ihre Schachfiguren enthalten. Das Ergebnis könnte dann so wie in Abb. 23.11 aussehen.

Abbildung 23.11: Datenpunkte im Schachfiguren-Kostüm

23.3 Der Schachzug

Das Brett steht, die Figuren sind aufgestellt. Jetzt können Sie überprüfen, ob die Figuren auch ziehen können. Der erste Zug Ihrer Blitzpartie lautet e2–e4. Ihr e2-Bauer hat in der Startaufstellung die x/y-Koordinaten 5/1,5 (die in den Zellen Y2:Y3 stehen). Sie müssen den y-Wert einfach auf 3,5 erhöhen und Sie werden sehen, wie sich Ihr Bauer auf e4 bewegt.

Es sind alle Vorbereitungen zur grafischen Darstellung Ihrer Schachnotation getroffen. Die Figuren sind mobil. Nun muss noch etwas gerechnet werden. Die x/y-Koordinaten Ihrer Figuren müssen von der Zugnotation der Spalten B:C abgeleitet werden.

Die Notation sollte so aufgelistet werden, dass sie möglichst leicht ausgewertet werden kann. Dazu werden erstens die weißen und schwarzen Halbzüge untereinander aufgelistet und zweitens die beiden Felder, die jeder Schachzug angibt, werden auf zwei benachbarte Spalten aufgeteilt. Drittens werden alle Figurenkennzeichnungen S, L, T, D, K eliminiert, da sie für die weitere Berechnung irrelevant sind und stören. Auch das »X«, das das Schlagen einer gegnerischen Figur symbolisiert, ist überflüssig und wird für die weitere Berechnung durch den standardmäßigen Bindestrich ersetzt. Denn wenn auf dem Zielfeld eine gegnerische Figur steht, wird sie logischerweise geschlagen, das muss nicht extra gekennzeichnet werden. Das gewünschte Ergebnis ist in den Spalten H und I der Tabelle in Abb. 23.12 zu sehen.

	E	F	G	H	I
1	Halbzug			von	nach
2	1	e2-e4	e2-e4	e2	e4
3	2	e7-e5	e7-e5	e7	e5
4	3	Sg1-f3	g1-f3	g1	f3
5	4	d7-d6	d7-d6	d7	d6
6	5	Lf1-c4	f1-c4	f1	c4
7	6	h7-h6	h7-h6	h7	h6
8	7	Sb1-c3	b1-c3	b1	c3
9	8	Lc8-g4	c8-g4	c8	g4
10	9	Sf3xe5	f3-e5	f3	e5
11	10	Lg4xd1	g4-d1	g4	d1
12	11	Lc4xf7	c4-f7	c4	f7
13	12	Ke8-e7	e8-e7	e8	e7
14	13	Sc3-d5	c3-d5	c3	d5

Abbildung 23.12: Schachnotation transformieren

Um aus der Notation in den zwei Spalten B und C nach dem Reißverschlussprinzip eine einzige zu machen, wird in F2 die Formel

```
F2: =INDEX($B$2:$C$8;AUFRUNDEN(E2/2;0);REST(E2-1;2)+1)
```

geschrieben und nach unten kopiert.

Der Term `REST(E2-1;2)+1` bewirkt, dass in jeder Formel im Bereich F2:F14 abwechselnd auf Spalte B und C zugegriffen wird. Der Term `AUFRUNDEN(E2/2;0)` hat den Zweck, den angegebenen Halbzug von Spalte E in einen ganzen Zug umzurechnen, um so auf die richtige Zeile im Bereich B:C zuzugreifen.

Beispielsweise ergibt sich der fünfte Halbzug aus `=INDEX($B$2:$C$8;3;2)`, was die Zelle C4 referenziert.

In Spalte G werden die überflüssigen Symbole eliminiert, dies geschieht mit der Funktion WECHSELN. Für jedes zu löschende Symbol muss diese Funktion weiter verschachtelt werden.

```
G2: =WECHSELN(WECHSELN(WECHSELN(WECHSELN(WECHSELN(WECHSELN
( F2;"S";"");"L";"");"T";"");"D";"");"K";"");"x";"-")
```

In den Spalten H:I werden die Züge aus Spalte G wieder in zwei Spalten aufgeteilt, indem der String am Bindestrich aufgeteilt wird. Das Feld links vom Bindestrich ergibt sich aus

```
H2: =LINKS(G2;FINDEN("-";G2)-1)
```

und das Feld rechts vom Bindestrich aus

```
I2: =TEIL(G2;FINDEN("-";G2)+1;9)
```

Jetzt folgt die Berechnung, mit der die Zugnotationen in die x/y-Koordinaten übertragen werden, die ihrerseits für die Figurenposition im Diagramm verantwortlich sind. Sie benötigen für jede der 32 Figuren eine Spalte (AD:BI), die die Position der entsprechenden Figur nach n Halbzügen (n Zeilen) fortführt. Folgende Abbildung zeigt exemplarisch nur die Spalten der zehn Figuren, die in dieser Blitzpartie bewegt werden. Die restlichen Spalten sind ausgeblendet. Betrachten Sie z. B. den g1-Springer, kann dessen Position mit den Formeln in Spalte L bestimmt werden (Abb. 23.13).

AJ2 =WENN($H2=RECHTS(AJ1;2); $I2; WENN($I2=RECHTS(AJ1;2); NV(); RECHTS(AJ1;2)))

	E	F	G	H	I	J	AC	AE	AG	AI	AJ	AP	AV	AX	BE	BF	BG	BI
1	Halbzug			von	nach		Figur:	Sb1	Dd1	Lf1	Sg1	Be2	Lc8	Ke8	Bd7	Be7	Bf7	Bh7
2	1	e2-e4	e2-e4	e2	e4			b1	d1	f1	g1	e4	c8	e8	d7	e7	f7	h7
3	2	e7-e5	e7-e5	e7	e5			b1	d1	f1	g1	e4	c8	e8	d7	e5	f7	h7
4	3	Sg1-f3	g1-f3	g1	f3			b1	d1	f1	f3	e4	c8	e8	d7	e5	f7	h7
5	4	d7-d6	d7-d6	d7	d6			b1	d1	f1	f3	e4	c8	e8	d6	e5	f7	h7
6	5	Lf1-c4	f1-c4	f1	c4			b1	d1	c4	f3	e4	c8	e8	d6	e5	f7	h7
7	6	h7-h6	h7-h6	h7	h6			b1	d1	c4	f3	e4	c8	e8	d6	e5	f7	h6
8	7	Sb1-c3	b1-c3	b1	c3			c3	d1	c4	f3	e4	c8	e8	d6	e5	f7	h6
9	8	Lc8-g4	c8-g4	c8	g4			c3	d1	c4	f3	e4	g4	e8	d6	e5	f7	h6
10	9	Sf3xe5	f3-e5	f3	e5	13		c3	d1	c4	e5	e4	g4	e8	d6	#NV	f7	h6
11	10	Lg4xd1	g4-d1	g4	d1			c3	#NV	c4	e5	e4	d1	e8	d6	#NV	f7	h6
12	11	Lc4xf7	c4-f7	c4	f7			c3	#NV	f7	e5	e4	d1	e8	d6	#NV	#NV	h6
13	12	Ke8-e7	e8-e7	e8	e7			c3	#NV	f7	e5	e4	d1	e7	d6	#NV	#NV	h6
14	13	Sc3-d5	c3-d5	c3	d5			d5	#NV	f7	e5	e4	d1	e7	d6	#NV	#NV	h6

Abbildung 23.13: Figurenposition an Schachnotation koppeln

Die Logik der Formel

```
AJ2: =WENN($H2=RECHTS(AJ1;2); $I2; WENN($I2=RECHTS(AJ1;2); NV();
RECHTS(AJ1;2)))
```

ist recht einfach. `$H2=RECHTS(AJ1;2)` prüft, ob der Springer g1 zieht. Das hängt davon ab, ob er in H2 angesprochen wird. Falls ja, muss die aktuelle Position durch die Zielposition ersetzt werden, die in I2 steht. Ist dies nicht der Fall, wird geprüft, ob in I2 die Zielposition g1 steht. Dies würde bedeuten, dass eine andere Figur nach g1 zieht und damit den Springer g1 schlägt:

```
WENN($I2=RECHTS(AJ1;2);NV();RECHTS(AJ1;2))
```

Dann würde g1 durch `#NV` ersetzt. Dies kennzeichnet, dass die Figur geschlagen wurde. Ein Punkt einer Datenreihe wird ausgeblendet, wenn die zugrunde liegende

Zelle den Wert `NV#` enthält. Ist dies nicht der Fall, wurde die Figur nicht gezogen und nicht geschlagen. Dann wird einfach die Position des vorherigen Halbzugs übernommen und der *Sonst_Wert* der WENN-Formel `RECHTS(AJ1;2)` greift.

Beispielsweise wird im zehnten Halbzug die weiße Dame geopfert, in AG11 erscheint deshalb ein `#NV`. Dieses Feld besetzt nun der schwarze c8-Läufer. In AV11 vollzieht dieser seinen Positionswechsel auf das Feld d1.

Das einzig Wesentliche, was jetzt noch fehlt, ist die Überleitung der berechneten Figurenpositionen auf die x/y-Koordinaten, die die Datenquelle des Diagramms darstellen (Abb. 23.14).

S2 | =CODE(LINKS(INDEX(AJ2:AJ14;n)))-96

	K	L	M	N	O	P	Q	R	S	T	U	V	W	X	Y	Z	AA	AB
1		Figur	Ta1	Sb1	Lc1	Dd1	Ke1	Lf1	Sg1	Th1	Ba2	Bb2	Bc2	Bd2	Be2	Bf2	Bg2	Bh2
2	weiß	x	1	2	3	4	5	6	7	8	1	2	3	4	5	6	7	8
3		y	0,5	0,5	0,5	0,5	0,5	0,5	0,5	0,5	1,5	1,5	1,5	1,5	3,5	1,5	1,5	1,5
4																		
5		Figur	Ta8	Sb8	Lc8	Dd8	Ke8	Lf8	Sg8	Th8	Ba7	Bb7	Bc7	Bd7	Be7	Bf7	Bg7	Bh7
6	schwarz	x	1	2	3	4	5	6	7	8	1	2	3	4	5	6	7	8
7		y	7,5	7,5	7,5	7,5	7,5	7,5	7,5	7,5	6,5	6,5	6,5	6,5	6,5	6,5	6,5	6,5

Abbildung 23.14: Position der Figuren nach n Halbzügen

In der Startaufstellung hat der weiße g1-Springer die Koordinaten 7;0,5 (S2:S3). Seine Koordinaten nach *n* Halbzügen berechnen sich aus:

```
S2: =CODE(LINKS(INDEX(AJ2:AJ14;n)))-96
S3: =RECHTS(INDEX(AJ2:AJ14;n))-0,5
```

Die Formel in S2 rechnet die Linienbezeichnung von a bis h in die Werte 1 bis 8 um. Die Formel in S3 subtrahiert von der Zeilennummer 0,5. Beispielsweise ergibt sich im 3. Halbzug die Position des g1-Springers von 6;2,5 aus:

`= LINKS(INDEX(AJ2:AJ14;3))` referenziert AJ4 und liefert die Position »f3«.

```
S2:=CODE(LINKS("f3")-96=6
S3:=RECHTS("f3")-0,5=2,5
```

Für die schwarzen Figuren gilt:

```
S6: =CODE(LINKS(INDEX(AZ2:AZ14;n)))-96
S7: =RECHTS(INDEX(AZ2:AZ14;n))-0,5
```

Die Koordinaten der Mattstellung nach 13 Halbzügen zeigt Abb. 23.15.

	K	L	M	N	O	P	Q	R	S	T	U	V	W	X	Y	Z	AA	AB
1		Figur	Ta1	**Sb1**	Lc1	**Dd1**	Ke1	**Lf1**	**Sg1**	Th1	Ba2	Bb2	Bc2	Bd2	**Be2**	Bf2	Bg2	Bh2
2	weiß	x	1	**4**	3	**#NV**	5	**6**	**5**	8	1	2	3	4	**5**	6	7	8
3		y	0,5	**4,5**	0,5	**#NV**	0,5	**6,5**	**4,5**	0,5	1,5	1,5	1,5	1,5	**3,5**	1,5	1,5	1,5
4																		
5		Figur	Ta8	Sb8	**Lc8**	Dd8	**Ke8**	**Lf8**	Sg8	**Th8**	Ba7	Bb7	Bc7	Bd7	**Be7**	**Bf7**	Bg7	Bh7
6	schwarz	x	1	2	**3**	4	**5**	**6**	7	**8**	1	2	3	4	**#NV**	**#NV**	7	8
7		y	7,5	7,5	**0,5**	7,5	**6,5**	**7,5**	7,5	**7,5**	6,5	6,5	6,5	5,5	**#NV**	**#NV**	6,5	5,5

Abbildung 23.15: Position der Figuren in der Mattstellung der Blitzpartie

Sie haben es geschafft, Sie können Ihre Mattstellung im gestapelten Säulen-/Punkt (XY)-Diagramm bewundern (Abb. 23.16). Aber zuerst wollen wir endlich noch die nummerierte x-Achse durch die Buchstaben A–H ersetzen. Selektieren Sie dazu einfach eine Datenreihe des Schachbretts und schreiben Sie in das Argument der x-Werte ein Array aus den Buchstaben A bis H:

```
=DATENREIHE(;{"A"."B"."C"."D"."E"."F"."G"."H"};Tabelle1!$AQ$1:$BF$1;15)
```

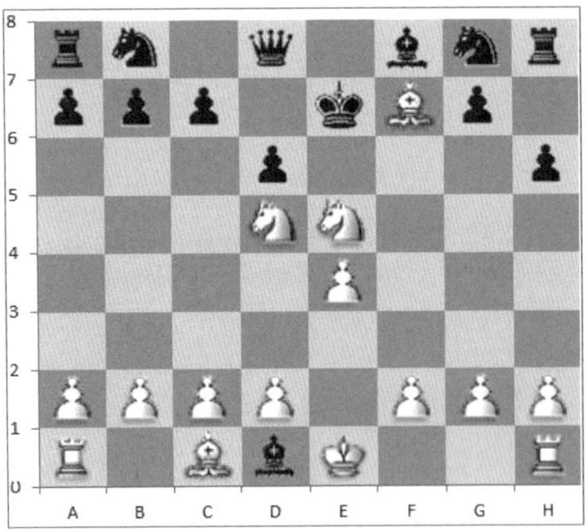

Abbildung 23.16: Mattstellung »Seekadettenmatt«

23.4 Zugfolgen und Spezialitäten

Sie haben eine Zelle mit dem Namen *n* definiert, in die Sie die Nummer des Halbzugs eingeben, für den Sie das Diagramm berechnen möchten. Wenn Sie Ihre Partie vom ersten bis zum letzten Halbzug genießen wollen, wäre es ja nervig, die Zugnummer immer manuell eingeben zu müssen. Dafür bieten sich die *Bildlaufleisten* der *ActiveX-Steuerelemente* an.

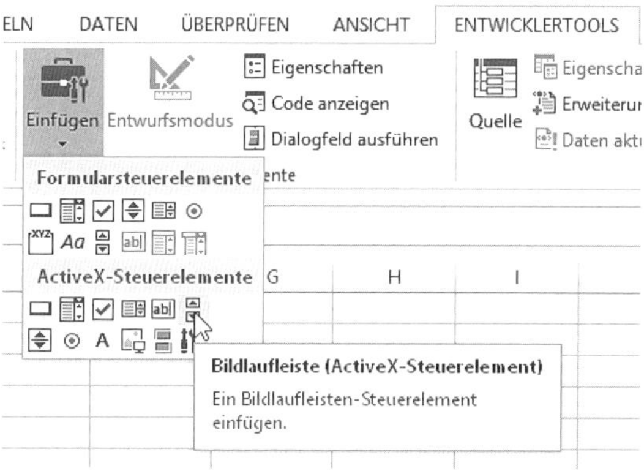

Abbildung 23.17: Steuerelemente-Katalog

Ziehen Sie eine Bildlaufleiste in Ihre Tabelle.

Über das Kontextmenü der Bildlaufleiste gelangen Sie in die Eigenschaften des Steuerelements. Dort definieren Sie die Eigenschaftswerte:

- *LinkedCell:n*
- *Min:1*
- *Max:100*

Wenn Sie nun die Bildlaufleiste anklicken, bewegen sich Ihre Schachfiguren Zug um Zug auf dem Schachbrett.

23.5 Besondere Züge

Der beschriebene Weg behandelt nur Standardzüge, doch auch die Berücksichtigung von Rochaden stellt kein großes Problem dar. Die übliche Notation für die kleine Rochade lautet 0-0, für die große Rochade lautet sie 0-0-0. Splittet man diese Notation in den Spalten H und I auf, steht bei der Rochade in Spalte H »0« und in I bei der kleinen Rochade ebenso »0« und bei der großen Rochade »0-0«. Sie müssen jetzt nur die Figuren, die bei der Rochade angesprochen werden, um zusätzliche WENN-Abfragen ergänzen. Beispielsweise würde für den schwarzen König die erweiterte Formel in AX2 lauten:

```
=WENN(REST(E2;2)=0;WENN(I2="0-0";"c8";WENN(I2="0";"g8";Formel1)); Formel1)
```

mit

```
Formel1=WENN($H2=RECHTS(AX1;2);$I2;WENN($I2=RECHTS(AX1;2);NV();RECHTS(AX1;2)))
```

`REST(E2;2)=0`: prüft, ob Schwarz am Zug ist.

`WENN(I2="0-0";"c8"`: Bei großer Rochade zieht der König auf c8.

`WENN(I2="0";"g8"`: Bei kleiner Rochade zieht der König auf g8.

`Formel1` prüft die zuvor beschriebenen Standardzüge.

Es ist auch möglich, Bauern in Damen (oder andere Figuren) einzutauschen. Zieht ein weißer Bauer auf die achte Reihe, wird sein Wert auf `#NV` gesetzt, da er vom Brett genommen wird. Für jeden Bauern wird ein weiterer Datenpunkt in das Diagramm eingefügt, der eine Dame enthält. Solange der Bauer selbst auf dem Brett steht, hat dieser Datenpunkt den Wert `#NV` und ist somit im Hintergrund verborgen. Erst wenn der Bauer eingetauscht wird, wird der Datenpunkt, der die Dame enthält, sichtbar gemacht. Damit das funktioniert, müssen die Formeln zur Bestimmung der Figurenpositionen um einige nicht sehr komplizierte WENN-Bedingungen erweitert werden, die einen Eintauschzug mit der Notation »a2-a1=D« auslesen können.

23.6 Transparenter Grafikhintergrund im Datenpunkt

Wenn Sie ein Grafikobjekt, eine Schachfigur oder irgendein anderes Bild, in einen Datenpunkt einfügen, erscheint dieses möglicherweise quadratisch, weil der Hintergrund des Bilds nicht transparent ist. Wenn Sie das stört, klicken Sie das Bild mit der rechten Maustaste an – bevor Sie es in den Datenpunkt kopiert haben – und wählen Sie den Befehl zum Bestimmen der transparenten Farbe an, nachdem Sie ihn unter den Excel-Optionen aus der Liste der verfügbaren Befehle zu Ihrer *Symbolleiste für den Schnellzugriff* ergänzt haben.

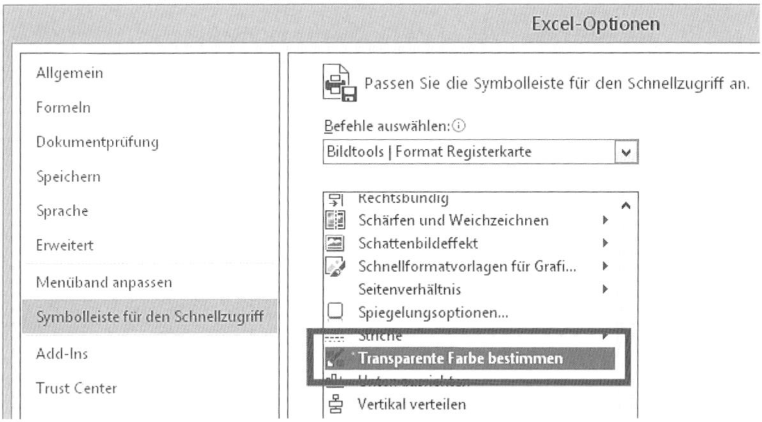

Abbildung 23.18: Befehl zum Bestimmen der transparenten Farbe

Wenn Sie nun das hervorgehobene Symbol in Abb. 23.18 anklicken, erhalten Sie einen Cursor in Form des Symbols. Mit diesem Cursor klicken Sie auf die Farbe des Bildobjekts, die transparent sein soll. Dann erst kopieren Sie das Bildobjekt in den Datenpunkt.

Kapitel 24

Ligaplaner

24.1 Spielpaarungen

Alle Jahre wieder – zu Saisonbeginn der Fußballbundesliga – bekommt man alle Spielpaarungen und Termine in einem Tableau präsentiert. Die Abbildung zeigt ein Beispiel aus der Vergangenheit (Abb. 24.1).

2010 / 2011 Termine	1. FC Kaiserslautern	1. FC Köln	1. FC Nürnberg	Bayer Leverkusen	Bayern München	Bor. Mönchengladbach	Borussia Dortmund	Eintracht Frankfurt	FC St. Pauli	FSV Mainz 05	Hamburger SV	Hannover 96	SC Freiburg	Schalke 04	TSG Hoffenheim	VfB Stuttgart	VfL Wolfsburg	Werder Bremen
1. FC Kaiserslautern		15.01.	16.04.	02.04.	28.08.	30.10.	12.02.	16.10.	30.04.	29.01.	26.02.	25.09.	12.03.	27.11.	18.09.	13.11.	11.12.	14.05.
1. FC Köln	21.08.		02.04.	30.04.	05.02.	13.11.	16.10.	11.12.	11.09.	12.02.	30.10.	12.03.	26.02.	14.05.	25.09.	16.04.	27.11.	22.01.
1. FC Nürnberg	20.11.	06.11.		05.02.	09.04.	15.01.	04.12.	19.02.	05.03.	23.04.	29.01.	18.12.	28.08.	02.10.	07.05.	21.09.	23.10.	19.03.
Bayer Leverkusen	06.11.	04.12.	18.09.		20.11.	28.08.	15.01.	21.09.	09.04.	23.10.	07.05.	29.01.	18.12.	19.03.	23.04.	19.02.	05.03.	02.10.
Bayern München	22.01.	18.09.	13.11.	16.04.		02.04.	26.02.	27.11.	11.12.	25.09.	12.03.	16.10.	30.10.	30.04.	12.02.	14.05.	21.08.	11.09.
Bor. Mönchengladbach	19.03.	09.04.	21.08.	22.01.	06.11.		23.04.	11.09.	21.09.	20.11.	18.12.	04.12.	07.05.	19.02.	05.03.	05.02.	02.10.	23.10.
Borussia Dortmund	21.09.	05.03.	30.04.	21.08.	02.10.	27.11.		14.05.	19.02.	19.03.	13.11.	02.04.	16.04.	05.02.	23.10.	22.01.	11.09.	11.12.
Eintracht Frankfurt	05.03.	07.05.	25.09.	12.02.	23.04.	29.01.	18.12.		19.03.	04.12.	28.08.	15.01.	18.09.	23.10.	20.11.	26.02.	06.11.	09.04.
FC St. Pauli	04.12.	29.01.	16.10.	13.11.	07.05.	12.02.	25.09.	30.10.		18.12.	18.09.	26.02.	15.01.	02.04.	28.08.	12.03.	20.11.	23.04.
FSV Mainz 05	11.09.	21.09.	27.11.	12.03.	19.02.	16.04.	30.10.	30.04.	14.05.		16.10.	13.11.	02.04.	11.12.	02.10.	21.08.	22.01.	05.02.
Hamburger SV	02.10.	19.03.	11.09.	11.12.	23.10.	14.05.	09.04.	22.01.	05.02.	05.03.		16.04.	30.04.	21.08.	06.11.	27.11.	21.09.	19.02.
Hannover 96	19.02.	23.10.	14.05.	11.09.	05.03.	30.04.	06.11.	21.08.	02.10.	09.04.	20.11.		27.11.	22.01.	19.03.	11.12.	05.02.	21.09.
SC Freiburg	23.10.	02.10.	22.01.	14.05.	19.03.	11.12.	20.11.	05.02.	21.08.	06.11.	04.12.	23.04.		21.09.	09.04.	11.09.	19.02.	05.03.
Schalke 04	23.04.	18.12.	26.02.	30.10.	04.12.	25.09.	18.09.	12.03.	06.11.	07.05.	15.01.	28.08.	12.02.		29.01.	16.10.	09.04.	20.11.
TSG Hoffenheim	05.02.	19.02.	11.12.	27.11.	21.09.	16.10.	12.03.	16.04.	22.01.	26.02.	02.04.	30.10.	13.11.	11.09.		30.04.	14.05.	21.08.
VfB Stuttgart	09.04.	20.11.	12.02.	25.09.	18.12.	18.09.	28.08.	02.10.	23.10.	15.01.	23.04.	07.05.	29.01.	05.03.	04.12.		19.03.	06.11.
VfL Wolfsburg	07.05.	23.04.	12.03.	16.10.	15.01.	26.02.	29.01.	02.04.	16.04.	28.08.	12.02.	18.09.	25.09.	13.11.	18.12.	30.10.		04.12.
Werder Bremen	18.12.	28.08.	30.10.	26.02.	29.01.	12.03.	07.05.	13.11.	27.11.	18.09.	25.09.	12.02.	16.10.	16.04.	15.01.	02.04.	30.04.	

Abbildung 24.1: Matrix zum Bundesligaspielplan

Jeder kennt inzwischen Sudoku, aber die wenigsten haben sich wahrscheinlich schon einmal Gedanken darüber gemacht, dass in diesem Spielplan ein ähnlich interessantes Zahlenrätsel steckt. Um es ein bisschen leichter zu machen, stellen wir uns eine Liga mit nur 10 Mannschaften vor. Dann haben wir eine 10x10-Matrix. Jede Zelle dieser Matrix beinhaltet den Termin einer Spielpaarung. Bei 10 Mannschaften gibt es zu jedem Termin 5 Spielpaarungen. Dass Spiele eines Spieltages auch an unterschiedlichen Tagen stattfinden können, ignorieren wir zunächst der Einfachheit halber. Es gibt 9 Spieltage in der Hinrunde und 9 Spieltage in der Rückrunde, macht insgesamt 9*2*5 = 90 Spiele (allgemein sind es bei n Mannschaften immer (n-1)*(n/2)*2 Spiele, in der Fußballbundesliga 17*9*2 = 306). Zur weiteren Vereinfachung sollen in die Zellen statt genauer Termine fortlaufende Nummern vom 1. bis zum 18. Spieltag eingetragen werden.

Ihre Aufgabe ist es nun, in der Tabelle alle Zellen mit den Spieltagen von 1 bis 18 zu füllen. Dabei müssen natürlich einige Bedingungen eingehalten werden:

- Jeder Spieltag hat fünf Partien und muss daher in fünf Zellen vorkommen.
- Jede Mannschaft hat pro Spieltag nur ein Spiel.
- Zwei Mannschaften begegnen sich nur einmal in der Hinrunde und einmal in der Rückrunde.
- Und zur Krönung hat jede Mannschaft möglichst immer abwechselnd ein Heimspiel und ein Auswärtsspiel zu absolvieren.

Also viel Spaß beim Knobeln.

Mit der Lösung dieses Rätsels ist allerdings nur der erste Baustein unseres Ligaplaners gelegt. Anschließend werden Sie lernen, wie man die Spieler oder Teams, die in Ihrer Liga mitspielen, zufällig den Zeilen- und Spaltennummern des Spielpaarungstableaus zuordnet.

Danach werden alle Spielpaarungen – chronologisch nach Spieltagen sortiert – untereinander aufgelistet, sodass man die Spielergebnisse jedes einzelnen Spiels daneben eintragen kann. Aus den Spielergebnissen wird dann automatisch die aktuelle Ligatabelle berechnet und angezeigt. Der gesamte Ligaplaner wird so aufgebaut, dass er dynamisch auf eine beliebige Anzahl Teams bzw. Spieler angepasst werden kann.

Haben Sie inzwischen die Knobelaufgabe gelöst? Eine von mehreren möglichen Lösungen sehen Sie in der folgenden Abb. 24.2. In der rechten Matrix sehen Sie die einfache Variante. In der darauf folgenden Abb. 24.3 wird das Ergebnis in der Matrix Y1:AI11 noch so umgestellt, dass Heim- und Auswärtsspiele abwechselnd stattfinden.

	1	2	3	4	5	6	7	8	9	10
1	0	0	0	0	0	0	0	0	0	0
2	1	0	0	0	0	0	0	0	0	0
3	1	1	0	0	0	0	0	0	0	0
4	1	1	1	0	0	0	0	0	0	0
5	1	1	1	1	0	0	0	0	0	0
6	1	1	1	1	1	0	0	0	0	0
7	1	1	1	1	1	1	0	0	0	0
8	1	1	1	1	1	1	1	0	0	0
9	1	1	1	1	1	1	1	1	0	0
10	1	1	1	1	1	1	1	1	1	0

	1	2	3	4	5	6	7	8	9	10
1		10	11	12	13	14	15	16	17	18
2	1		12	13	14	15	16	17	18	11
3	2	3		14	15	16	17	18	10	13
4	3	4	5		16	17	18	10	11	15
5	4	5	6	7		18	10	11	12	17
6	5	6	7	8	9		11	12	13	10
7	6	7	8	9	1	2		13	14	12
8	7	8	9	1	2	3	4		15	14
9	8	9	1	2	3	4	5	6		16
10	9	2	4	6	8	1	3	5	7	

Abbildung 24.2: Grundgerüst einer Spielplan-Matrix (1)

Die Tabellen sind so zu lesen, dass beispielsweise Mannschaft 5 am 6. Spieltag ein Heimspiel gegen Mannschaft 3 hat. Die Zahlen links unterhalb der leeren Diagonale können sowohl abwärts also auch nach rechts von 1 bis 9 durchgezählt werden. Nach 9 wird wieder bei 1 begonnen. Die letzte Zeile weicht von dieser Regel ab – dort wird in Zweierschritten gezählt. Das muss so sein, sonst wäre die Tabelle ungültig. Stünde in Zeile 10 und Spalte 2 eine 1, würde Mannschaft 2 am 1. Spieltag auswärts gegen Mannschaft 10 spielen und zuhause gegen Mannschaft 1, und das ist ja schlecht möglich.

Das Zahlendreieck rechts oberhalb der leeren Diagonale enthält die transponierten Werte des Dreiecks links unten plus 10. Denn der 10. Spieltag ist ja der 1. Spieltag in der Rückrunde. Die mittlere Tabelle in Abb. 24.3 ist zwar theoretisch gültig, aber so hätte Mannschaft 10 in der Hinrunde nur Heimspiele und Mannschaft 1 nur Auswärtsspiele. Deshalb wird in der rechten Tabelle von Abb. 24.3 ab Spalte Y jede zweite Zelle mit der entsprechenden Zelle des gegenüberliegenden Zahlendreiecks getauscht, sodass jede Mannschaft in der Hinrunde vier oder fünf Heimspiele hat.

Die Tabellen können mit Formeln so aufgebaut werden, dass sie sich dynamisch an eine andere Anzahl Teams oder Spieler anpassen.

	A	B	C	D	E	F	G	H	I	J	K
1		1	2	3	4	5	6	7	8	9	10
2	1	0	0	0	0	0	0	0	0	0	0
3	2	1	0	0	0	0	0	0	0	0	0
4	3	1	1	0	0	0	0	0	0	0	0
5	4	1	1	1	0	0	0	0	0	0	0
6	5	1	1	1	1	0	0	0	0	0	0
7	6	1	1	1	1	1	0	0	0	0	0
8	7	1	1	1	1	1	1	0	0	0	0
9	8	1	1	1	1	1	1	1	0	0	0
10	9	1	1	1	1	1	1	1	1	0	0
11	10	1	1	1	1	1	1	1	1	1	0

	M	N	O	P	Q	R	S	T	U	V	W
1		1	2	3	4	5	6	7	8	9	10
2	1		10	11	12	13	14	15	16	17	18
3	2	1		12	13	14	15	16	17	18	11
4	3	2	3		14	15	16	17	18	10	13
5	4	3	4	5		16	17	18	10	11	15
6	5	4	5	6	7		18	10	11	12	17
7	6	5	6	7	8	9		11	12	13	10
8	7	6	7	8	9	1	2		13	14	12
9	8	7	8	9	1	2	3	4		15	14
10	9	8	9	1	2	3	4	5	6		16
11	10	9	2	4	6	8	1	3	5	7	

	Y	Z	AA	AB	AC	AD	AE	AF	AG	AH	AI
1		1	2	3	4	5	6	7	8	9	10
2	1		1	11	3	13	5	15	7	17	9
3	2	10		3	13	5	15	7	17	9	11
4	3	2	12		5	15	7	17	9	10	4
5	4	12	4	14		7	17	9	10	2	15
6	5	4	14	6	16		9	10	2	12	8
7	6	14	6	16	8	18		2	12	4	10
8	7	6	16	8	18	1	11		4	14	3
9	8	16	8	18	1	11	3	13		6	14
10	9	8	18	1	11	3	13	5	15		7
11	10	18	2	13	6	17	1	12	5	16	

Abbildung 24.3: Grundgerüst einer Spielplan-Matrix (2)

Die linke Matrix kennzeichnet lediglich das Zahlendreieck links unten mit einer 1.

```
B2: =WENN(B$1>=$A2;0;1)
```

Die mittlere Matrix berechnet die Spieltage. *n* ist dabei der Name einer benannten Zelle, die die Anzahl der Teams/Spieler enthält.

```
N2:
=WENN(B2;REST(WENN($M2=n;$M2+N$1*2-4;$M2+N$1-3);n-1)+1;WENN(N$1=$M2;"";
INDEX($N$2:$AU$37;N$1;$M2)+n-1))
```

Der Formelteil mit REST erzeugt das linke, untere Zahlendreieck mit der Sonderbehandlung der letzten Zeile (`$M2=n`). `N$1=$M2;""` erzeugt die leere Mitteldiagonale und INDEX transponiert das linke untere Zahlendreieck.

Die rechte Matrix mischt schließlich Paarungen der Hinrunde mit Paarungen der Rückrunde.

```
Z2: =WENN((REST(Z$1+$Y2;2)=1)*1;WENN(N2>n-1;N2-n+1;N2+n-1);N2)
```

Die Formeln in B2, N2 und Z2 werden jeweils zehn Zeilen nach unten und rechts kopiert. Wenn Sie *n* erhöhen, vergrößern Sie die drei Matrizen einfach entsprechend, die Formeln sind so ausgelegt, dass das ohne Weiteres funktioniert. Deshalb geht die Matrix der INDEX-Funktion auch bis AU37 und nicht nur bis W11.

Teams/Spieler den Nummern zuordnen

Wir gehen weiter davon aus, dass in Ihrer geplanten Liga zehn Spieler gegeneinander antreten. Jetzt müssen Sie die Namen Ihrer teilnehmenden Spieler den Nummern von 1 bis 10 zuordnen. Dafür lassen Sie am besten wieder einmal den Zufall walten und wechseln vom Fußball zu einer kleinen Tennis-Seniorenmeisterschaft (Abb. 24.4)?

Abbildung 24.4: Spieler durch Sortierung von Zufallszahlen zufällig mischen

Schreiben Sie in A1:A10 Zufallszahlen. In B1:B10 schreiben Sie die Namen der Spieler. Jetzt sortieren Sie einfach Spalte A und B nach Spalte A und schon sind die Spieler in Spalte B zufällig gemischt. Die Nummern der Spieler entsprechen nun der Zeile, in der sie stehen. Und wundern Sie sich nicht, dass die Zufallszahlen nach dem Sortieren in Spalte A immer noch unsortiert dastehen. Das liegt daran, dass der Sortiervorgang selbst nach getaner Arbeit eine Neuberechnung des Blatts auslöst, und dadurch werden neue Zufallszahlen in Spalte A erzeugt.

Spielpaarungen chronologisch auflisten

Als Nächstes müssen Sie ein wenig kombinatorisch aktiv werden, um alle Spieltage und Paarungen chronologisch untereinander aufzulisten. Die Anzahl der Partien von Hin- und Rückrunde berechnen sich (mit n = 10) aus

```
=KOMBINATIONEN(n;2)*2=45*2=90
```

Das Ergebnis der Funktion KOMBINATIONEN muss deshalb mit zwei multipliziert werden, da in der Kombinatorik die Reihenfolge der Zahlen einer Kombination keine Rolle spielt. 1.2 und 2.1 wird also nur einmal gezählt. In unserer Liga gibt es aber Hin- und Rückrunde. Deshalb müssen doppelt so viele Kombinationen berücksichtigt werden. Der berechneten Gesamtzahl an Paarungen (90) geben wir den Namen *k*.

Zum Auflisten schreiben Sie in:

- `D1:1`
- `E1:2`
- `D2:`

```
=WENN(ZEILE(A2)<=k/2;WENN(ZÄHLENWENN(D$1:D1;D1)>=n-D1;D1+1;D1);
INDEX(E:E;ZEILE(A2)-k/2))
```

Die Formel bewirkt, dass ab der zweiten Hälfte, also ab Zeile 46 (k/2+1), mithilfe der INDEX-Funktion die Kombinationen von vorne wiederholt werden mit dem Unterschied, dass Heimmannschaft und Auswärtsmannschaft getauscht werden.

```
E2: =WENN(ZEILE(A2)<=k/2;WENN(D2>D1;D2+1;E1+1);INDEX(D:D;ZEILE(A2)-k/2))
```

Auch hier werden ab Zeile k/2+1 die Kombinationen in umgekehrter Reihenfolge wiederholt. Bis Zeile 90 kopiert, ergibt dies die Spielpaarungen

1.2;1.3;1.4;1.5;1.6;1.7;1.8;1.9;1.10;2.3;2.4;2.5;2.6;2.7;2.8;2.9;2.10;3.4;3.5;3.6;3.7;3.8;3.9;3.10;4.5;4.6;4.7;4.8;4.9;4.10;5.6;5.7;5.8;5.9;5.10;6.7;6.8;6.9;6.10;7.8;7.9;7.10;8.9;8.10;9.10;

2.1;3.1;4.1;5.1;6.1;7.1;8.1;9.1;10.1;3.2;4.2;5.2;6.2;7.2;8.2;9.2;10.2;4.3;5.3;6.3;7.3;8.3;9.3;10.3;5.4;6.4;7.4;8.4;9.4;10.4;6.5;7.5;8.5;9.5;10.5;7.6;8.6;9.6;10.6;8.7;9.7;10.7;9.8;10.8;10.9.

In Spalte F und G ist es nun ein Klacks, den Nummern die richtigen Spielernamen zuzuordnen.

```
F1: =INDEX(B:B;D1)
G1: =INDEX(B:B;E1)
```

Kopieren Sie das jeweils bis Zeile 90.

In Spalte H ermitteln Sie, an welchem Spieltag die Partie stattfindet (Abb. 24.5).

H1 =INDEX(Tabelle1!$Z$2:$AI$11;D1;E1)

	A	B	C	D	E	F	G	H
1	0,11795828	Muster		1	2	Muster	Leconte	1
2	0,12701065	Leconte		1	3	Muster	Agassi	11
3	0,25249994	Agassi		1	4	Muster	Edberg	3
4	0,29981375	Edberg		1	5	Muster	Lendl	13
5	0,42076306	Lendl		1	6	Muster	Becker	5
6	0,48924141	Becker		1	7	Muster	Sampras	15
7	0,49856182	Sampras		1	8	Muster	McEnroe	7
8	0,67771781	McEnroe		1	9	Muster	Stich	17
9	0,86125533	Stich		1	10	Muster	Wilander	9
10	0,97604701	Wilander		2	3	Leconte	Agassi	3

Abbildung 24.5: Spielpaarungen auflisten

Zur Erinnerung: `Tab1!$Z$2:$AI$11` ist die 10x10-Matrix, die das Endergebnis unseres Zahlenrätsels mit allen Terminen von Hin- und Rückrunde ist. Die Zelle innerhalb der Matrix, die der Schnittpunkt aus der in Spalte D angegebenen Zeilennummer und der in Spalte E angegebenen Spaltennummer ist, liefert den Spieltag dieser Partie.

Um den fertigen, chronologisch sortierten Spielplan zu erhalten, müssen wir abschließend die Spalten F, G und H nach dem Spieltag, also Spalte H, per Formel aufsteigend sortieren (Abb. 24.6).

	F	G	H	I	J	K	L	M	N	O	P
1	Muster	Leconte	1		**Spieltag**	**Heim**	**Gast**	**Punkte**		**Sätze**	
2	Muster	Agassi	11		**1**	Muster	Leconte	0	1	0	3
3	Muster	Edberg	3		**1**	Stich	Agassi	0	1	2	3
4	Muster	Lendl	13		**1**	McEnroe	Edberg	1	0	3	0
5	Muster	Becker	5		**1**	Sampras	Lendl	0	1	1	3
6	Muster	Sampras	15		**1**	Wilander	Becker	1	0	3	2
7	Muster	McEnroe	7		**2**	Edberg	Stich	0	1	1	3
8	Muster	Stich	17		**2**	Lendl	McEnroe	0	1	2	3
9	Muster	Wilander	9		**2**	Becker	Sampras	0	1	0	3
10	Leconte	Agassi	3		**2**	Agassi	Muster	1	0	3	0
11	Leconte	Edberg	13		**2**	Wilander	Leconte	0	1	0	3

Abbildung 24.6: Punkte und Sätze je Spieler berechnen

```
J2: =KÜRZEN((ZEILE()-2)/n*2)+1
```

listet jeden Spieltag fünfmal auf, da es pro Spieltag n/2 Spiele gibt.

```
K2: {=INDEX(F:F;KKLEINSTE(WENN($H$1:$H$90=J2;ZEILE($1:$90));
ZÄHLENWENN(J$2:J2;J2)))}
```

Diese Formel entspricht einem Verweis nach links bei mehrfach vorkommendem Suchkriterium. J2 ist dabei das Suchkriterium. Die Spalte, die durchsucht wird, ist Spalte H. Die Spalte, aus der der Name zurückgegeben werden soll, ist Spalte F. KKLEINSTE in Kombination mit ZÄHLENWENN bestimmt, das wievielte Auftreten des Suchkriteriums berücksichtigt werden soll. Die entsprechende Formel in K3 zielt beispielsweise auf die zweite Zelle der Spalte H, die eine 1 enthält.

Die Zelle L2 enthält die gleiche Formel, nur für den gegnerischen Spieler.

```
L2: {=INDEX(G:G;KKLEINSTE(WENN($H$1:$H$90=J2;ZEILE($1:$90));
ZÄHLENWENN(J$2:J2;J2)))}
```

Die Formeln der Spalten J, K und L werden bis Zeile 91 kopiert (90 plus eine wegen des Spaltenkopfs). In den Spalten M bis P werden letztlich die Spielergebnisse eingetragen.

Falls Sie einmal eine ungerade Anzahl Spieler oder Teams haben, dann führen Sie einfach alle Berechnungen auf die nächsthöhere gerade Zahl durch und komplettieren die Liga mit einem Spieler namens »Spielfrei«. Das hat logischerweise die Konsequenz, dass zu jedem Spieltag ein richtiger Spieler aussetzen muss.

24.2 Die Ligatabelle

Jetzt kommen wir schon zum wichtigsten Endprodukt unseres Ligaplaners, der Ligatabelle. Es geht jetzt darum, die Spielergebnisse auszuwerten (Abb. 24.7).

	J	K	L	M	N	O	P	Q	R	S	T	U	V	W	X
1	**Spieltag**	**Heim**	**Gast**	**Punkte**		**Sätze**			**Spieler**	**Punkte**	**Sätze +**	**Sätze -**	**Satzdiff.**		Sortierung
2	**1**	Muster	Leconte	0	1	0	3		Agassi	11	40	35	+5		11,05402
3	**1**	Stich	Agassi	0	1	2	3		Becker	10	42	32	+10		10,10423
4	**1**	McEnroe	Edberg	1	0	3	0		Edberg	7	32	39	-7		6,93324
5	**1**	Sampras	Lendl	0	1	1	3		Leconte	9	37	32	+5		9,06375
6	**1**	Wilander	Becker	1	0	3	2		Lendl	9	34	39	-5		8,95346
7	**2**	Edberg	Stich	0	1	1	3		McEnroe	10	36	33	+3		10,03367
8	**2**	Lendl	McEnroe	0	1	2	3		Muster	10	36	33	+3		10,03368
9	**2**	Becker	Sampras	0	1	0	3		Sampras	9	34	31	+3		9,03349
10	**2**	Agassi	Muster	1	0	3	0		Stich	6	28	40	-12		5,8829
11	**2**	Wilander	Leconte	0	1	0	3		Wilander	9	33	38	-5		8,95341
12	**3**	Muster	Edberg	0	1	0	3								
13	**3**	Leconte	Agassi	0	1	2	3								
14	**3**	Sampras	Wilander	1	0	3	0								
15	**3**	Stich	Lendl	0	1	2	3								
16	**3**	McEnroe	Becker	0	1	1	3								

Abbildung 24.7: Unsortierte Ligatabelle

Testen der Funktionalität

Falls Sie den Ligaplaner gerade »live« am Rechner nachbauen und keine Lust haben, die Spalten M bis P (Punkte und Sätze) manuell mit Leben zu füllen, um die vollständige Funktionalität zu testen, lassen sich logische Ergebnisse auf die Schnelle wie folgt erzeugen:

In Spalte O (Sätze) werden zunächst Zufallszahlen zwischen 0 und 3 (3 Gewinnsätze) erzeugt.

```
O2: =KÜRZEN(ZUFALLSZAHL()*4)
```

Ist die so ermittelte Zufallszahl kleiner als 3, muss Spalte P den fixen Wert 3 erhalten, andernfalls muss eine Zufallszahl zwischen 0 und 2 erzeugt werden.

```
P2: =WENN(O2<3;3;KÜRZEN(ZUFALLSZAHL()*3))
```

Die Punkteverteilung (Spalten M und N) erfolgt nun in Abhängigkeit der Sätze. Dabei prüfen Sie in Spalte M auf O>P (Ergebnis 0 oder 1) und in Spalte N platzieren Sie das Gegenstück in Abhängigkeit von M:

```
M2: =(O2>P2)*1
N2: =(M2=0)*1
```

M2:P2 wird jetzt noch bis Zeile 91 herunterkopiert und die Testdaten sind komplett.

Jetzt geht es weiter mit Spalte R. In R2 bis R11 schreiben Sie die Namen der Spieler. Die Reihenfolge spielt dabei keine Rolle. In den Spalten S:V summieren Sie die Ergebnisse pro Spieler mit einfachen SUMMEWENN-Formeln:

- `S2: =SUMMEWENN(K:K;R2;M:M)+SUMMEWENN(L:L;R2;N:N)`
- `T2: =SUMMEWENN(K:K;R2;O:O)+SUMMEWENN(L:L;R2;P:P)`
- `U2: =SUMMEWENN(K:K;R2;P:P)+SUMMEWENN(L:L;R2;O:O)`
- `V2: =T2-U2` (zudem mit dem benutzerdefinierten Zahlenformat: *+0;-0;0*)

Das wird dann jeweils bis Zeile 11 kopiert.

Das ist zwar eine nette statistische Auswertung, aber noch keine richtige Ligatabelle, denn die ist ja üblicherweise nicht alphabetisch sortiert, sondern unten stehen die Absteiger und oben Bayern München (ob man will oder nicht). Also müssen wir diese vorläufige Ergebnistabelle noch nach Spielergebnissen sortieren. Dafür hilft uns die trickreiche Formel in X2:X11, die den Sortierschlüsselwert liefert, nach dem die Tabelle sortiert werden soll.

```
X2: =S2+V2/100+T2/10000+ZEILE()/1000000
```

Für die Sortierung sind sowohl die gewonnenen Spiele als auch die Satzdifferenz und die gewonnenen Sätze relevant. Und zwar in dieser Reihenfolge. Da diese drei Kriterien aber nicht gleichwertig sind, müssen sie zur Ermittlung des Sortierschlüsselwerts gewichtet werden. Die Wertigkeit der Satzdifferenzen und gewonnenen Sätze wird durch die Division durch 100 bzw. 10.000 so weit heruntergesetzt, dass sie niemals höher ins Gewicht fallen kann als die gewonnenen Spiele (erzielte Punkte). Falls es eine völlige Parität von erzielten Punkten und Sätzen gibt, müssen die entsprechenden Gegner zur Sortierung trotzdem noch unterscheidbar gemacht werden. Das erreicht man durch die Addition von `+ZEILE()/1000000`.

Die sortierte Ergebnistabelle kann nun erstellt werden (Abb. 24.8).

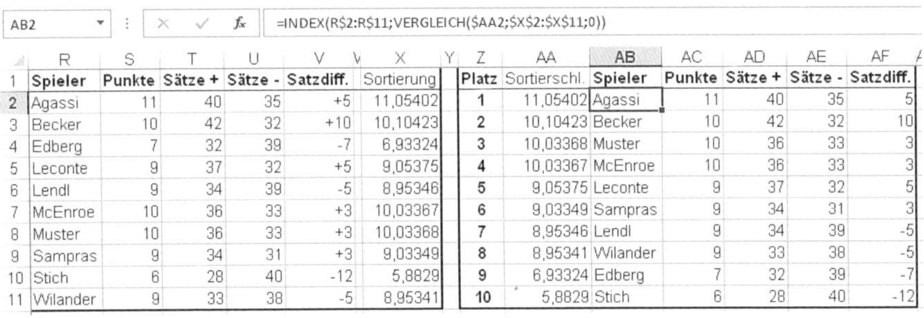

AB2 =INDEX(R$2:R$11;VERGLEICH($AA2;$X$2:$X$11;0))

	R	S	T	U	V	X
1	Spieler	Punkte	Sätze +	Sätze -	Satzdiff.	Sortierung
2	Agassi	11	40	35	+5	11,05402
3	Becker	10	42	32	+10	10,10423
4	Edberg	7	32	39	-7	6,93324
5	Leconte	9	37	32	+5	9,05375
6	Lendl	9	34	39	-5	8,95346
7	McEnroe	10	36	33	+3	10,03367
8	Muster	10	36	33	+3	10,03368
9	Sampras	9	34	31	+3	9,03349
10	Stich	6	28	40	-12	5,8829
11	Wilander	9	33	38	-5	8,95341

	Z	AA	AB	AC	AD	AE	AF
1	Platz	Sortierschl.	Spieler	Punkte	Sätze +	Sätze -	Satzdiff.
2	1	11,05402	Agassi	11	40	35	5
3	2	10,10423	Becker	10	42	32	10
4	3	10,03368	Muster	10	36	33	3
5	4	10,03367	McEnroe	10	36	33	3
6	5	9,05375	Leconte	9	37	32	5
7	6	9,03349	Sampras	9	34	31	3
8	7	8,95346	Lendl	9	34	39	-5
9	8	8,95341	Wilander	9	33	38	-5
10	9	6,93324	Edberg	7	32	39	-7
11	10	5,8829	Stich	6	28	40	-12

Abbildung 24.8: Sortierte Ligatabelle

In Spalte Z listen Sie die Platzierung auf. In Spalte AA werden die Sortierschlüsselwerte in die richtige Reihenfolge gebracht.

```
AA2: =KGRÖSSTE($X$2:$X$11;Z2)(kopieren bis AA11)
```

Mit einer einzigen kopierten Formel können Sie dann mithilfe der Sortierschlüsselwerte die gesamte Ergebnistabelle in die richtige Reihenfolge bringen:

```
AB2: =INDEX(R$2:R$11;VERGLEICH($AA2;$X$2:$X$11;0))
```

Diese Formel wird bis AF11 kopiert. Fertig sind die Ligatabelle und damit auch der vollständige Ligaplaner.

Wer genau hinschaut, der wird in Abb. 24.8 feststellen, dass z. B. McEnroe Platz 4 belegt, obwohl er punkt- und satzgleich mit Muster ist und somit auch Platz 3 innehat. Schaffen Sie einfach optische Abhilfe mit dem »weißen Adler auf weißem Grund«, sprich: der *Bedingten Formatierung*. Markieren Sie Z3:Z11 (Platz 2 bis 10) und weisen Sie folgende Bedingung zu, die die *Punkte*, *Sätze +* und *Sätze -* mit der Vorgängerzeile abgleicht und bei Übereinstimmung dafür sorgt, dass der Platz (hier: 4) unsichtbar wird (Abb. 24.9).

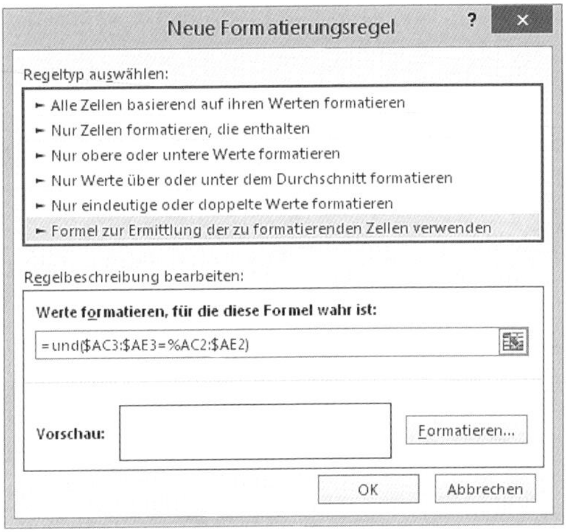

Abbildung 24.9: Bedingte Formatierung – Platzierungsnummer bei gleicher Platzierung nur einmal anzeigen

Selbstverständlich können Sie auch die Ergebnistabelle so aufbauen, dass sie flexibel auf eine andere Anzahl Spieler reagieren kann. Das Prinzip ist eigentlich immer das gleiche, deshalb wurde hier darauf verzichtet. Wenn Sie Formeln nach unten kopieren, können Sie mit

```
=WENN(ZEILE()>n; "";Formel)
```

grundsätzlich dafür sorgen, dass eine Berechnung, die nur *n*-mal benötigt wird, über diese Zeile hinaus nichts mehr anzeigt. Zudem müssen gegebenenfalls manche Bereiche dynamisiert werden. Beispielsweise muss die Formel in AA2

```
=KGRÖSSTE($X$2:$X$11;Z2)
```

auf

```
=KGRÖSSTE(BEREICH.VERSCHIEBEN($X$2;;;n);Z2)
```

geändert werden, wenn die Formel flexibel auf ein anderes *n* als 10 reagieren können soll.

Chronologische Ligatabelle

In der Basisversion ist der Ligaplaner eigentlich fertig, aber es ist natürlich denkbar, als Bonbon noch andere statistische Auswertungen zu ergänzen.

Angenommen, Ihre Liga wurde zu Ende gespielt und der Sieger wird in der Ergebnistabelle nach 18 Spieltagen angezeigt. Sie möchten jetzt aber nachträglich den Tabellenstand nach einem beliebigen Spieltag abrufen können, beispielsweise, um zu erfahren, wer der Führende nach der Hinrunde war.

Definieren Sie eine Zelle namens *bisTag*, die den letzten Spieltag angibt, der in die zeitlich begrenzte Ligatabelle eingerechnet werden soll. Dann vergeben Sie den Namen *bisZeile*, der sich auf die Berechnung

```
=VERGLEICH(bisTag;$J:$J;0)+n/2-1
```

bezieht.

Anschließend passen Sie die Spaltenangaben aller SUMMEWENN-Formeln im Bereich S2:U11 so an, dass sie auf den Bereich der gewünschten Spieltage eingegrenzt werden. Beispielsweise wird in der Punktesumme in Spalte S die Formel

```
S2: =SUMMEWENN(K:K;R2;M:M)+SUMMEWENN(L:L;R2;N:N)
```

durch

```
S2: =SUMMEWENN(INDIREKT("K1:K"&bisZeile);R2;INDIREKT("M1:M"&bisZeile))
+SUMMEWENN(INDIREKT("L1:L"&bisZeile);R2;INDIREKT("N1:N"&bisZeile))
```

ersetzt. Für die Berechnung der Sätze in den Spalten T und U gehen Sie analog vor. Um die Hinrundentabelle zu erhalten, setzen Sie *bisTag* auf 9, woraufhin die SUMMEWENN-Formeln ihre Spalten nur bis zur Zeile 46 durchsuchen.

Entwicklung des Lieblingsspielers

Durch diese Dynamik mit INDIREKT können Sie außerdem verfolgen, wie sich ein bestimmter Spieler im Zeitverlauf hinsichtlich des Tabellenplatzes verbessert oder verschlechtert hat.

AJ7 | {=MEHRFACHOPERATION(;AI6)}

	Z	AA	AB	AC	AD	AE	AF	AG	AH	AI	AJ
1	**Platz**	Sortierschl.	**Spieler**	**Punkte**	**Sätze +**	**Sätze -**	**Satzdiff.**				
2	**1**	11,05402	Agassi	11	40	35	5		**Spieler:**		**Becker**
3	**2**	10,10423	Becker	10	42	32	10				
4	**3**	10,03368	Muster	10	36	33	3				**Tabellen-**
5	**4**	10,03367	McEnroe	10	36	33	3			**Spieltag:**	**platz**
6	**5**	9,05375	Leconte	9	37	32	5			**18**	**2**
7	**6**	9,03349	Sampras	9	34	31	3			1	7
8	**7**	8,95346	Lendl	9	34	39	-5			2	8
9	**8**	8,95341	Wilander	9	33	38	-5			3	7
10	**9**	6,93324	Edberg	7	32	39	-7			4	5
11	**10**	5,8829	Stich	6	28	40	-12			5	6
12										6	7
13										7	6
14										8	6
15										9	6
16										10	8

Abbildung 24.10: Mehrfachoperation für die Chronologie des Lieblingsspielers

- AJ2: Name des Spielers, den Sie auswerten wollen
- AI6: Zelle namens *bisTag*, die den Stand der Ligatabelle bestimmt
- AJ6: `=VERGLEICH(AJ2;AB2:AB11;0)`

ermittelt den Tabellenplatz des ausgewählten Spielers in der aktuell angezeigten Ligatabelle. In AI7:AI24 listen Sie alle Spieltage auf. Dann selektieren Sie den Bereich AI6:AJ24 und wählen *Daten/Datentools/Was-wäre-wenn-Analyse/Datentabelle* und führen mit der Eingabe *Werte aus Spalte*: AI6 eine MEHRFACHOPERATION durch.

Jetzt wird von AJ7 bis AJ24 die Tabellenposition des ausgewählten Spielers für alle Spieltage aufgelistet (Abb. 24.10).

Kapitel 25

Formulare ohne VBA – wie sonst?

Aus den Zeiten, als Excel noch durchweg Deutsch sprach und die heute als *Userforms* bekannten Formulare noch als 5.0-Dialog in einem eigenen Dialogblatt erstellt wurden, stammt die noch heute vorhandene Auswahl *Formularsteuerelemente* (Abb. 25.1).

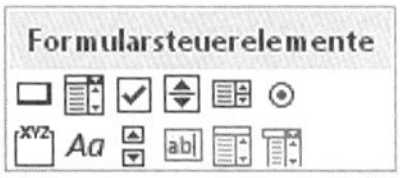

Abbildung 25.1: Formularsteuerelemente

Das moderne Gegenstück zu den Formularfeldern sind die ActiveX-Steuerelemente, für die es natürlich auch eine eigene Auswahl in der *Steuerelement-Toolbox* gibt (Abb. 25.2).

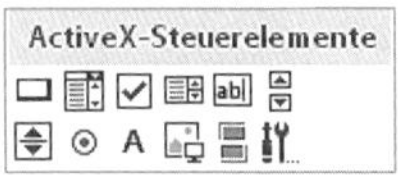

Abbildung 25.2: ActiveX-Steuerelemente

Seit Excel 2007 sind beide Steuerelement-Typen unter *Entwicklertools/Steuerelemente/Einfügen* in einem Katalog vereint (das Entwicklertools-Register müssen Sie ggf. unter *Datei/Optionen/Menüband anpassen/Hauptregisterkarten* aktivieren).

Wenngleich einige ActiveX-Steuerelemente auf den ersten Blick mit den Formularsteuerelementen identisch zu sein scheinen, sind sie doch wesentlich mächtiger als die alten Formularsteuerelemente. Allerdings haben auch die Formularsteuerelemente noch heute ihre Vorzüge. Der wesentliche Vorteil liegt in der viel leichteren Bedienbarkeit, was nicht zuletzt auf die deutlich reduzierten Einstellungsmöglichkeiten zurückzuführen ist. Außerdem haben sich schon unzählige Anwender über die Eigenwilligkeit einiger ActiveX-Steuerelemente geärgert, um anschließend verzweifelt in der sogenannten Knowledge Base von Microsoft nach Erklärungen zu suchen (zwar oft, aber leider nicht immer mit zufriedenstellendem Ergebnis). Beispielsweise ist eine Combobox (Kombinationsfeld) nicht willens und in der Lage, sich mit einem dynamischen Listenbereich (*ListFillRange*) anzufreunden. Dazu ein kleines Beispiel:

25.1 Dynamische Listenlänge in der Combobox

Wenn der Eingabebereich (*ListFillRange*) immer alle Einträge aus Spalte A umfassen soll, dann definieren wir den dynamischen Namen *Liste* mit Bezug auf:

```
=BEREICH.VERSCHIEBEN(Tabelle1!$A$1;;;ANZAHL2(Tabelle1!$A:$A))
```

und hinterlegen diesen Namen in den Eigenschaften der Combobox. Beim ersten Versuch ist zunächst nichts Ungewöhnliches festzustellen. Das gewünschte Ergebnis wird erzielt (Abb. 25.3).

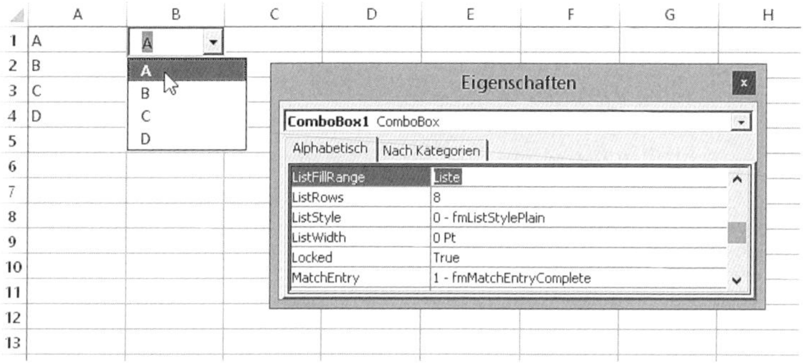

Abbildung 25.3: Dialogfeld mit den Eigenschaften einer Combobox

Fügen wir der Spalte A jetzt aber weitere Einträge hinzu, dann scheint die Combobox plötzlich in völligem Tiefschlaf zu sein, denn anders lässt sich nicht erklären, warum sie von dieser Erweiterung der Liste nichts mitbekommt (Abb. 25.4).

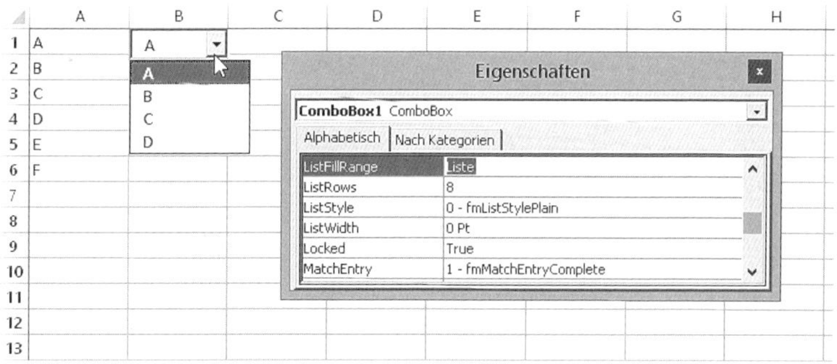

Abbildung 25.4: Die Eigenschaft ListFillRange *erkennt keine neuen Einträge in Spalte A.*

Abhilfe schafft man erst, indem man die *ListFillRange*-Eigenschaft der Combobox erneut mit dem Namen *Liste* versieht (man muss das Eigenschaftsfenster aufrufen und es wirklich noch einmal eintippen!). Fazit: für derartige Vorhaben völlig unbrauchbar. Dagegen funktioniert dasselbe Vorhaben mit einem Kombinationsfeld aus dem *Formularsteuerelemente*-Katalog einwandfrei.

Obwohl es bei den ActiveX-Steuerelementen noch ein paar andere mehr oder weniger gravierende Ungereimtheiten gibt, wollen wir sie natürlich nicht schlecht reden. Sie sind, wie bereits erwähnt, um ein Vielfaches mächtiger als die Formularsteuerelemente, speziell in Verbindung mit VBA, da sie wesentlich mehr Einstellungsmöglichkeiten bieten (z. B. hinsichtlich der bloßen Optik: Schrift- und Hintergrundfarbe, Schriftart- und Schriftgröße) und über Ereignisse wie *KeyDown*, *KeyPress*, *MouseMove* etc. verfügen, denen Makros zugeordnet werden können. All das ist bei den Formularsteuerelementen nicht vorhanden. Aber dennoch befassen wir uns in diesem Kapitel hauptsächlich mit den Formularsteuerelementen, da sie so schön einfach zu bedienen und absolut zuverlässig sind und sich zudem ausgezeichnet für ein paar schöne Tricksereien eignen.

25.2 Aufbau eines Fragebogenformulars mit Excel-Bordmitteln

Wir gestalten jetzt gemeinsam einen Fragebogen für eine Umfrage. Dieser umfasst vier Fragen mit jeweils vier Multiple-Choice-Antwortmöglichkeiten. Zudem können bis zu 13 Personen befragt werden. Für die komplette Steuerung werden nur vier Optionsfelder, ein Drehfeld sowie eine Bildlaufleiste benötigt. Unser Endprodukt wird wie in Abb. 25.5 aussehen:

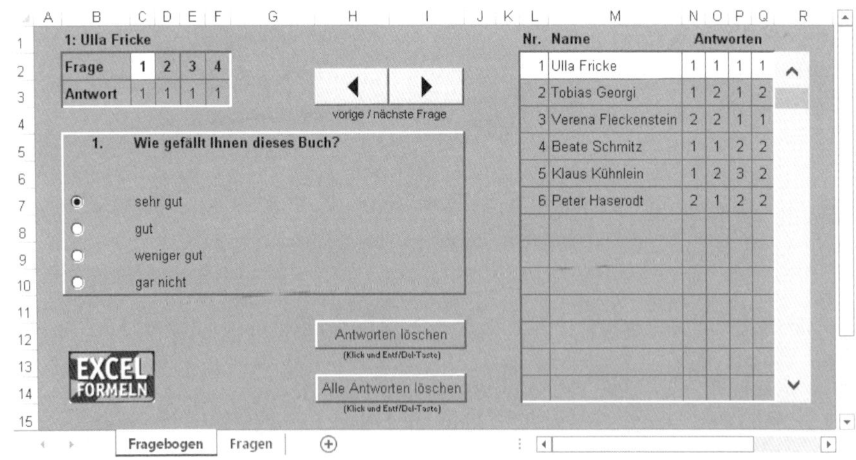

Abbildung 25.5: Erstellung eines Fragebogenformulars in einer Excel-Tabelle

Wenngleich der erste Eindruck nicht unbedingt spektakulär wirkt, verbergen sich in diesem Bildausschnitt doch eine ganze Menge Feinheiten, die wir jetzt alle einzeln herausarbeiten werden. Die ganze Umfrage wird hiermit gesteuert. Die einzig manuell beschreibbaren Zellen sind *Nr.* und *Name* in den Spalten L und M. Den Rest erledigen die Steuerelemente, zu denen wir jetzt kommen.

Aus dem Katalog der Formularsteuerelemente (Abb. 25.6) benötigen wir das *Optionsfeld* (oben rechts) und die *Bildlaufleiste* (unten Mitte):

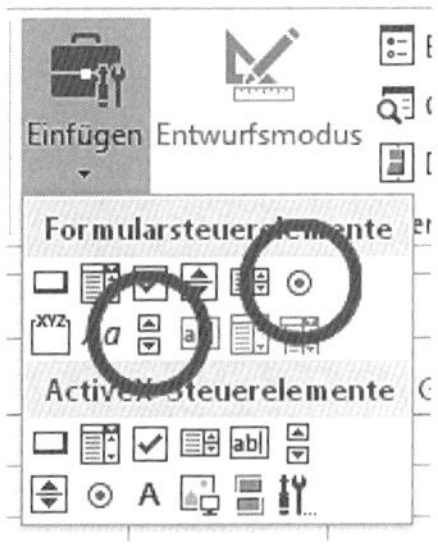

Abbildung 25.6: Optionsfeld und Bildlaufleiste aus dem Formularsteuerelemente-Katalog

Eigentlich würden wir auch noch das *Drehfeld* (schräg rechts oberhalb der *Bildlaufleiste*) benutzen, allerdings hat es die unveränderliche Eigenschaft, dass es nur mit Oben-/Unten-Pfeilen darstellbar ist. Wir möchten aber eine Links/Rechts-Pfeilkonstellation und dafür weichen wir auf das *Drehfeld* (= *SpinButton*) aus den Steuerelementen (Abb. 25.7) aus, das sich automatisch formatiert: Sobald es höher als breit ist, zeigen die Pfeile nach oben und unten. Ist es breiter als hoch, dann zeigen sie nach links und rechts. Und so möchten wir es haben.

Abbildung 25.7: Drehfeld aus dem ActiveX-Steuerelemente-Katalog

Der eigentliche Clou der gesamten Anwendung liegt in der dynamischen Steuerung der *Zellverknüpfung*, also in der Zelle, in der der Wert des Formularfelds eingetragen wird. Für gewöhnlich ist diese Verknüpfung statisch, also mit einem festen Zellbezug versehen. Allerdings kann man, wie so oft, diese Statik mittels *Namen* umgehen. Und hinter den Namen können sich ja bekanntlich umfangreiche Formeln verbergen.

Exkurs: Kombinationsfeld mit dynamischer Zellverknüpfung

Losgelöst von unserem Fall zeigen wir das Prinzip erst einmal anhand eines Kombinationsfelds (Formularsteuerelement) (Abb. 25.8).

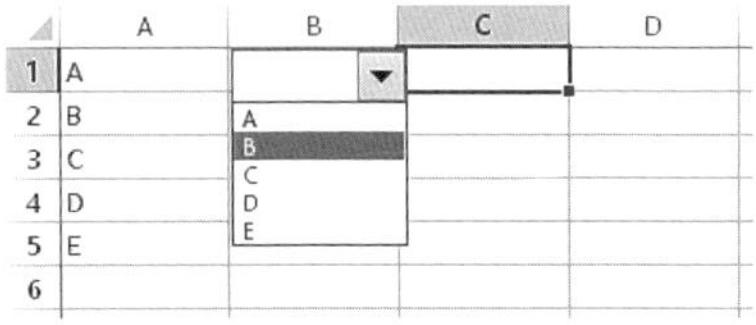

Abbildung 25.8: Kombinationsfeld mit dynamischer Zellverknüpfung (1)

Der mit dem Namen *Liste* versehene Bereich A1:A5 ist der Eingabebereich für das Kombinationsfeld.

Jetzt definieren wir noch den Namen *Ziel* mit Bezug auf

```
=BEREICH.VERSCHIEBEN(Tabelle1!$C$1;ANZAHL2(Tabelle1!$C:$C);)
```

Oder alternativ auch mit INDEX:

```
=INDEX(Tabelle1!$C:$C;ANZAHL2(Tabelle1!$C:$C)+1)
```

Dieser dynamische Bezug ermittelt immer die nächste freie Zelle in Spalte C. Also zunächst C1, dann C2 etc. Die Namen fügen wir jetzt in den Steuerungsbereich (dorthin gelangen wir mit Rechtsklick auf das Kombinationsfeld, *Steuerelement formatieren*) ein (Abb. 25.9).

Abbildung 25.9: Einstellung der Steuerung eines Kombinationsfelds

Jetzt wählen wir zunächst einen Eintrag aus dem *Kombinationsfeld* aus. Durch die Zellverknüpfung mit dem Namen *Ziel* wird zunächst Zelle C1 angesprochen und der Listeneintrag (bzw. der Index des gewählten Eintrags) dort eingetragen, in diesem Fall 2, da wir B ausgewählt haben (Abb. 25.10).

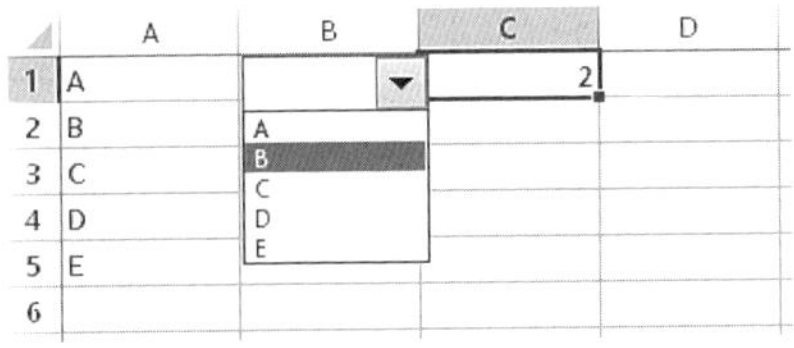

Abbildung 25.10: Kombinationsfeld mit dynamischer Zellverknüpfung (2)

Wir wählen erneut einen Eintrag aus – diesmal E – und siehe da: Der Index wird in Spalte C fortgeschrieben. In C2 erscheint die 5 (Abb. 25.11).

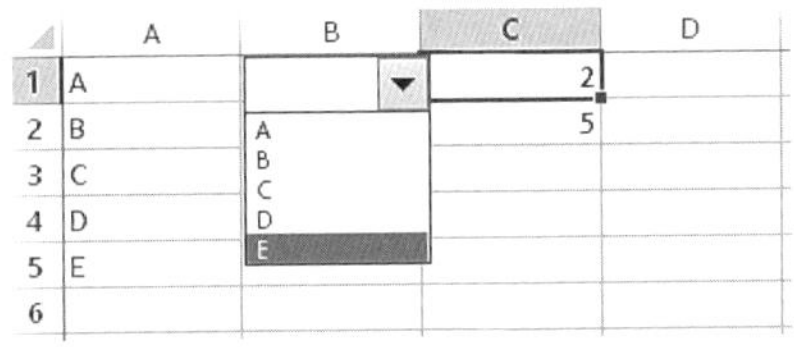

Abbildung 25.11: Kombinationsfeld mit dynamischer Zellverknüpfung (3)

Dieses Spiel können Sie jetzt so lange durchspielen, bis Ihnen die Zeilen ausgehen – der dynamischen Zellverknüpfung sei Dank. Dieses Prinzip der dynamischen Zellverknüpfung wird uns bei unserem Fragebogenformular im Zusammenhang mit den Optionsfeldern wieder begegnen.

Zurück zum Fragebogen ...

Nach diesem kleinen Exkurs kommen wir zu unserem Fragebogen zurück. Unsere Mappe hat zwei Blätter: *Fragebogen* und *Fragen*. Den Fragebogen haben wir in seinem Endstadium bereits gezeigt. Wir beginnen aber mit dem Blatt *Fragen*, da es schnell erledigt ist (Abb. 25.12).

	A	B	C	D	E	F
1	1	**Wie gefällt Ihnen dieses Buch?**				
2		sehr gut				
3		gut				
4		weniger gut				
5		gar nicht				
6	2	**Der Schreibstil des Buches ist…**				
7		sehr anprechend				
8		angemessen				
9		mäßig				
10		schlecht				
11	3	**Wie viele Neuigkeiten gibt es für Sie in diesem Buch?**				
12		sehr viele				
13		viele				
14		einige				
15		kaum welche				
16	4	**Wie beurteilen Sie den Lerneffekt des Buches? Als…**				
17		sehr hoch				
18		hoch				
19		durchschnittlich				
20		unterdurchschnittlich				
21						

Fragebogen | **Fragen**

Abbildung 25.12: Liste der Fragen und Antworten

Hier liegen nur die Fragen mit ihren vier Antwortmöglichkeiten. In Spalte A werden die Fragen durchnummeriert, was später noch von Bedeutung sein wird. Der Rest ist selbsterklärend. Auf dieses Blatt greifen wir später mit Formeln aus dem Blatt *Fragebogen* heraus zurück.

Kehren wir also wieder zu unserem Hauptblatt *Fragebogen* zurück.

Zunächst kümmern wir uns um die Formatierung. Der Hintergrund des Bereichs A1:R15 wird mit *Grau-25%* formatiert. Stören Sie sich nicht an den weißen Zellen. Diese entstehen durch bedingte Formatierung. Die Zeilenhöhe haben wir überall auf 18,75 (25 Pixel) festgelegt. Für die Spaltenbreiten gibt es keine Vorgaben. Sie sollten eben nur einigermaßen zweckmäßig dimensioniert werden. Über *Ansicht/Anzeigen/Gitternetzlinien* blenden wir die *Gitternetzlinien* aus. Die besondere Zelloptik (3D-Effekt) entsteht durch geschickte Rahmenformatierungen. Die Bereiche B2:F3 sowie L2:Q14 sind wie folgt formatiert: Oben und links mit einem etwas dickeren Rahmen in *Grau-50%*, unten und rechts mit einem gleich dicken, aber weißen Rahmen und in der Mitte mit einer dünneren Rahmenlinie und ebenfalls in *Grau-50%*. Der eingedrückte 3D-Effekt ist erzielt.

Der Bereich mit der Frage und den vier Antwortmöglichkeiten – B5:I10 – ist umgekehrt formatiert: Rahmen oben und links weiß und unten und rechts grau. Dadurch tritt der hervorgehobene 3D-Effekt ein.

Die Zellen H12:I12 (*Antworten löschen*) sowie H14:I14 (*Alle Antworten löschen*) sind jeweils verbunden und ebenfalls mit hervorgehobenem 3D-Effekt versehen, um vorzugaukeln, sie seien Befehlsschaltflächen. Nachdem wir auch noch die Zellen B2:F2, B3, L1:N1 sowie H4, H13 und H15 manuell mit Leben gefüllt haben, kommen wir nun zu den Steuerelementen. Zunächst ziehen wir an der richtigen Stelle aus dem *ActiveX-Steuerelemente*-Katalog das *Drehfeld* (*SpinButton*) für die Fragenauswahl (*vorige/nächste Frage*) auf. In den Eigenschaften des Drehfelds stellen wir die *Min-* und *Max*-Eigenschaft auf die Anzahl der vorhandenen Fragen ein, also *Min = 1* und *Max = 4*. Zudem legen wir die Zellverknüpfung (*LinkedCell*) auf eine Zelle namens *FrageNr* fest (diese kann sich irgendwo in der Mappe befinden) (Abb. 25.13):

Abbildung 25.13: Eigenschaften des Spinbuttons (Drehfeld)

Es ist im Übrigen nicht möglich, die *Min-* und *Max*-Eigenschaften mit Namen zu dynamisieren. Ein derartiger Versuch wird schroff abgewiesen (Abb. 25.14).

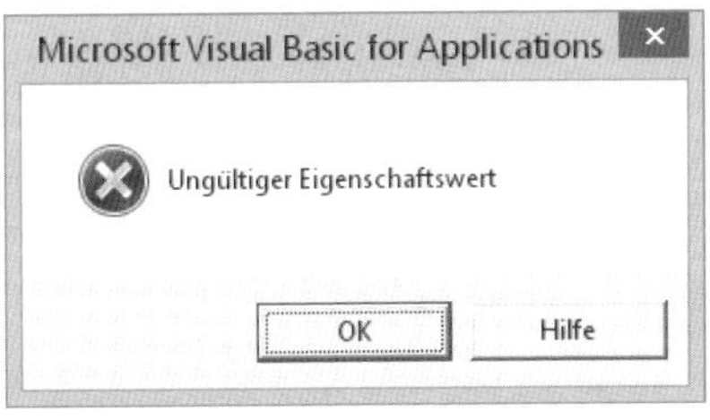

Abbildung 25.14: Fehlermeldung

In Abhängigkeit des *SpinButton*-Werts wird jetzt die entsprechende Frage ausgewählt. Dazu stellen wir zunächst in Zelle B5 eine Verknüpfung zu der *LinkedCell* her: `=FrageNr` Zudem erhält B5 das benutzerdefinierte Zahlenformat *0"."*

Im nächsten Schritt holen wir uns in Abhängigkeit der *FrageNr* die zugehörige Frage in das Blatt (Abb. 25.15). Dies geschieht mit einem ganz simplen SVERWEIS – und zwar mit Bezug auf das Blatt *Fragen* (dessen Aufbau wir bereits beschrieben und abgebildet hatten):

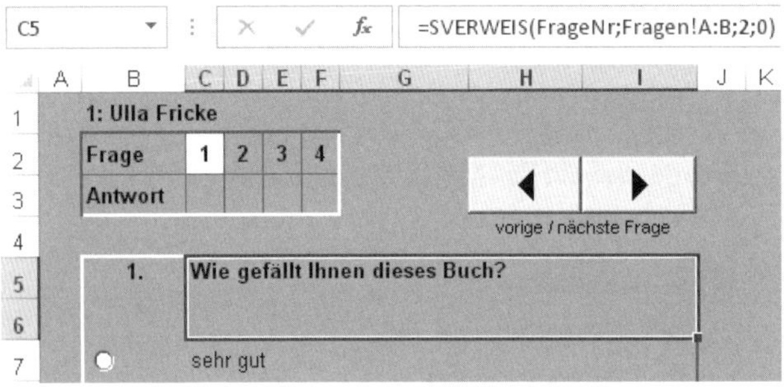

Abbildung 25.15: Fragebogenformular – Ausschnitt (1)

Die Zellen C5:I6 haben wir zu einer Zelle verbunden (mit Zeilenumbruch), damit längere Fragen auch noch optisch ansprechend dargestellt werden können. Weiter geht es mit den vier Antwortmöglichkeiten (Abb. 25.16). Diesmal greifen wir auf die Kombination INDEX und VERGLEICH zurück, da wir in Abhängigkeit von der *FrageNr* jeweils den um eine Zeile versetzten Eintrag erhalten möchten:

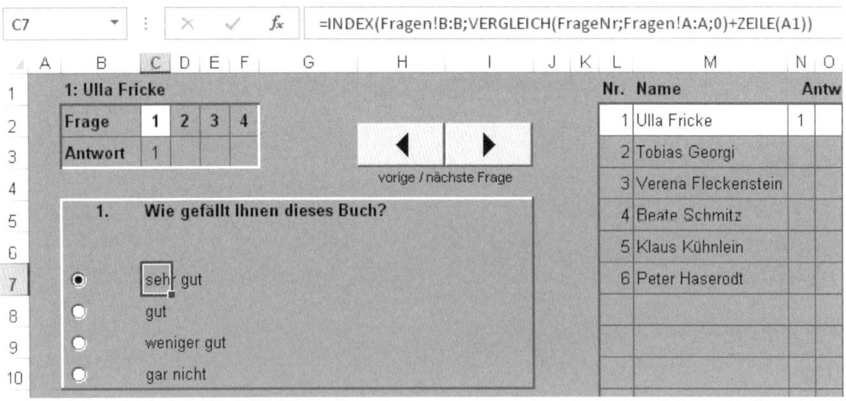

Abbildung 25.16: Fragebogenformular – Ausschnitt (2)

Die Verwendung von ZEILE(A1) erspart uns auch hier wieder das manuelle Anpassen des Zeilenversatzes von 1 auf 2, auf 3, auf 4, sodass wir diese Formel einfach bis C10 herunterkopieren können (am besten über *Kopieren* und *Bearbeiten/Inhalte einfügen/Formeln*, um unsere schöne 3D-Formatierung nicht zu vernichten).

Jetzt begeben wir uns zunächst zum rechten Teil unseres Fragebogens. In diesem Teil werden die Umfrageergebnisse dokumentiert, und zwar für jeden Befragten einzeln. Unser Augenmerk gilt zunächst der *Bildlaufleiste* (Abb. 25.17). Diesmal greifen wir auf den *Formularsteuerelemente*-Katalog zurück und ziehen an der entsprechenden Stelle die *Bildlaufleiste* auf.

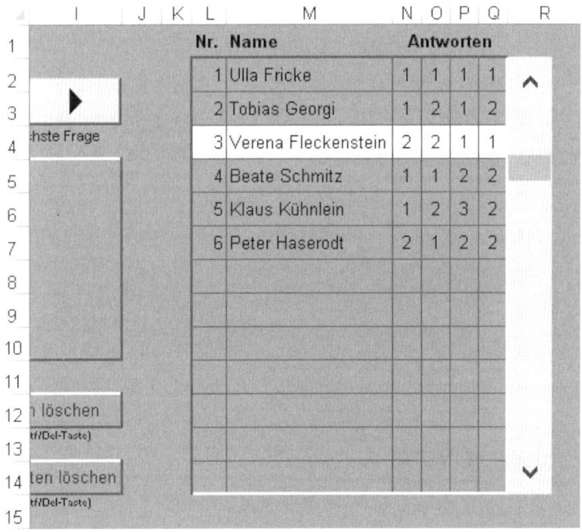

Abbildung 25.17: Fragebogenformular – Ausschnitt (3)

Anschließend nehmen wir die notwendigen Einstellungen für die Steuerung vor (Rechtsklick auf die Leiste, *Steuerelement formatieren*, siehe Abb. 25.18). Da wir unseren Auswertungsbogen zunächst für 13 Personen angelegt haben, stellen wir den Minimal- und Maximalwert entsprechend auf 1 bzw. 13 bei einer Schrittweite von 1 ein. Der Zellverknüpfung ordnen wir eine Zelle namens *PersonNr* zu, die sich auch wieder irgendwo in der Mappe tummeln kann.

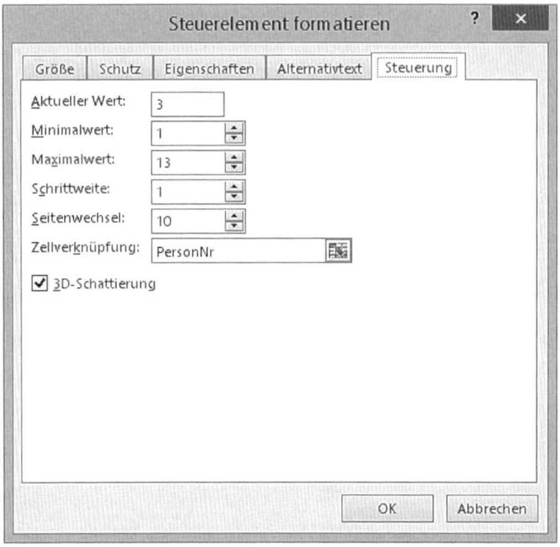

Abbildung 25.18: Einstellungen der Steuerungen der Bildlaufleiste

Auch hier lassen sich im Übrigen die Werte nicht durch Namen dynamisieren. Sie müssen statisch vorgegeben werden.

In Abhängigkeit des Werts der Bildlaufleiste (also der Nummer der aktuellen Person) heben wir mit der bedingten Formatierung den aktuell ausgewählten Namen hervor. Wir markieren dazu den Bereich L2:Q14, beginnend bei L2, und hinterlegen folgende Bedingung (Abb. 25.19):

Abbildung 25.19: Dialogfeld Bedingte Formatierung *– Hervorheben der aktuellen Person*

Unter *Formatieren/Ausfüllen* ist die Hintergrundfarbe *Weiß* ausgewählt.

Spielen Sie ein wenig an der Bildlaufleiste herum, um die *Bedingte Formatierung* in Aktion zu erleben.

Jetzt gehen wir aber wieder zurück zu unserem Frage-/Antwortbereich und kümmern uns um die vier Optionsfelder, mit deren Hilfe man die gewünschte Antwort auswählen soll. Dazu ziehen wir aus dem *Formularsteuerelemente*-Katalog vier Optionsfelder auf, entfernen die Beschriftungstexte, schieben sie so klein wie möglich zusammen und platzieren sie mit ein wenig Geschick in den Zellen B7 bis B10. Von den Optionsfeldern sollte außer der kleinen Auswahlschaltfläche nichts mehr sichtbar sein.

Optionsbuttons mit dynamischer Zellverknüpfung

Jetzt kommen wir zum eigentlichen Höhepunkt des Ganzen, denn ein Klick auf einen Optionsbutton soll das Ergebnis (Antwort 1, 2, 3 oder 4) auch an der richtigen Stelle platzieren. Wird beispielsweise Beate Schmitz die Frage 3 mit Antwort Nr. 2 beantworten, soll die Nummer der Antwort (2) auch auf der rechten Seite korrekt bei ihr eingetragen werden (das wäre dann Zelle P5). Die Antwort zu Frage 4 müsste dann in Q5 landen. Wird hingegen Peter Haserodt befragt, müssen seine Antworten in den Bereich N7:Q7 eingetragen werden – je nach Frage eben. Oder allgemein gesagt: Mit der hier angewandten Technik wird es ermöglicht, mit vier Optionsbuttons und der Unterstützung von zwei Schiebe- bzw. Drehreglern beliebig viele Zellen zu steuern.

Hier machen wir uns wieder das Prinzip der dynamischen Zellverknüpfung zu Nutze, das wir zu Beginn des Kapitels bereits anhand eines Kombinationsfelds beschrieben haben. Diesmal definieren wir den Namen *Zielzelle* und beziehen ihn auf:

```
=INDEX(Fragebogen!$N$2:$Q$14;PersonNr;FrageNr)
```

Wir indizieren also den Bereich N2:Q14 (dort werden ja die vier Antworten zu jedem Befragten eingetragen). Die notwendige Zahl für den Parameter [*Zeile*] holen wir uns aus der mit der Bildlaufleiste verknüpften Zelle, den Parameter [*Spalte*] füttern wir mit dem Wert der mit dem Drehfeld verknüpften Zelle. Somit haben wir in Abhängigkeit von der ausgewählten Frage und des Befragten die exakten Zielkoordinaten ermittelt.

Jetzt muss der Name *Zielzelle* nur noch in allen vier Optionsfeldern in den Steuerungseigenschaften als Zellverknüpfung eingetragen werden (Abb. 25.20).

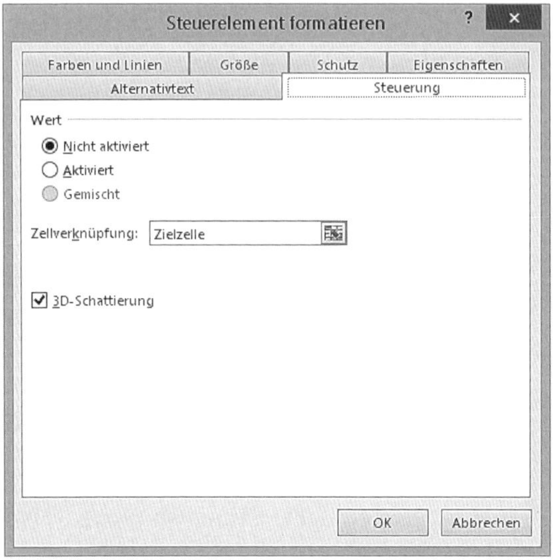

Abbildung 25.20: Einstellungen der Steuerung der Optionsfelder

Und fertig ist unsere dynamische Verknüpfung! Schauen wir jetzt noch schnell im oberen Teil unseres Formulars vorbei (Abb. 25.21):

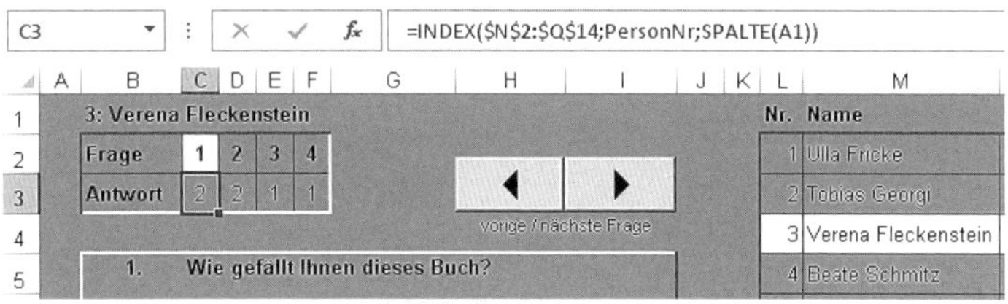

Abbildung 25.21: Fragebogenformular – Ausschnitt (4)

Hier werden nochmals separat die Antworten der gerade befragten Person (hier: Verena Fleckenstein) angezeigt. Die Formel ist eigentlich identisch mit der Formel für den Namen *Zielzelle*, mit dem einzigen Unterschied, dass wir nicht Bezug auf die mit dem Drehfeld verknüpfte Zelle (*FrageNr*) nehmen müssen. Den Parameter [*Spalte*] ersetzen wir mal wieder durch die Funktion `SPALTE(A1)` und kopieren anschließend die Formel nach D3, E3 und F3 (auch hier wieder am besten nach dem Kopieren mittels *Start/Zwischenablage/Einfügen/Formeln*, um die bestehenden Formatierungen nicht zu zerstören). `SPALTE(A1)` ist auch hier wieder nur der Platzhalter für die Zahl 1, damit wir die Formel ohne weiteres manuelles Zutun kopieren können. Wir sind eben faul.

Die Nummer und den Namen der aktuell befragten Person beziehen wir in Zelle B1, ebenfalls in Abhängigkeit von der Bildlaufleiste, mit

```
=PersonNr&": "&INDEX(M2:M14;PersonNr)
```

Darüber hinaus haben wir noch die gerade aktuell ausgewählte Frage mit weißem Hintergrund bedingt formatiert (Bereich C2:F2) und zwar auf die denkbar einfachste Art und Weise, indem wir den Zellwert mit *FrageNr* (Zellverknüpfung des *Drehfelds*) vergleichen (Abb. 25.22).

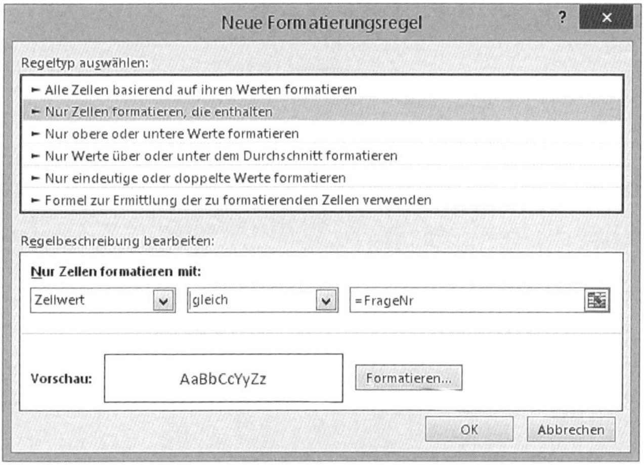

Abbildung 25.22: Dialogfeld Bedingte Formatierung *– Hervorhebung der aktuellen Frage*

Und zu guter Letzt sind wir Ihnen noch die Formeln für die Zellen H12 (*Antworten löschen*) und H14 (*Alle Antworten löschen*) schuldig. In diesen Zellen kreieren wir einen Hyperlink, der entweder in Abhängigkeit von der mit der Bildlaufleiste verknüpften Zelle die Antworten der entsprechenden Person oder aber direkt den gesamten Antwortbereich markiert, um anschließend mit einem Klick auf die [Entf]-Taste die Einträge löschen zu können.

```
H12:
=HYPERLINK("#"&ADRESSE(PersonNr+1;14)&":"&ADRESSE(PersonNr+1;17);
"Antworten löschen")
```

```
H14:
=HYPERLINK("#N2:Q14";"Alle Antworten löschen")
```

Der Funktion HYPERLINK haben wir ein eigenes Kapitel gewidmet (Kapitel 18). Die Einzelheiten zur Funktionsweise erklären wir dort.

Et voilà: Unser Fragebogen ist fertig!

Ab heute ist Schluss mit dem lästigen Herumscrollen in einer Mappe! Tragen Sie die Noten Ihrer Schüler ein, bewerten Sie Ihre eigene CD-Sammlung, starten Sie x-beliebige Umfragen, werden Sie Quizmaster in einem Multiple-Choice-Test und setzen Sie allem anschließend noch die Krone auf, indem Sie die Antworten auswerten, sie zählen, den Mittelwert oder die Summe bilden oder dem Ganzen sogar noch eine Pivot-Auswertung überstülpen. Ihrer Fantasie sind dabei keine Grenzen gesetzt. Die Grundlage für derartige Auswertungen bildet immer die dynamische Ermittlung einer Zieladresse im geschickten Zusammenspiel mit anderen variablen Werten. Das Rüstzeug dazu haben Sie jetzt auf jeden Fall.

25.3 Datenüberprüfungsliste: Zellen nach Bedarf sperren

Ausgangspunkt ist eine typische Anwendung von Excel: In einer Tabelle sollen monatliche Statistiken erfasst werden. Da die Eingabe durch mehrere Personen erfolgt, haben Sie zum Schutz der Formeln und Beschriftungen einen Blattschutz zugewiesen. Jetzt möchten Sie zusätzlich verhindern, dass die Anwender Werte in die Eingabezellen zurückliegender Monate eintragen. Dabei möchten Sie natürlich nicht jeden Monat den Blattschutz entfernen, die entsprechenden Zellen sperren und den Blattschutz neu zuweisen.

Um hier zum Ziel zu kommen, sollten Sie mit einer »Datenüberprüfung« arbeiten. Damit können Sie die Zelleingabe von bestimmten Kriterien abhängig machen. In diesem Fall müssen Sie ein Formelkriterium definieren, das überprüft, ob das aktuelle Datum mit dem vorgesehenen Zellbereich korrespondiert. Dazu ein Beispiel:

Sie wollen Umsatzstatistiken für die Monate eines Jahres erfassen. Als Spaltenüberschriften dienen die Monatsnamen *Januar, Februar* etc. Darunter sollen die Umsätze für verschiedene Regionen stehen. Nun wollen Sie verhindern, dass z. B. im Februar noch Daten in der Januar-Spalte eingetragen werden.

Damit Excel die Monate auswerten kann, dürfen Sie die Spaltenüberschriften nicht als Text eingeben. Vielmehr müssen Sie sie als Datumswerte eintragen, und zwar als

1.1.2019 für den Januar 2019, *1.2.2019* für den Februar 2019 etc. Allen Datumsangaben vom 1.1.2019 bis zum 1.12.2019 weisen Sie anschließend ein benutzerdefiniertes Zahlenformat vom Typ MMMM zu. So zeigt Excel die ausgeschriebenen Monatsnamen an.

Die bedarfsgerechte Sperrung der Zellen aus zurückliegenden Monaten erreichen Sie dann mit folgenden Schritten:

1. Markieren Sie den Zellbereich, in dem Sie die Eingabe überprüfen wollen.
2. Wählen Sie *Daten/Datentools/Datenüberprüfung* an.
3. Wechseln Sie zur Registerkarte *Einstellungen* und wählen Sie im Drop-down-Feld *Zulassen* den Eintrag *Benutzerdefiniert* aus.
4. Geben Sie im Feld *Formel* einen Ausdruck nach folgendem Schema ein:

   ```
   =MONAT(<1. Spaltenüberschrift>))>=MONAT(JETZT())
   ```

5. Wenn die Spaltenüberschrift für den Januar z. B. in Zelle B4 steht, lautet der Ausdruck:

   ```
   =MONAT(B$4)>MONAT(JETZT())
   ```

6. Beachten Sie auch den gemischten Bezug auf die Spaltenüberschrift. Durch den relativen Spalten- ("B") und den absoluten Zeilenbezug ("$4") erfolgt immer der passende Verweis auf die Monatsüberschrift der aktuellen Spalte.
7. Wechseln Sie zur Registerkarte *Fehlermeldung* und geben Sie einen aussagekräftigen Titel mit einer kurzen Fehlermeldung ein. Dieser Hinweis erscheint, wenn ein Anwender versucht, Werte in einem unzulässigen Monatsbereich einzugeben.
8. Klicken Sie auf *OK*.

Um die Sicherheit Ihres Tabellenblatts zu komplettieren, weisen Sie im Anschluss noch den Blattschutz mit Kennwort zu.

Sollte ein Anwender nun Werte in einer »abgelaufenen« Monatsspalte eingeben wollen, hindert ihn Excel mit einer entsprechenden Meldung daran. Der Anwender kann nur auf *Abbrechen* klicken und muss die Werteeingabe in einer zulässigen Spalte fortsetzen.

Kapitel 26

Der Magnum-AutoFilter

Excels AutoFilter ist ein enorm hilfreiches und leicht zu bedienendes Feature, mit dem eine Liste mit beliebig vielen Spalten nach beliebig vielen Kriterien gefiltert werden kann.

26.1 Drei Probleme – eine Lösung

Was der AutoFilter kann, dürfte den meisten fortgeschrittenen Excel-Anwendern bekannt sein und wurde schon oft genug beschrieben. Was er seit Einführung der Excel-Version 2007 zusätzlich kann, zeigen wir noch am Ende dieses Kapitels. Aber weil das alles nicht wirklich sonderlich spektakulär ist, konzentrieren wir uns zur Abwechslung einmal darauf, was er nicht kann. Drei Dinge hat er leider nicht drauf, die wir uns von ihm wünschen würden:

1. Innerhalb einer Spalte können (innerhalb des gezeigten Dialogfelds) nicht mehr als zwei Bedingungen kombiniert werden (Abb. 26.1).

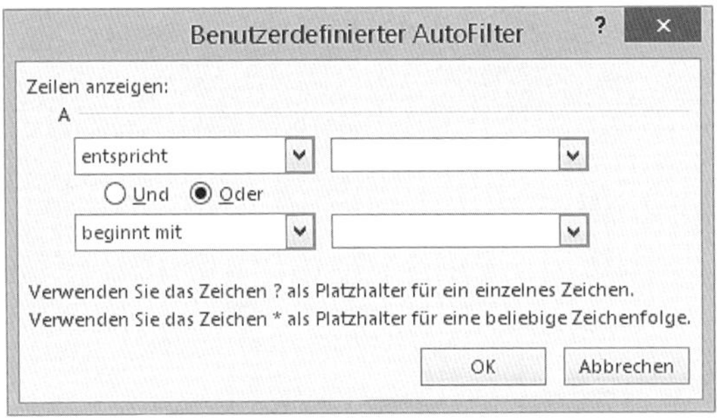

Abbildung 26.1: Dialogfeld Benutzerdefinierter AutoFilter

2. Mehrere Bedingungen, die horizontal kombiniert werden, können nicht als ODER-Bedingung definiert werden, sondern sind stets UND-Bedingungen.

   Angenommen, Sie haben eine Liste mit Personen mit den Spalten *Hauptberuf* und *Hobby/Nebenberuf*. Der AutoFilter ist nicht in der Lage, alle Personen anzuzeigen, die entweder hauptberuflich ODER im Nebenberuf als Gärtner tätig sind (Abb. 26.2).

	A	B	C	D
1	Name	Geburtst	Beruf	Hobby/ Nebenberuf
2	Klaus K.	05.01.1959	Gärtner	Programmierer
3	Beate S.	15.12.1958	Landwirtin	Jägerin
4	Helga G.	16.02.1962	Ärztin	Gärtner
5	Andy D.	07.02.1955	Bäcker	Koch
6	Matthias S.	17.08.1972	Programmierer	Taxifahrer
7	Jürgen B.	31.05.1979	Jäger	---
8	Ignatz S.	31.10.1957	Koch	Barkeeper
9	Bernd B.	19.10.1974	Koch	Gärtner
10	Ulla F.	12.07.1958	Buchhalterin	---
11	Verena F.	21.10.1961	Controllerin	Malerin

Abbildung 26.2: Beispielliste mit Geburtstagen und Berufen von Personen

3. Sie können keine Formelbedingung definieren.

Angenommen, Sie haben in einer Spalte Geburtstage eingetragen und wollen wissen, wer alles in einem bestimmten Monat Geburtstag hat. Das ist in allen Excel-Versionen vor 2007 leider nicht möglich.

Stopp: Das würde noch gehen, wenn Sie die Spalte mit dem Format *MMM* formatieren, denn der AutoFilter berücksichtigt neben dem Zellwert auch das Zahlenformat. Dabei ist ein Kuriosum festzustellen: Wenn Sie im Dialogfeld der benutzerdefinierten Filtereinstellung den Suchtyp *entspricht* wählen, orientiert sich der Filter am Zahlenformat. Filter *Feb* zeigt alle Einträge aus dem Februar. Suchen Sie so gezielt nach einem Datum, z. B. 07.02.55 – das ja vorhanden ist –, wird es nicht gefunden. Beim Suchtyp *ist größer als* und dem Datum 06.02.55 wird der 07.02.55 (und alle größeren Werte) gefunden und angezeigt.

Wird gewünscht, alle Geburtstagskinder des 1. Quartals zu zeigen, muss der AutoFilter (bis einschließlich Excel-Version 2003) aber definitiv kapitulieren.

Drei Schwächen – eine Lösung: die berühmt berüchtigte Hilfsspalte. Eigentlich benötigen Sie nur eine einzige Spalte, nennen wir Sie *Filter-Spalte*, in die Sie beliebige Formelbedingungen einfügen können. Die Formeln werden so erstellt, dass Ihr Ergebnis nur WAHR oder FALSCH bzw. 0 oder 1 ist. Damit haben Sie alle drei Fliegen mit einer Klappe geschlagen:

1. Mehr als zwei Bedingungen? Kein Problem (Abb. 26.3):

   `E1:=ODER(C2={"Gärtner";"Bäcker";"Koch"})`

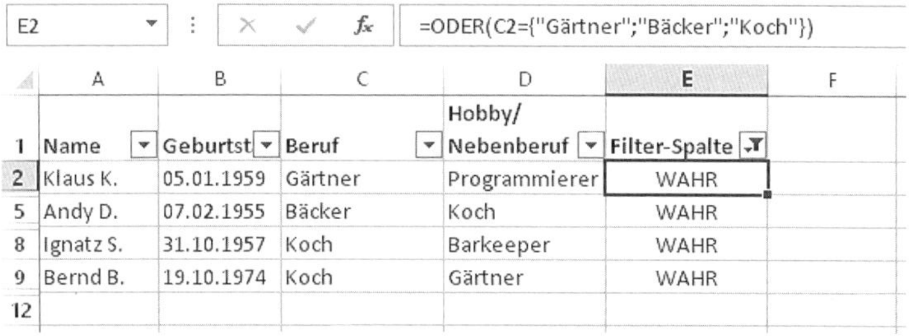

E2 =ODER(C2={"Gärtner";"Bäcker";"Koch"})

	A	B	C	D	E	F
1	Name	Geburtst	Beruf	Hobby/ Nebenberuf	Filter-Spalte	
2	Klaus K.	05.01.1959	Gärtner	Programmierer	WAHR	
5	Andy D.	07.02.1955	Bäcker	Koch	WAHR	
8	Ignatz S.	31.10.1957	Koch	Barkeeper	WAHR	
9	Bernd B.	19.10.1974	Koch	Gärtner	WAHR	
12						

Abbildung 26.3: Filter mit drei ODER-Bedingungen

Wenn Sie zehn oder noch mehr ODER-Bedingungen kombinieren möchten, können Sie die einzelnen Kriterien auch in einem Bereich auflisten:

`E1:{=ODER(C2=X1:X10)}`

2. Horizontale ODER-Bedingungen? Kein Problem (Abb. 26.4):

   `E1:=ODER(C2="Gärtner";D2="Gärtner")`

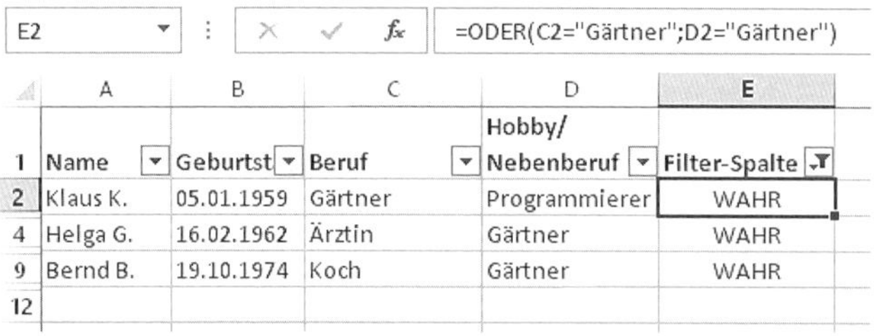

E2 =ODER(C2="Gärtner";D2="Gärtner")

	A	B	C	D	E
1	Name	Geburtst	Beruf	Hobby/ Nebenberuf	Filter-Spalte
2	Klaus K.	05.01.1959	Gärtner	Programmierer	WAHR
4	Helga G.	16.02.1962	Ärztin	Gärtner	WAHR
9	Bernd B.	19.10.1974	Koch	Gärtner	WAHR
12					

Abbildung 26.4: Filter mit horizontaler ODER-Bedingung

3. Flexible Formelbedingungen? Kein Problem (Abb. 26.5):

   `E1:=MONAT(B2)<4` für Geburtstagskinder im ersten Quartal.

E2 =MONAT(B2)<4

	A	B	C	D	E
1	Name	Geburtst	Beruf	Hobby/ Nebenberuf	Filter-Spalte
2	Klaus K.	05.01.1959	Gärtner	Programmierer	WAHR
4	Helga G.	16.02.1962	Ärztin	Gärtner	WAHR
5	Andy D.	07.02.1955	Bäcker	Koch	WAHR
12					

Abbildung 26.5: Filter für Geburtstagskinder des ersten Quartals

26.1.1 AutoFilter versus Spezialfilter

Mit dieser banalen Filter-Spalte läuft der AutoFilter sogar dem Spezialfilter regelrecht den Rang ab:

Eigentlich ist es dem Spezialfilter vorbehalten, Duplikate aus einer Liste zu entfernen. Doch mit der Filter-(Hilfs-)Spalte können Sie diese Funktionalität nicht nur genauso gut erledigen, sondern Sie sind dabei sogar noch flexibler als mit dem Spezialfilter (Abb. 26.6). Um die Spalte C auf Duplikate zu prüfen, schreiben Sie in die zweite Zeile (erste Zeile = Überschrift) der *Filter-Spalte*

```
E1: =ZÄHLENWENN(C$2:C2;C2)=1
```

E2 =ZÄHLENWENN(C$2:C2;C2)=1

	A	B	C	D	E
1	Name	Geburtst	Beruf	Hobby/ Nebenberuf	Filter-Spalte
2	Klaus K.	05.01.1959	Gärtner	Programmierer	WAHR
3	Beate S.	15.12.1958	Landwirtin	Jägerin	WAHR
4	Helga G.	16.02.1962	Ärztin	Gärtner	WAHR
5	Andy D.	07.02.1955	Bäcker	Koch	WAHR
6	Matthias S.	17.08.1972	Programmierer	Taxifahrer	WAHR
7	Jürgen B.	31.05.1979	Jäger	---	WAHR
8	Ignatz S.	31.10.1957	Koch	Barkeeper	WAHR
10	Ulla F.	12.07.1958	Buchhalterin	---	WAHR
11	Verena F.	21.10.1961	Controllerin	Malerin	WAHR

Abbildung 26.6: AutoFilter ohne Duplikate

Filtern Sie nach WAHR, um alle Duplikate auszublenden. Dann erhalten Sie alle vorkommenden Berufe. Genauso gut können Sie nach FALSCH filtern, um nur die Duplikate anzuzeigen, womit wir den Spezialfilter bereits übertroffen hätten.

Übrigens, wenn Sie angezeigte Datensätze dauerhaft löschen wollen, selektieren Sie den kompletten Datenbereich, wählen *Start/Bearbeiten/Suchen und Auswählen/ Gehe zu*, die Schaltfläche *Inhalte* und dann die Option *Nur Sichtbare Zellen.*

Wählen Sie dann *Start/Zellen/Löschen/Zellen löschen* (Abb. 26.7).

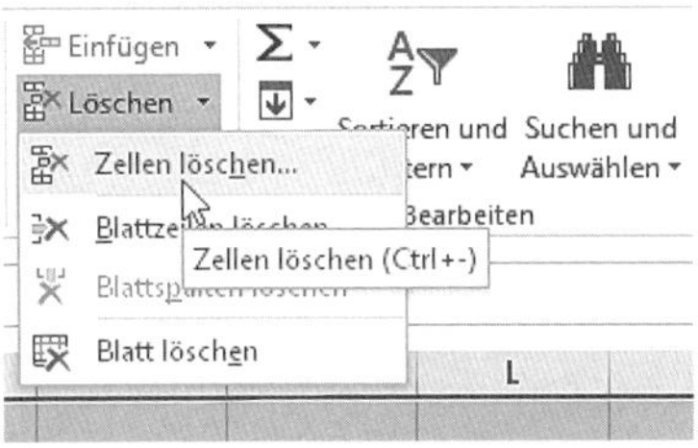

Abbildung 26.7: Löschen von gefilterten Daten

Anschließend lassen sich schließlich alle Daten wieder anzeigen.

Jetzt enthält die Liste nur noch die Datensätze, die zuvor ausgeblendet waren. Andersherum können Sie natürlich auch die sichtbaren Datensätze an eine andere Stelle kopieren. Die unsichtbaren werden dabei nicht mit kopiert. Die zuvor beschriebene Aktion zum Selektieren der sichtbaren Zellen brauchen Sie in diesem Fall nicht. Das hat dann den gleichen Effekt, als wenn Sie mit dem Spezialfilter eine Liste an eine andere Stelle kopieren.

Statt nur die ersten Vorkommen aller Berufe in Spalte C anzuzeigen, können Sie dies auch mit dem letzten Treffer tun, dann lautet die Formel:

```
E1: =ZÄHLENWENN(C2:C$50000;C2)=1
```

Sie müssen also lediglich den absoluten Bezug vom Beginn der Liste (C2) auf das maximale Ende der Liste (C$50000) verlegen.

Ob das nun WENN-UND-ODER-Verschachtelungen sind oder irgendwelche anderen Berechnungen: Der Flexibilität des Filterns mit der Hilfsspalte sind keine Grenzen gesetzt.

26.2 Ausgeblendet

Wie Sie mithilfe des AutoFilters Zeilen aus- oder einblenden können, wissen Sie jetzt. Möglicherweise möchten Sie nun mit dieser gefilterten Liste weiterrechnen und dabei ist auch einiges zu beachten.

Die Funktion TEILERGEBNIS ist die einzige Funktion, die überhaupt registriert, ob eine Zeile ausgeblendet ist oder nicht. Wenn Sie mit dem AutoFilter durch Selektion eines Filters Zeilen ausgeblendet haben, ignoriert TEILERGEBNIS diese Zellen.

Bis einschließlich Excel XP galt dies ausschließlich für Zellen, die durch den AutoFilter ausgeblendet wurden. Wenn Sie Zeilen manuell oder mithilfe von Gliederungsebenen ausblenden, hat das keine Auswirkung auf die Berechnung. Ab Excel 2003 wurde die Funktion TEILERGEBNIS ein klein wenig erweitert, womit sie zur echten Rarität avanciert! Wenn Sie zu dem Parameter 1 bis 11, den TEILERGEBNIS verlangt, 100 dazu addieren, werden in der Berechnung alle unsichtbaren Zeilen ignoriert, egal, ob sie durch Filter, Gliederung oder per Hand ausgeblendet wurden.

```
=TEILERGEBNIS(109;A:A)
```

summiert alle Zellen aus Spalte A, deren Zeile sichtbar ist. Mit

```
=SUMME(A:A)- TEILERGEBNIS(109;A:A)
```

werden nur die ausgeblendeten Zeilen summiert.

26.2.1 Auswertung mit Bedingungen in gefilterter Liste

Angenommen, Sie haben eine gefilterte Liste und wollen nur die sichtbaren Zeilen unter Berücksichtigung von weiteren Bedingungen summieren, zählen oder sonst wie auswerten. Egal, ob Sie dies mit Matrixfunktionen oder auch Datenbankfunktionen tun wollen, Sie müssen Ihre Bedingungen mit der Funktion TEILERGEBNIS kombinieren (Abb. 26.8).

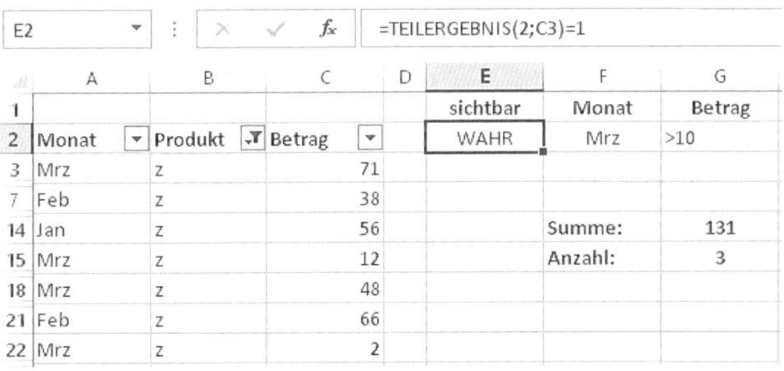

E2 =TEILERGEBNIS(2;C3)=1

	A	B	C	D	E	F	G
1					sichtbar	Monat	Betrag
2	Monat	Produkt	Betrag		WAHR	Mrz	>10
3	Mrz	z	71				
7	Feb	z	38				
14	Jan	z	56			Summe:	131
15	Mrz	z	12			Anzahl:	3
18	Mrz	z	48				
21	Feb	z	66				
22	Mrz	z	2				

Abbildung 26.8: DB-Funktionen in gefilterter Liste anwenden

Die Liste ist bereits mit dem AutoFilter gefiltert. Das Filterkriterium ist das *z* in Spalte B. Nur die sichtbaren Datensätze sollen weiter analysiert werden. Alle Beträge aus dem Monat März, die größer als 10 sind, sollen summiert oder gezählt werden. Mit Datenbankfunktionen lautet die Lösung:

```
G14: =DBSUMME(A2:C30;C2;E1:G2)
G15: =DBANZAHL(A2:C30;C2;E1:G2)
```

Das Besondere an diesen eigentlich sehr schlichten Formeln ist das Suchkriterium in E2.

```
E2: =TEILERGEBNIS(2;C3)=1
```

Es sorgt dafür, dass DBSUMME und DBANZAHL nur die sichtbaren Zellen berücksichtigen. Der Parameter 2 ermittelt die Anzahl eines einzelnen Datensatzes und liefert 1, wenn C3 sichtbar ist, und 0, wenn C3 ausgeblendet ist. DBSUMME ist so clever, diese Prüfung, die im Bereich der Suchkriterien steht, auf alle Datensätze anzuwenden. Stattdessen hätten Sie auch die Formel in D3 schreiben und herunterkopieren können. Dann hätte man als Suchkriterium Spalte D auf WAHR geprüft, um den gleichen Effekt zu erhalten. Die Hilfsspalte D kann man sich aber sparen und die Formel direkt in die Suchkriterien einbeziehen.

Wer lieber mit Matrixformeln als mit Datenbankfunktionen arbeitet, kann die Bedingungen ebenfalls mit TEILERGEBNIS verknüpfen. Dann wird die Formel aber komplizierter.

Mit der Formel

```
=SUMMENPRODUKT((A3:A30="Mrz")*(C3:C30>10)*C3:C30)
```

summieren Sie alle Datensätze aus dem März, die größer als 10 sind. SUMMENPRODUKT kann aber in dieser Form nicht zwischen sichtbaren und ausgeblendeten Zeilen unterscheiden. Etwas naiv wäre nun diese Variante:

```
=SUMMENPRODUKT((A3:A30="Mrz")*(C3:C30>10)*C3:C30*(TEILERGEBNIS(2;C3:C30)=1))
```

Denn dann erhält man nur eine Summe, wenn genau 1 Datensatz sichtbar ist. TEILERGEBNIS liefert dann einmalig WAHR, aber das bringt uns nichts. Die Prüfung muss für jede Zeile einzeln durchgeführt werden (nicht für den Bereich insgesamt) und dazu muss TEILERGEBNIS ziemlich umgebogen werden:

```
(TEILERGEBNIS(2;BEREICH.VERSCHIEBEN(C2;ZEILE(1:28);))=1)
```

erzeugt ein Array mit Einsen für alle sichtbaren Zellen in C3:C30 und mit Nullen für alle ausgeblendeten Zeilen in diesem Bereich. Multipliziert man diesen Ausdruck mit den übrigen Bedingungen ...

```
(A3:A30="Mrz")*(C3:C30>10)*C3:C30
```

..., liefert SUMMENPRODUKT die gewünschte Summe der sichtbaren Zeilen: 131.

Die Berechnungen funktionieren auch mit dem Parameter 102 (ab Excel 2003), falls Zeilen durch Gliederungen oder manuell ausgeblendet wurden, und in der Variante mit SUMMENPRODUKT auch für ausgeblendete Spalten.

26.2.2 Spaltenbreite

Ohne VBA hatten die Anwender von Excel XP oder einer älteren Version keine Möglichkeit, manuell ausgeblendete Zeilen auf diese Weise zu separieren. Wohl aber, wenn es um Spalten geht. Dafür gibt es die Funktion

```
ZELLE("Breite";Bezug)
```

Wollen Sie nur alle Spalten summieren, die eingeblendet sind, können Sie sich eine Hilfszeile anlegen, die die Breite aller Spalten ausgibt.

```
A1: =ZELLE("Breite";A1)
```

Kopieren Sie dies nach rechts. Die Formel

```
=SUMMEWENN(1:1;">0";5:5)
```

summiert dann alle sichtbaren Zellen der 5. Zeile. Wenn Sie aber eine Spalte aus- oder einblenden, muss danach eine Neuberechnung durchgeführt werden, damit `ZELLE("Breite")` es mitbekommt.

Nebenbei eignet sich die Funktion `ZELLE("Breite";Bezug)` auch dazu, Zahlenformate abhängig von der Spaltenbreite variabel zu halten. Wenn eine Spalte für eine Zahl oder ein Datum zu schmal ist, sieht man nur diesen Gartenzaun:

##########

Wenn Sie wollen, dass sich Ihr Datumsformat so elastisch wie eine Stretchhose an Ihre Spaltenbreite anpasst (wie in Abb. 26.9), nehmen Sie die Formel:

	A	B	C	D	E
1	16. Juni 2015	16. Juni 2015	16. Jun 2015	16.06.15	16.06.

Abbildung 26.9: Datumsformat »Stretchgummi«

```
=TEXT(JETZT();"TT."&SVERWEIS(ZELLE("Breite";A1);{0.0;5."MM.";
7."MM.JJ";9."MM.JJJJ";11." MMM JJJJ";13." MMMM JJJJJ"};2))
```

Diese Formel pickt sich das passende Datumsformat per SVERWEIS, abhängig von der jeweiligen Spaltenbreite, heraus. Dazu benötigen Sie eine SVERWEIS-gerechte Matrix, die in der ersten Spalte die Spaltenbreiten und in der zweiten Spalte die Formate enthält. Da das Format stets mit "TT." beginnt, lagern wir den Teil aus der SVERWEIS-Berechnung aus und verketten ihn damit, um Schreibarbeit zu sparen.

26.2.3 Was der AutoFilter dazugelernt hat

Wie eingangs bereits erwähnt, wurde der AutoFilter seit Einführung der Excel-Version 2007 um einiges aufgepeppt. Die wichtigsten Änderungen sind folgende:

- Es werden innerhalb des Auswahlfelds nunmehr maximal 10.000 Einträge angezeigt (vormals: 1.000).
- Es kann durch die neue »Häkchen-Technik« nach mehr als zwei Bedingungen gefiltert werden (Abb. 26.10). Dies gilt aber nur für die Filteroption »entspricht«. Außerdem ist dies bei großen Datenmengen äußerst mühsam. Der benutzerdefinierte Filter ist nach wie vor auf zwei UND/ODER-Bedingungen beschränkt.

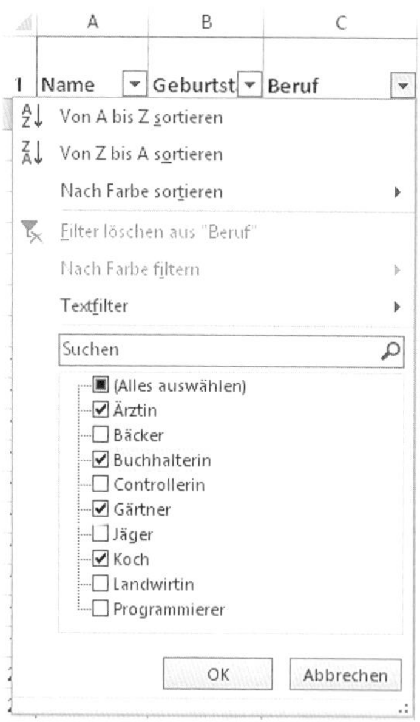

Abbildung 26.10: ODER-Filter mit mehr als zwei Bedingungen

- In den AutoFilter wurde die Sortierfunktion integriert. Listen lassen sich dadurch ohne zusätzliche Klicks sortieren. Das kann aber auch schnell zu unerwünschten Effekten führen, wenn die Filterspalte beispielsweise gleichzeitig Datenbasis für eine Funktion (z. B. VERWEIS) ist, die eine bestimmte Sortierrichtung der Daten verlangt. Werden diese dann umsortiert, kommt es schnell zu falschen Formelergebnissen.
- Es ist nunmehr möglich, nach Farben zu filtern und auch zu sortieren (sowohl nach Schrift- als auch nach Hintergrundfarbe).
- In Verbindung mit der Formatvorlage *Als Tabelle formatieren* kann jede Tabelle mit der AutoFilter-Funktion versehen werden. Da man auch innerhalb eines Blatts mehrere dieser Tabellen vorhalten kann, hat man automatisch gleichzeitig mehrere – voneinander unabhängige – AutoFilter zur Verfügung.

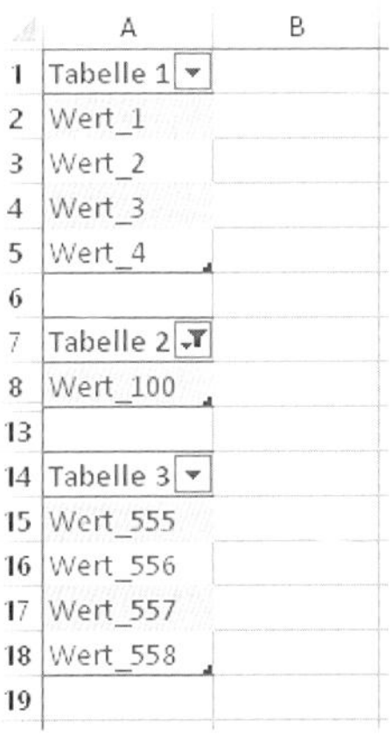

Abbildung 26.11: Mehrere AutoFilter in einem Blatt

Weitere sehr umfangreiche Neuerungen wurden den Daten (Plural von Datum) gewidmet. Die Auswahlmöglichkeiten wurden stark ausgeweitet, wie Abb. 26.12 zeigt:

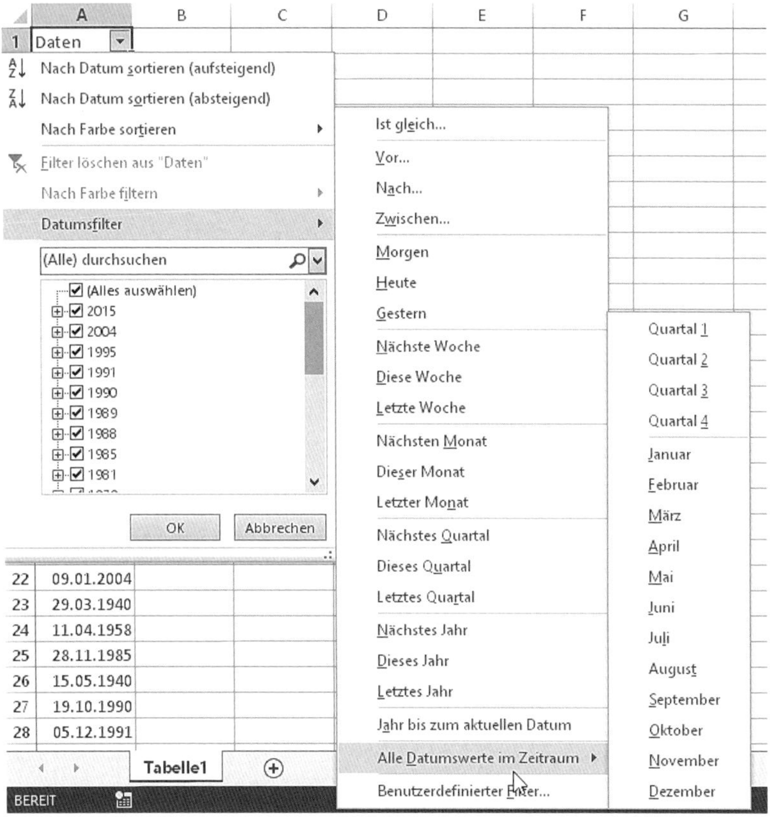

Abbildung 26.12: Datumsfilter-Optionen

Mit den Filteroptionen von *Morgen* bis *Jahr bis zum aktuellen Datum* lassen sich alle Daten aus Sicht des aktuellen Datums filtern. Ein perfektes Feature, um z. B. säumige Schuldner zu entlarven. Für die klassischen Geburtstagslisten hingegen, bei denen das Datum inklusive des Geburtsjahres vorliegt, sind diese Optionen unbrauchbar. Wenn heute beispielsweise Montag, der 12.10.2015 ist, dann werden Sie mit der Filteroption *Diese Woche* vergeblich auf die Anzeige des Datums 12.10.1958 warten und dadurch im Zweifel den Geburtstag Ihres Partners vergessen. Hier kann man nur auf die Filteroption *Alle Datumswerte im Zeitraum* zurückgreifen. Damit lassen sich die Daten sowohl nach Monat als auch nach Quartal filtern – und zwar unabhängig vom Jahr. Diese Erweiterung eliminiert Teile des von uns eingangs beschriebenen Problems Nummer 3.

Im Grunde genommen war es das aber schon. Wir halten fest, dass wir – sollte es mal etwas anspruchsvoller werden – auch weiterhin auf unsere Filtertricks zurückgreifen müssen.

Stichwortverzeichnis

Symbole

Numerisch

A

B

C

D

E

F

G

H

I

J

K

L

M

N

O

P

Q

R

S